Fundamentos de Economia

Vol. 1 – Macroeconomia

Dados Internacionais de Catalogação na Publicação (CIP)
(Câmara Brasileira do Livro, SP, Brasil)

Fundamentos de economia : vol. I : macroeconomia / José L. Carvalho, James D. Gwartney, Richard L. Stroup, Russell S. Sobel. — São Paulo : Cengage Learning, 2008.

Título original: Economics, private and public choice.
Tradução José L. Carvalho.
Bibliografia.
ISBN 978-95-221-0501-4

1. Economia 2. Macroeconomia I. Carvalho, José L. II. Gwartney, James D. III. Stroup, Richard L. IV. Sobel, Russell S.

07-10283 CDD-330

Índice para catálogo sistemático:

1. Economia 330

Fundamentos de Economia

Vol. 1 – Macroeconomia

José L. Carvalho • James D. Gwartney •
Richard L. Stroup • Russell S. Sobel

Versão norte-americana que estrutura este livro:

Economics: Private and Public Choice.

CENGAGE Learning

Austrália • Brasil • Japão • Coréia • México • Cingapura • Espanha • Reino Unido • Estados Unidos

CENGAGE
Learning

Fundamentos de Economia

José L. Carvalho, James D. Gwartney, Richard L. Stroup e Russell S. Sobel

Gerente Editorial: Patricia La Rosa

Editora de Desenvolvimento: Tatiana Pavanelli Valsi

Supervisor de Produção Editorial: Fábio Gonçalves

Supervisora de Produção Gráfica: Fabiana Alencar Albuquerque

Título Original: Economics: Private and Public Choice
(ISBN: 0-03-021283-9)

Tradução e Revisão Técnica: José L. Carvalho

Copidesque: Norma Gusukuma

Revisão: Maria Alice da Costa e Ana Paula Ribeiro

Diagramação: Join Bureau

Capa: Gabinete de Artes

Para informações sobre nossos produtos, entre em contato pelo telefone **0800 11 19 39**
Para permissão de uso de material desta obra, envie seu pedido para **direitosautorais@cengage.com**

ISBN-13: 978-85-221-0501-4

ISBN-10: 85-221-0501-4

Cengage Learning
Condomínio E-Business Park
Rua Werner Siemens, 111 – Prédio 20 – Espaço 3
Lapa de Baixo – CEP 05069-900 – São Paulo – SP
Tel.: (11) 3665-9900 – Fax: (11) 3665-9901

Para suas soluções de curso e aprendizado, visite
www.thomsonlearning.com.br
www.cengage.com.br

Impresso no Brasil.
Printed in Brazil.
1 2 3 4 5 6 7 12 11 10 09 08

Este livro é dedicado ao
Professor Og F. Leme,
educador como poucos,
amigo e companheiro de ideais.
(4.8.1922 – 6.1.2004)

Apresentação

Após cinco anos de experiência lecionando disciplinas de introdução à economia, e por não estar satisfeito com os textos existentes em português, decidi, em 1986, preparar um livro introdutório às ciências econômicas. Minha insatisfação com os textos introdutórios exigia que esse meu projeto tivesse atributos especiais. Era imperativo que o livro estimulasse o estudante a ver o mundo com os olhos de um economista. Isso eu havia aprendido com o professor Arnold C. Harberger, Alito, como carinhosamente o chamam seus alunos oriundos da América Latina, devo o entusiasmo que, ainda hoje, tenho pela economia.

Para que o jovem leitor se apaixonasse pela economia era necessário que aprendesse a pensar economicamente. Assim, expô-lo à forma de pensar e de ver o mundo como um economista profissional é um dos propósitos deste livro.

Pensar economicamente é intuitivo e, de um modo geral, todos o fazemos. O importante em um livro como este é chamar a atenção do estudante de como, em nosso dia-a-dia, ao tomarmos as mais simples decisões, usamos a racionalidade econômica. Por isso, o livro contém muitas aplicações pessoais dos fundamentos econômicos. Entretanto, o mundo complexo em que vivemos aguça nossa curiosidade sobre os mais diversos acontecimentos e fatos sociais. Assim, tornava-se indispensável estender as aplicações dos fundamentos econômicos às questões e aos problemas econômicos de uma nação. Aplicar os princípios da análise econômica na compreensão dos problemas econômicos do Brasil e das soluções propostas para eles era mais um dos atributos desejáveis deste livro. Isso implicava uma tarefa árdua de seleção de fatos, eventos, medidas de política econômica e problemas, todos associados à economia brasileira, os quais pudessem ser analisados com o auxílio dos fundamentos da economia expostos nesta obra.

Após definir os propósitos do livro, iniciei a preparação de seu conteúdo. Com a experiência das aulas de introdução à economia que ministrei até 1987, na Universidade do Estado do Rio de Janeiro, e das aulas de fundamentos de economia, que ainda ministro, na Universidade Santa Úrsula (USU), comecei o trabalho de definição do conteúdo do livro a partir de minhas anotações de aula.

Em junho de 1996, quando já tinha o projeto do livro bem-estruturado, muitos exemplos concluídos e uma substancial parte escrita, o professor Og Leme apresentou-me ao professor James Gwartney. Explicou-me Og que Gwartney era, juntamente com Richard Stroup, autor de um livro-texto de introdução à economia e que, aproveitando sua visita ao Brasil, procurava um economista que se dispusesse a traduzir o referido livro para a língua portuguesa. Og sabia de meu projeto e era um dos seus maiores incentivadores. Como eu, estava impaciente para ver o projeto terminado e o livro nas livrarias. Embora não me tenha dito, em sua sabedoria Og via em Jim Gwartney uma maneira de acelerar a publicação do livro que almejávamos. No dia seguinte, encontrei-me com Jim para falarmos de uma possível tradução. Fui ao encontro sem entusiasmo, pois não conhecia o livro e estava comprometido com meu projeto.

Jim Gwartney é uma pessoa encantadora e, embora portador de uma deficiência visual grave, vê o mundo melhor do que muitos que não a tem. Mais importante: Jim vê o mundo com os olhos de um economista. Quando ele me sugeriu que traduzisse seu livro, expliquei-lhe que não o havia lido e que, por estar preparando um livro de fundamentos de economia, com atributos muito particulares, não poderia dedicar tempo à tradução que ele me pedia. Jim insistiu, dizendo que me enviaria um exemplar para que eu o examinasse, e, se fosse o caso, sugeriu que eu poderia acelerar meu trabalho utilizando a estrutura do livro dele com Richard Stroup para produzir um livro, em português, a seis mãos, ficando eu como o autor principal. Como nós dois participaríamos, em novembro, de um seminário em São Francisco, na Califórnia (Estados Unidos), sobre a elaboração de um índice de liberdade econômica, concordamos em voltar a conversar sobre a obra de Carvalho-Gwartney-Stroup.

Poucos dias depois, recebi a sétima edição do *Economics: private and public choice*, de Gwartney e Stroup. Em menos de uma semana, li e examinei cuidadosamente o conteúdo. Reconheci em *Economics* os objetivos que havia traçado para meu livro e pude identificar, em muitas passagens, argumentos que desenvolvi em meu projeto. Entretanto, descobri que a introdução da abordagem da *escolha pública* era importante e não fora contemplada em meu projeto. Então, pareceu-me claro que haveria não só um ganho de tempo se eu adotasse o projeto de um livro com Jim e Rich, mas, certamente, também um ganho de qualidade.

A reunião em São Francisco foi uma ótima oportunidade para rever velhos amigos e antigos professores. Além disso, o projeto da construção de um índice de liberdade econômica se consolidou por meio da cooperação de institutos de mais de cem países. Como acertado, Jim e eu nos reunimos para explorar a possibilidade de desenvolver um livro em conjunto. Iniciei relatando a minha satisfação com a obra de Jim e Rich e passei a apresentar meu projeto original, explicitando as coincidências de abordagem. Quanto mais conversávamos, mais entusiasmados ficávamos com o produto dessa nossa cooperação. Concordamos que eu teria liberdade de usar o conteúdo do livro de Jim conforme achasse conveniente, assim como de introduzir o material adicional que o contextualizasse à realidade brasileira.

De volta ao Brasil, comecei a trabalhar nesse novo projeto de livro-texto. Algum tempo depois, recebi a oitava edição do *Economics*. Ao final de 1999, a primeira versão estava pronta. Embora Jim e eu mantivéssemos contato por e-mail, nossos encontros eram esporádicos. Em um desses encontros, em 2000, em Washington D.C., Jim deu-me a nona edição do livro com novidades que iam além das melhorias que uma nova edição incorpora: Russell S. Sobel aumentava a lista de co-autores. Após dois anos de trabalho de revisão da primeira versão do nosso livro, sua segunda versão ficou pronta em dezembro de 2002, sendo que, em julho de 2004, decidi que já era tempo de parar com as revisões e submeter *Fundamentos de economia* ao crivo do mercado.

Este livro tem sido usado como texto básico em várias disciplinas na Universidade Santa Úrsula. Os cursos de Administração, Ciências Contábeis e de Ciências Econômicas na USU são de responsabilidade do Instituto de Ciências Econômicas e Gestão (ICEG), e temos usado a obra nesses três cursos. Essa experiência em muito nos ajudou na seleção dos exemplos e na escolha da profundidade com que os assuntos foram tratados.

Por conveniência gráfica, o livro foi decomposto em dois volumes. O primeiro volume contém os 16 primeiros capítulos que constituem as Partes I a III do livro. A Parte I (Capítulos 1 e 2) apresenta a maneira de pensar em Economia. Na Parte II apresentamos de forma introdutória como as escolhas individuais caracterizam o funcionamento do mercado (Capítulos 3 e 4) e como o processo de decisões coletivas está associado ao processo político que determina as ações do governo (Capítulos 5 e 6). Os capítulos restantes do primeiro volume (Parte III: Capítulos 7 a 16) apresentam os fundamentos da macroeconomia, isto é, da análise econômica agregativa das relações entre o nível geral de preços, o produto agregado, as taxas de juros e de câmbio e o nível de desemprego. O segundo volume contém as Partes IV e V correspondentes aos Capítulos 17 a 27. A Parte IV trata da economia internacional (Capítulos 17 e 18) e a Parte V apresenta os fundamentos da microeconomia (Capítulos 19 ao 27).

No início de cada capítulo apresentamos algumas questões que caracterizam os objetivos do capítulo; ao final, após descrevermos os próximos assuntos a serem tratados, apresentamos um resumo do capítulo e um conjunto de questões de análise crítica. Tanto o resumo quanto as questões devem ser utilizados pelo estudante como instrumentos de fixação da aprendizagem.

O currículo do curso de Ciências Econômicas do ICEG/USU é organizado pedagogicamente por áreas de conhecimento que congregam disciplinas afins, coordenadas por um professor responsável por manter a coerência efetiva dos programas. A área de Fundamentos de Economia é composta de quatro disciplinas: introdução à economia, com 30 horas de aulas; fundamentos de economia I e II, com 60 horas de aulas cada uma; e contabilidade social, com 60 horas de aulas.

A disciplina introdução à economia foi incluída no currículo em decorrência da constatação de que os estudantes que ingressam na universidade, por serem muito jovens, têm pouca maturidade para absorver os fundamentos econômicos no nível desejado. Por isso mesmo, essa disciplina é pré-requisito de toda e qualquer disciplina de economia que conste do currículo. Os Capítulos 1 a 6 desta obra constituem o conteúdo básico dessa disciplina.

Para a disciplina fundamentos de economia I, que trata dos fundamentos microeconômicos, temos usado como texto básico toda a Parte V mais o Capítulo 17, que versa sobre os ganhos do comércio internacional. Para fundamentos de economia II, isto é, fundamentos de macroeconomia, temos usado toda a Parte III mais o Capítulo 18, que trata de finanças internacionais e mercado de câmbio.

Este livro pode também ser usado como texto básico para uma disciplina de economia inserida em currículos de outras formações, tais como Administração, Atuária, Ciências Contábeis, Direito e Engenharia. É óbvio que os estudantes desses outros cursos podem incorporar em seu programa de estudos as três disciplinas delineadas acima para um curso em Ciências Econômicas. Na USU, os Capítulos de 1 a 7 têm sido usados como material básico para uma disciplina de 30 horas nos cursos de Direito e Nutrição. Os estudantes de engenharia têm sido orientados para cursar a disciplina fundamentos de economia I. Há, entretanto, várias outras possibilidades, como a que sugerimos a seguir:

Disciplina com 80 a 90 horas de aulas
Parte I: Introdução
Capítulos 1 a 6, sendo que os capítulos 5 e 6 podem ser excluídos sem perda de continuidade para a disciplina.
Parte II: Fundamentos microeconômicos
Capítulos 17, 19, 20, 21, 22 e 23
Parte III: Fundamentos macroeconômicos
Capítulos 7 a 10

Ao longo dos anos em que trabalhei neste projeto, pude contar com o apoio de várias organizações e pessoas. Sou grato à Universidade Santa Úrsula, que me tem proporcionado a alegria de poder viver um projeto de Universidade e que, a despeito de todas as dificuldades que enfrentamos, não esmoreceu em sua função de *alma mater*.

Agradeço a Foundation Francisco Marroquin por conceder-me as distinções de Marroquin Fellow (1991-1992) e Anita Harberger Fellowship (2002), que permitiu que eu dedicasse boa parte de meu tempo, durante esses anos, na preparação desta obra.

Parte do material deste livro foi desenvolvida e utilizada, em 1995 e 1996, nos dois primeiros programas especiais de Economia do Direito e das Leis para Juízes Federais da USU, com o suporte financeiro da Tinker Foundation.

Gostaria de registrar minha gratidão ao Liberty Fund por receber-me como *visiting scholar* em 2000, dando-me a oportunidade ímpar de conviver com pessoas altamente qualificadas e em um ambiente intelectualmente estimulante, o que me permitiu aprofundar meus conhecimentos sobre organização social e o valor da liberdade. Sou grato ao Instituto Liberal do Rio de Janeiro por oferecer à sociedade brasileira um ambiente intelectual livre de preconceitos, que tem proporcionado a mim, e a tantos que o procuram, a oportunidade de enriquecimento pessoal pelo debate no campo das idéias.

Muitas foram as pessoas que, de uma forma ou de outra, contribuíram para que eu tivesse disposição e ânimo para completar essa tarefa. Sou eternamente grato ao professor e amigo Og Leme que, desde 1973 até pouco antes de seu falecimento, foi bastante generoso com seu tempo e não teve limites para repartir seus conhecimentos comigo. Agradeço à chanceler da Universidade Santa Úrsula, madre Maria de Fátima Maron Ramos, pelo apoio incondicional ao meu projeto, bem como pelas lições de determinação e perseverança.

Durante momentos difíceis, pude constatar quão privilegiado sou por ter como amigos Alito, Adroaldo Moura da Silva, Cláudio R. Contador, Gelda Carvalho, Hélio O. Portocarrero de Castro, José Leonardo Carvalho e Rose Neugbauer. Gostaria ainda de agradecer à professora Maria Alice Gusmão Veloso pelos comentários ao Capítulo 7, bem como pelo Adendo a esse capítulo, que contêm um breve histórico das contas nacionais brasileiras.

Ao Hugo Barros de Castro Faria, amigo e colega de USU, e ao dr. Roberto Fendt, meus agradecimentos pelos comentários aos Capítulos 17 e 18. Foram de grande valia os *Simposia* sobre ensino da Economia realizados periodicamente pelos coordenadores de área pedagógica do ICEG. Meu muito obrigado aos professores coordenadores Antônio Salazar P. Brandão, Elcyon Caiado da Rocha Lima e Tânia Petersen Correa. Sou grato à minha companheira e amiga de todas as horas, Marília A. Resende, que taquigrafou e digitou grande parte das várias versões deste livro. Finalmente, mas não menos importante, gostaria de agradecer aos professores James D. Gwartney, Richard L. Stroup e Russell S. Sobel, pela possibilidade de compartilhar com eles a autoria desta obra. Os erros e as imprecisões que porventura persistam são de minha inteira responsabilidade.

JLC
Rio de Janeiro, 2007

Sumário

PARTE I A MANEIRA DE PENSAR ECONOMICAMENTE 1

1 A Abordagem Econômica **3**

De que Trata a Ciência Econômica? 5
Escassez e Escolha 5
Escassez Implica Racionamento 9
A Competição Resulta da Escassez 12
A Forma de Pensar Economicamente 13
Oito Marcos na Forma de Pensar Economicamente 13
Teoria Econômica Aplicada – Incentivos funcionam? 19
Economia Positiva e Economia Normativa 23
Desarmando Armadilhas ao Pensar Economicamente 25
Coeteris Paribus 25
Associação não é Relação Causal 25
Falácia da Composição 26
Economia como Carreira Profissional 27
Mitos em Economia – A análise econômica supõe que as pessoas ajam segundo seus próprios interesses. Assim, a economia rejeita a ação humanitária do homem. 29
Economista de Destaque – Adam Smith, o Pai da Economia 30
Olhando à Frente 31
Resumo do Capítulo 31
Questões de Análise Crítica 33

2. Algumas Ferramentas do Economista **35**

Abrir Mão de quê? 36
Custo de Oportunidade 37
Custo de Oportunidade e o Mundo Real 38
Troca Cria Valor 39
Custos de Transação – Uma Barreira à Troca 40
O Intermediário como Redutor de Custos 41

Economista de Destaque – Thomas Sowell (1930 -) 42
A Importância dos Direitos de Propriedade........ 42
Propriedade Privada e os Mercados 45
Curva de Possibilidades de Produção 46
Deslocamento da Curva de Possibilidades de Produção........ 50
Divisão do Trabalho, Especialização e Possibilidades de Produção........ 55
Ganhos pela Divisão do Trabalho e a Adoção de Processos de Produção em Massa 55
Ganhos pela Especialização e Vantagens Comparativas........ 56
Divisão do Trabalho, Especialização e Trocas 57
Motivação Pessoal, Especialização e Trocas 58
As Três Questões Econômicas Fundamentais........ 58
Mitos em Economia – Em uma troca, se alguém ganha, é porque alguém perde. 59
A Inter-Relação das Três Questões Econômicas 61
A Organização Econômica 62
Saída e Voz: Dois Métodos de Enviar Mensagens 64
Olhando à Frente 65
Resumo do Capítulo 66
Questões de Análise Crítica 67

PARTE II MERCADOS E GOVERNOS........ 71

3 Oferta, Demanda e o Funcionamento do Mercado 73

A Escolha dos Consumidores e a Lei Fundamental da Demanda 76
A Curva de Demanda 77
Mitos em Economia – A curva de demanda de alguns bens é vertical, uma vez que os consumidores necessitam de uma quantidade fixa desse bem. 78
Teoria Econômica Aplicada – A água é necessária, mas a que preço?........ 79
Excedente do Consumidor 82
Sensibilidade da Quantidade Demandada a Variações no Preço do Produto: Curvas de Demanda Elásticas e Inelásticas 83
Mudanças na Demanda *Versus* Variações na Quantidade Demandada........ 85
1. Variação na Renda dos Consumidores 87
2. Mudança no Número de Consumidores no Mercado 88
3. Mudanças no Preço de um Bem Relacionado 89
4. Mudanças nas Expectativas sobre o Futuro........ 90
5. Mudanças Demográficas 90
6. Mudanças nos Gostos e Preferências dos Consumidores........ 91
A Escolha dos produtores e a Lei da Oferta 92
O Papel dos Lucros e dos Prejuízos Econômicos 93
A Oferta e o Empreendedor 95

A Curva de Oferta 96
Excedente do Produtor 97
Sensibilidade da Quantidade Oferecida a Variações no Preço do Produto: Curvas de Oferta Elástica e Inelástica 98
Economista de Destaque – Alfred Marshall (1842-1924) 100
Mudanças nas Condições de Oferta *Versus* Mudanças nas Quantidades Oferecidas 101
1. Mudanças nos Preços dos Recursos Produtivos 101
2. Mudanças Tecnológicas 102
3. Fenômenos Naturais e Distorções de Política 104
4. Variações nos Impostos sobre um Produto 104
Como os Preços de Mercado São Determinados: A Interação da Oferta com a Demanda 105
Equilíbrio de Mercado 106
Eficiência e o Equilíbrio de Mercado 108
Como os Mercados Respondem a Mudanças na Demanda e na Oferta 110
O Tempo e o Processo de Ajustamento 113
O Princípio da Mão Invisível 117
Informando os Agentes Econômicos 118
Coordenando a Ação dos Participantes do Mercado 118
Motivando os Agentes Econômicos 119
Os Preços e a Ordem de Mercado 120
Pré-Requisitos para a Eficiência do Mercado 121
Olhando à Frente 122
Resumo do Capítulo 122
Questões de Análise Crítica 124

4. Oferta e Demanda: Aplicações e Extensões 127

Salários, Taxas de Juros e Taxas de Câmbio 129
A Ligação entre o Mercado de Trabalho e o Mercado de Produto 129
Mercado Financeiro e as Taxas de Juros 131
Mercado de Câmbio 134
A Economia do Controle de Preços 139
Preço Teto 140
Controle de Aluguel: Um Triste Caso de Preço Teto 142
Preço Piso 145
Salário Mínimo: Um Exemplo de Preço Piso 146
Teoria Econômica Aplicada – Revogando a lei da oferta e da procura: dois exemplos drásticos 149
O Mercado Negro e a Importância da Estrutura Legal 152
O Impacto de Impostos 154
A Perda Social Líquida Decorrente de Impostos 157
Incidência Legal x Efetiva 158

Elasticidade e a Incidência de Imposto 160
Elasticidade e o Custo Social do Imposto 161
Alíquotas, Receita Tributária e Curva de Laffer 162
Teoria Econômica Aplicada – A curva de Laffer e as mortes em escaladas de montanha 167
Olhando à Frente 168
Resumo do Capítulo 168
Questões de Análise Crítica 169

5. O Papel Econômico do Governo 173

O que é Governo? 174
Diferenças e Similitudes entre o Mercado e a Ação Coletiva 175
Teoria Econômica Aplicada – Perspectivas sobre o custo da competição política 178
O Custo de Oportunidade do Governo 179
Eficiência Econômica e o Papel do Governo 181
A Função de Proteção do Governo 182
A Função Produtiva do Governo 183
Teoria Econômica Aplicada – A importância da função de proteção do governo: o caso da Rússia 184
O Papel do Governo e as Potenciais Falhas do Mercado 185
Falta de Competição 186
Externalidades – Falha no Cômputo de todos os Custos ou Benefícios 189
Bens Públicos: Um Problema em Potencial para o Mercado 193
Problemas Potenciais de Informação 195
Teoria Econômica Aplicada – Problemas de informação e oportunidades de lucro. 199
Olhando à Frente 201
Resumo do Capítulo 201
Questões de Análise Crítica 202

6. A Economia do Processo de Decisões Coletivas 205

Uma Visão Geral sobre o Processo de Decisões Coletivas 206
Economista de Destaque – James M. Buchanan (1919 -) 207
O Eleitor-Consumidor 208
Os Políticos 210
Funcionários Públicos: Burocratas do Governo como Participantes Políticos 211
Quando o Voto Funciona 212
Quando o Voto Conflita com a Eficiência Econômica 215
O Efeito do Interesse Próprio Especial 215
Efeito Miopia 220
Apropriação de Renda 222
Ineficiência das Operações do Governo 223
A Economia de uma Sociedade de Transferências 224
Setor Público × Mercado: Um Resumo 227

Implicações da Escolha Pública: Como Obter mais do Governo 229
Olhando à Frente 230
Resumo do Capítulo 230
Questões de Análise Crítica 231

PARTE III FUNDAMENTOS DA MACROECONOMIA 233

7. Tomando o Pulso da Economia Nacional 235

Economista de Destaque – Simon Kuznets (1901–1985) 236
PIB – Uma Medida do Produto 237
O que Está Incluído no PIB? 237
Reais – O Denominador Comum do PIB 240
O Setor Governo 240
Relações com o Exterior 241
Depreciação dos Bens de Capital 242
Duas Outras Formas de Medir o PIB 244
Calculando o PIB pela Ótica da Despesa 246
Calculando o PIB pela Ótica da Renda 250
Impostos Indiretos 251
Depreciação 251
Renda Líquida Enviada (Recebida) ao (do) Exterior 252
A Importância Relativa dos Componentes do PIB 252
PIB Real e PIB Nominal 253
Dois Índices de Preços Importantes: Índice de Preços ao Consumidor e Deflator Implícito do PIB 254
Usando o Deflator Implícito do PIB para Gerar o PIB Real 256
Problemas com o Uso do PIB para Medir o Crescimento do Produto 258
Produção que não Chega ao Mercado 258
A Economia Clandestina 259
Lazer e Desconforto 260
Variação na Qualidade e a Introdução de Novos Bens 260
Efeitos Colaterais Negativos e os Males 261
A Grande Contribuição do PIB 262
Medidas da Atividade Econômica – O custo dos bens em tempo de trabalho: ontem e hoje 264
Medidas Relacionadas à Pessoa 266
A Associação entre Produto e Renda 267
Olhando à Frente 267
Resumo do Capítulo 268
Questões de Análise Crítica 268
Adendo (A) – As Contas Nacionais no Brasil: Uma Nota Histórica 273
Adendo (B) – Números-Índices 277

8. Flutuações Econômicas, Desemprego e Inflação 287

Flutuações Econômicas 288
Um Ciclo Econômico Hipotético 290
Flutuações Econômicas e o Mercado de Trabalho 292
Medidas da Atividade Econômica – Pesquisa Mensal de Emprego (PME) 295
Razões do Desemprego 296
Três Tipos de Desemprego 298
Desemprego Friccional 299
Mitos em Economia – "Desemprego de recursos não existiria se a economia estivesse operando eficientemente." 300
Desemprego Estrutural 302
Desemprego Cíclico 303
Flutuações de Emprego: Os Registros Históricos 304
O Conceito de Pleno Emprego 304
Desemprego e Problemas de sua Medida 307
PIB Atual e PIB Potencial 309
Efeitos da Inflação: Um Resumo 312
Inflação Antecipada e Inflação Não-Antecipada 315
Os Efeitos Perversos da Inflação 316
O que Causa Inflação? 317
Olhando à Frente 318
Resumo do Capítulo 318
Questões de Análise Crítica 319

9. Uma Introdução aos Mercados Macroeconômicos 323

Entendendo a Macroeconomia 324
Quatro Mercados-Chave: Recursos Produtivos, Bens e Serviços, Ativos Financeiros e Moeda Estrangeira 325
Demanda Agregada por Bens e Serviços 329
Por que a Curva de Demanda Agregada é Negativamente Inclinada? 329
A Curva de Demanda Agregada Negativamente Inclinada: Um Resumo 332
Oferta Agregada de Bens e Serviços 333
Oferta Agregada no Curto Prazo 333
Oferta Agregada no Longo Prazo 335
Equilíbrio no Mercado de Bens e Serviços 337
Equilíbrio no Curto Prazo 337
Equilíbrio no Longo Prazo 338
Equilíbrio de Longo Prazo, Produto Potencial e Pleno Emprego 340
Ajustamento quando o Produto Difere do Produto Potencial de Longo Prazo 340
Mercado de Recursos Produtivos 342
Medidas da Atividade Econômica – Taxa natural de desemprego 343
Mercados de Ativos Financeiros 345

Mitos em Economia – "Como a inflação corrói o custo do endividamento, ela sistematicamente ajuda os devedores à custa dos credores." 348
Teoria Econômica Aplicada – Títulos, taxas de juros e preços dos títulos 350
O Mercado de Moeda Estrangeira 351
Vazamentos e Injeções no Fluxo Circular de Renda e Despesa 353
Olhando à Frente 356
Resumo do Capítulo 356
Questões de Análise Crítica 358

10. Operando com o Modelo Básico de Demanda e de Oferta Agregadas .. 361

Mudanças Antecipadas e Não-Antecipadas 362
Fatores que Deslocam a Demanda Agregada 363
Mudanças Não-Antecipadas na Demanda Agregada 368
Aumento na Demanda Agregada 369
Redução na Demanda Agregada 371
Deslocamentos na Oferta Agregada 373
Mudanças na Oferta Agregada de Longo Prazo 374
Mudanças na Oferta Agregada de Curto Prazo 376
Impactos de Mudanças na Oferta Agregada 378
Crescimento Econômico e Mudanças Antecipadas na Curva de Oferta Agregada de Longo Prazo 378
Mudanças Não-Antecipadas na Oferta Agregada 380
De Volta ao Ciclo Econômico 384
Uma Economia de Mercado Possui um Mecanismo Automático de Correção? 387
Uma Representação Gráfica do Mecanismo de Autocorreção 390
O Grande Debate: Quão Rapidamente o Mecanismo de Autocorreção Opera? ... 394
Olhando à Frente 395
Resumo do Capítulo 395
Questões de Análise Crítica 396

11. Os Fundamentos Keynesianos da Moderna Macroeconomia 401

Economista de Destaque – John Maynard Keynes (1883-1946) 402
Explicação Keynesiana para a Grande Depressão 403
Produto e Despesa: A Visão Keynesiana 404
Modelo Keynesiano Básico 405
Despesa Planejada de Consumo 405
Despesas Planejadas de Investimento 407
Despesas Planejadas do Governo 407
Exportações Líquidas Planejadas 407
Despesa Planejada × Atual 408
Equilíbrio Keynesiano 409
Equilíbrio Keynesiano: Um Exemplo Numérico 409
Equilíbrio Abaixo do Pleno Emprego 410

Equilíbrio Keynesiano: Uma Representação Gráfica 410
Despesa Agregada, Produto e Emprego 412
O Modelo Keynesiano de Demanda e de Oferta Agregadas 414
Teoria Econômica Aplicada – Em uma sociedade deve-se gastar mais ou poupar mais? 415
O Multiplicador 418
O Tamanho do Multiplicador 419
A Significância do Multiplicador no Mundo Real 421
A Visão Keynesiana do Ciclo dos Negócios 421
Evolução da Moderna Macroeconomia 423
As Principais Proposições da Economia Keynesiana 423
Redução na Popularidade do Modelo de Despesa Agregada (EA) 423
A Natureza Híbrida da Moderna Macroeconomia 424
Olhando à Frente 425
Resumo do Capítulo 426
Questões de Análise Crítica 427

12. Política Fiscal 431

Déficits e Superávits Orçamentários 432
A Visão Keynesiana da Política Fiscal 434
Mudanças nos Impostos: Temporária *Versus* Permanente 438
Economista de Destaque – Paul Samuelson (1915 -) 439
A Política Fiscal e o Efeito *Crowding-Out* 439
Efeito *Crowding-Out* no Mundo Financeiro Globalizado 441
A Visão dos Novos Clássicos da Política Fiscal 443
Política Fiscal: O Problema do Tempo Certo 447
Estabilizadores Automáticos 448
Política Fiscal como uma Ferramenta de Estabilização: Uma Síntese Moderna 451
Efeitos da Política Fiscal no Lado da Oferta 452
Por que Alíquotas de Imposto Elevadas Tendem a Retardar o Crescimento 454
Qual É a Importância dos Efeitos Identificados da Ótica da Oferta (*Supply-Side*)? 455
Política Fiscal: Examinando Evidências Empíricas 457
Déficits e Taxas de Juros 459
Déficits, Consumo e Investimento 462
Valorização do Dólar, Influxo de Capital e Exportações Líquidas 462
Uma Visão da Política Fiscal mais Recente 463
Olhando à Frente 464
Resumo do Capítulo 464
Questões de Análise Crítica 466

13. Moeda e o Sistema Bancário 469

O que É Moeda? 470
Meio de Troca 470

Reserva de Valor 471
Unidade de Conta 472
Por que a Moeda Tem Valor? 472
A Oferta de Moeda 473
Oferta de Moeda: M1 474
Os Vários Agregados Monetários 474
Cartão de Crédito É Moeda? 477
O Sistema Financeiro Nacional 478
A Função de Autoridade Pública 481
Os Bancos Comerciais 482
A Origens das Reservas Fracionárias 484
Sistema Bancário de Reserva Fracionária 485
Como os Bancos Criam Dinheiro Emprestando Recursos 486
O Multiplicador Bancário 488
O Banco Central 489
Economista de Destaque – Eugênio Gudin (1886-1986) 490
Como o Banco Central Controla a Oferta Monetária 491
Reservas Compulsórias 492
Operações de Mercado Aberto 495
Taxa de Redesconto – O Custo de Tomar Emprestado do Banco Central 500
Controlando a Oferta Monetária: Um Resumo 502
O Banco Central e o Tesouro Nacional 502
Ambigüidades no Significado e na Medida da Oferta Monetária 505
Teoria Econômica Aplicada – A moeda eletrônica afetará nosso futuro? 507
Corrida Bancária, Falência Bancária e Seguro-Depósito 508
Olhando à Frente 510
Resumo do Capítulo 510
Questões de Análise Crítica 512

14. Macroeconomia Moderna: Política Monetária 517

O Impacto da Política Monetária 518
Demanda e Oferta de Moeda 519
Economista de Destaque – Milton Friedman (1912-2006) 520
O Equilíbrio entre a Oferta e a Demanda por Moeda 523
Como Opera a Política Monetária 524
Política Monetária Expansionista Não-Antecipada 527
Política Monetária Restritiva Não-Antecipada 529
Política Monetária de Longo Prazo 533
Implicação de Longo Prazo da Análise Moderna 534
Política Monetária quando Seus Efeitos São Antecipados 538
Taxas de Juros e Política Monetária 540
Taxas de Juros de Curto Prazo, Velocidade da Moeda e as Defasagens na Política Monetária 541

A Oferta Monetária e a Taxa Básica de Juros (Taxa Selic) 542
Os Perigos do Uso da Taxa de Juros como Indicador de Política Monetária 543
Os Efeitos da Política Monetária: Um Resumo 544
Testando as Principais Implicações da Teoria Monetária 547
Olhando à Frente 552
Resumo do Capítulo 552
Questões de Análise Crítica 553

15. Políticas de Estabilização, Produto e Emprego 557

Flutuações Econômicas – Os Registros Históricos 559
Promovendo a Estabilização Econômica – As Visões Ativista e Não-Ativista 559
Teoria Econômica Aplicada – Política macroeconômica perversa e a Grande Depressão norte-americana 562
A Condução da Política de Estabilização Discricionária 565
Índice de Indicadores Econômicos Antecedentes 565
Modelos de Previsão Econômica 566
Medidas da Atividade Econômica – Índice de indicadores antecedentes 567
Sinais de Mercado e Política Monetária Discricionária 568
Política Discricionária – A Visão Ativista 569
Defasagens e o Problema do Tempo Certo 570
A Política e o Momento Certo das Mudanças de Política Econômica 572
Como as Expectativas São Formadas 573
Expectativas Adaptativas 573
Expectativas Racionais 575
Economista de Destaque – Robert Lucas (1937 -) 576
Principais Diferenças entre as Expectativas Adaptativas e Racionais 576
Como Funcionam as Políticas Macroeconômicas: As Implicações das Expectativas Adaptativas e Racionais 576
Implicações da Política Econômica: Um Resumo 579
Política de Estabilização Econômica da Perspectiva Não-Ativista 581
Política Monetária Não-Ativista 581
Política Fiscal Não-Ativista 584
Construindo uma Visão Consensual 584
A Estabilidade Recente da Economia Norte-Americana 586
Olhando à Frente 587
Resumo do Capítulo 587
Questões de Análise Crítica 589

16. Crescimento Econômico 591

A Importância do Crescimento Econômico 592
O Impacto do Crescimento Econômico Sustentável 593
Teoria Econômica Aplicada – China: um caso especial? 597
Fontes de Crescimento Econômico 599

Investimento em Capital Físico e em Capital Humano 601
Progresso Tecnológico 601
O Ambiente Institucional e a Eficiência Econômica 603
Economista de Destaque – Douglass C. North (1920 -) 605
Instituições e Políticas Públicas que Promovem o Crescimento Econômico 605
Garantia dos Direitos de Propriedade e Estabilidade Política 605
Mercados Competitivos 607
Estabilidade da Moeda e dos Preços 608
Livre Comércio 608
Mercado de Capitais Aberto ao Restante do Mundo 609
Ausência de Impostos com Elevadas Alíquotas Marginais 610
O Tamanho do Governo e o Crescimento Econômico 611
Liberdade Econômica e Crescimento 616
A Tendência do Crescimento Norte-Americano Está Mudando? 619
Olhando à Frente 621
Resumo do Capítulo 621
Questões de Análise Crítica 622

Glossário*

Índice Remissivo 625

* O Glossário encontra-se no site www.cengage.com.br, na página do livro.

PARTE I

A MANEIRA DE PENSAR ECONOMICAMENTE

Economia refere-se à maneira como as pessoas fazem suas escolhas, que influenciam nossas vidas e as de outras pessoas. Seu futuro será afetado pelas escolhas que fizer sobre sua educação formal, sobre as oportunidades de emprego que tiver, sobre sua poupança e sobre seus investimentos. Vivemos em um mundo dinâmico, em que mudanças demográficas nas comunicações, nos transportes e na tecnologia estão constantemente afetando a atratividade das várias opções e oportunidades que nos oferecem.

Pense por um momento como as condições de vida dos brasileiros têm mudado e estão mudando em apenas três áreas: (1) composição da população, (2) força de trabalho e (3) relações com os povos de outros países.

A vida se constitui em uma seqüência de escolhas que fazemos com relação à produção de rendimento, como gastá-lo, poupá-lo e investi-lo.

1 A Abordagem Econômica

[Economia] não é um corpo de verdade concreta, mas um engenho para a descoberta da verdade concreta.

Alfred Marshall[1]

FOCO DO CAPÍTULO

- Por que a escassez é um conceito-chave, mesmo em uma sociedade afluente?
- Qual é a diferença entre escassez e pobreza? Por que escassez implica racionamento e, portanto, competição?
- Quais são os fundamentos que permeiam o *pensar economicamente*? Considerando-se as escolhas associadas às decisões humanas, o que distingue a visão de um economista da de qualquer outra pessoa?
- Qual é a diferença entre economia positiva e economia normativa?

1. Alfred Marshall, *The present position of economics*, 1985, p. 25.

Estudar economia é excitante! Tal estudo torna-se particularmente atraente em momentos como os que temos vivido recentemente. A campanha política dos candidatos à presidência da República, em 1994, centrou-se em questões econômicas como inflação, déficit público, dívida pública, reforma fiscal, dívida externa, política cambial e globalização econômica, com efeitos magníficos sobre o comércio internacional. Enfatizou também a chamada dívida social que, sem dúvida, está associada a aspectos econômicos, em particular à distribuição de renda. As questões econômicas têm permeado campanhas políticas, não só no Brasil, mas em todo o mundo, como bem ilustra o caso recente (2000) dos Estados Unidos.

O destaque das questões econômicas não ocorre nas sociedades apenas durante períodos eleitorais. As economias de mercado da Europa Ocidental, desde 1958, vêm desenvolvendo um processo de integração econômica que deverá desembocar em uma unificação monetária e institucional pela adoção de uma estrutura legal comum. Muitos países da Europa Oriental e da antiga União Soviética têm desenvolvido esforços contínuos e consistentes para passar de uma organização socialista de planejamento central para uma organização social fundada no direito de propriedade e na economia de mercado livre. Na América Latina e na África, os países líderes têm procurado adotar, em sua organização social, reformas econômicas que permitam a promoção da prosperidade e a melhoria do padrão de vida de seus cidadãos.

Simultaneamente, as economias dos países do mundo têm-se tornado mais e mais integradas. Muitos dos produtos que encontramos nos *shoppings* de nossa preferência são produzidos, pelo menos em parte, por pessoas que falam uma língua diferente e vivem em países distantes do nosso. Em contrapartida, muitos norte-americanos, japoneses, franceses, alemães, coreanos, cingapurianos trabalham para companhias que vendem seus produtos no Brasil, na Europa, no Japão, na Austrália, na América Latina ou na África. Ações ordinárias dessas companhias são compradas e vendidas nas Bolsas de Nova York, Londres, Tóquio ou outras bolsas menos famosas espalhadas pelo mundo afora.

De que modo as políticas econômicas adotadas no Brasil, neste mundo tão dinâmico e de mudanças tão acentuadas, afetam a situação econômica dos brasileiros? Que impacto terá a globalização de nossas economias sobre nossos padrões de vida, estilos de vida e oportunidades futuras? Este livro ajudará você a compreender melhor o mundo em que vive. Não queremos dizer com isso que a ciência econômica provê respostas simples aos problemas econômicos que enfrentamos. Como nos ensinou Alfred Marshall, há mais de um século, *a ciência econômica é um processo de descobertas* – uma forma de pensar – e não um corpo de verdade concreta (ver a citação no início do capítulo). Nossos objetivos são apresentar as ferramentas usadas pelos economistas e ilustrar de que forma o pensar economicamente reforça nossa compreensão de um mundo que muda tão rapidamente.

De que Trata a Ciência Econômica?

> [Economia é] a ciência que estuda o comportamento humano como uma relação entre fins e meios escassos que possuem usos alternativos.
>
> *Lionel Robbins*[2]

A ciência econômica trata da ação humana e das escolhas associadas a tal ação. Por essa razão, sua unidade de análise é o indivíduo, pessoa autônoma e responsável por suas ações. Certamente, em sua capacidade associativa, o homem tem promovido organizações coletivas, tais como sociedades comerciais (sociedade limitada, sociedade civil, sociedade anônima etc.), sindicatos e governos. Entretanto, escolhas individuais permeiam e comandam tais organizações. Assim, ao estudarmos as organizações coletivas, nossas preocupações se concentrarão na maneira pela qual a operação dessas organizações é afetada pelas escolhas individuais de seus componentes. Entretanto, os indivíduos não nascem pessoas autônomas. Eles se desenvolvem até tal estágio. Por isso, até que se torne pessoa autônoma, o indivíduo não age economicamente. Sua existência, entretanto, exige ação de outras pessoas. O tratamento analítico desses casos requer a consideração da família como unidade de observação. Voltaremos a esse ponto adiante.

Escassez e Escolha

Você gostaria de ter mais roupas novas? Um carro melhor? Um apartamento maior e de frente para o mar? O que dizer de notas melhores e mais tempo para ir à praia, praticar esportes e viajar pelo Nordeste brasileiro ou pela Europa? De modo geral, gostaríamos de ter mais de todos esses bens. Os desejos humanos por bens são virtualmente ilimitados. Infelizmente, não podemos ter mais de todas as coisas. Tanto indivi-

---

2. Lionel Robbins, *An essay the nature and significance of economic science*, 1932.

Escassez

Conceito fundamental em economia que nos indica que os bens estão disponíveis em quantidades inferiores às que desejamos.

Bem econômico

Um bem que é escasso. O desejo de termos bens econômicos é superior à sua disponibilidade natural.

Escolha

Ato de selecionar uma entre várias alternativas possíveis.

Recursos

Um insumo usado na produção de bens econômicos. Terra, trabalho, habilidade, recursos naturais e capital são exemplos de insumos. A história da humanidade registra a saga do homem na transformação de recursos limitados em coisas que gostaríamos de ter – bens econômicos.

dual quanto coletivamente, isto é, como sociedade, defrontamo-nos com o problema da **escassez**. Bens são escassos porque as pessoas os desejam em quantidades muito superiores àquelas que estão livremente à sua disposição. Uma vez que a escassez nos impede de ter tanto quanto desejamos dos diversos **bens econômicos**, somos forçados a fazer escolhas em um conjunto restrito de possíveis alternativas. A **escolha**, o ato de selecionar entre alternativas possíveis, é uma conseqüência lógica da escassez. Essas duas – *escassez* e *escolha* – são os ingredientes básicos de qualquer questão econômica.

Recursos são insumos usados para a produção de bens e serviços. Essencialmente, são as ferramentas que temos para administrar o problema da escassez. Note que só somos capazes de administrar a escassez e não acabar com ela, porque, quanto mais temos, mais queremos. Pense em seu caso particular. Quantas coisas (bens) você desejava e já tem e quantas você deseja e ainda não possui!

Os recursos podem, genericamente, ser classificados em três categorias. Os recursos humanos constituem a primeira categoria. Eles compreendem o conhecimento científico e produtivo, as habilidades pessoais natas ou adquiridas e a força física do ser humano. A segunda categoria é a dos recursos físicos – coisas como ferramentas, máquinas, mobiliário e construções (casas, prédios, armazéns etc.), as quais intensificam nossa habilidade de produzir bens. Os economistas, geralmente, chamam esses recursos produzidos pelo homem de *capital*. A terceira categoria é a dos recursos naturais – coisas como terra, depósitos minerais, oceanos, rios e lagos.

A inventividade humana é, freqüentemente, exigida no processo de aproveitamento, produtivo, desses recursos naturais. Identificar as melhores formas de produzir bens e quais deles devem ser produzidos, sob circunstâncias que, constantemente, mudam, é tão importante para a produção de bens quanto a existência de recursos pròdutivos. Por exemplo, o teixo, usado como planta ornamental sem grande prestígio, não tinha valor expressivo. Cientistas descobriram que desse arbusto insignificante pode-se extrair o taxol, substância que pode ser usada no combate ao câncer. O conhecimento humano e a engenhosidade transformaram esse simples arbusto em um recurso valioso. Recursos naturais são importantes, mas o reconhecimento da melhor maneira de produzir bens e quais deles devem ser produzidos, em um ambiente em permanente mudança, é tão importante quanto a existência dos próprios recursos.

O Quadro 1.1 lista várias categorias de bens que desejamos ter e de recursos limitados que podem ser usados para produzi-los. Colocado de forma singela, o problema econômico básico trata de como podemos usar, da melhor maneira possível, os recursos limitados de que dispomos, para produzir os bens que desejamos. Com o passar do tempo, atividades de investimento – o desenvolvimento de melhores ferramentas e o aumento do conhecimento humano, por exemplo – podem aumentar a disponibilidade dos recursos; entretanto, mais investimento hoje requer o sacrifício de consumo presente. Assim, se atualmente usamos recursos para produzir educação e treinar mão-de-obra, ou produzir ferramentas, máquinas e fábricas, menos recursos estarão disponíveis, hoje, para a produção de bens de consumo. A economia trata da escolha entre alternativas possíveis.

Nos últimos 250 anos, o homem tem conseguido melhorar seu bem-estar, ainda que sujeito às vicissitudes da escassez. Vislumbre o mundo de 1750, como se vivia naquela época. As pessoas trabalhavam arduamente por 50, 60 ou mesmo 70 horas

Quadro 1.1
Uma lista genérica de bens econômicos desejados e recursos limitados

Bens Econômicos	Recursos Limitados
Alimentos (pão, leite, carnes, ovos, vegetais, café, chocolate etc.)	**Terra** (localização, fertilidade etc.)
Vestuário (camisas, calças, blusas, sapatos, meias, roupas íntimas, casacos etc.)	**Recursos naturais** (rios, lagos, árvores, depósitos minerais, oceanos etc.)
Utilidades domésticas (mobiliário, tapetes, cortinas, televisores, geladeiras etc.)	**Máquinas e outros recursos físicos construídos pelo homem**
Educação	**Recursos animais**
Defesa nacional	**Tecnologia** (conhecimento científico aplicado à produção de bens)
Recreação	**Recursos humanos** (força física, conhecimento, habilidade e talento individuais)
Tempo para lazer	
Entretenimento	
Ar puro	
Meio ambiente agradável (árvores, lagos, rios, pradarias etc.)	
Ambiente de trabalho agradável	

por semana para conseguir suprir suas necessidades básicas para a sobrevivência: alimentação, vestuário e habitação. A força física humana era a maior fonte de energia. Animais proviam os meios de transporte. Máquinas e ferramentas eram rudimentares. Nas palavras do filósofo inglês Thomas Hobbes, a vida era "solitária, pobre, sórdida, rude e curta".[3]

Na América do Sul, África e Ásia, as condições econômicas dominantes fazem da vida uma árdua luta. Na América do Norte, Europa Ocidental, Oceania e algumas partes da Ásia, entretanto, um progresso econômico substancial (relativamente a estágios anteriores ou a outras regiões do globo) já foi atingido. Naturalmente, a escassez é um fato da vida, mesmo nessas áreas; o desejo por bens e serviços em muito supera a capacidade do homem de produzi-los. De qualquer modo, do ponto de vista material, a vida hoje é mais segura e confortável que quando Hobbes a descreveu tão duramente. Nas regiões economicamente mais desenvolvidas, fontes modernas de energia e de transporte estão disponíveis. As necessidades de subsistência em termos de alimento, de vestuário e de habitação são consideradas triviais, e uma família típica preocupa-se, freqüentemente, com o planejamento e financiamento de suas férias, com a aquisição de um televisor maior ou equipado com aparelho de DVD, ou ainda com a educação universitária de seus filhos.

É importante observar que escassez e pobreza não são a mesma coisa. **Pobreza** implica que algumas necessidades básicas, tais como alimentação, vestuário e habitação, em termos absolutos ou relativos, não foram atendidas. Ausência de pobreza significa que os níveis de consumo de bens e serviços, associados a essas necessidades, foram atingidos. Observe que o nível de consumo abaixo do qual caracterizamos a pobreza é arbitrário. No entanto, a ausência de escassez implica que podemos ter quanto desejarmos de todos os bens e serviços. Definida a **linha de pobreza**, é intuitivo percebermos que tanto individual quanto coletivamente se pode superar a pobreza. Infelizmente, porém, é óbvio que não podemos triunfar sobre a escassez. Mesmo nos países mais ricos do mundo, a capacidade produtiva não acompanha os desejos materiais das pessoas. Elas sempre querem mais bens econômicos, para si mesmas ou para aquelas que lhes são próximas do que podem ser produzidos.

Pobreza

É um conceito subjetivo. De modo geral, a pobreza é caracterizada por um nível mínimo de consumo associado às chamadas necessidades básicas de alimentação, vestuário e habitação.

Linha de pobreza

Estabelece os níveis de consumo das necessidades básicas, abaixo dos quais estão os pobres. Pobreza absoluta é uma condição de miséria, isto é, o nível de consumo das necessidades básicas é extremamente baixo.

3. Thomas Hobbes, *Leviathan*, 1651, Parte I, Capítulo 13. (*Levitã*. São Paulo: Martins Fontes, 2003).

Escassez Implica Racionamento

Quando um bem (ou recurso) é escasso, algum critério para determinar quem vai ficar com ele (ou usar o recurso) precisa ser estabelecido. A escassez torna o **racionamento** uma necessidade.

Entre as várias formas de competição, a violência tem sido não só a mais antiga, mas provavelmente a mais freqüente nas sociedades humanas. Entretanto, mesmo nas sociedades modernas mais violentas, essa forma de competição não é generalizada como nas sociedades primitivas, onde prevalecia a lei do mais forte, ou mesmo nas sociedades mais bem-organizadas e, em certos aspectos, mais avançadas, como no caso dos gregos, durante a Antigüidade. Só para exemplificar, na Grécia antiga, embora os pensadores demonstrassem grande preocupação com os problemas econômicos da época – em particular, com os problemas de organização urbana –, não há nesses estudos nenhuma referência ao funcionamento do mercado de trabalho, porque a força de trabalho representava um problema militar e não econômico, pois a escravidão era a forma de organizá-la para o processo de produção.

> **Racionamento**
>
> É a apropriação de bens e recursos disponíveis em quantidades limitadas, os quais as pessoas desejam ter em quantidades superiores às disponíveis. Vários critérios, inclusive a cobrança de um preço, podem ser usados para a apropriação de um bem ou recurso disponível em oferta limitada. Quando o sistema de preços é usado na função de racionar, bens e recursos são apropriados por aqueles que estão dispostos a abrir mão de maiores quantidades de "outras coisas" para adquirir direitos de propriedade do bem ou recurso em questão.

Outra forma de competição é a troca voluntária. Ela tem sido mencionada pelos pensadores sociais, em particular pelos historiadores e antropólogos, ao considerar as sociedades mais primitivas. A organização da competição pela troca voluntária só é possível quando os agentes envolvidos nas trocas têm garantidos, de alguma forma, os seus direitos de propriedade, quer sob a forma de leis escritas quer pela tradição oral.

Para compreender a extensão da troca voluntária como um instrumento eficaz na promoção da competição, basta que observemos o fenômeno. Considere dois meninos que colecionam figurinhas; se os observarmos trocando figurinhas, vamos verificar que, ao final do processo de troca, cada um deles sai convencido de que enganou o outro, porque cada criança valoriza mais a figurinha recebida do que a cedida na troca, pois, supostamente, a figurinha cedida é uma duplicata e a recebida lhe falta na sua coleção.

Esse exemplo ilustra o fato importante de que o processo de troca não é um jogo de soma zero; o ganho de um dos agentes envolvidos na troca não representa, necessariamente, a perda de outro agente. A literatura econômica especializada é rica em exemplos, demonstrações matemáticas e argumentações lógicas que enaltecem os ganhos pela troca. Mais importante ainda é o fato de que, em um processo de troca, seu principal determinante é a diferença de valorização que cada um dá aos bens envolvidos na troca.

Existe ainda uma infinidade de formas de competição. Tome como exemplo a final da Taça Guanabara, entre Flamengo e Vasco da Gama, no Maracanã, quando são colocados à venda 100 mil ingressos (já descontados os 20 mil *caronas*) a preços fixos. Se mais de 100 mil pessoas desejam assistir a esse jogo, como os preços dos ingressos são predeterminados, a forma de racionar os lugares existentes pode ser a mais variada possível. Por exemplo, pode-se conceder ao presidente do Flamengo o direito de estabelecer critérios para a aquisição desses 100 mil ingressos. Muito provavelmente, um dos requisitos por ele impostos seria de que o comprador fosse torcedor do Flamengo. Se, alternativamente, esse privilégio fosse concedido ao presidente do Vasco da Gama, um dos atributos do comprador deveria ser torcer pelo Vasco. Se, entretanto, o poder de racionar esses 100 mil ingressos fosse dado a um produtor de *shows* de samba, muito provavelmente as mulatas bonitas teriam sua preferência. Na realidade, a beleza física tem sido um dos atributos humanos mais importantes em um processo de competição discriminatória. Não raro, anúncios de empregos exigem dos candidatos *boa aparência*.

Outra possibilidade de racionar os 100 mil ingressos seria vendê-los a quem chegasse primeiro. Essa, de um modo geral, é a forma de competição mais adotada nesses casos, por se acreditar que há algo de justo em tal processo de competição. Entretanto, nem todos os possíveis interessados em adquirir os ingressos têm a mesma informação sobre os locais e os horários em que as vendas de tais ingressos são iniciadas. Desse modo, chegar primeiro pode resultar de imperfeições no processo de informação. No entanto, freqüentemente, essa forma de competição acaba fazendo que os ingressos cheguem às mãos das pessoas que mais os valorizam. Isso é possível graças aos *cambistas*, no linguajar popular, ou ao intermediário, em uma conceituação mais ampla.

Não raro, a opinião pública se insurge contra os cambistas, atravessadores ou especuladores, como são chamados, às vezes, os intermediários. A situação descrita anteriormente ilustra o papel do intermediário no processo de troca. Como, supostamente, 100 mil ingressos devem ser racionados entre um número maior de torcedores, a rigidez dos preços desses ingressos e o critério de competição normalmente adotado – isto é, a compra por aquele que chegar primeiro e puder pagar os preços de tabela – propiciam que certas pessoas entrem nas filas e adquiram um número elevado e variado de ingressos. O propósito dessas pessoas é simplesmente ganhar dinheiro. Por acreditar que há um excesso de torcedores desejando assistir ao jogo, eles investem seu tempo na fila, bem como os reais correspondentes aos bilhetes comprados, para revendê-los, a preços mais elevados, àqueles que valorizam assistir a tal jogo a preços superiores aos tabelados.

Desse modo, esses cambistas estão funcionando como transformadores do processo de competição originariamente adotado, para um processo de troca voluntária. Evidentemente, a ação dos cambistas é motivada pela perspectiva de ganho na revenda dos bilhetes. Entretanto, os compradores dos ingressos nesse mercado paralelo o fazem espontaneamente e em seu próprio benefício, pois, nessa troca (compra), eles valorizam assistir ao jogo, pelo menos tanto quanto os reais que pagam pelos bilhetes revendidos.

Alguém poderia argumentar que muitas pessoas que gostariam de assistir ao jogo e estariam dispostas a pagar os preços de tabela ficariam sem poder entrar no Maracanã por causa da ação desses cambistas. Isso, de fato, é verdade, mas observe que essas pessoas poderiam entrar na fila para comprar seus ingressos a preços tabelados, caso os locais e horários de funcionamento das bilheterias fossem amplamente divulgados. A maioria das pessoas que compra bilhetes dos cambistas o faz para evitar o desconforto e o tempo gasto nas filas para adquirir suas entradas a preços mais baixos. Valorizando seu tempo e conforto, essas pessoas estão dispostas a gastar mais reais para ter seus ingressos. Desse modo, os cambistas fazem que os ingressos acabem nas mãos das pessoas que mais valorizam, em reais, assistir ao jogo, em detrimento das pessoas que valorizam menos. Esse é o resultado de todo processo de troca voluntária; os bens fluem das pessoas que os valorizam menos para as pessoas que os valorizam mais.

De modo geral, a competição pela venda a preços fixos a quem chegar primeiro, em um contexto de excesso de demanda pelo bem que se quer racionar, incentiva a ação de intermediários. Estes, ao aplicar recursos (tempo e reais) na compra de ingressos, fazem-no na expectativa de ganhos pela revenda de tais ingressos, embora a certo risco. Esse risco depende, em parte, da avaliação pelo cambista do excesso de demanda de entradas. Avaliações erradas podem implicar perdas. Se não fosse a ação desses cambistas, alguém deixaria de ver uma final no Maracanã, caso decidisse ir ao jogo pouco antes de seu início.

Das formas de competição apresentadas, qual é a mais justa? Não há nada de científico na resposta a essa pergunta: a escolha de uma ou outra depende, basicamente, de juízo de valor, seja pessoal, seja cultural. Entretanto, é possível reformular essa pergunta de modo a provermos uma resposta científica: das formas de competição mostradas, qual favorece mais a melhoria da qualidade de vida do homem? Como veremos ao longo deste livro, a troca voluntária é a resposta e implica apropriação dos bens por meio do mercado livre.

Se o racionamento for resolvido pela força física, a sociedade humana pouco se diferenciará das sociedades animais. Se o critério de racionamento for a fila, isto é, se quem chegar primeiro se apropriar dos bens, estes serão conseguidos por aqueles que mais rapidamente se posicionarem nas filas. Se a beleza física for o critério, os bens serão obtidos por aqueles considerados belos. O processo político pode ser usado como critério de racionamento, e isso tem ocorrido com muita freqüência no Brasil, conforme veremos em várias oportunidades. Nesse caso, os bens são obtidos segundo o *status* político e a habilidade pessoal de manipular o processo político em benefício próprio. Quando o mercado livre é o critério adotado, os preços dos bens são usados no racionamento; bens e recursos são obtidos por aqueles dispostos a pagar os maiores preços para possuí-los.

Certamente, a escassez significa que métodos precisam ser estabelecidos para determinar, em uma sociedade, quem fica com os bens e os recursos que estão disponíveis em quantidades limitadas. Note que a ação humana no processo de competição depende do método de racionamento adotado na sociedade. Se o sistema de filas for o escolhido, as pessoas usarão recursos escassos para serem as primeiras da fila; no caso da beleza física, recursos serão usados para atingir padrões de beleza que favoreçam o acesso aos bens desejados. Assim, a escolha do método de racionamento influencia a ação humana.

A Competição Resulta da Escassez

A competição é o resultado natural da escassez e do desejo do homem de melhorar seu bem-estar. A competição existe em todas as economias, em todas as sociedades. Ela existe tanto no caso da apropriação de bens por meio dos preços de mercado quanto nos outros métodos de racionamento, como, por exemplo, pelo sistema político.

Além disso, o critério de racionamento escolhido influencia as técnicas de competição usadas. Quando o critério de racionamento for o sistema de preços, as pessoas se engajam em atividades que lhes gerem renda, de modo a promover sua capacidade de pagar o preço exigido para a aquisição do bem. O sistema de mercado encoraja as pessoas a oferecer bens e serviços a outras, em troca de renda. No entanto, a renda assim auferida lhes permite a aquisição de bens escassos.

Diferentes critérios de racionamento promovem diferentes tipos de comportamento. Quando credibilidade, cultura geral, integridade, retidão de caráter e boa aparência (em particular, na televisão) são atributos importantes no processo de competição, como o são nos casos de competição para cargos eletivos, os indivíduos gastam recursos para associar tais qualidades à sua pessoa. Eles contratam maquiadores, especialistas em relações públicas e agências de propaganda para que os ajudem nessa competição. Podemos mudar o processo de competição, mas não podemos eliminá-lo, porque nenhuma sociedade é capaz de eliminar a escassez e a necessidade, dela decorrente, de racionamento. Quando as pessoas que demandam bens escassos procuram satisfazer os critérios de racionamento a que os bens estão sujeitos, ocorre a competição.

Os economistas reconhecem que o processo de racionamento ao qual as pessoas estão submetidas tem importante impacto na produção de bens e serviços na sociedade. Eles podem não concordar, e geralmente não concordam, com o melhor tipo de competição para determinada situação. Entretanto, o reconhecimento de que o critério de racionamento afeta as ações humanas deve influenciar os economistas na sua forma de tratar a escassez e os problemas dela decorrentes.

A Forma de Pensar Economicamente

> Ela [a economia] é um método e não uma doutrina, um instrumento da mente, uma técnica de pensar que ajuda, a quem a possui, a tirar conclusões corretas.
>
> *John Maynard Keynes*[4]

Não é necessário um longo convívio com economistas para descobrir que há uma "forma de pensar economicamente". Decerto, os economistas, como outros profissionais, têm diferentes visões ideológicas. Como jocosamente costumam dizer, "se pedirmos conselho a três economistas sobre um mesmo problema, com certeza, nos serão oferecidas quatro soluções diferentes". Entretanto, a despeito das suas diferenças filosóficas, os economistas têm uma abordagem comum.

Essa abordagem comum é promovida pela **teoria econômica**, desenvolvida a partir de postulados básicos sobre o comportamento humano. A teoria econômica é como um mapa ou um guia; estabelece pontos de referência indicando o que devemos procurar e como as questões econômicas estão interligadas. Os princípios econômicos básicos são, em alto grau, simplesmente senso comum. Entretanto, quando aplicado de forma consistente, o senso comum aguça nossa percepção, permitindo-nos maior discernimento da realidade.

> ***Teoria econômica***
>
> Um conjunto de definições, postulados e princípios agrupados de modo a tornar claras as relações de causa e efeito entre dados econômicos.

Oito Marcos na Forma de Pensar Economicamente

A forma de pensar economicamente requer a incorporação de alguns conceitos que nos orientem (algumas *dicas* de como agir) – os fundamentos da teoria econômica – na condução de nosso raciocínio. Uma vez que esses conceitos básicos sejam incorporados à sua visão da realidade, acreditamos que você será capaz de apreciar melhor a importância da ciência econômica, dominando-a com mais facilidade. Os estudantes que apresentam dificuldades no aprendizado da economia são aqueles que falham em assimilar esses fundamentos. A seguir, apresentamos e discutimos oito princípios que caracterizam a forma de pensar economicamente e que são essenciais à abordagem econômica.

4. John Maynard Keynes (1883-1946) foi um economista inglês cujos trabalhos, durante as décadas de 1920 e 1930, tiveram um enorme impacto, tanto na teoria quanto na política econômica. Keynes estabeleceu a terminologia e a estrutura que ainda são largamente usadas no tratamento de problemas de desemprego e inflação.

1. **O uso de recursos escassos na produção de bens e serviços sempre tem um custo.** Os economistas, geralmente, referem-se a esse fato com a máxima "Não existe tal coisa como um almoço de graça", isto é, o princípio de que *nada é de graça.* O uso de recursos na produção de determinado bem absorve recursos que poderiam ser usados na produção de qualquer outro bem, também desejado pelas pessoas. É nesse sentido que qualquer opção nossa não é livre de custo. O melhor uso alternativo dos recursos produtivos utilizados em nossa escolha é o **custo de oportunidade** dessa escolha. É, portanto, o que sacrificamos para satisfazer nossa escolha. Por exemplo, se você dedica uma hora de seu tempo escasso ao estudo da economia, durante essa hora, você não poderá dormir nem ver televisão, nem praticar esporte, nem trabalhar, nem namorar, nem estudar matemática. Dependendo do momento e das circunstâncias, o tempo usado para trabalhar em seu emprego, ou mesmo para dormir, pode ser considerado por você como o tempo de maior valor a ser sacrificado para que você tenha uma hora de estudo de economia. O custo de uma ação é sempre a opção de maior valor perdida em decorrência dessa ação.

> **Custo de oportunidade**
>
> Alternativa de maior valor que deve ser sacrificada como resultado da escolha de uma entre as várias alternativas possíveis.

É importante reconhecer como verdade o conceito de "custo dos recursos escassos", a despeito de quem paga pelo bem ou serviço produzido. Em muitos países, entre os quais o Brasil, vários níveis de ensino são providos aos estudantes sem que eles paguem por esses serviços. Entretanto, prover ensino para estudantes não ocorre de graça, qualquer que seja a sociedade. Os recursos escassos (por exemplo: construções, equipamentos, tempo e habilidade dos professores) usados na produção de serviços educacionais poderiam ser utilizados na produção de serviços de recreação, de habitação ou de outros bens. O custo de prover serviços educacionais é a alternativa de maior valor (bens e serviços) que se deixa de ter pelo uso dos recursos escassos na produção desses serviços.

Agora, parece-nos que o ponto central desse princípio é óbvio. O pensar economicamente implica reconhecer que o uso de recursos escassos envolve sempre um custo; a utilização de recursos na produção de um bem requer a disponibilidade de menos recursos para uso na produção de qualquer outro bem ou serviço. No próximo capítulo, examinaremos mais cuidadosamente esse conceito-chave e algumas de suas implicações.

2. **Ao decidir, o homem escolhe com propósito; desse modo, ele sempre economiza.** Como os recursos são escassos, ao tomar decisões, o homem escolhe sabiamente, evitando desperdiçar seus poucos recursos. Reconhecendo as restrições que lhe são impostas, pela limitação de recursos à sua disposição (renda, tempo, talento etc.), o homem tenta selecionar as opções que melhor satisfaçam seus objetivos. No entanto, os objetivos e as preferências pessoais são revelados pelas

escolhas feitas. O **comportamento econômico** resulta, diretamente, de decisões (racionais) que visam atingir objetivos perseguidos, ao menor custo possível para o indivíduo que toma a decisão. Quando a escolha se refere a um subconjunto de coisas que produzem o mesmo benefício, o homem econômico escolherá a opção de menor custo. Por exemplo, se pizza, lagosta ou bife produzem o mesmo benefício para um indivíduo (aqui incluída a satisfação de comê-los!), o comportamento econômico implica que a escolha recairá sobre o mais barato e, provavelmente, a pizza será escolhida. Do mesmo modo, quando a escolha a ser feita se refere a alternativas de igual custo, a decisão econômica implica selecionar a opção que produz o maior benefício. Ao tomar decisão para atingir um objetivo, o indivíduo, deliberadamente, nunca pagará mais que o necessário para a obtenção do bem em questão.

Comportamento econômico

Escolher com o objetivo de conseguir um benefício específico ao menor custo possível. Um corolário do comportamento econômico implica que, ao escolher entre opções de igual custo, o indivíduo optará por aquela que lhe proporcionará o maior benefício.

Uma escolha deliberada implica que o indivíduo, ao tomar decisões, é capaz de avaliar as alternativas disponíveis. A essa avaliação, que implica ordenar as alternativas (segundo seus benefícios, seus custos ou seus benefícios líquidos, isto é, benefícios menos custos), os economistas denominam *utilidade*. A **utilidade** de qualquer uma das alternativas possíveis é altamente subjetiva, diferindo marcadamente de pessoa para pessoa, segundo suas preferências individuais.

Utilidade

Forma sistemática de ordenar as alternativas passíveis de escolha por um indivíduo. Assim, a cada nível de utilidade, estarão associados o benefício líquido ou a satisfação esperada pela correspondente ação do indivíduo.

3. **O homem responde a estímulos – a escolha é influenciada, de forma previsível, por mudanças nos estímulos econômicos.** Esse marco do pensamento econômico é tão importante que pode ser considerado o postulado dos postulados da teoria econômica. *Quando os benefícios pessoais pela escolha de uma opção aumentam, e tudo o mais é constante* (coeteris paribus), *a pessoa, provavelmente, fará essa opção. De forma contrária, quando os custos pessoais associados à escolha de uma opção aumentam,* coeteris paribus, *a pessoa, muito provavelmente, estará menos disposta a escolher essa opção.* Para um grupo de pessoas, esse postulado sugere que, quanto mais atraente for determinada escolha, mais pessoas a farão. Entretanto, à medida que os custos de uma escolha aumentam, um menor número de pessoas a selecionará.

   Esse postulado básico se refere a toda ação humana, daí sua importância para o estudo do comportamento humano. Incentivos ou desestímulos afetam, virtualmente, todos os aspectos de nossas vidas – tanto decisões econômicas sobre o que comprar quanto decisões políticas sobre em quem votar.

De acordo com esse postulado, como reagiriam os consumidores ao aumento (relativo aos outros bens) do preço do filé? Uma vez que o aumento do preço do filé torna seu consumo mais caro, o postulado básico nos indica que os consumidores estarão menos dispostos a comprá-lo (escolhê-lo). O resultado previsto é uma queda na quantidade consumida de filé em decorrência do aumento de seu preço.

Para demonstrar a larga aplicação desse postulado básico, vamos considerar o processo de verificação da aprendizagem em uma universidade. Se o professor, pelos procedimentos escolhidos, faz que *colar* tenha um elevado custo, haverá menos cola nas provas. Haverá menos cola se a prova for dissertativa, individual, com tempo limitado e um monitoramento acurado. Por quê? Porque se torna difícil (isto é, custoso) colar nesse tipo de avaliação. Suponha, agora, que o professor dê, como prova, um conjunto de questões de múltipla escolha para ser feito em casa e que as notas dos estudantes sejam baseadas em tais exames. Considerando os mesmos estudantes do caso anterior, haverá mais cola, uma vez que o benefício de colar é alto e seu risco (custo) é mínimo. Você é capaz de explicar por que as ruas suíças são mais limpas que as ruas brasileiras?

O postulado dos incentivos se aplica a toda e qualquer organização social, do socialismo ao capitalismo. Por exemplo, há algum tempo, na antiga União Soviética, os administradores das fábricas de vidro eram recompensados pelas toneladas de folhas de vidro produzidas. Não é surpreendente o fato de que a grande maioria das fábricas cumpria suas metas produzindo folhas de vidro tão grossas que dificilmente se poderia ver através delas. As regras de avaliação de desempenho foram, então, mudadas, e a meta exigida passou a ser não mais toneladas de vidro, mas metros quadrados de vidro. Rapidamente, os administradores adaptaram-se à nova regra e usaram seus recursos produtivos para obter folhas de vidro mais finas e, por conseguinte, mais metros quadrados de vidro. Embora fosse possível ver através das novas folhas de vidro, por serem muito finas, elas quebravam com facilidade. (Veja no quadro **Incentivos funcionam?** outra aplicação desse princípio.)

Marginal

Termo usado para descrever os efeitos de uma mudança sobre a situação corrente. Por exemplo, o custo marginal é o custo de se produzir uma unidade adicional do produto em pauta, dadas as atuais instalações e a taxa de produção da fábrica.

4. **O raciocínio econômico é um raciocínio marginal.** A ação humana muda o estado das coisas, isto é, o *statu quo*. Portanto, a mudança no *statu quo* por uma ação de natureza econômica é fundamental para o raciocínio econômico e para a compreensão do comportamento econômico. Os economistas caracterizam qualquer nova ação como **marginal**. Escolhas marginais impli-

cam adições ou subtrações líquidas às condições vigentes (ao *statu quo*). Muito freqüentemente, você vai encontrar a palavra adicional no lugar de *marginal*. Por exemplo, podemos perguntar: "Qual é o custo marginal (ou adicional) de se produzir um automóvel?".

Decisões marginais podem envolver grandes ou pequenas mudanças. A expressão "uma unidade a mais" pode se referir a uma nova fábrica ou um grampeador de papéis. Ela é marginal porque implica custos adicionais e benefícios adicionais. Dado o atual estado de coisas, isto é, dado o que se tem no momento, que benefícios marginais (por exemplo, receita obtida pela venda adicional) podemos esperar de uma nova fábrica e qual será o custo marginal de construí-la? As respostas a essas questões determinarão se é uma boa decisão construir uma nova fábrica.

É importante distinguir o conceito *médio* do conceito *marginal*, qualquer que seja a informação (variável) considerada. Em determinado momento, o custo médio de uma montadora para produzir automóveis (custo total dividido pelo total de carros produzidos) pode ser de R$ 20 mil, mas o custo marginal, para essa mesma montadora produzir um automóvel adicional (ou, se for o caso, mil automóveis adicionais), pode ser bem inferior – digamos, R$ 5 mil por carro. Os custos associados a pesquisa, testes, concepção, moldes, equipamentos pesados e fatores de produção similares serão incorridos, mesmo que a montadora venha a produzir mil, 10 mil ou 100 mil unidades. Esses custos necessariamente serão incluídos no cálculo do custo médio de produção de um automóvel. Entretanto, como as atividades associadas a tais custos já foram desenvolvidas para a montadora atingir seu atual nível de produção, o custo de produzir uma unidade adicional deverá ser pequeno. Assim, dependendo do nível de produção corrente, o custo marginal da montadora ao produzir um carro adicional pode ser substancialmente inferior ao seu custo médio. Na decisão de expandir ou reduzir a atual produção de um bem, a escolha deve ser baseada no custo marginal e não no custo médio.

É freqüente depararmos com escolhas que acarretam mudanças na situação atual. O saber escolher depende de identificarmos, corretamente, os *benefícios marginais* e os *custos marginais* de nossa escolha. Considerar o que ocorre *na margem* é, portanto, um elemento fundamental no processo de pensar economicamente.

5. **A informação nos ajuda a escolher melhor; entretanto, sua aquisição tem custo.** Por isso mesmo, sempre que tomamos uma decisão, nós o fazemos sob um conjunto limitado de informações. A informação que nos ajuda em nossa escolha tem valor. Como qualquer outro recurso, a informação é escassa e, portanto, só pode ser adquirida a um custo. Assim, os indivíduos agirão economicamente em sua procura por informação, de modo semelhante ao que fazem quando

qualquer outro recurso escasso é objeto da ação humana. Por exemplo, após resolver comprar um par de calças *jeans*, você normalmente visitará várias lojas, informando-se sobre o preço e a qualidade do produto oferecido em cada local de venda. Após algum tempo de pesquisa, você decidirá onde comprar, ainda que tenha a certeza de que há muitas lojas que poderiam ser visitadas. Por que você interrompeu sua pesquisa? Porque concluiu que não valia a pena adquirir mais informação sobre o bem em questão. O benefício na margem, isto é, a possível redução no preço a pagar, para a mesma qualidade do produto, não compensava o custo na margem de obter mais informação, isto é, seu tempo gasto e a inconveniência de visitar mais uma loja. Sua escolha foi feita sob um conjunto limitado de informações que você detinha no momento da compra.

As pessoas freqüentemente passam por um processo semelhante ao decidir sobre o local onde comer, sobre a compra de um carro novo ou ainda sobre o apartamento que pretendem alugar. Elas procuram obter mais informação, mas, em determinado momento do processo, decidem que os benefícios esperados da obtenção de mais informação não valem os custos. Quanto mais importante a decisão, mais as pessoas usarão seu tempo e esforço na obtenção de informação, de modo a fazer a melhor escolha. (Você gastaria mais tempo na compra de um carro novo ou na compra de um bombom?) Ainda assim, a escolha será feita sob um conjunto limitado de informações e, conseqüentemente, sem a certeza de que não seria possível fazer a melhor escolha. Informação limitada e incerteza estão presentes em nossas decisões diárias.

6. **Uma ação econômica, além dos efeitos imediatos, produz, ao longo do tempo, efeitos secundários.** Uma falha na percepção desses efeitos secundários é uma das mais importantes fontes de erro em economia. Frederic Bastiat, um economista francês do século XIX, afirmava que a diferença entre um bom e um mau economista é que um mau economista considera, em sua análise, apenas os efeitos imediatos da ação estudada, enquanto o bom economista considera, também, os **efeitos secundários**. Como os efeitos secundários só são percebidos com o passar do tempo, a antecipação de seus impactos é fundamental para a compreensão plena do evento estudado. É exatamente essa capacidade de entender o fenômeno em sua plenitude que caracteriza o bom economista.

> ***Efeitos secundários***
>
> São conseqüências de um evento econômico que só podem ser percebidas com o passar do tempo.

Provavelmente, um simples exemplo nos permitirá melhor compreensão dos conceitos de efeitos imediatos e secundários. Quando tomamos uma aspirina para evitar o desconforto de uma dor de cabeça, o efeito imediato é o sabor amargo que sentimos em nossa boca no momento da administração do remédio. O efeito secundário, que não é percebido imediatamente, é o alívio

TEORIA ECONÔMICA APLICADA

Incentivos funcionam?

Quão geral é o princípio dos incentivos? Os incentivos realmente funcionam? Esse princípio se aplica, por exemplo, ao caso de conduzir um veículo após ingestão de bebida alcoólica? De que modo os incentivos para evitar a combinação desastrosa de bebida com condução de veículo funcionam? No Brasil, o custo para um motorista conduzir um veículo sob efeito de bebida alcoólica é baixo ou alto?

A Noruega é o país que, muito provavelmente, tem a legislação mais rigorosa para inibir a combinação bebida alcoólica e condução de veículo.* Beber uma simples lata de cerveja antes de conduzir um veículo pode custar ao réu primário um mínimo de três semanas de cadeia. Esses motoristas perdem sua carteira por até dois anos, além de ter de pagar uma elevada multa. Os réus com antecedentes similares são tratados com mais rigidez. As leis norueguesas são mais draconianas que as leis do Brasil ou mesmo as dos Estados Unidos. Mas o que elas produzem?

1. Um em cada três noruegueses vai a festas de táxi, enquanto quase todos os brasileiros que possuem veículos vão com seus próprios carros.
2. Um em cada dez noruegueses, quando vai a festas, passa a noite na casa dos anfitriões. Esse não é um hábito que possa ser notado no Brasil.
3. Na Noruega, 78% dos motoristas evitam beber em festas. Infelizmente, não temos essa estatística para o Brasil mas, nos Estados Unidos, onde a legislação é mais branda que na Noruega, somente 17% dos motoristas não bebem nas festas.

Embora não sejam conhecidos como beberrões, os noruegueses, como os brasileiros e os norte-americanos, gostam de beber. O forte incentivo, contido na lei, para evitar a combinação bebida e condução de veículo, é, sem dúvida, o responsável pela diferença de comportamento dos noruegueses.

---

* Dados extraídos de Calonius, L. Erik. Just a bottle of beer can land a motorist in prison in Norway. *The Wall Street Journal*, p. 1, 16 ago. 1985.

decorrente da eliminação da dor de cabeça. O efeito imediato de beber seis garrafas de cerveja é a sensação de prazer e alegria. O efeito secundário, para muitos, é a ressaca do dia seguinte.

Em economia, os efeitos imediatos (de curto prazo), facilmente perceptíveis, são substancialmente diferentes dos efeitos de longo prazo. Mudanças de política econômica alteram, de modo geral, a estrutura de incentivos que orientam as ações individuais, afetando, por exemplo, quantas horas as pessoas trabalham, quanto obtêm de renda, quanto investem e quanto pretendem consumir no futuro, como resultado do que poupam hoje. Entretanto, os impactos dos efeitos secundários só podem ser observados com o passar do tempo e, ainda assim, somente por quem sabe o que olhar.

Considere a prática do governo brasileiro de restringir importações por meio da imposição de tarifas, cotas ou outros entraves, inclusive os burocráticos. Os defensores de tais medidas, os *protetores da indústria nacional*, argumentam que restrições às importações provocam aumento de emprego. De fato, impossibilitados de comprar os importados que ficaram muito mais caros ou que não estão mais disponíveis, os consumidores domésticos adquirem produtos nacionais. Para isso, uma quantidade maior desses bens precisa ser produzida e, portanto, mais trabalhadores devem ser usados nessa produção adicional. O aumento da produção doméstica e, conseqüentemente, do emprego faz parte dos efeitos imediatos das medidas protecionistas mencionadas. Vejamos os efeitos secundários. Para facilitarmos a compreensão, vamos considerar o aumento das tarifas de importação de veículos automotivos a que fomos submetidos recentemente.

A elevação da tarifa de importação de automóveis, ao torná-la mais cara relativamente aos automóveis nacionais, eleva o preço do veículo qualquer que seja sua origem, pela redução da oferta de importados. Assim, aqueles que comprarem automóveis o farão a preços maiores e, portanto, terão menos recursos para adquirir outras coisas, como alimentos, vestuário, recreação etc. Mais gastos com automóveis implicam, imediatamente, menos gastos com outras coisas e, conseqüentemente, menor produção e menos emprego nas demais indústrias. Essa redução de emprego nas outras indústrias é um efeito imediato da proteção tarifária, embora não se refira ao mercado de automóveis. Sua desconsideração decorre de uma visão parcial do problema, circunscrita à indústria automobilística. A redução das importações de automóveis pelo Brasil diminuirá a receita cambial de nossos parceiros que, conseqüentemente, passarão a importar menos do Brasil. O aumento no emprego e na produção registrado na indústria automobilística tem como contrapartida a redução na produção e no emprego registrada, adiante no tempo, na indústria de bens exportáveis. Essa redução de atividade (produção e emprego) na indústria de produtos de exportação é o efeito secundário, geralmente desconsiderado pelos defensores da proteção.

Assim, ao considerarmos os efeitos da proteção sobre os outros setores não-protegidos, bem como seus efeitos secundários, o impacto líquido das restrições às importações sobre o emprego não é tão óbvio quanto parece. As restrições impostas provocarão um aumento no emprego na indústria automobilística, mas produzirão também uma redução no emprego nas outras indústrias – em particular nas de exportação. Essencialmente, essas restrições provocarão uma redistribuição do emprego entre os setores (indústrias) da economia. Como bem ilustra esse exemplo, os efeitos secundários são um ingrediente importante da forma de pensar economicamente.

7. **O valor de um bem ou de um serviço é subjetivo.** Os indivíduos têm preferências distintas. Às vezes, essas diferenças são drásticas. Quanto vale um ingresso para a apresentação, hoje à noite, do Balé Bolshoi? Algumas pessoas estariam dispostas a pagar um preço elevado pelo que consideram um privilégio. Outras prefeririam ficar em casa, ainda que recebessem sem ter de pagar por eles. Nossas escolhas, baseadas em nossa valorização subjetiva, estão sujeitas ao contexto em que se insere a decisão. As circunstâncias mudam a cada dia, até para a mesma pessoa.

   Alice é uma jovem fã de balé clássico. Em condições normais, ela estaria disposta a pagar mais que os R$ 50 cobrados pelo ingresso. Como a apresentação do Bolshoi coincide com uma festa para a qual Alice foi convidada, ela demonstra, nessa noite, um desinteresse pelo balé, ao escolher ir à festa. Nessa noite específica, quanto vale seu ingresso para o balé? Se algum amigo de Alice estivesse disposto a pagar R$ 5 pelo ingresso, ele valeria, pelo menos, R$ 5. Considerando o valor oferecido muito baixo, Alice decide anunciar, no quadro de avisos da universidade, que está vendendo um ingresso para a apresentação do Balé Bolshoi e recebe R$ 10 como melhor oferta. Sob essa nova circunstância, o ingresso valeria mais que a oferta do amigo de Alice. Ao anunciar sua disposição de vender o ingresso, Alice permitiu que ele fosse parar nas mãos de quem valorizava mais o Balé Bolshoi. Será que todas as pessoas interessadas em balé ficaram sabendo que Alice estava vendendo seu ingresso pela melhor oferta? Decerto que não, e alguém estaria disposto a oferecer mais de R$ 10 pelo ingresso. Pelos custos de informação e pela rapidez com que Alice precisava vender seu ingresso – não poderia vendê-lo após a realização do espetáculo –, é possível que alguém, disposto a pagar mais pelo ingresso, não tivesse a oportunidade ou o conhecimento para fazê-lo. Embora, potencialmente, o ingresso valesse mais que R$ 10, na situação descrita, esse é o seu valor. De qualquer forma, podemos concluir que o valor do ingresso depende de muitas coisas, incluindo quem o usa e sob quais circunstâncias.

   Muito raramente, um indivíduo saberá como outros indivíduos valorizam determinado bem ou serviço. Como ilustração desse fato, considere a dificuldade que temos na escolha de um presente a ser dado a outra pessoa, ainda que ela nos seja alguém muito próximo – um amigo íntimo ou um parente. Assim, a promoção de trocas ou da transferência de bens das mãos de quem valoriza menos para as mãos de quem valoriza mais não é uma tarefa simples. As pessoas empreendedoras, que podem antecipar corretamente quanto outras estariam dispostas a pagar, caso lhes fosse dada a escolha, e que são capazes de arranjar os recursos produtivos, de modo a utilizá-los nos usos de maior valor, podem aumentar o valor dos recursos existentes. De fato, a forma como a sociedade promove e coordena o comportamento dos indivíduos, na compra e na venda ou na produção e no consumo, será objeto de consideração em vários dos capítulos a seguir.

Pensar cientificamente

É desenvolver uma teoria a partir de postulados básicos, bem como testar suas implicações e consistência com eventos do mundo real. Uma teoria é boa se, consistente com a realidade, nos ajudar a explicar os eventos do mundo real. Teorias inconsistentes com o mundo real são de pouca utilidade e devem ser rejeitadas.

8. **O teste da teoria está em sua capacidade preditiva.** Pensar economicamente é **pensar cientificamente**. A *prova* do pudim está em comê-lo. A utilidade da teoria econômica é demonstrada pela sua capacidade de prever conseqüências futuras de ações econômicas. A teoria econômica tem sido desenvolvida pelos economistas a partir do pensar cientificamente, usando postulados básicos para analisar como os incentivos afetam o comportamento dos agentes econômicos e comparando suas análises com os fatos reais. Se os eventos no mundo real são consistentes com a teoria, dizemos que a teoria tem *valor preditivo* e, portanto, é válida.

Se for impossível testar as relações teóricas de uma disciplina, ela não satisfaz as exigências de uma ciência. Assim, uma vez que a economia trata do ser humano, que pensa e responde, por meio de suas ações, a diferentes situações, é possível testar teorias econômicas? A resposta a essa pergunta é sim, se, na média, o homem reage de forma previsível e consistente com as mudanças nas condições econômicas. Os economistas estão certos de que este é o caso, embora nem todos os indivíduos reajam, diante de uma situação, da mesma maneira. A teoria econômica, de modo geral, não se preocupa em prever o comportamento de determinado indivíduo; em vez disso, seu foco é no comportamento sistemático de um grande número de indivíduos.

Como é possível testar a teoria econômica se o comportamento humano e suas interações em um mundo real não são passíveis de experimentação? De fato, esse é um problema não exclusivo da economia. Outras ciências – por exemplo, a astronomia – também estão sujeitas a tal dificuldade metodológica. Os astrônomos têm de tratar o mundo como ele é. Eles não podem mudar o curso das estrelas ou dos planetas para observar o que ocorreria com a força da gravidade na Terra. O mesmo ocorre com os economistas. Não podemos mudar o preço de um carro ou a remuneração do trabalho não-qualificado para, então, observar o que ocorre com a quantidade comprada desse carro ou com o nível de emprego desse tipo de trabalho. Entretanto, as condições econômicas mudam (por exemplo, preços, custos de produção, tecnologia, custos de transporte etc.), assim como a localização dos planetas. A partir de mudanças nas condições econômicas, a teoria econômica pode ser testada comparando-se suas previsões, em decorrência de tais mudanças, com o que, de fato, ocorreu no mundo real. Assim como o universo é o laboratório do astrônomo, o mundo real econômico é o laboratório do economista.

Economia Positiva e Economia Normativa

> Uma ciência positiva pode ser definida como um corpo sistematizado de conhecimento referente ao que é; uma ciência normativa ou de regulamentação é um corpo sistematizado de conhecimento associado a critérios que definem o que deve ser, referindo-se, portanto, a um ideal, diferente do atual.
>
> *John Neville Keynes*[5]

A economia, como uma ciência social, preocupa-se em prever ou determinar o impacto de mudanças nas variáveis econômicas sobre as ações do homem, que vive em sociedade. A economia como ciência, que corresponde ao que se denomina **economia positiva**, procura estabelecer *o que é*. As proposições da economia positiva postulam relações potencialmente verificáveis ou refutáveis. Por exemplo: *se o preço da batata fosse mais elevado, as pessoas comprariam menos batatas* ou *à medida que aumenta a oferta monetária, o nível geral de preços sobe*. Podemos, estatisticamente, investigar (e estimar) a relação entre o preço da batata e a quantidade vendida de batata ou a relação entre a oferta monetária e o nível geral de preços. Analisando os fatos, podemos determinar se a proposição da economia positiva é válida ou não.

Economia positiva

Estudo científico "do que é" entre as relações econômicas.

A **economia normativa** compreende a defesa de uma política alternativa determinada por meio de juízo de valor, da ética e, certamente, do conhecimento científico da economia positiva. As proposições da economia normativa referem-se *ao que deve ser*, dadas as preferências e a posição filosófica do proponente. O juízo de valor é a principal fonte de discórdia de proposições de economia normativa. Duas pessoas podem discordar quanto a uma medida de política econômica, porque uma delas é socialista e a outra, um liberal; porque uma deseja alimentos mais baratos e a outra prefere alimentos produzidos somente com fertilizantes orgânicos; porque uma quer preservar ambientes naturais intocados e a outra prefere facilitar, pela construção de rodovias, o acesso a

Economia normativa

Julgamento sobre "o que deve ser" nas questões econômicas. As proposições em economia normativa não podem ser cientificamente convalidadas porquanto se baseiam em julgamentos de valor.

5. John Neville Keynes, *The scope and method of political economy*, 4. ed., 1917, p. 34-35.

locais aprazíveis. Elas podem concordar quanto ao efeito esperado de mudanças em variáveis econômicas (isto é, a economia positiva de uma questão), embora discordem quanto ao fato de o resultado ser bom ou mau.

Contrariamente às proposições da economia positiva, afirmações de economia normativa não podem ser testadas nem, portanto, comprovadas como falsas ou verdadeiras. *As empresas não devem maximizar lucros. Alimentos a serem comercializados não podem ser produzidos com o uso de agrotóxicos. Uma parcela maior de nossas florestas deveria ser preservada como santuário ecológico.* Essas afirmações de caráter normativo não podem ser testadas, uma vez que se fundamentam em juízo de valor.

A economia positiva não nos indica qual a melhor política, embora, na medida em que aumentamos nosso conhecimento sobre as opções de política, ela possa nos ajudar a dirimir dúvidas sobre questões de escolha de política. Esse conhecimento pode ainda reduzir os erros de política decorrentes de expectativas infundadas.

Muitas vezes, nossa prevenção normativa pode influenciar nossa análise de economia positiva. Quando concordamos com os objetivos de uma política, é fácil ignorar os avisos sobre problemas potenciais, que a economia positiva nos permite perceber. Objetivos desejados não são o mesmo que soluções trabalhadas. De modo geral, os resultados produzidos por uma política diferem, substancialmente, dos objetivos que justificaram sua escolha.

Todos concordamos que os brasileiros deveriam ter melhor qualidade de vida. Maior renda promove melhoria na qualidade de vida. A imposição legal de um salário mínimo é justificada como forma de proteger o trabalhador com pouca qualificação, permitindo-lhe, desse modo, melhor qualidade de vida. Ledo engano. De fato, se o novo salário mínimo imposto pela autoridade pública for efetivo – isto é, superior ao salário que prevaleceria no mercado –, muitos trabalhadores perderão seus empregos. Mas quem perderá o emprego? De modo geral, o trabalhador cujas características sejam mais fáceis de encontrar no mercado, isto é, o analfabeto ou semi-alfabetizado, sem conhecimento técnico. Mas não seriam esses trabalhadores o alvo da proteção que justifica a imposição do salário mínimo? Os defensores do salário mínimo, certamente, preferem desconsiderar a análise econômica que prevê resultado tão desastroso para uma norma com objetivo tão nobre.

A tarefa de um economista profissional é ampliar nosso conhecimento de como o mundo real funciona, no que se refere tanto ao setor privado quanto ao setor público. Se não compreendemos plenamente as implicações de ações alternativas, inclusive seus efeitos secundários, não seremos capazes de escolher de modo inteligente. Entretanto, nem sempre é fácil usar o pensar economicamente para isolar o impacto de uma mudança em uma variável ou de uma política. Vamos considerar algumas armadilhas a serem evitadas no pensar economicamente.

Desarmando Armadilhas ao Pensar Economicamente

Coeteris Paribus

Os economistas geralmente precedem suas afirmações com a expressão latina ***coeteris paribus***, que significa *iguais às demais coisas* ou, como se usa freqüentemente, *tudo o mais constante*. "Tudo o mais constante, um aumento no preço da habitação fará que os compradores reduzam suas compras." Infelizmente, para o analista econômico, vivemos em um mundo dinâmico. Raramente, tudo o mais estará constante. Por exemplo, quando o preço da habitação se eleva, a renda dos consumidores pode estar aumentando também. Cada um desses fatores – preço da habitação mais elevado e aumento da renda dos consumidores – terá um impacto sobre a compra de habitações. Na realidade, devemos esperar que eles tenham efeitos contrários: o aumento de preço deve reduzir a compra, enquanto a elevação de renda deve provocar um aumento na demanda por habitações. A tarefa de identificar separadamente cada um dos efeitos, quando duas ou mais variáveis mudam simultaneamente, é difícil, embora, com o uso da teoria econômica, com alguma criatividade e com informação adequada, isso possa ser feito com sucesso, na grande maioria dos casos. De fato, a maior parte do trabalho diário do economista profissional depende da manipulação adequada das informações parciais disponíveis, pelo uso de técnicas estatísticas.

> **Coeteris paribus**
>
> Expressão latina que significa "tudo o mais constante", usada para descrever o efeito da mudança de uma única variável, reconhecendo que, se as outras coisas variarem, os resultados previstos serão diferentes. Pela complexidade do mundo real, os economistas isolam as demais variáveis para inferir, na questão em estudo, sobre os efeitos da variável escolhida.

Associação não é Relação Causal

A identificação de relações causais e sua determinação são aspectos importantes na aplicação da teoria econômica. Como o economista trabalha com sintomas, expressos em estatísticas, precisa ser cauteloso, uma vez que a associação estatística não representa, necessariamente, uma relação causal. Suponha que todo mês de junho um pajé no Alto Xingu desenvolva um ritual de feitiçaria e dance para que Tupã envie o inverno para a tribo. Após alguns dias desse ritual, a temperatura cai e o inverno se instala na região. O ritual do pajé está, de fato, relacionado à chegada do inverno, mas é ele que causa o inverno? Decerto que não. Embora isso seja um fato aceito por todos nós, não podemos negar a associação entre a dança do pajé e a chegada do inverno.

Infelizmente, as relações de causa e efeito em economia não são sempre evidentes. Assim, sob certas circunstâncias, é difícil determinar se uma elevação de renda provoca um aumento nas compras de consumo ou se o aumento no desejo de comprar é que provoca uma expansão na atividade econômica, causando uma elevação de renda. De modo similar, os economistas por vezes argumentam que aumentos dos salários, em moeda corrente, causam inflação ou resultam de um processo inflacionário. A teoria econômica, se fundamentada em seus postulados básicos, pode nos ajudar a determinar a direção correta da causalidade, ainda que teorias alternativas possam sugerir o contrário.

Falácia da Composição

O que é verdade para um indivíduo (ou para um pequeno grupo de indivíduos) nem sempre é verdade para todos os indivíduos. Se, em uma partida de futebol, você se levanta para ver melhor determinado lance, sem dúvida, terá uma visão melhor da jogada. Mas o que acontece se todos se levantarem ao mesmo tempo? O que é benéfico para um indivíduo, isoladamente, não beneficia necessariamente o grupo como um todo. Quando todos se levantam, a visão de um espectador não melhora; na realidade, ela provavelmente piora.

> **Falácia da composição**
>
> Visão errônea de que o que é verdade para um indivíduo (ou subgrupo de indivíduos) será também verdade para o todo.

O argumento de que "o que é bom para uma parte é bom para o todo" padece da **falácia da composição**. Considere um exemplo econômico simples. Se sua conta bancária é aumentada, sem qualquer exigibilidade atual ou futura, em R$ 10 mil, você ficará em uma situação melhor. Mas o que acontece se todos tiverem esse mesmo aumento em dinheiro ou em suas contas bancárias? Com mais dinheiro, as pessoas tendem a comprar mais e, por isso, os preços dos bens e serviços se elevarão, porque a quantidade disponível de bens e serviços não pode ser aumentada imediatamente. Requer-se tempo para aumentar essa disponibilidade, pela produção ou pela importação. Sem o aumento da disponibilidade de bens e serviços, a quantidade adicional de dinheiro, à disposição de todos e de cada um, não melhora ninguém. O que é verdade para um indivíduo pode nos confundir e, de modo geral, é falacioso, quando extrapolado para a economia como um todo.

O potencial de erro associado à falácia da composição destaca a importância de se considerar, no estudo da economia, as visões micro e macro. Como as ações econômicas decorrem de decisões individuais, os fundamentos da economia encontram-se na visão micro. À análise centrada no agente econômico, seja o consumidor, o produtor, em um produto ou um recurso produtivo, dá-se o nome de **microeconomia**. Como apropriadamente destacou o professor Abba Lerner:

> **Microeconomia**
>
> É o ramo da economia que estuda o comportamento humano em um contexto estrito de unidade de observação definida pelo consumidor individual ou pela firma.

A microeconomia consiste em olhar a economia através de um microscópio, como para ver de que modo os milhões de células do corpo econômico – os indivíduos, como consumidores, e os indivíduos ou firmas, como produtores – cumprem seu papel no funcionamento do organismo como um todo.[6]

Como vimos anteriormente, o que é verdade para um indivíduo pode não ser verdadeiro para o agregado. A **macroeconomia** considera de que forma a agregação de microunidades individuais afeta nossa análise. Como microeconomia, ela trata de incentivos, preços e produção. Na macroeconomia, entretanto, agregamos mercados, reunindo 170 milhões de habitantes do país no estudo de tópicos como gastos em consumo, poupança e emprego. Do mesmo modo, todas as empresas da nação, consideradas conjuntamente, formam o setor de negócios.

> ***Macroeconomia***
>
> É o ramo da economia que estuda o comportamento humano em um contexto agregativo. Trata do impacto da ação humana sobre os grandes agregados como o mercado de trabalho ou o consumo de bens e serviços.

Que fatores determinam o nível do produto agregado, a taxa de inflação, o nível de desemprego e a taxa de juros? Estas são questões macroeconômicas. Em suma, a macroeconomia examina a floresta e não cada árvore individualmente. À medida que nos deslocamos da análise individual dos microcomponentes para uma visão macro do todo, é importante atentar para a possibilidade de incorrer em erro pela falácia da composição.

Economia como Carreira Profissional

O estudo da economia é indispensável a qualquer formação profissional. Pensar economicamente melhora, de forma substancial, a capacidade de decisão de qualquer pessoa em questões tanto pessoais quanto profissionais. Se, ao longo do primeiro curso de economia, seu entusiasmo pela disciplina aumentar, é importante obter algumas informações sobre o que é ser um economista profissional, mesmo que você esteja, no momento, preparando-se para outra profissão.

A economia é uma ciência (social) e, como tal, requer, daqueles interessados em seu estudo, muita dedicação. A importância do pensar economicamente sobressai na preferência que as empresas dão, no recrutamento de *trainees*, aos estudantes de economia. Para os bacharéis em economia, muitas são as oportunidades de emprego nas empresas em geral, no setor público, nos bancos, no sistema financeiro ou em companhias de seguro. Suas oportunidades, entretanto, serão substancialmente ampliadas

6. Abba P. Lerner, Microeconomy theory. In: E. Neuberger Brown e M. Palmatier (Eds.), *Perspectives in economics*. Nova York: McGraw-Hill, 1968, p. 29.

com a obtenção de títulos de pós-graduação, como mestrado e doutorado. A natureza científica da economia exige, daquele que pretende ser um profissional de destaque, uma formação de pós-graduação.

Se o mestrado e o doutorado são indispensáveis aos economistas que pretendem seguir vida acadêmica, isto é, dedicar-se ao ensino e à pesquisa, para aqueles que desejam seguir uma carreira profissional, a obtenção, pelo menos, do mestrado é altamente recomendável. No setor público ou no setor privado, a ação do economista profissional é a de assessorar no processo decisório e de analisar impactos de políticas alternativas adotadas pelas autoridades públicas.

Ainda que a sua profissão escolhida não seja a de economista, você descobrirá, ao estudar economia, como essa disciplina amplia seus horizontes e o habilita a analisar o que se passa à sua volta no mundo da política, dos negócios e das relações humanas. A economia é uma ciência social e, em seu estudo, muitas vezes somos levados a penetrar no campo da ciência política, da sociologia, da antropologia ou mesmo da psicologia. Por isso mesmo, a metodologia de análise econômica tem sido utilizada, com sucesso, no estudo e na compreensão dos mais variados fenômenos sociais, por exemplo, migração, espaçamento e número de filhos, participação da mulher na força de trabalho, discriminação, má conduta social. Desse modo, justifica-se a referência à economia como a rainha das ciências sociais. Em reconhecimento à natureza científica da economia, a Academia Sueca de Ciências instituiu, em 1969, o Prêmio Nobel de Economia.

MITOS EM ECONOMIA

A análise econômica supõe que as pessoas ajam segundo seus próprios interesses. Assim, a economia rejeita a ação humanitária do homem.

Provavelmente, pelo fato de a ciência econômica focalizar os esforços individuais para a satisfação de necessidades materiais, observadores ocasionais do trabalho dos economistas têm concluído que a economia só é relevante para explicar as ações egoístas do homem. Entretanto, os economistas reconhecem que as pessoas agem impulsionadas por uma variedade de motivos, alguns de interesse próprio e outros humanitários. O ponto dos economistas é que as ações humanas, qualquer que seja sua motivação, são influenciadas por custos e benefícios como percebidos pela pessoa que decide. À medida que uma atividade se torna mais custosa, menos pessoas se dedicam a ela. No entanto, quanto mais atraente é a atividade, mais pessoas a escolhem.

Tanto as escolhas do altruísta quanto as do egoísta são influenciadas pelas mudanças nos custos e benefícios percebidos pelos indivíduos. Por exemplo, esses dois indivíduos muito provavelmente se jogariam em uma piscina infantil para salvar uma criança que estivesse se afogando. Se, entretanto, a iminência do afogamento ocorresse nas corredeiras próximas às cataratas do Iguaçu, dificilmente qualquer um dos dois se jogaria na água para tentar salvar a criança. Em uma situação menos dramática, ambos estariam dispostos a doar roupas velhas para os mais necessitados, mas relutariam em doar suas melhores roupas. De forma semelhante, ambos estariam dispostos a apoiar políticas públicas que promovessem benefícios específicos para outros (por exemplo, para os agricultores, para os pobres, para os idosos), desde que não tivessem de incorrer em custos elevados. Incentivos são importantes para a ação humana tanto de altruístas quanto de egoístas.

Observando o comportamento humano, parece claro que as pessoas desejam comandar seu próprio destino, e a maioria delas está disposta a *pagar* por isso. Quase todos nós gostaríamos de exercer nossas escolhas, em vez de ter outras pessoas decidindo por nós. Essa é uma atitude egoísta? Isso significa que somos gananciosos? Nesse caso, como explicar que pessoas, e não são poucas, ajam caridosamente em relação a outras? Na realidade, muitas pessoas decidem, espontaneamente, doar parte de sua riqueza a doentes, a pobres, a desafortunados, a religiosos ou mesmo a instituições de caridade. A teoria econômica não caracteriza essas escolhas como irracionais. A teoria econômica implica que, quanto mais (menos) custoso for ser caridoso, menos (mais) pessoas o serão.

A ciência econômica trata as pessoas como elas são e não como gostaríamos que fossem. As pessoas deveriam ser mais caridosas? Talvez sim. Mas essa não é uma questão econômica.

ECONOMISTA DE DESTAQUE

ADAM SMITH, o Pai da Economia

A economia é uma ciência relativamente nova. A ciência econômica foi estabelecida em 1776, quando Adam Smith (1723-1790) publicou *An inquiry into the nature and causes of the wealth of nations* (*A riqueza das nações*). Sem dúvida, foi uma visão revolucionária para a época. Adam Smith argumentava que a riqueza das nações não estava no ouro ou na prata, mas sim nos bens e serviços produzidos e consumidos pelas pessoas. Segundo Smith, coordenação, ordem e eficiência resultariam, espontaneamente, do funcionamento do mercado, sem que nenhuma autoridade de direção ou planejamento se fizesse necessária.

Adam Smith foi professor na Universidade de Glasgow, na Escócia, onde nasceu. Na realidade, moral e ética eram suas preocupações iniciais. Seu primeiro livro foi *The theory of moral sentiments*. Para Smith, interesse próprio e simpatia pelos semelhantes eram motivos complementares. Entretanto, ele não acreditava que somente pela caridade fosse possível viver uma vida boa. Ele enfatizava que a troca voluntária e livre, nos mercados competitivos, forjava o interesse próprio como uma força criativa. Como se levados pela *mão invisível* dos preços de mercado, os indivíduos, *perseguindo seus próprios interesses*, seriam encorajados a produzir bens e a ofertar recursos aos que mais os valorizassem.

Idéias têm conseqüências. As idéias de Adam Smith influenciaram não só toda a Europa, mas também o Novo Mundo – em particular, os Estados Unidos, que também nasciam como país soberano. Desde 1776, a efetividade da *mão invisível* do mercado tem-se firmado como elemento determinante da prosperidade das nações.*

---

* Para um resumo biográfico de Adam Smith, ver David Henderson (Ed.) *The Fortune Encyclopedia of Economics*. Nova York: Warner Books, 1993, p. 836-838. Os 200 anos de publicação do livro *A riqueza das nações* foram comemorados com uma edição especial da *Revista Brasileira de Economia* (RBE, 31 jan./mar. 1977).

Olhando à Frente

O principal propósito deste livro é encorajá-lo a desenvolver o pensar economicamente, de modo que você possa, com facilidade, separar argumentação consistente de afirmações demagógicas e desprovidas de sentido econômico. Uma vez que você desenvolva o pensar economicamente, verá que a economia é relativamente simples e uma ciência da qual podemos nos valer em nosso dia-a-dia, com ganhos formidáveis e muita diversão. O pensar economicamente o ajudará a ser melhor cidadão, além de lhe permitir desenvolver, sob uma perspectiva fascinante, um conhecimento sobre o que motiva as pessoas, por que elas agem como agem e por que, algumas vezes, suas ações são contrárias aos interesses da comunidade ou da nação. Compreendendo o comportamento das pessoas, você será capaz de identificar os estímulos necessários ao redirecionamento da ação humana em benefício da sociedade em geral.

Resumo do Capítulo

- Escassez e escolha são dois ingredientes essenciais dos assuntos econômicos. Bens são escassos porque o desejo humano por eles suplanta sua disponibilidade natural. Como a escassez nos impede de ter o tanto que desejamos de cada um de todos os bens, somos levados a escolher entre as alternativas que temos à nossa disposição. Toda e qualquer escolha que envolva o uso de recursos escassos exige uma decisão econômica.
- Uma vez que as pessoas desejam mais dos bens escassos do que existe livremente disponível, um mecanismo de racionamento se faz necessário. A competição é o resultado natural desse racionamento. Uma modificação no processo de racionamento escolhido provocará uma alteração na forma de competição, sem eliminar, entretanto, táticas competitivas.
- Escassez e pobreza não são a mesma coisa. Ausência de pobreza implica que um mínimo de consumo de bens e serviços está assegurado. Ausência de escassez implicaria termos todos os nossos desejos satisfeitos. É possível que, algum dia, a pobreza possa ser eliminada, mas a escassez sempre estará conosco.
- Economia é uma ciência social que requer uma forma de pensar muito particular associada à escassez e, conseqüentemente, à escolha. Pensar economicamente enfatiza:
    a) Entre os bens econômicos, nada é de graça. Alguém há de abrir mão de alguma coisa para ter mais de outro bem escasso.
    b) As decisões individuais são tomadas visando a certos propósitos. As pessoas escolhem as opções que esperam ser as mais consistentes com seus objetivos pessoais.
    c) Incentivos são importantes para as escolhas. As pessoas tendem a escolher determinada opção à medida que aumentem os benefícios esperados por essa escolha. No

entanto, quanto maiores os custos esperados de dada alternativa, menos provavelmente ela será a escolhida.

d) Custos e benefícios marginais são fundamentais para a compreensão do comportamento econômico. A racionalidade econômica está centrada nos impactos das mudanças na margem (adicionais).

e) Como a informação é escassa e, por isso mesmo, só pode ser obtida a determinado custo, as decisões econômicas são tomadas sob certa incerteza.

f) Além do impacto inicial, os eventos econômicos alteram, de modo geral, os incentivos à ação pessoal, produzindo, com o passar do tempo, efeitos secundários importantes.

g) O valor de um bem ou de um serviço é subjetivo e varia de indivíduo para indivíduo.

h) O teste de uma teoria está em sua capacidade de explicar e prever eventos que ocorrem no mundo real.

- ☐ A ciência econômica é positiva. Ela procura explicar as conseqüências de ações econômicas ou de políticas alternativas. A economia positiva não comprova que uma alternativa de política é superior ou inferior a qualquer outra. A economia normativa é advocatícia; usando juízo de valor, permite-nos sugerir o que deve ser.
- ☐ Testar uma teoria econômica não é uma tarefa fácil. Freqüentemente, as muitas variáveis econômicas envolvidas na questão mudam de forma simultânea, tornando muito difícil determinar a importância relativa de cada uma. A relação causal que envolve variáveis econômicas é, às vezes, muito difícil de ser determinada. A teoria econômica guia a análise dos economistas que, pelo uso de técnicas estatísticas e econométricas, têm conseguido aumentar nossos conhecimentos de economia positiva.
- ☐ A microeconomia focaliza o comportamento de agentes econômicos, tais como consumidores individuais ou firmas produtivas. A macroeconomia trata da economia agregativa, focalizando unidades agregadas, como o mercado de trabalho ou de bens e serviços. Quando mudamos do enfoque micro para a aproximação macro, precisamos estar atentos para a falácia da composição. Tanto a microeconomia quanto a macroeconomia usam os mesmos postulados e ferramentas. O nível de agregação é que distingue uma da outra.
- ☐ A origem da economia como ciência data da publicação de *A riqueza das nações*, por Adam Smith, em 1776. Smith argumentava que a produção e a riqueza de uma nação cresceriam se as pessoas fossem livres para trabalhar, produzir e trocar mercadorias e serviços. Ele acreditava que as pessoas, perseguindo seus próprios interesses, seriam levadas, como que por uma mão invisível dos incentivos de mercado (preços), a empregar seus talentos produtivos da maneira mais vantajosa possível para a sociedade. Smith acreditava que uma economia de mercado era capaz de conciliar os interesses individuais com os interesses sociais.

Questões de Análise Crítica

1. Indique de que forma cada uma das mudanças sugeridas afeta os incentivos ao responsável pela decisão no que se refere à ação descrita:
   a) Uma redução na temperatura de 30 °C para 15 °C na decisão de uma pessoa de nadar em uma piscina ao ar livre.
   b) Uma mudança no horário de início das aulas de fundamentos de economia, de 11h10 para 7h30, na decisão de um estudante assistir a essas aulas como disciplina opcional.
   c) Em uma prova, a redução no número de questões baseadas em um texto determinado, na decisão dos estudantes de ler tal texto.
   d) O aumento no preço da carne bovina na decisão de se comer filé.
   e) Um aumento nos aluguéis de apartamentos sobre a decisão de se construírem mais habitações.

2. "O governo deve prover a população com bens, como serviços de saúde, educação e estradas de rodagem, porque são bens e serviços essenciais e ele pode fazê-lo sem cobrar nada." Essa afirmação é falsa ou verdadeira? Justifique.

3. Considere as duas proposições a seguir. Explique a natureza da discordância em termos de economia positiva ou normativa:
   a) Sou a favor de um aumento no salário mínimo porque ele favorece os trabalhadores menos qualificados e, portanto, mais pobres.
   b) Sou contra um aumento no salário mínimo, pois ele elevará a taxa de desemprego dos jovens e dos trabalhadores menos qualificados.

4. Muitas pessoas no Brasil defendem um aumento do salário-família e maior dedução, nas declarações do imposto de renda, por dependente com menos de 21 anos. De acordo com os princípios básicos de economia, como essas mudanças, se implementadas, afetariam a taxa de natalidade no País?

5. "A forma de pensar em economia nos assegura que boas intenções produzem políticas públicas que favorecem uma qualidade de vida melhor para as pessoas." Essa afirmação é falsa ou verdadeira? Justifique.

6. A teoria econômica parte do pressuposto de que as ações humanas sejam, basicamente, motivadas pelo interesse próprio. Isso implica que as pessoas são egoístas e gananciosas? Interesse próprio e egoísmo têm o mesmo significado?

7. O Congresso Nacional e as agências do governo têm imposto à sociedade brasileira uma série de leis e normas com o propósito de aumentar a segurança dos consumidores no uso de certos produtos. No caso específico dos automóveis, há uma série de normas que exigem dos fabricantes a colocação de equipamentos (cinto de segurança, triângulo, pisca-alerta etc.) com esse objetivo. Essas normas aumentam

a segurança dos usuários, mas também elevam os custos da produção de veículos e, conseqüentemente, seu preço para o comprador. Você é capaz de identificar *efeitos secundários* dessas leis e normas que venham a reduzir os efeitos pretendidos de aumento de segurança nos automóveis?

8. "As pessoas que economizam estão perdendo o sentido da vida. Dinheiro não deve ser tão importante para regular nossa forma de viver." Avalie essa afirmação.
9. "A economia positiva não pode nos dizer qual a melhor política agrícola a ser adotada e, portanto, não serve para orientar políticas públicas." Avalie essa afirmação.
10. "Examinando as estatísticas dos resultados dos jogos de nosso time de futebol no ano passado, descobrimos que, quando o técnico coloca em campo o *time misto,* o percentual de vitórias aumenta. Assim, se o técnico escalasse mais vezes o time em sua formação mista, teríamos um percentual de vitórias maior." Avalie essa afirmação.

2 Algumas Ferramentas do Economista

Os bens que as pessoas vendem são feitos por processos que necessitam, intensivamente, de habilidades próprias a essas pessoas, enquanto os bens por elas comprados são, usualmente, obtidos por processos que exigem habilidades que lhes são, relativamente, mais escassas.

Robert A. Mundell[1]

A principal introspecção de Adam Smith em *A riqueza das nações* é enganosamente simples: se uma troca entre duas partes é voluntária, ela não ocorrerá, a menos que ambas as partes acreditem que dela se beneficiarão. A maioria das falácias econômicas deriva da negligência dessa introspecção, pela tendência de se admitir que existe um bolo e que uma parte só pode ganhar o que a outra perde.

Milton e Rose Friedman[2]

FOCO DO CAPÍTULO

- O que é custo de oportunidade? Por que os economistas colocam tanta ênfase nesse conceito?
- Por que as pessoas trocam bens e serviços?
- O que significa fronteira de possibilidades de produção?
- Como o processo de troca voluntária cria valor e promove o progresso econômico?
- Quais são as três decisões econômicas enfrentadas por toda nação?
- Quais são os dois principais métodos de organização econômica? Como eles se diferenciam?

---

1. Robert A. Mundell, *O homem e a economia*. Rio de Janeiro: Expressão e Cultura, 1972, p. 27.
2. Milton e Rose Friedman, *Free to choose*. Harcourt Brace, 1990, p. 13.

No capítulo anterior, você foi introduzido à abordagem econômica, isto é, à forma de pensar economicamente. Neste capítulo, discutiremos o uso de algumas ferramentas importantes que o ajudarão a desenvolver a forma de pensar economicamente. Por isso mesmo, vamos iniciar agora um processo de aplicação da abordagem econômica. Vamos nos concentrar em quatro tópicos: custo de oportunidade, troca voluntária, direitos de propriedade e nível de produto potencial de uma economia. Esses tópicos, aparentemente dispersos, estão intensamente relacionados. O custo de oportunidade dos bens permite, tanto a um indivíduo quanto a uma nação, identificar os bens que devem ser produzidos e os que devem ser adquiridos pela troca (ou importação). A estrutura, tanto das trocas quanto dos direitos de propriedade, influencia diretamente o produto de uma economia. Vamos iniciar examinando com cuidado o conceito de custo de oportunidade.

Abrir Mão de quê?

A escassez dá o tom na economia. Não podemos ter o tanto que queremos de tudo o que desejamos. De modo geral, gostaríamos de ter mais tempo para o lazer, o esporte, as viagens, os *hobbies*, os estudos, o convívio com entes queridos ou ainda para nos desenvolvermos como pessoas. Gostaríamos, ainda, de ter uma riqueza maior, maior saldo de poupança, bem como de consumir mais bens e serviços. Entretanto, todas essas coisas são escassas, no sentido de estarem disponíveis em quantidades limitadas. Canalizar nossos esforços para a obtenção de uma quantidade maior de algo conflita com a possibilidade de conseguirmos mais de outras coisas. Podemos dedicar mais tempo ao lazer se sacrificarmos alguma renda (que poderia ser obtida durante o tempo em que nos dedicamos ao lazer). Podemos aumentar nosso consumo atual, poupando menos. Ao escolher mais de uma alternativa, somos levados, compulsoriamente, a abrir mão de algo associado às demais alternativas.

Custo de Oportunidade

Um aspecto desagradável dos eventos econômicos é o fato de que, ao se escolher fazer alguma coisa, o que se escolhe, na realidade, é não fazer uma série de outras coisas. Sua escolha de dedicar seu tempo à leitura deste livro é sua escolha de não usar este seu tempo para jogar tênis, assistir a aulas de matemática ou, ainda, ir a uma festa. Todas essas e outras atividades são descartadas por você, pela sua escolha de ler este livro. Como indicamos no Capítulo 1, o custo de oportunidade de uma escolha particular é a alternativa de maior valor que tem de ser sacrificada em razão da escolha feita.[3]

Custos são subjetivos, assim como os benefícios. Na realidade, um custo é um benefício sacrificado – isto é, perdido em decorrência da escolha feita. O custo existe na mente do responsável pela decisão. Ele se baseia nas expectativas – o valor esperado do ganho na melhor alternativa preterida, em função da escolha feita. Nesse sentido, o custo nunca pode ser diretamente medido por ninguém que não seja o próprio responsável pela decisão, uma vez que somente ele é capaz de valorizar a alternativa de que teve de abrir mão em função da escolha feita.[4] Outras pessoas, inclusive especialistas e representantes eleitos, que tentam escolher pelos indivíduos (ou pelo grupo de indivíduos), enfrentam um problema grave de informação. Os indivíduos são diferentes e, por isso, sob circunstâncias semelhantes, fazem escolhas distintas. Além disso, as preferências e as circunstâncias mudam ao longo do tempo. Somente os indivíduos podem avaliar suas escolhas e, portanto, decidir qual opção é a melhor para eles, sob as condições prevalecentes no momento e no local em que se encontram.

De modo geral, os custos têm um componente monetário que nos permite uma inferência sobre seu valor. Por exemplo, o custo de assistir a uma apresentação de balé (ou a uma partida de futebol) é o que se deixa de ter ou de se fazer no melhor uso alternativo (1) dos reais gastos na compra do ingresso e (2) das horas necessárias para assistir ao evento. O componente monetário é, certamente, objetivo e pode ser medido. Uma vez que os indivíduos estarão pagando, voluntariamente, um preço em moeda corrente, e o bem em questão está disponível a esse mesmo preço, para qualquer outra pessoa, tal preço é, sem dúvida, parte do custo de oportunidade. Quando o componente não-monetário do custo de oportunidade é relativamente pequeno, podemos aproximar esse custo de oportunidade pelo seu componente monetário. Entretanto, devemos observar que, para o comprador do ingresso (ou para alguém que já o possui e não deseja vendê-lo) do evento em questão (balé ou futebol), seu valor pode ser considerado superior ao seu preço de mercado. Nesse mesmo momento, para um vendedor (ou para alguém que não o queira comprar), o valor do ingresso é inferior ao preço de mercado.

---

3. Ver, por exemplo, David Henderson, Oportunity cost. In: David Henderson (Ed.). *The Fortune Encyclopedia of Economics*. Nova York: Warner Books, 1993, p. 44-45.
4. Para uma análise das relações entre custo e escolha, ver James M. Buchanan, *Cost and choice*. Chicago: Markham, 1969.

Custo de Oportunidade e o Mundo Real

Ao tomar decisões no mundo real, as pessoas levam em conta custos de oportunidade? Lembre-se de que um princípio fundamental em economia é que as pessoas, ao fazer uma escolha, optam pela decisão de menor custo. Assim, a teoria econômica nos assevera que diferenças (ou mudanças) nos custos de oportunidade afetam as decisões individuais. Desse modo, a identificação dos custos de oportunidade, associados às possibilidades de escolha, nos ajudará a compreender melhor as decisões humanas, seja considerando, por exemplo, o comportamento de estudantes ou o de professores, consumidores, produtores ou burocratas.

Considere sua decisão de fazer um curso universitário. Seu custo de oportunidade de freqüentar a universidade, cumprindo todas as exigências curriculares para a obtenção de um grau, é o valor que você atribui à melhor alternativa para o uso de seu tempo. Esse custo poderia, portanto, ser representado pelo salário que você poderia ganhar no mercado de trabalho, compatível com sua qualificação, caso escolhesse trabalhar, em vez de estudar. A cada ano de estudo na universidade, você abre mão dos reais que poderia ganhar, trabalhando naquele ano. Mudanças no custo de oportunidade de freqüentar a universidade afetam a decisão das pessoas de fazer um curso universitário. Suponha, por exemplo, que você receba uma oferta de emprego como jogador de futebol ou ator de telenovela e que, nesse emprego, você ganhará por ano R$ 250 mil. Exigindo muitas viagens, esse emprego o impede de freqüentar a universidade. Essa oferta de emprego afetaria seu custo de oportunidade de continuar freqüentando a universidade? Para muitos estudantes, decerto que sim; um aumento substancial, como esse, no custo de continuar na universidade levaria muitos estudantes a abandonar os estudos. Parece claro, portanto, que o mais importante componente do custo de freqüentar uma universidade é o valor do tempo, na melhor alternativa disponível.

Muitos estudantes universitários ficarão surpresos em saber que eles próprios incorrem em uma substancial fração do custo total de freqüentar uma universidade, ainda que seus pais paguem as anuidades e os sustentem. Por exemplo, o custo monetário médio por estudante em uma universidade particular – incluídos, no custo, anuidade, moradia, alimentação, material, transporte e outros gastos – é da ordem de R$ 10 mil por ano, durante quatro anos. Se a melhor oportunidade de emprego para esse estudante for da ordem de R$ 15 mil por ano, e o estudo universitário for incompatível com o emprego, seu custo superará o incorrido pelos seus pais em R$ 5 mil por ano![5]

Consider outra decisão regularmente tomada por estudantes universitários: ir ou não às aulas. O custo monetário de ir às aulas (passagem de ônibus, estacionamento,

5. Do ponto de vista da família, o custo econômico de manter um estudante universitário não deve incluir seu sustento, uma vez que esses gastos seriam incorridos, independentemente da freqüência à universidade. Nesse sentido, a manutenção do estudante não é um custo marginal associado à decisão de freqüentar a universidade, embora, em algumas situações, seja válido perguntar que membro da família se responsabilizará por tais gastos.

gasolina etc.) permanece razoavelmente constante de um dia para outro. Por que os estudantes comparecem às aulas em alguns dias e faltam em outros? Embora o custo monetário permaneça razoavelmente constante, o custo de oportunidade de ir às aulas varia de dia para dia. Como o custo de oportunidade de ir às aulas em determinado dia é dado pelo valor da melhor alternativa (como o valor de dormir mais tarde, de se dedicar a um trabalho temporário, de assistir à televisão), em alguns dias esse custo pode ser muito baixo, enquanto em outros ele pode se tornar muito elevado. Usando esse conceito, é fácil entender por que, no dia anterior a um feriado prolongado ou no dia seguinte a um evento raro, como um festival de música, a freqüência às aulas é bastante inferior aquela normalmente observada.

Muitas decisões equivocadas são tomadas por não se considerar seu custo de oportunidade. Suponha que a prefeitura do Rio de Janeiro, usando recursos públicos, construa um centro cultural em Ipanema. Na cerimônia de inauguração do centro, o prefeito discursa sobre a contribuição da obra para a melhoria da qualidade de vida do carioca. As pessoas que compreendem o conceito de custo de oportunidade podem questionar a importância e a oportunidade da obra inaugurada. Se o centro não fosse construído, os recursos destinados à sua construção poderiam ter sido usados na construção de um novo posto de saúde, na melhoria do ensino público municipal ou, talvez, em um projeto de habitação para famílias de baixa renda. O centro cultural de Ipanema trará mais benefícios líquidos para a população carioca que qualquer uma dessas outras alternativas? Se a resposta for sim, foi uma decisão inteligente. Caso contrário, a comunidade carioca estará em uma situação pior do que a que estaria se uma das alternativas (já perdida), de maior valor para o carioca, tivesse sido adotada.

Esses exemplos destacam o fato de que decisões acertadas, bem como previsões acuradas sobre as escolhas humanas, exigem considerações sobre o custo de oportunidade dos recursos envolvidos. Muito freqüentemente, os custos monetários de uma escolha são apenas uma parcela do que deve ser sacrificado, diante da escolha feita. Mesmo quando o valor monetário representa uma boa medida do custo de oportunidade, o que realmente importa é a melhor alternativa que se deixa de realizar por se usar esses recursos monetários na escolha feita.

Troca Cria Valor

Aprendemos, no capítulo anterior, que as preferências são subjetivas. Elas são conhecidas somente pelo indivíduo e diferem de pessoa para pessoa. É exatamente por isso que o valor de certo item pode variar. Portanto, isso significa que uma simples troca – rearranjar bens e serviços entre as pessoas, de modo que aqueles fluam de quem valoriza menos para quem os valoriza mais – pode criar valor. Vamos elaborar um pouco mais os exemplos apresentados no Capítulo 1. Certamente, você se recorda de que o ingresso para o Balé Bolshoi passou a ter um valor zero para Alice quando ela recebeu o convite para a festa. Entretanto, o valor desse mesmo ingresso para as outras pessoas não se modificou. Suponha que o valor do ingresso para João, que o comprou pelo preço de R$ 10 conforme anunciado, fosse R$ 14. Uma mudança inesperada nos planos de Alice para aquela noite destruiu o valor da apresentação para ela, porém, trocando (vendendo) o ingresso com João, ela criou R$ 14 em valor: R$ 10, por ela apropriados pela venda, mais R$ 4 apropriados por João, que estava disposto a pagar R$ 14 pelo ingresso e só pagou R$ 10. A apresentação do balé permaneceu inalterada, os lugares disponíveis eram exatamente os mesmos, mas a troca criou valor, tal como aconteceria se um novo assento tivesse sido criado. É errado assumir que um bem ou serviço particular tem um valor fixo pelo simples fato de existir.[6] Como esse exemplo ilustra, o valor de bens e serviços geralmente depende de quem os usa e sob quais circunstâncias, tais como quando e onde eles são usados, assim como das características físicas do item em questão.

Custos de Transação – Uma Barreira à Troca

Infelizmente, Alice não sabia que André, outro amante de balé, estaria disposto a pagar R$ 17 pelo seu ingresso. André mora longe do *campus* e não leu o anúncio de Alice no quadro de avisos. Por isso, um aumento potencial no valor de R$ 3 não pôde se materializar. Mas se João e André tivessem se encontrado e conversado sobre a apresentação, antes de o evento ocorrer, o valor adicional de R$ 3 pelo ingresso (17 – 14) talvez tivesse produzido outra transação: João troca (vende) o ingresso com André. Tal transação dificilmente ocorreria, a menos que o encontro de João com André se desse por acaso ou graças ao uso de tempo e de recursos para sua promoção (anúncio no quadro de avisos e leitura desse anúncio). Certamente, métodos mais modernos e baratos de *marketing* existem e podem ser usados, aumentando a freqüência de criação de valor pela troca.

Embora a troca crie valor, sua realização não ocorre sem custo. Os custos de tempo, de esforço e de outros recursos usados na busca pelo que se deseja negociar e na conclusão de uma troca são denominados, genericamente, **custos de transação**. *Os custos de transação reduzem a capacidade de extrairmos ganhos de uma troca potencial.*

> **Custos de transação**
>
> Tempo, esforço e outros recursos usados na busca, na negociação e na realização de uma troca.

Pela existência de custos de transação, devemos esperar que nem todo potencial de troca se realize, do mesmo modo que esperamos que nem todo ensinamento útil seja absorvido, ou que nem todas as medidas de segurança sejam tomadas, ou que nem todas as suas médias sejam 10. As pessoas que viajam freqüentemente de avião sabem que, se elas nunca perderam um vôo, é porque passam muitas horas de espera nos aeroportos. De modo similar, o vendedor de um

6. Uma discussão interessante desse fato, chamado "falácia física", pode ser encontrada em Thomas Sowell, *Knowledge and decisions*. Nova York: Basic Books, 1980, p. 67-72.

carro, de uma casa ou de um ingresso de teatro sabe que, para encontrar a pessoa que lhe pague o maior preço pelo que está vendendo, deverá incorrer em um esforço tão grande que não vale a pena tentar localizar tal comprador. O custo da perfeição na troca, como na maioria das coisas que fazemos, é muito alto.

O Intermediário como Redutor de Custos

> **Intermediário**
>
> Uma pessoa que compra e vende ou promove negócios. O intermediário reduz os custos de transação.

Como as trocas voluntárias produzem ganhos, algumas pessoas, chamadas **intermediários**, especializam-se em produzir informações que promovam e facilitem sua realização. Esse é o caso dos *cambistas* do capítulo anterior. As pessoas, às vezes, pensam que o intermediário apenas aumenta os gastos dos compradores sem, entretanto, auxiliá-los. Agora que sabemos reconhecer a existência dos custos de transação, podemos ver a falácia dessa proposição. O concessionário de automóveis, por exemplo, pode ajudar tanto os fabricantes quanto os compradores de carros. Mantendo um estoque de automóveis e contratando vendedores especializados, ele reduz o custo do comprador em obter informações sobre os diversos modelos oferecidos, seu desempenho, conforto e equipamentos de segurança, permitindo ainda que o comprador *sinta* o veículo. (Não se esqueça de que as preferências individuais, sendo subjetivas, não são objetivamente conhecidas pelos outros.) Além disso, os compradores de carro sentem-se mais seguros, em suas compras, por conhecer o vendedor local, que se responsabiliza pela garantia de fábrica e de quem esperam poder comprar serviços e peças originais. O fabricante, por usar um concessionário como intermediário, pode concentrar seu esforço produtivo projetando e fabricando novos carros, deixando ao intermediário – isto é, ao concessionário – a tarefa de comercializar e prover os serviços de manutenção em cada comunidade.

Comerciantes também provêem serviços de intermediário. Cada um de nós pode evitar o comerciante adquirindo produtos alimentícios diretamente do produtor, comprando grandes quantidades ou, no caso de outros produtos, usando catálogos para escolher o que queremos. Se assim procedermos, não poderemos, por exemplo, examinar as frutas que compramos! Além disso, precisaríamos de muitos refrigeradores e *freezers*, bem como de despensas enormes em nossos domicílios para estocar grandes quantidades. Talvez pudéssemos nos organizar em cooperativas de consumo, eliminando, desse modo, o intermediário. Assim, teríamos nosso próprio depósito, onde estocaríamos nossas compras, com alguns cooperados assumindo, voluntariamente, as tarefas de fazer os pedidos de compra, receber e armazenar as mercadorias, atender aos pedidos dos cooperados, receber pagamentos etc. De fato, existem algumas cooperativas de consumo, mas a maioria das pessoas prefere pagar pelos serviços do intermediário.

Corretores de títulos e valores, editores de Páginas Amarelas e comerciantes de toda sorte são intermediários – especialistas em vender, dar garantia e prover serviços associados aos produtos vendidos. A um custo, eles reduzem os custos de transação, tanto para vendedores quanto para compradores. Tornando as transações mais baratas e mais convenientes, os intermediários promovem maior eficiência no processo de troca. Ao intermediar as trocas, eles criam valor.

ECONOMISTA DE DESTAQUE

THOMAS SOWELL (1930 –)

Thomas Sowell, pesquisador sênior da Hoover Institution, reconhece a importância crucial das instituições – *as regras do jogo* – que moldam as interações humanas. Seu livro, *Knowledge and decisions*, destaca a dificuldade de se obter conhecimento e explora como as diferentes organizações institucionais produzem diferentes tipos e quantidades de informação escassa.

A Importância dos Direitos de Propriedade

> [Um] regime de propriedade privada faz que as pessoas sejam responsáveis por suas próprias ações no campo dos bens materiais. Tal sistema, portanto, assegura que as pessoas sofram as conseqüências de seus próprios atos. Propriedade implica cercas, mas também nos cerca com espelhos, que refletem sobre nós as conseqüências de nosso próprio comportamento.
>
> ***Tom Bethell***[7]

O comprador de um automóvel ou de uma maçã pode levar sua compra para casa. O comprador de um navio a vapor ou de um conjunto de salas comerciais nunca pode tocar suas compras. Quando ocorre uma troca, o que, na realidade, muda de mãos são os direitos – **direitos de propriedade** – ao objeto da troca. Em uma economia de mercado, sob a instituição de direitos de propriedade, todo aquele que desejar usar um recurso ou um bem há de possuí-lo ou obter, de seu dono, autorização para utilizá-lo. Trocas ocorrem quando uma pessoa busca o uso de um bem, oferecendo, em contrapartida, certa quantidade de outro bem – em geral, dinheiro. Em um sistema de mercado livre, são os direitos de propriedade, manifestos por meio da sinalização dos preços (caro ou barato), que levam os indivíduos a considerar como

Direitos de propriedade

Direitos de uso, controle e extração de benefícios de um bem ou serviço.

---

7. Tom Bethell, *The noblest triumph*. Nova York: St. Martin's Press, 1998, p. 10.

cada um é afetado pelo uso da propriedade por seus donos. Em uma sociedade em que os direitos de propriedade não são reconhecidos, aqueles com poder ou autoridade política dirão aos outros o que fazer com os bens, independentemente da vontade do produtor, daquele que detém a posse do bem ou de qualquer usuário em potencial. Em uma sociedade em que os direitos de propriedade são reconhecidos, os procedimentos são bastante diferentes.

Os **direitos de propriedade privada** são a proteção que eu tenho contra a possibilidade de outros escolherem, contra minha vontade, qualquer uso para um recurso *aceito como meu*.[8] Essa proteção é física e não ao valor de mercado do recurso nem mesmo ao seu valor psicológico, sentimental ou religioso. Um eficiente sistema de direitos de propriedade deve possuir, pelo menos, três atributos: (1) universalidade – isto é, todo recurso deve ser de propriedade de alguém, a menos que isso não seja requerido para garantir seu uso eficiente; (2) exclusividade, implicando que ninguém, exceto o proprietário do recurso, pode determinar seu uso; (3) transferibilidade – isto é, o direito de transferir, por troca, venda ou doação a outros, a propriedade do fator, sem a interveniência de qualquer outra parte.[9]

Direitos de propriedade privada

São direitos de propriedade exclusivos do dono (indivíduo ou grupo de indivíduos) do recurso, que pode transferi-lo a outros segundo sua vontade.

A propriedade privada associa responsabilidade com direito de controle. Proprietários privados não podem fazer tudo o que desejarem com suas propriedades. Por exemplo, eles não podem usar suas propriedades de modo a agredir o direito de propriedade dos outros. Não posso, e não devo, jogar meu martelo contra a televisão de meu vizinho que, invariavelmente, assiste a ela em um volume muito elevado. Uma vez que o proprietário tem o direito de controlar o uso de um bem de sua propriedade, ele deve aceitar a responsabilidade das conseqüências desse controle. A existência de um sistema de propriedade privada é um promotor de estímulos importantes em uma sociedade. Vamos considerar quatro exemplos.

1. **Proprietários podem ganhar usando seus recursos em benefício dos outros. No entanto, proprietários incorrem no custo de oportunidade de ignorar os desejos dos outros.** Se alguém valoriza mais um ativo que seu próprio dono, este pode ganhar dinheiro se prestar atenção no interesse dos outros pelo que é seu. Por exemplo, suponha que Eduardo possua um carro que os outros gostariam de ter. Que incentivo tem Edu para prestar atenção ao desejo dos outros? Se alguém estivesse disposto a pagar R$ 2 mil pelo carro de Edu, que o valoriza em R$ 1.500, Edu poderia realizar um ganho vendendo seu veículo por mais de

8. Armen A. Alchian, *Economic forces at works.* Indianápolis: Liberty Press, 1977, cap. 5.
9. Richard A. Posner, *Economic analysis of law.* Boston: Little Brown and Co., 1992, cap. 3.

R$ 1.500. Não vendendo seu carro por R$ 2 mil, Edu incorre em um custo de R$ 500. Na realidade, se os custos de transação forem baixos (se a busca por compradores em potencial for barata e fácil), Edu pode ganhar algum dinheiro procurando pessoas (compradores em potencial) que valorizem seu carro mais que ele. Se falhar em satisfazer o desejo dos outros, Edu *paga* o custo de oportunidade de continuar proprietário de seu automóvel, por não vendê-lo, digamos, por R$ 2 mil. Ao desconsiderar o desejo dos outros, Edu pune o potencial comprador de seu carro e a si mesmo. Quando compradores em potencial e vendedores sabem que carros são propriedade privada e, portanto, facilmente transferíveis, cada um é incentivado a procurar uma troca mutuamente vantajosa. Se, eventualmente, esses agentes (vendedor e comprador) acharem tal troca, somente comprador e vendedor podem fechar o negócio, e os dois ganham, se a transação for voluntária.

Como um segundo exemplo, suponha que Edu seja proprietário de um apartamento em Copacabana e que ele passará o verão fora do Rio de Janeiro. Edu deixará seu apartamento fechado durante todo o verão ou o alugará por temporada? Não sabemos. Mas o que sabemos, com certeza, é que Edu pode alugá-lo a alguém, se assim o desejar, pois, a despeito da Lei do Inquilinato, há um mercado muito ativo de aluguel de moradias por temporada. Se decidir não alugar, Edu estará incorrendo em um custo de oportunidade – o valor do aluguel, mais os custos de manter o apartamento fechado (luz, gás, telefone, condomínio etc.) menos eventuais danos provocados pelo inquilino e custos de transação para alugar o imóvel (anúncios, comissão da imobiliária). Mesmo que Edu não queira alugar o apartamento, seus direitos de proprietário privado o fazem a considerar seu custo de oportunidade de não alugar o imóvel, promovendo um incentivo para que ele reflita sobre o desejo dos outros em relação ao uso de sua propriedade.

2. **O proprietário privado tem um forte incentivo para cuidar bem de sua propriedade.** Edu trocará o óleo de seu carro? Cuidará da aparência geral de seu carro? Provavelmente sim, uma vez que, sendo descuidado com seu veículo, estará contribuindo para a redução de seu valor, tanto para si quanto para seu futuro dono, caso venha a vendê-lo. O carro e seu valor – o preço de venda – pertencem a Edu, e só ele será prejudicado se o valor de seu carro se reduzir porque o motor avariou por falta de óleo ou porque o estofamento dos bancos está rasgado. Do mesmo modo, só Edu se apropriará dos ganhos, no valor de revenda do veículo, decorrentes de uma pintura nova ou de outras melhorias que tornem seu carro mais atrativo. Como proprietário, Edu tem autoridade e incentivo tanto para proteger seu carro contra danos ou negligência quanto para aumentar seu valor. Direitos de propriedade privada dão ao proprietário fortes incentivos para que ele use sua propriedade e cuide bem dela.

3. **O proprietário privado tem incentivos para conservar para o futuro, se a expectativa é de que o bem em questão venha a valer mais.** Suponha que o nosso amigo Edu possua uma caixa de um bom vinho tinto de apenas dois anos. O envelhecimento melhora, substancialmente, a qualidade desse tipo de vinho. Edu guardará essa caixa de vinho, de forma conveniente, pelos próximos cinco anos? Se decidir não guardá-la, ele arcará com as conseqüências. Se ele (presumivelmente com seus amigos) tomar o vinho hoje, o fará em detrimento de consumi-lo no futuro com um nível de qualidade superior. Além disso, pela melhora de qualidade, Edu poderá vender o vinho por um preço superior ao atual. O custo de oportunidade de beber esse vinho hoje é a indisponibilidade de tê-lo no futuro, para bebê-lo ou para vendê-lo. Em qualquer dos casos, Edu incorre nos custos. Os direitos de propriedade privada garantem-lhe a autoridade de conservar o vinho e de apropriar-se dos benefícios de sua decisão. Se o aumento de qualidade compensar a espera, então, Edu degustará um vinho melhor no futuro.

   De forma semelhante, se estivéssemos tratando de outras propriedades de Edu, como um terreno, seu apartamento ou uma fábrica, ele teria forte incentivo para incorrer em custos hoje, se necessário, para conservar o valor de seu ativo. Sua riqueza é dada pelo valor de seus ativos, o qual reflete tão-somente os benefícios líquidos que tais ativos provêem no futuro. Assim, a riqueza de Edu depende de sua disposição e habilidade de ver à frente, de manter e conservar as coisas que terão mais valor no futuro.

4. **Sob um sistema de direitos de propriedade privada, o proprietário é responsável pelos danos causados aos outros pelo mau uso de sua propriedade.** Edu, o proprietário do carro, tem o direito de conduzir seu veículo, mas não de fazê-lo descuidadamente ou embriagado, de modo a atropelar Alice, causando-lhe ferimentos. Uma indústria química tem obrigação de controlar seus produtos e, exatamente por essa exigência, é passível de ser processada por manipulação inadequada dos elementos químicos que usa. Os tribunais de justiça reconhecem e fazem valer o direito de propriedade, mas também imputam responsabilidade aos detentores de tais direitos. Assim, a sociedade moderna reconhece a autoridade das pessoas sobre sua propriedade, porém, concomitantemente, atribui-lhes responsabilidade sobre danos que possam causar a terceiros, no exercício de sua autoridade de proprietário.

Propriedade Privada e os Mercados

Na sociedade contemporânea, os incentivos produzidos pelos direitos de propriedade privada são, de fato, indispensáveis para que o mercado livre coordene as atividades econômicas. *Quando os direitos de propriedade são bem-definidos e garantidos, para o uso de qualquer fator produtivo, é indispensável a autorização de seu proprietário. Dito de outra forma, se você deseja usar um bem ou um serviço, precisa comprá-lo ou alugá-lo de seu dono. Isso significa que cada um de nós enfrenta, permanentemente, o custo do uso de qualquer recurso escasso.* Além disso, quando as ações dos proprietários de recursos são orientadas pelos sinais emitidos pelos preços de mercado, eles têm um forte incentivo para dirigir seus recursos para quem lhes atribui o maior valor. Os direitos de propriedade privada e o conseqüente mercado de trocas voluntárias tornam possível o desenvolvimento de uma *ordem estendida*, conforme caracterizou F. A. Hayek, Prêmio Nobel de Economia de 1974. A habilidade das pessoas em cooperar, em benefício mútuo, é estendida por todo o mundo por meio do mercado livre, sem que seja necessário que as pessoas se encontrem nem que tenham um conhecimento detalhado de seus parceiros comerciais. Os direitos de propriedade privada eliminam a necessidade de apreciar os parceiros comerciais, respeitar sua forma de vida ou mesmo emitir julgamento de valor sobre eles. Tudo o que se requer para uma cooperação pacífica e produtiva é que cada pessoa respeite os direitos legais das outras.

Os direitos de propriedade privada envolvem fundamentalmente três elementos: (1) direito exclusivo de uso, (2) proteção legal contra invasores – aqueles que procuram usar ou abusar da propriedade sem a permissão de seu dono – e (3) direito de transferir (doar, trocar ou vender) a propriedade a outros. Proprietários particulares, entretanto, não podem fazer tudo o que desejarem com sua propriedade. Especificamente, eles não podem usar suas propriedades de modo a invadir ou violar os direitos de propriedade dos outros. Por exemplo, não posso jogar um martelo, de minha propriedade, contra seu aparelho de televisão. Se o fizer, estarei violando seus direitos de propriedade sobre o aparelho de televisão. Do mesmo modo, eu violo seus direitos de propriedade quando, operando uma fábrica, poluo o ambiente, causando danos pessoais a você ou à sua terra.[10] O dono tem o direito de controlar o uso de sua propriedade, mas tem de aceitar a responsabilidade decorrente desse controle.

Curva de Possibilidades de Produção

Os recursos de todo e qualquer indivíduo são limitados. Exatamente por isso, ao tomar suas decisões, os indivíduos procuram extrair o máximo de seus recursos. Assim, agindo economicamente, as pessoas não desperdiçam seus recursos.

A natureza do problema econômico enfrentado pelo indivíduo, no uso de seus recursos, pode ser vista por meio de um conceito, facilmente compreendido com o auxí-

10. Para explicações detalhadas de como os direitos de propriedade protegem o meio ambiente, com vários exemplos reais, ver Roger E. Meiners; Bruce Yandle, *The common law*: how it protects the environment. Bozeman, Mont.: PERC, 1998. Disponível na Internet em <www.perc.org>.

lio de um expediente gráfico. A **curva de possibilidades de produção**, quando dois bens podem ser produzidos, com os fatores disponíveis e pelo uso da tecnologia existente, revela o máximo que podemos obter de um bem, para cada quantidade previamente obtida do outro. Desse modo, a curva de possibilidades de produção nos indica, dadas a tecnologia e a disponibilidade de fatores, como é possível, sem qualquer desperdício, transformar um bem em outro, isto é, deslocar recursos da produção de um bem para aumentar a produção do outro. Por isso mesmo, certos autores a denominam *curva de transformação.*

Curva de possibilidades de produção

A curva que descreve todas as possíveis combinações de produção, admitindo que (1) a utilização de recursos produtivos é limitada à sua disponibilidade, (2) tais recursos são usados eficientemente, (3) o conhecimento tecnológico é dado. A inclinação da curva indica quanto se deve deixar de produzir de um bem para produzir uma unidade do outro bem.

A Figura 2.1 ilustra a curva de possibilidades de produção de Susana, uma jovem inteligente, estudante de economia. Essa curva indica a combinação de notas que ela pode tirar, em economia e matemática (produtos), estudando dez horas por semana (recurso em quantidade

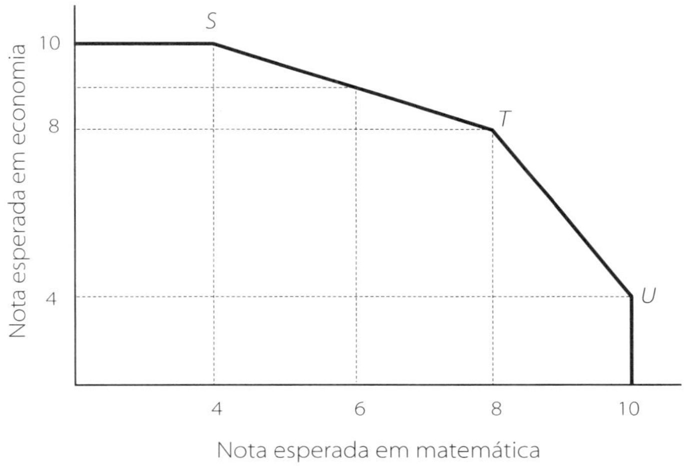

Figura 2.1 Curva de possibilidades de produção de Susana em notas obtidas em exames de economia e matemática, para dez horas de estudo por semana.

As possibilidades de produção de Susana, em termos de notas, estão ilustradas para dez horas de estudo por semana. Estudando as duas disciplinas em um total de dez horas por semana, Susana pode obter: (1) 4 em matemática e 10 em economia (ponto S), (2) 8 em matemática e 8 em economia (ponto T) ou (3) 4 em economia e 10 em matemática (ponto U). Dedicando mais das suas dez horas para o estudo da economia a partir do ponto S, Susana não melhora sua nota em economia, pois já obtém o grau máximo, e reduz, drasticamente, sua nota em matemática. Raciocínio similar aplica-se ao ponto U, onde maior dedicação de tempo ao estudo da Matemática só reduz a nota de economia. Susana, por hipótese, não escolherá qualquer ponto nesses dois segmentos de sua possibilidade de produção. Susana poderia deslocar sua curva de transformação para a direita, aumentando suas notas nas duas disciplinas? Sim, por exemplo, dedicando mais horas ao estudo em detrimento de outras atividades.

limitada). Atualmente, ela seleciona as matérias mais importantes a serem estudadas, de modo a obter a maior nota possível em cada disciplina, e dedica cinco horas de estudo por semana a cada uma delas. Com essa estratégia, Susana espera ser capaz de tirar nota 8 em cada disciplina, conforme indica o ponto *T*. Caso ela desvie horas do estudo da economia para estudar mais matemática, ela deverá obter uma nota maior na disciplina cujo tempo de estudo aumentou, matemática, e uma nota menor naquela que teve seu tempo de estudo reduzido, economia.

A curva de possibilidades de produção de Susana indica que o tempo adicional de estudo de economia, necessário para que ela tire 10 na verificação e não 8 como atualmente (ponto *T*), reduz a nota de matemática de 8 para 4 (ponto *S*). Ao reduzir o número de horas de estudo de matemática, Susana negligencia matéria importante que certamente será verificada no exame. Entretanto, ao dedicar mais tempo ao estudo da economia, parte desse tempo pode estar sendo usada para o estudo de material não tão importante para efeito de verificação da aprendizagem. Por isso mesmo, a curva é mais horizontal à esquerda do ponto *T*, e mais vertical à sua direita, indicando que, à medida que Susana transfere mais e mais recursos (nesse caso, seu tempo) de uma disciplina para outra, ela se torna menos e menos produtiva na disciplina com maior tempo de estudo.

Naturalmente, Susana pode estudar mais economia sem ter de abrir mão de estudar matemática, desde que ela use, para tanto, horas antes dedicadas a outras atividades como: lazer, estudo de outras disciplinas ou mesmo seu trabalho temporário. Se ela abrir mão de algumas dessas outras atividades para estudar economia e matemática, mais de dez horas por semana, sua curva de possibilidades de produção, representada na Figura 2.1 (*STU*), se deslocaria inteiramente para a direita. Ela poderia tirar melhores notas nas duas disciplinas por dedicar mais de seu tempo escasso ao estudo delas.

É possível aplicar o conceito de possibilidades de produção a uma economia como um todo? A resposta é sim. Podemos produzir mais soja se abrirmos mão de produzir certa quantidade de milho na mesma terra. Gastos militares só são possíveis pelo direcionamento de recursos produtivos de atividades não-militares para atividades militares. Quando os recursos escassos estão sendo utilizados eficientemente, mais de alguma coisa implica, necessariamente, menos de alguma outra coisa.

A Figura 2.2 apresenta a curva de possibilidades de produção de uma economia que produz dois bens: alimentos e vestuário. A curva é convexa (isto é, tem sua concavidade voltada para a origem), exatamente como a de Susana. Por quê? Porque mudar a composição da produção (aumentando a produção de um bem e reduzindo a do outro), de forma eficiente, significa produzir a quantidade adicional ao menor custo possível. Ao deslocarmos recursos da produção de um bem para outro, o custo dessa produção adicional, em termos de redução da produção do primeiro bem, muito provavelmente será maior, como no caso de Susana, representado na Figura 2.1.

Os recursos disponíveis, geralmente, não são igualmente eficientes na produção de alimentos e roupas. Suponha que nossa economia usa todos os seus recursos para pro-

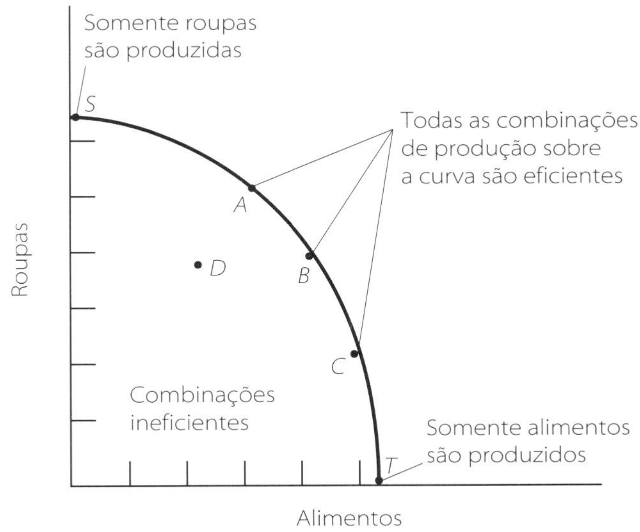

Figura 2.2 Curva de possibilidades de produção para uma economia.

Quando uma economia está usando seus recursos escassos de forma eficiente, para aumentar a produção de vestuário, é necessário reduzir a produção de algum outro produto – alimentos, em nosso exemplo. Ao longo do tempo, nova tecnologia, o aumento da disponibilidade de recursos produtivos, ou a melhoria na organização econômica podem permitir que se produza mais dos dois bens, implicando um deslocamento da curva de possibilidades de produção para a frente.

duzir apenas vestuário. Nesse ponto (*S*), a produção de alimentos pode ser ampliada transferindo-se, da produção de vestuário, os recursos que melhor se adaptem à produção de alimentos (portanto, os menos aptos a produzir vestuário). Assim, como os recursos transferidos são altamente produtivos na obtenção de alimentos e não tão produtivos na obtenção de vestuário (no ponto *S*), o custo de oportunidade (o que se deixa de produzir de vestuário) de uma unidade adicional de alimento é baixo. Entretanto, quanto mais recursos destinamos à produção de alimentos, reduzindo a de vestuário e aumentando a de alimentos (movendo sucessivamente de *S* para *A* e daí para *B* e daí para *C*...), o custo de oportunidade do alimento aumenta. Isso decorre do fato de, ao aumentarmos a produção de alimentos, sermos obrigados a usar recursos menos adaptados à sua produção, relativamente à produção de vestuário. Desse modo, ao expandirmos a produção de alimentos, sucessivamente maiores quantidades de vestuário deixarão de ser produzidas, por unidade adicional de alimento.

O que impede uma economia, que utiliza plenamente seus recursos produtivos, de produzir mais de todos os bens? O mesmo que impede Susana de tirar notas mais elevadas, simultaneamente, em matemática e economia: recursos limitados. Haverá uma infinidade de combinações de produção dos dois bens em questão, dadas a disponibilidade de recursos, a tecnologia e a organização social. Entretanto, fixada a quantidade de um bem, a quantidade do outro é a maior possível sobre a curva de possibilidades de produção. Acima dela, violamos pelo menos uma das restrições dadas (recursos, tecnologia, organização social). Abaixo dela, não estaremos usando eficientemente todos os recursos disponíveis e/ou haverá recursos desempregados.

Quando há desemprego de recursos em uma economia, ou eles são usados ineficientemente, essa economia estará operando em um ponto interior da curva de transformação, como no ponto *D* da Figura 2.2. Por que situações como esta ocorrem? Simplesmente porque o sistema econômico em questão não está resolvendo de maneira eficiente o problema da escassez. A principal função da racionalidade econômica na ação humana é possibilitar que se obtenha o máximo, em termos de bem-estar do homem, dos recursos disponíveis – nesse caso específico, levar a produção à fronteira de possibilidades de produção, isto é, produzir sobre a curva de transformação. Voltaremos a esse problema constantemente.

Deslocamento da Curva de Possibilidades de Produção

Pode uma economia obter continuadamente mais de todos os bens? Em outras palavras, a curva de possibilidades de produção pode ser deslocada, persistentemente, para a direita? A resposta a essa pergunta é sim, sob certas circunstâncias. Há quatro possibilidades para que isso aconteça. Vamos considerar cada uma delas separadamente.

1. **Um aumento na disponibilidade dos recursos produtivos expande nossa habilidade de produzir bens e serviços.** Se tivermos maior quantidade, assim como uma melhora na qualidade de nossos recursos produtivos, poderemos produzir mais de todos os bens. Muitos recursos produtivos são criados pelo homem. Se estivermos dispostos a abrir mão do consumo no presente, poderemos investir mais hoje, usando nossos recursos produtivos na produção de estruturas físicas duradouras, máquinas, educação e no desenvolvimento de habilidades pessoais. Essa **formação de capital** (físico e humano) implicará que no futuro teremos melhores ferramentas e habilidades, o que nos permitirão alcançar maiores volumes de produção de bens e serviços. A Figura 2.3 ilustra a relação entre formação de capital e as possibilidades de produção futuras de uma economia. Considere as duas economias representadas por suas curvas de possibilidades nas partes *a* e *b* da Figura 2.3. As economias A e B estão sujeitas às mesmas condições de recursos produtivos, de tecnologia e de organização social. Portanto, ambas estão sujeitas à mesma curva de possibilidades de produção

> ***Formação de capital***
>
> Produção de edifícios, máquinas, ferramentas e outros equipamentos que ampliam a habilidade produtiva futura dos participantes da economia. O termo pode, também, ser aplicado ao esforço de ampliar o conhecimento e as habilidades dos trabalhadores e, por conseguinte, aumentar sua habilidade produtiva no futuro.

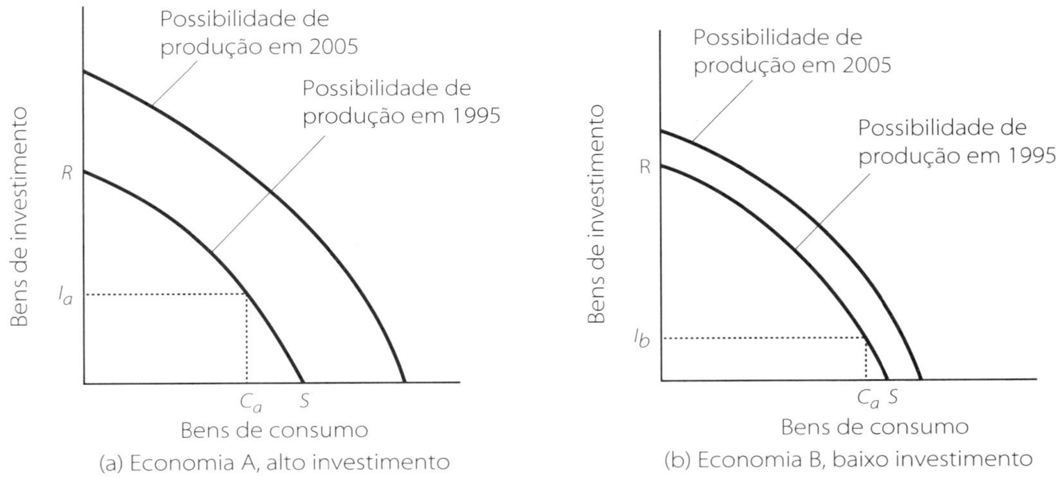

Figura 2.3 Investimento e possibilidades de produção no futuro.

Ilustramos aqui duas economias que se confrontam, inicialmente, com a mesma curva de possibilidades de produção (RS). A economia representada no painel da esquerda (a) destina maior parte de seus recursos para a produção de bens de investimento (Ia) relativamente à economia da direita (b). Como resultado, a economia de alto investimento experimentará maiores deslocamentos para cima em sua curva de possibilidades de produção, relativamente à economia de baixo investimento.

(*RS*). Dois bens são produzidos: bens de investimento e bens de consumo. Por hipótese, a economia A direciona maior esforço produtivo na obtenção de bens de investimento, relativamente à economia B. Por isso mesmo, com o passar do tempo, o deslocamento para a direita da curva de possibilidades de produção na economia A é mais acentuado que na economia B. Assim, a taxa de crescimento do produto – a taxa de crescimento da capacidade produtiva – da economia A é maior que a da economia B, pelo seu maior investimento relativo à produção de bens de consumo. Certamente, esse maior investimento em máquinas e habilidades pessoais só foi possível pelo, relativamente, menor nível de consumo experimentado pelos participantes da economia A. A maior taxa de crescimento da produção futura só foi possível pela redução relativa e temporária do consumo no presente.

> **Tecnologia**
>
> É o conjunto de todas as técnicas disponíveis, em dado momento do tempo, para a obtenção de todo e qualquer bem. O estado tecnológico é caracterizado pela relação entre as quantidades dos insumos e fatores e a quantidade máxima que se pode obter de determinado produto.

2. **Melhorias (inovações) tecnológicas podem expandir as possibilidades de produção de uma economia.** A **tecnologia** determina o máximo de produção física que se pode obter, a partir de um conjunto particular de

recursos produtivos, sob dada organização social. Nova tecnologia pode tornar possível maior obtenção de bens e serviços para a mesma base de recursos produtivos existente.[11] A **invenção**, o uso da ciência e da engenharia para criar novos produtos ou processos, é uma importante forma de melhoria tecnológica. O envio e o recebimento imediato de informação via satélite a um custo menor, a obtenção de mais petróleo a menores custos pelo uso de novos processos de extração, a produção de mais milho por unidade de recursos usados, pela introdução de sementes híbridas até então não disponíveis, são exemplos de inovações (mudanças) tecnológicas decorrentes de invenções. Todas e cada uma dessas invenções, ao serem adotadas na produção dos respectivos bens, promovem um deslocamento para a direita da curva de possibilidades de produção.

Invenção

Criação de um novo produto ou de um novo processo produtivo. Tal criação resulta da combinação do conhecimento científico com a engenharia.

Inovação

Uso econômico de invenções ou de técnicas mercadológicas. Inovações promovem o aparecimento de novos produtos ou de novas técnicas de produção ou de comercialização.

Empreendedor

Aquele que age em busca de lucro, assumindo riscos e decidindo qual projeto realizar e de que forma fazê-lo. A ação bem-sucedida de um empreendedor aumenta o valor dos recursos.

Uma economia pode-se beneficiar de uma mudança tecnológica resultante de uma **inovação**, da adoção prática e efetiva de novas técnicas. Tais inovações são, de modo geral, introduzidas na sociedade pela ação de **empreendedor** – aquele que procura obter ganhos (lucros) pela introdução de novos produtos ou de melhorias nas técnicas existentes ou, ainda, de novas técnicas, de modo a satisfazer os consumidores a um custo menor.[12] Para prosperar, um empreendedor deve realizar projetos que convertam e realoquem recursos, de modo a aumentar o valor de tais recursos, expandindo, assim, nossas possibilidades de produção. Alguns exemplos nos ajudarão a compreender melhor sua motivação e ação, bem como o ganho auferido por todos nós.

---

11. Sem o conhecimento tecnológico moderno, seria impossível produzir vasta gama de bens e serviços. Thomas Sowell deixa isso bem claro quando observa: "O homem das cavernas tinha, à sua disposição, os mesmos recursos naturais de que dispomos hoje, e a diferença entre seu padrão de vida e o nosso está na diferença do conhecimento que ele detinha ao usar tais recursos e o conhecimento usado hoje em dia".
12. *Empreendedor*, aquele que empreende (*entrepreneur*, em inglês). Agente responsável pelo empreendimento, nesse caso, pela inovação. Na maioria das vezes, não age sozinho, dividindo as responsabilidades do empreendimento e, portanto, seus riscos com seus sócios ou com os acionistas de sua empresa ou, ainda, com especialistas técnicos. O fracasso ou o sucesso do empreendedor dependem de suas escolhas.

Henry Ford talvez seja um dos empreendedores do século XX mais festejados, por modificar a tecnologia de fabricação de automóveis, introduzindo, de forma pioneira, o sistema de linha de montagem. Com a mesma quantidade de trabalho e materiais, Ford produzia carros em maior quantidade e mais baratos. Outro empreendedor, o falecido Ray Kroc, foi o fundador da rede de restaurantes McDonald's. Ao criar um restaurante com um menu popular, ele revolucionou esse mercado pela informação. Definindo cuidadosamente um menu limitado, que poderia ser preparado de acordo com fórmulas estritas, ele não dava margem a dúvidas sobre o que oferecia aos seus possíveis clientes. Estabelecendo uma escola de treinamento para gerentes (Hamburger University, na grande Chicago) e mantendo um programa regular de inspeção dos restaurantes, ele conseguia garantir uniformidade dos serviços oferecidos a cada cliente (conhecimento do produto e de sua qualidade). Tão logo a reputação do McDonald's se firmou no mercado, as pessoas que procuravam serviços alimentares sabiam exatamente o que encontrariam sob os "arcos dourados", sem nem mesmo ter de entrar no restaurante. Experimentar a comida de um McDonald's, em determinado local, informava o consumidor sobre suas características em uma infinidade de outros locais. Franquias em todo o território norte-americano, e hoje em todo o mundo, associadas a um rígido sistema de controle de qualidade, facilitam (reduzem custos de informação), a qualquer fã do McDonald's, encontrar essa forma barata e rápida de se alimentar. Essa mesma informação possibilita também que todos aqueles que não apreciam esse tipo de alimentação o evitem. Não é necessário experimentar as ofertas de cada restaurante. Gostando ou não do produto McDonald's, todos nós nos beneficiamos da ação empreendedora do Sr. Kroc – uma forma inovadora de garantir qualidade do produto oferecido e de transmitir informação sobre ele de forma barata.

Outro tipo de empreendedor é aquele que usa invenções produzidas pelos outros e as aplica efetivamente. Steven Jobs, co-fundador da Apple Computer Corporation, é um desses exemplos. Ele e seus associados usaram a então nova tecnologia de computação eletrônica para criar o computador pessoal e um revolucionário *software* de uso amigável que tornou possível, a qualquer um de nós, utilizar esses computadores a um baixo custo de aprendizagem. A venda combinada desses dois produtos permitiu que milhões de pessoas pudessem usar computadores, tanto em suas casas quanto em seus pequenos negócios e a um custo compatível com suas posses. Uma vez mais, a ação do empreendedor expandiu nossas possibilidades de produção.

3. **Uma melhoria nas regras sob as quais a economia funciona pode aumentar o produto.** O sistema legal que organiza uma sociedade pode aumentar a habilidade das pessoas em cooperar umas com as outras na produção dos bens

desejados. Mudanças nas instituições legais, de modo a promover a cooperação social e reforçar o estímulo das pessoas à produção, deslocam a curva de possibilidades de produção para a direita.

Historicamente, inovações nas instituições legais têm sido uma importante fonte de progresso econômico. Durante o século XVIII, a introdução de um sistema legal de patentes concedeu aos inventores o direito de propriedade sobre suas idéias. Garantida a possibilidade de apropriação, pelo inventor, dos ganhos de sua criação, empreendedores de novas idéias passaram a dedicar mais tempo e recursos às suas invenções, gerando, dessa forma, novos produtos e novas técnicas que têm promovido mais progresso. Mais ou menos na mesma época da legalização das patentes, o reconhecimento das sociedades anônimas, como forma legal de organização da produção, permitiu a formação de grandes empresas, necessárias à produção em massa de manufaturas. Essas duas mudanças legais melhoraram a organização econômica da sociedade, acelerando o processo de crescimento do produto (isto é, promoveram um deslocamento mais rápido da curva de transformação para a direita) na Europa e nos Estados Unidos.

Muitas vezes, os governos, talvez por ignorância ou por preconceito dos governantes, impõem instituições legais à sociedade que governam e reduzem as possibilidades de produção. Leis que restringem ou proíbem o comércio entre grupos ilustram bem esse fato. Mais de cem anos após a guerra civil norte-americana, muitos dos estados do sul do país ainda tinham leis que proibiam o emprego de afro-americanos em certas ocupações e restringiam as relações econômicas entre brancos e negros. Essas leis não só prejudicaram os afro-americanos, como também retardaram o progresso e reduziram as possibilidades de produção nesses estados. Estudos considerando vários países demonstraram que as sociedades sujeitas a mais liberdade econômica têm produzido mais por habitante e têm apresentado uma taxa de crescimento econômico maior.[13]

4. **Trabalhando mais e abrindo mão do lazer, podemos aumentar a produção de bens e serviços.** Rigorosamente, isso não produz um deslocamento da fronteira de produção, uma vez que o lazer é também um bem. Estamos abrindo mão de certa quantidade de um bem (lazer) para obter mais de outros bens.

   As horas que um indivíduo dedica ao trabalho não só dependem das preferências pessoais, como também de políticas públicas que afetem os ganhos relativos a seu trabalho. Por exemplo, elevadas alíquotas de imposto de renda

---

13. Ver, por exemplo, James Gwartney, Robert Lawson e Walter Block, *Economic freedom of the world: 1975-1995*. Washington, DC: Cato Institute, 1996.

podem induzir as pessoas a ampliar suas horas de lazer, reduzindo as horas que dedicam ao trabalho. Como vimos, segundo um postulado econômico, à medida que uma alíquota mais elevada diminui a renda disponível obtida por horas de trabalho, os indivíduos tendem a diminuir as horas dedicadas ao trabalho e a utilizá-las em atividades não sujeitas à taxação – por exemplo, o consumo de mais lazer –, produzindo, desse modo, um deslocamento para a esquerda de suas possibilidades de produção de bens de mercado. (Lembre-se do exemplo de Susana registrado na Figura 2.1.) Qualquer diminuição nas horas dedicadas ao trabalho formal não só reduz diretamente o nível de produção, como também tende a diminuir os ganhos pela divisão do trabalho, pois estimula as pessoas a usar seu tempo para fazer coisas que poderiam ser compradas. Desse modo, como o tempo usado em benefício próprio não é taxado e os bens obtidos no mercado, produzidos com a contribuição de horas de trabalho de outras pessoas, ficaram mais caros em virtude do imposto, as pessoas são estimuladas a usar seu tempo em atividades do tipo *faça você mesmo*, que são mais baratas em reais, mas demandam mais tempo dos consumidores. Vamos ver, a seguir, por que a redução da produção decorrente da diminuição das horas dedicadas ao mercado de trabalho é tão importante.

Divisão do Trabalho, Especialização e Possibilidades de Produção

Em uma economia moderna, os indivíduos não produzem a maioria dos bens que consomem. Em geral, vendemos nossos serviços (horas de trabalho dedicadas a tarefas específicas e previamente determinadas) em troca de uma remuneração em unidades monetárias (salários, honorários, renda) que utilizamos para comprar o que desejamos.

Ganhos pela Divisão do Trabalho e a Adoção de Processos de Produção em Massa

A especialização, a troca e a **divisão do trabalho** nos permitem produzir mais bens e serviços, por meio de um esforço cooperativo, do que poderíamos obter se cada família, isoladamente, produzisse sua própria alimentação, seu vestuário, sua habitação, seu transporte e outros bens desejados. Ao observar o funcionamento de uma fábrica de alfinetes, há mais de 200 anos, Adam Smith notou que a especialização e a divisão do trabalho permitiam a obtenção de mais alfinetes. Quando cada trabalhador se especializava em determinada função produtiva, dez trabalhadores podiam produzir 48 mil

> **Divisão do trabalho**
>
> Método que consiste em decompor a produção de uma comodidade (bem ou serviço) em uma série de tarefas específicas, de modo que cada uma delas possa ser executada por diferentes trabalhadores.

alfinetes por dia, ou 4.800 alfinetes por trabalhador. Sem a especialização e a conseqüente divisão das tarefas (do trabalho), Smith duvidava que um trabalhador pudesse produzir sequer 20 alfinetes por dia.[14]

A divisão do trabalho separa as tarefas de produção em um conjunto de operações perfeitamente identificáveis. Cada trabalhador executa uma ou algumas poucas tarefas em um conjunto de talvez centenas de tarefas, necessárias à produção da comodidade (bem ou serviço). Há muitas razões para que a divisão do trabalho nos conduza a um enorme ganho em termos de produto por trabalhador. Primeira: a especialização permite que o indivíduo explore suas habilidades e preferências pessoais. Colocado de outra maneira, a especialização permite que o processo econômico se beneficie do fato de as pessoas terem habilidades diferentes. Diferentes tarefas podem ser designadas às pessoas mais aptas (eficientes) para executá-las. Segunda: um trabalhador que se especializa em uma atividade específica adquire, com o passar do tempo, experiência mais rapidamente e desenvolve habilidades especialmente importantes para essa atividade. Terceira, e talvez a mais importante: a divisão do trabalho permite a adoção de complexas técnicas para produção em larga escala, impossíveis de serem adotadas por uma família em um contexto auto-suficiente. À medida que nosso conhecimento tecnológico se expande, assim como o potencial das máquinas e equipamentos, processos produtivos mais intensivos em capital são desenvolvidos, e a divisão do trabalho nos permite atingir padrões de vida jamais sonhados há apenas algumas décadas.

Ganhos pela Especialização e Vantagens Comparativas

Economizar, em termos técnicos, significa obter o máximo dos recursos disponíveis, isto é, usá-los da melhor forma possível. Como isso pode ser feito? Como podemos atingir a fronteira de produção, ou seja, produzir sobre a curva de possibilidades de produção e obter o maior nível de produto com nossos recursos produtivos? Para responder a essas perguntas, precisamos compreender uma verdade básica conhecida pela expressão **lei das vantagens comparativas**, subjacente a todo comportamento econômico, em qualquer sociedade. Essa lei, desenvolvida originalmente no início do século XIX, pelo economista inglês David Ricardo, estabelece que o produto total de um grupo de indivíduos, de toda uma economia ou de um grupo de países será o maior

Lei das vantagens comparativas

É o princípio que estabelece que indivíduos, firmas ou países podem ganhar pela especialização em bens que eles produzem, relativamente, mais barato (isto é, ao menor custo de oportunidade), de modo a trocá-los por outros bens desejados cujas produções implicariam custos de oportunidade superiores aos de seus parceiros comerciais.

14. Ver Adam Smith, *An inquiry into the nature and causes of the wealth of nations*, 1776; Cannan's ed., Chicago: University of Chicago Press, p. 7-16, 1976, para melhor apreciação desse exemplo clássico de divisão do trabalho.

possível quando a produção de cada bem ou serviço for executada pela pessoa (ou firma) com o menor custo de oportunidade de gerá-la.

Se um bem em uma economia pode ser produzido por outros a um menor custo de oportunidade, essa economia está utilizando mais recursos que o necessário para usufruir tal bem. Sua produção não se dá economicamente. Economizar, no sentido técnico aqui utilizado, significa eficiência econômica, isto é, qualquer bem deve ser gerado, por quem o produz, ao menor custo de oportunidade.

Refletindo um pouco sobre o assunto, somos levados a concluir que essa lei nada mais é do que bom senso. Ela significa tão-somente que, se temos de executar determinado trabalho (produzir certo bem ou cumprir dada tarefa) com o menor sacrifício, cada um de nós deve se especializar naquela parte do trabalho que pode executar melhor, relativamente aos outros companheiros de tarefa.

O princípio das vantagens comparativas é universal. Ele é válido em um país socialista, em um país capitalista ou em qualquer organização econômica. Aplica-se tanto às transações entre indivíduos quanto ao comércio entre países. Considere o caso de um advogado que pode digitar 120 palavras por minuto. Esse advogado está considerando a possibilidade de contratar uma secretária, que é capaz de digitar 60 palavras por minuto na preparação de documentos legais. Se o advogado executar o trabalho de digitação de um documento específico, ele o fará em quatro horas; se a secretária for contratada para executar essa tarefa, ela a fará em oito horas de trabalho. À primeira vista, podemos pensar que o custo dessa digitação será menor se o advogado a executar (quatro horas), comparativamente à digitação da secretária (oito horas). Com certeza, o advogado pode executar a tarefa mais rapidamente que a secretária a ser contratada. Entretanto, o *custo* (de oportunidade) do tempo do advogado é de R$ 50 por hora de trabalho como advogado, enquanto o custo da secretária digitadora é de R$ 7 a hora.

Embora o advogado digite mais rápido, ele produz esse serviço a um alto custo de oportunidade. Caso ele digite o documento, isso lhe custará R$ 200, o custo de oportunidade de quatro horas de trabalho como advogado. Alternativamente, o custo de ter o documento digitado pela secretária é de apenas R$ 56 (oito horas de trabalho de digitação a R$ 7 a hora). A vantagem comparativa do advogado está em exercer a profissão. Ele será mais produtivo trabalhando como advogado. Usando seu tempo para advogar, ele auferirá rendimentos superiores ao que terá de pagar à secretária pelos serviços de digitação. É melhor que ele se especialize em advogar e contrate a secretária para digitar.

Divisão do Trabalho, Especialização e Trocas

Os ganhos derivados da divisão do trabalho, da especialização e das trocas, decorrentes das vantagens comparativas, são tantos que dificilmente podemos exagerá-los. A descoberta e a exploração desses três princípios (divisão do trabalho, especialização e vantagens comparativas) constituem a fonte primária do moderno padrão de vida que desfrutamos. Você pode imaginar as dificuldades que enfrentaríamos se tivéssemos de construir nossas próprias casas, produzir o próprio vestuário e alimentos, sem mencionar rádios, televisores, máquinas de lavar roupa ou pratos, automóveis e serviços telefônicos? Ainda assim, muitas famílias nos vários continentes do globo se beneficiam da existência e do uso de tais produtos e serviços. Elas se beneficiam dessas comodidades, primordialmente, porque as economias em que vivem estão organizadas, de modo a promover a cooperação entre os indivíduos pela especialização e pelo comércio, o que, por seu turno, tem provocado um tremendo aumento – tanto quantitativa quanto qualitativamente – do produto.

Os ganhos de comércio são decisivos para o progresso econômico. Os obstáculos ao comércio produzidos pelo homem impedem ou retardam a realização de ganhos produzidos pela especialização, pelas vantagens comparativas e pela divisão do trabalho. Países que promovem barreiras ao comércio não conseguem usar seus recursos segundo seu potencial pleno. (Ver o quadro "Mitos em Economia" sobre os ganhos de comércio.)

Motivação Pessoal, Especialização e Trocas

Agir economicamente implica que as pessoas só escolherão determinada opção se os benefícios (utilidade) esperados dessa escolha excederem seu custo de oportunidade. A racionalidade dos tomadores de decisão (agentes econômicos) está na busca individual de seus próprios interesses ou ganhos. Com conhecimento, o agente econômico nunca escolherá uma alternativa para a qual seu custo de oportunidade esperado exceda o benefício também esperado. Se esse fosse o caso, o agente econômico estaria fazendo uma escolha, em detrimento de outra sabidamente melhor, e isso não faz sentido. Note que toda racionalidade econômica está na tomada de decisão, isto é, antes de o fato ocorrer.

Quando o interesse, as aptidões, as habilidades e o conhecimento de um indivíduo permitem que ele obtenha, pela troca, um bem que só poderia produzir a um custo de oportunidade mais elevado, a busca pelos seus próprios interesses o motiva a realizar trocas com essas características. Se as trocas ocorrem livremente, dentro de certa ordem estabelecida, não tem sentido impor ao indivíduo fazer a *coisa certa para ele*. Em um contexto de mercado livre, os indivíduos, por si mesmos, descobrirão que é de seu próprio interesse – suas rendas serão maiores – produzir bens para os quais eles possuam vantagens comparativas (bens que produzam, relativamente, mais barato). Do mesmo modo, eles descobrirão que é de seu próprio interesse comprar bens que os outros produzam mais barato.

As Três Questões Econômicas Fundamentais

Chamamos a atenção do leitor para vários conceitos importantes para a compreensão da ação econômica dos indivíduos. Nesta seção, apresentaremos as três questões econômicas fundamentais, enfrentadas por toda sociedade, independentemente de sua organização institucional.

MITOS EM ECONOMIA

Em uma troca, se alguém ganha, é porque alguém perde.

As pessoas tendem a considerar como produtivas as atividades que geram bens concretos, como construir, produzir e criar bens. As atividades agrícolas e manufatureiras têm essa característica. Elas criam algo genuinamente novo, que não existia antes. No entanto, o comércio – a simples troca de um bem por outro – não cria algo novo. Por isso mesmo, algumas pessoas concluem que o comércio (troca) é um *jogo de soma zero*, isto é, o que um ganha, o outro, necessariamente, perde. Observando esse evento com mais cuidado e levando em conta a motivação para a troca, podemos desnudar esse mito. Lembre-se do exemplo das duas crianças trocando figurinhas (Capítulo 1). A troca (livre) se baseia em um acordo voluntário e na expectativa de ganho de cada parceiro. Se cada um dos agentes envolvidos na troca não esperasse um ganho líquido para si, decorrente dessa troca, ela simplesmente não ocorreria. Assim, a troca deve ser mutuamente vantajosa e, portanto, é um jogo de soma positiva, isto é, a troca é uma atividade produtiva. Há, pelo menos, três justificativas para isso.

Primeira: o comércio (troca) faz que os bens e serviços fluam de quem os valoriza menos para quem os valoriza mais. É comum pensar que coisas materiais são riqueza, mas elas só o são quando valorizadas por alguém. As preferências, o conhecimento e os objetivos das pessoas são bastante diversos. Um bem que é virtualmente sem valor para uma pessoa pode ser uma preciosidade para outra. Por exemplo, um livro técnico de eletrônica, que não tem valor para um colecionador de arte, pode valer algumas centenas de reais para um engenheiro. Do mesmo modo, uma pintura que não é valorizada pelo engenheiro pode ser de grande valor para o colecionador de arte. Assim, uma troca voluntária, que faz que o livro de eletrônica chegue às mãos do engenheiro e a pintura, às mãos do colecionador, fará que o valor dos dois bens aumente. Simultaneamente, a troca cria riqueza para os dois parceiros e para a sociedade, pois direciona bens de quem os valoriza menos para quem os valoriza mais.

Segunda: a troca permite aos parceiros comerciais beneficiarem-se de maior nível de produto como resultado da especialização de cada um nas atividades para as quais possui vantagem comparativa. Um grupo de indivíduos, regiões ou nações poderá produzir, conjuntamente, mais bens e serviços se cada um se especializar na produção daquilo que faz melhor, isto é, ao menor custo relativo. Entretanto, maior volume de produção e maior variedade de produtos permitem um ganho a cada parceiro, pela troca daquilo que cada um produz ao menor custo por aquilo que só poderia produzir a custos maiores. Por exemplo, os ganhos pela troca permitem que uma professora se especialize na atividade docente e compre, com seus ganhos como professora, seu pão de cada dia na padaria da esquina, em vez de fazer seu próprio pão. Do mesmo modo, os ganhos do comércio permitem que um país como o Canadá se especialize na produção de trigo, enquanto o Brasil se especializa na produção de café. Uma vez que as produções de trigo e de café aumentam como resultado da especialização, ambos os países ganham com a troca de trigo canadense por café brasileiro.

MITOS EM ECONOMIA

(*continuação*)

Terceira: a troca voluntária possibilita a um indivíduo a obtenção de mais bens e serviços pela divisão do trabalho e pela adoção de métodos de produção em massa. Na ausência de trocas, todos teriam de ser auto-suficientes e, portanto, seu consumo e a disponibilidade de comodidades estariam limitados à produção familiar. A auto-suficiência implica produção diversificada em pequena quantidade (escala). O comércio permite que firmas produzam bens em grande quantidade (escala), para venda em um mercado mais amplo; assim, seus responsáveis podem planejar um volume de produção maior e, por isso mesmo, adotar métodos de produção mais complexos, adaptados à produção em larga escala. A adoção de métodos de produção em massa leva, de um modo geral, a aplicações mais eficientes de trabalho e de maquinário, aumentando, assim, o produto por trabalhador. Sem as trocas, esses ganhos não seriam possíveis.

1. **O que deve ser produzido?** Já vimos que, em razão da escassez de recursos produtivos, não podemos produzir tudo o que desejamos. Assim, como decidir que bens produzir e em que quantidade? Deveríamos produzir mais alimentos e menos vestuário, mais bens duráveis de consumo (automóveis, geladeiras) e menos ar puro, mais defesa nacional e menos lazer? Ou deveríamos usar nossos recursos para produzir mais bens de consumo hoje, embora isso signifique menor disponibilidade de bens no futuro? Se nossa economia está produzindo eficientemente (isto é, sobre a curva de possibilidades de produção), ao escolhermos produzir mais de um bem, teremos, necessariamente, de produzir menos de outros bens. Às vezes, produzir mais de um bem não só implica deixar de produzir outros bens, mas também incorrer em perdas indiretas. Isso ocorre quando a produção de um bem, além de exigir o deslocamento de recursos da produção de outros bens, reduz a disponibilidade de alguns outros. Por exemplo: a produção de viagens de automóvel gera, como subproduto, um aumento na poluição do ar, reduzindo, desse modo, a disponibilidade de ar puro (um bem desejável). Do mesmo modo, o uso de recursos naturais (água, minérios, árvores e outros) na produção de certos bens pode, simultaneamente, reduzir a disponibilidade de vida silvestre em determinada região. Em toda economia, é preciso responder a questões sobre o que deve ser produzido.

2. **Como produzir os bens?** De modo geral, um bem pode ser obtido por diferentes combinações de uso de fatores produtivos. A educação pode ser produzida com menos trabalho por meio do uso mais intensivo de aulas pela televisão, com material previamente gravado e livros. Trigo pode ser produzido com menos terra e mais fertilizantes. Cadeiras podem ser produzidas com o uso de mais tra-

balho e menos máquinas. Assim, podemos decidir que combinação alternativa de fatores produtivos devemos usar na produção de bens em uma economia.

Uma vez tomada a decisão do que produzir, os recursos devem ser mobilizados, e as pessoas, motivadas. Como os recursos de uma economia serão transformados em bens e serviços à disposição dos consumidores? Embora as economias difiram quanto à combinação de incentivos econômicos, como ameaças de uso da força e tipos de processo competitivo permitidos, todas têm de enfrentar o mesmo problema: o modo como usar seus recursos escassos para produzir os bens desejados.

3. **Para quem os bens serão produzidos?** Quem vai consumir os bens produzidos? Essa questão econômica é geralmente apresentada como o *problema da distribuição*. Uma vez estabelecidos e definidos os direitos de propriedade, inclusive os dos detentores do fator trabalho, em todos os seus níveis de qualificação, os proprietários dos fatores produtivos serão estimulados a vender seus serviços àqueles que lhe oferecerem a melhor remuneração. A renda assim auferida poderá ser usada para a compra dos bens e serviços desejados (e já produzidos). Desse modo, a propriedade dos fatores e os preços determinam quem fica com que parte do produto total. Alternativamente, podemos pensar em dividir o produto total pelo total da população, de modo que cada um fique com a mesma quantidade de produto. Ou, ainda, podemos pensar em distribuir o produto usando um critério político: a maior parte do produto fica com aqueles que, por serem mais habilidosos e organizados politicamente, possuem o maior poder político. Também é possível pensarmos em distribuir o produto segundo as necessidades de cada um. Nesse caso, precisaríamos de um ditador, ou de um legislativo democraticamente eleito, com poderes para definir as necessidades de cada cidadão.

A Inter-relação das Três Questões Econômicas

Mesmo sem respondermos às três perguntas, está claro que elas estão relacionadas entre si. A forma como o produto é distribuído exerce influência determinante na disponibilidade voluntária dos recursos produtivos, inclusive dos recursos humanos. A escolha dos produtos a serem produzidos é determinante para selecionar a maneira como os recursos serão usados. Na realidade, deve-se responder a essas três questões fundamentais simultaneamente, e toda economia, não importando como é organizada, deve, de alguma forma, responder a elas. Há muitas maneiras de organizar institucionalmente – as regras do jogo – uma sociedade, e é sob essas regras que os agentes econômicos devem tomar suas decisões. Cada organização institucional resultará em diferentes respostas para essas três perguntas universais.

A Organização Econômica

As duas formas mais proeminentes de organizar a atividade econômica em uma sociedade são: pela ação individual dos agentes econômicos, isto é, por meio do mercado, e pela ação coletiva por intermédio das decisões de um governo. Vamos considerar, resumidamente, cada um desses dois métodos.

Propriedade privada, contratos voluntários (em sua grande maioria, informais, baseados na palavra dos agentes, nos costumes e na reputação dos participantes) e aceitação dos preços impessoalmente determinados são as principais características do **mecanismo de mercado livre** ou do **capitalismo**, como comumente é chamado. Em uma economia de mercado livre, as pessoas têm direitos de propriedade sobre bens de consumo, sobre seu trabalho e sobre ativos produtivos.[15] Às pessoas, individualmente, é permitido comprar e vender direitos de propriedade a preços mutuamente aceitos em um mercado não-regulado, o que não significa que tais transações não estejam livres de regras sociais. Sob tais circunstâncias, o papel do governo é o de um árbitro – um participante neutro que faz que todos os participantes respeitem as regras do jogo (as leis).

Mecanismo de mercado livre

Método de organização da atividade econômica que permite – em um contexto de preços livres e não-regulados e de decisões descentralizadas dos proprietários privados dos bens e recursos – a solução dos problemas básicos de consumo, produção e distribuição dos bens.

Capitalismo

Um sistema econômico baseado na propriedade privada dos recursos produtivos e na alocação dos bens econômicos conforme os sinais emitidos pelos preços de mercado.

Assim, o governo reconhece, define e assegura os direitos de propriedade privada, faz valer os contratos e protege as pessoas contra fraude (por meio das leis e da administração da justiça). Note, entretanto, que o governo não é um participante ativo; o processo político não deve ser usado para modificar as soluções (de consumo, produção e distribuição) geradas pelo mercado, favorecendo uns, em detrimento de outros. Por exemplo, o governo não impedirá que um vendedor reduza seu preço ou melhore a qualidade de seu produto para melhor competir com outros produtores. Nem impedirá que um comprador ofereça um preço maior por um produto ou um serviço produtivo para que nenhum outro comprador potencial o adquira. Restrições legais decorrentes de regulamentação (por exemplo, concessão de licença) não serão usadas para limitar o potencial de compradores ou vendedores na produção, na compra ou na venda de produtos ou serviços produtivos no mercado. Em uma organização econômica de mercado, o planejamento das atividades econômicas por uma agência central está descarta-

15. Capitalismo foi a expressão usada por Karl Marx para se referir à economia de mercado.

do. As três questões econômicas básicas são respondidas sob a coordenação do mercado, por meio das escolhas individuais de compradores e vendedores.

A principal alternativa para a organização de mercado é o **processo de decisões coletivas**, isto é, o uso do sistema político e do planejamento governamental para alocar os recursos econômicos em uma sociedade. O sistema econômico no qual o governo é o proprietário dos ativos que geram renda (máquinas, prédios e terra, por exemplo) e determina diretamente que bens serão produzidos é dito **socialismo**. Alternativamente, o governo pode permitir a propriedade privada, mas, por meio de impostos, subsídios e regulamentação econômica, promover as respostas que desejar às três questões econômicas fundamentais. Nesses dois casos, as decisões econômicas são tomadas pelo sistema político e não pelo sistema de mercado. Tanto em um caso como em outro, as decisões de expandir ou de contrair os serviços de educação ou de saúde ou a produção de automóveis, de eletricidade, de aço, de bens duráveis e de uma infinidade de outras comodidades serão tomadas pela burocracia governamental e por comitês de planejamento. Isso não significa que, sob tais circunstâncias, as preferências individuais não tenham importância. Se a posição dos burocratas e dos agentes de planejamento está subordinada a um processo democrático que inclui eleições, suas ações serão influenciadas pelas expectativas sobre os resultados eleitorais. Assim como uma firma, que produz o que os consumidores não desejam comprar, vai à falência, a carreira dos burocratas que desconsideram as possibilidades eleitorais será curta.

Processo de decisões coletivas

Método de organização que se baseia em decisões exclusivas do setor público, no qual o voto, a barganha política, o *lobby* e procedimentos políticos em geral são os instrumentos usados. É um método que pode ser empregado para resolver os problemas econômicos básicos de uma sociedade.

Socialismo

Um sistema de organização econômica no qual: (1) a propriedade e o controle dos meios de produção estão sob a responsabilidade do Estado e (2) a alocação dos recursos é determinada por um comitê de planejamento central e não pelas forças impessoais do mercado livre.

Em muitas economias, inclusive na do Brasil, decisões são tomadas tanto pelo sistema de preços quanto pelo setor público. Os dois processos exercem uma considerável influência no modo como resolvemos os problemas econômicos fundamentais. E embora sejam bastante diferentes, em ambos os processos as escolhas dos indivíduos, enquanto agentes econômicos, são importantes. A ciência econômica trata, basicamente, de como as pessoas tomam decisões e de que forma os instrumentos de análise econômica podem ser aplicados tanto às situações de mercado quanto à ação do setor público. As restrições aos indivíduos e os incentivos que lhes são dados para tomar esta ou aquela decisão produzirão resultados inteiramente diferentes se decorrerem de orientação política, da ação do setor público ou das contingências do mercado livre. De qualquer maneira, pessoas são pessoas, e mudanças nos custos e benefícios, associadas às suas ações, afetarão suas escolhas.

O sistema político em uma sociedade moderna tem uma função específica, assim como a organização de seu sistema econômico, que procura responder às três questões básicas da economia. A organização do sistema econômico compatível com uma sociedade de homens livres é a do mercado livre. O sistema político que tem por propósito administrar a *coisa pública* tem no sistema democrático a organização compatível com uma sociedade de homens livres. Uma das maiores dificuldades que as sociedades contemporâneas enfrentam atualmente é a de não cair na tentação de usar o sistema político para resolver problemas de natureza econômica. Ao tentar resolver problemas econômicos, o sistema político tem produzido, além de soluções menos eficientes, resultados exatamente opostos aos prometidos. Teremos oportunidade de apreciar muitos desses casos ao longo deste livro.

Saída e Voz: Dois Métodos de Enviar Mensagens

A escolha individual constitui o fundamento básico para a análise econômica. Os indivíduos têm dois métodos para enviar mensagens, com o intuito de influenciar os responsáveis por decisões, tanto no sistema de mercado quanto no sistema político. Em primeiro lugar, eles têm **voz**, isto é, eles podem comunicar suas insatisfações, desejos e sugestões aos tomadores de decisão, em qualquer dos dois sistemas. O segundo método é a **saída**, isto é, os indivíduos podem sair de uma atividade específica em qualquer dos dois sistemas, não mais participando da atividade, da relação ou da organização. A voz é o instrumento da persuasão, enquanto a saída é o instrumento de barganha.

Voz

É a habilidade da pessoa de comunicar reclamações, desejos e sugestões aos responsáveis por decisões, que podem ser compradores e vendedores em atividades privadas ou agentes do governo.

Saída

É a capacidade da pessoa de retirar-se de uma relação ou de uma atividade com outra pessoa ou organização.

A opção de saída é mais facilmente exercida no sistema econômico de mercado livre. Se você, como consumidor, não está satisfeito com o atendimento em uma loja, ou com uma marca de automóvel, ou ainda com um restaurante, o que geralmente você faz? Algumas pessoas enviam cartas ou manifestam seu desagrado pessoalmente ao encarregado ou gerente (opção pela voz), mas a maioria dos consumidores prefere procurar outros parceiros comerciais (opção de saída), mudando de loja, de restaurante ou de marca de carro. A opção de saída é a forma mais fácil, rápida, que está inteiramente sob nosso controle, para lidar com serviços e produtos de baixa qualidade ou de preços elevados. Ela é o principal instrumento de comunicação dos consumidores com as empresas de negócios.

A opção de saída é, geralmente, mais difícil de ser usada no sistema político que no sistema econômico de mercado livre. Essa dificuldade emerge de forma clara em um contexto nacional, quando a opção de saída significa emigrar para outro país. Embora a opção de saída seja viável em um contexto local – por exemplo, transferir uma criança de uma escola pública para outra –, ela é muito mais difícil de ser exercida do que em um contexto de mercado. A voz é o instrumento de comunicação mais intensivamente usado para enviar mensagens aos governantes em um sistema político democrático. Em um sistema democrático, a competição entre os diversos partidos políticos estimula o diálogo, e o direito de se expressar é reconhecido e protegido. O voto é outra forma de explicitar o instrumento da voz, mas, como veremos adiante, a estrutura de incentivos do sistema político reduz sua eficiência.

Em resumo, a opção de saída é o método de comunicação mais freqüente entre os agentes econômicos no mercado. Essa opção no sistema político é bem mais limitada. Assim, os indivíduos dependem quase exclusivamente do instrumento da voz para enviar mensagens aos tomadores de decisão no sistema político. Como essa diferença, na importância da opção de saída como método de comunicação, afeta a alocação de recursos nos dois sistemas? Trataremos dessa questão em capítulos subseqüentes, ao analisarmos o funcionamento desses dois setores.

Olhando à Frente

Os próximos dois capítulos apresentam, de forma panorâmica, o funcionamento do mercado livre. Nos Capítulos 5 e 6, mostramos como funciona o setor público em um sistema político (que trata das decisões coletivas) democrático. Não é suficiente estudarmos como o sistema de preços funciona. Para entender as forças que influenciam a alocação de recursos econômicos em um país como o Brasil, temos de ser capazes de aplicar o instrumental analítico da ciência econômica tanto às decisões de mercado quanto à escolha do setor público.

Pensamos que essa abordagem é importante, pois nos permite compreender melhor o que se passa no mundo real e, por isso mesmo, ela é instigante. Como o mercado realmente funciona? O que a ciência econômica pode nos dizer, a nós, cidadãos, sobre que atividades devemos atribuir ao governo? Que tipo de política pública (econômica e social) é atraente, sob a restrição de eleições periódicas, aos representantes que elegemos (vereadores, deputados estaduais e federais, senadores, prefeitos, governadores e presidente da República)? Uma política econômica adequada para o momento pode não ser implementada porque conflita com objetivos políticos? Vamos nos ocupar destas e de outras questões nos próximos quatro capítulos.

Resumo do Capítulo

- Por causa da escassez, quando um indivíduo escolhe fazer ou comprar alguma coisa, simultaneamente, estará abrindo mão de fazer ou comprar alguma outra coisa que poderia ter escolhido. O custo de oportunidade de uma escolha ou ação específica é a alternativa de escolha ou ação de maior valor entre as preteridas em decorrência da escolha feita. Portanto, seu custo de oportunidade de jogar cartas é a alternativa de uso de seu tempo à qual você atribui o maior valor. Diferenças (e mudanças) no custo de oportunidade ajudam a explicar o comportamento humano observado no mundo real.
- Ganho mútuo é o que justifica a troca voluntária. Cada uma das partes aceita as condições de troca porque, sob essas condições, elas antecipam que seu bem-estar econômico melhorará.
- Custos de transação – o tempo, o esforço e outros recursos necessários à procura, à negociação e à conclusão da transação – são um obstáculo à realização dos ganhos da troca. As pessoas que se especializam em tornar as trocas mais fáceis e baratas – os intermediários – reduzem os custos de transação e, portanto, criam valor ao ampliar as possibilidades de negócios.
- Os direitos de propriedade garantem ao proprietário o uso, a venda, o aluguel ou ainda a doação de sua propriedade, desde que sua ação não invada ou fira os direitos de terceiros. Exatamente por isso, os direitos de propriedade induzem os proprietários a usar seus recursos em benefício dos outros, a mantê-los e a conservá-los para o futuro.
- A curva de possibilidades de produção revela, no caso de dois bens, o máximo que se pode produzir de um deles, dadas a produção do outro, a quantidade (e qualidade) dos recursos produtivos e a tecnologia. Quando um indivíduo ou uma economia está operando com eficiência máxima (na fronteira de produção), a combinação de produto escolhida estará sobre a curva de possibilidades de produção. Nesse caso, só se pode aumentar a produção de um bem pela redução da produção do outro.
- Com o passar do tempo, a curva de possibilidades de produção de uma economia pode-se deslocar para a direita em virtude: (1) do aumento dos recursos produtivos em decorrência de investimentos passados; (2) da nova tecnologia (inovações tecnológicas); (3) da melhoria na organização institucional da sociedade e (4) do aumento efetivo do fator trabalho por uma mudança cultural que implique redução de lazer e elevação do desejo efetivo de trabalhar. Essa última possibilidade indica que, além da organização institucional, a herança cultural e as preferências são importantes na determinação das possibilidades de produção de uma sociedade.
- A produção sempre pode ser aumentada pela divisão do trabalho e pela cooperação entre os indivíduos. Se o processo produtivo puder ser decomposto em uma série de tarefas específicas, a divisão do trabalho pode ser implementada, permitindo a especialização nas referidas tarefas. Especialização e divisão do trabalho geralmente provocam um aumento de produto por trabalhador porque: (1) permitem que tarefas específicas sejam dadas aos trabalhadores mais aptos a executá-las, os quais, portanto, as farão de

forma mais eficiente; (2) aumentam a habilidade e, conseqüentemente, a eficiência dos trabalhadores pela repetição da execução de uma mesma tarefa; (3) favorecem a introdução de máquinas e de inovações tecnológicas no processo produtivo, pois simplificam a produção pela identificação das tarefas específicas.

- ☐ O somatório da produção de indivíduos, de uma região ou de nações será maximizado quando os bens forem trocados entre as partes, de acordo com a lei das vantagens comparativas. Essa lei garante que a produção total será maximizada, quando cada uma das partes envolvidas na troca se especializar na produção dos bens para os quais tenha baixo custo de oportunidade para, então, trocá-los por bens que impliquem alto custo de oportunidade na produção.
- ☐ Troca voluntária é uma importante fonte de progresso econômico. Ela cria valor e riqueza por: (1) fazer que os bens fluam de quem os valoriza menos para quem os valoriza mais; (2) permitir a especialização das partes na produção de bens para os quais tenham vantagens comparativas; (3) promover a expansão da produção em decorrência da possibilidade de ganhos pela divisão do trabalho e a conseqüente adoção de processos de produção em massa. Uma organização econômica que permita às pessoas perseguir seus próprios interesses (ganhos ou lucros) promoverá a especialização e a troca e, desse modo, todos se beneficiarão dessas fontes de ganho.
- ☐ Toda economia deve responder a três questões básicas: (1) Que bens produzir?; (2) Como os bens serão produzidos?; (3) Como distribuir os bens? Essas três questões estão altamente inter-relacionadas.
- ☐ Há, basicamente, dois métodos de se tomar decisões econômicas: pelo mecanismo de mercado ou pela decisão das autoridades públicas (governo). As decisões individuais influenciarão os resultados nos dois casos, se o sistema político for democrático. Os instrumentos de análise econômica são gerais e se aplicam às escolhas de mercado e às decisões do setor público.

Questões de Análise Crítica

1. "Se José troca R$ 2 mil pelo carro usado de Eduardo, os itens trocados devem ter o mesmo valor." Essa afirmação é verdadeira, falsa ou pode ser verdadeira ou falsa, dependendo das circunstâncias?

2. Os economistas estão sempre afirmando que os salários refletem a produtividade do trabalhador. Entretanto, as donas de casa no Rio de Janeiro reclamam do preço cobrado pelos eletricistas, quando algum reparo precisa ser feito em casa. Os eletricistas sempre cobraram mais por sua hora de serviço, comparativamente à hora de serviços domésticos em geral (marceneiro, chaveiro, bombeiro hidráulico, para citar alguns exemplos). Os honorários dos eletricistas têm crescido mais rapidamente que a média dos salários pagos na indústria, onde se tem observado, nos últimos 30 anos,

um aumento substancial de produtividade, decorrente de inovações tecnológicas. Como você pode explicar esse aumento relativo, se a técnica usada pelos eletricistas para consertos domésticos não se modificou ao longo destes anos e, conseqüentemente, sua produtividade não mudou muito?

3. Para ir de avião do Rio de Janeiro a São Paulo, Rogério gasta cerca de uma hora e paga R$ 150 pela passagem. Se for de ônibus, levará cerca de sete horas e pagará R$ 70 pela passagem. Se seu custo de oportunidade do tempo for de R$ 20 a hora, qual será o meio mais barato para Rogério ir a São Paulo? Nessas condições, qual seria o meio de locomoção escolhido por outra pessoa com um custo de oportunidade de R$ 15 a hora? E se o custo de oportunidade fosse R$ 10 a hora?

4. Por que o percentual de mulheres, com curso superior, que trabalham fora do domicílio é maior que o percentual de mulheres, com curso médio completo, que trabalham fora do domicílio?

5. "Os homens de negócios ganham pela exploração das necessidades dos consumidores de seus produtos. O ganho dos homens de negócios resulta da perda dos consumidores de seus produtos." Avalie essa afirmação, considerando que o produto em questão seja uma novela de televisão.

6. Com relação ao uso de recursos, qual é o objetivo do empreendedor? Qual é a principal função do intermediário? O intermediário é um empreendedor?

7. Qual é o significado de ser proprietário de alguma coisa? A propriedade privada de um bem dá ao proprietário o direito de fazer o que quiser com ele? Justifique. Como os direitos de propriedade estimulam os proprietários a: (a) cuidar bem da propriedade; (b) conservar recursos para o futuro; e (c) modificar coisas (bens, terra, construções etc.) que possam prejudicar terceiros? Justifique.

8. Um empresário de reflorestamento com 60 anos tem algum incentivo para plantar árvores que só poderão ser cortadas e vendidas após 50 anos?

9. Quais são as formas de competição autorizadas pela economia de mercado? Quais são as formas de competição proibidas?

10. O que é a lei das vantagens comparativas? Segundo essa lei, quais são as características dos produtos a serem produzidos por um país? Quais são as características dos produtos que um país deve importar? Sob a lei das vantagens comparativas, por meio do comércio internacional, como a produção e o padrão de vida das pessoas seriam afetados? Justifique.

11. Quais são as três principais fontes de ganhos decorrentes das trocas voluntárias? Por que as trocas são importantes para a prosperidade de uma nação? Como os obstáculos físicos (rios, montanhas, estradas péssimas) que aumentam os custos de transação afetam os ganhos de comércio e a prosperidade das nações? Como os obstáculos cria-

dos pelo homem (tarifas, cotas, restrições que limitam o comércio) que aumentam os custos de transação afetam os ganhos de comércio e a prosperidade das nações?

12. "O pecuarista, proprietário de vastas pastagens, pode ser levado a destruí-las (explorar em excesso o pasto, permitindo que a erosão destrua a terra) com sua ganância de ganhar mais no momento. Por isso, o reconhecimento dos direitos de propriedade de terra é perigoso." Avalie essa afirmação.

13. "A cidade do Rio de Janeiro paga mais caro por legumes e verduras porque a baixada de Jacarepaguá, como área de produção agrícola, foi destruída pela especulação imobiliária. Terra boa para a atividade agrícola nunca deve ser utilizada para a construção de casas. Alimentos são mais importantes." Avalie essa afirmação.

14. O governo brasileiro, por meio de uma política comercial, impõe uma série de restrições ao comércio internacional, tais como tarifas (impostos) sobre as importações, as quais variam de zero a infinito (quando a importação do produto é proibida), cotas e até impostos de exportação, além do controle de câmbio. De que modo essas restrições ao comércio afetam o bem-estar do povo brasileiro?

15. "Quando estamos tratando de questões relacionadas à vida humana, os custos econômicos são irrelevantes." Avalie essa afirmação.

16. A compra de ingressos para jogos de futebol e outros eventos, para revenda por pessoas não-autorizadas, é proibida. Em dias de jogos decisivos no Maracanã, os cambistas aparecem, oferecendo ingressos a preços superiores aos estabelecidos pela Federação Carioca de Futebol. A quem essa proibição ajuda e a quem prejudica? Você considera que seria uma boa idéia estender essa proibição a automóveis, livros, obras de arte ou ações de sociedades anônimas, por exemplo? Justifique.

17. Considere as questões a seguir:
    a) Você acha que seu esforço ao cumprir uma tarefa (estudar, por exemplo) está associado aos estímulos (compensação pessoal) que você tem para executá-la? Explique.
    b) Suponha que sua nota final em economia será determinada pelo sorteio de um número de uma loteria que contém números de 0 a 10, que podem ocorrer com igual probabilidade. Como esse arranjo afetará suas horas de estudo de economia?
    c) Como suas horas de estudo de economia seriam afetadas se o professor, no primeiro dia de aula, garantisse nota final 10 a todos os estudantes matriculados? O que aconteceria com seus hábitos de estudo se, no primeiro dia de aula, o professor informasse que todas as questões das verificações de aprendizagem seriam extraídas dos exercícios propostos neste livro?
    d) Você considera que a produção total de bens e serviços no Brasil seja afetada pela relação entre a contribuição produtiva de cada um e a recompensa que cada um recebe por seu esforço?

PARTE II

MERCADOS E GOVERNOS

Há, essencialmente, dois métodos de alocar recursos escassos entre usos alternativos: mercados e governos.

VISUALIZANDO A ALOCAÇÃO PELO MERCADO

A Figura II-A nos fornece uma representação visual de como os mercados alocam os recursos escassos na produção de bens e serviços. As firmas compram recursos produtivos – tais como serviços de trabalho, máquinas e ferramentas – de seus proprietários, as famílias, que recebem uma renda em troca (parte inferior da figura). As firmas produtivas incorrem em custos para atrair esses recursos produtivos de outras atividades. Essas firmas transformam recursos em produtos – tais como sapatos, automóveis, alimentos, serviços médicos – e os oferecem às famílias em troca de receita (parte superior da figura). Produzir ou não um bem depende da receita que sua venda gera, em relação ao custo de produzi-lo. Em uma economia de mercado, as firmas só continuarão a produzir bens e serviços se as receitas de suas vendas forem suficientes para cobrir os custos dos recursos usados na produção desses bens e serviços.

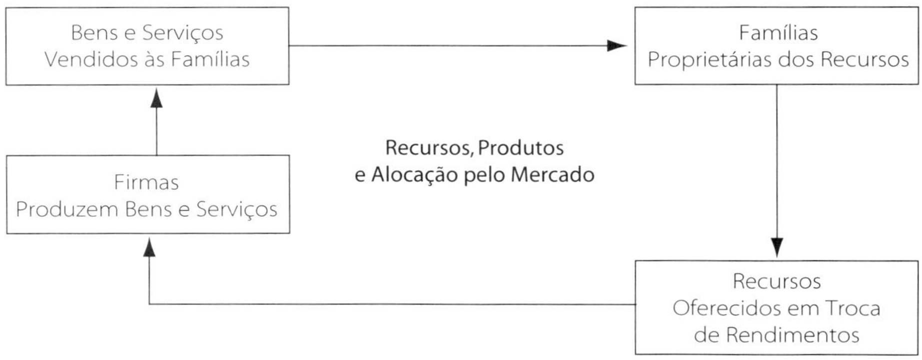

Figura II-A

VISUALIZANDO A ALOCAÇÃO POR MEIO DO GOVERNO

Como destaca a Figura II-B, a alocação por meio do governo envolve uma relação mais complexa com três agentes. Em um sistema político democrático, o Legislativo aprova os impostos sobre os eleitores cidadãos. A receita tributária é distribuída em orçamentos públicos, que são alocados às agências e autarquias governamentais (Poder Executivo). De um lado, as agências e autarquias usam os recursos de seu orçamento para oferecer bens e serviços e transferir renda aos eleitores cidadãos. O Legislativo é como um conselho-diretor eleito pelos cidadãos. A pressão de competição para ser eleito faz que os legisladores tenham um forte incentivo para atender aos anseios dos eleitores. De outro, os eleitores tendem a apoiar o legislador se o valor dos bens e serviços, assim como das transferências de renda recebidas pelo cidadão (ligação entre a agência e o cidadão), for maior que a conta de impostos que eles terão de pagar (ligação entre eleitores e legislador). Bens e serviços e transferência de renda serão oferecidos pelo governo se, e somente se, a maioria dos legisladores perceber que essa provisão ampliará sua perspectiva eleitoral – isto é, a probabilidade de vencer a próxima eleição.

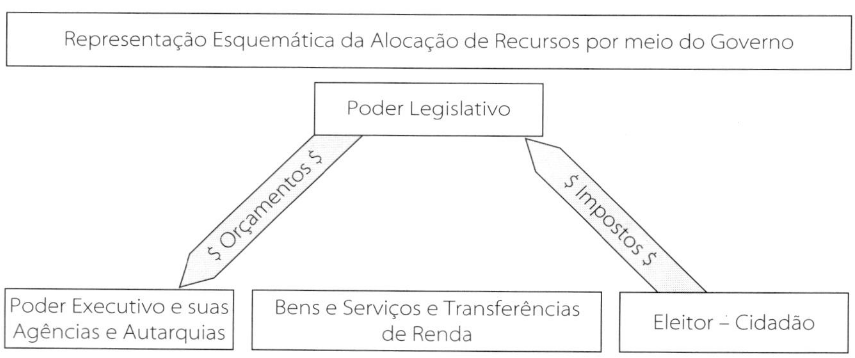

Figura II-B

SIGNIFICÂNCIA DA TEORIA ECONÔMICA

A economia tem muito a dizer a respeito de mercados e governos, no processo de alocação de recursos escassos. Ela nos fornece os instrumentos para percebermos as condições sob as quais mercados e governos tendem a funcionar bem (e quando cada um deles funcionará mal). Nos próximos quatro capítulos, vamos nos concentrar nessas questões.

3 Oferta, Demanda e o Funcionamento do Mercado

Estou convencido de que, se ele [o sistema de mercado] fosse resultado de desígnio deliberado do homem e se as pessoas que se guiam pelas mudanças de preço entendessem que suas decisões têm um significado além de seus objetivos imediatos, esse mecanismo seria aclamado como um dos maiores triunfos da mente humana.

Friedrich Hayek[1]

Do ponto de vista da física, é um verdadeiro milagre que [sete milhões de nova-iorquinos sejam alimentados a cada dia] sem nenhum mecanismo de controle, a não ser o puro capitalismo.

John H. Holland, cientista*, The Santa Fe Institute*

FOCO DO CAPÍTULO

- O que os economistas querem dizer quando se referem à lei da oferta e da procura?
- Como os consumidores decidem sobre a compra de um bem? Como os produtores decidem se vão produzi-lo?
- Como compradores e vendedores reagem a mudanças nos preços dos bens?
- O que são lucros e prejuízos? O que uma firma deve fazer para conseguir lucros?
- Como o preço de mercado de um bem é determinado?
- Como mudanças nas condições de demanda afetam o mercado? Como mudanças nas condições de oferta afetam o mercado?
- Qual é o significado do princípio da *mão invisível*?

---

1. Frederich Hayek, The use of knowledge in society. *American Economic Review*, n. 35, p. 519-530, set. 1945. Hayek recebeu o Prêmio Nobel de Economia, em 1974.

Para aqueles que estudam arte, a *Monalisa* é muito mais que uma famosa pintura de uma mulher. Vêem muito além da pintura. Eles vêem e apreciam a leveza das pinceladas, a combinação de cores, o jogo de luzes e as técnicas incorporadas na pintura. Do mesmo modo, estudando economia, você pode apreciar detalhes do comportamento diário do ser humano que geralmente não são percebidos. Entre em um supermercado. O feijão que você quer comprar está à sua disposição, e o período de safra há muito ocorreu; a laranja paulista está lá, pronta para ser "colhida"; o kiwi, fruta originária da Nova Zelândia; o mamão papaia; os vinhos gaúchos, portugueses, espanhóis, chilenos, alemães, italianos; os queijos, desde a ricota até os mais sofisticados queijos importados da França. Literalmente, milhares de pessoas diferentes, em diferentes lugares, deram um pouco de seu esforço e talento para que você tivesse todos esses bens à sua disposição, em um supermercado, em uma cidade brasileira como a do Rio de Janeiro. A ação de todas essas pessoas foi de tal modo coordenada que a qualidade dos produtos expostos nesse supermercado específico é praticamente a que seus clientes desejam. Além disso, mesmo produtos transportados de longas distâncias estão frescos e com os preços razoáveis. Como isso é possível?

O cientista de computação John H. Holland e outros cientistas usam a *teoria do caos* e outras técnicas matemáticas, em programas de computador, para estudar como sistemas complexos se desenvolvem e operam sem um organismo central que os direcione. Assim, além de questões biológicas do tipo "Como os muitos tipos de células especializadas em certas funções em uma árvore se organizam para formar uma folha?", eles também consideram questões econômicas do tipo "Como milhões de pessoas que vivem na cidade de Nova York são alimentadas dia após dia, com pequena incidência de escassez ou abundância de alimentos, a despeito da inexistência de um organismo central de planejamento da sua oferta e distribuição?". Os sinais e os incentivos produzidos pelo mecanismo de mercado funcionam tão bem que surpreendem cientistas acostumados a estudar sistemas complexos. A reação desses cientistas ao funcionamento do mercado dá ênfase à percepção do professor Hayek, explicitada em 1945, de que, se o sistema de mercado tivesse sido desenhado por pessoas, sem dúvida, "seria aclamado como um dos maiores triunfos da mente humana".

A dificuldade de coordenar todos os componentes de uma economia nacional é enorme. Considere a fantástica tarefa de coordenação das atividades econômicas de 170 milhões de brasileiros, sendo que cada um tem objetivos e desejos próprios. Cerca de 70 milhões são trabalhadores, cada um possuindo diversas habilidades, conhecimento específico e preferências quanto ao tipo de trabalho que deseja executar. Estima-se que os homens de negócios sejam cerca de 3,5 milhões, produzindo uma gama extravagante de produtos e serviços, que vão de palitos a computadores ou de simples faxina a transplantes de órgãos. Como é possível coordenar, com algum propósito e eficiência, as ações de todos esses participantes? Como os produtores sabem quanto deve ser produzido de cada bem? O que os impede de produzir canetas esferográficas em excesso e bicicletas com dez marchas em quantidade muito inferior àquela desejada pelos consumidores? Quem direciona cada participante da força de trabalho para o emprego mais adequado às suas habilidades e preferências? Como podemos ter certeza de que cada firma de negócios (empresas do setor agrícola, industrial ou de serviços) escolhe o método correto para produzir seu produto ou serviço? Nos dois próximos capítulos, analisaremos de que modo a economia de uma sociedade complexa como a nossa responde a essas questões por meio do sistema de preços de mercado.

Neste capítulo, vamos nos concentrar nos determinantes da oferta e da demanda, no modo como os preços são estabelecidos no mercado. Cada mercado está organizado de determinada maneira, isto é, opera sob dadas condições. A estrutura de um mercado é o conjunto de condições que define as regras de funcionamento desse mercado. É possível ter um mercado com um único vendedor, como no caso de uma concessionária de um serviço de distribuição de água em uma cidade. É possível ter um mercado em que não há restrições impeditivas à entrada de novos compradores ou vendedores. É possível ainda ter um mercado em que os vendedores se organizem em um acordo para conseguir aumentar seus lucros. No momento, vamos considerar apenas os mercados livres, em competição perfeita, isto é, mercados em que nenhum agente econômico (comprador ou vendedor), individualmente ou em pequenos grupos, pode afetar o preço de mercado e em que não há qualquer restrição à entrada ou saída de qualquer participante. Vamos supor ainda que os direitos de propriedade referentes aos recursos produtivos e aos diversos bens são bem-definidos. Adiante, vamos considerar situações em que tais condições não são observadas.

Em uma economia de mercado efetivamente livre, nenhum indivíduo, comitê de planejamento ou autoridade política diz aos agentes econômicos o que eles devem fazer. Os mercados são livres e perfeitamente competitivos, no sentido de que não haja nenhuma limitação legal ou de outra natureza à entrada, tanto de novos compradores quanto de novos vendedores. A ação do governo na economia é limitada, porém essencial. Cabe ao governo explicitar as regras institucionais às quais todas as atividades na sociedade estarão subordinadas, inclusive as econômicas. Dessa forma, a lei garante a liberdade de cada cidadão, protegendo, ao mesmo tempo, a liberdade dos demais. É essencial para o funcionamento de uma economia de mercado que a lei caracterize adequadamente os direitos de propriedade, seja de um lápis, seja de um programa de computador. Em geral, a lei deve reduzir os atritos entre os membros da sociedade, caracterizando os direitos dos indivíduos e protegendo os interesses de terceiros, isto é, das pessoas que não estão participando diretamente do ato social (econômico ou não) em questão.

Mesmo nas economias em que predominam as soluções de mercado – como nos Estados Unidos, por exemplo –, é comum observar uma combinação da ação do setor público com o mercado para resolver determinados problemas econômicos. Entretanto, é fundamental compreender como o sistema de preços de mercado livre funciona, como motiva as pessoas e como direciona a alocação dos recursos produtivos em uma economia. Os preços de mercado movem a economia, mas como eles são determinados? Vamos considerar inicialmente a ação dos compradores, isto é, o lado da demanda na determinação dos preços.

A Escolha dos Consumidores e a Lei Fundamental da Demanda

Os nossos desejos por bens são substancialmente maiores que o poder de compra de nossa renda. Nem o mais rico dos consumidores poderá comprar tudo o que deseja, ao mesmo tempo. Estamos sempre tendo de fazer escolhas.

Para utilizar nossa renda (ou mesada) da melhor forma possível, teremos de escolher o que vamos fazer ou comprar, uma vez que, com ela, não poderemos ter ou fazer tudo o que gostaríamos no momento. Assim, as escolhas que fazemos devem ter o propósito de nos permitir a maior satisfação possível, com os recursos que temos no momento. Portanto, devemos orientar nossas escolhas de modo que nossas opções nos dêem a maior satisfação possível para a renda (ou mesada) de que dispomos. Isso significa que, em nossas escolhas, devemos levar em conta quanto elas nos custam em termos de recursos, tendo em mente que uma escolha feita implica a rejeição de todas as outras alternativas que tínhamos. Não há dúvida, portanto, de que os preços influenciam nossas escolhas. Se um bem que desejamos tem um preço elevado, sua compra implicará um sacrifício maior, em termos de bens a cujo consumo teremos de renunciar para adquirir o que foi escolhido.

É exatamente pela escassez de nossos recursos (renda ou mesada) que podemos afirmar que, sempre que uma alternativa de escolha fique mais cara em relação às demais, a possibilidade de ela ser escolhida é reduzida. Dessa maneira, o aumento do preço de um bem, tudo o mais inalterado, provocará a redução de seu consumo. De modo oposto, a redução do preço de um bem, tudo o mais inalterado, provocará um aumento em seu consumo. Essa relação inversa, entre o preço de um bem e a sua quantidade consumida, tudo o mais inalterado, é o que chamamos **lei fundamental da demanda**. Lembre-se de que "caro" ou "barato" são conceitos relativos. O que é caro para uns pode ser barato para outros que tenham uma renda elevada. Quando o preço de um bem aumenta, ele ficará relativamente mais caro em relação aos demais bens, se os preços deles não variarem, caírem ou aumentarem em uma proporção menor. Para evitar todos esses esclarecimentos, os economistas costumam introduzir a expressão latina *coeteris paribus* para indicar que a proposição feita está condicionada a que tudo o mais permaneça constante. Assim, a lei fundamental da demanda nos diz que há uma relação inversa entre preço e quantidade de um bem, *coeteris paribus*.

> **Lei fundamental da demanda**
>
> É a relação inversa entre a quantidade consumida de um bem e seu preço, tudo o mais constante, decorrente da escassez de recursos. Esse princípio vale para qualquer sociedade, independentemente de sua organização social, uma vez que decorre da escassez.

A disponibilidade de **substitutos** – bens que podem ser usados para o mesmo fim – é a principal razão para que os consumidores comprem menos do bem cujo preço aumentou. Nenhum bem é absolutamente essencial (ver o quadro "Mitos em Economia"). Em certa medida, qualquer bem pode ser substituído por outro. Manteiga, por exemplo, pode ser substituída por margarina. Madeira, alumínio e vidro podem substituir o aço. Um sistema de carona solidária, a redução da velocidade na condução de veículos, o uso de bicicletas ou transporte público, bem como carros com menor potência, são substitutos para o consumo de gasolina, permitindo que os consumidores reduzam a compra desse combustível. Quando o preço (e, por conseguinte, o custo de oportunidade) de um bem aumenta, as pessoas procuram se valer de substitutos que cumpram a mesma finalidade e, dessa forma, economizam no uso do bem que ficou mais caro. Quanto maior for o aumento de preço, mais substitutos serão considerados pelos consumidores. Os incentivos de preço realmente funcionam.

> **Substitutos**
>
> Produtos que servem a um mesmo propósito são chamados substitutos próximos. O aumento do preço de um produzirá um aumento no consumo do outro (por exemplo, manteiga e margarina; veículos Chevrolet e Ford).

A Curva de Demanda

O Quadro 3.1 apresenta valores hipotéticos para preço e quantidade comprada de aparelhos de DVD. São mostrados três diferentes preços com as respectivas quantidades que seriam compradas pelos consumidores, *coeteris paribus*, isto é, mantidos constantes os preços dos demais bens e a renda dos consumidores, assim como suas preferências, instituições sociais e valores culturais. Desse modo, quando o preço do DVD é R$ 1.400, os consumidores comprarão 480 mil unidades. Se o preço cair para R$ 650, a quantidade comprada aumentará para 4,20 milhões unidades. Caso o preço atingisse a marca de R$ 390, um total de 12,300 milhões unidades de DVD seria comprado!

MITOS EM ECONOMIA

A curva de demanda de alguns bens é vertical, uma vez que os consumidores necessitam de uma quantidade fixa desse bem.

É comum que não-economistas, ignorando o impacto dos preços sobre o consumo, afirmem que, para alguns bens, os consumidores precisam consumir certa quantidade fixa. "Nos próximos oito anos, o Brasil precisará ampliar sua capacidade de gerar energia em 37,6 milhões de kW." "O déficit habitacional no Brasil, atualmente, é de cerca de cinco milhões de moradias." Certamente você já leu afirmações como essas nos jornais, vindas de autoridades públicas ou de homens de negócios. Possivelmente, na maioria das vezes, os autores das frases não têm noção de estar afirmando que o Brasil precisa disso ou daquilo, independentemente de seu preço ou custo.

Na avaliação dessas afirmações, devemos nos lembrar de dois fatos. *Primeiro, vivemos em um mundo onde substituir é possível.* Isto é, há formas alternativas de satisfazer nossas necessidades. A quantidade de cada bem que um indivíduo considera adequada às suas necessidades é influenciada pelo preço desse bem e pela disponibilidade dos demais bens. De modo geral, não nos damos conta da quantidade de substitutos para o bem que consumimos. Por exemplo, ler, ficar em casa assistindo a DVDs ou ir à piscina do condomínio são substitutos da gasolina que gastaríamos para ir à praia da Barra da Tijuca em um domingo de sol. Note que, nesse sentido amplo, substituibilidade é uma questão de grau e não de função específica. Posso usar margarina para substituir a manteiga na elaboração de um bolo. A margarina substitui a manteiga em sua função, mas a leitura ou os DVDs substituem meus gastos com gasolina para ir à praia. A função da leitura ou do DVD não é a mesma da gasolina, porém, os três podem ser usados para satisfazer minha necessidade de lazer. Assim, há substitutos para qualquer coisa.

Segundo, dados a escassez e o limite de ação impostos por nossa renda, nossa opinião sobre o que é necessário fica limitada, e cada um de nós tem de abrir mão de muitas coisas de que "necessita" ou pelo menos pensa que necessita. Sendo nossa renda limitada, na compra de qualquer bem, temos de levar em conta a importância relativa de todos os outros bens que, alternativamente, poderíamos estar comprando. Desse modo, decidimos comprar o que valorizamos mais, satisfazendo, portanto, a necessidade que, aparentemente, consideramos mais urgente. O conceito de necessidade varia de acordo com a renda, as preferências e os fatores culturais inerentes ao indivíduo. Em certas sociedades, as famílias consideram que sua moradia deve ser equipada com banheiro completo, inclusive com água quente. Entretanto, em sociedades mais pobres, a disponibilidade de água quente, ou mesmo de um banheiro, pode ser considerada um luxo.

O que podemos dizer sobre a água? As pessoas não necessitam de água para viver? Sim, isso é verdade, mas há substitutos para a água, e as pessoas usam mais ou menos água conforme seu preço. Quando a água é abundante e barata, as pessoas a usam não só para beber, cozinhar e banhar-se, mas também para regar o jardim, lavar carros e calçadas e irrigar as plantações. No entanto, quando a água é rara e cara, as pessoas a usam parcimoniosamente em sua higiene pessoal, desenvolvem jardins com plantas que demandam pouca água, lavam carros muito raramente e usam técnicas sofisticadas para irrigar as planta-

MITOS EM ECONOMIA

(continuação)

ções. A quantidade demandada de água, como a de qualquer outro bem, tudo o mais constante, é inversamente relacionada ao seu preço. [Ver, a seguir, o quadro "Teoria Econômica Aplicada".]

A demanda é importante justamente porque nos fornece informações sobre as preferências das pessoas – quanto elas valorizam cada alternativa de consumo de bem escasso e quanto estão dispostas a abrir mão do consumo de outros bens para gastar uma unidade adicional de determinado bem. Todos nós desejamos vários bens, em quantidades variáveis, mas a restrição imposta por nossa renda nos leva a identificar que há muitos substitutos para cada bem. Assim, a quantidade que escolhemos comprar de cada bem depende, dada nossa renda, de seu preço em relação aos demais. A curva de demanda vertical é como o unicórnio – um mito.

TEORIA ECONÔMICA APLICADA

A água é necessária, mas a que preço?

Crise de abastecimento de água em Nova York em 1949/1950

Ao final de 1949, a cidade de Nova York nos Estados Unidos enfrentava um problema sério de escassez de água. O município não dispunha de recursos imediatos para aumentar a oferta e resolver o problema. Um grupo de economistas foi contratado pelo National Bureau of Economic Research para estudar o problema e indicar uma solução. O estudo concluiu que cerca de 10% do consumo de água resultava de vazamentos em torneiras e encanamentos domiciliares em geral. Como em um ambiente de alta escassez de água, as pessoas a desperdiçavam e reclamavam às autoridades em razão de sua falta? Os economistas identificaram que os consumidores de água pagavam um valor fixo pelo produto, independentemente da quantidade consumida. Como o custo dos serviços de bombeiros hidráulicos era elevado, as famílias não se preocupavam em eliminar os vazamentos, porque eles não representavam custos monetários, mas apenas alguma inconveniência. A solução apresentada pelos economistas, como você pode antecipar, foi instalar hidrômetros nas residências, de modo a cobrar de cada domicílio pelo consumo efetivo de água. Essa simples medida – cobrar pelo produto consumido – resolveu, momentaneamente, a crise de abastecimento, dando às autoridades públicas de Nova York o tempo necessário para levantar recursos para aumentar a oferta de água no futuro.

Marbella Resort, uma maravilha da tecnologia

Marbella Resort é um belo local, ao norte do Chile, onde se pode jogar golfe e desfrutar de todas as maravilhas de uma estação de férias. Compõe-se de um complexo hoteleiro e um condomínio de casas de campo. Trata-se de uma linda paisagem com campos de golfe irrigados diariamente, que dificilmente algum visitante associaria a uma região desprovida de água. Como foi possível desenvolver Marbella? Por meio de técnicas de reciclagem da água, os responsáveis pelo empreendimento conseguiram aumentar a oferta de água o suficiente para que o projeto fosse viabili-

TEORIA ECONÔMICA APLICADA

(continuação)

zado. Naturalmente, a água consumida em Marbella é mais cara que a consumida na cidade de Santiago, e os proprietários das casas de campo sabem disso. Exatamente por isso, seus hábitos de consumo de água em Marbella diferem bastante daqueles a que estão acostumados no dia-a-dia de Santiago.

Controle de consumo por regulamentação

Em 1992, nos Estados Unidos, grupos ambientalistas, aparentemente na melhor das intenções de conservar água, associaram-se aos produtores de modelos sanitários para apoiar uma nova lei federal. Essa lei federal impunha aos produtores de vasos sanitários que, para os novos modelos produzidos, a descarga de água para limpá-los fosse de apenas 6 litros, comparado com os 13 litros de descarga de água dos vasos sanitários até então existentes. Naquele ano, 17 estados já haviam adotado o máximo de descarga em 6 litros de água, e o *lobby* dos ambientalistas e produtores era no sentido de adotar-se esse padrão para todos os estados norte-americanos. O apoio dos ambientalistas se baseava no fato de que a adoção desse novo vaso sanitário pouparia água, recurso valioso e necessário à vida humana que não poderia estar sujeito a um regime de preço.

Em seu editorial Forbidden flushes (Descarga proibida), o *Wall Street Journal*, de 18 de janeiro de 2000, chamou a atenção de seus leitores para o fato de que os consumidores não estavam satisfeitos com esse novo vaso sanitário imposto pela lei e pediam, com suas próprias palavras, que o *governo federal saísse de seus banheiros*. Essa reação decorria do fato de que, com os vasos novos, os consumidores não conseguiam mantê-los limpos com apenas uma descarga, sendo necessário repetir a operação pelo menos duas vezes, consumindo, desse modo, mais água que os vasos antigos. O editorial do prestigioso jornal relatou ainda que:

- uma pesquisa, conduzida em 1998 pela National Association of Homebilders constatou que 72% de seus membros consideravam esse novo vaso um problema;
- segundo informe do vice-presidente da Varsity Toilets (NY), em testes conduzidos ao longo de seis meses com mais de 150 marcas diferentes, 145 delas apresentaram condições de uso abaixo dos padrões desejados;
- havia informações de que construtores e empresas de reforma vasculhavam depósitos de material usado à procura de vasos antigos cuja descarga de água fosse de 13 litros, e de que havia aumentado a compra de vasos de 13 litros, por norte-americanos, em Windsor, Ontário, no Canadá, do outro lado da fronteira com Detroit, nos Estados Unidos;
- já tramitava no Congresso dos Estados Unidos um projeto de lei para acabar com esse controle.

Quadro 3.1
Preço e quantidade consumida de DVD.

Preço do DVD em R$	Quantidade Comprada
1.400	480.000
650	4.020.000
390	12.300.000

Com os dados hipotéticos do Quadro 3.1, podemos construir o gráfico correspondente a esses pontos da curva de demanda por DVD, representando na Figura 3.1 a expressão gráfica da lei fundamental da demanda. Por tradição, os economistas apresentam a demanda graficamente, adotando o eixo vertical (y) para os preços e o eixo horizontal (x) para as quantidades. Em virtude da relação inversa entre preço e quantidade, a curva de demanda é decrescente da esquerda para a direita, tendo, portanto, uma inclinação negativa. A curva de demanda indica quantas unidades adicionais do bem – nesse caso, DVD – os consumidores estarão dispostos a comprar, à medida que o preço declina.

Uma curva de demanda para todos os níveis de preço não pode ser observada (embora possa ser estimada como veremos adiante) nem por funcionários do governo, nem pelos consumidores, nem mesmo pelos produtores do bem. A cada momento no tempo, o que se pode observar é a quantidade comprada ao preço vigente. Entretanto, a escolha dos consumidores de comprar certa quantidade a determinado preço revela uma importante informação sobre suas preferências – quanto os consumidores valorizam, na margem, o bem. Assim, *a altura da curva de demanda indica o preço máximo que os consumidores desejam pagar por uma unidade adicional do produto.* Se os consumidores atribuem alto valor ao consumo de uma unidade adicional do produto, eles estarão dispostos a pagar uma quantidade elevada (preço alto) por essa unidade adicional. Pelo mesmo motivo, se a valorização que atribuem a uma unidade adicional do bem é pequena, eles estarão dispostos a pagar uma pequena soma (preço baixo) por essa unidade adicional.

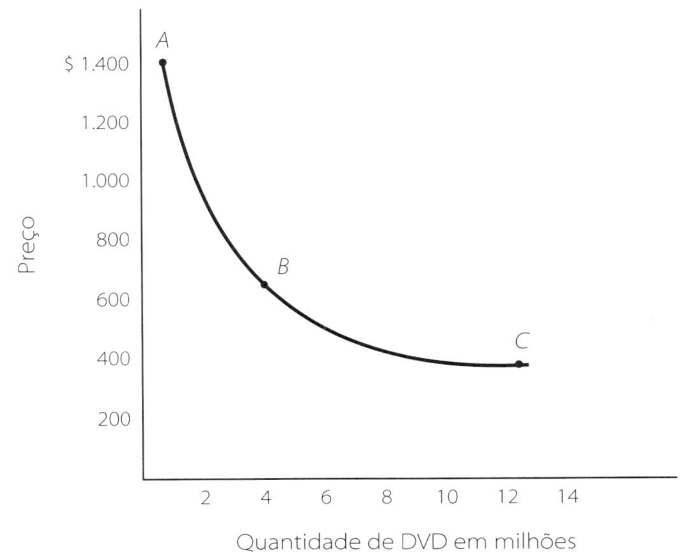

Figura 3.1 Lei fundamental da demanda.

Essa curva de demanda reproduz, graficamente, valores do Quadro 3.1 nos pontos *A*, *B* e *C*. A curva foi traçada contínua para indicar todas as outras possibilidades de consumo entre os pontos *A* e *C*.

Excedente do Consumidor

Vimos, em nossos exemplos de troca voluntária, que os participantes da troca só a consumavam porque ganhavam. Assim, o vendedor vendia por um preço pelo menos igual ao valor que atribuía ao bem, e o comprador o adquiria a um preço no máximo igual ao valor que atribuía ao bem. Ao estudarmos a demanda por um bem, o que procuramos compreender é o que leva as pessoas a aceitar trocar certa quantidade de dinheiro (preço do bem) para adquirir uma unidade adicional desse bem. Suponha que conheçamos essa relação para o bem *karchanga*, conforme explicitado na curva de demanda representada na Figura 3.2.

Podemos observar, na curva de demanda por *karchanga*, que, quando seu preço é R$ 50, os consumidores não compram o bem. Como cada consumidor é diferente dos demais, isso significa que, no mercado de *karchanga*, nenhum consumidor está disposto a adquirir uma unidade desse bem, se o preço for igual ou superior a R$ 50. A um preço de R$ 48, podemos observar, pela informação fornecida pela curva de demanda, que os consumidores comprarão quatro unidades de *karchanga*, gastando R$ 192 com o bem (quatro unidades a R$ 48 cada uma). Se, entretanto, o preço cair para R$ 30, os consumidores comprarão 40 unidades, gastando R$ 1.200 com o bem (40 unidades a R$ 30 cada uma). Se cada consumidor pode, ao preço de mercado, comprar a quantidade que desejar, isso significa que alguns consumidores, quando o preço for R$ 30, estarão pagando um preço menor que o valor que atribuem às unidades de *karchanga*, que adquiriam quando o seu preço era, por exemplo, R$ 48. O preço de mercado de um bem reflete o valor, na margem, que os consumidores atribuem ao bem. Assim, quando o preço for R$ 30, os consumidores compram 40 unidades de *karchanga*, e qualquer unidade adicional do produto só será adquirida se o preço for menor que R$ 30, porque, como podemos ver na Figura 3.2, os consumidores só comprarão 41 unidades do produto se seu preço cair, digamos, para R$ 29,50.

Ao ganho que os consumidores têm, por poder comprar a quantidade que desejarem ao preço de mercado, damos o nome de **excedente do consumidor**. Dessa forma, o excedente do consumidor resulta da divisibilidade da quantidade a ser comprada, isto é, da possibilidade de os consumidores adquirirem a quantidade que desejarem do produto. Note, entretanto, que os produtos não são oferecidos na quantidade que se deseja comprar. Eles são oferecidos em unidades indivisíveis. Por exemplo: uma caixa de fósforos tem, em média, 40 palitos; não podemos comprar um palito de fósforo. Cigarros são vendidos em maços de 20 unidades, mas os varejistas promovem a divisibilidade da unidade maço, vendendo quantos cigarros o consumidor desejar. Essa divisibilidade, oferecida apenas para marcas mais populares, tem um custo para o consumidor, que paga um preço maior por cigarro que quando compra um maço de 20 cigarros.

> **Excedente do consumidor**
>
> A diferença entre o preço máximo que os consumidores estão dispostos a pagar e o preço que eles efetivamente pagam. É um ganho líquido derivado da compra de um bem e apropriado pelos seus consumidores.

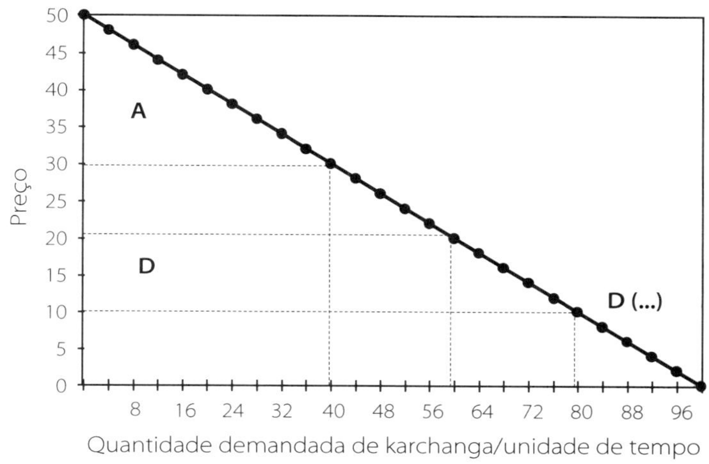

Figura 3.2 Curva de demanda e excedente do consumo.

Excedente do consumidor é a área abaixo da curva de demanda, mas superior ao preço atualmente pago. Essa área representa o ganho líquido dos compradores em um mercado livre.

Como podemos identificar, na curva de demanda, o excedente do consumidor? Sob certas hipóteses, o excedente do consumidor é a diferença de quanto os consumidores estariam dispostos a pagar por determinada quantidade e o que eles efetivamente pagam por ela. Assim, na Figura 3.2, quando o preço for R$ 30, os consumidores gastam R$ 1.200 com *karchanga*, o correspondente ao retângulo D. Entretanto, se o preço a ser pago pelos consumidores reflete o valor, na margem, que eles atribuem ao bem, o valor total que os consumidores atribuem à quantidade de 30 unidades é o trapézio representado pela soma das áreas do triângulo A e do retângulo D. Por quê? Segundo as hipóteses mencionadas anteriormente, se os consumidores podem adquirir *karchanga* na quantidade que desejarem, o valor total que eles atribuem a 30 unidades é o somatório do valor atribuído a cada quantidade adicional comprada, isto é, a altura vertical da curva de demanda, portanto, a área A + D. Como, para adquirir 30 unidades, os consumidores só pagam D (R$ 1.200), há um ganho representado pela área A (em unidades monetárias, seriam R$ 400 – lembre-se da fórmula da área do triângulo). A esse ganho dos compradores, os economistas denominam *excedente do consumidor*.

Sensibilidade da Quantidade Demandada a Variações no Preço do Produto: Curvas de Demanda Elásticas e Inelásticas

Sabemos que, ao longo de uma curva de demanda, todos os demais fatores que afetam a quantidade comprada pelos consumidores de determinado bem devem ser mantidos constantes. O que buscamos, em uma curva de demanda, é isolar a relação entre o preço do bem e a quantidade comprada desse bem. Aprendemos também que, quando o preço do bem varia, tudo o mais constante, a quantidade demandada modifica-se no sentido inverso da variação do preço. Seria conveniente, para efeito de análise, que tivéssemos uma medida que refletisse essa sensibilidade dos consumidores às variações no preço do bem em questão, tudo o mais constante. O conceito de *elasticidade-preço* de um bem cumpre exatamente essa função.

Elasticidade é um conceito genérico, aplicável a quaisquer duas variáveis ligadas por uma relação funcional. Por exemplo, podemos calcular a elasticidade da área da sala de aula em relação à sua largura. Sendo nossa sala de aula um retângulo, sabemos que a área (A) de um retângulo é dada pelo produto da sua largura (L) pelo seu comprimento (C), isto é, $A = L \times C$. Qual é a sensibilidade da área de nossa sala quando sua largura for aumentada?

Antes de responder a essa questão, vamos considerar um problema de medida. Como comprimento e largura são medidos em metros, e a área em metros quadrados, qual será a unidade dessa medida de sensibilidade? Para contornar esse problema, podemos medir essa sensibilidade em termos percentuais. Assim, a pergunta a que desejamos responder é: o que acontecerá com a área da sala, se aumentarmos sua largura em 10%? Nossa resposta, definido o conceito de elasticidade, será que a área aumentará em x%. Nesse nosso exemplo, podemos adiantar que o aumento de 10% na largura, mantidos constantes os outros fatores (nesse caso, o comprimento), produzirá um acréscimo de 10% na área (basta comparar a área inicial, A, com a nova área $NA = 1{,}1 \times L \times C = 1{,}1 \times A$ para chegarmos a essa conclusão). Dessa forma, a área de um retângulo tem elasticidade +1,0 em relação à sua largura. (O mesmo vale para o comprimento – por quê?)

No momento, não vamos nos aprofundar no conceito de elasticidade; isso será feito mais à frente. Elasticidade é um conceito muito importante, e faremos uso dele intensamente. *A elasticidade-preço em uma curva de demanda é sempre negativa,* pois a variação no preço de um bem, tudo o mais constante, provoca uma variação de sentido contrário no consumo desse bem (lei fundamental da demanda). A elasticidade-preço da demanda com valor igual a –1,0 é um divisor de águas. Bens com elasticidade-preço em valor absoluto (isto é, desconsiderando-se seu sinal) superior à unidade são bens *elásticos,* e bens com elasticidade menor que a unidade são *inelásticos.* Mas de que depende o valor absoluto da elasticidade dos bens?

Alfred Marshall (ver "Economista de Destaque", adiante) estabeleceu, formalmente, os determinantes do valor absoluto das *elasticidades de demanda* de um bem (note que, como no caso da área, se a demanda de um bem depende de vários fatores, podemos definir uma elasticidade da quantidade consumida em relação a cada um dos fatores que a determinam). Vamos considerar apenas a elasticidade da quantidade demandada em relação ao próprio preço do bem, o que comumente chamamos elasticidade-preço.

A sensibilidade dos consumidores a variações no preço de um bem é tanto maior quanto maior for o número de substitutos. Assim, bens com muitos substitutos apresentam uma elasticidade-preço, em valor absoluto, elevada (geralmente são bens elásticos), enquanto os que possuem poucos substitutos têm baixa elasticidade (bens inelásticos). Por exemplo, um hambúrguer deve ter uma demanda com elasticidade-preço elevada, porque todos os outros tipos de sanduíches e ainda todos os outros tipos de alimentos, com as mesmas características nutricionais, são substitutos próximos (servem à mesma função) de hambúrgueres. Entretanto, gasolina e energia elétrica devem apresentar demandas com baixa elasticidade-preço, pois ambos os produtos têm poucos substitutos próximos.

De modo similar, produtos que possuem um número muito grande de usos apresentam demanda com elasticidade-preço relativamente maior, em valor absoluto, que produtos que tenham poucos usos. Por exemplo, a palha de aço Bombril, que tem *mil e uma utilidades*, deverá ter pelo menos mil e um substitutos e, portanto, sua elasticidade-preço da demanda deverá ser superior, em valor absoluto, à elasticidade-preço, por exemplo, da chave de fenda.

Produtos de pouca importância pecuniária no orçamento dos consumidores – isto é, produtos que absorvem uma porcentagem pequena da renda dos consumidores – apresentam elasticidade-preço menor que produtos cujos gastos têm peso mais elevado no orçamento. Os gastos com sal de cozinha ou com fósforos são relativamente mais baixos que os gastos com carne bovina. Desse modo, devemos esperar que a elasticidade-preço da demanda por carne bovina seja maior que a elasticidade da demanda por sal de cozinha ou por fósforos.

Essas diferenças na sensibilidade dos consumidores a variações nos preços dos bens podem ser identificadas, graficamente, pela inclinação da curva de demanda. Na Figura 3.3, apresentamos dois exemplos hipotéticos de curvas de demanda por hambúrgueres e gasolina comum. A curva de demanda por hambúrgueres (do lado esquerdo) é mais horizontal que a de gasolina (do lado direito), indicando que a sensibilidade dos consumidores a uma mesma variação de preço é maior no caso da curva de demanda mais horizontal. Observe que a inclinação da curva de demanda não é a elasticidade-preço do bem, embora esteja a ela associada. Em nosso tratamento mais detalhado sobre elasticidades, voltaremos a esse ponto.

Mudanças na Demanda *Versus* Variações na Quantidade Demandada

Uma curva de demanda considera, de forma isolada, o impacto da variação no preço do bem sobre a quantidade comprada. Naturalmente, outros fatores, além do preço – por exemplo, número de consumidores, sua renda, suas preferências, impostos sobre os produtos, preços ou disponibilidade para consumo de bens relacionados ao bem em questão, expectativas em relação ao futuro –, influenciam as decisões dos consumidores. Até agora admitimos que todos esses fatores têm permanecido constantes. Se um deles variar, toda a curva de demanda se deslocará. Quando a curva de demanda se desloca, os economistas dizem que a *demanda* variou.

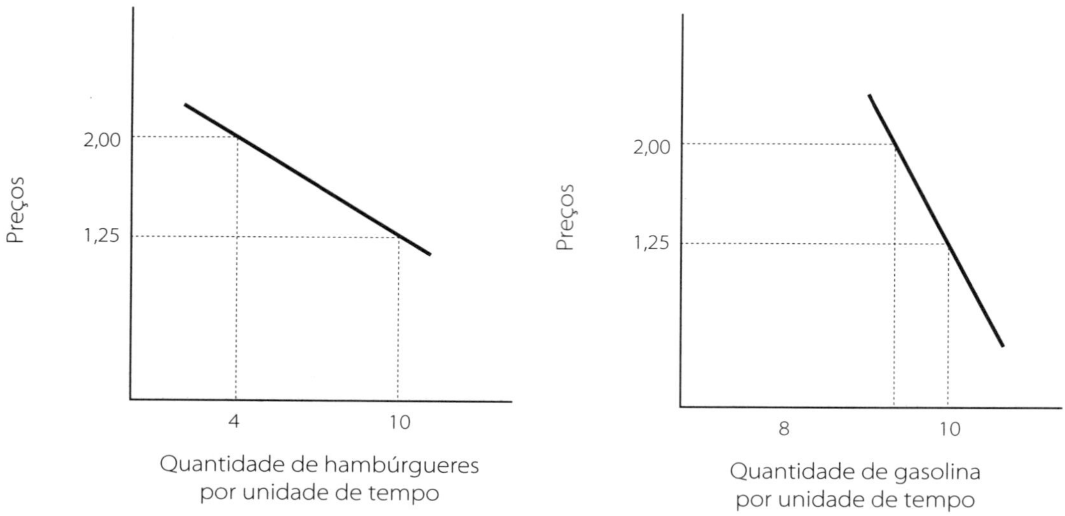

Figura 3.3 Curvas de demanda elástica e inelástica.

A sensibilidade dos consumidores a variações nos preços dos bens está associada à inclinação da curva de demanda. Quanto mais horizontal a curva de demanda, tudo o mais constante, maior a sensibilidade dos consumidores a uma mesma variação de preço. A curva de demanda por hambúrgueres, no lado esquerdo da figura (curva mais horizontal), é elástica, enquanto a curva de demanda por gasolina, no lado direito, é inelástica.

Vamos examinar mais detalhadamente o impacto que a mudança em alguns fatores terá sobre a demanda de determinado produto. A entrada de novos consumidores no mercado aumentará a demanda pelo bem. De modo geral, o aumento de renda leva os consumidores a expandir a demanda de uma gama muito grande de produtos. Para um grupo especial de produtos, o aumento de renda provoca uma queda de demanda. Esses produtos são denominados *bens inferiores*. A mudança no preço de bens que estão associados, no consumo, ao bem em questão afeta a demanda, segundo a relação de consumo entre os bens. Para *bens complementares* no consumo, a relação é inversa, como no caso do preço do próprio bem. Por exemplo, aparelhos de DVD e DVDs são complementares no consumo, de modo que um aumento no preço dos DVDs ou em seu valor de aluguel reduz a demanda por aparelhos de DVD. Preços de gasolina muito elevados reduzem a demanda de automóveis com alta potência, que consomem, relativamente, mais desse combustível, e aumentam a demanda dos automóveis que consomem menos desse combustível. Em 1974, na primeira crise do petróleo, temerosos de que o preço da gasolina se elevasse excessivamente, os consumidores no Rio de Janeiro e em outros mercados do Brasil reduziram a demanda por Dodges e aumentaram a demanda por Fuscas. Essas duas variações de demanda decorreram das expectativas dos consumidores com relação aos preços da gasolina no futuro próximo. Quando a variação do preço de um bem provoca uma variação na demanda de outro bem na mesma direção, dizemos que esses bens são *substitutos* no consumo.[2] Margarina e manteiga são bens substitutos no consumo, uma vez que, se o preço da manteiga aumentar, as donas de casa a substituirão por margarina. Em geral, todos os bens são, em certa medida, substitutos, uma vez que todos competem pelos gastos do consumidor que estão limitados pela sua renda.

O sucesso das liquidações ou das promoções temporárias de vendas é o exemplo mais dramático do impacto das expectativas sobre a demanda dos bens. Em uma liquidação ou promoção efetiva – isto é, quando, por um período curto, o preço de certos bens é reduzido pelos ofertantes –, os consumidores identificam essa queda de preço temporária e antecipam suas compras, aumentando, nesse momento, a demanda pelo bem em promoção. É a certeza de que o preço do momento é menor que o preço que vigorará alguns dias depois que leva os consumidores a antecipar suas compras. De modo similar, a expectativa de que o preço de um bem vá diminuir no futuro leva os consumidores a adiar suas compras, à espera da queda de preço. Nos dois casos, há um deslocamento da demanda do bem em questão.

A incapacidade de distinguir entre uma mudança na demanda e uma mudança na quantidade demandada gera um dos erros mais comuns de interpretação do fenômeno econômico e dificulta a vida dos que iniciam seus estudos em economia.[3] Uma mudança na *demanda* produz um deslocamento na curva de demanda, enquanto uma mudança na *quantidade demandada* provoca um movimento ao longo de uma mesma curva de demanda. Vamos considerar alguns exemplos que ilustram essa diferença.

1. Variação na Renda dos Consumidores

A Figura 3.4 ilustra a diferença entre essas duas situações. A curva de demanda D_1 descreve a situação inicial da demanda por fechaduras de portas. Ao preço de R$ 30 a unidade, os consumidores compram a quantidade Q_1. Se o preço declinar para R$ 10, haverá um aumento na *quantidade demandada*, de Q_1 para Q_3. A seta *A* indica a mudança na *quantidade demandada* – um movimento ao longo da curva de demanda D_1. Suponha agora que haja um aumento de renda que provoca um crescimento nas atividades de construção. A demanda por fechaduras crescerá de D_1 para D_2. Como indica a seta *B*, a curva inteira se deslocou. Com um nível de renda mais alto, os consumidores estarão dispostos a com-

2. Os conceitos de bens complementares e substitutos no consumo aqui apresentados não são, tecnicamente, corretos, mas permitem que o leitor compreenda com facilidade a relação entre o preço de um bem e a demanda de outro. Em um curso mais adiantado de teoria econômica, a definição precisa identificará que esses conceitos devem ser isentos do efeito da mudança dos preços na capacidade de compra do consumidor.
3. Nas verificações de aprendizagem, os professores, com muita freqüência, procuram testar a habilidade de seus estudantes de distinguir uma situação da outra. Para um bom entendedor, meia palavra basta!

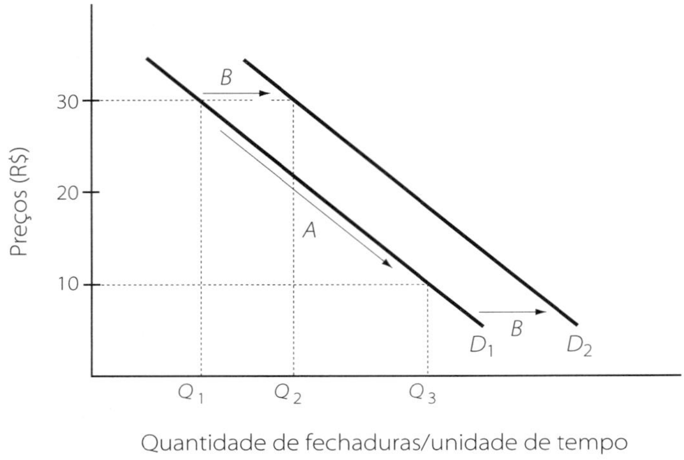

Figura 3.4 Mudanças na curva de demanda e variações na quantidade demandada.

A seta *A* indica o que ocorre quando há uma mudança na quantidade demandada – um movimento ao longo da curva D_1, em resposta a uma mudança no preço da fechadura. A seta *B* ilustra o que ocorre quando há uma mudança na demanda, um deslocamento em toda a curva de demanda, nesse caso, provocado pelo aumento de renda.

prar mais fechaduras do que antes do aumento de renda, aos preços de R$ 30, de R$ 20, de R$ 10 ou a qualquer outro preço. O aumento de renda provocou uma expansão na *demanda* por fechaduras de portas – um deslocamento de toda a curva de demanda.

2. Mudança no Número de Consumidores no Mercado

Os comerciantes de Nova Friburgo (RJ), Campos do Jordão (SP), Poços de Caldas (MG) ou Gramado (RS) compreendem perfeitamente o impacto do número de consumidores sobre a demanda dos bens oferecidos. Durante o período de férias escolares, a população dessas cidades aumenta consideravelmente, com a chegada de famílias que residem nas grandes cidades próximas a esses centros. Há mais famílias, mais consumidores e, por conseguinte, um aumento na demanda de todos os serviços locais, de restaurantes, passando por cortes de cabelo, a serviços médicos. Com o término das férias, as famílias retornam às suas cidades de origem, e a demanda pelos serviços se reduz.

A Figura 3.5 mostra o que acontece, nas cidades mencionadas, com a demanda pelos serviços de restaurante, quando o período de férias escolares termina. Com menos consumidores, a demanda por serviços de restaurante se desloca para a esquerda, de D_1 para D_2, indicando que, ao mesmo preço, os proprietários de restaurantes serão capazes de vender menos refeições por dia. Assim, se ao preço de R$ 10 a refeição, no período de férias, eram consumidas 300 refeições por dia, como indica a curva de demanda D_1, terminadas as férias, a esse preço, os consumidores estarão dispostos a consumir apenas

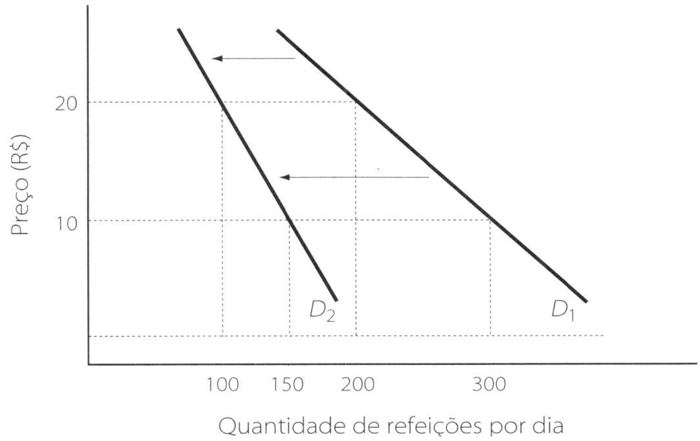

Figura 3.5 Redução de demanda.

150 refeições por dia, como mostra a curva de demanda D_2. Com a chegada de um novo período de férias e com o aumento do número de consumidores, a curva de demanda se deslocará para a direita.

Dessa forma, mudanças na população de consumidores, tudo o mais constante, provocam deslocamentos na curva de demanda do bem considerado. Aumentando (diminuindo) o número de consumidores, a curva de demanda se desloca para a direita (esquerda). Isso é o que ocorre com a demanda das empresas brasileiras que têm aberto as portas ao comércio internacional. A possibilidade de vender no exterior representa um aumento no número de consumidores.

3. Mudanças no Preço de um Bem Relacionado

Como todos os bens competem uns com os outros, pelos reais que os consumidores têm para gastar, a mudança no preço de qualquer bem modifica os custos de oportunidade das escolhas dos consumidores. Entretanto, o efeito prático da mudança no preço do leite *in natura* sobre o uso de serviços telefônicos, por exemplo, deve ser desprezível. Uma redução de 20% no preço do leite *in natura* comprado a R$ 0,80 o litro, corresponde a R$ 0,16 de ganho, por litro de leite comprado, para gastar com os demais bens. Se o consumidor compra 20 litros semanais, isso corresponde a uma disponibilidade de R$ 3,20 por semana para gastar com os demais bens. Em que produtos os consumidores gastarão esse ganho resultante da queda no preço do leite? Certamente, gastarão parte desse ganho na compra de mais leite, pois, tudo o mais constante, o produto ficou mais barato (lei fundamental da demanda). Vamos supor, por comodidade, que os consumidores só reavaliarão suas escolhas referentes a produtos relacionados ao leite *in natura*. Isto é, os consumidores ajustarão seu consumo de bens substitutos próximos do leite *in natura* e de bens que lhe são complementares no consumo.

Já definimos bens substitutos próximos como dois bens que exercem função similar na satisfação das necessidades dos consumidores. Vimos também que, quando o preço de um desses substitutos aumenta (diminui), a demanda pelo outro aumenta (diminui). Assim, a redução no preço do leite *in natura* provocará uma redução na demanda do leite em pó.

Bens complementares

São bens geralmente consumidos conjuntamente. Seu consumo está associado de tal forma que, com o aumento no preço de um dos bens, o consumo do outro é reduzido.

Bens complementares no consumo são bens consumidos conjuntamente. Um exemplo extremo é o caso dos sapatos. O sapato do pé direito é complementar ao sapato do pé esquerdo. A complementaridade, nesse caso, é tão forte que o mercado adota o par como unidade para sapatos. Outros exemplos menos dramáticos de complementaridade se referem a um equipamento e seus acessórios ou complementos: automóvel e pneus; automóvel e gasolina; aparelho de DVD e TV. Há ainda casos de complementaridade funcional, isto é, bens que podem ser consumidos separadamente, mas que os consumidores consomem conjuntamente: açúcar e café; café e leite; pão e manteiga; arroz e feijão.[4]

4. Mudanças nas Expectativas sobre o Futuro

As expectativas dos consumidores com relação ao futuro afetam suas decisões de consumo no presente. Se os residentes na Região dos Lagos (RJ) esperam que, no próximo verão, muitos turistas se desloquem para a região, pressionando a demanda por água, eles tratarão de construir, em suas propriedades, grandes reservatórios para acumular água e evitar sua escassez durante a alta estação. A expectativa de falta de água no futuro leva os consumidores a demandar hoje serviços especializados de construção de cisternas, deslocando a demanda por tais serviços. As expectativas sobre o estado da economia no futuro também determinam deslocamentos de demanda. Se os consumidores antecipam uma forte redução na atividade econômica, para os próximos meses, com diminuição de emprego, eles se preparam para os tempos difíceis, reduzindo seu consumo atual.

5. Mudanças Demográficas

A demanda por muitos produtos está estreitamente associada à composição etária da população, bem como à sua distribuição nas diversas regiões do País. A população brasileira vem envelhecendo e, por isso, a demanda por certos produtos, como remédios e

4. Uma comodidade é um bem produzido pelo consumidor a partir de bens adquiridos no mercado, como alimentação, boa saúde etc.

cuidados médicos, vem crescendo mais rapidamente. No entanto, a demanda por serviços associados a jovens vem crescendo relativamente menos e, em alguns casos, decrescendo. A população do Grande Rio, entre 18 e 25 anos, no ano de 2000, era cerca da metade da registrada para a mesma região, no ano de 1985. Essa queda na população de jovens tem provocado uma redução na demanda de vários bens consumidos por essa faixa etária da população, como, por exemplo, *jeans*, sessões de cinema e até matrículas em universidades. De forma similar, a concentração de migrantes procedentes de outras regiões do País, ou mesmo de outros países, gera um aumento da demanda por certos produtos, característicos das regiões de origem desses migrantes.

6. Mudanças nos Gostos e Preferências dos Consumidores

Gostos e preferências mudam mais lentamente que preços e renda. Por isso, na maioria dos casos analisados pelos economistas, gostos e preferências são mantidos constantes. À medida que a população adquire mais conhecimentos, pela educação formal ou por informações mais fáceis de obter (isto é, mais baratas), as pessoas podem mudar seus gostos e preferências. Por exemplo, no início da década de 1980, com a divulgação das novas descobertas sobre o efeito do consumo de certas gorduras no acúmulo de colesterol no sangue e seus efeitos sobre a saúde (doenças do coração), muitas pessoas modificaram seus hábitos alimentares. Essas mudanças tiveram impacto determinante no mercado de alimentos industrializados. Novos produtos com baixo teor de gordura surgiram, como exigência dos consumidores. Essas mudanças tiveram implicações importantes para a demanda de muitos produtos, reduzindo a demanda de uns (como manteiga animal, leite integral, alimentos ricos em gordura animal) e aumentando a demanda de outros (como margarina, leite desnatado, cereais, frutas, verduras, azeite de oliva).

A moda, às vezes, é vista como mudança de gostos e há até aqueles que afirmam que, por meio da propaganda, os produtores impingem seus produtos aos consumidores. *Seguir a moda ou não é uma escolha do consumidor* e, como toda escolha, tem um custo. Qual é o custo de não seguir a moda? Dependendo da moda, o custo pode ser desprezível. Se a moda é jogar boliche, os jovens que não gostam desse jogo não precisam privar-se da companhia dos amigos que o apreciam, podendo acompanhá-los sem jogar. Mas suponha que a moda para sapatos femininos fosse salto bem alto e bico fino. Uma jovem que estivesse usando um sapato do tipo plataforma possivelmente seria alvo de comentários. Para evitar esse tipo de custo, muitas pessoas preferem andar na moda, desde que ela não as agrida. Note que muitas modas aparecem e desaparecem sem muito impacto, como o monoquíni. Como os consumidores reagem segundo o nível de informação que têm, o principal objetivo da propaganda é mantê-los informados sobre a existência do produto, da sua qualidade e a ausência de custo extra no uso do produto. Informando, o produtor reduz o custo de compra de seu produto: os consumidores não precisam gastar tempo e dinheiro para obter informação sobre o bem.

As "Regras de Bolso" a seguir resumem os principais efeitos sobre a demanda de qualquer bem – indicando a direção do deslocamento da curva de demanda – e destacam que a quantidade demandada (e não a demanda) varia em resposta a uma alteração no preço do bem.

Regras de Bolso

Só os eventos indicados ocorrem, tudo o mais é mantido constante.
Esse evento aumenta (diminui) a quantidade demandada de um bem:

1. Uma queda (aumento) no preço do próprio bem.

Esses eventos aumentam (diminuem) a demanda por um bem:

1. Um aumento (diminuição) no número de consumidores no mercado.
2. Um aumento (diminuição) na renda dos consumidores (bem normal).
3. Um aumento (queda) no preço ou redução (aumento) da disponibilidade de qualquer bem substituto, no consumo, do bem em questão.
4. Uma queda (alta) no preço de qualquer bem complementar, no consumo, do bem em questão.
5. Um aumento (queda) no preço esperado, a vigorar no futuro para o bem em questão.
6. Mudanças nas preferências dos consumidores: aumentam (diminuem) a demanda pelo bem.

A Escolha dos Produtores e a Lei da Oferta

Como o funcionamento do mercado determina a quantidade de cada bem a ser produzida e oferecida? Não podemos responder a essa questão sem antes entender quais os fatores que afetam as escolhas daqueles que produzem e oferecem os bens no mercado. Os produtores de bens e serviços, geralmente organizados em uma firma comercial,

1. adquirem insumos produtivos, tais como trabalho, terra, recursos naturais e bens intermediários;
2. transformam e combinam, com as técnicas disponíveis, esses fatores de produção em bens que os consumidores desejam comprar e
3. vendem seu produto final aos consumidores por determinado preço.

A produção envolve, portanto, a conversão de recursos em bens e serviços. Os produtores têm de pagar, ao proprietário desses recursos, um valor pelo menos igual ao que este poderia ganhar, caso tais recursos fossem usados na melhor alternativa possível.

Dito de outra forma, cada recurso empregado na produção de determinado bem ou serviço há de ser atraído para essa produção em detrimento de qualquer outra; seu dono tem de receber seu custo de oportunidade. *A soma dos valores pagos pelo produtor a cada recurso produtivo, incluindo o custo da coordenação do processo produtivo e a administração dos negócios, será igual ao custo de oportunidade do bem ou serviço.* Esse custo nada mais é que o valor que a sociedade atribui aos bens e serviços que foram sacrificados para que houvesse a produção do bem em questão.

O custo econômico, ou o **custo de oportunidade de produção** de um bem, difere substancialmente do custo de produção obtido por práticas contábeis. As normas contábeis não permitem que todos os custos associados a bens de propriedade da empresa sejam registrados.[5] Desse modo, se a empresa aluga um galpão, o valor do aluguel pode ser lançado contabilmente como custo. Entretanto, se a empresa é proprietária desse galpão, seu custo de oportunidade (o valor do aluguel que ele renderia na sua melhor alternativa) não pode ser registrado contabilmente. Em nossa análise econômica, esse custo é considerado. Dessa forma, vamos sempre supor que todos os recursos produtivos de propriedade do produtor ou da firma produtora serão remunerados pelo seu custo de oportunidade. Assim, não só o galpão é remunerado pelo seu custo de oportunidade, mas também os recursos financeiros próprios da firma, usados como capital de giro. Se esses recursos podem, no mesmo nível de risco, ser remunerados a uma taxa de 10% ao ano, esse é o seu custo econômico (custo de oportunidade).

Custo de oportunidade de produção

É o custo econômico total de se produzir um bem ou um serviço. Nos componentes desse custo estão incluídos os custos de oportunidade dos recursos próprios da firma. O custo de oportunidade de um bem é igual ao valor da produção dos bens sacrificados para que houvesse a produção do bem em questão.

As firmas só sobreviverão no mercado, ao longo do tempo, se cobrirem os custos de oportunidade dos recursos produtivos que utilizam, inclusive os de sua propriedade. Vamos supor que o custo de oportunidade dos ativos próprios de uma firma seja a taxa média (ou normal) de retorno de investimentos no mercado.

O Papel dos Lucros e dos Prejuízos Econômicos

Todos os agentes econômicos no mercado têm um forte incentivo para se engajar em atividades que lhes proporcionem lucro. **Lucro econômico** é uma renda

Lucro econômico

É o excesso da receita com a venda do produto relativo ao custo econômico de produzi-lo. Os componentes do custo de produção são todos os custos de oportunidade dos recursos usados, inclusive aqueles de propriedade da própria firma produtora. Assim, o lucro só ocorre quando o valor do bem produzido é maior que a soma dos valores de cada recurso utilizado.

5. Custos de manutenção e de depreciação podem ser contabilizados.

residual de recompensa, ganha pelos tomadores de decisão na produção de um bem ou serviço, que é valorizado acima do que é exigido para produzi-lo. Lucro econômico é o que resta, após a cobertura de todos os custos econômicos. Se uma atividade é lucrativa, a receita obtida com a venda do produto ou serviço deve ser superior aos custos de empregar os recursos atraídos de outras atividades para que o bem seja produzido. Às vezes, os tomadores de decisão utilizam recursos inadequadamente. Eles os usam para produzir um bem ao qual os consumidores atribuem um valor menor que o custo de oportunidade dos recursos usados para produzi-lo. Nesse caso, ocorre um **prejuízo econômico** (ou perda), uma vez que o valor das vendas do produto não é suficiente para cobrir (pagar) o custo de oportunidade dos recursos usados na produção.

> **Prejuízo econômico**
> Resultado negativo decorrente da diferença entre a receita de vendas e o custo de produção do bem, se cada um dos recursos recebe seu custo de oportunidade. Prejuízo é uma perda imposta a todos os que usam recursos para produzir bens que os consumidores valorizam menos que o somatório dos custos de oportunidade de cada um dos recursos usados em sua obtenção.

Lucros e prejuízos têm um papel muito importante no funcionamento de um sistema econômico de mercado livre. Eles determinam quais firmas e produtos sobreviverão e quais perecerão, sendo, portanto, excluídos do mercado.

Os prejuízos atingem as grandes firmas, cumprindo o mesmo papel que em qualquer firma pequena: o de disciplinar os tomadores de decisão. Por exemplo, em 1985, a poderosa Coca-Cola Co. anunciou seu plano estratégico, multimilionário e cuidadosamente concebido, de substituir seu principal produto, a Coca-Cola, por uma Nova Coca, com um sabor ligeiramente diferente. O novo produto foi recebido com pouco entusiasmo, e muito rapidamente os consumidores começaram a reclamar que sentiam falta da Velha Coca. A reação dos consumidores impressionou os investidores, que ficaram preocupados, pois, em decorrência dessa mudança, o valor das ações da companhia caiu drasticamente, com uma perda de US$ 500 milhões. Essa perda foi recuperada depois que a companhia decidiu voltar a fabricar a Velha Coca, mas, então, ela já havia amargado um prejuízo de milhões de dólares.

Em 1987, a General Motors lançou, por US$ 54.700, o Cadillac Allanté para competir, no mercado norte-americano, com os carros europeus de preço semelhante. Entretanto, o Allanté não tinha as qualidades que os consumidores norte-americanos exigiam para esse nível de preço. Anualmente, a GM nunca conseguiu vender metade dos 7 mil carros que produzia por ano. Em 1993, ela parou de fabricar o Allanté. Uma vez mais, uma empresa gigante teve de se curvar às preferências dos consumidores, pagando alto preço pela lição.

O Allanté permaneceu no mercado por seis anos, porém esse é um período de sobrevida maior que o da maioria dos produtos novos. Produtos novos podem gerar muitos lucros para seus produtores, todavia, a maior parte das inovações de produto não produz os ganhos esperados. Estudos mercadológicos têm constatado que, nos Estados Unidos, cerca de 55% a 65% dos produtos novos introduzidos no mercado continuam sendo comercializados após cinco anos.[6] Prejuízos pelo fracasso na introdução de novos produtos, assim como outras decisões comerciais precipitadas ou fora de contexto, podem levar uma empresa à falência. Mas a falência de empresas é tão importante para o funcionamento do mercado quanto as empresas lucrativas e de sucesso comercial. Se o lucro indica que a empresa está usando bem os recursos produtivos da sociedade, a falência impede que as empresas continuem a usar de maneira ineficiente esses mesmos recursos.

A Oferta e o Empreendedor

Como vimos no capítulo anterior, o empreendedor assume o risco do empreendimento, organizando o processo produtivo, decidindo o que deve ser produzido e em que quantidade. A função do empreendedor é descobrir projetos lucrativos para, então, convencer os investidores em geral (bancos, sociedades anônimas ou mesmo investidores individuais) a aportar recursos ao projeto para torná-lo uma realidade. Como a lucratividade do projeto depende do preço que os consumidores desejam pagar pelo produto, do preço pago pelos recursos exigidos para sua produção e do custo de processos alternativos de produção, o empreendedor de sucesso precisa ter conhecimento de todas essas áreas ou ser capaz de identificar e contratar assessoria especializada para orientá-lo.

Para prosperar, o empreendedor tem de combinar os recursos produtivos existentes, de modo a aumentar seus valores. Um indivíduo que compra 100 hectares de terra, divide a área em lotes de 2.000 m^2 ligados à rede de abastecimento de água, urbaniza e ilumina as ruas, instala um sistema de escoamento de águas pluviais e uma estação de esgotos e, então, vende todos os lotes por um preço 50% superior ao somatório dos custos de oportunidade de todos os recursos usados, é claramente um empreendedor. Esse empreendedor lucra porque sua ação (organizar e vender o loteamento) aumenta o valor dos recursos usados. Em muitos casos, a atividade do empreendedor é menos complexa. Por exemplo, um jovem de 15 anos que compra um cortador de grama elétrico e vende aos seus vizinhos serviços de corte de grama é, também, um empreendedor, procurando obter lucro pelo aumento do valor dos recursos combinados – seu tempo e equipamento. Do mesmo modo, é um empreendedor o garoto que coloca, no *hall* de entrada de seu condomínio, uma mesa com revistas antigas e livros usados para vender (quais os recursos

---

6. Ver a reportagem de capa, Flops, da revista *Business Week* (p. 76-82, 16 ago. 1993) para um histórico com explicações dos fracassos de lançamentos de novos produtos no mercado norte-americano.

envolvidos?). Em uma economia de mercado, lucro é a recompensa que tem o empreendedor que descobre e desenvolve uma oportunidade de produzir bens ou serviços cujos valores, atribuídos pelos compradores, são maiores que o somatório dos valores dos recursos usados em sua produção. O lucro também estimula a entrada de empreendedores rivais no mercado.

A Curva de Oferta

Como um empreendedor-produtor responde a mudanças no preço de seu produto? *Tudo o mais constante, um preço mais elevado aumenta o incentivo para que mais do bem seja oferecido.* Novos empreendedores, buscando lucros pessoais, entrarão no mercado e oferecerão o produto.[7] Produtores já estabelecidos expandirão seu volume de produção, aumentando ainda mais a quantidade oferecida. À relação positiva entre o preço de venda do produto e a quantidade oferecida damos o nome de **lei da oferta**.

Lei da oferta

Princípio que estabelece uma relação direta entre o preço de um bem e a quantidade oferecida desse bem. À medida que o preço de um bem cresce, tudo o mais constante, os produtores aumentam a quantidade oferecida do bem.

Na Figura 3.6, apresentamos graficamente a lei da oferta. A *curva de oferta* resume as informações sobre as condições de produção do bem em questão. A menos que o empreendedor-produtor receba um

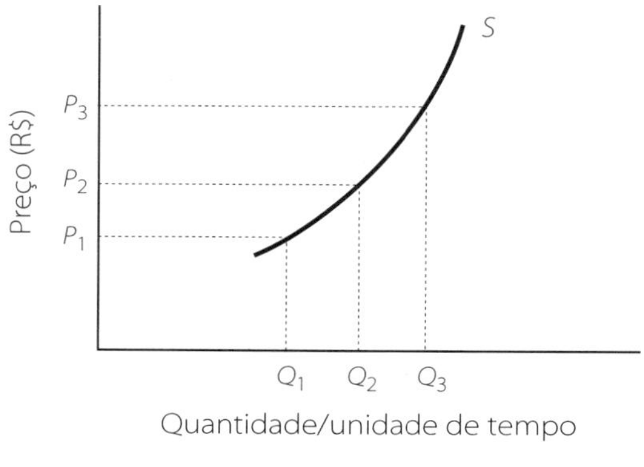

Figura 3.6 Curva de oferta.

À medida que o preço do bem cresce, tudo o mais constante, os produtores aumentam a quantidade oferecida do bem no mercado.

---

7 Para sermos precisos, a entrada de novos produtores não deve ser considerada ao tratarmos de uma curva de oferta em que tudo o mais está constante, exceto o preço do bem e a quantidade oferecida. Se tudo o mais está constante, o número de produtores e, conseqüentemente, de empresas produtivas no mercado não pode variar. A entrada de novos produtores é mencionada aqui para evitar especulações dos leitores. Adiante, isso será devidamente tratado (ver capítulo 21 no volume 2).

preço igual ou superior ao somatório dos custos de oportunidade dos recursos usados na produção, ele não continuará oferecendo o bem. *A altura da curva de oferta indica, simultaneamente: (1) o preço mínimo necessário para que os produtores ofereçam a correspondente quantidade e (2) o custo de oportunidade da produção de uma unidade marginal (adicional) do bem.* O preço mínimo de oferta de dada quantidade será elevado (baixo), se o custo de oportunidade de oferta de uma unidade marginal do produto for elevado (baixo). Naturalmente, o custo de oportunidade de cada unidade marginal produzida representa o somatório dos recursos requeridos para produzi-la.

Excedente do Produtor

Vimos anteriormente que, pela possibilidade de comprar a quantidade que desejarem, ao preço de mercado, os consumidores têm um ganho. Esse ganho é o que chamamos excedente do consumidor e pode, sob certas condições, ser representado graficamente em uma curva de demanda. De modo similar, é possível definir um **excedente do produtor** e representá-lo em uma curva de oferta.

Excedente do produtor

É a diferença entre o preço mínimo de oferta para cada quantidade e o preço efetivo de venda dessa quantidade. É a remuneração dos fatores fixos, isto é, os que, no momento, não podem migrar para outras atividades.

Na Figura 3.7, representamos uma curva de oferta de *karchanga*. A altura da curva de oferta indica o custo marginal de produção às diversas quantidades. Indica também o preço mínimo que os produtores desejam receber para oferecer dada quantidade de *karchanga*. Se o preço for R$ 30, os produtores oferecerão 40 unidades, tendo como receita total R$ 1.200, isto é ($P = 30 \times Q = 40$), a soma das áreas do triângulo B e do trapézio D.

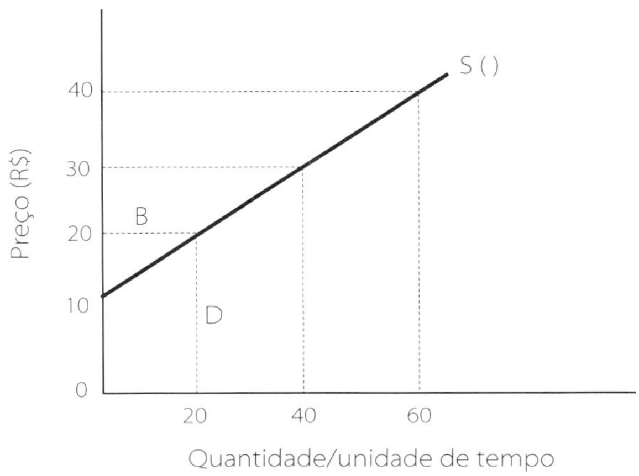

Figura 3.7 Excedente do produtor.

Excedente do produtor é a área acima da curva de oferta, mas abaixo do atual preço de mercado. É uma remuneração de natureza residual.

A área D é a soma do custo de produzir uma unidade adicional, quando os produtores continuamente aumentam sua produção de zero para 40. Assim, a área D representa o custo com os fatores de produção que são adicionados, à medida que se deseja produzir mais, isto é, o custo com todos os fatores variáveis. Como a receita da venda de 40 unidades de *karchanga* é dada pela soma das áreas B e D, a área B é a parte da receita que excede os custos variáveis de produção (área D). Logo, a área B é o que sobra para pagar os fatores fixos de produção, isto é, aqueles fatores que não têm sua quantidade modificada, quando a produção é aumentada, continuamente, de zero para 40. Esses fatores são, por exemplo, o tamanho das fábricas, suas máquinas e equipamentos, a capacidade administrativa dos empreendedores.

O excedente do produtor é graficamente representado pela área B na Figura 3.7, ou seja, a remuneração residual dos fatores cujas quantidades não variam no processo de aumento de produção. É, portanto, um ganho apropriado pelos fatores que estão exclusivamente comprometidos com a produção do bem em questão, não podendo, no momento, ser deslocados para a produção de qualquer outro bem. Note que a altura da curva de oferta reflete a remuneração que se deve oferecer aos fatores variáveis, justamente pela possibilidade de eles serem atraídos por outras atividades produtivas. Como, no momento, os fatores ditos fixos não podem deslocar-se para outras atividades, sua remuneração (área B) é residual, isto é, o que sobra após o pagamento (área D) dos fatores variáveis (que podem migrar para outras atividades).

Embora o excedente do produtor seja, como o lucro, uma sobra, esses conceitos são diferentes. Lucro econômico é o excesso de receita sobre os custos econômicos. Graficamente, portanto, o lucro econômico não pode ser identificado com a área B, pois ela resulta da diferença entre a receita total e o total dos custos variáveis, que é parte dos custos econômicos totais. O excedente do produtor é o que sobra da receita para remunerar os fatores fixos, isto é, aqueles que não podem, no momento, migrar para outros mercados.

Sensibilidade da Quantidade Oferecida a Variações no Preço do Produto: Curvas de Oferta Elástica e Inelástica

Como no caso da demanda, a sensibilidade da quantidade oferecida a mudanças no preço de venda difere de bem para bem. Para alguns bens, uma mudança no preço de venda provocará uma substancial variação na quantidade oferecida. Isso acontece quando as condições de produção são tais que grandes variações na quantidade produzida ocorrem com pequenas variações nos custos marginais. Nesses casos, as curvas de oferta são relativamente mais horizontais, e os economistas se referem ao produto como de oferta elástica. Quando as quantidades oferecidas não são muito sensíveis a variações no preço do bem, a curva de oferta é inelástica. Na Figura 3.8, representamos duas curvas de oferta para diferentes produtos. A curva mais horizontal (S_1, à esquerda) é relativa-

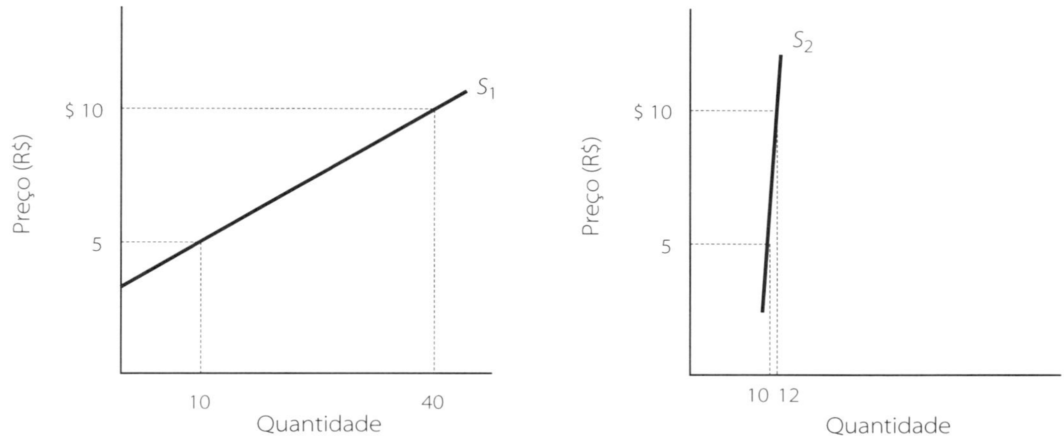

Figura 3.8 Curvas de oferta elástica e inelástica.

A sensibilidade da curva de oferta está associada à sua inclinação. A curva de oferta mais horizontal (S_1) apresenta uma sensibilidade maior e, por isso, dizemos que essa oferta é relativamente mais elástica que a curva mais vertical (S_2), que, por apresentar uma menor sensibilidade a variações no preço, é relativamente inelástica.

mente mais elástica que a curva de oferta S_2 (do lado direito) e, conseqüentemente, esta é mais inelástica que a curva S_1.

No caso da curva de oferta mais elástica, S_1, um aumento no preço do bem, de R$ 5 para R$ 10, provoca um aumento na quantidade oferecida, de dez unidades para 40 unidades. Para a curva de oferta inelástica, S_2, o mesmo aumento de preço provoca uma elevação da quantidade oferecida, de dez para 12 unidades.

O leitor deve ter percebido que, tanto no caso da demanda quanto no da oferta, as comparações entre as elasticidades das correspondentes curvas foram feitas para os mesmos preços e quantidades iniciais e para os mesmos preços finais. A escolha dessa condição foi proposital, e a razão para tal exigência ficará clara para o leitor, quando trabalharmos mais detidamente com o conceito de elasticidade.

A sensibilidade dos agentes econômicos – compradores e vendedores – a variações nos preços depende do tempo que eles têm para ajustar-se. Quanto maior o período de tempo, maiores são as chances para o ajustamento se completar. Tomando casos extremos, no momento de uma variação de preço não-antecipada, isto é, não prevista, nada acontece. Compradores têm o que têm do bem, e os produtores também. À medida que o tempo passa, compradores e vendedores vão se ajustando à nova realidade. Como o processo de ajustamento é contínuo no tempo, toda observação feita antes que o ajustamento se complete representa uma fração da reação dos agentes econômicos. O ajustamento se completa quando compradores e vendedores não vêem razão para mudar seu comportamento.

O economista inglês Alfred Marshall foi um dos pioneiros no desenvolvimento da análise de oferta e da procura. Percebendo a importância do tempo no processo decisório de produtores e consumidores, Marshall criou o conceito de *prazo*. Como seria muito complicado tratar as decisões de vendedores e compradores a todo instante, o economista definiu dois lapsos de tempo para analisar os fenômenos de mercado. Nenhum desses dois conceitos está efetivamente associado ao tempo cronológico. Assim, **curto prazo** é o período de análise em que pelo menos um elemento importante, no processo decisório de compradores e vendedores, não pode variar. Por exemplo, no curto prazo, os produtores, ao tomar suas decisões para ajustar as condições de oferta às exigências de mercado, não podem aumentar o tamanho de sua fábrica, comprando novos equipamentos, porquanto, de modo geral, esse maquinário só é produzido sob encomenda.

Curto prazo

Caracterizado por uma condição de momento que impede os agentes econômicos de se ajustarem plenamente às mudanças observadas no mercado. Por exemplo, no curto prazo, os produtores só poderão aumentar sua produção elevando a quantidade de trabalho e de matérias-primas, sem expandir o tamanho de suas plantas produtivas.

Longo prazo

Período suficiente para que os agentes econômicos se ajustem, integralmente, às condições do mercado.

No **longo prazo**, os agentes econômicos têm tempo para se ajustar, integralmente, às mudanças nas condições de mercado. Assim, ao tomar suas decisões, cada agente econômico pode variar a quantidade de qualquer fator ou bem para se ajustar às novas condições. Os produtores, além de mudar o volume de produção pelo uso mais ou menos intenso de seus equipamentos, podem modificar suas plantas produtivas. *Em outras palavras, longo prazo é um período tal que os produtores podem expandir os seus estoques de capital (a estrutura física de sua planta produtiva, inclusive equipamentos feitos sob encomenda).* Podemos concluir com facilidade que, em termos de sensibilidade das curvas de demanda e de oferta às variações de preço, quanto maior o prazo considerado, maior será o valor absoluto (pois a elasticidade da demanda é negativa) das respectivas elasticidades-preço.

ECONOMISTA DE DESTAQUE

ALFRED MARSHALL (1842-1924)

Economista mais influente em sua época, Marshall introduziu muitos conceitos e ferramentas de análise que constituem o núcleo da teoria econômica moderna (em especial, o que é conhecido como *microeconomia*), incluindo-se, entre eles, os conceitos de curto prazo, longo prazo e equilíbrio.

Mudanças nas Condições de Oferta *Versus* Mudanças nas Quantidades Oferecidas

Tudo o mais constante, a curva de oferta de um bem resume o desejo dos produtores de oferecer diversas quantidades do bem a diferentes preços. Como no caso da curva de demanda, aqui também é importante distinguir entre: (1) uma mudança na *quantidade oferecida* e (2) uma mudança na *oferta*. Uma mudança na *quantidade oferecida* é um movimento ao longo de uma mesma curva de oferta em resposta a uma variação no preço do bem. Uma mudança na *oferta* indica um deslocamento de toda a curva de oferta.

Que fatores podem causar um deslocamento de toda a curva de oferta? Como o mercado de bens de consumo promove seu ajustamento quando a curva de oferta se desloca, isto é, quando as condições de oferta se modificam? Vamos agora considerar essas duas questões.

Chamamos a atenção, anteriormente, para o fato de que os empreendedores só produzirão um bem se seu preço de venda esperado for maior ou igual ao custo de oportunidade de sua produção. Fatores que aumentam o custo de oportunidade do produtor desencorajam a produção e diminuem a oferta (deslocam a curva de oferta para a esquerda). No entanto, mudanças que diminuem o custo de oportunidade do produtor aumentam a oferta (deslocam a curva de oferta para a direita).[8]

1. Mudanças nos Preços dos Recursos Produtivos

Como o aumento no preço de um recurso afetará o mercado de bens e serviços que o emprega? Há duas maneiras distintas de verificar esse efeito. A primeira é simplesmente considerar o efeito sobre os custos de produção. O aumento no preço de um fator

8. As expectativas sobre os preços que vigorarão no futuro, bem como no caso da demanda, também afetam a oferta, mas por meio de um processo muito mais complexo. Por isso, não vamos introduzir aqui mudanças esperadas para os preços futuros, como fator de deslocamento da curva de oferta. O desenvolvimento de expectativas de que os preços aumentarão no futuro exerce efeitos diferentes, no mesmo momento, sobre produtores e vendedores. De um lado, aumentar estoques hoje, para vender no futuro, torna-se mais atrativo e provoca uma redução na oferta corrente do bem. Do outro, os produtores tendem a aumentar a produção (não suas vendas) hoje, para acumular estoques e, assim, ter uma quantidade maior para vender quando o preço subir. Para bens que não podem ser estocados, a expansão da capacidade de produção para vender mais no futuro pode aumentar a disponibilidade do bem hoje, ainda que seu preço corrente não cubra todos os custos. Por exemplo, em 1992, o mundo tomou conhecimento de que as Olimpíadas de 1996 seriam em Atlanta, Geórgia, nos Estados Unidos. Eventos como esse atraem muitos turistas que demandam diversos serviços, entre os quais quartos de hotel e motel. Novos hotéis e motéis foram concluídos em 1995, em Atlanta e nas suas vizinhanças. Assim, a expectativa de aumento de preços nos serviços de hospedagem (e em outros serviços) para 1996 elevou a oferta de quartos de hotéis e motéis em 1995, sem que os preços correntes cobrissem todo o seu custo. Adiante, consideraremos os efeitos das expectativas e de outros fatores correlacionados sobre as condições de oferta.

usado na produção de um bem eleva os custos de produção desse bem, reduzindo a rentabilidade da firma. Assim, ao mesmo preço, a firma terá de reduzir sua produção. Com o passar do tempo, é possível que algumas firmas tenham de fechar. A Figura 3.9 ilustra o efeito sobre a oferta de um bem, quando ocorre um aumento no preço de um recurso produtivo. O conseqüente aumento do custo de oportunidade de produção reduz a oferta do bem, isto é, desloca a curva de oferta para a esquerda.

A segunda forma de verificar o efeito sobre a oferta, em decorrência do aumento no preço de um recurso produtivo, é simplesmente perguntar o que ocorrerá com o custo de oportunidade de produção de qualquer quantidade. Esse custo de oportunidade nada mais é que a altura da curva de oferta do bem. Assim, como um recurso produtivo teve seu preço aumentado, a produção de qualquer quantidade terá um custo de oportunidade maior, isto é, a altura da curva de oferta aumentará. A curva de oferta, portanto, se desloca para cima (esquerda). Desse modo, aumentos nos preços de recursos produtivos deslocam a curva de oferta do produto para a esquerda.

Certamente, uma redução no preço de um fator provocará, no mercado do bem que o usa na produção, um efeito similar ao da alta, porém, no sentido contrário. Uma queda no preço de um fator de produção usado na produção de determinado bem diminuirá os custos e aumentará a oferta (deslocará a curva de oferta para a direita) desse bem.

2. Mudanças Tecnológicas

Os economistas entendem por tecnologia o conjunto de todas as técnicas disponíveis para a obtenção de determinado bem ou serviço. Uma técnica é uma forma específica

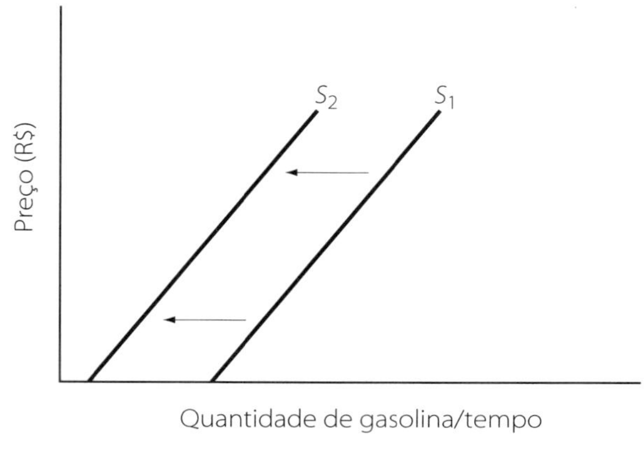

Figura 3.9 Redução de oferta: preço de fator e custo de oportunidade de produção.

O petróleo é usado na produção de gasolina. Quando o preço do petróleo aumenta, os custos de produção de gasolina também sobem, provocando um deslocamento da oferta de gasolina para a esquerda. Há, portanto, uma redução na oferta de gasolina.

de obtenção do bem ou do serviço. Uma comparação simples nos permitirá compreender bem esses dois conceitos. Suponha que se deseje produzir um bolo de milho e que todas as receitas possíveis estejam descritas no *Manual de cozinha de hoje e de sempre*, do famoso Sr. Kuka. As receitas contidas no manual são específicas quanto:

- à escolha das matérias-primas e à quantidade adequada de cada uma (espigas de milho verde, fubá, semolina de milho, manteiga, margarina, ovos etc.);
- à forma de combinar essas matérias-primas, de acordo com o equipamento a ser usado (forno a lenha, a pó de serra, a carvão, elétrico, a gás de cozinha, a energia solar – microondas não é recomendado pelo Sr. Kuka, pois não se dispõe ainda de uma técnica adequada para esse equipamento);
- às habilidades da pessoa que será responsável por fazer o bolo, bem como ao número de ajudantes necessários e suas qualificações.

Enfim, se qualquer pessoa quiser fazer um bolo de milho, basta procurar no manual. Esse manual, que descreve todas as possibilidades de se fazer, por exemplo, um bolo de semolina de milho de um quilo, é um catálogo de todas as técnicas disponíveis para produzir o referido bolo. Técnica nada mais é que uma maneira específica de se conduzir o processo de produção, a partir da escolha dos fatores (tipo de fogão e número de pessoas envolvidas) disponíveis. Uma técnica, portanto, é caracterizada pela escolha dos fatores de produção, em especial, capital (no caso do bolo de milho, tipo de forno) e trabalho. Tecnologia de produção de determinado bem é o conjunto de todas as técnicas disponíveis para a obtenção desse bem.

Como podemos verificar, o catálogo do Sr. Kuka contém técnicas produtivas que não mais usamos, porque manter um fogão a lenha, em cidades como o Rio ou São Paulo, é muito difícil (pois exige a obtenção de lenha, o controle de poluição, o excesso de calor na casa etc.). Entretanto, essa pode ser a única escolha de muitas famílias brasileiras. No entanto, o Sr. Kuka, embora conheça o microondas, não recomenda seu uso. Assim como abandonamos técnicas produtivas e os equipamentos que as definem, nem sempre um conhecimento novo pode ser usado no processo de produção. Isto é, uma invenção (microondas, nesse caso) nem sempre é uma nova opção tecnológica. Além disso, novas técnicas só serão utilizadas se forem econômicas, isto é, se reduzirem os custos de produção do bem em questão ou melhorarem sua qualidade.

As melhorias tecnológicas – descobertas de novas técnicas que diminuem os custos de produção – reduzem o custo de oportunidade de produção e aumentam a oferta (deslocam a curva de oferta para a direita) no mercado do bem. Avanços tecnológicos têm, na realidade, afetado o custo de produção de quase tudo. Tome este livro como exemplo. Antes da invenção da imprensa, os livros eram manuscritos. A impressão vem evoluindo tão rapidamente que hoje falamos de editoração eletrônica, um processo mais rápido e mais limpo, se comparado com o uso de linotipos. O computador e o microcomputador são inovações fantásticas. A robótica, que tem sido largamente usada nas indústrias aeronáutica e automobilística, não só tem reduzido custos de produção, mas também tem evitado que seres humanos trabalhem em operações de maior risco para sua vida.

3. Fenômenos Naturais e Distorções de Política

Desastres naturais e mudanças drásticas nas condições políticas podem, às vezes, alterar consideravelmente a oferta. Por exemplo, a seca prolongada durante o ano de 1986 destruiu uma parcela substancial da safra de café brasileiro. A guerra e a instabilidade política no Irã exerceram influência determinante sobre a oferta de petróleo, no final da década de 1970, assim como a invasão do Kuwait pelo Iraque, em 1990.

4. Variações nos Impostos sobre um Produto

Há, basicamente, dois tipos de impostos: os diretos e os indiretos. Os impostos diretos incidem sobre a fonte de renda (por exemplo, trabalho e capital), e os impostos indiretos incidem sobre os produtos. A terminologia *direto* ou *indireto* refere-se à fonte de renda. Um produto, ao ser comercializado, por meio do mecanismo de preços, remunera todos os fatores produtivos usados na sua produção e comercialização. Assim, quando o governo aplica um imposto sobre um produto, ele indiretamente taxa os proprietários dos fatores de produção usados na obtenção e na comercialização desse produto.[9] Um imposto indireto (IPI e ICMS), ao ser introduzido, pode exigir que o produtor ou o consumidor seja responsável pelo seu recolhimento. Geralmente, cabe ao vendedor recolher o imposto aos cofres públicos, por intermédio do sistema bancário.

Se o governo aumenta um imposto sobre a venda de um produto, seu impacto sobre o mercado será semelhante ao de um aumento em qualquer fator de custo. O aumento de imposto a ser recolhido pelo produtor reduz seu desejo de vender a todos os preços possíveis. O preço de venda agora, além de cobrir o custo de oportunidade de produção, deve ser suficiente para gerar o montante unitário de recursos para o pagamento do imposto correspondente. Por exemplo, o *imposto verde*, atualmente em discussão no Congresso Nacional, é um imposto que incidirá sobre as vendas dos derivados do petróleo, com o propósito de constituir um fundo para reduzir os impactos da poluição. Seu efeito será o de aumentar os preços dos derivados do petróleo, acima de seus custos de oportunidade. A curva de oferta se desloca para cima. Desse modo, a introdução de um imposto gera dois fatos novos, até o momento não considerados: (1) o preço de venda do produto não é mais o custo de oportunidade de sua produção e (2) o preço pago pelos consumidores não é mais igual ao preço recebido pelos produtores.

---

9. Ao tratarmos do financiamento do governo, voltaremos a considerar os diversos tipos de impostos.

Essa diferença de preços (pago e recebido) gera uma ineficiência no funcionamento do mercado, pois o preço pago pelos consumidores, isto é, o valor, na margem, que eles atribuem ao bem para a quantidade comprada é maior que o custo, na margem, em termos de recursos utilizados na produção dessa quantidade do bem. Adiante, exploraremos com mais detalhes a perda de eficiência gerada pela introdução de um imposto.

Para facilitar a identificação dos impactos das mudanças nas variáveis que afetam a oferta por meio de deslocamentos das respectivas curvas, listamos a seguir algumas "Regras de Bolso" que ajudarão no uso do instrumental aqui apresentado. Uma vez mais, destacamos a diferença entre o movimento ao longo da curva de oferta, resultante da variação no preço do bem, tudo o mais constante, e a variação na oferta do bem.

Regras de Bolso

Só os eventos indicados ocorrem, tudo o mais é mantido constante.
Esse evento aumenta (diminui) a quantidade oferecida de um bem:

1. Um aumento (queda) no preço do próprio bem.

Esses fatores aumentam (diminuem) a oferta de um bem:

1. Uma queda (elevação) do preço de um recurso usado na produção do bem.
2. Uma mudança tecnológica que possibilite a produção do bem a custos menores.
3. Condições climáticas favoráveis (desfavoráveis).
4. Instabilidade política ou guerra.
5. Redução (aumento) de imposto sobre a produção do bem.

Como os Preços de Mercado São Determinados: A Interação da Oferta com a Demanda

Consumidores (compradores) e produtores (vendedores) tomam suas decisões independentemente uns dos outros, mas o mercado coordena suas escolhas, influenciando suas ações. Para um economista, um **mercado** não é um espaço físico, mas um conceito abstrato que envolve as forças produzidas pelas ações de compra e venda dos agentes econômicos que dele participam. Um mercado pode ser considerado de

> ***Mercado***
> Um conceito abstrato que congrega os arranjos comerciais de vendedores e compradores os quais estão subjacentes às forças de oferta e demanda.

maneira estrita, como o mercado de abacaxis na cidade do Rio de Janeiro, durante o verão. Ou pode ser considerado de maneira ampla, englobando um conjunto de produtos em um mesmo mercado, como o mercado de bens de consumo. Os mercados são bastante diferenciados, em termos dos instrumentos que utilizam. Assim, o mercado bursátil, em que são transacionadas ações de sociedades anônimas, é um mercado altamente sofisticado, que movimenta milhões de reais por dia, e depende intensivamente da tecnologia da comunicação e da informação. Nesse mercado, compradores e vendedores raramente se conhecem. Em contraste, os serviços domésticos em um bairro de uma cidade compõem um mercado, em geral, informal, em que consumidores e ofertantes se dão conta das necessidades de cada um, por meio de mensagens transmitidas verbalmente pelos membros da comunidade.

Equilíbrio é um estado em que forças conflitantes se compensam. Quando um mercado está em equilíbrio, as decisões de consumidores e produtores se harmonizam umas com as outras. Em equilíbrio, é possível, para compradores e vendedores, realizar suas escolhas simultaneamente.

> ***Equilíbrio***
>
> Estado em que forças conflitantes, como as da oferta e da demanda, se compensam.

Equilíbrio de Mercado

Na Figura 3.1, a curva de demanda por um bem ilustra a relação inversa entre o preço do bem e a quantidade comprada pelos consumidores. No entanto, a Figura 3.7 ilustra de que forma, na curva de oferta, quanto maior o preço, maior é a quantidade que os produtores desejam oferecer. O preço de equilíbrio de mercado para um bem é o preço que iguala a quantidade desejada pelos consumidores com a quantidade que os produtores desejam oferecer. Se, temporariamente, o preço de mercado estiver muito alto, a quantidade oferecida será superior à demandada. Os produtores não conseguirão vender tudo o que quiserem, a menos que reduzam o preço. Alternativamente, se o preço de um bem estiver muito baixo, os consumidores desejarão comprar mais do que os ofertantes estarão dispostos a vender. Alguns consumidores não se satisfarão com as quantidades que conseguirem comprar e estarão dispostos a pagar um preço maior para adquirir a quantidade desejada. Assim, em um mercado livre, há uma tendência para o preço de mercado se mover na direção do preço que equilibra a quantidade desejada pelos consumidores com a quantidade que os produtores estão dispostos a vender.

O preço de mercado de um bem tende a variar, de modo a promover a igualdade entre a quantidade que os consumidores desejam comprar e a quantidade que os produtores desejam vender. Isto é, os preços variam de forma a promover o equilíbrio de mercado. Se, momentaneamente, o preço for muito elevado, a quantidade oferecida será maior que aquela que os consumidores desejam comprar. Os produtores não conseguirão vender toda a quantidade que planejavam, e seu produto ficará nas prateleiras. O acúmulo de estoques não-desejados, além de aumentar os custos dos produtores, informa-lhes que, para a quantidade que planejavam vender, o preço está elevado. Pela reação dos consumidores, os produtores são levados a diminuir o preço. Alternativamente, se o preço for, momentaneamente, muito baixo, a quantidade demandada excederá a quantidade oferecida. Alguns consumidores não conseguirão comprar o bem nas quantidades desejadas. O produto desaparece das prateleiras mais rapidamente que o antecipado pelos produtores. Os estoques estão muito abaixo do desejado e, para racionar a quantidade produzida entre os consumidores, os produtores são levados a aumentar o preço.

A Figura 3.10 ilustra as condições de demanda e oferta no mercado de baralhos. A um preço de R$ 12, os produtores estarão dispostos a produzir e vender 600 baralhos por mês, enquanto os consumidores, a esse preço, só desejam comprar 450 baralhos por mês. Nesse caso, haverá um excesso de oferta de 150 baralhos por mês. A produção excede as vendas, e os estoques de baralhos dos produtores aumentarão. Para diminuir os estoques indesejados, alguns produtores de baralho reduzirão seu preço para aumentar suas vendas. Outros produtores terão de reduzir seus preços ou acabarão vendendo menos ainda. A queda no preço torna os baralhos um produto menos atrativo aos produtores. Alguns produtores marginais podem até fechar suas portas, enquanto outros reduzirão sua produção. Até que nível o preço do baralho cairá? Quando o preço cair até o nível de R$ 10 por baralho, a quantidade oferecida pelos produtores se igualará à quantidade demandada pelos consumidores em 550 baralhos por mês. A esse preço (R$ 10), as escolhas de consumidores e produtores estarão em harmonia. A quantidade

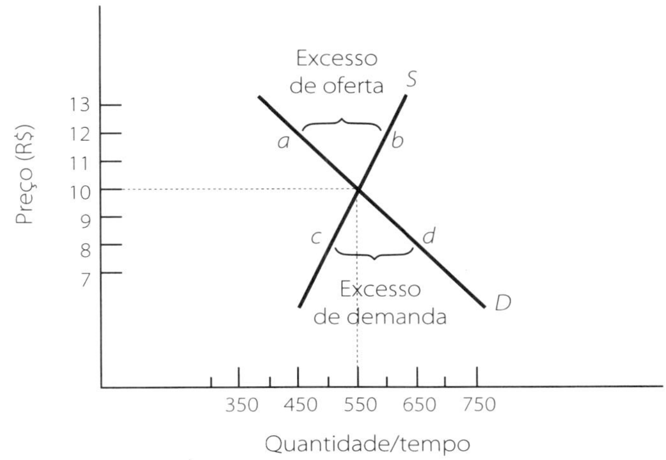

Figura 3.10 Oferta e demanda.

A tabela nos fornece as condições de oferta e demanda mensal de baralhos. Essas condições são ilustradas graficamente na Figura 3.10. Quando o preço é superior a R$ 10, há um excesso de oferta que gera uma pressão para o preço cair. No entanto, quando o preço é inferior a R$ 10, há um excesso de demanda que gera uma pressão para o preço subir. Assim, o preço de mercado tende a R$ 10, no qual a oferta e a demanda estarão em equilíbrio.

que os produtores desejam oferecer é exatamente igual à quantidade que os consumidores desejam comprar.

O que acontecerá se o preço do baralho for, por exemplo, R$ 8? A quantidade demandada pelos consumidores (650 baralhos por mês) excederá a quantidade oferecida (500) pelos produtores. Haverá um excesso de demanda de 150 baralhos por mês. Alguns consumidores que não conseguem comprar seu baralho por R$ 8, porque a oferta é inadequada, estariam dispostos a pagar um preço maior. Percebendo esse fato, pela redução acelerada dos estoques, os produtores aumentarão seus preços. À medida que o preço sobe, digamos para R$ 10, os produtores expandem suas produções e os consumidores reduzem suas compras. Ao preço de R$ 10, o equilíbrio de curto prazo é restabelecido.

Preço	Quantidade oferecida	Quantidade demandada	Condição no mercado	Pressão sobre o preço
13	625	400	Excesso de oferta	Baixa
12	600	450	Excesso de oferta	Baixa
11	575	500	Excesso de oferta	Baixa
10	**550**	**550**	**Igualdade**	**Equilíbrio**
9	525	600	Excesso de demanda	Alta
8	500	650	Excesso de demanda	Alta
7	475	700	Excesso de demanda	Alta

Eficiência e o Equilíbrio de Mercado

Eficiência econômica

Um mercado satisfaz a condição de eficiência econômica quando o ganho decorrente das transações for o maior possível. Se os direitos de propriedade são bem-definidos e o mercado é livre, o equilíbrio nesse mercado satisfaz a condição de eficiência econômica.

Quando um mercado livre está em equilíbrio, os ganhos gerados pela troca voluntária se realizam plenamente, e dizemos que ocorre **eficiência econômica**. Esse é um conceito importante, uma vez que eficiência econômica é freqüentemente utilizada como padrão de comparação entre circunstâncias alternativas. A idéia central de eficiência pode ser resumida na comparação de custos com benefícios de alternativas para a solução de um problema econômico. A alternativa que produzir o maior ganho líquido para os participantes das transações em questão é a mais eficiente. Examinando mais atentamente as informações geradas pelo funcionamento do mercado, compreenderemos melhor o conceito de eficiência.

A curva de oferta reflete o custo de oportunidade de produção do bem. Cada ponto ao longo da curva de oferta indica o preço mínimo que os produtores estão dispostos a receber para produzir a quantidade correspondente sem que realizem perdas. No entanto, cada ponto ao longo da curva de demanda indica o valor que os consumidores dão a uma unidade adicional do bem, àquele volume de compra – isto é, o preço máximo que os consumidores estão dispostos a pagar por uma unidade adicional do bem. Para todas as quantidades para as quais o valor que os consumidores atribuem a uma unidade adicional (benefício) exceder o preço mínimo que os produtores desejam receber para oferecê-la (custo), a produção e a venda dessa unidade marginal serão economicamente eficientes. A transação produzirá um ganho para as duas partes. Quando os direitos de propriedade são bem-definidos, e somente compradores e vendedores serão afetados pela produção e venda do bem, as forças do mercado competitivo o conduzirão, automaticamente, à quantidade de equilíbrio que satisfaz a condição de eficiência econômica. A Figura 3.11 ilustra, graficamente, esse ponto.

Considere o mercado de bicicletas, como ilustrado na Figura 3.11. Os produtores de bicicletas oferecerão uma unidade a mais no mercado, desde que o preço de mercado seja igual ou superior ao seu custo de oportunidade. Do mesmo modo, consumidores de bicicletas comprarão uma bicicleta a mais, desde que o valor que eles atribuem a essa unidade adicional, representado pela altura da curva de demanda, seja igual ou superior ao preço de mercado. As forças de mercado fazem que *Q* bicicletas sejam com-

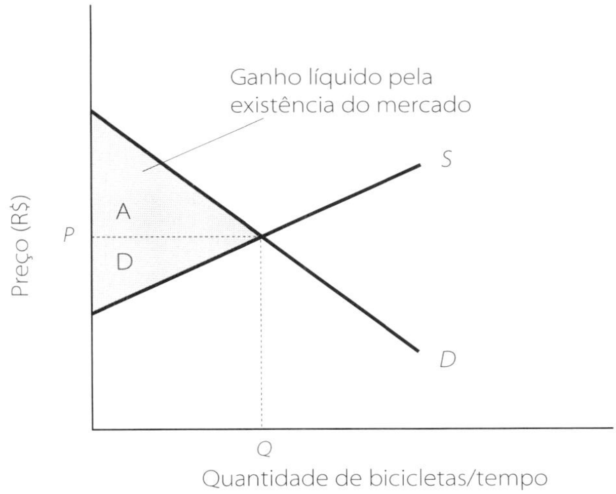

Figura 3.11 Eficiência econômica.

Quando os mercados são competitivos, e os direitos de propriedade são bem-definidos, o equilíbrio de mercado satisfaz a exigência de eficiência econômica. Todas as unidades que produzem mais benefícios (valorização na margem atribuída ao bem pelos consumidores e representada pela altura da demanda) que custos (custo de oportunidade de produzir o bem, representado pela altura da curva de oferta) são produzidas. Essa solução de mercado maximiza os ganhos das transações, e esse ganho líquido é representado pela soma dos excedentes dos consumidores e dos produtores.

pradas e vendidas ao preço *P*. Todas as unidades compradas pelos consumidores valem para eles, na margem, pelo menos o preço de mercado, e eles se apropriam do excedente do consumidor (área A). Ao preço de mercado, todas as bicicletas vendidas pelos produtores têm um custo igual ou inferior a esse preço, e eles se apropriam do excedente do produtor (área D).

Na realidade, para a quantidade de equilíbrio *Q*, o valor que os consumidores atribuem à bicicleta é igual ao seu custo, também na margem. Com o equilíbrio de mercado em *Q*, os consumidores realizam o maior ganho líquido possível. Qualquer unidade adicional de bicicletas vale para os consumidores menos que *P*. Qualquer quantidade adicional ao preço *P* não será produzida, pois seu custo será superior a esse preço. Assim, também os produtores têm o maior ganho possível, quando a quantidade produzida e vendida ao preço *P* for *Q*. É possível provar que, sob essas condições, para o funcionamento do mercado livre, não há, na sociedade, outra forma de resolver o problema de produzir e satisfazer os consumidores de bicicletas que produza ganho superior ao da área destacada na Figura 3.11 (excedente dos consumidores mais excedente dos produtores).

Como os Mercados Respondem a Mudanças na Demanda e na Oferta

Como o mercado se ajustará às mudanças nas condições de demanda? Considere o mercado de bicicletas, como ilustrado na Figura 3.12. Como o mercado para esse bem se ajustará, mantidas as condições de oferta, se a renda dos consumidores aumentar, não sendo a bicicleta um bem inferior? Na situação inicial, o mercado de bicicletas está representado pela curva de demanda D_1 e pela curva de oferta *S*. Assim, na situação inicial, o preço de equilíbrio nesse mercado é P_1. Suponha agora que a renda dos consumidores aumente e que, por conta desse aumento, as pessoas decidam usar mais bicicletas para se exercitar ou simplesmente para passear. Como resultado, a demanda por bicicletas aumenta de D_1 para D_2. Esse aumento de demanda perturbará o equilíbrio inicial. Com o aumento de demanda, os consumidores desejam comprar, ao preço em vigor (P_1), uma quantidade de bicicletas superior àquela que os produtores estão dispostos a vender. O excesso de demanda forçará o preço para cima, até P_2. A esse preço mais elevado, os produtores estarão dispostos a oferecer uma quantidade maior (Q_2, e não mais Q_1). O preço mais alto reduzirá o ímpeto de compra dos consumidores. A esse preço P_2, a quantidade demandada pelos consumidores se igualará àquela oferecida pelos produtores. O sistema de preços responde ao aumento de demanda fazendo que: (1) os produtores tenham maior incentivo para produzir mais bicicletas e (2) os consumidores tenham mais incentivos para moderar suas compras de bicicletas, usando o aumento de renda para adquirir outros bens.

Quando a demanda por um produto se reduz, o processo de ajustamento no mercado estimulará a ação de compradores e vendedores por meio de incentivos opostos

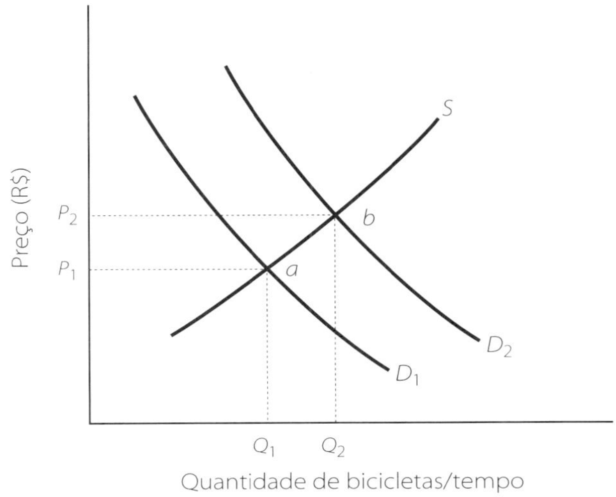

Figura 3.12 Ajustamento do mercado a um aumento de demanda.

Inicialmente, o mercado de bicicletas é representado pela demanda D_1 e pela oferta S. Suponha que ocorra um aumento de demanda por bicicletas (deslocamento da demanda de D_1 para D_2), decorrente de um aumento de renda ou de uma mudança de preferência em favor de mais exercícios com bicicletas. O aumento de demanda elevará tanto o preço de equilíbrio (de P_1 para P_2) quanto a quantidade oferecida e comprada (de Q_1 para Q_2), se as condições de oferta não se modificarem.

aos apresentados para um aumento de demanda. Uma queda na demanda por bicicletas (um deslocamento da curva de demanda para a esquerda), para as mesmas condições de oferta, produzirá uma redução no seu preço. Essa redução de preço induzirá os produtores a diminuir a quantidade oferecida, mitigando a intensidade da queda na quantidade comprada pelos consumidores.

Como o mercado responde a mudanças na oferta? Assim como as condições de demanda mudam, quando uma das variáveis consideradas constantes tem seu valor modificado, o mesmo ocorre com a oferta. Qualquer alteração nas variáveis incluídas na condição *coeteris paribus* produzirá mudança nas condições de oferta, deslocando a curva de oferta. Tomemos um argumento qualquer, que é mantido constante ao longo da curva de oferta, e vamos considerar sua mudança.

Suponha um aumento no preço de um recurso produtivo e seu impacto sobre as condições de oferta. Um aumento no preço de um recurso produtivo elevará o custo de oportunidade de produção do bem que o usa. O custo mais alto reduzirá a oferta e, mantidas as condições de demanda, aumentará o preço do produto no mercado. A Figura 3.13 ilustra esse ponto. O petróleo é um insumo usado na produção de gasolina. Suponha um aumento no preço do petróleo. Isso implica que as mesmas quantidades de gasolina só poderão ser produzidas a um custo mais elevado. Desse modo, a oferta de gasolina se desloca para cima, quando o preço do petróleo aumenta de PP_1 para PP_2.

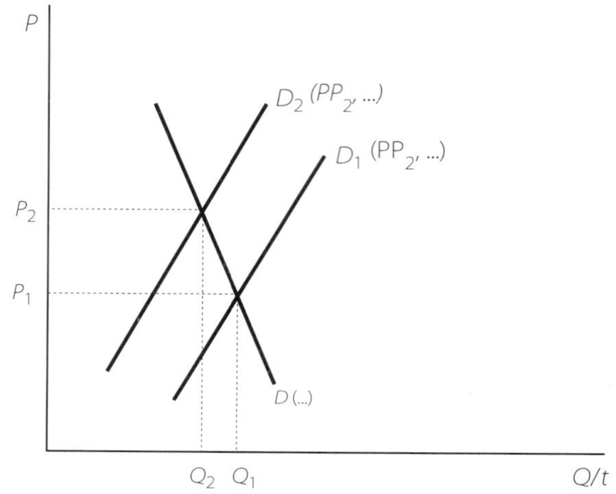

Figura 3.13 Ajustamento de mercado a uma redução na oferta.

Suponha o mercado de gasolina em equilíbrio quando, ao preço de P_1 por litro, o consumo for de Q_1 litros por dia. Com o aumento do preço do petróleo, os produtores de gasolina estão dispostos a oferecer, ao mesmo preço (P_1), uma quantidade menor, pois seus custos aumentaram. Desse modo, para qualquer quantidade a ser oferecida, os produtores de gasolina exigirão um preço maior. Assim, ao novo preço do insumo petróleo (PP_2), há uma redução na oferta de gasolina (a curva de oferta se desloca para cima) em relação à situação original.

Se as condições de demanda permanecerem as mesmas, o novo equilíbrio, de curto prazo, ocorrerá a um preço de gasolina mais elevado e, como era de esperar, com uma quantidade menor de gasolina transacionada por unidade de tempo.

Certamente, uma queda no preço de um fator provocará, no mercado do bem que o usa na produção, um efeito similar ao da alta, porém no sentido contrário. Uma redução no preço de um fator de produção diminuirá os custos e aumentará a oferta (deslocará a curva de oferta para a direita) do bem de consumo (ou serviço) que o usa em sua produção. O aumento de oferta acarretará, mantidas as condições de demanda, uma queda no preço de mercado do bem ou do serviço.

A seguir, utilizamos o mesmo expediente, "Regras de Bolso", para resumir os impactos de mudanças na demanda ou na oferta sobre as condições de mercado: preço e quantidade de equilíbrio. É freqüente que as condições de mercado sejam afetadas, simultaneamente, por mudanças nas condições de demanda e de oferta. Por exemplo, a renda dos consumidores pode ter aumentado no mesmo momento em que uma inovação tecnológica esteja sendo introduzida na produção de um bem, com uma significativa redução nos custos de sua produção. Essas duas mudanças provocam, simultaneamente, um aumento de demanda e de oferta. No novo equilíbrio, só temos certeza de que a quantidade comprada e vendida será superior àquela do equilíbrio anterior. O que ocorrerá com o preço dependerá da intensidade dos efeitos do aumento de renda sobre a demanda e da redução dos custos, gerada pela inovação tecnológica, sobre a oferta. Quando as condições de demanda e de oferta variam simultaneamente, só temos certeza de seus efeitos sobre um dos dois determinantes do mercado: preço ou quantidade. O efeito sobre o outro elemento de mercado só pode ser identificado conhecendo-se as intensidades relativas das mudanças de demanda e de oferta. Elabore alguns exemplos de mudanças nas condições de demanda e de oferta e identifique para qual dos dois elementos de mercado você pode prever a direção da sua variação.

Regras de Bolso

Só os eventos indicados ocorrem, tudo o mais é mantido constante.
Os bens são produzidos a custos crescentes. Só são consideradas as situações de equilíbrio.

Mudanças na demanda

1. Um aumento na demanda (deslocamento da curva de demanda para cima) provoca um aumento de preço e um aumento de quantidade.
2. Uma redução na demanda (deslocamento da curva de demanda para baixo) provoca uma redução de preço e uma redução de quantidade.

Mudanças na oferta

1. Um aumento na oferta (deslocamento da curva de oferta para a direita) provoca uma queda no preço e um aumento na quantidade.
2. Uma redução na oferta (deslocamento da curva de oferta para a esquerda) provoca um aumento no preço e uma queda na quantidade.

O Tempo e o Processo de Ajustamento

Os sinais que os preços emitem permanentemente para consumidores e produtores no mercado traduzem as mudanças que estão ocorrendo ou ocorrerão em um futuro próximo. Entretanto, o processo de ajustamento às novas condições não ocorre instantaneamente. Muitas vezes, os sinais são emitidos, os agentes econômicos (consumidores e produtores) os compreendem, mas só podem se ajustar com o passar do tempo. Na realidade, não há ação humana que não exija tempo. A ênfase aqui se refere ao processo de ajustamento às novas condições de mercado.

No início da década de 1970, a cidade do Rio de Janeiro possuía poucas quadras de tênis de aluguel. Com a maior divulgação desse esporte, essas poucas quadras passaram a ser fortemente disputadas, gerando, em conseqüência, uma alta no preço de seu aluguel. Essa alta de preços provocou um aumento na rentabilidade dos investimentos na construção de quadras de tênis, gerando uma expansão na oferta desses serviços.

Contudo, a construção de novas quadras de tênis exige tempo. Com o aumento no valor do aluguel das quadras, em decorrência da expansão da demanda, seus proprietários passaram a explorá-las mais intensamente, expandindo suas horas de serviço. Essas duas mudanças nas condições do mercado de aluguel de quadras de tênis estão representadas na Figura 3.14.

A situação inicial está representada pela curva de demanda D_1 e pela curva de oferta de curto prazo S_{cp}. O equilíbrio inicial ocorre ao preço P_1, que iguala a quantidade desejada de horas de aluguel de quadra pelos consumidores à oferecida pelos produtores, em Q_1. Com o aumento da demanda (deslocamento da curva, de D_1 para D_2), os produtores atuais são estimulados a elevar a quantidade oferecida em decorrência do aumento de preços (de P_1 para P_2), necessário para racionar a atual disponibilidade de horas de aluguel de quadra ao desejo dos consumidores (passagem do ponto *a* para o ponto *b*). Com o aumento no preço, alugar quadras de tênis passou a ser um bom negócio, pois o rendimento dos investimentos no setor aumentou. Esse aumento nos rendimentos estimula os empreendedores já estabelecidos a construir novas quadras, além de atrair novos empreendimentos para o setor.

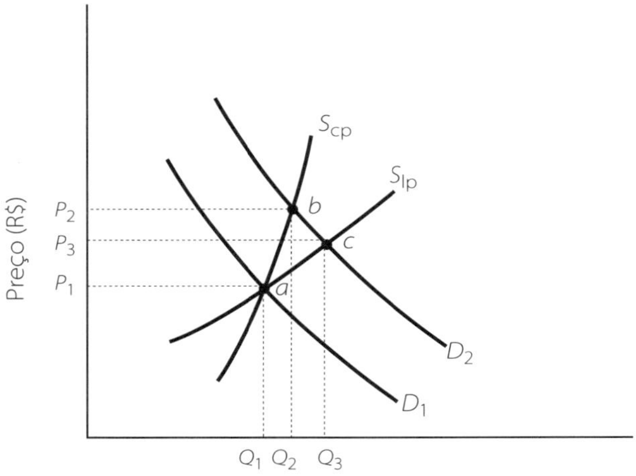

Figura 3.14 Tempo, oferta e ajustamento a um aumento de demanda.

Com o aumento da demanda, de D_1 para D_2, a resposta imediata dos produtores só pode ser o uso mais intenso dos fatores para os quais um aumento de quantidade requer tempo. Por isso, quando o preço de aluguel de quadras de tênis aumenta, de P_1 para P_2, os produtores expandem a quantidade oferecida ao longo da atual curva de oferta (do ponto *a* para o ponto *b*). O preço mais elevado aumenta o retorno dos investimentos no setor, atraindo novos recursos e estimulando os atuais ofertantes a construir novas quadras. O influxo de recursos para o setor, à medida que os investimentos são realizados, aumenta a oferta até que o retorno do aluguel de quadras se normaliza e o novo equilíbrio seja estabelecido (deslocamento da curva de oferta, de S_{cp} para S_{lp}). No longo prazo, a resposta da oferta (variação na quantidade) a uma mesma variação de preços é maior (passagem de *a* para *c*) que no curto prazo (passagem de *a* para *b*)

Assim, muitas quadras de tênis foram construídas sem que nenhum órgão controlador, nem mesmo a Secretaria de Planejamento do Estado, requisitasse tais investimentos dos agentes econômicos. A informação contida no aumento dos aluguéis das quadras redirecionou o uso de fatores produtivos, no sentido de se produzirem mais quadras de tênis. Com o passar do tempo, novas quadras iam sendo disponibilizadas para aluguel, e a oferta aumentava (deslocamento gradativo da curva de oferta, de S_{cp} em direção da S_{lp}). O influxo de recursos para a construção de novas quadras de tênis diminuía, ao longo do tempo, à medida que a oferta se expandia e o preço do aluguel de quadras caía. O ajustamento se completa quando o preço cai ao nível para o qual o retorno dos investimentos em quadras de aluguel volta a ser normal (deslocamento da curva de oferta para S_{lp}, com o equilíbrio de mercado em *c*).

De modo geral, a expansão da oferta de quadras de tênis se deu nas regiões menos centrais, onde a terra era relativamente mais barata. Por conseguinte, muitas quadras de aluguel foram construídas na Barra da Tijuca. Entretanto, com a crise do petróleo e o conseqüente aumento dos preços reais de seus derivados, mais marcadamente a partir de 1976, os custos dos usuários de tais quadras se elevaram substancialmente. Uma vez mais, o sistema de preços informou aos agentes econômicos. Sendo mais caro alugar quadras de tênis na Barra da Tijuca, principalmente pelos elevados custos de transporte, essas quadras passaram a ser usadas em menor freqüência, provocando, conseqüentemente, uma redução na rentabilidade dos investimentos associados a elas. Dessa forma, recursos produtivos deixaram de ser alocados na produção de novas quadras de tênis, e algumas quadras tiveram suas atividades encerradas para que o espaço fosse usado para outros fins. Uma vez mais, o sistema de preços direcionou o uso dos fatores produtivos na sociedade.

De maneira similar, o ajustamento dos consumidores a variações nas condições de mercado exige tempo. Em algumas situações, o ajustamento ocorre muito rapidamente, de modo que o tempo necessário para que se registre o ajuste não precise ser explicitado. O exemplo que escolhemos para ilustrar como o tempo pode ser importante no ajustamento dos consumidores a mudanças nas condições de oferta vem dos Estados Unidos. O mercado escolhido é o da gasolina, uma vez que sua demanda depende de veículos que a utilizam como combustível. Essa dependência gera uma rigidez no tempo para o processo de ajuste, pois o estoque de automóveis e a correspondente distribuição de seus modelos não podem variar instantaneamente, exigindo um período de tempo significante para que os consumidores se ajustem. O exemplo para o caso brasileiro será usado adiante, em um contexto mais amplo.

Ao final da década de 1970, o mundo foi atingido pelo segundo choque de preços do petróleo, decorrente, entre outros fatos, da instabilidade política no Irã, um importante produtor. O choque de preços decorreu de uma redução na oferta do produto, (representada na Figura 3.15 pelo deslocamento da curva de oferta de gasolina nos Estados Unidos, de S_1 para S_2), provocando um acentuado aumento em seu preço.

Na América, em 1978, o preço da gasolina era de US$ 0,70 o galão, passando para US$ 1,20 em 1980, descontado o efeito da inflação. *Inicialmente*, os consumidores norte-americanos responderam a esse aumento de preço limitando o uso do automóvel, diminuindo os passeios de carro e dirigindo seus veículos a velocidades mais baixas para reduzir o consumo de combustível. Essa reação dos consumidores produziu uma redução no consumo de gasolina, mas em uma quantidade muito pequena. De um consumo de 7,4 milhões de barris por dia, passaram para 7,0 milhões, redução representada na figura pelo movimento ao longo da curva de demanda (tudo o mais constante), do ponto *a* para o ponto *b*. A redução inicial no consumo de gasolina foi muito pequena para o aumento de preço registrado.

À medida que o tempo passava e o preço da gasolina se mantinha elevado, os consumidores foram buscando novas formas de reduzir seu consumo de combustível. Assim, quando carros de elevada potência, que consumiam mais gasolina por quilômetro rodado, ficavam mais velhos e eram substituídos por novos veículos, a preferência dos consumidores passava a ser por carros compactos ou de menor consumo de combustível. Esse tipo de ajuste, possível com o passar do tempo, produziu uma resposta (de longo prazo) em termos de redução mais acentuada no consumo de gasolina. Ao final de 1981, o consumo de gasolina nos Estados Unidos tinha caído para 6,6 milhões de barris/dia, produzindo uma pressão para que seu preço fosse reduzido.

O processo de ajustamento que acabamos de descrever para a gasolina é um processo típico de ajustamento de mercado. A resposta dos consumidores a mudanças no preço

Figura 3.15 Tempo, demanda e ajustamento a uma redução de oferta.

Na figura, ilustramos o ajustamento de um mercado sujeito a uma redução não antecipada da demanda, como ocorreu no mercado norte-americano de gasolina no período 1978-1982. Inicialmente, o preço da gasolina era 70 centavos de dólar (equilíbrio no ponto *a*). A queda de oferta deslocou a curva de oferta de, S_1 para S_2. No curto prazo, o aumento de preço foi elevado, atingindo a marca de US$ 1,20, enquanto a redução de consumo foi pequena (o equilíbrio passou do ponto *a* para o ponto *b*). No longo prazo, entretanto, a resposta da demanda foi mais acentuada. Como resultado, no longo prazo, o aumento de preço foi mais moderado (o equilíbrio se deslocou de *b* para *c*).

de um bem é geralmente menor no curto prazo que a produzida em um prazo maior. Como resultado, uma redução não esperada na oferta de um bem produzirá um aumento maior no seu preço, no curto prazo, do que o aumento registrado no longo prazo.

O Princípio da Mão Invisível

Há mais de 200 anos, Adam Smith, o pai da economia, descreveu, de forma contundente, como o interesse pessoal, *quando direcionado pelos preços de mercado*, é uma força poderosa na promoção do progresso humano. Em uma passagem famosa de seu livro *A riqueza das nações*, Smith resume esse fato da seguinte forma:

> Cada indivíduo continuamente procura descobrir as formas que lhe são mais vantajosas para empregar qualquer tipo de capital que esteja sob seu comando. É exatamente o seu benefício, e não o benefício da sociedade, que ele busca com a sua ação. Mas, ao considerar o que lhe é vantajoso, naturalmente, ou melhor, necessariamente, sua ação o leva a empregar seus recursos de uma maneira que seja mais vantajosa para a sociedade. (...) Ele busca seu próprio ganho e, nesse caso, como em muitos outros, é levado, como que por uma mão invisível, a promover um objetivo que não fazia parte de sua intenção. Perseguindo seus próprios interesses, ele freqüentemente promove os da sociedade, de forma mais eficiente do que se realmente ele assim o desejasse.[10]

Usando a terminologia empregada por Smith, os economistas cunharam o **princípio da mão invisível** para se referirem à tendência dos mercados livres de direcionar as ações egoístas (interesse próprio) dos indivíduos, harmonizando-as com o bem-estar geral da sociedade (progresso humano). A essência do argumento de Smith é que o sistema livre de preços de mercado é capaz de subordinar, sem coerção, o interesse próprio dos indivíduos à promoção do bem-estar social. Isso é possível? É realmente verdade? Na próxima vez que se sentar para saborear uma boa refeição, considere tudo o que teve de ser feito para que você pudesse ter esse momento agradável. Muito provavelmente, a maioria das pessoas que teve de trabalhar ou colocar seus recursos para produzir os alimentos que você vai saborear não o conhecem e não o fez para que você tivesse uma boa refeição. Os preços de mercado, entretanto, fizeram do seu interesse o deles. Dos agriculto-

Princípio da mão invisível

A tendência dos preços de mercado de direcionar indivíduos, que buscam seus próprios interesses, para atividades produtivas que promovam o bem-estar comum e o progresso econômico da sociedade.

10. Adam Smith, *An inquiry into the nature and causes of the wealth of nations*. Nova York: Modern Library, p. 423, 1937.

res aos garçons, todos contribuem para a boa refeição que você saboreia, mas todos são motivados pelos seus próprios interesses. Vamos examinar com mais cuidado como os preços de mercado executam essa função.

Informando os Agentes Econômicos

Informar é uma das funções mais importantes do mercado. Os mercados registram informações que refletem as escolhas dos consumidores, dos produtores e dos ofertantes de recursos produtivos, tabulando-as em uma estatística resumo, chamada preço de mercado. Essa estatística provê os agentes econômicos com informações valiosas que, de outra forma, seriam difíceis de ser obtidas. Ainda que as preferências dos consumidores não possam ser observadas diretamente, os preços de mercado dão informações atualizadas sobre a valorização que os consumidores dão a uma unidade adicional de cada bem. Do mesmo modo, não podemos nos valer de equações matemáticas para calcular o custo de oportunidade de produção de um bem. Porém, os custos dos recursos produtivos (trabalho qualificado ou não-qualificado, recursos naturais, máquinas e equipamentos) informam aos empreendedores a relativa importância que esses fatores têm na produção de outros bens. Com essa informação e o conhecimento das relações tecnológicas que permitem a combinação de insumos e de fatores para a obtenção de produtos, os produtores podem fazer estimativas confiáveis sobre o custo de oportunidade do bem que vão produzir. Sem a informação provida pelos preços de mercado, seria impossível para os agentes econômicos determinar quão intensamente um bem é desejado pelos consumidores, em face do seu custo de oportunidade – isto é, relativamente às outras coisas que poderiam ser produzidas com os recursos que estão sendo utilizados na produção do bem em questão.

Coordenando a Ação dos Participantes do Mercado

Os preços de mercado também coordenam as escolhas de compradores e vendedores, fazendo que suas decisões sejam compatibilizadas. O excesso de oferta forçará os preços para baixo, desencorajando a produção e estimulando um aumento de consumo até que o excesso de oferta seja eliminado. Alternativamente, o excesso de demanda tenderá a gerar aumentos de preços, encorajando os consumidores a reduzir o consumo do bem em questão e estimulando os produtores a produzir mais do bem, eliminando, desse modo, o excesso de demanda e harmonizando as escolhas dos participantes do mercado.

A combinação dos preços dos produtos e dos recursos produtivos determinará as taxas de lucro (ou prejuízo) dos projetos alternativos, direcionando, portanto, os empreendedores a executar projetos que os consumidores valorizam mais intensamente (isto é, relativamente aos seus custos). Se os consumidores realmente desejam determinado bem – por exemplo, um apartamento de luxo –, a intensidade de sua demanda levará o mercado a um preço que exceda o custo de oportunidade de construir mais apartamentos. A oportunidade de ganhos extraordinários criados dessa forma será rapidamente descoberta por outros empreendedores, que também vão construir esse tipo de apartamento, expandindo sua disponibilidade. Em contraste, se os consumidores desejarem menos de determinado bem – carros grandes e mais potentes, por exemplo –, o custo de oportunidade de oferecer tais carros excederá as receitas obtidas com suas vendas, punindo os empreendedores que assumirem essa produção pouco lucrativa.

A compreensão do importante papel do empreendedor também ajuda a esclarecer o processo de ajustamento de mercado. Uma vez que o futuro não é perfeitamente previsível e as informações são imperfeitas, o movimento em direção ao equilíbrio é tipicamente um processo que envolve risco e coragem. Com o passar do tempo, entretanto, os empreendimentos com maior probabilidade de sucesso serão identificados. Métodos que obtêm sucesso serão copiados por outros produtores. Aprender fazendo e tentativa e erro ajudarão os produtores a identificar bons e maus projetos. O processo, entretanto, nunca se completará plenamente. Quando os empreendedores descobrirem um produto intensamente desejado (ou um produto novo ou, ainda, uma técnica mais eficiente), alguma mudança já deverá ter ocorrido em outro mercado, criando mais oportunidades para a realização de lucros futuros. A dinâmica do mercado está constantemente produzindo mudanças e oportunidades.

Motivando os Agentes Econômicos

Como muitos líderes de economias de planejamento centralizado descobriram, as pessoas precisam ser motivadas antes de realizar suas tarefas de produção ou seus planos futuros. O sistema de preços de mercado estabelece uma estrutura de recompensa–punição (lucro–prejuízo), de modo a induzir os agentes econômicos a cooperar uns com os outros, a usar eficientemente métodos de produção, a oferecer bens que são desejados por outros e a investir para o futuro.

Nenhuma agência governamental precisa dizer aos homens de negócios o que eles devem fazer para obter, utilizando os recursos produtivos, o bem desejado pelos consumidores ao menor custo de produção possível. A busca de lucro os encoraja a produzir aquilo que os consumidores desejam comprar e de forma econômica. Aqueles que falham nessa tarefa, ainda que sejam empresas gigantes, aprenderão, de maneira dura, a competir com seus rivais mais eficientes em termos produtivos ou, eventualmente, deixarão o mercado.

Do mesmo modo, ninguém precisa dizer aos ofertantes de recursos produtivos que eles devem investir e desenvolver tais recursos. Por que muitos jovens, voluntariamente, aceitam tarefas difíceis, enfrentam situações de estresse, estudam até altas horas da noite e investem recursos monetários para adquirir um grau de médico ou de advogado ou um doutorado em economia, física ou administração de negócios? Por que outros jovens investem tempo e recurso para adquirir habilidades especiais em programas de treinamento e de aprendizagem? Por que os indivíduos poupam para montar um negócio comprando máquinas, equipamentos e outros ativos de capital? A expectativa de ganhos financeiros não é o único fator que motiva as pessoas, mas é um estímulo muito importante para o trabalho, criando e desenvolvendo habilidades e oferecendo recursos de capital para as atividades produtivas mais valorizadas pelos outros.

Os Preços e a Ordem de Mercado

Como as mercearias ou os supermercados em milhares de localidades diferentes têm leite, pão, vegetais e outros produtos em quantidades suficientemente grandes para que todos aqueles que desejam comprar tais bens sejam atendidos, sem que haja grandes perdas ou desperdício? Como geladeiras, automóveis, aparelhos de DVD, produzidos em vários locais do país e do mundo, são oferecidos no Brasil aproximadamente nas mesmas quantidades demandadas pelos consumidores? A resposta a essas perguntas é que a mão invisível dos preços de mercado, direcionando o interesse próprio dos indivíduos, faz que uns cooperem com os outros, de modo que suas escolhas individuais sejam harmonizadas.

O princípio da mão invisível é de difícil compreensão para muitas pessoas, porque há uma tendência natural para associar a ordem a uma direção central. Seguramente, uma autoridade central deve existir, mas esse não é o caso. O sistema de preços de mercado, refletindo as escolhas de, literalmente, milhares de consumidores, produtores e proprietários de recursos produtivos, dá essa direção. O sistema de preços de mercado funciona tão automaticamente que a maioria das pessoas não percebe a sua importância. Elas simplesmente admitem que os bens que as pessoas valorizam mais serão produzidos, nas quantidades que os consumidores desejam comprá-los.

Talvez uma analogia permita ao leitor melhor compreensão da importância do princípio da mão invisível. Imagine o fluxo de tráfego na Linha Vermelha, nas suas duas direções. Nenhuma autoridade determina qual faixa os motoristas devem utilizar. Nenhuma autoridade lhes diz quando passar da faixa da direita para a do meio, ou desta para a faixa da esquerda. Dadas as leis de trânsito, os motoristas fazem suas próprias escolhas. Entretanto, eles não permanecem todo o tempo em uma mesma faixa. Por quê? Os motoristas estão sempre atentos para a necessidade de ajustamentos e oportunidades que possam ter, para algum ganho pessoal. Quando o tráfego em uma das faixas diminui, em razão de algum congestionamento, alguns motoristas se deslocam para outras faixas e, dessa forma, reduzem o fluxo de tráfego na faixa congestionada, distribuindo esse fluxo entre as diversas faixas. Ainda que um planejamento centralizado esteja ausente, esse processo de ajustamento mútuo entre os motoristas resulta em uma ordem e uma cooperação social. Na realidade, o grau de cooperação é, de modo geral, muito superior àquele que se poderia atingir sob uma coordenação central – se, por exemplo, cada veículo fosse designado para trafegar em uma única faixa.

A participação no mercado tem muita semelhança com a condução de veículo em uma linha expressa. Ao conduzirmos um veículo em uma linha expressa, muitas vezes somos levados a modificar a nossa escolha de faixa e de velocidade, em decorrência de escolhas feitas por outros. Nosso sucesso depende de nossa habilidade em reagir às oportunidades que nos oferecem. Como o volume de tráfego em uma faixa, os lucros e as perdas fornecem informação aos participantes do mercado com relação às vantagens e desvantagens de atividades econômicas alternativas. Perdas indicam que uma atividade econômica está congestionada e, como resultado, os produtores não conseguem cobrir seus custos. Os participantes do mercado que têm sucesso normalmente deslocarão os seus recursos dessas atividades para outras, em que são mais valorizados. Porém, os lucros indicam uma faixa livre. A oportunidade de realizar ganhos direciona recursos produtivos para as atividades cujo preço corrente é relativamente elevado, se comparado aos seus custos. À medida que produtores e ofertantes de recursos produtivos se deslocam das atividades congestionadas para as atividades caracterizadas como aquelas que possibilitam ganho (lucro), eles descongestionam a atividade econômica, facilitando o fluxo de bens, de serviços e de fatores produtivos. O resultado dessa ação espontânea dos indivíduos é uma ordem, embora o planejamento centralizado esteja ausente. Essa coordenação de ações trazida pelo mercado para a atividade econômica, por meio do sistema de preços, é precisamente o que Adam Smith definiu como mão invisível, há mais de 200 anos.

Pré-requisitos para a Eficiência do Mercado

Neste capítulo, focalizamos de que forma funciona uma economia de mercado. A eficiência de uma organização econômica fundada em um mercado livre depende de:

1) o mercado ser competitivo e
2) os direitos de propriedade serem bem-definidos.

A competição, o regulador do mercado, protege tanto compradores quanto vendedores. A presença (ou a possibilidade da entrada) de vendedores independentes de um mesmo produto protege os consumidores da possibilidade de esses vendedores oferecerem seus produtos a preços muito acima do custo de produção. A existência de vários ofertantes de fatores produtivos protege os produtores contra a possibilidade de que um detentor de um recurso vital para o processo produtivo venha a exorbitar nas exigências de compensação pelo uso do seu fator. A existência de oportunidades alternativas de emprego protege os trabalhadores do poder de um único empregador. A competição equaliza o poder de barganha entre compradores e vendedores.

Entender as funções de informar, coordenar e motivar que o mecanismo de mercado exerce em um sistema econômico nos ajuda a ver mais claramente a importância dos direitos de propriedade, assim como dos bens que são atualmente transacionados nos mercados. Os direitos de propriedade forçam os usuários dos recursos produtivos – incluindo seus próprios donos – a suportar os custos de oportunidade de suas ações e impedem que as pessoas se engajem em uma competição destrutiva. Quando os direitos de propriedade são bem-definidos, garantidos e comercializados, os ofertantes de bens e serviços deverão pagar, aos proprietários dos recursos produtivos, seu custo de oportunidade para poder usá-los. Aos produtores não será permitido o uso de recursos produtivos sem a autorização de seus proprietários nem tampouco sem a remuneração devida – isto é, sem que, para atrair tais recursos, os produtores tenham de pagar pelo seu uso o que seus proprietários receberiam no melhor uso alternativo. Nem tampouco lhes será permitido o uso da violência (por exemplo, invadir propriedade alheia) como uma forma de conseguir seus objetivos econômicos.

Olhando à Frente

Embora, neste capítulo, tenhamos utilizado vários exemplos com o modelo de demanda e de oferta, para que você pudesse compreender um pouco mais da sua operacionalidade, tratamos esse modelo apenas superficialmente. O modelo de demanda e de oferta, em suas várias formas diferentes, é uma ferramenta central para a análise econômica. No capítulo seguinte, exploraremos várias aplicações específicas desse modelo. Os problemas que implicam um funcionamento inadequado do mercado serão abordados no Capítulo 6. Assim, nesse capítulo, vamos considerar casos nos quais a mão invisível não funciona tão bem e analisá-los de modo a identificar como o *processo político* opera como uma alternativa para o mercado.

Resumo do Capítulo

- A lei fundamental da demanda estabelece uma relação inversa entre o preço de um bem e a quantidade que os consumidores desejam comprar desse bem. A altura da curva de demanda a qualquer quantidade mostra-nos o preço máximo que os consumidores estão dispostos a pagar por uma unidade adicional.
- O grau de sensibilidade dos consumidores na compra de um bem com relação a uma mudança no seu preço está associado à inclinação da curva de demanda. Em geral, quanto mais (menos) sensíveis forem os compradores a uma mudança no preço, mais horizontal (vertical) será a curva de demanda.

- ☐ Um movimento ao longo de uma curva de demanda caracteriza uma mudança na quantidade demandada. A um deslocamento de toda a curva de demanda, denominamos *mudança na demanda.* Uma mudança na quantidade demandada é causada, tudo o mais constante, apenas por mudança no preço do bem. Uma mudança na demanda pode ser causada por fatores como: mudança na renda do consumidor ou mudança nos preços de bens associados, no consumo, ao bem considerado.
- ☐ O custo de oportunidade de se produzir um bem é igual ao custo de se desviarem os recursos produtivos, necessários para a produção desse bem, de outros usos alternativos. O lucro indica que o produtor aumentou o valor dos recursos usados na produção, enquanto o prejuízo indica que o produtor reduziu o valor de tais recursos.
- ☐ A lei da oferta estabelece uma relação direta entre o preço de um bem e sua quantidade oferecida. Um aumento no preço de um bem induz as firmas estabelecidas no mercado a expandir seu produto, assim como atrai novas firmas para operar nesse mercado.
- ☐ Uma mudança no preço de um bem provoca uma mudança na quantidade oferecida, tudo o mais constante, isto é, um movimento ao longo da mesma curva de oferta. Uma mudança na oferta é um deslocamento da curva de oferta provocado por vários fatores, como: variação no preço de recursos produtivos ou melhoria tecnológica.
- ☐ A sensibilidade do ofertante a uma mudança no preço de venda do bem está associada à inclinação da curva de oferta. Quanto maior a alteração na quantidade oferecida em resposta a uma mudança no preço de venda do bem, maior a elasticidade da curva de oferta (mais horizontal). As curvas de oferta da maioria dos produtos são mais elásticas no longo que no curto prazo.
- ☐ Os preços de mercado administram as forças conflitantes de demanda e de oferta. Há uma tendência para os preços promoverem automaticamente o equilíbrio entre a quantidade demandada e a quantidade oferecida.
- ☐ O excedente do consumidor representa um ganho líquido que os compradores têm pela existência do mercado, enquanto o excedente do produtor representa o ganho líquido que produtores e proprietários de recursos auferem pela existência do mercado. Um mercado competitivo e em equilíbrio maximiza esses ganhos. Esse fato é conhecido como *eficiência econômica.*
- ☐ As mudanças nos preços de um bem decorrem de mudanças nas condições de demanda e/ou de oferta. Uma expansão (redução) na demanda provocará uma elevação (queda) no preço do bem, e a quantidade oferecida aumentará (diminuirá). Um aumento (redução) na oferta provocará uma queda (elevação) no preço, e a quantidade demandada aumentará (diminuirá).
- ☐ Os preços de mercado informam, coordenam as ações de compradores e vendedores e provêem a estrutura de incentivos que motiva os agentes econômicos em suas ações. Como Adam Smith observou, há muito tempo, os preços de mercado, de modo geral, harmonizam os interesses pessoais dos indivíduos com o bem-estar geral (o princípio da mão invisível). A eficiência do sistema de preços depende: (1) das condições de competitividade no mercado e (2) de um sistema bem-definido de direitos de propriedade privada.

QUESTÕES DE ANÁLISE CRÍTICA

1. Quais dos eventos a seguir aumentarão a demanda corrente por carne bovina:
   a) um aumento no preço da carne de porco
   b) um aumento na renda
   c) um aumento no preço da ração animal
   d) uma safra de milho muito boa
   e) um aumento no preço da carne bovina
2. O que é mantido constante ao longo da curva de demanda de um produto específico (como, por exemplo, sapatos, maçãs)? Explique por que a curva de demanda de um bem tem uma inclinação negativa, da esquerda para a direita.
3. O que é a lei da oferta? Para os produtos listados a seguir, quais não satisfazem a lei da oferta?
   a) gasolina
   b) cola nos exames
   c) favores políticos
   d) serviços médicos especializados
   e) crianças
   f) divórcio
   g) serviços de padre

   Explique sua resposta em cada um dos casos.
4. As enchentes no início do ano 2000 afetaram de forma drástica as culturas do sul do país, em particular as de trigo, milho e soja. Indique o impacto esperado decorrente dessas enchentes para:
   a) o preço da ração animal
   b) o preço da carne bovina
   c) o preço da carne bovina em 2001
5. O que é mantido constante quando se constrói uma curva de oferta? Explique por que a curva de oferta está presente.
6. Defina excedente do consumidor e excedente do produtor. Qual é o significado de eficiência econômica e como esse conceito se relaciona com os excedentes do consumidor e do produtor?
7. "O futuro de nossa indústria não pode ser deixado ao acaso. Alguém precisa desenvolver a noção de quais indústrias são vencedoras e quais são perdedoras." Essa afirmação está correta? Quem é esse "alguém"?
8. Qual é a condição necessária para o equilíbrio de curto prazo em um mercado como de sapatos ou pão? Que condições adicionais se fazem necessárias para o equilíbrio

de longo prazo nesses mercados? Explique o porquê dessas condições adicionais para o equilíbrio de longo prazo.

9. "A produção deve ser para as pessoas e não para o lucro." À luz dessa afirmação, responda às questões a seguir:
   a) Se a produção de determinado bem é lucrativa, as pessoas estão sendo ajudadas ou prejudicadas? Explique.
   b) As pessoas se beneficiam mais da produção de bens que geram prejuízo ou da produção de bens que promovem lucro?
   c) Há, de fato, um conflito entre a produção para as pessoas e a produção para o lucro?

10. O que é custo de oportunidade na produção de um bem qualquer? O que ele nos informa a respeito do valor dos outros bens que poderiam ser produzidos com os recursos usados na produção do referido bem? Nesse contexto, defina lucro e prejuízo.

11. Se um mercado de camisas está inicialmente em equilíbrio, de que forma um aumento inesperado da demanda por camisas influencia os itens a seguir?
    a) o preço das camisas
    b) a quantidade de camisas produzidas no curto prazo
    c) o lucro na indústria de camisas
    d) a quantidade de capital investido na indústria de camisas
    e) a produção total na indústria de camisas no longo prazo

    Construa diagramas para ilustrar suas respostas.

12. Suponha que uma seca destrua metade da safra de trigo na França. Qual é o impacto esperado dessa seca sobre o preço de mercado do trigo, nesse país?

13. Quais bens serão produzidos em uma economia de mercado? O que determina se um produto será produzido ou não? Como os recursos produtivos serão combinados e que métodos de produção e formas de organização de negócios serão usados na produção de bens e serviços em uma economia de mercado competitiva? Para quem a economia de mercado produz os diversos bens?

14. Enuncie o princípio da mão invisível. É necessário, sob esse princípio, que as pessoas tenham boas intenções para que suas ações sejam benéficas aos outros? Quais são as condições necessárias para que o princípio da mão invisível funcione? Por que essas condições são importantes?

15. O Pão de Açúcar, no Rio de Janeiro, só pode ser acessado por meio de bondinhos. No Pão de Açúcar, há um restaurante que possui uma bela vista e, por isso mesmo, atrai muitos turistas. Para ir ao restaurante, é necessário pagar a passagem do bondinho. Suponha que essa passagem custe R$ 30 por pessoa. De modo a promover seu restaurante, os concessionários adotaram a seguinte estratégia: descontar a pas-

sagem do bondinho da conta dos clientes. Explique de que forma essa estratégia afetará:

a) a demanda por alimentação, no restaurante do Pão de Açúcar
b) o preço e a quantidade de alimento servido no restaurante

16. "Os economistas afirmam com veemência que, quando o preço dos bens sobe, os produtores oferecem mais no mercado. No ano passado, entretanto, o preço das laranjas estava realmente elevado, e havia pouca oferta dessa fruta. Os economistas estão errados!" Comente o que há de errado com essa forma de pensar.

17. "Os economistas sempre argumentam que, quando os preços estão baixos, isso produzirá uma oferta menor. No entanto, há exceções a essa regra. Por exemplo, em 1970, uma calculadora eletrônica, de dez dígitos, era vendida por US$ 100. Em 1995, o preço dessa mesma calculadora caiu para menos de US$ 15. Ainda assim, as firmas produziram e venderam cinco vezes mais calculadoras, em 1985, que em 1970. Preços mais baixos não resultaram em menor produção ou em um declínio do número de calculadoras oferecidas." Comente o que há de errado com essa forma de pensar.

18. Qual é o papel do tempo no processo de ajustamento no mercado? Explique por que a resposta, tanto dos consumidores como dos produtores, a uma mudança no preço será maior quanto maior for o prazo considerado.

4 Oferta e Demanda: Aplicações e Extensões

A divisão do trabalho, da qual muitas vantagens são derivadas, não é originalmente o resultado da sabedoria humana, que prevê e procura a opulência geral a que ela conduz. Ela é a conseqüência necessária, ainda que lenta e gradual, de uma certa propensão da natureza humana...; a propensão a barganhar, negociar e trocar uma coisa por outra.

Adam Smith[1]

As nações, por acaso, descobrem instituições que são, na realidade, resultados da ação humana, porém não da execução de qualquer desígnio humano.

Adam Ferguson[2]

FOCO DO CAPÍTULO

- Salários, taxas de juros e taxas de câmbio podem ser analisados com o uso do modelo de oferta e de demanda?
- O que acontece quando os preços são fixados por lei, acima ou abaixo do preço de equilíbrio de mercado?
- Como o controle de aluguéis afeta a manutenção e a qualidade das residências de aluguel?
- Como um salário mínimo afeta as oportunidades de emprego dos trabalhadores menos qualificados?
- O que são "mercados negros"? Como a falta de uma estrutura legal bem-definida afeta suas operações?
- Como a introdução de um imposto afeta um mercado? O que determina a incidência do imposto entre compradores e vendedores?
- O que é a curva de Laffer? O que ela significa, em termos da relação entre a alíquota dos impostos e a receita tributária?

---

1. Adam Smith, *An inquiry into the nature and causes of the wealth of nations.* Nova York: Modern Library, 1937, p.13.
2. Adam Ferguson, *An essay on the history of civil society.* Londres, 1767, p. 187.

Os mercados estão por toda parte. Eles existem de muitas maneiras diferentes e em graus de sofisticação diferentes. Na escola primária, as crianças trocam figurinhas; nos domicílios, as pessoas trocam tarefas ("eu limpo o banheiro, se você limpar a cozinha"); nas esquinas, as pessoas compram e vendem drogas ilegais ou entradas para o futebol ou, ainda, para *shows*; na bolsa de valores, indivíduos que nunca se encontraram trocam, a cada dia, ações de sociedades anônimas e outros ativos financeiros que valem milhões de reais. Mesmo em uma economia como a da antiga União Soviética, baseada em planejamento central, mercados negros estavam presentes e os indivíduos compravam e vendiam bens a preços de mercado.

Os mercados existirão, independentemente de serem legais ou ilegais, formais ou informais. Por quê? Trocar com outros indivíduos faz parte do comportamento humano natural e existirá, a despeito das condições legais e sociais. Como Adam Smith escreveu há mais de 200 anos (ver a citação no início deste capítulo), as pessoas têm uma propensão natural "para barganhar, negociar e trocar uma coisa por outra". Todos nós desejamos melhorar o nosso padrão de vida e reconhecemos que trocar com outros indivíduos é a principal maneira de chegar a esse fim. Sempre onde as pessoas trocam, repetidamente, há um mercado. Os mercados são resultado da ação humana, não dos desígnios humanos, como Adam Ferguson destacou.[3]

No capítulo anterior, vimos como os preços de mercado determinados pela oferta e pela demanda funcionam como uma mão invisível, coordenando as ações de compradores e vendedores. Neste capítulo, vamos explorar algumas aplicações e extensões importantes do modelo de oferta e de demanda. Iniciaremos analisando taxas de juros, salários e taxas de câmbio, dentro do contexto de oferta e de demanda. A seguir, discutiremos vários tipos de intervenção governamental e os seus efeitos sobre o funcionamento dos mercados.

---

3. Grande parte do trabalho de Friedrich Hayek, Prêmio Nobel de Economia, versa sobre esse ponto.

Salários, Taxas de Juros e Taxas de Câmbio

Como Julieta diz a Romeu, na peça *Romeu e Julieta*, Ato II, Cena 2, de William Shakespeare: "O que há em um nome? Se designarmos rosa por qualquer outro nome, ela exalará o mesmo doce perfume". Em diferentes mercados, às vezes, utilizamos nomes diferentes para *preço*. O preço do trabalho é geralmente chamado *taxa de salário*, ou simplesmente *salário*. O termo *taxa de juros* é usado para nos referirmos ao preço pago pelos tomadores de empréstimos ou recebido pelos emprestadores de fundos financeiros. Ao preço de uma moeda em relação a outra, denominamos *taxa de câmbio*. A despeito de seus diferentes nomes, todos são preços. Assim, ao analisarmos esses mercados, esses nomes especiais serão medidos ao longo do eixo vertical (eixo dos preços) no diagrama de oferta e de demanda. Em alguns casos, nomes especiais também são dados à quantidade transacionada no mercado. No mercado de trabalho, o número de trabalhadores empregados, ou o número de horas trabalhadas por todas essas pessoas empregadas, é designado *emprego* e não *quantidade*. Embora os nomes tenham mudado, as forças de oferta e demanda, bem como o funcionamento do sistema de preços, permanecem os mesmos.

A Ligação entre o Mercado de Trabalho e o Mercado de Produto

O processo produtivo geralmente envolve: a) a compra de recursos – tais como matérias-primas, serviços de trabalho, ferramentas e serviços de máquinas e equipamentos; b) a transformação desses recursos em produtos (bens e serviços) e c) a venda de bens e serviços no mercado de produtos. A produção é, de modo geral, organizada por meio de uma firma. Tipicamente, as firmas de negócios demandam recursos – serviços de trabalho e matérias-primas, por exemplo –, enquanto as famílias os oferecem. As firmas demandam recursos porque eles contribuem para a produção de bens e serviços. Por sua vez, as famílias oferecem esses recursos para ganhar renda.

> **Mercado de recursos**
>
> Mercado de insumos matérias-primas e fatores de produção – usados na produção de bens e serviços.

Nos **mercados de recursos**, as curvas de demanda são, em geral, decrescentes, da esquerda para a direita, e as de oferta são ascendentes, como nos mercados de bens e serviços. Há uma relação inversa entre o preço e a quantidade demandada de um recurso, porque os produtores, em geral, podem substituir um recurso por outro, segundo seus preços (usando mais o recurso que ficou mais barato) e dentro das possibilidades que as técnicas de produção permitem. Quanto mais alto for o preço de um recurso, tudo o mais constante, menos ele será utilizado na produção de um bem. No entanto, *coeteris paribus*, há uma relação direta entre a quantidade oferecida de determinado recurso e seu preço. O aumento no preço de um recurso – por exemplo, os serviços de um metalúrgico – estimulará seus proprietários a elevar a quantidade oferecida desse recurso. Pessoas capacitadas que possivelmente estivessem ocupadas em outras atividades, porque o preço (salário) do trabalho de metalúrgico era baixo, passariam a considerar a possibilidade de trabalhar como metalúrgicos, se o pagamento por esses serviços aumentasse.

Exatamente como no mercado de bens de consumo, os preços coordenam as escolhas das firmas e das famílias no mercado de recursos produtivos. Haverá uma tendência para que o preço de cada recurso varie na direção do preço de equilíbrio, para o qual a quantidade oferecida de cada recurso pelas famílias (proprietárias de todos os recursos) é exatamente igual à quantidade demandada de cada recurso pelas firmas.

Como o aumento no preço de um recurso afetará o mercado de bens e serviços que o emprega? Um aumento no preço de um recurso produtivo elevará o custo de oportunidade de produção do bem que o usa. O custo mais alto reduzirá a oferta e aumentará o preço do produto no mercado. *Os mercados de produto e de recursos produtivos estão intimamente ligados. Mudanças em um desses mercados alteram as condições prevalecentes no outro.* A Figura 4.1 ilustra esse ponto para o caso do (recurso) fator de produção trabalho.

Os salários dos marceneiros estão crescendo em alguns mercados, especialmente no da construção civil, onde esses oficiais preferem trabalhar como carpinteiros de forma porque ganham mais. Esse fato está representado na parte *a* da Figura 4.1, em que uma redução na oferta de marceneiros, representada pelo deslocamento da curva de oferta para cima (de S_1 para S_2), provoca um aumento em sua remuneração diária (de R$ 48,50 para R$ 57,50). A maior remuneração desses profissionais aumentará o custo de oportunidade de produção de armários embutidos, que requer o uso de marceneiros. Assim, como podemos ver na parte *b* da figura, o maior custo de oportunidade

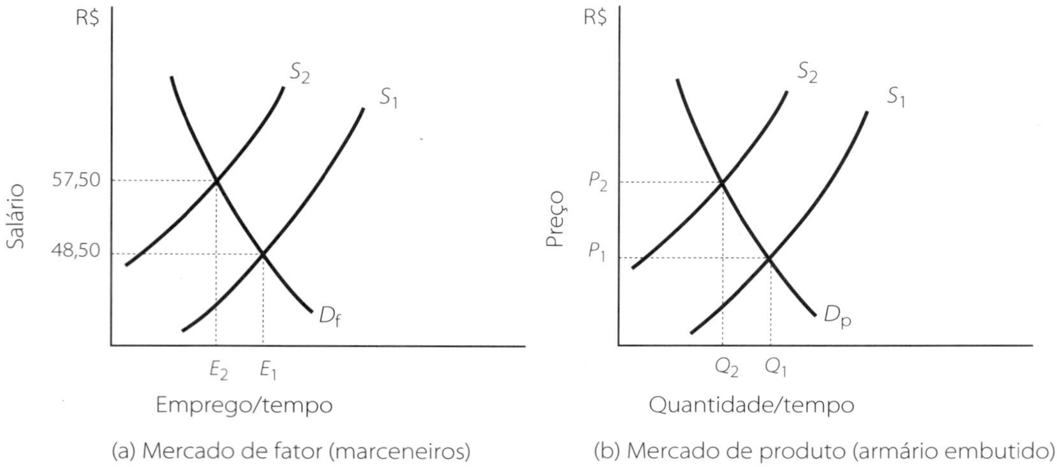

Figura 4.1 Preço de fator e custo de oportunidade de produção.

Suponha que uma redução na oferta de marceneiros provoque alta nos seus salários na indústria de armários embutidos (*a*). No mercado de produto (*b*), salários mais elevados provocarão um aumento no custo de oportunidade das fábricas de armários, causando uma redução na sua oferta (de S_1 para S_2) e gerando um preço mais elevado para os armários embutidos.

de produção de armários embutidos reduz a oferta desse bem, isto é, desloca a curva de oferta para a esquerda (de S_1 para S_2), aumentando o preço dos armários e reduzindo sua quantidade.

Há uma estreita ligação entre a demanda por um produto e a demanda pelos recursos produtivos usados em sua produção. Um aumento na demanda de um bem de consumo – um automóvel, por exemplo –, produzido a custos crescentes, provocará uma elevação no preço dos automóveis. Essa elevação de preço produzirá um aumento na lucratividade dos produtores de automóveis, que, por isso mesmo, têm um estímulo para aumentar sua produção. Para isso, os fabricantes de automóveis precisam de mais recursos, tais como aço, borracha, plástico e mais horas de trabalho de metalúrgicos. Há, portanto, um aumento na demanda pelos recursos necessários para que a produção de automóveis seja aumentada. Se esses recursos são oferecidos a custos crescentes, seus preços aumentarão. À medida que os preços desses insumos crescem, outras atividades, que possivelmente não ficaram mais lucrativas como a de produção de automóveis, economizarão no uso desses recursos, liberando-os para que sejam utilizados na produção de mais automóveis.

Certamente, uma queda no preço de um fator provocará, no mercado do bem que o usa na produção, um efeito similar ao da alta, porém no sentido contrário. Uma redução no preço de um fator de produção diminuirá os custos e aumentará a oferta (deslocará a curva de oferta para a direita) do bem de consumo (ou serviço) que o usa em sua produção. O aumento de oferta acarretará uma queda no preço de mercado do bem ou do serviço.

Mercado Financeiro e as Taxas de Juros

Mercado financeiro

É uma designação genérica para descrever um conjunto de mercados que coordenam as ações de empréstimo e de tomada de empréstimo pelas empresas e pelas famílias. Bancos comerciais, associações de poupança e empréstimo, bolsas de valores e mercado de títulos, bem como companhias de seguros, são importantes instituições financeiras nesse mercado.

O **mercado financeiro** é altamente diversificado. Bancos, companhias de seguro, corretoras e distribuidoras (intermediários) ligam os desejos dos tomadores de recursos financeiros aos emprestadores desses recursos. Depósitos bancários, títulos e fundos mútuos de aplicações são importantes instrumentos financeiros nesse mercado. No mercado financeiro, os tomadores de empréstimos – aqueles agentes econômicos que precisam de fundos financeiros hoje – comprometem-se a pagá-los no futuro com um prêmio. Entretanto, é exatamente esse prêmio que atrai os ofertantes de recursos financeiros, que não precisam, necessariamente, deles hoje. Como chamamos a atenção anteriormente, a taxa de juros é exatamente esse prêmio, isto é, a taxa de juros é o preço dos recursos emprestados. Para manter nossas considerações em um nível bem simples, vamos admitir que só exista uma única taxa de juros. No mundo real, certamente há muitas taxas de juros. As taxas de juros dependem de muitos fatores, sendo os principais deles o risco e o prazo da aplicação.

As curvas de demanda e de oferta nesse mercado têm formatos similares aos das curves de qualquer outro mercado. Como a parte *a* da Figura 4.2 ilustra, mais fundos financeiros serão tomados emprestados a baixas taxas de juros. Uma taxa de juros baixa torna mais barata, para os consumidores, a compra de bens financiados e estimula os empreendedores a realizar mais investimentos. Assim, os agentes econômicos tomarão mais recursos financeiros emprestados a baixas taxas de juros e, por causa disso, a curva de demanda por empréstimos ou por recursos financeiros tem uma inclinação negativa, sendo decrescente, da esquerda para a direita. No entanto, baixas taxas de juros tornam menos atraente a atividade de poupar e, conseqüentemente, de emprestar. Desse modo, a curva de oferta de recursos (financeiros) emprestáveis tem a sua inclinação positiva, sendo crescente, da esquerda para a direita, e indicando uma relação direta entre o volume de recursos a ser emprestado e a taxa de juros.

No mercado financeiro, o preço – a taxa de juros, nesse caso – coordena as ações tanto de tomadores de empréstimo quanto de emprestadores, da mesma forma que, em qualquer outro mercado, os preços coordenam as ações de compradores e de vendedores. Como a parte *a* da Figura 4.2 mostra, a taxa de juros r_1 fará que os recursos financeiros a serem emprestados sejam iguais aos recursos financeiros que se deseja tomar emprestados. A taxas de juros superiores a r_1, os emprestadores gostariam de emprestar

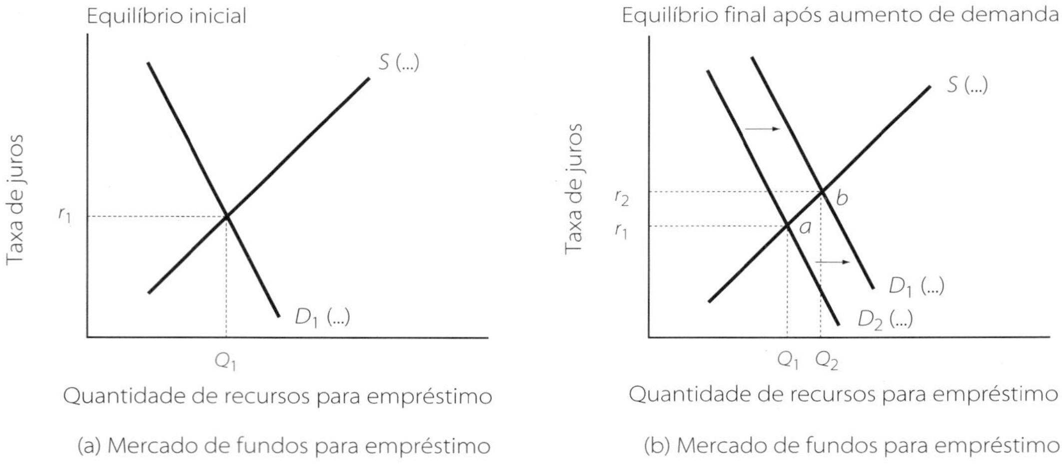

Figura 4.2 Aumento na demanda por empréstimos.

A taxa de juros iguala a quantidade de fundos desejados pelos tomadores de empréstimos à quantidade de fundos que os emprestadores estão dispostos a oferecer (parte *a*). Um aumento na demanda por empréstimos provocará uma elevação na taxa de juros, *coeteris paribus*, de r_1 para r_2 (parte *b*). A taxa de juros mais elevada estimula os poupadores a oferecer mais fundos para empréstimos.

mais e, por isso, teriam de poupar mais hoje. Entretanto, os tomadores de empréstimos estariam dispostos a se endividar em um nível menor. Assim, a taxas de juros superiores a r_1, a oferta de fundos supera a demanda por fundos. Esse excesso de oferta de fundos para empréstimos produz uma pressão para uma queda na taxa de juros, gerando uma tendência para a volta ao equilíbrio no mercado. Se a taxa de juros é inferior a r_1, a quantidade de fundos financeiros demandada excede a quantidade oferecida, gerando, portanto, uma pressão de alta nas taxas de juros. Dessa maneira, as forças de mercado direcionam a taxa de juros para seu nível de equilíbrio –, em nosso exemplo, r_1, isto é, a taxa que harmoniza os desejos de tomar emprestado com os desejos de emprestar.[4]

A taxa de juros é de vital importância em uma economia, porque liga os preços dos bens hoje com os seus preços no futuro. A taxa de juros, em sua essência, é o preço que se deve pagar para se antecipar a disponibilidade de fundos financeiros. Esse preço relativo – o custo de se gastar hoje em relação a se gastar no futuro – é central para as decisões, tanto das famílias quanto dos homens de negócios. Você deve comprar um carro agora ou esperar o próximo ano? Você deve reduzir o seu consumo e poupar mais hoje? A taxa de juros nos ajuda a avaliar tais escolhas. Um aumento na taxa de juros hoje tornará mais caro para as famílias comprar um carro, uma casa ou sair de férias ou, ainda, adquirir qualquer outro bem hoje, porque a espera até o próximo ano ou até outro momento no futuro vai lhes render uma taxa de juros elevada. A taxa de juros é o principal determinante de como as famílias alocam as suas rendas entre o consumo presente de bens e serviços e a poupança que representa, na realidade, o consumo futuro.

A taxa de juros é também central para os empreendedores nas suas decisões de investir nos mercados. A qualquer momento no tempo, há, literalmente, milhões de projetos de investimento em potencial que podem ser adotados por qualquer empreendedor. Entretanto, empreendedores que buscam sucesso desejarão adotar projetos cujo retorno esperado seja, pelo menos, igual à taxa de juros. Se o retorno de um projeto fosse inferior à taxa de juros, o investidor em potencial faria melhor negócio simplesmente colocando os seus recursos em uma caderneta de poupança ou comprando títulos. A taxa de juros, para os homens de negócios, nada mais é que o custo de oportunidade dos seus fundos financeiros. Desse modo, a taxa de juros é o incentivo que os faz economizar recursos financeiros e, portanto, alocá-los nos projetos cujo retorno esperado seja o maior possível. Essa é uma função extremamente importante para uma economia em crescimento, em que os agentes econômicos procuram extrair o máximo de seus recursos.

A taxa de juros responde às mudanças das condições de mercado. Suponha que os homens de negócios fiquem mais otimistas em relação ao futuro, em particular sobre a

4. A expectativa de inflação influenciará a taxa nominal de juros no mercado. Esse tópico será discutido adiante, em outro capítulo. No momento, quando mencionarmos mudanças nas taxas de juros, estaremos nos referindo a mudanças após os ajustes devidos à inflação. Alternativamente, é como se não houvesse inflação.

demanda de seus produtos. Com a expectativa de aumento na demanda futura, os empresários gostariam de elevar sua capacidade produtiva para obter um ganho maior. Como isso aumentará a demanda por fundos e afetará a taxa de juros de mercado? Como descreve a parte *b* da Figura 4.2, o deslocamento na demanda por fundos financeiros elevará a taxa de juros de r_1 para r_2. Contudo, a elevação na taxa de juros encoraja as famílias a aumentar suas poupanças (movimento ao longo da curva de oferta de fundos emprestáveis, do ponto *a* para o ponto *b*). À medida que a taxa aumenta, isso também desencoraja alguns investidores a assumir projetos adicionais – aqueles projetos que não serão rentáveis a taxas de juros tão elevadas, como agora. Essa combinação de fatores – aumento da poupança e redução no desejo de tomar emprestado para financiar projetos marginais – conduzirá o mercado de recursos financeiros a um novo equilíbrio, mas a uma taxa de juros mais elevada.

Alternativamente, vamos considerar como o mercado responderia a mudanças na oferta. Suponha que a reforma da previdência social adote, para o caso brasileiro, o sistema de capitalização, no qual cada trabalhador define quanto quer poupar da sua renda atual e escolhe qual empresa cuidará da sua poupança. Esses recursos são registrados em seu nome e acumulados para que, ao aposentar-se, o trabalhador possa viver dos rendimentos desse fundo. Note que, no atual sistema, consideramos parte dos recursos, que hoje transferimos para o governo, como um tributo, porque, ao *contribuir* para o INSS, já antecipamos que os serviços que receberemos de volta serão precários. Dessa maneira, com a reforma, há, na realidade, um aumento de poupança na sociedade, ainda que os trabalhadores escolham contribuir com o mesmo percentual com que hoje contribuem para o INSS. Além disso, esses recursos não serão canalizados mais para o governo, mas para o mercado de fundos financeiros. Essa reforma do sistema de previdência provocará um aumento na poupança e, conseqüentemente, na oferta de fundos financeiros para empréstimo. Esse aumento na oferta deslocará a curva de oferta de recursos financeiros para empréstimos para a direita, reduzindo, *coeteris paribus,* a taxa de juros. Com a queda na taxa de juros, os homens de negócios estarão dispostos a tomar mais recursos emprestados para executar projetos que, a essa menor taxa de juros, se tornaram rentáveis. Entretanto, as famílias percebem que não é tão caro comprar habitação, carros ou outros bens financiados. O resultado é que, a uma taxa de juros de mercado menor, tanto os homens de negócios quanto as famílias estarão dispostos a tomar mais empréstimos e, dessa forma, absorverão a poupança adicional.

Mercado de Câmbio

O que leva brasileiros, residentes no País, a demandar moeda estrangeira? A primeira idéia que nos vem à mente é uma viagem ao exterior. No Brasil, a moeda corrente é o real que, por não ser livremente conversível, não é aceito em muitos países. Assim, se um brasileiro deseja viajar ao exterior, ele precisará adquirir moedas do país (ou países) que pretende visitar. O mesmo ocorre com os estrangeiros que, ao chegar ao aqui, convertem suas moedas em reais, por meio do **mercado de câmbio**.

> **Mercado de câmbio**
>
> É o mercado no qual moedas de diferentes países são compradas e vendidas.

Embora intuitiva, a idéia de que os brasileiros demandam moeda estrangeira, com o único propósito de viajar ao exterior, não esgota a necessidade que temos de moedas estrangeiras. O Brasil mantém relações comerciais com muitos países. As relações comerciais implicam compra e venda de bens e serviços. O Brasil também mantém relações financeiras com vários países, e essas transações financeiras são registradas aqui em reais, embora originalmente possam ter sido concebidas em outra moeda. Empreendedores podem investir no exterior, como, de fato, vem acontecendo com as grandes empreiteiras. Do mesmo modo, empreendedores estrangeiros podem decidir investir no país. Todas essas relações comerciais, financeiras ou de investimento implicam a necessidade de que o estrangeiro adquira moeda do país de quem ele compra ou onde deseja investir.

Assim, turistas brasileiros que viajam para o exterior, importadores que adquirem bens no exterior, mutuários cujos empréstimos foram contraídos no exterior e que remetem juros e amortizações de seus débitos, empresas estrangeiras instaladas no país que enviam *royalties* e lucros aos seus acionistas no exterior, todos esses são residentes no Brasil que demandam moeda estrangeira. Por simplicidade, vamos tratá-los com o nome genérico de *importadores*. Dessa forma, os importadores residentes no Brasil são os que demandam moeda estrangeira.

Se há uma demanda por moeda estrangeira no mercado interno, alguém utilizará recursos produtivos e tempo para oferecer a moeda desejada. Quem pode oferecer moeda estrangeira no Brasil? Quem as tem ou quem as recebeu como pagamento da venda de um produto ou um serviço. Para descobrirmos quem são esses agentes econômicos, basta inverter a visão dos agentes econômicos que aqui demandam moeda estrangeira.

O turista brasileiro que vai ao exterior demanda moeda estrangeira; entretanto, o turista estrangeiro que vem ao Brasil tem a moeda estrangeira e está disposto a adquirir reais. Por quê? Porque os seus pagamentos no país só podem ser feitos em reais. Assim como os importadores brasileiros demandam moeda estrangeira para adquirir bens e serviços no exterior, os importadores de produtos brasileiros, no exterior, oferecem moeda estrangeira em troca de nossos produtos. Entretanto, o exportador brasileiro, isto é, quem vende o produto brasileiro ao exterior, nada pode fazer no Brasil com a moeda estrangeira. Para cumprir seus compromissos domésticos, isto é, pagar empregados, comprar materia-prima etc., o exportador terá de oferecer essa moeda estrangeira em troca de reais.

Se, no entanto, os devedores em moeda estrangeira, no Brasil, demandam essa moeda para amortizar seus empréstimos e pagar juros, no momento em que o empréstimo é contraído, o mutuário recebe moeda estrangeira. Vimos que a tomada de empréstimos decorre da necessidade de se anteciparem recursos financeiros. Logo, quem toma empréstimos deseja utilizar os recursos. Desse modo, ao receber a moeda estrangeira, esse mutuário necessita trocá-la por reais para cumprir seus compromissos financeiros no país. Empreendedores que venham fazer novos investimentos aqui precisam trocar sua moeda estrangeira por reais, pois, de outra forma, não poderão comprar máquinas e equipamentos nem pagar salários no Brasil.

Adotaremos algumas hipóteses de trabalho, de modo a simplificar o mercado de moeda estrangeira que vamos discutir. Nossas hipóteses em nada prejudicarão a nossa capacidade de análise e compreensão do fenômeno aqui estudado. Entretanto, tornarão mais simples a compreensão do funcionamento do mercado de câmbio. Suponha que a única moeda estrangeira a ser transacionada seja o dólar norte-americano e que identifiquemos, por simplicidade, todos os brasileiros que desejam comprar dólares como importadores. Observe que o turista brasileiro que viaja a outro país compra dólares, para gastá-los no exterior, assim como os *importadores* os compram para pagar as mercadorias compradas lá fora. De forma similar, identifiquemos todos os ofertantes de dólares no Brasil como *exportadores*. Note que, ao vender seus produtos no exterior, o exportador recebe dólares, que não podem ser usados para a liquidação de dívidas ou pagamentos no país e, portanto, devem ser convertidos em reais. Do mesmo modo, o turista estrangeiro que tem dólares no bolso precisa transformá-los em reais para fazer suas compras e cobrir seus gastos de estada no Brasil.

Com importadores e exportadores definimos o nosso mercado por dólares. Supondo que esse mercado funcione livremente, representamos na Figura 4.3 como o preço, isto é, a taxa de câmbio entre o real e o dólar, é determinado. Como em todo mercado, temos um preço e uma quantidade transacionada. A questão agora é compreender o que é a quantidade em um mercado de câmbio. No eixo horizontal, na parte *a* da Figura 4.3, colocamos o volume total de dólares transacionados, ou seja, a quantidade a que nos referimos nesse mercado. Assim, no mercado de câmbio no Brasil, compradores pagam seu preço, isto é, a taxa de câmbio (R$/US$) para adquirir certa quantidade de dólares. Como em qualquer mercado, quanto maior o preço do dólar, menos os importadores (os demandantes de dólares) comprarão da moeda estrangeira. De forma similar, quanto maior o preço do dólar, mais os ofertantes dessa moeda estarão dispostos a oferecê-la no mercado. Lembre-se de que os ofertantes nada mais são que os nossos exportadores.

Por que quanto maior a taxa de câmbio, menor a quantidade demandada de dólares? O que interessa para os importadores é o quanto eles pagam em reais pelo bem adquirido no exterior. O preço do produto importado em reais é igual ao preço do produto em dólares, multiplicado pela taxa de câmbio. Suponha que o preço do dólar no mercado interno seja de R$ 1,50/US$. Essa é a taxa de câmbio do dólar no mercado brasileiro. Considere um produto importado cujo preço unitário seja US$ 10. Abstraindo-se a existência de custos de transporte e de impostos, esse produto terá um preço de R$ 15 ($1,5 \times 10$). É intuitivo que, se o preço desse produto aumenta em dólares, os importadores comprarão menos, porque o produto ficou mais caro.

Outra forma de encarecer o produto em reais é aumentar a taxa de câmbio, isto é, a quantidade de reais que o importador tem de pagar para adquirir US$ 1. Considere, por exemplo, que na situação inicial o preço do produto seja de US\$ 10 a unidade e que seja aumentado em 10%, isto é, o preço passa para US\$ 11. Esse mesmo produto terá um preço de R\$ 16,50 (1,5 × 11). Tal resultado poderia ser obtido com o aumento no preço do dólar, isto é, uma desvalorização do real, com relação ao dólar, também de 10%. Ao mesmo preço de US\$ 10 a unidade, com o aumento de 10% no preço do dólar, a taxa de câmbio passaria de R\$ 1,50 para R\$ 1,65. O preço passaria para R\$ 16,50 (1,65 × 10). Assim, do ponto de vista do importador, um aumento no preço do produto em dólares equivale a um menor poder de compra dos reais, isto é, a uma desvalorização cambial do real em relação ao dólar. Por esse motivo, a demanda por dólares é negativamente inclinada, como representado na parte *a* da Figura 4.3.

Considere agora a oferta de dólares, isto é, as exportações de produtos e serviços brasileiros para o exterior. Um aumento no preço de um produto brasileiro no exterior estimula o exportador a vender mais no exterior, isto é, eleva a oferta de dólares no mercado brasileiro. Isso ocorre porque, vendendo mais no exterior, o exportador terá mais dólares para vender no mercado de câmbio interno. De forma similar, uma desvalorização do real, isto é, um aumento no preço do dólar, estimula o exportador brasileiro a vender mais no exterior. Para os exportadores, bem como para os importadores, os preços em reais são obtidos multiplicando-se a taxa de câmbio pelo preço em dólares.

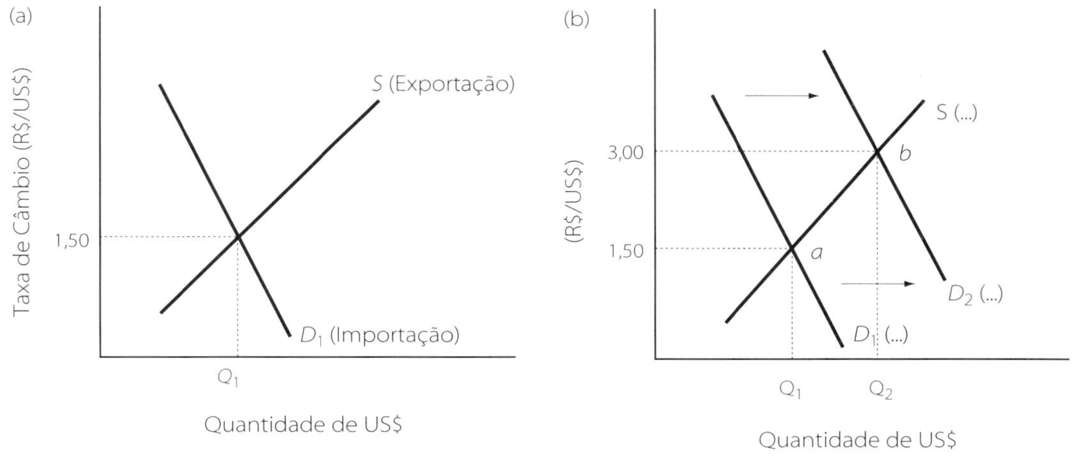

Figura 4.3 Aumento da demanda por moeda estrangeira.

Inicialmente, com o preço do dólar em R\$ 1,50, o mercado de câmbio está em equilíbrio com Q_1 dólares comprados e vendidos no mercado (parte *a*). Com o aumento da demanda por microcomputadores norte-americanos, a demanda por dólares aumenta. Como resultado, o novo equilíbrio no mercado de câmbio da moeda norte-americana se dá a uma taxa de câmbio de R\$ 3 por dólar, e a quantidade transacionada aumenta para Q_2, em virtude do aumento das exportações, estimuladas pela desvalorização do real.

Assim, um aumento na taxa de câmbio ou no preço do produto em dólares, no exterior, provocam um aumento no preço do produto em reais. Um aumento no preço do dólar no mercado de câmbio brasileiro, isto é, uma desvalorização do real em relação ao dólar, produzirá um aumento nas exportações e, conseqüentemente, maior quantidade de dólares a ser oferecida no mercado de câmbio no país.

Na parte *a* da Figura 4.3, representamos o equilíbrio do mercado de dólares no Brasil a uma taxa de câmbio de R$ 1,50 por dólar. A essa taxa de câmbio, o equilíbrio de demanda e oferta de dólares ocorre a um total de dólares transacionados representado por Q_1. Suponha agora que os brasileiros, por uma razão qualquer, desejem comprar mais computadores produzidos nos Estados Unidos. Como isso afetará a taxa de câmbio do real em relação ao dólar? Uma vez que a compra de computadores norte-americanos gera uma demanda por dólares, o aumento na demanda por computadores deslocará a demanda por dólares no Brasil, como representado na parte *b* da Figura 4.3. Esse aumento de demanda produzirá uma elevação na taxa de câmbio para, digamos, R$ 3. Ainda que o preço dos computadores nos Estados Unidos não tenha variado, o aumento da demanda por dólares e a conseqüente desvalorização cambial fazem que a importação desse produto fique mais cara, de modo que a quantidade comprada, embora maior que a anterior, seja menor que aquela que seria comprada, caso não houvesse desvalorização do real. Nesse caso específico, a quantidade de dólares comprada passa de Q_1 para Q_2. Note que, se, entretanto, a demanda por dólares aumentou, a desvalorização cambial induz um aumento nas exportações brasileiras, de modo a gerar a quantidade de dólares necessários para satisfazer o aumento de demanda. É importante observar que o aumento das exportações ocorre ao longo da mesma curva de oferta de dólares, porque a nossa hipótese é de que apenas a demanda por computadores aumentou. Nada de novo ocorreu no mercado exportador brasileiro. Dessa forma, o ajustamento se dá ao longo da mesma curva de oferta de dólares, isto é, a passagem do ponto *a* para o ponto *b* na parte *b* da Figura 4.3.

Vimos que, com a desvalorização cambial, há um estímulo para o aumento das exportações brasileiras que financiará o aumento das importações decorrente do desejo dos brasileiros de importar mais computadores dos Estados Unidos. Entretanto, com a desvalorização cambial, todos os produtos norte-americanos ficam mais caros para os brasileiros, uma vez que cada dólar custa agora duas vezes mais do que custava antes. Assim, um produto para o qual se pagava R$ 100 custará agora R$ 200. Esse aumento no preço dos importáveis é que ajusta a quantidade demandada de dólares ao nível de Q_2 e não superior a ele.

Mudanças na taxa de câmbio são de vital importância, porque afetam os preços de todos os bens e serviços e também dos ativos, que são transacionados no mercado internacional. Elas também informam aos empreendedores e aos agentes econômicos que pode ser um bom negócio comparar preços de compra e custos de produção entre os vários países. De onde o importador deve trazer computadores: do México, da Tailândia, dos Estados

Unidos ou de que outro país? Salários para os diversos tipos de qualidade de mão-de-obra muito provavelmente são mais baixos no México e na Tailândia do que nos Estados Unidos. Entretanto, há outras desvantagens de comprar produtos de países mais distantes ou que tenham custos de transação mais elevados. Outro elemento importante é o risco de quebra de contrato e a dificuldade de garantir direitos de propriedade. Todos esses elementos são considerados na escolha do fornecedor de um produto importado. A taxa de câmbio ajuda os agentes econômicos a analisar vantagens e desvantagens associadas tanto a custos quanto a outros tipos de dificuldades. Adiante, voltaremos a explorar o mercado de câmbio, introduzindo outros elementos. Um elemento importante é a possibilidade de ação do governo, por meio do Banco Central, a qual, por simplicidade, desconsideramos no momento.

Mostramos como os preços de mercado, no caso de salários, taxa de juros e taxa de câmbio, coordenam as ações de compradores e vendedores. O que aconteceria se os preços fossem fixados abaixo ou acima do equilíbrio de mercado? Vamos considerar agora esse tipo de questão.

A Economia do Controle de Preços

Os compradores, de modo geral, consideram os preços elevados, enquanto os vendedores estão sempre reclamando que os preços estão baixos. Descontentes com os preços estabelecidos pelas forças de mercado, as pessoas podem achar que seria melhor que o governo os fixasse. Fixar, congelar ou tabelar preços parece-nos uma saída simples. Entretanto, é bom não esquecer os chamados efeitos secundários.

Controle de preços implica, por meio de um constrangimento legal, o estabelecimento de um preço acima do qual os vendedores não podem comercializar – há, portanto, um teto para os preços – ou, alternativamente, abaixo do qual não é possível nenhuma transação – há, portanto, um piso para os preços. O tabelamento de preços, como entendido no Brasil, é a fixação de preços em um nível máximo, isto é, acima do qual nenhuma transação pode ser efetivada. Assim entendido, o tabelamento de preços é um procedimento inteiramente distinto da imposição de *tabelas de preço* usadas nas práticas de comercialização de certos bens. O controle de preços, quando efetivo – isto é, quando imposto em um nível diferente do preço de mercado –, alterará o funcionamento do mercado.

O controle de preços é, ainda hoje, uma prática muito comum. Preços máximos são geralmente fixados com o propósito de proteger os consumidores, garantindo-lhes acesso a um bem cujo preço não pode ser superior a determinado valor. Preços mínimos são fixados com o objetivo de proteger produtores, garantindo-lhes um ganho mínimo em sua atividade produtiva, impedindo a queda do preço de seu produto abaixo de um valor fixado. A fixação de um salário mínimo inclui-se na categoria de preço mínimo.

Preço Teto

Em 1986, o Brasil passou por uma experiência drástica de tabelamento, com a implantação, em 28 de fevereiro, do chamado Plano Cruzado. Todos os preços foram congelados no nível do dia 28, sendo permitida variação para baixo. Aleatoriamente, produtos tiveram seu preço tabelado abaixo ou acima do preço de mercado.

Preço teto

É o preço máximo que os vendedores podem cobrar pelo bem para o qual o governo fixou o preço.

Escassez

Situação na qual a quantidade oferecida de um bem é menor que a quantidade demandada desse bem, ao preço corrente. Um aumento de preços tende a eliminar a escassez.

A Figura 4.4 ilustra o impacto da fixação de um **preço teto** para um bem, abaixo do preço de equilíbrio de mercado. É claro que a simples fixação de um preço e a conseqüente comercialização do produto a esse preço não o tornam preço de equilíbrio de mercado. Note que, no instante da fixação do preço, passará a haver no mercado um excesso de demanda, ou uma **escassez** do produto. Essa escassez ($Q_D - Q_S$, na figura) decorre do fato de que, ao preço tabelado, os consumidores desejarão comprar muito mais do que os vendedores estarão dispostos a vender. O primeiro problema imposto pelo tabelamento é como racionar a pequena quantidade oferecida entre os consumidores ansiosos por comprar o bem a um preço tão baixo.

O preço tabelado para o feijão preto, no Rio de Janeiro, era Cz$ 28.[5] A esse preço, havia um grande excesso de demanda, facilmente identificado pelas longas filas de compradores que se formavam ao longo de todo o dia, nos supermercados. Fila, como vimos anteriormente, não é uma forma de racionamento tão eficiente quanto o preço, e as pessoas sabem disso. Dessa forma, nem todos que os consumiam feijão preto no Rio de Janeiro pagavam os parcos Cz$ 28 por quilo. Pessoas sem emprego, com baixo custo de oportunidade de uso de seu tempo, por exemplo, idosos e crianças, passavam todo o dia nas filas, comprando feijão para revendê-lo a um preço médio de Cz$ 70 o quilo. Era de conhecimento geral que os vendedores tinham sistemas de atendimento especial para clientes preferenciais, como restaurantes e pensões. Nesse caso, o racionamento se dava por discriminação. Para outros produtos, por meio de uma negociação de preço com o vendedor, era possível comprar a quantidade desejada, pagando um prêmio, isto é, um adicional ao preço tabelado. Em maio daquele ano, legalmente, o tabelamento continuava, mas havia um consenso na sociedade de que o tabelamento era inócuo e custoso. Oficialmente, o tabelamento só viria a acabar após as eleições municipais de novembro de 1986.

---

5. Cz$ era a representação da nova unidade monetária, o cruzado, introduzido pelo plano de estabilização que adotou seu nome.

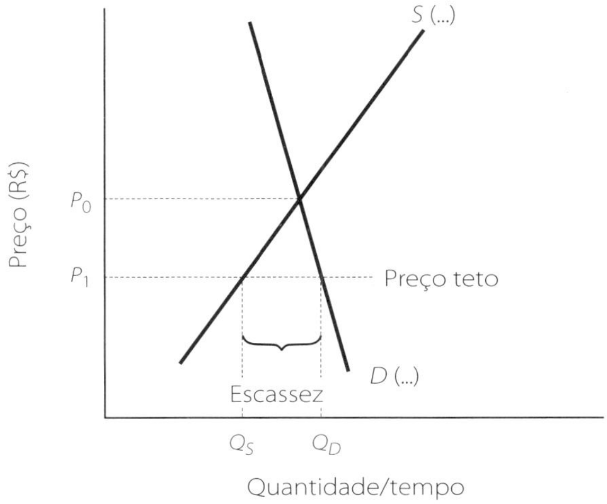

Figura 4.4 Impacto da imposição de um preço teto.

Quando o preço tabelado for fixado abaixo do preço de mercado, haverá uma escassez do produto. Na figura, os preços não podem ser superiores a P_1. A esse preço, a quantidade demandada excede a quantidade oferecida. O excesso de demanda fará que os instrumentos de competição, que não o preço, favoreçam os vendedores.

Além de todos os inconvenientes que uma fixação de preço abaixo do equilíbrio provoca para o funcionamento do mercado hoje, ela gera um desestímulo aos vendedores em relação à produção futura do bem. Menos recursos produtivos serão direcionados para a produção do bem, simplesmente porque há melhores oportunidades de lucro em outras atividades. Perdurando o tabelamento, com o passar do tempo a situação se agravará ainda mais, pois os produtores poderão deslocar seus recursos produtivos para outras atividades.

A impossibilidade de um ajuste à realidade por meio dos preços, em decorrência do tabelamento, tem gerado outros mecanismos, que não o de preços, para os agentes econômicos se adaptarem. *No mundo real, os produtores têm duas formas de fazer o preço de um bem aumentar. A primeira é simplesmente elevar seu preço em unidades monetárias, mantendo constante a quantidade do produto. A segunda é manter constante o preço nominal do produto e reduzir sua quantidade.* O controle de preços pelo governo durante anos fez que, no Brasil, um litro de óleo de cozinha tenha 900 ml, que uma caixa de fósforos, que, em média, tinha 45 palitos, tenha 40, que um pão francês de 50 g tenha 45 g, que uma garrafa de 750 ml tenha 600 ml. Impedidos de usar o processo mais transparente de aumento de preços, os vendedores são obrigados, pelo tabelamento, a se valer de mecanismos indiretos que implicam redução de quantidade ou de qualidade do bem. Todas as tentativas de revogar a lei da oferta e da procura acabam gerando ineficiências no sistema econômico, sem que o objetivo da intervenção seja atingido (como podemos ver claramente no exemplo apresentado no quadro "Mitos em Economia").

É importante destacar que a escassez provocada – isto é, um excesso de demanda artificialmente mantido pela impossibilidade de ajuste de preço – não se refere ao problema da escassez. É fato que não podemos escapar do problema da escassez; só administrá-lo da melhor maneira possível, por meio do sistema de mercado livre. *O excesso de demanda permanente (a escassez provocada), no entanto, pode ser evitado, se os preços são liberados para promover o ajuste de mercado.* Um preço livre de qualquer controle extramercado (P_0 e não P_1, como na Figura 4.4) produzirá: (1) um estímulo para um aumento de produção; (2) uma redução no consumo do bem, por desencorajar as compras pelos consumidores; (3) um racionamento da quantidade disponível entre os consumidores dispostos a pagar um preço mais elevado. Esses estímulos, que aumentam a produção e reduzem o consumo, acabam por eliminar o excesso de demanda. Entretanto, quando o mecanismo de mercado é impedido de operar, como no caso da fixação de um preço máximo (P_1) para venda ao consumidor, como o preço não pode ser aumentado, o excesso de demanda (escassez artificial) é inevitável. Sua eliminação se dá por meio de mecanismos do tipo: diminuição disfarçada na quantidade, redução de qualidade do produto ou, ainda, pagamentos por fora.

Controle de Aluguel: Um Triste Caso de Preço Teto

Até a Segunda Guerra Mundial, investir em imóveis nas grandes cidades brasileiras era uma das poucas opções de aplicação de poupança familiar, apresentando retorno nominal entre 10% e 15% ao ano, superior à inflação registrada anualmente. Os surtos de industrialização e o crescimento urbano favoreciam esses investimentos. A renda da aposentadoria era garantida pelo rendimento de aluguel do imóvel adquirido ao longo da vida produtiva.

Após a guerra, os processos de industrialização e urbanização se aceleraram, assim como o processo inflacionário. Esse novo quadro urbano produziu um momento de conflito entre locadores e locatários: o reajuste no valor do contrato de aluguel residencial. De modo a disciplinar esses conflitos, o governo criou a Lei do Inquilinato cujo principal objetivo era o de prevenir *a alta desenfreada nos aluguéis.* Paralelamente, o governo procurou desenvolver a construção de habitações, por meio da criação da Fundação da Casa Popular e da adoção de outras medidas que tiveram impacto reduzido sobre o mercado de habitações.

Com a Lei do Inquilinato, os contratos de novas locações continuavam a ser pactuados livremente. A prática de locação residencial estabelecia que o primeiro contrato era de um ano. Entretanto, terminado o contrato, a lei impedia a retomada do imóvel pelo proprietário e estabelecia um percentual de ajuste no valor do aluguel. Por exemplo, pela Lei nº 4.240 de 28 de junho de 1963, os reajustes permitidos variavam segundo o tamanho do imóvel e o período de ocupação pelo locatário. O menor reajuste concedido foi de 5% para os imóveis com menos de 120 m² cujos contratos tivessem sido assinados entre 31 de dezembro de 1961 e 31 de dezembro de 1962. Só para se ter uma idéia da perda de renda dos proprietários, durante esse período, o IPC da cidade do Rio de Janeiro, calculado pela FGV, aumentou em 42,5%! O maior reajuste de aluguel concedido por essa lei foi de 200% – o aluguel original deveria ser multiplicado por 3 – para os contratos firmados até de 31 de dezembro de 1950 cujo imóvel tivesse uma área igual ou superior a 120 m^2. Pelo mesmo IPC, durante o período 1951-1962, os preços na cidade do Rio de Janeiro foram multiplicados por 21,3! Sem dúvida, o controle de aluguéis teve forte impacto sobre o mercado de locação de imóveis, em particular para os destinados à moradia. O controle de aluguéis provoca os resultados descritos a seguir.

1. **A escassez artificial promoverá o desenvolvimento de um mercado negro.** Uma vez que, devido ao controle de aluguéis, a demanda por moradia será superior à oferta, muitas pessoas não conseguirão alugar moradias. Frustradas pela impossibilidade de alugar as habitações desejadas, ainda que dispostas a pagar mais, essas pessoas procurarão encontrar meios de persuadir os proprietários a lhes alugar os imóveis desejados. Algumas pessoas estarão dispostas a pagar o aluguel de vários meses no momento da assinatura do contrato, assim como fazer um depósito de seis meses de aluguel como garantia por possíveis danos ao imóvel. Outras poderão concordar em comprar os móveis da habitação a ser alugada por um valor exorbitante, de modo a conseguir alugar o imóvel desejado. Certamente, algumas pessoas estarão dispostas a efetuar pagamentos *por fora* (mercado negro) para garantir o aluguel barato do imóvel desejado.

2. **A oferta de imóveis de aluguel se reduzirá no futuro.** O valor do aluguel abaixo de seu nível de equilíbrio desencorajará novos empreendimentos habitacionais, em especial, os investimentos em imóveis para aluguel. Os investimentos privados serão direcionados para outros setores, uma vez que a redução artificial dos aluguéis diminui a taxa de retorno em habitações para aluguel. Na cidade do Rio de Janeiro, assim como nas demais cidades importantes do Brasil, a oferta de imóveis para aluguel caiu substancialmente, conforme relatos da época.[6]

3. **A qualidade das habitações para aluguel se deteriorará.** A forma de pensar economicamente sugere que haja duas maneiras de aumentar um preço. A primeira é, simplesmente, aumentar o preço nominal do bem, mantendo sua qualidade. Alternativamente, pode-se reduzir a qualidade do bem, mantendo-se o mesmo preço nominal. Quando os locadores são proibidos de usar a pri-

6. A revista *Conjuntura Econômica* manteve, durante muitos anos, uma seção sobre investimentos imobiliários. Uma consulta aos números dessa revista, referentes aos anos de 1962 a 1964, dará ao leitor a dimensão dos transtornos provocados pelo controle de aluguéis.

meira opção, eles são forçados a usar a segunda. Os serviços de manutenção dos imóveis de aluguel serão reduzidos. O estacionamento para os veículos dos locatários será reduzido ou será permitido por meio de um contrato independente do contrato de aluguel do imóvel. Eventualmente, a qualidade do imóvel de aluguel incorporará os efeitos do controle de aluguel. Moradia barata, baixa qualidade do imóvel.

4. **Instrumentos de racionamento, que não o preço, aumentarão de importância.** Como o preço não pode exercer suas funções no mercado, outras formas de competição se estabelecerão. Impossibilitados de racionar moradia por preço, os locadores utilizarão métodos não-monetários para discriminar seus inquilinos. Eles procurarão alugar seus imóveis para amigos, pessoas de influência ou, ainda, pessoas com um estilo de vida que eles valorizam. Porém, famílias com muitos filhos, com um estilo de vida pouco convencional, de determinada raça ou mesmo religião, terão dificuldades em alugar um imóvel. Como o custo da discriminação, por qualquer motivo, se reduziu pelo controle de aluguel, a discriminação será um instrumento intensivamente usado no processo de seleção dos inquilinos.

5. **Imóveis serão usados ineficientemente.** O locatário de um imóvel, sujeito a controle de aluguel, pensará duas vezes antes de mudar de residência. Por quê? Pela dificuldade de encontrar uma moradia mais adequada às suas necessidades presentes, em decorrência do controle de aluguéis. A mobilidade das pessoas dentro da cidade será reduzida, e cada vez mais os indivíduos estarão habitando em locais incompatíveis com seu desejo de residir em um imóvel de tamanho diferente, mais próximo de áreas de lazer ou do local de trabalho.

6. **Locatários já estabelecidos serão beneficiados à custa dos novos locatários.** As pessoas que residem em um imóvel alugado há algum tempo perceberão, com o passar dos anos, que o aluguel que pagam é bem inferior ao do mercado, em decorrência do controle de aluguéis, que restringe aumentos no valor do aluguel contratado. Assim, os locadores de novas moradias estabelecerão, no presente, um aluguel exorbitante, pois, com o passar do tempo, só poderão reajustá-lo sob as regras do controle. Quanto maior a pressão sobre a oferta de imóveis de aluguel, maior o estímulo para a sublocação. Famílias que por anos viveram em imóveis alugados e sujeitos ao controle eventualmente acumularam poupança para adquirir seu próprio imóvel ou tiveram de mudar de cidade. Entretanto, essas famílias têm um forte estímulo para não entregar o imóvel alugado e para sublocá-lo a terceiros.

O controle de aluguéis não é invenção brasileira. Mais de 200 cidades norte-americanas mantêm um sistema de controle de aluguéis de residências, com o intuito de proteger seus munícipes dos aumentos no custo de moradia. William Tucker relata, em seu livro, muitos exemplos, como o da "atriz Ann Turkel, que pagava US$ 2.350 por mês de aluguel, em um apartamento de sete cômodos no East Side (na cidade de Nova York). Um apartamento idêntico, no mesmo prédio, era sublocado por US$ 6.500".[7] Turkel passava apenas dois meses por ano na cidade de Nova York. "O ex-prefeito de Nova York, Edward Koch, pagava US$ 441,49 de aluguel por mês, por um espaçoso apartamento de um quarto que provavelmente custaria US$ 1.200 em um mercado não regulado. Koch manteve esse apartamento alugado durante seus 12 anos de mandato durante os quais vivia em Gracie Mansion (a residência oficial do prefeito)." Tucker usou esses e muitos outros casos para ilustrar as distorções provocadas pelo sistema de controle de aluguéis.

A imposição do controle de aluguéis pode parecer um método simples para administrar o problema do elevado custo da habitação. Entretanto, a análise das experiências de controle de aluguéis indica claramente que esse preço teto provoca uma série de problemas, como redução da oferta de moradias de aluguel, redução na manutenção dos imóveis alugados e escassez de moradia. Nas palavras do economista sueco Assar Lindbeck: "Em muitos casos, o controle de aluguéis parece ser a mais eficiente técnica, atualmente conhecida, de destruir uma cidade – excluído o bombardeio".[8] Embora essa proposição seja um exagero, Lindbeck tem um pouco de razão.

Preço Piso

Se, contudo, a fixação de um preço teto estabelece um preço máximo a ser pago pelos consumidores, um **preço piso** determina um preço mínimo que pode ser cobrado nas transações. A Figura 4.5 ilustra um exemplo de fixação de um preço piso efetivo, isto é, superior ao preço que prevaleceria no mercado do bem, do fator ou do serviço em questão. A esse preço mais elevado, os ofertantes desejam oferecer uma quantidade superior àquela que equilibraria o mercado, enquanto os compradores desejam uma quantidade inferior a ela. Um excesso de oferta permanente é criado ($Q_S - Q_D$) pela fixação do preço mínimo, geran-

> **Preço piso**
>
> Um preço mínimo imposto legalmente pelo governo para a compra de um bem, serviço ou recurso.

7. William Tucker, *The excluded Americans*. Washington, D.C.: Regney Gateway, 1990, p. 248. Para uma leitura específica sobre controle de aluguéis, ver Walter Block, Rent Controls. In: David Henderson (Ed.). *Fortune Encyclopedia of Economics*. Nova York: Warner Books, 1993.
8. Assar Lindbeck, *The political economy of the new left*. Nova York: Harper and Row, 1972, p. 39.

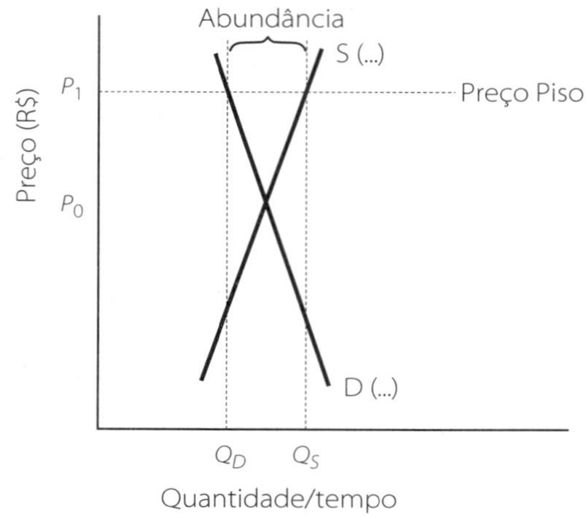

Figura 4.5 Impacto da imposição de um preço piso.

A figura ao lado representa o tabelamento do tipo preço mínimo, isto é, o preço de venda do produto não pode ser inferior a P_1 (preço piso). A esse preço, a quantidade oferecida excede a quantidade demandada. O excesso de oferta fará que os instrumentos de competição que não o preço favoreçam os compradores.

Abundância

Excesso de oferta permanente gerado pela fixação, pelo governo, de um preço mínimo para o bem considerado. Caso o preço pudesse cair, o excesso de oferta seria eliminado.

do **abundância** do produto. Preços mínimos para produtos agrícolas e salário mínimo são exemplos comuns, na economia brasileira, de preços piso. Como se pode prever, outros mecanismos de ajuste, que não o preço, passam a ser largamente utilizados. Os compradores passam a escolher vendedores que lhes ofereçam vantagens ao adquirir o bem ou serviço. Assim, em mercados sujeitos a preço piso, é comum observarmos vendedores concedendo descontos em outros produtos, que eles também comercializam, pela compra do produto sujeito a controle de preço (preço piso). Concessão de crédito ou, ainda, um tratamento preferencial são também artifícios usados pelos vendedores para atrair compradores ao preço piso.

Salário Mínimo: Um Exemplo de Preço Piso

Salário mínimo

Instituído por lei, é o piso salarial no Brasil. Ninguém pode ser empregado por um salário inferior ao mínimo.

Um exemplo mais drástico dos efeitos da imposição de um preço piso é o que ocorre no mercado de trabalho de mão-de-obra não-qualificada sujeito a um **salário mínimo**.[9] Desde 1944, o mercado de trabalho

9. A legislação trabalhista no Brasil procura conceder, por meio de uma série de impostos aplicados ao uso do fator trabalho, comumente chamados encargos sociais, benefícios ao traba-

brasileiro está sujeito a um salário mínimo. A instituição de um salário mínimo tem sido justificada pela proteção que esse salário dá aos trabalhadores menos qualificados, que, sem isso, seriam explorados pelos seus patrões. Infelizmente, tal concepção de proteção aos menos favorecidos tem, na realidade, implicado uma penalidade justamente para o grupo que se pretende proteger.

Nem todos os trabalhadores estão sujeitos ao salário mínimo, uma vez que, no mercado específico de trabalho no qual eles competem, os salários são bem superiores a esse patamar. Em 2000, cerca de 50% dos trabalhadores empregados no Brasil recebiam menos de dois salários mínimos. Essa estatística pode dar-nos uma visão equivocada da importância da distorção gerada pela existência do salário mínimo no Brasil.

Como há muitos trabalhadores que disputam vagas no mercado de trabalho que não exige qualificação, e dado que é nesse mercado que a restrição do salário mínimo se torna mais importante, precisamos qualificar a informação anterior. A remuneração paga pelo empregador é cerca de duas vezes o que o trabalhador recebe, em decorrência de uma legislação trabalhista arcaica. Pela existência de elevados *encargos sociais* (impostos) incidentes sobre a folha salarial, desenvolveu-se, no Brasil, um mercado de trabalho paralelo ao mercado legal, no qual os empregados não são registrados (não têm contrato de trabalho registrado – na linguagem popular, trabalham *sem carteira assinada*). Cerca de 51% dos trabalhadores ocupados no Brasil, em 2000, não tinham qualquer amparo legal, porque seus contratos de trabalho não eram registrados. Naturalmente, nem todas as pessoas consideradas ocupadas são empregados, uma vez que empregadores e trabalhadores autônomos, por definição, não trabalham em regime de contrato estável. De qualquer forma, parece razoável a estimativa de que 50% da força de trabalho brasileira está no mercado informal (negro) de trabalho.

A Figura 4.6 ilustra o efeito da imposição de um salário mínimo efetivo no mercado de trabalho relevante. O excesso de oferta de trabalho resultante da imposição do salário mínimo nada mais é que o desemprego. Ao salário mínimo vigente, essas pessoas gostariam de trabalhar, mas, a essa remuneração, não compensa aos ofertantes de trabalho contratá-las.

Suponha o mercado de trabalho de mão-de-obra não-qualificada e considere, por simplicidade, que não há qualquer imposto nesse mercado. Inicialmente, ao salário de R$ 1,25 por hora, esse mercado de trabalho está em equilíbrio. Com a imposição de um salário mínimo de R$ 1,63 por hora, a remuneração dos trabalhadores empregados aumentará em cerca de 30%. Isso seria muito bom, se esse fosse o único efeito do salário mínimo. Os trabalhadores que mantêm seus empregos se beneficiarão. Note, entretanto,

---

lhador, como planos de aposentadoria e serviços de saúde, oferecidos a custo monetário zero para esse trabalhador e sua família. Além disso, estabelece ainda, segundo preceito constitucional, um salário mínimo. Paralelamente, profissões são regulamentadas no Brasil, de modo a conceder, a profissionais de determinadas categorias, privilégios exclusivos àqueles classificados nessas categorias. Nossa preocupação, no momento, é apenas com o salário mínimo.

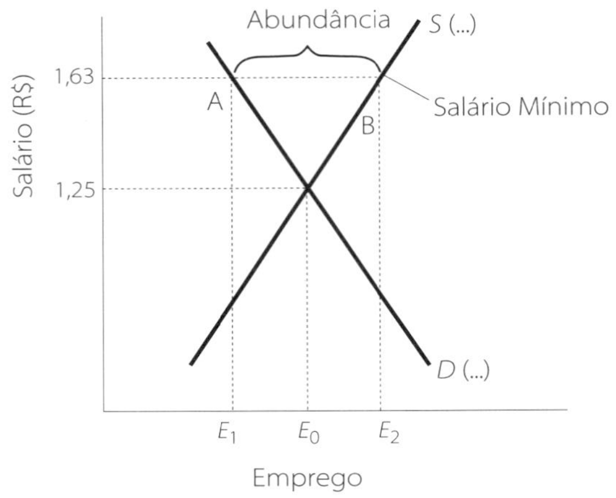

Figura 4.6 Emprego e salário mínimo.

Se ao salário de R$ 1,25 por hora, o mercado de trabalho de mão-de-obra não-qualificada estivesse em equilíbrio, a imposição de um salário mínimo de R$ 1,63 por hora aumentaria a remuneração dos trabalhadores empregados, reduzindo o nível de emprego ($E_0 - E_1$) e frustrando possíveis participantes ($E_2 - E_0$), que não conseguiriam emprego.

que $E_0 - E_1$ dos trabalhadores que estavam empregados perderam seus empregos. Somente assim os que mantiveram seus empregos poderiam receber tal aumento. O drama do desemprego não acaba aí. Com a introdução de um salário mínimo mais elevado que o salário de mercado, como devíamos esperar, mais trabalhadores gostariam de trabalhar a esse novo salário. Esse novo contingente de trabalhadores ($E_2 - E_0$) não conseguirá emprego e se frustrará. O excesso de oferta de trabalho é a medida do desemprego.

Em um período de crescimento econômico, muitas são as oportunidades de emprego, de modo que trabalhadores com pouca ou nenhuma qualificação conseguem colocação devido à dinâmica do processo de crescimento. Todavia, nos períodos de retração econômica, a redução no produto implica, necessariamente, a redução de oportunidades de emprego. A racionalidade, na decisão dos administradores, em um período de recessão, os induz a reduzir emprego, inicialmente, nas atividades para as quais se obtém oferta de trabalho com facilidade. Apenas eventualmente, trabalhadores com treinamento muito específico à empresa serão passíveis de demissão. Isso significa que, em uma recessão, os primeiros cortes com gastos com mão-de-obra estão associados às atividades que utilizam trabalhadores não-qualificados. Desemprega-se, portanto, maior contingente daquele grupo que se procura proteger por meio do salário mínimo.

A existência de um salário mínimo em um período de crescimento econômico contribui muito pouco para proteger o trabalhador sem qualificação. De modo geral, a euforia do crescimento, retratada nas oportunidades de emprego, cria um excesso de demanda por quase todos os tipos de mão-de-obra, tornando inócuo o salário mínimo, na maioria das vezes. Esse foi o caso do Brasil, no período 1968-1973.

Na recessão, dada a necessidade de redução de emprego, o primeiro grupo de trabalhadores a sofrer é justamente o dos não-qualificados. À medida que o processo recessivo se agrava, o desemprego atinge as demais categorias de trabalho, com maiores níveis de qualificação. Com o crescimento do contingente de desempregados, as possíveis oportunidades de emprego que venham a surgir, ainda que para a mão-de-obra não-qualificada, terminarão sendo preenchidas por trabalhadores com mais qualificação que a função exige. Essa é a situação enfrentada pelos trabalhadores brasileiros, no final da década de 1990.

De qualquer modo, a existência de um salário mínimo, caso este seja efetivo, implica, necessariamente, desemprego, isto é, mais pessoas estarão dispostas a trabalhar por esse salário mínimo do que o número de vagas de emprego disponíveis na sociedade.

Note que a abundância de produto provocada por um preço piso (excesso de oferta) não significa que o bem em questão deixou de ser escasso. Ele está sujeito à escassez como qualquer outro. A abundância (excesso de oferta permanente) decorre do preço piso e significa que, *ao preço corrente*, a quantidade oferecida do bem é superior àquela desejada pelos compradores. Se o preço pudesse cair, o excesso de oferta seria eliminado.

TEORIA ECONÔMICA APLICADA

Revogando a lei da oferta e da procura: dois exemplos drásticos

Plano Cruzado

Fevereiro de 1986 é um momento trágico na história recente do Brasil. A instabilidade política decorrente, no ano anterior, da morte do presidente eleito Tancredo Neves e da conseqüente posse do seu vice-presidente José Sarney, estendeu-se durante todo o período constitucional desse governo. O presidente José Sarney herdou um ministério forjado por acordos políticos desenvolvidos pelo candidato Tancredo Neves. O processo inflacionário era vigoroso, e o governo tinha poucas alternativas para combater a alta de preços. Finalmente, em 28 de fevereiro de 1986, o ministro da Fazenda, Dilson Funaro, anunciou um plano de congelamento geral de todos os preços na economia brasileira. O propósito desse congelamento era quebrar as expectativas inflacionárias e, a partir daí, introduzir um plano de estabilização, por meio da contenção da expansão monetária. Infelizmente, o Plano Cruzado ateve-se, única e exclusivamente, ao processo de congelamento. Inicialmente, a euforia foi geral; os chamados "fiscais do Sarney" percorriam as lojas e supermercados das cidades, questionando valores e preços das diversas mercadorias. Muitas prisões foram efetuadas, resultantes de denúncias de aumentos ilegais de preços. As autoridades liam, erradamente, a reação da popu-

TEORIA ECONÔMICA APLICADA

(continuação)

lação. Como as vendas cresciam, as autoridades alardeavam que o plano funcionava: a inflação havia sido debelada e o país crescia. Na realidade, a corrida para as compras apenas indicava que a sabedoria popular se antecipava aos fatos: compre antes que acabe.

Sabemos que os mercados são dinâmicos, isto é, o processo de ajustamento por meio dos preços não se dá instantaneamente. Por isso mesmo, há momentos em que os preços estão acima daqueles que equilibram o mercado ou abaixo do nível de equilíbrio. Assim, se tomarmos uma fotografia de um sistema econômico, em determinado momento, haverá mercados com excesso de demanda, isto é, com preços abaixo do preço de equilíbrio, e mercados com excesso de oferta, ou seja, com preços acima do preço de equilíbrio. Com o congelamento, no dia 28 de fevereiro de 1986, de todos os preços na economia brasileira, era de esperar que em alguns mercados aqueles preços apresentassem excesso de oferta e outros, excesso de demanda. Para os mercados sujeitos a excesso de oferta (em geral, produtos manufaturados não-perecíveis), o processo de ajustamento sob o congelamento foi razoavelmente simples. Os vendedores ofereciam seus produtos com vários descontos de preço, permitindo, dessa forma, uma redução no preço efetivo, embora o preço oficial continuasse sendo o de 28 de fevereiro de 1986. Os empresários não reduziram os seus preços, mas utilizaram o expediente do desconto para evitar que, em um futuro próximo, aumentos de custo exigissem aumentos de preço que não poderiam ser efetivados, em decorrência do congelamento.

Em mercados para os quais havia um excesso de demanda (em geral produtos agrícolas e perecíveis), o processo de ajustamento não poderia dar-se pelo mecanismo de preços. Assim, a forma mais comum de ajustamento era por meio de filas. A aquisição dos produtos, desse modo, exigia dos consumidores não só unidades monetárias para cobrir o preço do bem, mas também tempo para permanecer na fila. Dessa forma pessoas pagavam a outras para que entrassem em filas, a fim de poder adquirir os bens de que necessitavam.

Além dos elevados custos do governo com a importação de produtos agrícolas para a sustentação de preços, o congelamento produziu, efetivamente, no caso brasileiro, um grande atrito entre compradores e vendedores – inexistente quando os mercados estão livres para funcionar. Consumidores, descontentes com os preços que deveriam pagar pelos bens, procuravam as autoridades públicas, denunciando empresários por aumentos ilegais de preços. A máquina burocrática do governo, responsável pelo congelamento, nunca trabalhou tanto. Entretanto, os empresários preferiam reduzir os seus negócios a ter de enfrentar as dificuldades com a burocracia. Tal situação não podia perdurar por muito tempo e, rapidamente, a população brasileira descobriu mecanismos para contornar esse congelamento. Por volta de maio do mesmo ano, o congelamento era praticamente inexistente. Os mecanismos de ajustes criados pelo mercado funcionavam plenamente.

A aquisição de produtos em um mercado paralelo era comum. O pagamento de pessoas para entrar nas filas para comprar bens era a regra. Mas o propósito do governo de manter os índices de inflação baixos estava sendo atingido, porque a coleta de preços era feita a partir dos preços congelados, e não dos preços efetivamente pagos via mecanismos de mercado paralelo.

TEORIA ECONÔMICA APLICADA

(continuação)

Criado para durar poucos meses, o congelamento só acabaria após a eleição de novembro de 1986. O custo para o país, em termos de desorganização do processo produtivo e desinformação dos agentes econômicos, foi fantástico. O ganho efetivo, em termos de estabilidade de preços, foi nulo.

Em janeiro de 1986, o índice de preços ao consumidor (IPCA,) calculado pelo IBGE, atingia a marca de 12,7% naquele mês. Em grande parte, esse aumento de preços decorria da expectativa, que os agentes econômicos tinham de que um congelamento seria efetivado pelo governo. Em dezembro do mesmo ano, a inflação mensal, medida pelo mesmo índice, atingia o nível de 11,6%.

Controle de preços durante o Furacão Hugo*

No outono de 1989, o Furacão Hugo atingiu a costa da Carolina do Sul, causando perdas fantásticas às propriedades e espalhando terror e sofrimento que duraram várias semanas. A falta de eletricidade significava a impossibilidade do funcionamento das bombas de gasolina, dos refrigeradores, das máquinas registradoras, dos caixas automáticos e de todos os equipamentos elétricos. No litoral, região mais atingida, áreas como Charleston enfrentavam dificuldades para atender à demanda dos produtos mais triviais. Faltava madeira para construção, gasolina, gelo, bateria e, principalmente, geradores de energia. As lojas que permaneceram abertas usavam geradores movidos a gasolina. Os bens que começaram a ser trazidos de outros locais para a cidade de Charleston eram vendidos por preços muito superiores àqueles que vigoravam antes do furacão. Para se ter uma idéia, um saco de gelo que antes do furacão era vendido por US$ 1 chegou à marca de US$ 10. Madeira do tipo compensado teve seu preço aumentado para US$ 200 a folha, e a gasolina era vendida a um preço de US$ 10,95 o galão. Pessoas de outros estados alugavam caminhões, compravam suprimentos e iam a Charleston para revendê-los, ganhando dinheiro suficiente para pagar o aluguel do caminhão, cobrir os gastos de compra dos diversos bens e ainda contabilizar um bom lucro, mesmo considerando a perda de seus salários em seus empregos regulares.

Em resposta às reclamações constantes dos moradores de Charleston, o prefeito decretou estado de emergência, impondo uma legislação que tornava crime, punido com até 30 dias de cadeia e mais uma multa de US$ 200 a venda de bens por preços acima daqueles registrados antes da ocorrência do furacão na cidade. A imposição de um limite superior de preço, isto é, um preço teto, manteve os preços baixos, mas também impediu o fluxo de mercadorias para as áreas mais necessitadas. Os transportadores de itens como gelo paravam seus caminhões fora dos limites do condado para evitar o controle de preço e lá vendiam os seus bens. Dessa forma, os suprimentos não chegavam a Charleston, e por isso seus moradores enfrentavam longas filas para a aquisição de qualquer bem. Há indicações de que a compra de determinados bens implicava cerca de cinco horas de permanência na fila. A escassez tornou-se tão grave que o prefeito teve de chamar a Guarda Nacional, para proteger bens e propriedades e manter a ordem durante a chegada de novos suprimentos.

O sistema de controle de preços resultou em má alocação de recursos, o que produziu um custo excessivamente elevado para Charleston. Os supermercados e as mercearias, sem eletrici-

TEORIA ECONÔMICA APLICADA

(continuação)

dade, tiveram uma grande perda com os alimentos que se deterioraram; as bombas de gasolina, embora tivessem o combustível em seus tanques, não podiam operar, por falta de eletricidade. Os consumidores enfrentavam problemas na obtenção de dinheiro, uma vez que os caixas automáticos dos bancos não funcionavam. As lojas especializadas na venda de geradores elétricos não tinham como racionar seu pequeno estoque, em face da grande demanda pelo produto. Isso produziu um efeito desastroso sobre o uso desses geradores. Consumidores mais rápidos acabaram comprando geradores para suas casas, impedindo que bombas de gasolinas, bancos ou lojas os adquirissem. Se não tivessem sido instituídos os controles de preços, os geradores seriam vendidos a quem pagasse o preço mais elevado. Assim, aqueles que valorizassem mais os serviços de um gerador teriam condições de pagar preços mais elevados para tê-los. A possibilidade de importar os produtos demandados de outros locais do país, ainda que a preços mais elevados, reduziria a pressão de demanda e evitaria conflitos.

Embora no caso brasileiro não houvesse um furacão de fato, o Plano Cruzado exerceu o mesmo papel que o Furacão Hugo em Charleston, dado o congelamento de preços. Os efeitos secundários desses dois controles de preços, tanto no caso do Brasil quanto no de Charleston, na Carolina do Sul, destacam a importância da compreensão do funcionamento do mecanismo de preço em uma economia moderna.

* Ver, por exemplo, David N. Leband. In: Hugo's path a man-made disaster. *Wall Street Journal*, p. A22, 27 set., 1989; e Tim Smith, Economists spurn price restrictions, *Greenville News*, 28 set. 1989, p. C 1.

O Mercado Negro e a Importância da Estrutura Legal

Nem todos os mercados operam dentro de uma estrutura legal. Drogas, como maconha e cocaína, são ilegais. A prostituição é ilegal. De acordo com a postura municipal da maioria das cidades brasileiras, é ilegal vender, na rua, ingressos para eventos esportivos ou artísticos a preços superiores àqueles oficialmente cobrados. Nas ruas das grandes cidades, é comum a presença de vendedores ambulantes – denominados, na língua portuguesa, *camelôs*. A despeito das restrições legais, quando há uma forte demanda por bens e serviços e a possibilidade de ganho pelo comércio desses bens se apresenta, os mercados se desenvolvem. O mercado que opera fora do sistema legal, vendendo tanto produtos ilegais quanto produtos a preços ou condições ilegais, é chamado **mercado negro**.

Mercado negro

É o mercado que opera fora do sistema legal, comercializando mercadorias ilegais ou vendendo bens a preços e condições ilegais. O mercado negro, como o mercado de drogas ilegais, é caracterizado pela dificuldade de se constatar a qualidade da mercadoria e pelo intensivo uso de meios violentos na solução de disputas entre compradores e vendedores.

As pessoas, muitas vezes, utilizam o mercado negro para evitar altos impostos ou restrição excessiva decorrente de regulamentação. Os elevados impostos têm sido responsáveis pelo desenvolvimento do mercado negro de cigarros, em países como Inglaterra, Itália, Alemanha e Canadá. No Brasil, cigarros podem ser encontrados em qualquer camelô a preços inferiores aos regularmente vendidos no mercado. As restrições impostas ao mercado de trabalho, por meio de uma legislação de seguridade social, têm promovido o desenvolvimento de um mercado negro de emprego em países como os Estados Unidos. No país, estima-se que mais de 50% da força de trabalho brasileira opere no mercado negro de trabalho que, por pudor ou cinismo, é denominado mercado informal.

Como funciona o mercado negro? Como em qualquer mercado, oferta e demanda determinam o preço no mercado negro. Entretanto, por esse mercado operar à margem da estrutura legal da sociedade em que está inserido, torna-se difícil garantir o cumprimento dos contratos, assim como a qualidade dos produtos e serviços adquiridos. Além disso, a participação no mercado negro envolve um risco maior, principalmente para os vendedores. Os preços nesse mercado têm de ser altos o suficiente para compensar o vendedor pelos custos decorrentes do maior risco que ele assume, tais como a possibilidade de ser preso, sentenciado a pesadas multas ou à cadeia etc. Talvez o mais importante seja o fato de que, no mercado negro, a possibilidade de se recorrer ao sistema judiciário para a solução, de forma pacífica, de questões contenciosas está completamente descartada. Quando, no mercado negro, um comprador ou um vendedor não cumpre sua parte no contrato, é a pessoa lesada que procura fazer valer o seu direito, geralmente por meio de ameaças e de força física.

Quando comparado com os mercados legais, o mercado negro é caracterizado por uma mais alta incidência de produtos defeituosos, altas taxas de lucros (para aqueles que não são presos), assim como intensivo uso de violência.

A freqüência com que ingressos falsos de eventos artísticos ou esportivos são vendidos nas ruas e os danos à saúde (eventualmente, morte) causados pelo uso de produtos também adquiridos nas ruas indicam a presença constante de produtos defeituosos nesse mercado. Naturalmente, há ainda a possibilidade de, comprando um produto no mercado negro, contribuir para o sucesso da criminalidade. Tem-se notícia de que muitos produtos roubados são regularmente comercializados pelos camelôs nas ruas das grandes cidades do Brasil. A ação inocente de um comprador sanciona a lucratividade do roubo. A ação complacente das autoridades públicas transforma o comprador em um cúmplice e aumenta o lucro esperado no mercado negro, pela eliminação do risco de prisão.

Camelô e traficante de drogas são agentes de mercado negro. Evidentemente, as roupas caras e os automóveis luxuosos utilizados pelos traficantes não se comparam à modéstia do camelô, indicando que o lucro monetário decorrente do tráfico é extremamente elevado para aqueles que conseguem evitar confrontos com a lei. O risco com relação à exposição a meios violentos associados a disputas é também maior no mercado de drogas ilegais que no dos camelôs.

O papel importante da violência nos mercados operados fora da estrutura legal pode ser constatado, no dia-a-dia das grandes cidades brasileiras, pelas freqüentes disputas de mercado entre grupos de traficantes. Se você duvida, abra um jornal de grande circulação e comprove. Historicamente, podemos citar como exemplo a experiência norte-americana durante a Lei Seca, que, por estar mais afastada de nós não nos afeta emocionalmente, será usada como exemplo. Quando a produção e a venda de bebidas alcoólicas eram ilegais, nos Estados Unidos (1920-1933), os gângsteres dominavam seu comércio, e a taxa de criminalidade, em especial, o assassinato, atingiu níveis recordes. Havia ainda sérios problemas quanto à qualidade do produto (algumas misturas eram altamente tóxicas), comparáveis aos que observamos hoje no mercado de drogas ilegais. Com o fim da Lei Seca e o restabelecimento do mercado legal de bebidas alcoólicas, esses efeitos secundários negativos desapareceram.

O funcionamento do mercado negro destaca um ponto a que normalmente não damos muita importância por considerarmos como um dado: a existência de um sistema legal que garante os direitos de propriedade e a execução dos contratos, bem como um sistema de administração de justiça que permite a solução de disputas de forma pacífica. Ainda que os mercados floresçam em qualquer ambiente, eles só funcionarão de forma eficiente dentro de um contexto legal. Esse ambiente institucional está ausente no mercado negro e, por isso mesmo, nele observamos mais fraudes e logros, mais quebras de contratos e violência. A análise do mercado negro também nos fornece uma percepção mais acurada das atuais condições na Rússia, assim como na antiga União Soviética. Um sistema legal bem-estruturado está ausente tanto na Rússia de hoje como na extinta União Soviética. Na realidade, os mercados na Rússia de hoje são como mercados negros no Ocidente. E eles funcionam como tais. Fraude, logro e uso da violência são bastante comuns e, do ponto de vista da eficiência econômica, esses mercados têm uma *performance* bastante pobre.

O Impacto de Impostos

> ***Incidência tributária***
>
> A maneira pela qual o custo de um imposto é distribuído entre os agentes econômicos pertinentes (consumidores, produtores, empregadores, empregados etc.). A incidência tributária de um imposto determinado nem sempre recai integralmente sobre o responsável legal pelo recolhimento do tributo aos cofres do governo.

De que forma os impostos afetam o funcionamento dos mercados? Quando a venda de um produto é submetida a um imposto, quem, efetivamente, paga esse imposto? Os economistas usam a expressão **incidência tributária** para indicar como o custo do imposto é distribuído entre compradores (que pagam mais pela sua compra) e vendedores (que recebem menos pela sua venda). Quando um imposto é introduzido no mercado de um bem, o governo pode exigir que compradores ou vendedores sejam legalmente responsáveis por recolher tal imposto. Entretanto, a pessoa que recolhe a receita tributária aos cofres do governo –

isto é, o responsável legal por recolher o imposto – não é sempre aquela que efetivamente incorre no custo do imposto. A incidência tributária pode recair sobre outros. Por exemplo, em um mercado onde o imposto deve ser recolhido pelo vendedor, este pode aumentar o preço do seu produto na venda aos consumidores, e, nesse caso, os compradores acabam também punidos pela existência do imposto.

A Figura 4.7 ilustra de que forma um imposto de R$ 1.000 sobre a venda de carros usados afetaria esse mercado. (Nesse exemplo hipotético, estamos considerando que todos os carros usados são iguais.) Suponha que a lei exija que o vendedor do automóvel seja legalmente responsável pelo recolhimento do imposto aos cofres públicos. Quando um imposto incide legalmente sobre o vendedor, este o adicionará ao seu preço de venda, deslocando a curva de oferta para cima, nesse nosso exemplo, pelos exatos R$ 1.000. Lembre-se de que a altura da curva de oferta para determinada quantidade nos indica o preço mínimo que o vendedor deseja receber para vender essa quantidade. Suponha que você seja o vendedor em potencial e que deseja vender seu carro por R$ 6 mil. Desse modo, a menos que receba R$ 6 mil, você não venderá seu carro. Como você tem de pagar R$ 1.000 de imposto, se de fato vender seu carro, o preço mínimo que você aceitará do comprador deve ser agora R$ 7 mil, uma vez que, após pagar

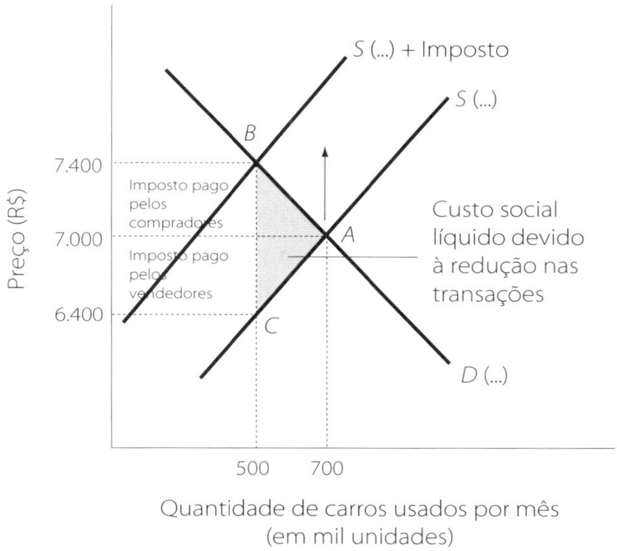

Figura 4.7 Impacto de um imposto específico nas vendas.

Quando um imposto de R$ 1.000 na venda de automóveis usados deve ser recolhido pelo vendedor, a curva de oferta desloca-se verticalmente para cima, no valor do imposto. O preço do carro usado pago pelos compradores sobe de R$ 7 mil para R$ 7.400, implicando um custo de R$ 400 aos compradores, em decorrência do tributo. O preço efetivamente recebido pelo vendedor cai de R$ 7 mil para R$ 6.400 (R$ 7.400 – R$ 1.000 de imposto), implicando um custo de R$ 600 para o vendedor, em razão do tributo.

o imposto, você ficará com os R$ 6 mil desejados. Todos os outros vendedores em potencial estarão em uma situação idêntica à sua. O imposto aumentará em R$ 1.000 o preço mínimo pelo qual cada um dos vendedores estará disposto a vender o seu automóvel. Assim, com a introdução do imposto, a curva de oferta se desloca verticalmente pelo valor do tributo.

Antes do imposto, os carros usados eram vendidos a R$ 7 mil (conforme o ponto A, onde a demanda e a oferta original se interseção). Após a introdução do imposto, o preço dos carros usados subirá para R$ 7.400 (a interseção da nova curva de oferta, que inclui o imposto, com a curva de demanda, como indicado no ponto B). Assim, embora legalmente caiba ao vendedor recolher o imposto, o preço de venda mais elevado transferiu parte do custo desse imposto para os compradores. Um comprador terá de pagar agora R$ 400 a mais para adquirir um carro após a imposição do tributo. O vendedor recebe R$ 7.400 da venda do carro usado, mas, depois de recolher R$ 1.000 de imposto aos cofres do governo, ficará com R$ 6.400. Desse modo, o vendedor ficará com R$ 600 a menos do que ficaria, caso vendesse seu carro antes da imposição do tributo. Como a distância entre as curvas de oferta é exatamente de R$ 1.000, o preço líquido do imposto recebido pelo vendedor pode ser encontrado, conforme a Figura 4.7, marcando-se uma linha vertical do novo ponto de equilíbrio até a curva de oferta original (ponto C) e daí até o eixo dos preços. Nesse caso, cada R$ 1.000 transferidos de receita para o governo impõem um custo de R$ 400 ao comprador (na forma de aumento de preço no carro usado) e de R$ 600 sobre o vendedor (na forma de menor receita obtida pela venda do carro).

A receita tributária desse imposto é igual à **base tributária** (nesse caso, o número de carros comercializados) multiplicada pelo imposto específico. Após a introdução do imposto, a quantidade comercializada de veículos usados cai para 500 mil unidades por mês. Nesse caso, a receita tributária mensal será de R$ 500 milhões (500 mil carros multiplicados por R$ 1.000 de imposto por carro).

> ***Base tributária***
>
> O nível (ou a quantidade) de atividade econômica tributado (por exemplo, litros de gasolina vendidos por semana, valor da compra). Como o imposto torna a atividade menos atrativa, quanto maior o imposto específico, menor a base tributária.

Impostos que recaem sobre bens e serviços são caracterizados como impostos indiretos, uma vez que só indiretamente incidem sobre a remuneração dos fatores (renda) e insumos usados na produção do bem. Impostos diretos são os que incidem sobre a renda gerada por qualquer componente da riqueza (física ou humana). No exemplo que utilizamos até o momento, o imposto é caracterizado por um montante monetário que deve ser recolhido por unidade comercializada. Como o imposto incide sobre a venda de carros usados e, portanto, sobre a venda de um bem, esse é um imposto indireto. Sendo cobrado em um valor fixo de R$ 1.000 por unidade, é um **imposto específico**. Atualmente, os impostos indiretos de natureza específica são muito raros, sendo mais comuns os impostos indiretos do tipo *ad valorem*. Em um imposto

> ***Imposto específico***
>
> Imposto cobrado em unidades monetárias por unidade física de produto ou serviço.

ad valorem, a autoridade determina que certo percentual do valor da transação seja recolhido aos cofres do governo, sob a forma de imposto. Nesse caso, a base tributária é o valor da transação (preço × quantidade), e a **alíquota do imposto** é o percentual a ser aplicado sobre a base tributária, de modo a definir a receita tributária correspondente.

Alíquota do imposto

Taxa percentual a ser aplicada sobre a base tributária, de modo a definir a correspondente receita do governo associada ao tributo em causa. Definida para um imposto *ad valorem*, incide sobre o preço do bem.

A Perda Social Líquida Decorrente de Impostos

Os vendedores gostariam de transferir todo o imposto para os compradores, aumentando o preço de venda de seu produto pelo valor do imposto que lhes é cobrado. Entretanto, quando os preços aumentam, os consumidores passam a comprar menos. As vendas caem e, por isso mesmo, os vendedores têm de diminuir seu preço na direção do preço que prevalecia antes do imposto, aceitando, portanto, parte do custo decorrente da imposição desse novo tributo. Como nos mostra a Figura 4.7, a introdução de um imposto específico de R$ 1.000 por carro usado faz que o número de veículos transacionado caia de 750 mil para 500 mil. Assim, a imposição do imposto reduz a quantidade comercializada em 250 mil unidades. Lembre-se de que uma transação livre resulta de ganhos mútuos para compradores e vendedores. A perda dos benefícios mútuos da compra e venda das 250 mil unidades eliminadas do mercado pela imposição do imposto impõe um custo a compradores e vendedores. Os economistas se referem a essa perda como uma **perda social líquida** decorrente do tributo. Na Figura 4.7, o triângulo A, B, C mede essa perda social líquida. A perda social líquida não produz receita para governo nem ganho para nenhuma das partes envolvidas no mercado. É uma perda imposta a compradores e vendedores acima do custo que eles têm, ao transferir a receita tributária para o governo. Esse custo social líquido, decorrente de um tributo, é, por vezes, identificado como **custo líquido do tributo**. Ele é composto das perdas dos compradores (a perda do excedente do consumidor, representada pela parte superior do triângulo A, B, C) e dos vendedores (a perda do excedente do produtor, representada pela parte inferior do triângulo A, B, C).

Perda social líquida

É a perda de ganhos obtidos pela existência de um mercado resultante da imposição de um tributo nesse mercado. Portanto, é um custo incorrido por compradores e vendedores em um mercado, em adição à receita tributária transferida para o governo.

Custo líquido do tributo

Outro termo para custo social líquido do imposto. Refere-se às perdas que ocorrem em decorrência da diminuição de atividades benéficas, provocada por um tributo.

Quando um imposto é introduzido em bens atualmente produzidos, o custo social imposto aos vendedores inclui os custos indiretos que o tributo impõe aos ofertantes de recursos usados na produção desses bens (tais como trabalhadores). A introdução de impostos sobre bens de luxo, como o que ocorreu com barcos em 1990, nos Estados Unidos, ilustra bem esse ponto. Embora os defensores da introdução de um imposto sobre barcos de luxo quisessem impor uma incidência tributária maior sobre os ricos compradores de iates, seus efeitos foram bastante diferentes. Como resultado da imposição do tributo, as vendas de barcos de luxo caíram vertiginosamente, e milhares de trabalhadores da indústria produtora de iates (estaleiros) perderam seus empregos. Certamente, o imposto sobre barcos reduziu, substancialmente, os ganhos gerados pelos contratos (trocas) entre produtores de barcos e ofertantes de recursos para sua produção. Sem dúvida, o custo social líquido desse imposto foi muito grande. Pela vertiginosa redução nas vendas de barcos de luxo, a receita tributária nesse mercado foi muito baixa. A combinação de um elevado custo social líquido com uma baixa receita tributária do governo promoveu a revogação desse imposto.

Incidência Legal x Efetiva

A análise econômica nos indica que o custo efetivo de um tributo é independente da forma legal pela qual ele é recolhido, isto é, do fato de compradores ou vendedores serem legalmente responsáveis pelo recolhimento aos cofres públicos do tributo em questão. Para vermos isso, precisamos verificar como o mercado responde a um imposto cujo recolhimento seja de responsabilidade dos compradores. Explorando o exemplo anterior, suponha agora que o governo decida que os R$ 1.000 de imposto sobre a compra e venda de carros usados sejam recolhidos pelo comprador, e não mais pelo vendedor. Após adquirir um carro usado, o comprador tem de preencher um Darf no valor de R$ 1.000 e pagá-lo em um banco da rede autorizada. A imposição desse imposto sobre os compradores deslocará a curva de demanda para baixo, no valor do imposto, como demonstrado na Figura 4.8. Isso ocorrerá porque a altura da curva de demanda representa o preço máximo que os compradores estão dispostos a pagar pelo carro. Se um comprador específico deseja e é capaz de pagar R$ 5 mil por um carro, a imposição de R$ 1.000 de imposto significará que agora ele se disporá a pagar apenas R$ 4 mil pelo veículo, porque o custo total para o comprador inclui não só o preço do carro, mas também o imposto.

Como mostra a Figura 4.8, o preço dos carros usados cairá de R$ 7 mil (ponto *A*) para R$ 6.400 (ponto *B*), após a introdução do imposto a ser recolhido pelo comprador. Embora o imposto deva ser recolhido pelo comprador, a conseqüente redução de demanda faz que o preço recebido pelo vendedor caia em R$ 600. Assim, esses R$ 600 representam, uma vez mais, o custo a ser incorrido pelos vendedores em decorrência da imposição do imposto, exatamente como ocorria quando era de sua responsabilidade o recolhimento desse tributo. Do ponto de vista do comprador, o carro é adquirido por um preço de R$ 7.400 (R$ 6.400 pagos ao vendedor, mais R$ 1.000 de imposto pago ao governo). Exatamente como no caso em que a responsabilidade do recolhimento do imposto era do vendedor, o comprador agora paga R$ 400 a mais para adquirir seu carro usado.

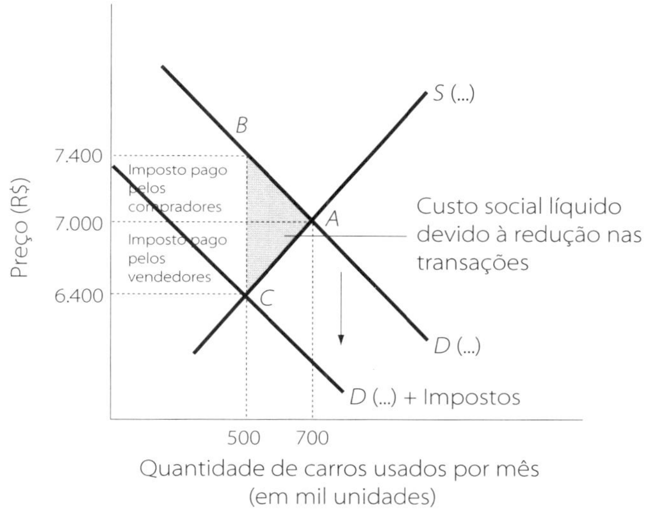

Figura 4.8 Impacto de um imposto específico nas compras.

Quando um imposto específico no valor de R$ 1.000 é aplicado sobre a compra de carros usados, a demanda por esse bem se desloca verticalmente para baixo, no valor do imposto. O preço dos carros usados cai de R$ 7 mil para R$ 6.400, indicando que, para o vendedor de carros, a parte do imposto que lhe cabe é R$ 600. O preço pago pelo comprador aumenta de R$ 7 mil para R$ 7.400, indicando que a incidência do imposto sobre os compradores é R$ 400. A incidência desse imposto sobre os carros usados é a mesma, seja o tributo aplicado, legalmente, sobre vendedores ou compradores.

A comparação entre as Figuras 4.7 e 4.8 deixa claro que a distribuição do custo decorrente da imposição de um imposto de R$ 1.000 independe de quem é legalmente responsável por seu recolhimento. Nos dois casos, os compradores pagam um preço total de R$ 7.400 pelo carro (um incremento de R$ 400 em relação ao preço antes do imposto) e os vendedores recebem R$ 6.400 pela venda (R$ 600 de queda em relação ao preço recebido antes do imposto). Correspondentemente, a receita tributária do governo, a quantidade de vendas eliminadas pela imposição do imposto e o tamanho do custo social líquido são todos idênticos, independentemente de serem compradores ou vendedores os responsáveis pelo recolhimento do tributo.

A equivalência da incidência tributária, independentemente de quem tem a responsabilidade legal de recolher o tributo, é válida para qualquer imposto. Os 30% de imposto recolhidos sobre a folha salarial são um exemplo no qual os agentes econômicos envolvidos são legalmente responsáveis por uma parcela desse imposto. O empregador contribui com 21% da folha salarial, enquanto o empregado, em média, contribui com 9%. O impacto desse imposto é reduzir o pagamento líquido recebido pelos empregados e aumentar para os empregadores o custo de contratar trabalho. A análise econômica nos garante que a incidência desse imposto é bastante diferente da obrigação legal no recolhimento do imposto. A incidência efetiva sobre empregados e empregadores, entretanto, será exatamente a mesma, independentemente dessa obrigação legal. Como os preços de mercado (nesse caso, o salário bruto) se ajustam, a incidência desse imposto será exatamente a mesma, ainda que os empregadores recolham 30% e sejam responsáveis por esses 30% sobre a folha salarial e os empregados não tenham mais responsabilidade legal de pagar nenhuma parcela.

Elasticidade e a Incidência de Imposto

Se a incidência efetiva de um imposto independe de quem é responsável pelo seu recolhimento, o que determina essa incidência? Resposta: a incidência de um imposto depende da sensibilidade de compradores e vendedores a mudanças no preço. Quando compradores são muito sensíveis, mesmo para um pequeno aumento de preço, eles deixam o mercado para comprar outros bens. Isso implica dizer que eles não aceitarão um preço muito maior que o prevalecente antes do imposto. De forma similar, se os vendedores reagem a uma pequena variação no preço que recebem, transferindo seu negócio para outro mercado, isso implica dizer que eles não aceitarão um preço muito abaixo do prevalecente antes do imposto. A incidência do imposto, isto é, seu custo efetivo, tende a recair mais pesadamente sobre aqueles participantes do mercado menos sensíveis a mudanças nos preços.

No capítulo anterior, observamos que a inclinação das curvas de oferta e de demanda reflete o grau de sensibilidade a mudanças nos preços. Curvas de demanda e de oferta mais verticais são relativamente inelásticas, indicando menor sensibilidade a mudanças nos preços. Curvas de demanda e de oferta mais horizontais são relativamente elásticas, indicando maior sensibilidade a mudanças nos preços.

Tomando a gasolina como exemplo: a parte *a* da Figura 4.9 ilustra o impacto de um imposto quando a demanda é relativamente inelástica e a oferta é relativamente elástica. Não é fácil para os consumidores de gasolina – especialmente no curto prazo – mudar para outro combustível em resposta a um aumento do preço da gasolina (teriam de vender seus carros e adquirir outro, movido a álcool ou com menor consumo de combustível). A inelasticidade-preço da demanda reflete esse fato. Quando um imposto de R$ 0,20 incide sobre a gasolina, os compradores acabam pagando R$ 0,15 a mais por litro (R$ 1,15, em vez de R$ 1), enquanto o preço líquido recebido pelo vendedor é apenas R$ 0,05 mais baixo (R$ 0,95, e não R$ 1). *Quando, como no caso da gasolina, a demanda é relativamente inelástica e a oferta, elástica, a incidência maior do imposto é sobre os compradores.*

Em contraste, a maior parte do imposto incidirá sobre os vendedores e, conseqüentemente, sobre os recursos usados na produção do bem, quando a demanda é relativamente elástica e a oferta, inelástica. Tomando o caso do imposto sobre barcos de luxo como exemplo, a parte *b* da Figura 4.9 ilustra esse ponto. Como mencionamos anteriormente, o Congresso norte-americano impôs um imposto sobre barcos de luxo, em 1990. Algum tempo depois, esse imposto foi eliminado pelo seu impacto adverso sobre as

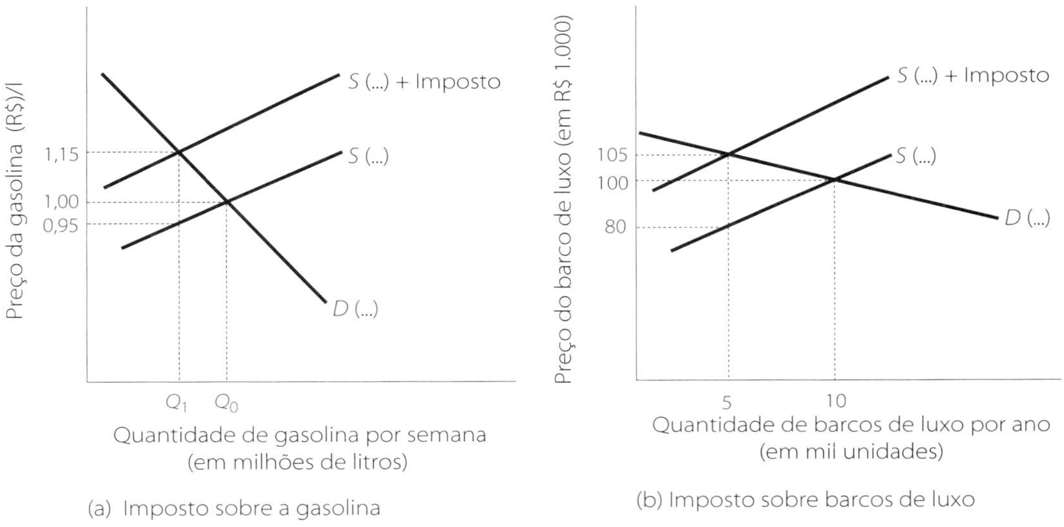

Figura 4.9 Elasticidades-preço e a incidência do imposto.

Na parte *a*, quando a demanda é relativamente mais inelástica que a oferta, os compradores arcam com maior parcela do custo (incidência) do imposto. Se, como na parte *b*, a oferta é relativamente mais inelástica que a demanda, os vendedores arcam com maior parcela do custo (incidência) do imposto.

vendas e sobre o emprego nessa indústria. Há muitas e muitas coisas nas quais os compradores de iate em potencial podem gastar o seu dinheiro. Eles podem, por exemplo, comprar seus iates em outros locais, como no México, na Inglaterra ou nas Bahamas. Alternativamente, eles podem passar mais tempo jogando golfe ou viajando para locais exóticos ou ainda podem comprar um carro melhor ou uma casa maior. Como há muitos substitutos, a demanda por barcos de luxo produzidos domesticamente nos Estados Unidos é relativamente elástica comparada com a oferta. Assim, quando um tributo de US$ 25 mil foi imposto na compra de barcos de luxo, seu preço subiu de apenas US$ 5 mil (de US$ 100 mil para US$ 105 mil) e o total das vendas caiu substancialmente (de 10 mil para 5 mil unidades), o preço líquido recebido pelos vendedores caiu US$ 20 mil. *Quando, como no caso dos barcos de luxo, a demanda é relativamente elástica comparada com a oferta, uma parcela maior do imposto incidirá sobre os vendedores (incluindo os ofertantes de recursos produtivos).*

Elasticidade e o Custo Social do Imposto

Acabamos de verificar de que maneira elasticidades de demanda e de oferta determinam a distribuição da incidência de um imposto entre compradores e vendedores. Essas elasticidades também influenciam o tamanho do custo social líquido provocado pelo imposto, uma vez que determinam a redução na quantidade transacionada. Quando tanto a demanda quanto a oferta são relativamente inelásticas, menos transações serão eliminadas pela imposição do tributo, resultando, portanto, em um custo social líquido pequeno. Do ponto de vista de política pública, o custo líquido do tributo provocado por um sistema tributário será menor quando os impostos incidirem sobre bens e serviços cujas demandas e ofertas sejam muito inelásticas.

Alíquotas, Receita Tributária e Curva de Laffer

Até agora consideramos impostos indiretos e seus efeitos sobre o mercado. Mencionamos que, além dos impostos indiretos, estamos sujeitos a impostos diretos, isto é, a impostos que incidem sobre fonte geradora de renda. Por simplicidade, vamos considerar aqui apenas o imposto sobre a renda como imposto direto. Ao analisar o impacto do imposto de renda, é importante distinguirmos os conceitos de alíquota média e alíquota marginal. A **alíquota média (AM)** pode ser expressa da seguinte forma:

AM = imposto devido/renda tributável

Por exemplo, se o imposto devido por uma pessoa for R$ 3 mil e a sua renda tributável, de R$ 20 mil, a alíquota média da tributação a que essa pessoa está sujeita é 15% (R$ 3 mil/R$ 20 mil). A alíquota média é simplesmente o percentual da renda que é pago como imposto.

No Brasil, o imposto de renda é a maior fonte de receita do governo federal. Nosso sistema de imposto de renda é progressivo. Um **imposto progressivo** é definido como aquele no qual a alíquota média cresce com a renda. Em outras palavras, pessoas com renda mais elevada pagam um percentual maior de sua renda como imposto. Alternativamente, o imposto pode ser proporcional ou regressivo. Um **imposto proporcional** é um tributo no qual a alíquota média é a mesma, para todos os níveis de renda. Nesse caso, todos pagam, como imposto, o mesmo percentual de renda. Finalmente, um **imposto regressivo** é aquele para o qual a alíquota média cai com o aumento da

Alíquota média de imposto (AM)

Imposto a pagar/renda tributável. É o percentual da renda pago como imposto.

Imposto progressivo

Imposto no qual a alíquota média cresce com a renda. Pessoas com rendas mais altas pagam um percentual maior de suas rendas, como imposto.

Imposto proporcional

Imposto no qual a alíquota média é sempre a mesma, para todos os níveis de renda. Todos pagam o mesmo percentual de renda como imposto.

Imposto regressivo

Imposto no qual a alíquota média diminui à medida que a renda aumenta. Pessoas com rendas mais altas pagarão um percentual menor de sua renda como imposto.

renda. Note que um imposto regressivo significa apenas que a alíquota como porcentagem da renda cai à medida que esta cresce; mas a quantidade de reais pagos como imposto pode ser maior para as rendas maiores.

Pensar economicamente implica dar especial atenção ao que acontece na margem. A **alíquota marginal (AMg)** pode ser definida da seguinte forma:

Alíquota marginal de imposto (AMg)

Imposto adicional a pagar/renda adicional. É o percentual de R$ 1 adicional de renda que deve ser pago como imposto. Nas decisões pessoais, a alíquota marginal de imposto é que é relevante.

AMg = variação no imposto devido/variação na renda tributável

A alíquota marginal nos revela quanto da renda adicional deve ser entregue ao coletor de impostos e quanto deve ser retido pelo indivíduo. Por exemplo, se a alíquota marginal for 25%, R$ 25 de todos os R$ 100 adicionais de renda devem ser pagos como imposto. De cada R$ 100 adicionais, é permitido ao indivíduo manter R$ 75. A alíquota marginal de imposto é de vital importância, uma vez que é em resposta ao seu valor que as pessoas considerarão a possibilidade de trabalhar mais para aumentar a sua renda. Quanto maior a alíquota marginal de imposto, menor o incentivo que os indivíduos têm para ganhar mais renda. Para alíquotas marginais muito elevadas, algumas esposas preferirão ficar em casa a trabalhar no mercado formal, enquanto outras decidirão trabalhar menos horas por dia. O Quadro 4.1 ilustra, com informações referentes ao imposto de renda pessoa física de 2000, como se calculam alíquotas médias e marginais para vários exemplos.

Renda tributável	Imposto a pagar	Alíquota média (%)	Alíquota marginal (%)
900	0	0	0
1.000	15	1,50	15
1.100	30	2,75	15
1.200	45	3,75	15
1.400	75	5,36	15
1.800	**135**	**7,50**	**15**
1.900	162,50	8,55	27,50
2.000	190	9,50	27,50
2.100	217,50	10,36	27,50
2.200	245	11,14	27,50
2.400	300	12,50	27,50
2.800	410	14,64	27,50
3.500	602,50	17,21	27,50
5.000	1.015	20,3	27,50

Quadro 4.1 Alíquotas média e marginal no imposto de renda pessoa física

Rendimento tributável mensal (janeiro de 2000)

No Brasil, estamos sujeitos a três alíquotas marginais de imposto de renda pessoa física: 0% para quem ganha, líquidos das deduções permitidas, R$ 900 por mês; 15% para os que recebem renda mensal líquida de R$ 900 a R$ 1.800; 27,5% para quem ganha acima de R$ 1.800.

Os governos impõem tributos para obter receita. A receita tributária auferida a partir de um imposto é igual à base tributária desse imposto multiplicada pela alíquota (ou, no caso de imposto específico, o valor do tributo). Como chamamos a atenção anteriormente, um imposto reduz a atividade econômica na qual sua base tributária é definida. Um postulado básico da economia nos indica que, quando uma atividade é taxada ou tem sua tributação aumentada, as pessoas (compradores e vendedores) procurarão evitar escolher essa atividade. Quanto maior a alíquota do imposto, mais as pessoas procurarão sair dessa atividade para outras. Se os contribuintes puderem evitar facilmente o imposto, alterando seu comportamento (por exemplo, comprando bens substitutos), a base tributária desse imposto se reduzirá significativamente, à medida que sua alíquota aumenta. Essa redução na base tributária, como uma reação dos contribuintes a alíquotas mais elevadas, significa que o aumento de alíquotas promoverá, em geral, um aumento menos que proporcional na receita tributária.

O economista Arthur Laffer popularizou a idéia de que, além de certo limite, um aumento nas alíquotas de um imposto, por reduzir a base tributária, provocará uma queda na receita desse imposto. A representação gráfica da relação entre a alíquota de um imposto e sua receita é, por isso mesmo, chamada **curva de Laffer**. A Figura 4.10 ilustra o conceito da curva de Laffer quando aplicado a atividades geradoras de renda. Naturalmente, a receita tributária será zero (0), se a alíquota do imposto de renda for zero (0). Contudo, se a alíquota do imposto de renda for 100%, isto é, tudo o que ganhamos deve ser pago sob a forma de imposto, a receita tributária também será zero (0) porque, ao se confrontarem com uma alíquota de imposto de 100%, os indivíduos vão preferir se engajar em outras atividades, que não estejam sujeitas à tributação, uma vez que a alíquota de 100% retira, por completo, o estímulo material para que os indivíduos trabalhem em troca de renda tributável.

> ***Curva de Laffer***
>
> Uma curva que ilustra a relação entre a alíquota marginal do imposto de renda e sua receita tributária. A receita tributária será muito baixa, tanto para baixas como para elevadas alíquotas. Assim, quando a alíquota marginal do imposto for muito elevada, sua redução implicará aumento da receita tributária.

À medida que as alíquotas são reduzidas a partir do patamar superior de 100%, o incentivo para trabalhar e ganhar renda passível de tributação aumenta, a renda cresce e a receita tributária se eleva. Do mesmo modo, à medida que as alíquotas crescem a partir do patamar inferior 0, a receita tributária se expande. Claramente, a determinada alíquota maior que 0, mas menor que 100, a receita tributária será maximizada (ponto B, na Figura 4.10). Isso não significa que a alíquota que maximiza a receita tributária seja a melhor ou a ideal. De fato, à medida que as alíquotas são aumentadas e a receita se aproxima do seu ponto máximo (B), faz-se necessário um incremento cada vez maior nas alíquotas do imposto, para que a receita tributária aumente, ainda que por quantidades cada vez menores. Desse modo, nas proximidades do ponto B, os custos líquidos tributários, na forma de redução de ganhos de mercado, serão substanciais. Assim, a alíquota ideal deve ser inferior àquela que maximiza a receita tributária.

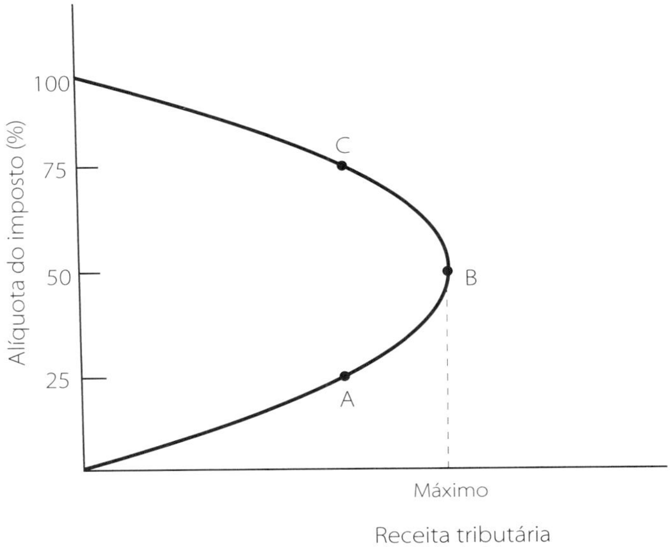

Figura 4.10 Curva de Laffer.

Como os tributos afetam o nível de atividade econômica sujeita à referida tributação, uma mudança na alíquota do imposto não produzirá uma variação proporcional na receita tributária desse imposto. Como a curva de Laffer nos indica, além do ponto *B*, um aumento de alíquota pode provocar uma queda na atual arrecadação. Isso não significa que o ponto *B* seja desejável, uma vez que, para situações próximas a *B*, aumentos de arrecadação são conseguidos com substanciais aumentos na alíquota e, quanto maior a alíquota, maior é a perda provocada pelo imposto.

A curva de Laffer ilustra a importância de se distinguirem mudanças nas alíquotas do imposto das variações na receita tributária. Elevadas alíquotas nem sempre nos conduzirão a maiores receitas para o governo. Do mesmo modo, baixas alíquotas nem sempre implicam baixa receita tributária. Quando altas alíquotas implicam substancial redução da base tributária, essas altas alíquotas gerarão pouca receita adicional. Em caso extremo, a receita tributária pode até declinar, como resposta a um aumento na alíquota do imposto. Do mesmo modo, as alíquotas do imposto podem ser reduzidas, sem que se registre uma significante perda de receita tributária.

É interessante considerarmos a experiência dos Estados Unidos na década de 1980, no contexto da curva de Laffer. Durante a década de 1980, registrou-se uma forte redução na alíquota marginal do imposto para os elevados níveis de renda. A alíquota marginal mais alta foi reduzida de 70%, no início da década, para 33%, ao final da década. Enfocando essa redução significante na alíquota marginal das rendas mais elevadas, os críticos dessa medida afirmavam que a década de 1980 foi um período de bonança para os ricos norte-americanos. Ao analisarmos esse argumento, uma vez mais é importante distinguirmos alíquota de imposto de receita tributária. Sem dúvida, as alíquotas marginais mais elevadas foram radicalmente reduzidas, porém tanto a receita tributária (após o ajuste para a inflação) quanto a participação do imposto de renda pago pelos contribuintes de mais alta renda aumentaram durante a década de 1980. Como o Quadro 4.2 ilustra, a receita tributária real (medida em dólares médios do período 1982-1984) arrecadada de 1% dos contribuintes mais ricos cresceu de US$ 57,6 bilhões, em 1980, para US$ 87,2 bilhões, em 1990 – um incremento de 51,4%. Para os 10% mais ricos, a receita

Quadro 4.2 Efeito da redução da alíquota marginal do imposto de renda da pessoa física sobre a distribuição da carga tributária nos Estados Unidos, na década de 1980.

Medido em dólares médios de 1982/1984, o IRPF pago por 1% e pelos 10% mais ricos aumentou entre 1980 e 1990, embora as alíquotas marginais tenham diminuído. Em contraste, a receita do IR coletada dos demais contribuintes não se modificou (quadro superior). A receita recolhida de 1% e dos 10% mais ricos aumentou durante a década, enquanto a receita obtida dos demais contribuintes diminuiu (quadro inferior).

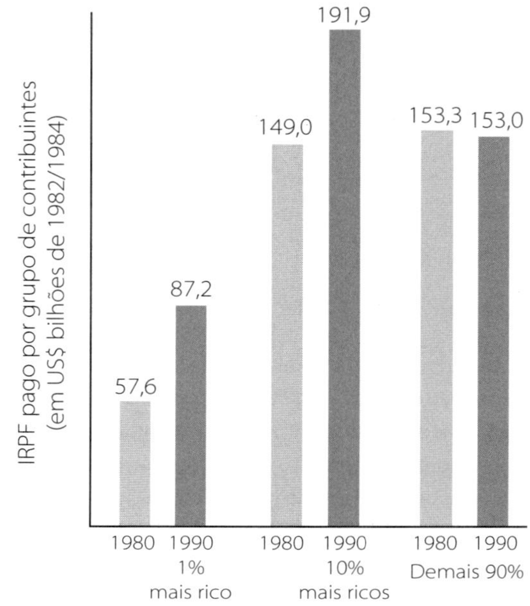

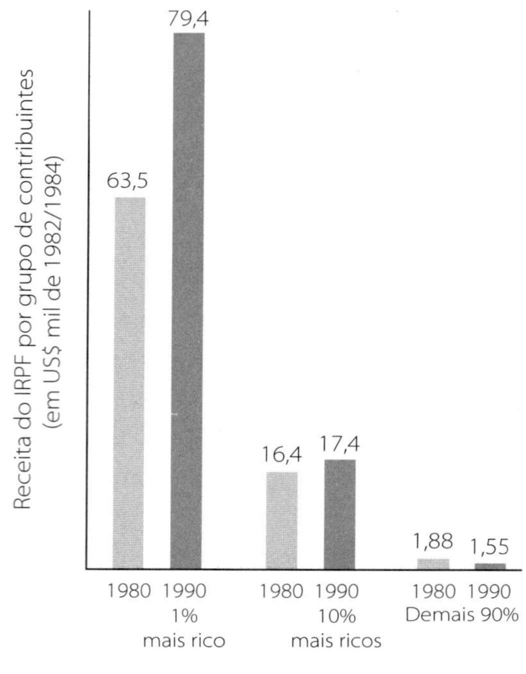

tributária arrecadada passou de US$ 149 bilhões, em 1980, para US$ 191,9 bilhões, em 1990. Enquanto isso, a receita tributária arrecadada dos demais contribuintes permaneceu praticamente inalterada.

Como porcentagem da receita tributária total arrecadada pelo governo, em 1980, 1% dos contribuintes mais ricos pagou 19% de todo o imposto de renda arrecadado. Em 1990, com a alíquota marginal mais baixa, esse mesmo 1% mais rico pagou 25% do total do imposto de renda arrecadado naquele ano. Os 10% mais ricos pagaram pouco mais do que 49% do total do imposto de renda arrecadado, em 1980, e 55%, no ano de 1990. É interessante notarmos que os 10% mais ricos pagaram, em 1990, mais da metade do total da arrecadação do imposto de renda.

Os dados da década de 1980 são consistentes com a curva de Laffer. Eles nos indicam que, para a maioria dos contribuintes (aqueles que se localizam próximo ao ponto *A*, na Figura 4.10), alíquotas de imposto mais baixas implicaram uma redução da receita arrecadada desse grupo. Quando as alíquotas eram mais altas (nas proximidades do ponto *B*, na Figura 4.10), elas podiam ser reduzidas sem uma significante perda de receita tributária, e, quando essas alíquotas eram ainda maiores (nas proximidades do ponto *C*, na Figura 4.10), sua redução produzia um aumento na receita tributária.

TEORIA ECONÔMICA APLICADA

A curva de Laffer e as mortes em escaladas de montanha*

A curva de Laffer é uma ferramenta que pode ser utilizada para ilustrar outras relações, que não aquela entre alíquota e receita tributária que discutimos anteriormente. Os economistas J. R. Clark e Dwight Lee usaram a curva de Laffer para analisar a relação entre o grau de segurança na escalada do Monte McKinley e o número de mortes decorrentes da tentativa de escalada. À medida que a probabilidade de morte na tentativa de escalar o monte diminuía, em decorrência dos investimentos do governo em equipes de salvamento, o número de pessoas desejosas de "conquistar a montanha" crescia significantemente. O aumento do número de alpinistas foi muito superior à redução no risco de morte, fazendo que a relação entre essas variáveis tivesse um comportamento do tipo da curva de Laffer: a melhoria no grau de segurança nas escaladas resultou em maior número de mortes.

Um exemplo numérico pode ser extremamente útil para entendermos melhor o que se passou. Suponha que a probabilidade de morte ao tentar escalar o monte seja de 90% e que, nesse caso, a cada ano, somente 100 pessoas tentem a escalada. Com esse grau de segurança, 90 pessoas morrerão por ano. Suponha agora que os investimentos feitos pelo governo, equipando e melhorando as condições de trabalho das equipes de resgate, consigam baixar a probabilidade de morte na escalada para 50%. Como os incentivos funcionam, o aumento de segurança resultará em um aumento no número de pessoas que tentarão escalar a montanha. Suponha que o número de alpinistas aumente de 100 para 200.

TEORIA ECONÔMICA APLICADA

(continuação)

Com 200 alpinistas e uma probabilidade de morte de 50%, o número anual de fatalidades aumentaria para 100, dez a mais que o número de mortes anual que ocorria antes da melhoria das condições de segurança. Examinando esse fenômeno com o instrumento da curva de Laffer, o número total de mortes de alpinistas é menor, seja a probabilidade de morte ao tentar a escalada alta ou baixa. O número de mortes é maior na faixa intermediária de probabilidade. Assim, tornando uma escalada de montanha muito arriscada em uma escalada mais segura, esta pode resultar em maior número de mortes.

Além do caso da escalada de montanha, esses mesmos autores exploraram a relação entre a sentença média de aprisionamento e o total de área ocupada nas prisões, usando o instrumento da curva de Laffer. Outros autores, utilizando esse mesmo instrumento, estudaram a relação entre o salário mínimo e os ganhos dos trabalhadores sujeitos a esse salário; os custos gerados pela regulamentação que procura proteger espécies ameaçadas de extinção nos Estados Unidos e os acres de hábitat natural dessas mesmas espécies.

* Ver J. R. Clark e Dwight R. Lee, Too safe to be safe: some implications of short- and long-run rescue Laffer curves. *Eastern Economic Journal*, v. 23, n. 2, p. 127-137, primavera de 1997. Russell S. Sobel, Theory and evidence on the political economy of the minimum wage. Journal of Political Economy, v. 107, n. 4, 761-785, ago. 1999; Richard L., Stroup, The endangered species act: the Laffer curve strikes again. *The Journal of Private Enterprise*, v. XIV, p. 48-62, 1998. Edição especial.

Olhando à Frente

Nos últimos dois capítulos, enfatizamos como os mercados funcionam e o papel dos preços de mercado. Em vários momentos, chamamos a atenção para a importância da estrutura legal e da existência de um sistema efetivo de direitos de propriedade privada para o bom funcionamento dos mercados. Políticas governamentais nessas e em outras áreas influenciam tanto a eficiência econômica quanto o progresso. Nos próximos dois capítulos, colocaremos em foco o papel e o funcionamento do governo, um tópico central à compreensão do mundo em que vivemos.

Resumo do Capítulo

- Salários, taxa de juros e taxa de câmbio são também preços de mercado determinados pelas forças de oferta e de demanda. Em cada um desses mercados, esses preços exercem importantes papéis na coordenação das ações de compradores e vendedores. Mudanças nesses mercados provocam mudanças em outros mercados, por alterar os preços relativos de muitos bens e serviços.

- ☐ O preço teto, legalmente imposto em um mercado, resulta em escassez artificial, enquanto preços piso, também legalmente impostos no mercado, causam abundância artificial. Tanto uma quanto outra dessas imposições de preço provocam efeitos secundários danosos nos diversos mercados. O controle de aluguéis, por exemplo, produzirá escassez de moradias, menos investimento, redução nos custos de manutenção de imóveis alugados e uma deterioração da qualidade das habitações alugadas.
- ☐ O salário mínimo é um preço piso para trabalhadores sem qualquer qualificação. A existência de um salário mínimo aumenta o salário recebido por alguns trabalhadores sem qualificação ou de baixíssima qualificação, mas também reduz o emprego, especialmente daquele grupo que se pensava proteger.
- ☐ Como operam à margem do sistema legal, os mercados negros se caracterizam por desconfiança, fraude e uso da violência como um meio de fazer valer os contratos. Um sistema legal que provê e garante direitos de propriedade privada e a administração da justiça, por meio de tribunais independentes, enfatiza o valor dos contratos e promove o bom funcionamento do sistema de mercado.
- ☐ A incidência de um imposto entre compradores e vendedores é determinada pela sensibilidade (elasticidade-preço) relativa de compradores e vendedores a variações no preço do bem, e não por quem tem o encargo legal de recolher o imposto.
- ☐ Além do custo do imposto representado pela transferência de recursos para o governo, os impostos, ao reduzir as transações no mercado, impõem um custo líquido tributário ou um custo social líquido.
- ☐ Elevadas alíquotas tributárias reduzem o tamanho da base tributária. A curva de Laffer ilustra que, quando as alíquotas de um imposto são muito altas, uma redução delas pode produzir um aumento de receita tributária. O aumento na receita tributária obtido dos mais ricos nos Estados Unidos, como resultado da redução nas suas alíquotas marginais do imposto de renda, durante a década de 1980, é consistente com a curva de Laffer.

Questões de Análise Crítica

1. Como um aumento substancial na demanda por habitação afeta os salários e o emprego de carpinteiros, bombeiros e eletricistas?
2. Suponha que haja uma forte redução no preço da madeira para construção. Como isso afetará o mercado de casas de madeira?
3. Por que outros fatores, que não o preço – tais como qualidade do produto ou do serviço e as características dos parceiros comerciais em potencial –, são mais impor-

tantes quando o mercado está sujeito a controles de preço (preço teto ou preço piso) do que quando os preços são livremente determinados?

4. Para ser efetivo, o preço teto precisa ser inferior ao preço que se estabeleceria no mercado. Do mesmo modo, um preço piso só faz sentido se estabelecido acima do preço que ocorreria no mercado. Qual é o impacto que um preço teto efetivo tem sobre a quantidade transacionada no mercado? Qual é o impacto que um preço piso efetivo tem sobre a quantidade transacionada no mercado? Explique.

5. Suponha que os estudantes em uma cidade universitária convençam o Conselho Universitário a baixar uma norma, fixando em R$ 100 o aluguel máximo de um quarto. Isso ajudará ou prejudicará os estudantes que alugam quartos? Na sua resposta, considere como esse preço teto afetará: a) a quantidade de quartos alugados; b) a quantidade de quartos disponíveis para aluguel; c) o incentivo para que os proprietários mantenham sua propriedade; d) o desenvolvimento de processos discriminatórios no aluguel de quartos; e) a facilidade com que os estudantes conseguirão alugar quartos; e f) a possibilidade de desenvolvimento de um mercado negro de aluguel de quartos.

6. Analise o impacto de um incremento no salário mínimo, de seu nível atual (R$ 200) para R$ 400 por mês. O que aconteceria com: a) o emprego de trabalhadores qualificados que recebiam, até então, menos de R$ 400 por mês; b) a taxa de desemprego dos trabalhadores não-qualificados; c) a disponibilidade de empregos, com treinamento no trabalho, para trabalhadores de baixa qualificação; d) a demanda por trabalhadores de alta qualificação, que são bons substitutos, para os serviços oferecidos a trabalhadores de baixa qualificação, que agora recebem salários mais altos, em razão do aumento do salário mínimo.

7. O que é um mercado negro? Liste algumas das principais diferenças, na forma de operar, entre um mercado negro e um mercado legal.

8. Como você imagina que mercados de doação de órgãos e de adoção de crianças seriam afetados, se eles se tornassem legais e tivessem seu mecanismo de preço operando normalmente? Quais são as vantagens e desvantagens relativas ao sistema corrente?

9. O que significa incidência de imposto? Explique por que a obrigação legal com relação a um imposto pode ser diferente da incidência desse imposto.

10. Sob quais condições somente os compradores incorrerão no custo total de um imposto sobre determinado produto? Sob quais condições somente os produtores incorrerão no custo desse imposto? Explique.

11. Qual é a natureza do custo social líquido que acompanha a imposição de um imposto sobre um produto? Por que, muitas vezes, os economistas referem-se a ele como custo líquido do tributo?

12. A oferta e a demanda por mão-de-obra não-qualificada estão representadas na tabela a seguir:

Demanda		Oferta	
Salário	Quantidade demandada	Salário	Quantidade oferecida
$ 6,50	1.000	$ 6,50	1.900
$ 6	1.200	$ 6	1.800
$ 5,50	1.400	$ 5,50	1.700
$ 5	1.600	$ 5	1.600
$ 4,50	1.800	$ 4,50	1.500
$ 4	2.000	$ 4	1.400

a) Encontre o salário e o número de trabalhadores contratados que equilibram o mercado.
b) Suponha que uma nova lei seja aprovada e que determine que os empregadores paguem um imposto, para financiar um programa de seguro-desemprego, de R$ 1,50 por hora trabalhada por empregado. O que acontecerá com o novo salário de equilíbrio e com o número de trabalhadores contratados? Como esse imposto incide sobre empregadores e trabalhadores?
c) Suponha agora que o imposto, em vez de ser pago pelos empregadores, é pago pelos trabalhadores. Como isso afeta o salário de equilíbrio e o número de trabalhadores contratados? Como a incidência desse imposto é distribuída entre trabalhadores e empregadores?
d) Faz alguma diferença, para os resultados, a determinação legal de quem é responsável por recolher esse imposto?

13. Atualmente, o sistema de seguridade social impõe um imposto sobre o salário, pago em parte pelo empregador e em parte pelo empregado. Todo trabalhador legalmente empregado contribui para o INSS com 9% de seu salário (na realidade, essa contribuição pode ser de 8%, 9% ou 10%, dependendo do nível salarial, respeitado um teto máximo de contribuição), enquanto seu empregador recolhe, aos cofres públicos, 21% desse mesmo salário. Represente o mercado de trabalho graficamente e mostre como a introdução desse imposto afeta o equilíbrio. Seja claro ao identificar o custo do trabalho para o empregador e o salário líquido para o empregado. Mostre o que aconteceria nesse mercado se 30% do salário fosse transferido para o governo, sob a forma de imposto recolhido apenas pelos empregadores ou pelos empregados.

14. Suponha que, reconhecendo que não é possível manter uma família de cinco pessoas com um salário mínimo, o Congresso aprove uma nova lei, exigindo que emprega-

dos com três ou mais filhos tenham um salário mínimo de R$ 400 por mês. Como essa legislação afetaria o mercado de trabalho dos trabalhadores de baixa qualificação com três ou mais filhos? Você acha que alguns trabalhadores com três ou mais filhos esconderiam tal fato? Por quê?

15. "Devemos impor uma sobretaxa de 20% para os automóveis de luxo produzidos no Brasil (aqueles cujo preço de venda seja igual ou superior a R$ 50.000) de modo a arrecadarmos mais imposto das pessoas mais ricas." A incidência desse imposto recairá principalmente sobre os ricos? Por quê?

16. Comente a afirmação: "É injusto que os inquilinos paguem o IPTU da moradia que alugam, uma vez que este é um imposto que deve ser pago pelos proprietários".

5 O Papel Econômico do Governo

A principal justificativa para a intervenção de políticas públicas reside na freqüência e nas numerosas falhas do mercado.

Charles Wolf[1]

FOCO DO CAPÍTULO

- O que é governo?
- De que forma a natureza das decisões no sistema político difere daquela das decisões no sistema de mercado?
- Os impostos medem o custo de oportunidade de um governo?
- Quais são as funções de governo que provavelmente promovem o bem-estar econômico?
- Por que os mercados falham em promover a eficiência econômica ideal?

1. Charles Wolf, Jr., *Markets or government.* Cambridge: MIT Press, 1988, p. 17.

A despesa total do setor governo no Brasil, que inclui a União, os estados e os municípios, na década de 1990, foi em média 30% do Produto Interno Bruto (PIB). Além disso, o governo federal é o maior latifundiário do país.[2] E, mais ainda, o sistema legal definido pelo governo estabelece a maioria das regras do jogo, para o funcionamento do sistema de mercado. Regulamentando preços, o uso da terra, da água e do ar, além das relações trabalhistas e práticas de comércio, o governo exerce um impacto determinante sobre todas as operações em uma economia. Dados o tamanho, o custo e a influência do governo, é importante que entendamos o que é governo e por que, em alguns momentos, as pessoas demandam sua proteção, em vez de se valerem de outras instituições sociais privadas, para conseguir o que desejam. Neste capítulo, vamos examinar exatamente essas questões, dando ênfase especial às situações para as quais o sistema de mercado não pode produzir os resultados ideais.

O QUE É GOVERNO?

Basicamente, o que caracteriza o governo é o seu poder de monopólio no uso legítimo da força para modificar a ação de pessoas adultas. Muitas sociedades permitem que os pais usem da força para influenciar as ações de seus filhos. Com relação aos adultos, entretanto, somente os governos têm o direito exclusivo do uso da força. Nenhum indivíduo ou firma tem o direito de usar a violência – ou mesmo ameaçar com violência –, de

---

2. Essas não são particularidades do governo brasileiro, mas uma característica do setor governo. Nos Estados Unidos, por exemplo, cerca de 2/5 da renda nacional flui por meio de vários governos, departamentos e agências. Além disso, cerca de 2/5 da terra norte-americana é de propriedade do governo. Os conceitos de produto interno bruto e renda nacional serão discutidos adiante. Por ora, considere como PIB toda produção do país excluída a dupla contagem, isto é, produtos que são usados na produção de outros e, como renda nacional, toda a renda que fica com os residentes do país.

modo a se apropriar de riqueza. Se uma empresa aumenta seu preço ou produz um bem de qualidade insatisfatória, você sempre tem o *direito de saída* – transacionar com outra empresa. Porém, quando o governo introduz um novo imposto ou uma nova regulamentação, o direito de saída só pode ser exercido se nos mudarmos do território desse governo. E isso pode ser muito caro, especialmente se estamos tratando de governos nacionais. O monopólio do legítimo uso da força sobre seus cidadãos – tributando-os e controlando seu comportamento – faz do governo uma organização ímpar, em uma sociedade.

Dada a característica única do poder do governo, é tentador imaginar que um governo democraticamente eleito possa ser usado como um meio de resolver todos os tipos de problemas, desde a má condição de saúde da população aos elevados custos de habitação. Alguns vão mais longe ainda, postulando que, por meio do governo, é possível transferir renda, de modo a atingir uma distribuição ótima.

Naturalmente, é importante que exploremos todas as ações alternativas que potencialmente possam nos conduzir a uma prosperidade econômica duradoura. Mas, como veremos no capítulo seguinte, o governo é apenas um método alternativo de organização social – um processo institucional por meio do qual indivíduos coletivamente fazem escolhas e desenvolvem atividades. Não importa quão elevada seja a retórica dos políticos, o povo (por exemplo, os eleitores, os legisladores, os lobistas e os administradores públicos) que faz a escolha que resulta na orientação política adotada são pessoas comuns, mortais, com padrões éticos, interesses específicos e motivações pessoais muito parecidas com aquelas demonstradas no sistema de mercado. Além disso, os responsáveis pelas decisões de governo se confrontam, com freqüência, com uma estrutura de recompensas que os encoraja a favorecer grupos específicos à custa da eficiência econômica e de outras atividades que são do interesse geral dos cidadãos.

Como a estrutura de incentivos no sistema político difere, de modo geral, da estrutura de incentivos de mercado, decisões políticas (coletivas) serão diferentes daquelas produzidas pelo mercado. Para algumas categorias de atividade econômica, temos razões para acreditar que o processo político-democrático funciona muito bem. Em outras instâncias, temos razões sólidas para acreditar que as decisões de governo são contraproducentes. Este capítulo e o próximo nos ajudarão a compreender melhor de que forma – e sob quais circunstâncias – as decisões políticas podem gerar resultados econômicos positivos.

Diferenças e Similitudes entre o Mercado e a Ação Coletiva

Há, pelo menos, uma importante similitude entre o mercado e o setor público: as escolhas individuais influenciam os resultados nos dois sistemas. Entretanto, há diferenças estruturais na forma com que os indivíduos exercem sua influência. O sistema de mercado se caracteriza por transações voluntárias coordenadas por preços. Somente as transações voluntárias são aceitas por compradores e vendedores e só assim elas ocorrerão no mercado. Em contraste, quando ações coletivas ocorrem em um sistema democrático, a chave é a regra da maioria, seja direta, seja por meio do Legislativo. Vamos olhar com cuidado para as diferenças e similitudes entre esses dois setores:

1. **A competição está presente tanto no mercado quanto no setor público.** O sistema de mercado é, às vezes, denominado setor competitivo, mas o comportamento competitivo está presente também no setor público. Os políticos competem por cargos eletivos. Os chefes burocratas e de agências públicas competem por reais adicionais extraídos do contribuinte. Os funcionários públicos competem por promoção, por maiores salários e por poder adicional, exatamente como se faz no setor privado. Os lobistas competem por recursos financeiros para os programas que eles representam, por regulamentações favoráveis e por uma legislação que favoreça os grupos de interesse que eles defendem – incluindo tanto grupos do setor privado quanto clientes de governo. (Ver o boxe "Teoria Econômica Aplicada: Perspectivas sobre o custo da competição política".) A natureza da competição e o critério para estabelecer o sucesso diferem, entretanto, nos dois setores, mas as pessoas competem em ambos.

2. **O setor público pode desvincular a obrigação individual de pagar pelo que se consome.** No mercado, o consumidor que deseja adquirir um bem tem de pagar seu preço para tê-lo. Nesse sentido, o mercado e a ação coletiva diferem de forma fundamental. O governo, de modo geral, não estabelece uma relação de um para um, entre o que o indivíduo paga e o que ele recebe de um bem. Alguns indivíduos recebem benefícios do governo ou de uma ação governamental sem que isso implique qualquer impacto sobre os tributos que pagam. Outros indivíduos têm uma conta tributária substancial, embora recebam pouquíssimos benefícios. Em contraste com o mercado, no setor público a quantidade que o indivíduo paga não determina a quantidade de benefícios que ele receberá.

3. **A escassez impõe que, no agregado, a relação pagamento-consumo seja observada nos dois setores.** Embora o governo possa quebrar a relação entre o que o indivíduo paga e o seu direito a consumir determinado bem, a inexorabilidade da relação consumo agregado-pagamento agregado se impõe. Não há lanche de graça. Alguém terá de pagar o custo pelo uso dos recursos escassos, independentemente de qual setor os está usando para produzir (ou distribuir). Bens livres fornecidos pelo setor público só são livres para alguns indivíduos. Eles certamente não são livres, do ponto de vista da sociedade.

4. **As ações no setor privado são baseadas na escolha voluntária; as ações no setor público são tomadas com base na regra da maioria.** No setor privado, quando dois agentes econômicos se engajam em uma transação, eles o fazem volunta-

riamente. Sociedades comerciais como Shell e General Motors, não interessando o seu tamanho ou o seu poder, não podem impor um imposto sobre sua renda ou forçar você a comprar seus produtos. Embora ganhos mútuos sejam fundamentais para as transações de mercado, o processo político gera perdedores, assim como ganhadores. Se a maioria no Legislativo decide por uma política particular, a minoria deve aceitar tal política e ajudar a pagar por ela, ainda que discorde veementemente dessa política. Se R$ 10 bilhões são destinados pelo Legislativo para a construção de uma estrada (ou para qualquer outro programa de natureza local), em determinado município, a minoria contrária a esse gasto terá de pagar impostos que ajudarão a financiar o projeto. Do mesmo modo, se uma regulamentação do governo impõe que as pessoas precisam prover áreas para a preservação da vida silvestre, mangues, moradias a custo abaixo do mercado ou outros bens, tanto os responsáveis por prover os bens exigidos pelo governo, nas condições impostas, quanto os potenciais compradores dos recursos necessários à produção desses bens têm de obedecer às normas governamentais. Nas decisões de setor público, aqueles que discordam precisam, ainda que temporariamente, acatar as decisões da maioria.

5. **Quando as decisões coletivas são tomadas pelo Legislativo, os eleitores têm de escolher candidatos que representem um conjunto indivisível de posições.** No dia da eleição, o eleitor não pode escolher a posição defendida for G. G. Lunch sobre pobreza e bem-estar e, simultaneamente, a posição antagônica de P. Austero sobre defesa nacional e tarifas. *A impossibilidade de aceitar a posição de um candidato com relação a algumas questões e rejeitá-la com relação a outras reduz, substancialmente, o poder do eleitor de fazer valer suas preferências em questões específicas.* Uma vez que, em média, um deputado vota, ao longo de uma legislatura de quatro anos, em cerca de 4 mil diferentes projetos, o problema de representatividade de preferências é insolúvel. A situação no mercado é bastante diferente: um consumidor pode comprar alguns alimentos ou alguns itens de vestuário em uma loja, embora compre itens relacionados a esses bens, em outras lojas. A indivisibilidade, do ponto de vista do mercado, é rara e, exceto em casos excepcionais, não constitui um problema dramático. Adiante, exploraremos esses casos excepcionais.

6. **Renda e poder são distribuídos diferentemente, nos dois setores.** Os indivíduos que oferecem recursos mais valorizados no mercado são os que têm maior renda. O número de reais que cada indivíduo tem disponível para empregar no mercado reflete sua habilidade, ambição, treinamento, perspicácia, poupança passada, herança, sorte e desejo de produzir para os outros, entre muitas coisas. Assim, observaremos uma distribuição desigual no poder de compra dos consumidores. Em um setor público democrático, as urnas dão o tom. "Um

cidadão, um voto" é a regra. Mas há outras formas de votar, mais importantes. Um indivíduo pode doar dinheiro para uma campanha política e, dessa forma, carrear mais votos para um candidato. Ou, ainda, um indivíduo pode ser mais ativo na campanha, visitando amigos e vizinhos, escrevendo cartas ou fazendo discursos públicos a favor do seu candidato ou partido. O processo político concede generosa recompensa a todos aqueles mais bem-dotados e determinados a usar seu tempo, suas habilidades de persuasão, suas habilidades de organização e sua contribuição financeira para ajudar políticos a obter votos. Pessoas que têm mais dinheiro e habilidades como as mencionadas anterior-

TEORIA ECONÔMICA APLICADA

Perspectivas sobre o custo da competição política

Todos temos nossas próprias idéias sobre como o governo deve ser conduzido. Como o governo é uma força tão importante na nossa economia e nas nossas vidas, pessoas e grupos de indivíduos procuram influenciar os resultados das eleições, votando, contribuindo para a campanha política e fazendo "corpo a corpo" em favor de algum candidato. Além disso, tanto decisões do Legislativo quanto do Executivo podem ser perfeitamente influenciadas por *lobbies*. A competição por cargos eletivos é feroz e as campanhas políticas são muito caras. Durante o processo eleitoral de 1998, nos Estados Unidos, candidatos à Casa de Representantes e ao Senado arrecadaram em 1997, para suas campanhas políticas, US$ 207 milhões. Na disputa presidencial de 1996, os candidatos, até setembro daquele ano, haviam gasto US$ 237 milhões. Diferentemente dos participantes de um leilão no mercado, ganhadores e perdedores pagam o custo de seu lance eleitoral. É comum, para grupos que fazem *lobby*, doar recursos para candidatos antagônicos em uma disputa de difícil prognóstico.

Durante e após as eleições, os lobistas competem pela atenção (pelo ouvido) dos representantes eleitos. Na realidade, a maior parte dos recursos de campanha é angariada não durante o período de eleições, mas durante a legislatura. Uma generosa contribuição de campanha pode não "comprar" um voto, porém, certamente, aumenta a possibilidade de o lobista ser recebido por um representante eleito, para explicar a importância e a beleza da posição e do projeto do doador. No mundo competitivo da política, os políticos que se recusam a escutar os prestimosos "amigos de campanha" dificilmente sobreviverão.

As contribuições de campanha são apenas a ponta do *iceberg* do processo de *lobby*. Em Brasília, centenas de pessoas, muitas das quais extremamente talentosas, trabalhadoras e bem-pagas, dedicam-se à atividade de *lobby* no Congresso e em órgãos do Executivo. Associações comerciais e sindicatos de trabalhadores têm escritórios em Brasília. Embora de caráter anedótico, costuma-se dizer que Brasília é tão longe de tudo que as pessoas só vão lá para elogiar o governo e dele obter benefícios.

mente – e estão dispostas a utilizá-las na arena política – devem esperar extrair, do processo político, elevados benefícios, que indivíduos que não dispõem de tais atributos jamais poderiam obter. No setor público, como no mercado, há uma distribuição desigual de influência e de renda, embora as fontes de sucesso e influência difiram nos dois setores.

O Custo de Oportunidade do Governo

A escassez é um problema tão universal que nem o setor público está livre dele. As pessoas argumentam como se os impostos fossem o custo de oportunidade do governo. Entretanto, sabemos que o custo de se produzir qualquer bem é o que deixamos de produzir ou fazer para que ele possa ser produzido – o custo de oportunidade de produzir o bem. O governo não é exceção. Há três tipos de custos em toda e qualquer atividade assumida pelo governo.

Primeiro, há o custo de oportunidade dos recursos usados para a produção dos bens ou serviços oferecidos pelo setor público. Quando o governo compra bens e serviços para as Forças Armadas, a educação, a construção de rodovias, a saúde pública e outros bens, os recursos utilizados por ele não podem ser usados para qualquer outra atividade na sociedade. Eles têm de ser desviados de atividades do setor privado para satisfazer as exigências do setor público. Se não fossem usados na produção de bens e serviços providos pelo governo, esses recursos estariam disponíveis para a produção de outros bens e serviços no setor privado. Note que esse é, de fato, um custo, a despeito da forma pela qual a produção de bens pelo setor público é financiada por impostos correntes, por aumento de dívida pública ou pela criação de moeda. Esse custo só pode ser reduzido se o total de compras de bens e serviços do governo for reduzido. Um custo semelhante a esse ocorre quando o governo, ainda que sem adquirir bens e serviços, impõe normas que impliquem o provimento de bens e serviços sem pagamento. Ou, ainda, quando transações ocorrem no mercado, não segundo a vontade dos agentes econômicos ou de acordo com as condições livremente pactuadas, mas por força de regulamentação governamental. O fato de o governo, circunstancialmente, não ter de pagar o preço do mercado na aquisição de qualquer bem ou serviço não reduz o custo de sua ação. O Centre for Study of American Business estimou que o custo imposto à sociedade pelas regulamentações do governo federal, pago por aqueles grupos sujeitos a tais normas, foi mais de US$ 340 bilhões, em 1998 (aproximadamente US$ 1.250 por habitante). O primeiro e o maior dos três tipos de custo decorrentes de atividades do governo é o custo de oportunidade dos recursos produtivos, utilizados pelo governo na produção de qualquer bem ou serviço. Isso é o que o setor privado deixou de produzir, na melhor alternativa de uso dos recursos absorvidos pelo governo.

Segundo, há o custo dos recursos utilizados na coleta dos impostos e na imposição das decisões do governo. A legislação tributária e as regulamentações só fazem sentido se acompanhadas de um sistema de fiscalização e controle, bem como de eventual punição daqueles que não as cumprirem. Recursos são usados para preparar, monitorar e fiscalizar a legislação tributária e a regulamentação econômica. Esses recursos não podem ser usados em quaisquer outros bens, produzidos no setor público ou privado. Nos Estados Unidos, os estudos indicam que o custo, para as pessoas e as empresas, com o preenchimento de papéis relativos a tributos é de, aproximadamente, 5,5 bilhões de homens/hora a cada ano (isso equivale a 2,7 milhões de trabalhadores em tempo integral). Isso significa que cada dólar arrecadado pelo governo custa ao contribuinte US$ 1,15.

Finalmente, há o custo líquido do tributo (custo social líquido da taxação), que discutimos no Capítulo 4. Os impostos distorcem os estímulos. Quando os compradores pagam mais e os vendedores recebem menos, pela existência de um imposto, a produção e a comercialização de produtos tornam-se menos atrativas. O comércio e a produção declinam. Os indivíduos passarão menos tempo em atividades produtivas de mercado e mais tempo em atividades não sujeitas à tributação ou em atividades que visem evitar maior taxação. A regulamentação também distorce estímulos. Quando uma agência governamental pode determinar o uso de um recurso produtivo –, por exemplo, qual parte de uma propriedade deve ser reservada como hábitat natural de uma espécie ameaçada de extinção –, a tendência é que ela use mais desses recursos "livres" e menos de seus recursos orçamentários. A regulamentação como impostos distorce preços e incentivos, reduzindo, desse modo, a eficiência econômica.

Essencialmente, o custo das atividades do governo é a soma: (1) do custo de oportunidade dos recursos usados para produzir os bens e serviços oferecidos pelo governo; (2) do custo de cumprir com as exigências tributárias e de regulamentação e (3) do custo líquido dos tributos e da regulamentação. Assim, o custo dos bens e serviços oferecidos pelo governo em uma sociedade é maior do que simplesmente o total da receita tributária ou o total dos gastos públicos.

Quem incorre no custo de governo? Os políticos defendem, insistentemente, a imposição de novos impostos ou mesmo o aumento de impostos já existentes sobre as empresas. Essa insistência se baseia na ilusão de que é possível que a incidência de tais impostos seja transferida de indivíduos para não-pessoas (firmas). Isso explica a introdução do Cofins, um imposto incidente sobre o lucro das empresas, a despeito da existência de um imposto de renda sobre a pessoa jurídica. Entretanto, os tributos impostos às empresas, como todo e qualquer tributo, são sempre pagos pelos indivíduos. Uma sociedade anônima ou uma pequena sociedade civil limitada pode pagar o Darf, emitindo um cheque, mas elas não pagam o tributo. As firmas simplesmente coletam o dinheiro de alguém – de seus clientes, sob a forma de preços mais altos; de seus fornecedores (incluindo empregados), sob a forma de menores preços ou menores salários pagos; ou ainda, de seus acionistas, ou sócios, sob a forma de menor dividendo ou lucro distribuído – e o transferem para o governo. O mesmo é verdade quando uma firma é obrigada pelo governo a fornecer bens, sem a correspondente remuneração. Para que o governo possa prover bens e serviços, indivíduos têm de pagar por eles.

Eficiência Econômica e o Papel do Governo

O governo é um ator importante na economia. Ele pode produzir muita coisa boa. Mas o uso do governo tem um custo. Por que os cidadãos se voltam para o governo na busca de ajuda? Qual é o escopo da ação governamental em uma sociedade? Do ponto de vista econômico, quais são as funções do governo?

Para responder a essas questões, precisamos de um critério pelo qual possamos julgar arranjos institucionais alternativos, isto é, mercado × políticas públicas. Os economistas, de modo geral, concentram-se no padrão de **eficiência econômica**. A idéia central é simples. Eficiência econômica significa simplesmente que, para qualquer nível de esforço (custo), deseja-se obter o benefício mais elevado possível. Um corolário a essa proposição é que desejamos obter todo e qualquer benefício ao menor esforço (custo) possível. Eficiência econômica, portanto, significa extrair o maior valor possível dos recursos disponíveis – fazer o maior bolo possível, a partir dos ingredientes disponíveis.

> ***Eficiência econômica***
>
> A eficiência econômica deriva do comportamento econômico. Quando aplicada a uma comunidade, implica que (1) uma atividade só deve ser levada a cabo se a soma dos benefícios que ela gera para os indivíduos exceder seus custos e (2) nenhuma atividade deve ser considerada, se os seus custos para os indivíduos excederem os benefícios que ela gera.

Por que eficiência? Os economistas reconhecem que os indivíduos, de certa forma, não consideram eficiência como o objetivo mais importante em uma economia. Na realidade, cada pessoa deseja o maior pedaço possível do bolo. Todos parecem concordar que, quanto maior o bolo, melhor, especialmente se a cada um couber um pedaço maior como resultado. Assim, eficiência econômica deve ser a preocupação de todos, uma vez que ela promove o crescimento do bolo e, portanto, a possibilidade de uma fatia maior para cada um. O que significa eficiência quando aplicada para a economia como um todo? Os indivíduos são, na realidade, os tomadores de decisão. Em uma economia, os indivíduos arcarão com os custos e se apropriarão dos benefícios da atividade econômica. Quando a eficiência é aplicada à economia como um todo, duas condições são necessárias para que o ideal de eficiência econômica ocorra:

Regra 1 – *a adoção de uma ação econômica será eficiente se produzir mais benefícios que custos, para os indivíduos de uma economia*. Tais ações tornam possível um aumento de bem-estar para, pelo menos, alguns dos indivíduos, sem que se crie uma redução no bem-estar de outros. Se essa ação não for implementada, haverá uma perda de ganhos em potencial.

Regra 2 – *a adoção de uma ação econômica será ineficiente se produzir mais custos do que benefícios para os indivíduos*. Quando uma ação econômica resulta em custos maiores do que benefícios, alguém deve ter sido punido. Os benefícios apropriados por alguns não são suficientes para compensar as perdas incorridas por outros. Desse modo, quando todas as pessoas são consideradas, o impacto líquido da ação é contraproducente.

A não-observância da Regra 1, isto é, a não-adoção de uma ação eficiente, ou a observância da Regra 2, ou seja, a adoção de uma atividade ineficiente, resultam em ineficiência econômica. O conceito de eficiência econômica se aplica a toda e qualquer possível distribuição de renda, embora uma mudança na distribuição de renda venha a alterar a combinação de bens e serviços economicamente eficientes.[3] A economia positiva não nos diz qual deve ser a distribuição de renda. Certamente, cada um de nós tem sua própria idéia sobre o assunto. Na realidade, gostaríamos de ver a renda distribuída segundo nosso critério. Um acordo sobre qual é a melhor distribuição de renda parece improvável, mas para qualquer distribuição de renda existente haverá uma alocação de recursos ideal que será a mais eficiente.

A eficiência econômica nos fornece um critério de avaliação do funcionamento do governo. Naturalmente, isso não resolve completamente nossas dificuldades. Filósofos, economistas e outros estudiosos vêm debatendo esse assunto há séculos. Enquanto o debate prossegue, parece haver um consenso, pelo menos sobre a legitimidade de duas funções do governo: (1) proteger os indivíduos contra a invasão de terceiros e (2) prover a sociedade dos bens que não podem ser facilmente obtidos por meio dos mercados. Essas duas funções correspondem ao que o Prêmio Nobel James Buchanan definiu como as funções de proteção e de produção do governo.

A Função de Proteção do Governo

A função mais fundamental do governo é a de proteger os indivíduos e sua propriedade contra atos de agressão. Como John Locke escreveu há mais de três séculos, os indivíduos estão constantemente ameaçados pela "invasão de outros". Portanto, cada indivíduo "está disposto a se juntar em sociedade com outros, que já estejam unidos, ou tenham em mente se unirem, para a preservação mútua de suas vidas, liberdades e estados".[4]

---

3. Nota aos estudantes que desejem avançar mais em economia: usar o conceito de eficiência para comparar políticas alternativas exige do analista a estimação de custos e benefícios muito difíceis, se não impossíveis, de serem medidos. Custos e benefícios representam valores de oportunidades perdidos ou assim valorizados pelos indivíduos. Esses custos e benefícios devem ser adicionados para todos os indivíduos e, então, comparados. Mas será que R$ 1 ganho por um indivíduo realmente compensa a perda de R$ 1 por um outro indivíduo? Alguns economistas simplesmente rejeitam a possibilidade de se fazer tal comparação. Eles afirmam que nem as estimativas dos analistas econômicos de custos e benefícios subjetivamente determinados nem a adição desses custos e benefícios para todos os indivíduos têm qualquer significado. Eles podem ter razão, porém, a maioria dos economistas hoje usa o conceito de eficiência como apresentamos aqui. Infelizmente, não há outra forma, que não essa, de se proceder a uma análise econômica, de modo a comparar políticas alternativas.
4. John Locke, *Treatise of civil government*, 1690, ed. Charles Sherman. Nova York: Appleton-Century-Crofts, 1937, p. 82.

Locke e o papel do governo

O filósofo inglês John Locke argumentava que as pessoas são donas de si mesmas e, como resultado dessa autoposse, elas também são donas do fruto de seu trabalho. Locke enfatizava que os indivíduos não são subservientes ao governo. Ao contrário, o papel do governo é proteger "os direitos naturais" individuais e de propriedade das pessoas. Esse é o sentido dos "direitos inalienáveis" que aparecem na declaração de independência dos Estados Unidos cuja proteção cabe ao governo.

A função de proteção do Estado implica a manutenção de um sistema de segurança e ordem – uma infra-estrutura de regras sob as quais cada pessoa pode interagir de forma pacífica com qualquer outra. Ela também implica a imposição de regras contra roubo, fraude, danos físicos a outros ou à sua propriedade. Todo esse sistema de regras deve ser acompanhado de uma infra-estrutura que faça que as regras sejam respeitadas. Evidentemente, a atividade de proteção do governo incorpora a defesa nacional com o propósito de proteger os residentes de uma agressão ou da invasão de um poder externo.

É muito fácil percebermos a importância dessa função. Quando a função de proteção do governo é bem-executada, as propriedades dos cidadãos são preservadas, a liberdade nas transações comerciais está presente e os contratos são legalmente garantidos. Com a liberdade de transações e a garantia de que quem semear (produzir) tem o direito de colher (desfrutar dos benefícios de sua produção), as pessoas direcionarão seus recursos para as atividades que lhes tragam maior valor. Se, entretanto, os direitos de propriedade são obscuros e não protegidos e se as pessoas não podem efetivamente fazer valer seus contratos, o comportamento econômico (em todas as atividades) é indeterminado. Nesse cenário, o resultado será: pilhagem, fraude e caos econômico. A recente experiência da Rússia ilustra esse ponto (ver boxe "Teoria Econômica Aplicada", o caso da Rússia).

A Função Produtiva do Governo

Alguns bens, por sua própria natureza, dificilmente são providos pelo mercado. Às vezes, é difícil estabelecer uma relação de um para um, entre o pagamento por um bem e o seu recebimento. Se essa relação não puder ser estabelecida, o incentivo de mercado para que os produtores ofereçam tal bem será bastante fraco. Além disso, elevados custos de transação – especialmente o custo de monitorar o uso do bem e coletar os pagamentos pelo seu uso – podem, na maioria das vezes, dificultar que a oferta do bem seja feita por meio do mercado. Quando qualquer dessas duas condições está presente, é mais eficiente que o governo ofereça o bem e use o seu poder de tributar para cobrir seus custos.

Das funções produtivas do governo, talvez a mais importante seja a manutenção de um sistema monetário e de um ambiente financeiro estáveis. Isso é importante porque os mercados funcionam melhor nesse contexto. Por quê? Se os mercados devem funcionar bem, os indivíduos precisam saber o valor para os outros do que eles vendem e

TEORIA ECONÔMICA APLICADA

A importância da função de proteção do governo: o caso da Rússia

Nem sempre o governo protege o direito daqueles que produtivamente geram valor. Às vezes, o governo se associa àqueles que procuram restringir o comércio ou pilhar os bens dos outros. A recente experiência da Rússia ilustra dramaticamente o que acontece quando a função de proteção do governo é levada a cabo negligentemente. O repórter Andrew Higgins, em um artigo de primeira página do *Wall Street Journal* (16 de outubro de 1998), descreve de que forma burocratas das diversas regiões – ou "os barões" – procuravam evitar que os alimentos fossem transportados de sua região para outras, de modo a manter baixos os preços deles na sua região. "Ansiosos por manter o pão barato e a abundância de salsichas e garantir seu próprio interesse", vários barões regionais impuseram restrições à capacidade dos agricultores de comercializar seus produtos com compradores de outras regiões. Como resultado, o preço dos alimentos em Moscou e nas grandes cidades do norte era substancialmente mais alto que aquele registrado nas regiões rurais onde os alimentos eram produzidos. O óleo de girassol, por exemplo, era vendido por 2 mil rublos a tonelada em uma região, ao passo que seu preço chegava a 5 mil rublos em outra.

O artigo descreve os perigos enfrentados pela Sra. Irna Radinsya, que armazenou mais de 250 toneladas de centeio em sua fazenda, juntamente com a sua colheita de cevada e sementes de girassol. Quando ela e outros agricultores tentaram transportar sua produção para uma região a 600 km ao norte de Moscou, onde pessoas famintas estavam dispostas a pagar mais, a polícia regional os deteve. A alguns agricultores, a permissão para prosseguir foi negada, enquanto a outros ela seria concedida mediante o pagamento, como propina, de 150 rublos (cerca de US$ 11,50, naquele momento), por caminhão que atravessasse a fronteira regional. Longe de proteger a propriedade dos produtores e comerciantes, os representantes do governo restringiam o comércio e se apossavam da propriedade privada. Sob essas condições a produção de alimentos foi reduzida. Além disso, parte da colheita foi perdida, uma vez que sua comercialização levava muito mais tempo, porque os agricultores tinham de gastar mais tempo e recursos para descobrir alternativas para contornar as barreiras artificiais ao comércio e as exigências ilegais de propina.

compram. Para que os preços de mercado forneçam essa informação, a unidade de conta do sistema monetário (o dinheiro) precisa ser estável. Isso é especialmente importante para mercados nos quais o tempo cronológico tem uma função específica. Habitações, automóveis, bens de consumo duráveis, terras, prédios, equipamentos e muitos outros itens são geralmente adquiridos a prazo, com amortizações mensais que, em alguns casos, envolvem anos. Se o poder de compra da unidade monetária, no Brasil, o real (R$), variar substancialmente, os preços acordados em um passado recente não representam mais, hoje, os valores então percebidos. Poucas pessoas se aventurariam em transações envolvendo obrigações de longo prazo, devido à incerteza. Os mercados que dependessem de financiamento seriam pouco desenvolvidos. (Ver o exemplo do controle de aluguéis no capítulo anterior.)

A experiência brasileira de convivência com um padrão monetário instável e sujeito a uma permanente e crescente desvalorização (o que normalmente se chama de *inflação*) é dramática. Os ganhos pela estabilização monetária emergiram claramente após a implementação do Plano Real e puderam ser experimentados por todo brasileiro no seu dia-a-dia. Os gastos do governo e a administração da quantidade de dinheiro em circulação têm uma influência determinante sobre a estabilidade monetária. Ainda hoje, embora com o real estabilizado, a perenidade da presente estabilidade depende de um ajuste do setor governo. A má administração das políticas de gastos públicos e monetária pode conduzir a economia a um processo inflacionário perene, como vinha ocorrendo no Brasil, até 1996. O processo inflacionário mascara a informação contida nos preços cotados na moeda corrente (cruzeiro, cruzeiro novo, cruzeiro, cruzado, cruzado novo, cruzeiro, cruzeiro real e, finalmente, real), reduzindo a eficiência de uma das funções mais importantes do sistema livre de preços: informar corretamente os agentes econômicos sobre o valor relativo atribuído aos bens e sobre as oportunidades relativas de ganho no uso de recursos escassos. No entanto, políticas de estabilização malconcebidas podem gerar um elevado custo em termos de desemprego e não resultar na estabilidade desejada. Uma vez mais, a experiência brasileira é rica em exemplos que serão explorados adiante, neste livro.

De modo geral, não há concordância, entre os economistas, sobre a eficácia das políticas públicas para a promoção da estabilidade econômica e do pleno emprego. O debate normalmente se concentra em torno dos efeitos gerados pelo uso de instrumentos específicos de política pública. Todos concordam que o ambiente econômico estável é vital para o funcionamento e o desenvolvimento de uma economia de mercado.

Podemos ver, portanto, que, além da função de proteção, o governo tem também uma importante função produtiva. Essa sua função produtiva é bem-delimitada e, dependendo de como é executada, estimulará o crescimento da economia ou será um obstáculo de difícil superação para que o bem-estar da sociedade melhore.

O Papel do Governo e as Potenciais Falhas do Mercado

As funções de proteção e de produção do governo podem ser analisadas dentro do contexto do princípio da mão invisível. Como discutimos anteriormente, a mão invisível das forças de mercado, geralmente, produz forte incentivo para que os proprietários de recursos produtivos e as firmas cooperem no desenvolvimento de projetos que criam valor. Isso é sempre verdade? A resposta a essa questão é não. Há quatro fatores principais que podem impedir o pleno funcionamento da mão invisível e, por conseguinte, reduzir a eficiência de mercado: (1) ausência de competição; (2) externalidades; (3) bens públicos e (4) compradores mal-informados. Vamos considerar, a seguir, cada um desses fatores e explicar por que eles podem criar um potencial para que ações produtivas sejam desenvolvidas por meio do mercado.

Falta de Competição

A competição é vital para o funcionamento do mecanismo de preços. É a competição entre vendedores que faz que os preços de bens de consumo caiam ao nível de seus custos. Do mesmo modo, é a competição que, no mercado de recursos produtivos, impede (1) que vendedores cobrem preços exorbitantes dos produtores e (2) que compradores se aproveitem dos proprietários de recursos. A existência de vendedores e compradores em competição reduz o poder de cada um desses agentes de moldar o mercado em seu próprio benefício.

Como a competição é o maior inimigo dos preços superiores a custos, os vendedores têm um estímulo muito forte para tentar escapar das pressões que ela impõe ao mercado. Quando há um número pequeno de firmas em um mercado, em vez de competir entre si, seus responsáveis podem sentir-se tentados a conduzir seus negócios em conluio. Devemos esperar que isso efetivamente seja tentado. A competição é muito boa quando os outros têm de enfrentá-la. Individualmente, cada um de nós se sentiria muito mais confortável sem a pressão que a competição exerce. Os estudantes não gostam de colegas excessivamente competitivos – em particular, durante um exame de admissão a um curso de pós-graduação ou mesmo na sua vida social e romântica. Pelas mesmas razões, os vendedores preferem um número pequeno de competidores efetivos.

A Figura 5.1 ilustra de que forma os vendedores podem ganhar a partir de uma coalizão. Se um grupo de vendedores pudesse eliminar a competição, impedindo a entrada de novos vendedores no mercado, eles poderiam aumentar seus preços. A receita total dos vendedores é simplesmente o preço de mercado multiplicado pela quantidade vendida. A receita dos vendedores poderá crescer, e os seus custos poderão ser reduzidos, se uma quantidade menor de produto Q_2 for vendida, em vez da quantidade de competição Q_1. O preço P_2, artificialmente mais elevado, reflete não somente a escassez relativa de recursos, mas também, nesse caso, um prêmio em decorrência da redução do produto, resultante da coalizão entre os vendedores.

É do interesse dos consumidores e da comunidade em geral que o produto seja expandido até o nível Q_1. No nível de produção Q_1, todas as unidades que têm um valor superior ao seu custo são produzidas e vendidas. Assim, Q_1 é consistente com eficiência econômica (Regra 1). É do interesse dos vendedores, entretanto, tornar o produto artificialmente escasso, para aumentar seu preço. Se os vendedores puderem impedir a entrada de novos vendedores no mercado e, com isso, acordar em reduzir sua produção (para Q_2, no nosso exemplo), eles terão um ganho. Se isso, de fato, ocorrer, haverá ineficiência econômica nesse mercado, uma vez que unidades do produto, que valem mais

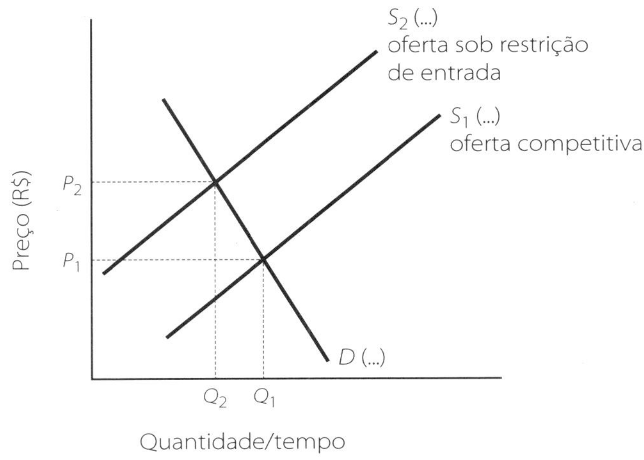

Figura 5.1 Manipulando o mercado.

Se um grupo de vendedores pode restringir a entrada de novos competidores no mercado e estabelecer entre si um acordo de coalizão para reduzir a produção de cada um, eles podem, sob certas circunstâncias, obter uma receita total maior ao vender uma quantidade menor. Note que o total de receita de vendas P_2 Q_2, no caso da oferta reduzida, excede o total da receita P_1 Q_1, na oferta competitiva. Esse conluio reduz os ganhos de mercado, tornando-o menos eficiente, portanto.

que seu custo de oportunidade, não serão oferecidas. Há aqui um conflito potencial de interesses entre o que é melhor para os vendedores e o que é melhor para a comunidade como um todo.

O que o governo pode fazer para garantir a competição no mercado? A primeira indicação pode ser tomada emprestada dos profissionais de medicina: não cause dano. O governo deve evitar o uso de seus poderes para impor licenças, impostos discriminatórios, controle de preços, tarifas, cotas e outras restrições à entrada ou ao comércio que possam vir a reduzir a intensidade da competição. A competição tem o dom da ubiqüidade, está em toda parte. Sem a ajuda do governo, vendedores descobrirão que é muito difícil limitar a entrada de novos competidores (inclusive de outros países) no mercado. Quando há elevados custos de entrar em um mercado, onde poucos vendedores operam, mais provavelmente um acordo de coalizão será tentado. Em um esforço para administrar tais casos, o governo norte-americano aprovou uma série de leis antitruste, das quais as mais importantes são o Sherman Antitrust Act (1890) e o Clayton Act (1914), tornando ilegal qualquer coalizão de empresas ou tentativa de monopolização de mercado.

O Brasil possui uma legislação antitruste que teve origem com a Lei de Proteção à Competição (Lei nº 1.521) de 1951, que criou o Conselho Administrativo de Defesa Econômica (Cade). Desde essa época, graças à iniciativa do Poder Executivo, o legislador brasileiro tem dedicado excessiva atenção ao tema. Tal excesso de zelo para com a proteção do cidadão contra o abuso do poder econômico tem tido como motivação o combate à inflação. Isso ocorreu em 1962, com a Lei Delegada nº 4 e com a Lei nº 4.137, que reestruturou o Cade. Em 1985, com a aceleração da inflação, uma nova lei tratou do assunto (Lei nº 7.347), que seria objeto de duas leis em 1990 (as Leis nºs 8.002 e 8.037), uma em 1991 (Lei nº 8.158) e outra em 1993 (Lei nº 3.712) cujo principal objetivo foi a reestruturação do Cade, transformado em autarquia.

Embora o propósito de toda essa legislação aparente ser o controle do abuso do poder econômico, a história nos indica que todas essas leis têm sido usadas na tentativa de encontrar instrumentos de combate à inflação. Isso tem decorrido de uma visão distorcida de que o abuso do poder econômico, praticado por empresas no Brasil, seria responsável pela elevação dos preços de bens e serviços. Como veremos adiante, o abuso do poder econômico, embora responsável pela ineficiência econômica, não pode ser responsabilizado pela inflação.

A maioria dos economistas é a favor de que, em princípio, o governo aja para garantir e promover a competição nos mercados. Há, entretanto, um debate acirrado sobre a efetividade dessas intervenções. Muitos economistas acreditam que, de modo geral, a política governamental antitruste vem sendo pouco efetiva. Outros chamam a atenção para o fato de que a política de regulamentação dos mercados adotada pelo governo tem sido contraproducente, uma vez que, restringindo a entrada no mercado e limitando a competição via preço, tem efetivamente protegido os produtores existentes de competidores em potencial. Agindo dessa forma, o governo, na realidade, reduz a competição no mercado. Mais à frente, consideraremos esse tópico mais detalhadamente.

A ausência de competição no fornecimento de um produto ou serviço pode decorrer de uma indivisibilidade tecnológica. Os economistas têm utilizado o conceito de monopólio natural para caracterizar essas situações. Monopólio natural é um monopólio concedido pela autoridade pública a um único produtor, porque a obtenção do bem em questão por meio de vários produtores, em decorrência da indivisibilidade, ocorreria a custos maiores que o do monopólio. Essa é a razão para se ter uma única empresa distribuindo água em uma cidade, pois a tubulação que transporta o líquido é indivisível. Não é possível servir dois bairros de uma mesma cidade sem que a tubulação passe pelos bairros intermediários. A existência de competição na produção – isto é, de mais de um fornecedor de água – implicará tubulações paralelas e, portanto, a obtenção desse serviço se dará a um custo mais elevado para a sociedade do que no caso de monopólio.

Assim, nos casos dos chamados monopólios naturais, como a competição na oferta do serviço – mais de um fornecedor – implica maior custo para os usuários, pela indivisibilidade tecnológica, a solução para essa falha de mercado pode dar-se por meio da concessão, ao setor privado, de um monopólio no fornecimento do serviço, ficando a autoridade pública responsável por evitar o exercício efetivo do monopólio pela regulamentação do processo de fornecimento do serviço. É possível também contornar o problema da indivisibilidade, atribuindo ao setor público a responsabilidade de prover à sociedade o serviço em questão. Essas duas soluções são encontradas no mundo real.

Em alguns casos – como o abastecimento de água, em muitas cidades brasileiras –, esses serviços têm sido prestados pelas autoridades públicas estaduais ou municipais. Transporte público, distribuição de energia elétrica, distribuição de gás de cozinha etc. têm sido, em geral, fornecidos às populações urbanas por empresas privadas, sob o regime de concessão regulada. A ação reguladora do Estado, nesses casos, vai desde as exigências sobre a constituição jurídica da empresa concessionária até o controle de preços e da qualidade do produto ou serviço ofertado.

A indivisibilidade técnica pode, às vezes, ser eliminada pelo desenvolvimento de novas tecnologias. Assim ocorreu com os serviços de telecomunicações nacionais ou mesmo internacionais. Até o desenvolvimento do uso de satélites artificiais nos serviços de telecomunicações, a ligação interurbana se dava por meio de cabos que representavam uma infra-estrutura indivisível na ligação de cidades. A possibilidade do uso de satélites eliminou esse investimento em infra-estrutura e permitiu, por meio do aluguel de horas de serviço de satélite, uma divisibilidade no processo de produção de telecomunicação. Com o fim da indivisibilidade tecnológica, observamos o fim do monopólio nesse mercado.

Externalidades – Falha no Cômputo de todos os Custos ou Benefícios

Quando os direitos de propriedade não são bem caracterizados ou não são protegidos pelo governo, a ação de produtores e consumidores pode produzir danos à propriedade (ou à pessoa) de outros, porque, não sendo caracterizado o direito de propriedade ou não sendo possível ao lesado exercer o seu direito, não há como fazer que os responsáveis pelos danos parem de produzi-los, porque não incorrem nos custos dos danos que causam a terceiros. Essa falha resulta de efeitos colaterais chamados **externalidades**, decorrentes da ação de um indivíduo ou de um grupo de indivíduos que venha a afetar o bem-estar de outros, sem o consentimento desses últimos. Quando esses efeitos colaterais estão presentes – porque, por exemplo, o sistema jurídico não consegue fazer valer os direitos contra a poluição –, os mercados falham por não registrar o custo total de recursos usados na produção desse bem ou serviço específico. Como resultado, a informação contida nos preços não é precisa, pois não reflete a escassez relativa.

> **Externalidades**
>
> Efeitos colaterais gerados por uma ação que influencia o bem-estar de terceiros sem que estes consintam ou participem da ação original. Aqueles afetados pela externalidade podem ter um ganho (externalidade positiva) ou ser prejudicados (externalidade negativa).

Os exemplos de externalidades abundam na sociedade moderna. Um alto-forno que polui o ar impõe um custo aos residentes da vizinhança. Um morador de um apartamento que ouça música muito alta pode impor um custo aos seus vizinhos que, naquele momento, procuram estudar, relaxar ou dormir. Conduzir o seu carro na hora do *rush* contribui para aumentar o nível de congestionamento de tráfego, impondo, desse modo, um custo aos demais motoristas. Do mesmo modo, lixo, motoristas bêbados, punguistas e ladrões impõem custos não-desejados e não-autorizados aos outros.

A existência de externalidades implica ausência de direitos de propriedade ou falta de proteção efetiva para tais direitos. O morador do apartamento, que é incomodado pela música ou pelo barulho de seu vizinho, ou não tem o direito à tranqüilidade ou é incapaz de exigir que esse direito seja respeitado. Nos dois casos, o responsável pelo barulho não é forçado a mudar seu comportamento para considerar o desconforto que causa a seus vizinhos. Da mesma maneira, cada motorista que conduz o seu veículo em uma via pública congestionada não pode ser forçado a considerar os efeitos que impõe a outros motoristas, a menos que se cobre um pedágio que reflita o custo do congestionamento. Quando a possibilidade de fazer valer os direitos de propriedade não existe, as externalidades ocorrem naturalmente com muito mais freqüência. Nem todas as externalidades implicam a imposição de um custo a terceiros. Muitas vezes, a ação humana gera benefícios para terceiros. Proprietários que mantêm as suas casas em boas condições, com os seus jardins bem-cuidados e floridos, contribuem para a beleza de toda a vizinhança, beneficiando, desse modo, todos os outros membros da comunidade. O conhecimento científico beneficia seus autores, mas também contribui para o bem-estar de muitas pessoas que não ajudaram a pagar pelo seu desenvolvimento. Uma vez mais, a impossibilidade de caracterização de direitos de propriedade que possam ser exercidos pelo criador do benefício impede que o produtor do bem ou serviço que gera a externalidade positiva possa cobrar pelos benefícios gerados. Por que as externalidades criam problemas para o mecanismo de mercado?

A Figura 5.2 ajuda-nos a responder a essa questão. Em um mercado competitivo e em equilíbrio, o custo de um bem, incluindo o custo de oportunidade do produtor, será pago pelos consumidores. A menos que os benefícios apropriados pelos consumidores excedam o custo de oportunidade de produção, os bens não serão produzidos. O que acontece, então, quando externalidades estão presentes?

Suponha que uma firma lance fumaça no ar ou dejetos em um rio. Recursos que valorizamos – ar puro e água pura – são agora usados para deposição de lixo. O poluidor pode beneficiar-se do fato de estar removendo seu lixo de maneira barata. Entretanto, populações vizinhas à fábrica ou localizadas rio abaixo são castigadas pela poluição do ar ou do rio e não podem processar os poluidores pelos danos a que estão sujeitos. Assim, nem a firma produtora nem os consumidores de seu produto pagam pelos custos causados pela poluição gerada na obtenção do bem em questão. A parte *a* da Figura 5.2 mostra que a curva de oferta, nesse caso, subestima o custo de oportunidade de produção quando essas externalidades estão presentes. Uma vez que o produtor tem de considerar apenas o custo para sua firma e pode ignorar o custo que impõe a terceiros, a curva de oferta relevante para suas decisões é exatamente S_1. Se o produtor tivesse de pagar todos os custos, inclusive aqueles associados à poluição, o resultado seria uma oferta menor (S_2).

A curva de oferta atual S_1 não registra completamente os custos de oportunidade de produção do bem. Para o produtor, o custo de oportunidade efetivamente incorrido

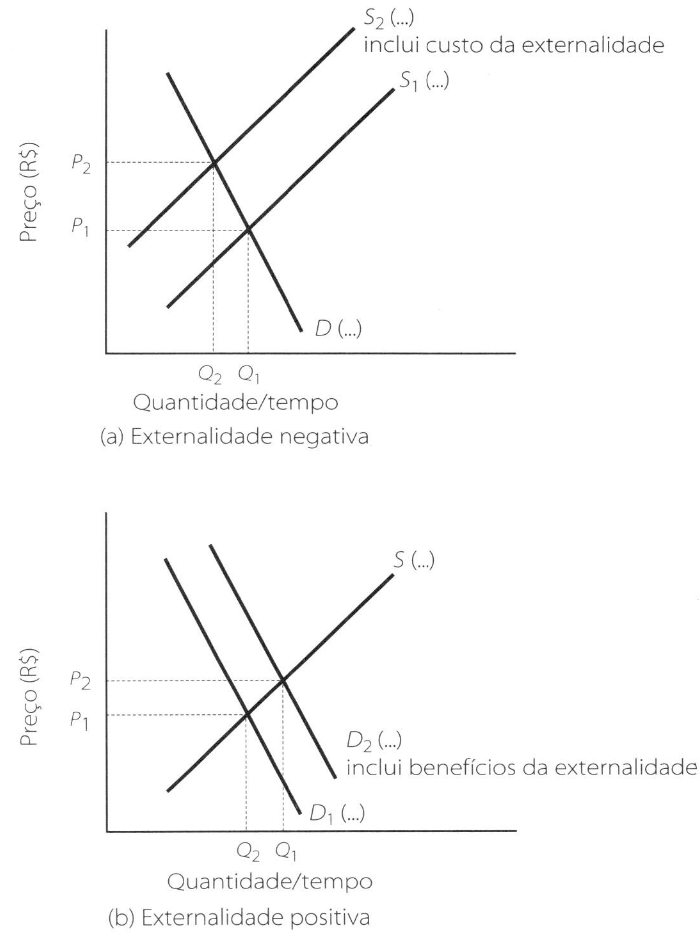

Figura 5.2 Externalidade: um problema para o mercado.

Quando custos externos (parte *a*) estão presentes na produção de um bem (externalidades negativas), o nível de produção (Q_1) excederá a quantidade (Q_2) compatível com seu custo de oportunidade. Assim, algumas unidades do bem ($Q_1 - Q_2$) serão produzidas, embora seus custos sejam superiores aos benefícios que eles geram. No entanto, quando a produção (parte *b*) de um bem gera benefícios externos (externalidades positivas) o nível de produção (Q_1) será inferior à quantidade (Q_2) que iguala, na margem, seu custo de oportunidade ao benefício que ele gera. Nesse caso algumas unidades do bem ($Q_2 - Q_1$) não são produzidas, embora seus custos sejam inferiores aos benefícios que elas geram. Nos dois casos, há perda de eficiência econômica.

é baixo o suficiente para que ele expanda sua produção (além de Q_2 até Q_1), embora a valorização que os compradores dêem a uma unidade adicional seja inferior ao custo de oportunidade total de produzi-la. A segunda condição de eficiência, Regra 2, é violada. A ineficiência resulta do fato de que unidades do produto são produzidas ainda que o seu valor na margem seja inferior ao seu custo. A poluição do ar e a da água são efeitos colaterais. Em uma análise que leve em conta não só os custos e benefícios diretos da atividade, mas também seus efeitos colaterais, os custos causados pela poluição adicional são maiores que os benefícios apropriados por compradores e vendedores no nível de produção superior a Q_2. A economia estaria em uma posição melhor, se as unidades superiores a Q_2 não fossem produzidas. Esse problema só ocorre pela inabilidade ou falha do sistema judiciário em proteger os direitos de propriedade dos vizinhos ou da população ribeirinha, prejudicados pela poluição.

A parte *b* da Figura 5.2 mostra como oportunidades de ganho são perdidas pela dificuldade de levar em conta as externalidades positivas. Um bem, como um jardim florido em frente a uma casa, pode ser produzido para consumo privado. Contudo, outros se beneficiam desse jardim florido sem que tenham de gastar um centavo para criá-lo e mantê-lo. Sob essas circunstâncias, a curva de demanda de mercado D_1 não registrará inteiramente os benefícios gerados pelo jardim, porque não incluirá todas as outras pessoas que o apreciam, mas não pagam para tê-lo. O nível de produto, sob essas circunstâncias, será Q_1. Seria possível que a comunidade realizasse um ganho pelo aumento de produção? Sim. A curva de demanda D_2 reflete tanto os benefícios diretos dos consumidores que pagam para ter o jardim quanto os benefícios indiretos ou secundários de todos aqueles que o apreciam sem pagar. O aumento da produção de Q_1 para Q_2 (aumento do tamanho do jardim ou das variedades de plantas) produziria um ganho líquido para a comunidade. Porém, nem o produtor nem os consumidores que pagam (nesse caso, todos na mesma família) podem capturar os benefícios secundários de uma produção superior ao nível de Q_1. O ganho líquido potencial decorrente de um nível de produção em Q_2 é perdido. A Regra 1 do nosso critério ideal de eficiência é violada. Uma vez mais, a falha na proteção de direitos de propriedade é a causa do problema. Nesse caso, os produtores não podem cobrar de uma parcela substancial dos consumidores que se beneficiam do seu produto ou serviço.

Os participantes de um mercado podem realizar ganhos se descobrirem uma forma de capturar benefícios gerados por externalidades. Em alguns casos, isso pode ser feito pela expansão da função da firma. Por exemplo: empresas que desenvolvem campos de golfe têm recentemente comprado largas extensões de terra em volta do local onde planejam construir o campo de golfe. Isso faz que, uma vez construído o campo de golfe, elas se apropriem do ganho que esse campo gera, em termos de valor das propriedades ao seu redor.

O desenvolvimento do Walt Disney World, na Flórida, fornece-nos um caso interessante de engenhosidade na captura de externalidades positivas. Quando Walt Disney construiu a Disneylândia, na Califórnia, o valor de mercado das terras em sua vizinhança subiu vertiginosamente, como resultado do aumento de demanda por serviços (alimentação, acomodação hoteleira, gasolina etc.). Como a terra nessa área tinha outros proprietários, a empresa que desenvolveu a Disneylândia não pôde capturar essa externalidade. No entanto, quando o Walt Disney World foi desenvolvido nas proximidades de Orlando, Flórida, seus construtores compraram uma vasta faixa de terra, muito superior à que era necessária para a construção do parque. Com a construção do Disney World, o valor das terras à sua volta, como era de esperar, cresceu vertiginosamente, com o aumento da demanda por hotéis, restaurantes e outros serviços de comércio. Ao longo dos anos, a venda das terras no entorno do parque tem sido a maior fonte de renda da Disney Corporation. Embora esforços como estes sejam importantes, eles não poderão resolver todos os problemas criados por externalidades positivas. Alguns ganhos potenciais não realizados perduram, clamando por soluções engenhosas.

Em resumo, mercados competitivos falham em dar a consumidores e produtores os sinais e os incentivos corretos, quando os direitos de propriedade não são inteiramente definidos e protegidos, permitindo, desse modo, o aparecimento de externalidades. O mercado tende a direcionar mais recursos que o ótimo para a produção de bens que geram externalidades negativas e menos recursos que o ótimo para a produção de bens que geram externalidades positivas. O governo pode estar apto a alterar essa situação. Por exemplo, ele pode definir adequadamente direitos de propriedade não bem-definidos. Alternativamente, ele pode introduzir um imposto na produção de bens que geram externalidades negativas e conceder subsídios a atividades que geram externalidades positivas. Note, entretanto, que não há garantia de que a intervenção do governo melhore a situação existente. Externalidades criam um potencial para a ação produtiva do governo.

Bens Públicos: Um Problema em Potencial para o Mercado

> **Bens públicos**
>
> São bens consumidos conjuntamente, de modo que o consumo por parte de um indivíduo não reduz o consumo de nenhum outro. Assim, quando consumido por um indivíduo, o bem público também está disponível para qualquer outro indivíduo. Defesa nacional, controle de enchentes por meio de barragens e conhecimento científico são todos bens públicos.

Bens públicos são difíceis de serem providos comercialmente por meio do mercado, porque não é possível excluir de seu uso ou consumo os clientes que não pagam por eles. Para que um bem seja considerado público, é preciso que: (1) seja consumido conjuntamente pelas pessoas e (2) não se possa excluir de seu uso ou consumo nenhuma pessoa. Um bem é consumido conjuntamente quando muitos indivíduos podem compartilhar do consumo da mesma unidade no mesmo momento de tempo. Um sinal de transmissão de rádio, por exemplo, pode ser compartilhado por todos aqueles que sintonizam a sua freqüência no mesmo momento. Quando um bem é consumido compartilhadamente, o consumo adicional por parte de uma pessoa não reduz a quantidade do bem à disposição do consumo de nenhuma outra pessoa. Se um ouvinte adicional liga o rádio, isso não reduz a disponibilidade do sinal emitido para qualquer outro ouvinte. Assim, o custo marginal de se permitir que um ouvinte adicional compartilhe do uso desse bem (o sinal emitido pelo rádio) é zero. Em sua maioria, os bens não têm essa característica de consumo compartilhado, mas são, na realidade, rivais no consumo. Dois indivíduos não podem, simultaneamente, consumir o mesmo par de sapatos, por exemplo. Quando uma pessoa compra um par de sapatos, haverá um par a menos à disposição de todas as outras pessoas.

A segunda característica de um bem público é a não-exclusividade. Não-exclusividade significa que é impossível (ou, pelo menos, extremamente custoso) excluir um cliente que não paga do benefício gerado pelo bem. Como aqueles que não pagam não podem ser excluídos, ninguém tem o incentivo para ajudar a pagar a disponibilização (ou produção) do bem. Isso cria o problema do **carona**, pessoa que recebe benefício de um bem sem contribuir para cobrir seus custos. Quando um número muito grande de pessoas age como caronas, não se produz muito de bens públicos. Esse é exatamente o problema que o mercado tem para prover um bem público – eles serão oferecidos pelo mercado, em uma quantidade menor que a desejada. Isso será verdade, ainda que o bem seja muito valorizado. Suponha que a defesa nacional fosse produzida inteiramente pelo mercado. Você estaria disposto a contribuir, voluntariamente, para sua produção? Sua contribuição teria pouco impacto sobre o total de defesa nacional produzido para cada um de nós, mesmo que você contribuísse generosamente. Muitos cidadãos, ainda que valorizem muito a defesa nacional, prefeririam ser caronas e, desse modo, poucos fundos estariam disponíveis para financiar a defesa.

> ***Carona***
>
> Pessoa que recebe o benefício de um bem sem contribuir para seu custo de obtenção (produção). Bens públicos e comodidades que geram externalidades positivas permitem que pessoas tomem carona nos gastos de outros.

É importante observarmos que é a característica intrínseca do bem, e não o setor no qual ele é produzido, que distingue o bem público. Na realidade, o governo produz tanto bens públicos quanto bens não-públicos, assim como os mercados. Muitos bens providos pelo setor público, variando de serviços médicos e educação a serviços de correio e de coleta de lixo, não têm a característica intrínseca de bens públicos. De fato, bens públicos, na sua versão mais pura, são extremamente raros. A defesa nacional é, provavelmente, o exemplo que mais se aproxima do conceito de bem público. A manutenção de ar puro em uma localidade também pode ser qualificada com um bem público. Do mesmo modo, a ação do Banco Central e a manutenção de um sistema legal e de administração de justiça poderiam também ser classificadas como bens públicos.

Só porque um bem é público não significa, necessariamente, que o mercado falha em oferecê-lo. O problema é como financiar sua produção. No mercado, os consumidores financiam a produção dos bens. A figura do carona inibe a produção de bens públicos pelo mercado, mas, uma vez que o problema do financiamento de sua produção seja equacionado, eles podem ser produzidos pelo setor privado. Muitos bens públicos são produzidos pelo setor privado. A música *Garota de Ipanema* é um bem público. Você pode cantá-la sem que isso impeça que outra pessoa o faça no mesmo momento. O que levou Vinícius de Moraes e Tom Jobim a divulgarem sua letra e música foi a possibilidade de ganho decorrente da venda de sua gravação sob a forma de discos ou dos direitos autorais de execução. Dessa forma, o estímulo para sua produção foi gerado pelo mercado fonográfico e pela garantia dos direitos autorais. O financiamento desse bem público – a letra e a melodia de *Garota de Ipanema* – não enfrentou a questão do carona. E por isso mesmo, o bem foi produzido. Note que um CD com a música *Garota de Ipanema* não é um bem público.

Quando o benefício de produzir bens públicos for muito alto, empreendedores se empenharão para descobrir formas inovadoras de contornar o problema do carona. A transmissão de rádio, que tem as duas características de bem público, é produzida pelo setor privado. O problema do carona foi contornado pela venda de propaganda (financiada indiretamente por renda gerada com os ouvintes), não se cobrando uma assinatura dos ouvintes. Empreendedores privados também descobriram mecanismos de codificação de sinais de televisão para excluir aqueles que não pagam da apreciação de seus programas (TV a cabo). Tecnologia semelhante tem sido usada na proteção de videoteipe. Em outros casos, arranjos mais ardilosos de comercialização de produto têm conseguido a proteção desejada. Esse é o caso das vendas casadas de um software e uma versão impressa de seu manual de instruções. Na realidade, o mercado de softwares de computador é uma excelente ilustração de como o mercado vem contornando o problema do carona. Como o mesmo programa de software pode ser copiado sem que se reduzam a quantidade e a qualidade disponível existente, o custo de impedir tal pirataria é tão alto que, para efeitos práticos, os programas de softwares têm características de bens públicos. Entretanto, Bill Gates se transformou no homem mais rico do planeta, produzindo e comercializando esse bem público.

Os bens públicos, de modo geral, quebram a harmonia entre o interesse próprio e o interesse público. A despeito do esforço inovador dos empreendedores, a quantidade de bens públicos oferecida exclusivamente pelo mercado é, geralmente, menor que a quantidade consistente com a eficiência econômica. Isso cria um potencial para a ação produtiva do setor público.

Problemas Potenciais de Informação

No mundo real, as escolhas de mercado, como qualquer outra decisão, são feitas com informação incompleta. Os consumidores não têm perfeito conhecimento a respeito da qualidade do produto, dos preços de produtos alternativos ou dos efeitos colaterais que o seu uso pode provocar. Eles podem tomar decisões incorretas, das quais mais tarde se arrependerão, simplesmente porque não possuem boa informação.

A realidade do conhecimento imperfeito não é uma falha do mercado. De fato, o mercado provê consumidores com fortes incentivos para a aquisição de informação. Se, por um erro, um consumidor compra um "abacaxi", ele sofrerá as conseqüências de sua aquisição. Além disso, os vendedores têm também um forte incentivo para informar os compradores dos benefícios de seus produtos, especialmente em comparação com os produtos alternativos à disposição do consumidor. Entretanto, as estruturas de incentivos de compradores e vendedores estão condicionadas a diferentes circunstâncias.

O problema de informação é mínimo para um consumidor que adquire um bem regularmente. Considere a compra de sabonete. Há um custo muito baixo para experimentar as diversas marcas alternativas. Como o sabonete é um produto comprado regularmente, tentativa e erro é a forma econômica de se determinar a marca mais adequada às nossas necessidades. Sabonete, pasta de dentes, muitos produtos alimentícios, serviços de corte de cabelo e gasolina são todos **bens comprados com regularidade**. Os consumidores podem facilmente utilizar a experiência passada para se orientar na compra de tais itens.

> ***Bens comprados com regularidade***
>
> São bens comprados, periodicamente, pelo mesmo comprador.

Quando comercializam um bem que é freqüentemente adquirido pelos seus clientes, os vendedores têm um forte incentivo para transferir aos consumidores de seu produto as informações mais precisas possíveis. Se não agirem assim, poderão afetar negativamente suas vendas futuras. Como a demanda futura está diretamente relacionada com o nível de satisfação atual de seus clientes, os vendedores de bens comprados periodicamente se empenharão em ajudar seus clientes a fazer escolhas que os satisfaçam ao longo do tempo. Nesse caso, em termos de informação, há uma harmonia entre interesses de compradores e vendedores.

Essa harmonia, entretanto, não está presente em todas as transações. Sérios problemas de conflitos de interesse, de informação inadequada e de clientes insatisfeitos emergem, quando os bens são: (1) de difícil avaliação por uma simples inspeção e raramente comprados de forma repetitiva do mesmo produtor, ou (2) potencialmente capazes de produzir efeitos colaterais negativos e duradouros, que não podem ser previstos por um leigo. Sob tais condições, sendo a natureza humana o que é, devemos esperar que alguns produtores inescrupulosos vendam produtos de baixa qualidade, defeituosos ou, ainda, que afetem negativamente o bem-estar dos consumidores.

Quando os consumidores não são capazes de distinguir entre produtos de alta e de baixa qualidade, os empresários têm o incentivo para cortar custos, reduzindo a qualidade de seu produto. Na ânsia de economizar, e incapazes de distinguir a diferença de qualidade, os consumidores são levados a comprar produtos de mais baixo preço. É possível, nesses casos, que os consumidores comprem gato por lebre. Como os vendedores nessa situação não dependem de compras sistemáticas de um mesmo consumidor, os empresários que reduzem custos, diminuindo a qualidade, podem sobreviver e até prosperar no mercado. *A probabilidade de que os clientes fiquem insatisfeitos aumenta, pela ausência de informação adequada. Desse modo, o pleito em favor de um mercado livre se torna mais fraco.*

Considere o problema de informação enfrentado por um consumidor que deseja comprar um automóvel. Será que a maioria dos compradores de automóveis está devidamente preparada para avaliar a qualidade e os equipamentos de segurança dos veículos? Exceto por uns poucos especialistas, a maioria não tem tal qualificação. Alguns consumidores podem, individualmente, procurar ajuda e o conselho de um especialista. Empreendedores já descobriram formas engenhosas de obter ganho, provendo informação segura e confiável aos consumidores. (Ver o boxe "Teoria Econômica Aplicada" sobre "Problemas de informação e oportunidades de lucro".) Em muitos casos, entretanto, pode ser mais eficiente prevenir uma possível falha no mercado por meio de regulamentação, pelo governo, sobre a segurança dos automóveis, exigindo a inclusão de certos equipamentos de segurança.

Por mais úteis e importantes que sejam – avaliações publicadas por especialistas, operações por meio de franquia, propaganda, reputação da marca e requisitos de qualidade impostos pelas próprias firmas –, certos procedimentos de comercialização não resolvem um tipo de problema de informação que tem pouco a ver com o desenho do produto e sua fabricação: o **problema da informação assimétrica**, que pode fazer que o funcionamento do mercado, para alguns produtos, dificilmente ocorra de forma efetiva. *O problema da informação assimétrica ocorre quando o comprador potencial ou vendedor potencial tem uma importante informação que a outra parte não tem.*

Problema da informação assimétrica

É o problema que surge quando compradores ou vendedores têm importante informação sobre o produto a ser transacionado que não é possuída pela outra parte.

Considere a tentativa de compradores de carros usados evitarem a compra de um "abacaxi". O vendedor sabe quais os carros que têm qualidade acima da média e aqueles de qualidade abaixo da média, por tipo de veículo (marca, ano de fabricação, modelo). Os compradores, no entanto, não podem constatar a qualidade dos veículos simplesmente examinando-os ou conduzindo-os em um teste. Dessa forma, os compradores não estarão dispostos a pagar mais do que eles acreditam ser o valor médio no mercado dos carros de uma categoria específica. Entretanto, se os carros melhores que a média não podem ser comercializados a um preço acima da média, poucos carros de melhor qualidade serão oferecidos e vendidos no mercado. Se, na realidade, são os carros de qualidade inferior à média que determinam a média de preço do mercado, mais carros de qualidade inferior à média serão oferecidos. Os compradores entendem esse fato perfeitamente e, por isso, esperam que a qualidade do carro médio no mercado de carros usados seja menor que a qualidade média de todos os carros existentes para uma mesma categoria. Os proprietários dos carros de melhor qualidade relutam em vendê-los ao baixo preço de mercado e, por isso, é difícil o desenvolvimento de um mercado de carros de qualidade acima da média, quando os compradores não podem ser convencidos de que eles são, efetivamente, de melhor qualidade.

Os vendedores dos carros de melhor qualidade têm um incentivo para prover informações adicionais sobre o carro, de modo a obter um preço mais elevado pelo bem de qualidade superior. Mas como isso é feito? Como os vendedores de carros de melhor qualidade podem provar que seus veículos são de melhor qualidade? A resposta a essa pergunta difere se o vendedor for um proprietário particular ou uma empresa estabelecida, revendedora de automóveis. Os proprietários particulares dos carros podem apresentar o manual do proprietário com todos os registros de troca de óleo e lubrificação para demonstrar o cuidado e, conseqüentemente, a melhor manutenção do veículo, de modo a justificar sua melhor qualidade e, possivelmente, sua maior durabilidade. Empresas revendedoras sempre inspecionam um carro antes de colocá-lo à venda e, desse modo, podem oferecer garantias, durante um tempo determinado ou por uma quilometragem especificada, para certas partes do veículo, dependendo da qualidade desse carro. A revendedora certamente oferecerá outros carros sem qualquer garantia. Vendedores de alguns produtos chegam a conceder garantia de preço; é comum às lojas anunciar que, se o consumidor encontrar o mesmo produto oferecido a um preço menor no concorrente, elas cobrirão a diferença. Oferecendo-se para arcar com os riscos de qualidade e preço, o vendedor inspira credibilidade nos anúncios sobre qualidade e preço de seus produtos, atraindo mais compradores. Em outras palavras, ele aumenta a qualidade e a quantidade da informação oferecida, reduzindo, assim, o problema da informação assimétrica.

O problema da informação assimétrica surge, também, quando os compradores têm mais informação que os vendedores. Considere o mercado de seguros-saúde. Os compradores de seguro-saúde têm conhecimento de seus problemas de saúde em um grau muito superior ao da companhia de seguros. Aqueles com um mau histórico de saúde e estilo de vida que aumenta os riscos de doença podem pagar o mesmo, por uma apólice de seguro, que os outros compradores com menores riscos. Nesses casos, a companhia de seguros acabará gastando mais com esses segurados do que os cálculos estatísticos e atuariais indicariam. Em contraste, esse mesmo seguro, vendido ao mesmo preço, é menos atrativo para uma pessoa saudável, com baixos riscos de doença. Conseqüentemente, poucas pessoas com esse perfil comprarão o seguro. Quando a companhia de seguros não consegue identificar aqueles clientes com maior potencial de gastos com saúde, para cobrar-lhes mais por uma apólice de seguro, ela terá de cobrar, de seus clientes saudáveis e com baixo risco de problemas de saúde, um preço excessivo em relação ao benefício que eles terão com o seguro. Naturalmente, esse aumento de preço fará que pessoas saudáveis comprem seguro-saúde com menor freqüência, tornando a situação ainda mais complicada. Como no caso dos carros usados, a informação assimétrica reduz a efetividade do mercado. Assim como os melhores carros usados serão mais difíceis de vender a um preço que reflita seu valor, também no caso do seguro-saúde os indivíduos mais saudáveis e com menor risco de doenças terão dificuldade de conseguir comprar um seguro a um preço que considerem razoável, em virtude da presença da informação assimétrica.

O que pode ser feito com relação ao problema da informação assimétrica, quando compradores têm informação e vendedores, não? Os compradores, como todos os vendedores, estão desejosos de prover informação quando isso lhes traz vantagem. Compradores de seguro-saúde, cuja probabilidade de uso da apólice de seguro é baixa, podem conseguir um preço menor na compra de suas apólices, fornecendo o seu bom histórico de saúde à companhia de seguros. Os vendedores que não têm o direito de conseguir tal informação terão condições de determinar um preço mais baixo para as apólices de seguro-saúde de pessoas saudáveis com um estilo de vida de baixo risco de doenças. Infelizmente, procedimentos dessa natureza podem ser bloqueados por regulamentações governamentais.

Discutimos muitas formas pelas quais os participantes de um mercado podem reduzir os problemas que enfrentam em virtude da escassez e do custo de obter informação. Ainda assim, muitos problemas não podem ser resolvidos. Como no caso da competição imperfeita, das externalidades e dos bens públicos, a ausência de informação ou seu custo extremamente elevado constitui um problema que impede o mercado de atingir os resultados ideais.

TEORIA ECONÔMICA APLICADA

Problemas de informação e oportunidades de lucro

Quando os consumidores podem beneficiar-se de uma informação adicional, os empreendedores podem realizar lucros, se descobrirem uma forma de financiar o provimento dessa informação. Os empreendedores estão sempre procurando maneiras de ganhar dinheiro, provendo consumidores com coisas que eles estão dispostos a pagar para ter. *Os consumidores têm um incentivo para procurar informação sobre bens, ainda que a um custo. Editores e outros empreendedores provêem informação para os consumidores descobrirem do que eles necessitam sobre determinados produtos, por meio de avaliações de especialistas.* Compradores de carros e de computadores, por exemplo, beneficiam-se de dúzias de revistas especializadas que contêm a análise e a opinião de especialistas sobre quase todos os aspectos desses bens. Nos Estados Unidos, o *Consumer Reports* e o *Consumer Research* são publicações especializadas que desenvolvem testes de laboratórios para a análise de produtos específicos, de modo a informar os consumidores sobre uma larga variedade de bens.

A franquia foi outra maneira que os empreendedores descobriram para satisfazer os desejos dos consumidores por mais e melhor informação. O turista, viajando por uma região pela primeira – e, possivelmente, única – vez, sabe que comer em cadeias de restaurante sob franquia e hospedar-se em hotel também sob franquia é a forma mais barata de evitar contratempos e erros custosos. O franqueador determina os padrões de atendimento e de qualidade de produto para todas as firmas que aceitam participar da cadeia. Procedimentos são estabelecidos, incluindo inspeções regulares e contínuas, de modo a garantir os padrões determinados. Os proprietários da franquia têm um incentivo muito forte para manter uma reputação de qualidade, uma vez que, se esta declina ou é perdida, sua habilidade de vender a franquia a novos participantes fica comprometida. Ainda que um turista visite um estabelecimento uma única vez, a franquia torna essa única visita uma "compra repetida", uma vez que a reputação da cadeia de caráter nacional ou internacional é que é reconhecida. Do mesmo modo, a propaganda em torno de uma marca desenvolve toda uma reputação que estará em jogo a cada compra feita. Quanto deve pagar a Coca-Cola Company para evitar a venda de gar-

TEORIA ECONÔMICA APLICADA

(continuação)

rafas de coca que sejam perigosas ao consumidor? Seguramente, um valor muito alto. O nome Coca-Cola, estima-se, vale cerca de US$ 24 bilhões, e esse bom nome só é mantido pelo controle de qualidade. Como Coca-Cola é uma marca conhecida em todo o mundo, qualquer problema de qualidade em qualquer parte implicará um dano financeiro tremendo para a firma. Investimentos em propaganda também têm papel importante na construção da reputação. O valor da reputação construída pela propaganda pode desaparecer, se a firma enganar seus consumidores.

Empreendedores inovadores descobriram formas de assegurar aos compradores que determinados produtos, ainda que produzidos por empresas pequenas e pouco conhecidas, satisfazem os altos padrões de qualidade. Considere o caso dos Best Western Motel*. A Best Western não possui qualquer motel; entretanto, construiu, sob a idéia de franquia, uma cadeia de motéis, cada um com um proprietário independente. Ela publica regras e padrões que cada proprietário de motel deve seguir se desejar participar da marca Best Western, bem como do serviço único de reservas que a companhia opera. De modo a proteger a sua marca, a Best Western envia inspetores em visitas a cada motel com o seu nome, para verificar se, de fato, os padrões determinados são atendidos pelo estabelecimento. Cada cliente desapontado afeta a reputação e reduz o valor da marca Best Western e, portanto, o desejo de novos proprietários de motel de se associarem, pagando, ao seu nome. Os padrões são desenhados de modo a manter os clientes satisfeitos. Ainda que cada proprietário de motel tenha, relativamente, uma operação pequena, alugando o nome Best Western, esse pequeno operador passa a ter uma reputação internacional, anteriormente disponível somente para as grandes firmas. Na realidade, a Best Western age como um regulador dos motéis que carregam seu nome. Agindo assim, ela provê tanto consumidores quanto produtores, com uma solução de mercado para o problema decorrente de informação imperfeita.

Outro tipo de regulador privado é o Underwriters Laboratories ou, simplesmente, UL. Ele estabeleceu seus próprios padrões de segurança para equipamentos elétricos. Os produtores desses equipamentos, voluntariamente, submetem sua produção ao UL, pagando à firma para testar os seus produtos. Os produtores fazem isso simplesmente porque o UL certifica, quando é o caso, que o produto satisfaz aos padrões de exigência do UL. Esse fato pode ser publicado, e os consumidores que conhecem a reputação do UL estarão mais dispostos a comprar o produto. Uma vez mais, uma firma que certifica – nesse caso, o UL – tem um forte estímulo para conceder certificados somente a produtos elétricos que satisfaçam seus padrões de segurança, visto que é o valor do nome UL que está em jogo. Esse valor depende, única e exclusivamente, do reconhecimento de que, de fato, os produtos com o certificado UL são seguros para o uso por consumidores.

Como esses exemplos indicam, soluções engenhosas, tais como assegurar a qualidade de uma firma ou de uma franquia ou proteger o nome de uma marca, podem ser tão caras quanto efetivas. Entretanto, esses mecanismos não podem garantir que os consumidores jamais serão enganados ou desapontados, após uma transação. Vivemos em um mundo de informação imperfeita.

* Esse exemplo se baseia em Randall G. Holcombe e Lora P. Holcombe, The market for regulation, *Journal of Institutional and Theoretical Economics*, v. 142, n. 4, p. 684-696, 1986.

Olhando à Frente

Neste capítulo, focalizamos o papel do governo do ponto de vista da eficiência econômica. Nossa análise indica que o governo pode contribuir positivamente para a prosperidade do povo, provendo um ambiente legal e monetário que facilite a operação de mercados competitivos. O governo pode também contribuir oferecendo um conjunto limitado de bens públicos e adotando políticas públicas capazes de minimizar problemas decorrentes de externalidades e de elevados custos de informação.

O potencial que o governo tem de promover eficiência econômica, não implica necessariamente que ele o fará. O processo político é simplesmente um método alternativo de organizar atividades econômicas. Não há garantia de que mesmo um governo democrático fará sempre a coisa certa. Além disso, é normal que as pessoas procurem o governo por outras razões que não a promoção da eficiência econômica – buscar ganhos pessoais por meio de subsídios, de transferências de renda e de regulamentação, por exemplo. A construção de soluções políticas é difícil e complexa, mas os instrumentos de análise econômica podem nos permitir melhor compreensão de como as decisões políticas são tomadas. O capítulo seguinte enfocará esse tópico – como o governo opera, quando provavelmente ele operará bem e quando devemos esperar que ele não opere muito bem.

Resumo do Capítulo

- O governo tem o direito exclusivo do uso da força coercitiva. Pessoas, individualmente ou em grupos, competem para utilizar os poderes de tributação, de gastos e de regulamentação do governo.
- O setor público pode tomar de alguns e dar a outros, mas a escassez nos garante que alguém sempre pagará a conta. Custos e benefícios são distribuídos diferentemente no setor público, quando comparados ao setor privado.
- Eleitores enfrentam o problema da compra de um pacote e são incapazes de votar em políticas. Elegendo um candidato, escolhem o conjunto de opções de política pública desse candidato. Essas opções geralmente não coincidem com as do eleitor, mas, certamente, são as que menos o agridem.
- Para encontrar o custo do governo, devemos adicionar, ao custo de oportunidade dos recursos usados na produção de bens providos pelo governo, o custo do sistema tributário e do sistema de regulamentação, bem como o custo social líquido decorrente da taxação e da regulamentação. Somente os indivíduos pagam impostos (e sofrem os efeitos da regulamentação), independentemente de serem as firmas ou os indivíduos os que recolham os tributos aos cofres públicos.

- A função de proteção do governo provê uma estrutura na qual os indivíduos ganham por agir pacífica e construtivamente. A função produtiva do governo pode prover o povo de bens que não seriam facilmente oferecidos pelas transações de mercado.
- Quando o mercado falha em produzir a quantidade e a composição ideais de produtos, o problema pode, em geral, ter origem em: ausência de competição, externalidades, bens públicos e informação a altos custos. Externalidades e bens públicos refletem a falta de um sistema bem-definido de direito de propriedade que possa, efetivamente, ser exercido.
- Empreendedores no mercado têm um incentivo para descobrir soluções para todo e qualquer problema de mercado. Dessa maneira, novas soluções estão sendo constantemente descobertas para velhos problemas. Para os problemas remanescentes, abre-se uma porta para a ação do governo, de modo a contornar as dificuldades decorrentes do problema.

Questões de Análise Crítica

1. Se forem dados incentivos aos produtores para a produção de um bem, por que eles devem se importar com o fato de que alguns consumidores se beneficiarão do bem sem ter de pagar por ele?
2. Explique, com suas próprias palavras, o que significa externalidade positiva e externalidade negativa. Por que a alocação de mercado não atingirá o seu ideal na presença de externalidades?
3. Por que é complicado para o mecanismo de mercado prover bens públicos?
4. Identifique, entre as opções a seguir, as que se referem a bens públicos. Justifique.
   a) Forças Armadas do Brasil;
   b) Corpo de bombeiros da cidade do Rio de Janeiro;
   c) Quadras de tênis;
   d) Parque Nacional do Xingu;
   e) Escolas de ensino fundamental.
5. Suponha que Abelardo construa uma fábrica próxima à fazenda de Severino e que a poluição dessa fábrica prejudique a colheita de Severino. Foram violados os direitos de propriedade de Severino, com relação à sua terra? Esse é um caso de externalidade? O que você nos diria se a poluição da fábrica de Abelardo causasse danos à saúde de Severino? Nesse caso, os direitos de propriedade de Severino foram violados? É um caso de externalidade? Explique.
6. O filósofo inglês John Locke argumentava que a proteção à pessoa e à propriedade (adquirida sem o emprego da violência, roubo ou fraude) de cada indivíduo era a função principal do governo. Por que essa proteção é importante para o funcionamento de uma economia?

7. "A função protetora do governo é a chave do sucesso de uma economia de mercado." Essa afirmação é falsa ou verdadeira? Explique.
8. "O turista em uma economia de mercado é sempre explorado. Os moradores locais são sempre mais bem-tratados e pagam preços menores que o turista. Por isso mesmo, o governo deve regular e controlar os preços de hotéis." Isso é falso ou verdadeiro? Explique.
9. Se os vendedores de cimento são capazes de se organizar de modo a reduzir seu produto e aumentar seu preço, como isso afeta a eficiência econômica? Explique em termos do impacto desse evento sobre o custo marginal dos vendedores e o benefício marginal obtido pelos compradores.
10.
    a) Explique como pode resultar ineficiência econômica quando uma usina de açúcar impõe, pela poluição, um custo sobre a produção de hortifrutigranjeiros localizada rio abaixo.
    b) Em termos de direitos de propriedade, essa poluição pode caracterizar uma externalidade para os agricultores?
11. "Educação fundamental é seguramente um bem público e deve ser produzida pelo governo." Avalie essa afirmação.

6 A Economia do Processo de Decisões Coletivas

[A escolha pública] analisa a motivação e as atividades dos políticos, funcionários públicos e burocratas do governo como pessoas com um interesse particular que pode ou não coincidir com o interesse do público que eles supostamente deveriam servir. Ela é uma análise de como as pessoas se comportam no mundo como ele é.

Arthur Seldon[1]

Não se pode concluir que, sempre que o *laissez-faire* falha, a interferência do governo é benéfica, uma vez que os danos inevitáveis da interferência deste último, em qualquer caso, são piores do que os danos causados pelas empresas privadas.

Harry Sidgwick, 1887[2]

FOCO DO CAPÍTULO

- Quais são as principais forças, em uma democracia representativa, que determinam as decisões coletivas?
- É possível que a ação do governo seja simultaneamente vantajosa para todos os cidadãos?
- O processo democrático de decisão nos conduz à eficiência econômica? É possível, em algumas ocasiões, que as decisões da boa política conflitem com as recomendações da boa economia? Por quê?
- Por que, em uma democracia representativa, algumas pessoas são tributadas para que benefícios possam ser concedidos a outras? Que tipos de transferência de renda têm a preferência dos políticos? É possível, em algumas ocasiões, que a ação do governo melhore a eficiência do mercado? Quando isso mais provavelmente pode ocorrer?

---

1. Prefácio ao trabalho de Gordon Tullock, *The vote motive*. Londres: Institute of Economic Affairs, 1976, p. x.
2. Citado por Charles Wolf Jr., *Markets or government*. Cambridge: MIT Press, 1988, p. 17.

Como destacamos no capítulo anterior, é determinante o papel que o governo desempenha na economia de uma sociedade. É o governo que fixa as regras do jogo. O seu desempenho, com relação à proteção dos direitos de propriedade e ao estabelecimento e manutenção de um ambiente monetário, afeta a eficiência alocativa do mercado. O governo pode ainda contribuir de forma positiva, produzindo eficientemente bens públicos. Além dessas funções básicas, os governos modernos também têm se envolvido na operação de empresas e na provisão de bens essencialmente privados, regulamentando e, mais intensamente, promovendo distribuição de renda.

Dados o tamanho e a extensão da atividade econômica do governo, é de vital importância entendermos como ele funciona. Suas decisões são coletivas ou políticas. Na maioria dos países industrializados, assim como no Brasil, o controle político é exercido por uma democracia representativa. Neste capítulo, vamos utilizar a forma de pensar economicamente para estudar o processo de decisões coletivas e aprender um pouco mais sobre as funções da democracia representativa e o que dela podemos esperar.

Uma Visão Geral sobre o Processo de Decisões Coletivas

É importante reconhecer que o governo, incluindo aquele que é controlado democraticamente, não é um mecanismo de correção que sempre fará a coisa certa e necessária, adotando políticas públicas que promovam o bem-estar geral da população. O governo é, entretanto, um método alternativo de organização social – um processo institucional pelo qual indivíduos fazem escolhas coletivas e desenvolvem certas atividades.

> ***Análise da escolha pública***
>
> O estudo do processo de tomada de decisões e de como esse processo afeta a formação e a operação de organizações coletivas, tais como governos. Em geral, os princípios e a metodologia da economia são aplicados a tópicos em ciência política.

A **análise da escolha pública** é um ramo da teoria econômica que aplica seus princípios metodológicos na compreensão do funcionamento do processo político. Ao analisar o comportamento das pessoas no mercado, os economistas desenvolveram uma teoria comportamental lógica e consistente que pode ser testada em face da realidade. A escolha pública aplica essa mesma metodologia ao processo de decisão coletiva. Ela desenvolve uma teoria lógica e consistente que liga o comportamento individual à ação política, analisa as implicações dessa teoria e testa-a com relação a eventos do mundo real. Como a teoria do processo de decisão coletiva não é tão bem desenvolvida quanto nossa teoria de comportamento de mercado, nossas conclusões não serão tão bem definidas. Nos últimos 40 anos, entretanto, cientistas sociais têm conseguido avançar, reforçando nossa compreensão sobre o processo de alocação de recursos no setor público.[3]

Os economistas usam o postulado do interesse próprio para ampliar nossa compreensão sobre o processo de decisão em um contexto de mercado. Da mesma forma, os economistas da escolha pública aplicam o postulado do interesse próprio ao processo de tomada de decisões políticas. Eles admitem que, exatamente como as pessoas são motivadas por interesses particulares e pelo desejo pessoal de riqueza, poder e prestígio no mercado, elas também serão influenciadas por esses fatores quando tiverem de tomar decisões na arena política.

ECONOMISTA DE DESTAQUE

James M. Buchanan (1919 –)

James Buchanan é uma figura-chave na "revolução da escolha pública". Seu trabalho mais famoso, *The calculus of consent* (1962), em co-autoria com Gordon Tullock, argumenta que, a menos que as regras harmonizem o interesse próprio dos agentes políticos com o uso econômico dos recursos, o governo seguirá na contramão.* Essa contribuição e outras a ela associadas fizeram que Buchanan fosse laureado com o Prêmio Nobel de Economia, em 1986.

* J. M. Buchanan e G. Tullock, *The calculus of consent*. Ann Arbor: University of Michigan Press, 1962.

Estreitamente ligados ao interesse próprio como motivadores das ações de políticos e burocratas estão os conceitos de sobrevivência e expansão. No setor privado, ainda que um administrador não esteja primordialmente buscando lucros, a empresa lucrativa muito provavelmente sobreviverá, prosperará e se expandirá; e ela será a firma que as demais procurarão imitar. Do mesmo modo, no setor público, políticos e burocratas

---

3. As contribuições mais importantes nesse campo estão associadas a Kenneth Arrow, James Buchanan, Duncan Black, Anthony Downs, Mancur Olsen, Robert Tollison e Gordon Tullock. A escolha pública é um campo híbrido de economia e ciência política. Assim, cursos mais avançados nessa área são oferecidos nos dois departamentos.

devem agir no mais estreito interesse próprio de seus constituintes (e não, incidentalmente, no interesse próprio de suas carreiras), se esperam sobreviver nesse mercado. Aqueles que cooperam mais estreitamente com os grupos de constituintes mais poderosos angariarão maior prestígio político e terão as melhores oportunidades para dirigir as agências governamentais mais importantes.

O processo de decisões coletivas pode ser visto como uma complexa interação entre eleitores, legisladores e burocratas. Os cidadãos-eleitores elegem os representantes do Legislativo, que votam a imposição de tributos e a alocação dos recursos orçamentários nos vários níveis de governo, bem como nos de suas agências e autarquias. Com a aprovação legislativa, os funcionários públicos utilizam os recursos financeiros, transferidos para o governo, para a produção de bens e serviços governamentais, bem como para transferências de renda para eleitores (grupos e empresas). Em uma democracia representativa, a composição do corpo legislativo é determinada pelos votos, e suas decisões, em geral, são tomadas de acordo com a maioria dos votos dos representantes. Isso é válido para a imposição de novos tributos e para a aprovação de orçamentos e atividades de regulamentação. Em alguns casos, exige-se maioria qualificada. Vamos examinar com um pouco mais de cuidado a estrutura de incentivos que têm os três principais agentes de decisão política – eleitores, legisladores e burocratas – e considerar suas implicações para a operação do processo político.

O Eleitor-Consumidor

Como os eleitores decidem a quem apoiar? Sem dúvida, muitos fatores influenciam sua decisão. Uma vez que os eleitores precisam escolher alguém que os represente em um grande número de assuntos, eles não conseguem saber *a priori* como seu candidato se comportará em face de cada decisão a ser tomada no futuro. Necessariamente, o critério de escolha de um candidato, a ser utilizado pelo eleitor, deve ser muito geral. Qual é o candidato que se apresenta com maior poder de persuasão para representar os interesses dos eleitores de determinado domicílio eleitoral? Quem parece ser mais honesto, sincero e competente? A maioria dos eleitores não conhece pessoalmente os candidatos e, assim, muitas dessas questões acabam se transformando em uma só: qual candidato apresenta a melhor imagem na televisão?

O postulado do interesse próprio indica que os eleitores, como os consumidores no mercado, perguntarão: “O que você pode fazer por mim e pelos meus interesses, e quanto isso me custará?” Quanto maior o ganho pessoal percebido pelo eleitor com a eleição de um candidato particular, mais provavelmente o eleitor votará nesse candidato. Em contraste, quanto maior o custo econômico pessoal, imposto sobre o eleitor, pelas posições de um candidato, menos inclinado estará o eleitor a dar apoio a esse candidato. Tudo o mais constante, os eleitores tendem a apoiar aqueles candidatos que eles acreditam que lhes direcionará uma parcela maior de serviços governamentais e de benefícios transferidos pelo governo, líquidos do seu custo pessoal.

Infelizmente, eleitores racionais, de modo geral, não possuem a informação detalhada necessária para votar de maneira consciente. Como discutimos no Capítulo 5, as decisões coletivas quebram a relação entre a escolha individual do eleitor e os resultados atingidos em questões específicas. *A maioria dos cidadãos reconhece que o seu voto, dificilmente, determinará o resultado de uma eleição. Por isso mesmo, eles têm pouco incentivo para despender esforço, tempo e dinheiro, procurando a informação necessária para escolher, em uma eleição, o melhor candidato, de acordo com seu interesse pessoal. Os economistas se referem a essa falta de incentivo como* **efeito da ignorância racional**.

Efeito da ignorância racional

Resulta da ignorância deliberada dos eleitores pelo fato de as pessoas perceberem que o seu voto individual dificilmente será determinante em uma eleição. Por isso mesmo, os eleitores, racionalmente, têm pouco estímulo para buscar a informação necessária para orientar seu voto.

A maioria dos eleitores simplesmente se baseia na informação gratuitamente oferecida pelos candidatos (por meio da propaganda eleitoral) e pela mídia, bem como pelas conversas com amigos e colegas de trabalho. O efeito da ignorância racional explica por que a maioria dos indivíduos com idade para votar não consegue avaliar adequadamente seus representantes no Congresso e, menos ainda, identificar e compreender a posição de seus representantes em questões como salário mínimo, tarifas e política agrícola. O fato de que os eleitores adquirem informação insuficiente sobre os candidatos simplesmente nos indica que eles estão respondendo racionalmente a incentivos econômicos.

Para vermos de uma forma mais pessoal por que os cidadãos, como consumidores, tomam decisões com maior nível de informação do que como eleitores, imagine que você esteja planejando comprar um carro na próxima semana, exatamente quando terá de votar em um dos dois candidatos para o Senado. Você reduziu a sua escolha do carro a duas marcas, Ford e Chevrolet. Na cabine eleitoral, você deverá escolher entre os candidatos Silva e Santos. Tanto comprar o automóvel quanto votar em um senador envolvem uma complexa escolha para você. Os dois carros vêm com vários opcionais, e você deve escolher entre muitas e diferentes combinações; o senador eleito representará o seu estado em centenas de questões, embora você esteja limitado a votar em apenas uma das duas opções.

Qual das duas decisões demandará mais do seu tempo escasso para pesquisa e para reflexão sobre a melhor escolha? Uma vez que a sua escolha com relação ao carro é decisiva, e só você pagará pelo que escolher, a compra de um carro com pouca informação pode lhe ocasionar um custo muito alto. Se, no entanto, você fizer uma má escolha ao votar no candidato ao Senado em decorrência da sua ignorância, a probabilidade de que o seu voto faça que o candidato em quem você votou ganhe a eleição é virtualmente zero. Porque o seu voto não vai mudar o resultado da eleição, um erro ou uma escolha com pouca informação não trará conseqüência alguma para você. Não é surpresa, portanto, que você gaste considerável parte do seu tempo na compra de um carro e pouco tempo para se informar a respeito dos dois candidatos ou mesmo das questões políticas envolvidas na eleição do senador. A evidência é consistente com essa explicação; por exemplo, cidadãos em uma democracia moderna sustentam um número muito grande de revistas especializadas em automóveis, enquanto a melhor revista, possível de ser editada, especializada em política não pode ser produzida sem que seja sustentada por doações de recursos financeiros. Os cidadãos simplesmente não estão dispostos a pagar, ainda que seja o preço de uma simples revista, pela política, de modo a tornar lucrativa essa atividade de divulgar, a baixo custo, informação sobre os políticos e suas ações.

Muito provavelmente, o fato de o voto de um eleitor não ser capaz de decidir uma eleição explica muito mais do que apenas a falta de informação com que os eleitores votam. Isso também nos ajuda a compreender por que muitos cidadãos só votam para evitar os custos do não-comparecimento, em um regime de voto obrigatório, como o caso brasileiro. Explica também o excessivo número de votos nulos (votos concedidos a animais, como Cacareco e Macaco Tião) e em branco, que normalmente observamos em algumas eleições. A racionalidade dos eleitores pode ser percebida também no fato de que, quando eles identificam que o possível resultado de uma eleição não está definido e que as chances dos dois candidatos são praticamente as mesmas, o grau de abstenção, de votos nulos ou em branco é muito pequeno.

Os Políticos

A teoria da escolha pública postula que o objetivo de angariar votos é o primeiro estímulo na definição do comportamento dos políticos. Em graus diferentes, fatores como a busca do interesse público, compaixão pelos pobres e obtenção de fama, riqueza e poder podem influenciar o comportamento dos políticos. Entretanto, a despeito das suas motivações últimas, a habilidade dos políticos em atingir seus objetivos depende, única e exclusivamente, de eles serem eleitos e reeleitos.

Eleitores racionais desinformados precisam ser convidados a "querer" um candidato. A percepção dos eleitores pode basear-se em fatos reais, mas será sempre percepção, não a realidade mesma que influencia nas decisões. De modo geral, o que vale não é o fato, mas a versão do fato. Isso é verdade. Tratemos de decisões privadas ou políticas. Como resultado, os atributos positivos de um candidato devem ser enfatizados para os eleitores racionalmente ignorantes cuja atenção mais provavelmente está direcionada para o seu emprego, para algumas atividades cívicas e, certamente, para o seu time de futebol. Uma equipe de especialistas, utilizando instrumentos sofisticados de verificação de opinião pública para identificar as preferências dos eleitores, e de pessoas altamente especializadas em peças publicitárias e procedimentos para a construção da boa imagem do candidato é hoje indispensável para o sucesso de qualquer campanha política. Exatamente por isso, as campanhas políticas são caras. Por exemplo, nas eleições de 2002, os dois eleitos para o Senado, dos 25 candidatos, no estado do Rio de Janeiro, gastaram, em média, R$ 939 mil. Considerando o estado de São Paulo, onde 29 candidatos concorreram ao Senado, a média dos gastos dos dois políticos eleitos correspondeu a R$ 1,237 milhão.[4]

Isso significa que estamos afirmando que os políticos são egoístas, que só se preocupam com o seu bolso e com as chances de reeleição? A resposta é não. Quando as pessoas decidem entrar para a arena política, elas podem genuinamente tomar tal decisão com o propósito de ajudar seus concidadãos. Fatores outros que não o ganho político pessoal, estritamente definido, podem influenciar suas ações. Em algumas questões, os políticos podem, sinceramente, tomar uma posição que acreditam ser a melhor para o país, ainda que isso os torne impopulares. O interesse nacional como percebido pelo político pode estar em conflito com uma posição que aumente a probabilidade de sua reeleição. Alguns políticos, nesses momentos, optam pelo interesse nacional, ainda que isso signifique uma derrota política. Isso não é inconsistente com a visão econômica da escolha pública.

Entretanto, a existência de suicídio político não muda o fato de que a maioria dos políticos prefere a sobrevivência. Há um forte incentivo para que os políticos assumam posições que venham a aumentar a probabilidade de sua reeleição. Na realidade, a competição pelos votos força os políticos a tomar decisões com base nas suas repercussões políticas. *A despeito da sua motivação última, a habilidade do político em conseguir atingir seus objetivos depende de sua habilidade em ser eleito e reeleito. Assim como os preços garantem a vida do empresário no mercado, os votos sustentam a vida do político.* Muitos fatores, sem dúvida, influenciam os políticos. A competição política, no entanto, limita suas opções. Da mesma forma que a negligência na busca de lucros econômicos é o caminho mais curto para o desprezo do mercado, negligenciar eleitores potenciais é o caminho mais curto para o desprezo político.

Funcionários Públicos: Burocratas do Governo como Participantes Políticos

Os interesses dos burocratas constituem um fator adicional e importante no cenário político. Os interesses dos burocratas são, muito freqüentemente, complementares aos de grupos específicos. A burocracia de uma agência governamental qualquer deseja, de modo geral, que os objetivos da agência sejam plenamente alcançados e constantemente expandidos. Isso é verdade, tratando-se da proteção de animais silvestres ameaçados de extinção, do aumento do número de professores do ensino fundamental e de seus salários ou, ainda, da concessão de subsídios especiais para projetos de irrigação ou de agricultura familiar. Como todo e qualquer tomador de decisão, os burocratas responsáveis pelo processo decisório em uma agência governamental têm interesses próprios e específicos. Muitos acreditam piamente no que estão tentando fazer. Para ampliar o que

4. Informações disponíveis na página do Tribunal Superior Eleitoral: www.tse.gov.br.

fazem, necessitam de orçamentos mais volumosos, de forma a satisfazer os interesses de seus constituintes. Além disso, orçamentos mais ricos permitem uma expansão nas oportunidades de desenvolvimento funcional dos burocratas. Desse modo, os burocratas geralmente trabalham para expandir os programas sob sua responsabilidade, concedendo maiores benefícios aos seus constituintes que, por sua vez, trabalham com os políticos na expansão do orçamento da agência e, conseqüentemente, de seus programas.

O processo político, que começa com a corrida eleitoral e prossegue com as decisões legislativas e a ação dos burocratas, produz resultados que agradam a uns, mas desagradam a outros. De qualquer modo, esses resultados contribuem para alimentar o próximo ciclo do processo. Os objetivos dos três principais atores políticos – eleitores, políticos e burocratas – muitas vezes estão em conflito. Cada um deles deseja mais dos recursos limitados existentes. Por isso, indivíduos e grupos se organizam em coalizão, incluindo esses três atores como seus membros, na esperança de ampliar a sua habilidade de extrair maior ganho do governo.

Quando o Voto Funciona

Será que é possível, por meio do voto e de um governo representativo aprovar apenas projetos produtivos, rejeitando os projetos contraproducentes?[5] As pessoas tendem a acreditar que uma ação política aprovada pela maioria é legítima e produtiva. Talvez seja surpreendente, para muitos, o fato de que, se um projeto do governo for realmente produtivo, será sempre possível distribuir seus custos, de modo que todos os eleitores ganhem. O Quadro 6.1 ilustra esse ponto. A coluna (1) apresenta uma distribuição hipotética dos benefícios produzidos pela construção de uma estrada pelo governo. Esses benefícios somam 40, excedendo o custo da rodovia, que é 25. Como os benefícios para os eleitores montam a um valor superior ao custo do projeto, este é, na realidade, produtivo. Se os 25 de custo do projeto fossem distribuídos igualmente entre os eleitores (plano A), Almeida e Araújo ganhariam substancialmente, enquanto Barbosa, Santos e Silva perderiam. Se o destino do projeto fosse decidido pelo voto direto dos eleitores, segundo a regra da maioria, o projeto não seria aprovado, uma vez que Barbosa, Santos e Silva votariam contra.

Em contraste, veja o que ocorre se o custo do projeto for distribuído, entre os eleitores, proporcionalmente aos benefícios que cada um recebe (plano B). Sob esse novo plano, Almeida pagaria metade (12,5) do custo do projeto (25), uma vez que ele recebe metade (20) do benefício total (40). Cada um dos demais eleitores pagaria em propor-

5. Aqui, um projeto produtivo é aquele que gera benefício líquido, enquanto um projeto contraproducente ou improdutivo é o que gera um benefício líquido negativo. Não são considerados, nessa discussão, os efeitos redistributivos de cada projeto.

Eleitores	Benefícios recebidos (R$)	Impostos a serem pagos (R$)	
		Plano A	Plano B
	(1)	(2)	(3)
Almeida	20	5	12,5
Araújo	12	5	7,5
Barbosa	4	5	2,5
Santos	2	5	1,25
Silva	2	5	1,25
Total	40	25	25

Quadro 6.1
Benefícios apropriados e impostos pagos pelos eleitores para a construção de uma rodovia.

ção aos benefícios recebidos. Sob esse plano financeiro, todos os eleitores ganhariam com a proposta da construção da nova estrada. Embora a proposta não pudesse ser aprovada segundo a regra da maioria, quando seu custo fosse igualmente distribuído entre os eleitores, ela seria aprovada por unanimidade, no caso de a contribuição de cada eleitor para os custos ser proporcional ao benefício recebido (plano B).

Essa simples ilustração destaca um ponto extremamente importante com relação ao voto e aos projetos produtivos. *Quando os eleitores pagam em proporção ao benefício recebido, todos eles ganharão, se a ação do governo for produtiva (e todos perderão, se ela for improdutiva).*[6] Quando benefícios e custos dos eleitores estão intimamente associados, as ações produtivas do governo serão aprovadas por quase todos os eleitores. Do mesmo modo, se um projeto é contraproducente – se os seus custos são superiores aos benefícios gerados para os eleitores –, quase todos os eleitores se oporão a ele. *Portanto, quando os eleitores pagam em proporção ao benefício recebido, há uma perfeita harmonia entre boa política e boa economia.*

Na ação do setor público, entretanto, a relação entre o recebimento de um bem e o pagamento por ele pode ser quebrada, de modo que os beneficiários de uma proposta não precisam necessariamente incorrer em seus custos. A teoria da escolha pública indica que os padrões de distribuição de benefícios e custos entre os eleitores influen-

6. O princípio de que um projeto produtivo gera o potencial para uma solução política de unanimidade foi inicialmente articulado pelo economista sueco Knut Wicksell em 1896. Ver K. Wicksell, A new principle of just taxation. In: James D. Gwartney and Richard E. Wagner (Eds.), *Public choice and constitutional economics*. Greenwich, Connecticut: JAI Press, 1988, p. 117-130. James Buchanan tem afirmado que o trabalho de Wicksell lhe permitiu vislumbrar o caminho que o conduziu a um papel determinante no desenvolvimento da moderna teoria da escolha pública.

ciam no funcionamento do processo político. Os benefícios de uma ação do governo podem ser bem distribuídos entre a população em geral ou extremamente concentrados em favor de pequenos grupos (por exemplo, agricultores, estudantes, industriários ou membros de um sindicato de trabalhadores). Do mesmo modo, o custo de uma ação do governo pode ser distribuído entre toda a população ou altamente concentrado em alguns eleitores. Como o Quadro 6.2 ilustra, há quatro padrões possíveis de custos e benefícios entre os eleitores: (1) benefícios e custos bem distribuídos por toda a população; (2) benefícios concentrados e custos diluídos; (3) benefícios concentrados e custos concentrados e (4) benefícios bem distribuídos e custos concentrados.

Quando tanto benefícios quanto custos são bem distribuídos entre os eleitores (padrão do tipo 1), essencialmente todo mundo se beneficia e todo mundo paga. Entretanto, os custos associados a um padrão do tipo 1 não precisam ser proporcionais aos benefícios, embora haja certa relação entre eles. Quando medidas do governo adotadas sob o padrão do tipo 1 são produtivas, quase todo mundo ganha mais do que paga. Portanto, haverá pouca oposição à medida, e os representantes políticos têm um forte incentivo para apoiar tais propostas. Em contraste, quando medidas do governo do

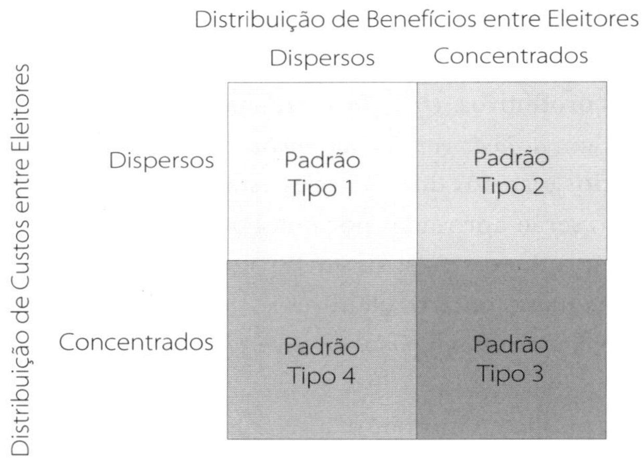

Quadro 6.2 Padrões de distribuição de benefícios e custos entre os eleitores para projetos do governo.

É instrutivo visualizar as quatro combinações possíveis de distribuição de benefícios e custos entre os eleitores, de modo a considerar como as alternativas de distribuição afetam o funcionamento de um governo representativo. Quando a distribuição de benefícios e custos se espalha por todos os eleitores (1) ou quando ambos estão concentrados em um grupo de eleitores (3), um governo representativo tenderá a adotar projetos que são produtivos e a rejeitar aqueles improdutivos. Em contraste, quando os benefícios são concentrados e os custos diluídos entre muitos eleitores (2), um governo representativo é tendencioso, no sentido de adotar atividades contraproducentes. Finalmente, quando os benefícios são distribuídos e os custos concentrados em poucos eleitores (4), o processo político rejeitará projetos produtivos.

padrão do tipo 1 geram custos em excesso em relação aos benefícios, quase todos perdem, e os representantes políticos enfrentarão uma forte pressão para votar contra a ação. Assim, para projetos adotados sob o padrão do tipo 1, o processo político pode ser consistente com eficiência econômica.

É interessante observar que a provisão dos bens públicos tradicionais – por exemplo, defesa nacional, uma força policial e um sistema legal de proteção à pessoa e à propriedade, um sistema monetário estável – se ajusta ao padrão do tipo 1. Quase todos pagam por eles e quase todos deles se beneficiam.

De modo similar, temos razões para acreditar que o processo político também funcionará bem para as ações do governo sob o padrão do tipo 3 – aquelas para as quais tanto benefícios quanto custos estão concentrados em um grupo relativamente pequeno de contribuintes. Em alguns casos, os beneficiários da ação do governo podem pagar pelo provimento do bem ou do serviço. Esse é o caso em que o usuário financia o serviço público (por exemplo, segurança aérea, energia elétrica, água, esgoto). Para esses bens, os eleitores-consumidores pagam, aproximadamente, em proporção ao que consomem do bem ou serviço oferecido pelo governo. Sob essas circunstâncias, os políticos terão um forte incentivo, decorrente do apoio dos eleitores, para promover serviços públicos que gerem benefícios superiores aos custos.

Em alguns casos, o subgrupo de beneficiários pode diferir do subgrupo que paga a conta. Mas, mesmo nesse caso, se os benefícios excederem os custos, os grupos de beneficiários terão um incentivo para utilizar mais recursos em apoio a essas medidas do que aqueles que por elas são prejudicados. Assim, medidas produtivas tenderão a ser adotadas. Analogamente, medidas improdutivas tendem a ser rejeitadas quando tanto benefícios quanto custos são concentrados.

Quando o Voto Conflita com a Eficiência Econômica

Embora o processo político funcione bem quando há uma relação estreita entre o recebimento de benefícios e o pagamento pelos custos a eles associados, a harmonia entre boa política e boa economia às vezes é quebrada. Há quatro razões principais para que a regra irrestrita da maioria no processo de decisão por voto conflite com a prosperidade econômica.

O Efeito do Interesse Próprio Especial

A análise da escolha pública nos indica que uma série de problemas emergirá quando questões associadas, pela sua natureza, a interesses especiais são financiadas por impostos gerais. Uma **questão de interesse**

> ***Questões de interesse especial***
>
> São questões que geram substanciais benefícios individuais para uma pequena minoria, impondo um pequeno custo individual à grande maioria. Os custos incorridos pela maioria podem tanto exceder quanto ser menores que os benefícios apropriados pelos grupos de interesse.

especial é aquela que gera substanciais benefícios pessoais para um pequeno número de contribuintes impondo, entretanto, um pequeno custo a um grande número de contribuintes (padrão do tipo 2). Poucos ganham muito individualmente, enquanto um grande número perde, individualmente, muito pouco. Exemplos desses casos não são difíceis de encontrar.

Segundo o IBGE, em 1998, o governo transferiu para as empresas cerca de R$ 3,5 bilhões sob a forma de subsídios à produção. Na previsão orçamentária, para o ano de 2000, o governo federal previa a concessão de cerca de R$ 16,9 bilhões (11,47% da receita tributária ou 1,58% do PIB) de benefícios a indústrias, sob a forma de isenções, anistias, remissões, subsídios e benefícios de natureza tributária, financeira e creditícia. Entre os beneficiários, destacamos a Zona Franca de Manaus, programas de apoio à cultura, atividades audiovisuais, programas de desenvolvimento regional de apoio a microempresas e a empresas de pequeno porte e de apoio à marinha mercante.

É fácil verificar de que maneira os políticos podem aumentar a probabilidade de se elegerem ou de se reelegerem pela adoção de posições que favoreçam grupos de interesse especial. Uma vez que o ganho ou a perda pessoal de cada membro de um grupo de interesses é muito grande (inclusive dos lobistas que representam esses interesses), cada um deles tem um incentivo muito forte para manter bem-informados os outros membros do grupo e seus aliados e, constantemente, informar os legisladores sobre a importância dos assuntos ligados às questões de interesse especial do grupo. Muitos desses grupos votarão a favor de candidatos ou contra eles, única e exclusivamente conforme eles apóiem, ou não, seus interesses específicos. Além disso, esses grupos de interesse são, em geral, uma disputada fonte de recursos para a campanha política, inclusive financeiro. Em contraste, a maioria dos demais eleitores prestará pouca atenção às questões de interesse especial, porque, para aqueles que não têm qualquer relação com esses assuntos, o custo de oportunidade do tempo e da energia necessários para um exame de tais questões será, de modo geral, muito maior que o ganho pessoal apropriado, ao se evitar a aprovação de uma resolução que beneficie um interesse especial. Naturalmente, há muitas dessas questões de interesse especial tratadas diariamente no Congresso, e cada uma delas precisa ser considerada separadamente. Dados os custos de informação, os eleitores que não estão vinculados a questões de interesse especial racionalmente as ignoram.

Se você fosse um político angariando votos, o que faria? Seguramente, você teria pouco ganho, se defendesse os interesses de um grupo muito grande de eleitores desinformados e desinteressados. Contudo, se você se pronunciasse a favor de interesses identificados com grupos bem-organizados, estimularia o apoio desses grupos, que poderiam oferecer contribuições importantes, como participação de eleitores em discursos públicos, pessoas para trabalhar por sua candidatura e, talvez o mais importante, recursos financeiros para sua campanha.

É possível prevermos que os políticos serão levados como que por uma mão invisível, a apoiar uma legislação que promova benefícios concentrados para grupos de interesses à custa da grande maioria dos contribuintes desorganizados. Isso, de modo geral, é verdade, mesmo que o benefício total para a comunidade, decorrente de um programa que favoreça uma questão de interesse especial, seja menor que o seu custo. Assim, mesmo que a ação do governo seja contraproducente, ela pode ser vitoriosa politicamente.

A ignorância racional dos eleitores favorece o fortalecimento de interesses especiais. Uma vez que o custo incidente sobre eleitores individuais para cada questão específica é muito pequeno, e como os indivíduos não têm como evitar esse custo, ainda que se mantenham informados, os eleitores que pagam os custos associados à legislação de interesse especial tendem a não se informar sobre essas questões. Isso é particularmente verdade quando a complexidade da questão dificulta a compreensão dos eleitores de como essa legislação vai afetar seu bem-estar pessoal. Assim, os políticos aprovam uma legislação bastante complexa para promover interesses especiais, de modo a esconder os custos que ela impõe a um eleitor típico.

A capacidade do eleitor de punir o político que apóia uma legislação de interesse especial é reduzida ainda mais pelo fato de que muitas dessas questões são discutidas em conjunto com outras, dificultando a escolha do eleitor entre um candidato e outro. Mesmo que se saiba que determinado político é favorável a várias questões de interesse especial, as centenas de outras questões que surgirão ao longo de uma legislatura limitam, severamente, a escolha de um candidato que defenda os pontos de vista dos eleitores com relação às questões de interesse particular.

O interesse dos burocratas pode ser um fator adicional a favor de programas que satisfaçam interesses especiais. O interesse dos burocratas é, de modo geral, complementar ao interesse dos grupos que eles servem. Como destacamos anteriormente, orçamentos vultosos, para que as agências públicas consigam favorecer o interesse de seus constituintes, também promovem as oportunidades de ascensão profissional, poder e prestígio dos funcionários públicos da agência.

Há ainda outra força que multiplica o poder político dos grupos de interesse especial. É prática comum que os representantes públicos troquem votos, de modo a aprovar a legislação de seu interesse. Essa prática, ***logrolling***, como é conhecida entre os cientistas políticos, implica que o representante *A* (deputado ou senador) prometa seu voto para aprovar certas medidas que favoreçam a posição de outros representantes, em troca do apoio destes para as medidas que *A* deseja, determinadamente, ver aprovadas. Graças a essa prática do *é dando que se recebe*, o Legislativo, em todas as sociedades do planeta, aprova, com muita freqüência, um conjunto de medidas, embora cada uma delas, seguramente, fosse rejeitada se votada separadamente.

> **Logrolling**
>
> Troca mútua de voto entre políticos, para a aprovação conjunta de propostas de interesse específico de cada político.

Uma prática relacionada ao *logrolling* é o ***pork-barrel legislation***, que consiste na aprovação de financiamento, com recursos federais, de um grupo de projetos de interesse específico de uma região (por exemplo, projeto de captação e distribuição de

Pork-barrel legislation

Um pacote de gastos, com projetos que beneficiam áreas específicas, financiado pelo governo federal. De modo geral, esses projetos têm um custo que excede seus benefícios, mas são intensamente desejados pelos moradores da região na qual eles serão implantados, porque os residentes beneficiários do projeto não têm de pagar por seus custos.

água, construção de pontes, construção de estradas vicinais), à custa dos contribuintes em geral. De modo semelhante ao *logrolling*, essa prática pode fazer que itens, na realidade, contraproducentes – e que seriam rejeitados se fossem votados individualmente pelo Congresso – sejam aprovados no grupo de projetos.

O Quadro 6.3 ilustra numericamente as forças por trás das práticas de *logrolling* e de *pork-barrel*. Nesse nosso exemplo, estamos considerando o trabalho de cinco membros do Congresso associado a três projetos alternativos: a construção de um posto de correio no Distrito A, a construção de uma ponte no Distrito B e a construção de uma estrada vicinal no Distrito C. Em cada um desses casos, o projeto considerado é improdutivo – o custo do projeto excede os benefícios que ele gera em uma taxa de 12 para 10 (você pode explicar por quê?). Se os projetos fossem votados separadamente, e os representantes, por meio da sua votação, refletissem as posições de seus constituintes, cada projeto perderia em uma votação isolada por 4 × 1. Entretanto, quando os projetos são agrupados em um pacote, por meio do *logrolling* ou do *pork-barrel*, os representantes A, B e C votarão a favor, e o pacote legislativo será aprovado por 3 × 2, ainda que seja contraproducente (em média, o pacote de projetos reduz a riqueza dos constituintes em R$ 6).[7]

Quadro 6.3
Troca de votos e a aprovação de projetos contraproducentes.

Representantes por distrito	Benefícios (+) ou custos (–) líquidos por residentes, nos respectivos distritos, em R$ 1.000			
	Distrito A Posto	Distrito B Ponte	Distrito C Estrada	TOTAL
A	+10	– 3	– 3	+4
B	– 3	+10	– 3	+4
C	– 3	– 3	+10	+4
D	– 3	– 3	– 3	– 9
E	– 3	– 3	– 3	– 9
TOTAL	– 2	– 2	– 2	– 6

Observação: Por simplicidade, admitimos que os distritos tenham áreas e populações idênticas.

7. Decisões políticas com base em *logrolling* e *pork-barrel* podem nos levar à adoção de medidas produtivas. Entretanto, se um projeto é produtivo, haverá sempre normas de financiamento que implicarão sua adoção, a despeito de manobras do tipo *logrolling* ou *pork-barrel*. Assim, a tendência para soluções políticas baseadas em *logrolling* e *pork-barrel* resultará, de modo geral, na adoção de projetos improdutivos.

Nos Estados Unidos, a legislação que concede subsídio aos consumidores de energia elétrica, na Califórnia, em Nevada e no Arizona, ilustra a relevância dos esquemas de *logrolling* e *pork-barrel*. Conforme legislação aprovada em 1937, a eletricidade gerada pela Hoover Dam teria de ser vendida, aos residentes dos três estados afetados pela barragem, a uma tarifa abaixo do preço do mercado, entre 10% e 25%. A lei que concedia esse subsídio expiraria em 1987. Entretanto, antes disso, o Congresso estendeu o subsídio por mais 30 anos. Os residentes de muitos estados do oeste americano recebem do governo federal subsídio para consumo de eletricidade. Todos os senadores dos estados a oeste de Missouri votaram a favor da manutenção do subsídio concedido à energia produzida pela Hoover Dam. Desse modo, eles esperam que os senadores, representantes da Califórnia, do Arizona e de Nevada, votem a favor da manutenção do subsídio ao consumo de eletricidade em seus estados. No entanto, os moradores dos demais estados terão de pagar mais impostos para que mais residentes dos estados do oeste possam consumir eletricidade barata. Situação semelhante ocorria, com freqüência, no Brasil, com relação aos incentivos fiscais concedidos à Zona Franca de Manaus e ao Nordeste. A prática do *é dando que se recebe* tem modificado até a geografia, com a inclusão de uma região de Minas Gerais na área da extinta Sudene.

Um tipo único de interesse especial é o *lobby* em favor do monopólio no fornecimento de papel para impressão do dinheiro norte-americano, mantido pela Crane & Company. Desde 1879, essa firma tem sido o único fornecedor de papel-moeda do Bureau of Engraving and Printing dos Estados Unidos. Um projeto de lei foi introduzido em 1998, de modo a promover a competição no fornecimento de papel-moeda, mas a delegação de Massachusetts no Congresso impediu sua aprovação. Crane está localizada em Dalton, Massachusetts. O mais recente contrato dessa empresa com o governo norte-americano envolve um total de US$ 400 milhões, em quatro anos.

Por que os representantes não se opõem às medidas que obrigam seus constituintes a pagar por projetos que beneficiam alguns poucos? Há algum incentivo para que isso seja feito, mas os constituintes de qualquer representante eleito se apropriarão de uma pequena parcela do benefício decorrente de menos impostos pagos, pela melhoria na eficiência dos projetos aprovados. Isso se deve ao fato de que os impostos adicionais, decorrentes de tais projetos, são pagos por todos os contribuintes em todo o país. Não devemos esperar que o presidente de uma sociedade anônima use os recursos da empresa para financiar projetos que não venham, primordialmente, beneficiar os acionistas. Do mesmo modo, não devemos esperar que um representante eleito utilize seus recursos políticos para impedir a aprovação de pacotes de projetos por meio de expedientes como *pork-barrel*, se a maior parte dos benefícios gerados pela correspondente redução de impostos não será apropriada pelos seus constituintes. Na realidade, cada representante tem um incentivo muito forte para trabalhar para programas cujos benefícios estejam concentrados nos seus constituintes – em particular, em grupos de interesse organizados, que podem ajudar o representante em sua reeleição. É a atenção do representante a esse tipo de incentivo que garante a sua sobrevivência política (reeleição).

O resultado é claro: a análise da escolha pública nos indica que a regra da maioria e a da democracia representativa não funcionam bem quando interesses em benefícios concentrados predominam à custa de interesses dispersos. Esse viés em favor de interesses especiais do processo político nos ajuda a explicar a existência de muitos programas que acabam por reduzir o tamanho do bolo econômico.

A análise é simétrica. Quando os benefícios de uma ação do governo são dispersos por toda a população e os seus custos são altamente concentrados (padrão do tipo 4 do Quadro 6.2), os interesses concentrados fortemente se oporão a tal medida. A maioria das outras pessoas não se preocupará em obter informação sobre o assunto e demonstrará completo desinteresse por ele. Uma vez mais, os políticos terão um incentivo para responder favoravelmente aos anseios de interesses concentrados. Projetos desse tipo tendem a ser rejeitados ainda que sejam produtivos – isto é, ainda que gerem um fluxo de benefícios superior aos seu custos.

Efeito Miopia

A complexidade de muitas questões torna difícil a identificação de benefícios futuros por parte dos eleitores. Será que uma redução nas tarifas nos conduzirá a um crescimento econômico mais rápido? O efeito estufa é, na realidade, um perigo que temos de enfrentar no futuro? Se isso é verdade, o que devemos fazer hoje a respeito de tal efeito? Qual é o impacto do aumento da dívida pública nacional sobre as gerações futuras? É muito difícil responder a essas questões. A dificuldade de prever o futuro decorrente de ações de política hoje reforça a ignorância racional do eleitor. Poucos eleitores pesquisarão e analisarão as implicações que políticas alternativas complexas terão sobre a população em um futuro mais distante. Em vez disso, eles preferem julgar o desempenho de seus representantes com base nas condições momentâneas. Para o eleitor, o indicador mais simples de desempenho político é: "Como estão as coisas agora?".

Por sua vez, os políticos, visando à sua reeleição, têm um forte incentivo para apoiar projetos que criam benefícios hoje e geram custos no futuro, especialmente se esses custos forem de difícil identificação pelos eleitores, no dia da eleição. A ação do setor público, portanto, será tendenciosa, em favor da legislação que produz benefícios imediatos contra custos no futuro, que são complicados e de difícil identificação. Simultaneamente, haverá um viés contra a legislação que implique custos imediatos e facilmente identificáveis (por exemplo, mais impostos), embora venham a produzir benefícios no futuro, que sejam mais complexos e de difícil identificação. Os economistas se referem a esse viés inerente ao processo de decisão coletiva como **efeito miopia**.

Efeito miopia

Má alocação de recursos que resulta do viés da ação do setor público (1) em favor de propostas que produzem claramente benefícios correntes a custos de difícil identificação incidentes no futuro e (2) contra propostas que claramente identificam os custos correntes e que geram benefícios no futuro, desconcentrados e de mais difícil identificação.

O efeito miopia é agravado pela falta de direitos de propriedade em transações – ausência de mercado de capitais – envolvendo empresas governamentais.

Para uma comparação com o setor privado, considere o problema de escolha de programas e estratégias em uma grande sociedade anônima, como a General Motors. Seus acionistas ordinários elegem um Conselho Diretor que fixa a política e seleciona os administradores profissionais para dirigi-la. A sociedade anônima, como um governo, enfrenta escolhas complexas entre os vários programas que dificilmente um acionista individual seria capaz de entender e avaliar completamente. Entretanto, quando avaliam os programas e as estratégias de negócios de uma sociedade anônima, os acionistas têm um incentivo bastante diferente daquele dos eleitores. Por quê? Qualquer acionista que antecipe problemas que possivelmente venham a ocorrer em decorrência dos programas adotados pode vender suas ações, antes que seu preço caia. Do mesmo modo, o acionista (ou qualquer outro investidor) que reconheça, antecipadamente, a escolha de um bom programa por uma empresa pode individualmente lucrar com isso, comprando ações dessa firma. (Lembra-se da nossa referência à grande quantidade de revistas lucrativas sobre automóveis e à inexistência de revistas lucrativas sobre política? Há dúzias de revistas e *newsletters* especializadas na análise de preços de ações no mercado!)

As escolhas de acionistas bem-informados e rápidos em suas decisões são registradas nas bolsas de valores e transferidas ao mercado quase instantaneamente. A decisão de investidores de comprar ou vender ações faz que o preço delas suba ou caia, indicando se um programa vencedor ou desastroso está sendo previsto pelos compradores e vendedores mais atentos no mercado. Uma escolha de estratégia, ou de um novo programa que os investidores rapidamente aprovem, emergirá no mercado por meio do aumento no preço das ações, recompensando, dessa forma, as opções dos administradores, em antecipação às efetivas mudanças nos lucros. Essa sinalização, antecipada pelo mercado, e os incentivos aos administradores privados não existem no processo de decisão coletiva do governo. O resultado é uma restrição no horizonte de planejamento dos representantes eleitos. *Como resultado do efeito miopia, os políticos têm um forte incentivo para promover programas cujos benefícios sejam facilmente observados antes da próxima eleição, ainda que os custos desses programas sejam maiores que os benefícios gerados para os cidadãos como um todo.*

É fácil lembrarmo-nos de ocasiões nas quais os efeitos favoráveis e de curto prazo de políticas públicas as tornaram atrativas, embora com um impacto negativo no longo prazo. O chamado "trem da alegria" é um bom exemplo de como os políticos permitem um aumento no déficit público corrente para financiar projetos (inclusive contratação de pessoal) com benefícios imediatos cujos custos serão pagos por impostos a serem aprovados na próxima legislatura. Essa estratégia tem um atrativo político muito especial, ainda que possa resultar em maiores taxas de juros no futuro e em menor formação de capital. O controle de aluguéis que reduz o preço corrente do aluguel de habitação é outro exemplo. Como destacamos no Capítulo 4, seu efeito de curto prazo será percebido com mais facilidade (redução do aluguel) do que o efeito de longo prazo (escassez de habitação, mercado negro e deterioração da qualidade do imóvel).

Apropriação de Renda

Há duas formas de os indivíduos adquirirem riqueza: produzindo ou pilhando. Quando indivíduos produzem bens ou serviços e os trocam por renda, eles não só se enriquecem, mas também aumentam a riqueza na sociedade. Algumas vezes, as regras – ou a falta de garantia de obediência às regras – também permitem que pessoas enriqueçam pilhando o que os outros produziram. A pilhagem enriquece alguns à custa de outros, de modo geral, após uma extenuante batalha política, que consome recursos adicionais e reduz ainda mais a riqueza na sociedade.

> ***Apropriação de renda (rent seeking)***
>
> Ação de indivíduos ou de grupos de interesse com o objetivo de redirecionar a política pública para que ela, direta ou indiretamente, redistribua renda em seu benefício.

Apropriação de renda *(rent seeking)* é o termo usado pelos economistas para se referir às ações de indivíduos e de grupos de indivíduos que se utilizam do processo político para pilhar a riqueza de outros.[8] O incentivo para se engajar em atividades de apropriação de renda é diretamente proporcional à facilidade com que o processo político pode ser usado em benefício pessoal (ou de grupos de interesse), à custa de outros. Quando os costumes e o comportamento ético na sociedade tornam difícil tomar a propriedade dos outros ou forçá-los para que paguem por projetos que favoreçam pessoas ou grupos de interesse, a atividade de apropriação de renda é pouco atrativa. Sob essas circunstâncias, seus benefícios são muito baixos e poucos recursos serão desviados para atividades de apropriação de renda. Em contraste, quando o governo falha em cobrar uma taxa do usuário, beneficiário de um projeto público, ou, de modo semelhante, quando não tributa especificamente o grupo identificado como beneficiário do projeto ou, ainda, quando a sua ação envolve transferência de tributos, o ganho por atividades de apropriação de renda se expande.

A atividade de apropriação de renda – talvez "busca por favorecimento" seja uma expressão que descreva melhor o processo – também crescerá, quando os governos se envolverem mais intensamente na instituição de barreiras ao comércio, determinação de benefícios especiais aos trabalhadores, concessão de subsídios, fixação de preços e imposição de tributos discriminatórios (impostos não relacionados à provisão de serviços públicos aos contribuintes). Entre os grupos de interesse que buscam favor especial, devemos incluir líderes burocratas que constantemente procuram aumentar o orçamento de suas agências públicas e das autoridades reguladoras. Os interesses especiais da burocracia do governo estão fortemente representados no processo político.

Quando um governo, em vez de agir como uma força neutra, protegendo os direitos de propriedade e fazendo valer os contratos, procura favorecer alguns à custa de outros, atividades contrapro-

---

8. Para mais detalhes sobre apropriação de renda, ver Charles K. Rowley et al., *The political economy of rent-seeking*. Boston: Kluwer Academic Publishers, 1988.

ducentes se expandirão, enquanto atividades produtivas do tipo "jogo de soma positivo" se reduzirão. As pessoas gastarão mais tempo e recursos organizando-se em grupos e exercendo o lobby *entre os políticos e, conseqüentemente, menos tempo e recursos serão destinados à produção de bens e serviços. Uma vez que menos recursos serão destinados à criação de renda (e mais recursos serão utilizados nas atividades de apropriação de renda), o progresso econômico será retardado.*

Ineficiência das Operações do Governo

O governo produz bens e serviços eficientemente? O orgulho profissional e o orgulho do trabalho bem-feito poderiam estar presentes no setor público assim como no setor privado. Entretanto, o incentivo para uma operação eficiente difere substancialmente entre os dois setores. No setor privado, há um forte incentivo para se produzir eficientemente, uma vez que custos menores implicam maiores lucros, e elevados custos significam perdas e, eventualmente, falência. Esse índice de desempenho (taxa de lucro) não existe no setor público. O setor público também carece da sinalização do mercado de capitais. Quando uma sociedade anônima anuncia uma estratégia ou um plano que os investidores acreditam que será um fracasso, o preço das ações dessa empresa cairá no mercado. Não há mecanismo semelhante ao do mercado de ações, no setor público. Isso faz que a ineficiência no setor público seja mais difícil de ser detectada. Além disso, a competição direta, sob a forma de outras firmas se estabelecendo na tentativa de conquistar os clientes de uma agência, está completamente ausente do setor público. Como resultado, os líderes burocratas têm mais liberdade para perseguir seus interesses e objetivos específicos, sem uma preocupação determinada de controlar custos, em relação aos benefícios de suas atividades.

Enquanto a falência expulsa a ineficiência no setor privado, não há, no setor público, um mecanismo similar que elimine a ineficiência. Na realidade, baixa *performance* e fracasso no atendimento de objetivos são argumentos intensivamente usados para justificar aumentos no financiamento ao setor público. Além disso, os administradores do setor público raramente terão algum ganho pessoal por medidas que adotem para reduzir custos. O oposto é, de modo geral, a regra. Se, durante um ano, uma agência governamental não consegue gastar todo o seu orçamento, sua proposta de um orçamento igual ou maior para o próximo ano estará comprometida. As agências geralmente aceleram seus gastos, quando seus administradores descobrem que, ao final do ano, à atual taxa de gastos, haverá uma sobra orçamentária.

É importante observarmos que o argumento da ineficiência intrínseca ao setor público não se baseia na suposição de que os funcionários públicos ou os burocratas do governo são, necessariamente, preguiçosos ou incapazes. O que destacamos é que, no setor público, a informação e os incentivos sob os quais seus administradores trabalham são completamente diferentes das condições dos administradores no setor privado. No setor público, nenhum indivíduo ou pequeno grupo de indivíduos tem muito estímulo para garantir a eficiência econômica. A *performance* deles não pode ser julgada com facilidade e, pela ausência de propriedade privada, a riqueza pessoal de cada um não será significantemente alterada em decorrência da mudança no nível de eficiência da atividade do setor público. Como funcionários públicos e administradores de agências gastam o dinheiro dos outros, a tendência é que sejam menos cuidadosos com os custos associados ao seu trabalho do que com os seus próprios recursos. Sem a preocupação de ter de gerar receitas para cobrir seus custos, não há teste que nos permita definir a ineficiência econômica ou mesmo medi-la de forma precisa, e muito menos eliminá-la. O sistema perverso de incentivos a que está sujeita a burocracia pública e o fato de não poder contar com uma sinalização de mercado condenam a ação do setor público à ineficiência.

A evidência empírica é consistente com essa visão. Economias dominadas pelo controle do governo, como a da antiga União Soviética, Índia, Síria, Nicarágua e Nigéria (e muitos outros países africanos), têm apresentado uma *performance* bastante pobre. O produto obtido por unidade de recurso produtivo em países com muitas empresas governamentais é bastante baixo. Do mesmo modo, quando empresas privadas são comparadas às agências do governo no provimento de alguns bens e serviços, via de regra, a empresa privada tem demonstrado ser capaz de provê-los mais eficientemente.

A competição é a chave para a produção eficiente a baixo custo. Agências do governo, às vezes, podem oferecer serviços em uma base mais competitiva, contratando empresas privadas ou mesmo outras unidades do governo, para oferecer tais serviços. Por exemplo, muitas cidades contratam empresas particulares para prover o serviço de remoção de lixo. A cidade continua a financiar essa atividade por meio de impostos, bem como a estabelecer o nível de serviço. Entretanto, a eficiência operacional é bem maior pela competição potencial. Como a empresa que recolhe o lixo é contratada por meio de um sistema de leilão renovável – geralmente, a cada cinco ou dez anos –, a possibilidade da perda do contrato no próximo leilão faz que o custo da coleta de lixo permaneça baixo. Essa forma de competição por contrato tem crescido desde a década de 1990.

Nos Estados Unidos, no estado de Illinois, mais de 90% dos municípios contratam os serviços de remoção de lixo com empresas particulares; sete governos estaduais, em 1998, contratavam mais de 100 serviços com empresas particulares, enquanto 14 estados contratavam mais de 50 serviços. Até o governo federal e, em particular, o Serviço de Receitas Interna (IRS), responsável pelo imposto de renda, está contratando serviços de terceiros. Recentemente, o IRS contratou uma empresa privada para administrar o estoque de equipamentos e outros materiais de escritório, por US$ 30,9 milhões. Empresas privadas, em um contexto de competição, podem, seguramente, reduzir o custo de produção de agências governamentais.

A Economia de uma Sociedade de Transferências

O sistema livre de preços de mercado produz uma distribuição de renda pela remuneração de cada (proprietário de) fator, segundo sua contribuição marginal para o produto. Isso significa que pessoas proprietárias de fatores com baixa contribuição terão uma baixa remuneração. Muitos se rebelam contra esse fato, por considerar injusto que alguns proprietários de certos fatores recebam muito pela sua contribuição à produção, enquanto outros recebem pouco. Essa revolta se assemelha àquela que emerge contra o aumento do preço de certos alimentos, em decorrência de uma acentuada escassez momentânea, provocada por uma quebra de safra não-antecipada. A opinião pública, tanto em um caso como no outro, é mobilizada contra o patrão que explora o empregado ou contra o *atravessador* que explora o povo em um momento difícil, ganhando dinheiro com a desgraça alheia. Em resposta a tais clamores, os políticos desenvolvem políticas públicas com o propósito de *corrigir* a má distribuição de renda gerada pelo mercado ou as *injustiças sociais* promovidas pela ação gananciosa de comerciantes inescrupulosos. Isso tem transformado a ação governamental nas sociedades contemporâneas.

Em qualquer sociedade contemporânea, a composição dos gastos públicos tem-se modificado drasticamente. As funções claramente reconhecidas como de responsabilidade do setor público (tais como segurança nacional, segurança pública, administração da justiça) têm sua importância relativa reduzida pelo crescimento das atividades de promoção, de redistribuição de renda e de assistência social. Para tanto, os políticos têm-se valido de vários instrumentos: imposto de renda progressivo; transferências de recursos públicos para populações carentes sob a forma de programas de habitação popular, nutrição, transportes urbanos e educação e, principalmente, sistema de seguridade social com atendimento médico, seguro-desemprego e aposentadoria. Como era de esperar – em virtude do processo decisório e da ausência de controles intrínsecos quanto à eficiência das medidas no sistema político –, os resultados do esforço redistributivo dos governos têm sido medíocres e têm promovido corrupção e desperdício de recursos escassos.

Em 1929, ano da grande crise econômica nos Estados Unidos, as transferências do governo correspondiam a 1,8% da renda nacional. Em 1997, essas transferências correspondiam a 16,8% da renda nacional. Se, além da transferência em dinheiro, adicionarmos a transferência em bens e serviços – tais como programas de Food Stamps, Medical Care e de habitação –, as transferências do setor público chegam a atingir mais de 20% da renda nacional.

A distribuição de renda ideal é fundamentalmente uma questão de preferência pessoal. Não há nada na teoria econômica positiva que nos diga que uma distribuição de renda é melhor que qualquer outra. Algumas pessoas desejam melhorar o padrão de vida das pessoas de baixa renda. Entretanto, transferências de renda para os pobres têm, em certa medida, um caráter de bem público e, por isso mesmo, justifica-se uma ação do governo com esse objetivo. A contribuição de um único indivíduo terá um impacto insignificante sobre o padrão de vida dos pobres. Reconhecendo esse ponto, mesmo aqueles que gostariam de contribuir para a redução do nível geral de pobreza têm um incentivo para se tornar caronas. Quando muitas pessoas desejam pegar carona na ação dos outros, o esforço voluntário de combate à pobreza será, entretanto, muito inferior àquele desejado.

Se todos são obrigados a contribuir, por meio do sistema tributário, o problema do carona será eliminado. Sob essas circunstâncias, transferências de recursos financeiros diretamente para os pobres podem ser consistentes com menor desperdício.

No entanto, há evidências generalizadas que nos levam a acreditar que, por trás de muitos programas públicos de transferência de renda, há uma motivação de apropriação de renda. Nos Estados Unidos, transferências direcionadas aos pobres (*means-tested transfers*) correspondem apenas a cerca de 1/6 de todas as transferências. Nenhum teste sobre o nível de renda dos recipientes é aplicado aos outros 5/6 que, de modo geral, são direcionados a grupos que são ou bem-organizados (como associações empresariais e sindicatos de trabalhadores) ou facilmente identificáveis (como os idosos ou agricultores). Os recipientes dessas transferências, geralmente, possuem renda muito superior à média do país.

Utilizando a análise da escolha pública, a pequena parcela das transferências que são direcionadas aos pobres não causa espanto. Temos pouca razão para acreditar que as transferências para os pobres são uma atividade atrativa para os políticos que buscam votos. Em geral, a importância do voto dos pobres é muito menor que o da classe média e mesmo o da classe alta. Muito provavelmente, eles são menos informados a respeito de questões políticas e sobre os candidatos. Eles não estão organizados em grupos. Não são uma fonte significante de recursos financeiros nem podem vir a exercer influência determinante em alguns assuntos no processo político.

Qualquer que seja a motivação para a transferência de renda, há pelo menos três razões principais para que a distribuição por meio do setor público reduza o tamanho do bolo econômico. Primeira: a redistribuição de renda enfraquece a associação entre atividade produtiva e recompensa. Quando os impostos extraem uma parcela elevada da renda de uma pessoa, o estímulo ao trabalho duro e produtivo é reduzido. Um postulado econômico básico sugere que, quanto menos benefício é apropriado pelo produtor (e o benefício ao não-produtor é aumentado), menor o esforço pessoal dedicado ao processo produtivo.

Segunda: nas políticas públicas de redistribuição de renda, quanto maior a renda redistribuída, mais recursos serão destinados a atividades de apropriação de renda e, por conseguinte, a atividades não-produtivas. Recursos usados para promoção de *lobbies* e outros meios de apropriação de renda não estarão disponíveis para serem utilizados na produção do aumento do bolo.

Terceira: altos impostos para financiar a redistribuição de renda estão associados à expansão das atividades de apropriação de renda e, portanto, induzirão os contribuintes a utilizar menos seus recursos em atividades que gerem renda e mais em atividades que protejam a sua renda. Mais contadores, advogados e especialistas em tributação serão contratados, à medida que as pessoas desejem limitar a parcela de sua renda que será redistribuída para outros. Como os recursos destinados às atividades de apropriação de renda, os recursos destinados à proteção de renda das garras do setor público também não estarão disponíveis para outras atividades produtivas. Assim, os estímulos gerados por políticas públicas de redistribuição de renda que tenham um grande impacto devem acabar por reduzir o tamanho do bolo econômico.

Nossa discussão anterior não autoriza o leitor a concluir que a preocupação com a eficiência econômica deve extrair do indivíduo atitudes solidárias para com os que, por uma razão ou outra, não conseguiram desenvolver-se pessoalmente, de modo a gerar uma renda maior. Pelo contrário, nossa argumentação é no sentido de destacar que o maior crescimento econômico, decorrente da eficiente alocação dos recursos escassos, é uma alternativa melhor que programas governamentais. Fazer *cortesia com o chapéu dos outros*, isto é, usar o governo para promover a solidariedade é menos eficiente do que desenvolver a economia de mercado em um contexto institucional que favoreça a criatividade humana e que demande recursos escassos para que o governo exerça suas funções básicas, porque o mercado, movido pelo interesse próprio, além de gerar o maior nível de produto, favorece o florescimento e desenvolvimento do *valor solidariedade* em uma sociedade moderna.[9]

Setor Público x Mercado: Um Resumo

A teoria econômica nos ajuda a explicar por que tanto as forças de mercado quanto a ação do governo falham – isto é, por que, em alguns casos, ambas falham em satisfazer o critério ideal de eficiência. As deficiências de cada um dos setores serão mais ou menos decisivas, dependendo do tipo de atividade econômica. Paul Samuelson, Prêmio Nobel de Economia, afirmou que "Não existem regras, com relação ao papel do governo, que possam ser estabelecidas por alguma razão *a priori*".[10] Isso não significa, entretanto, que a teoria econômica não tenha nada a dizer sobre as vantagens do mercado ou do setor público, em relação a classes de atividades. Também não significa que os cientistas sociais não tenham nada a dizer sobre os arranjos institucionais para a condução de uma atividade econômica em uma sociedade. Significa, única e exclusivamente, que cada questão e cada tipo de atividade devem ser considerados individualmente.

Quando consideramos a capacidade do governo e do setor privado em resolver questões específicas, é bom ter em mente duas coisas. A primeira é a característica básica do governo: seu monopólio no uso coercitivo da força. É um instrumento muito poderoso, para o bem ou para o mal. A segunda coisa é lembrar que os indivíduos têm duas formas fundamentais para informar e, possivelmente, influenciar uma instituição como o governo ou uma empresa privada: saída e voz. Tanto a saída quanto a voz são

---

9. Para uma discussão sobre solidariedade e mercado, ver José L. Carvalho, A teologia cristã e o mercado. *Fragmentos de cultura*, v. 11, p. 967-98, nov./dez. 2001.
10. Paul A. Samuelson, The economic role of private activity. In: J. E. Stiglitz (Ed.), *The collected scientific papers of Paul A. Samuelson*, v. 2. Cambridge: MIT Press, 1966, p.1423.

extremamente úteis quando as relações se referem a indivíduos, firmas e outros grupos do setor privado. Podemos falar e, se não der resultado, podemos sair de um arranjo particular simplesmente não o renovando ou mudando para uma alternativa. Outros compradores e vendedores estão disponíveis no mercado, ainda que não tenham produtos idênticos nem localização idêntica.

Com o governo, estamos basicamente limitados à voz. Em uma democracia representativa, podemos utilizar a voz para comunicar o nosso desagrado com relação a um novo imposto ou a uma nova regulamentação, mas a saída é, de modo geral, difícil. Para exercê-la, temos de nos mudar fisicamente da área de autoridade do governo. Quando tratamos com um governo local, naturalmente, o custo de saída é menor. Essa é uma das razões pelas quais transferir poder para o governo local é menos perigoso que atribuir esse mesmo poder a um governo nacional. Entretanto, a possibilidade fácil da saída e de mudar de agente competidor quase sempre dá aos indivíduos maior controle no mercado que no setor público.

Quando fazemos comparações de situações específicas, a intervenção governamental se faz muito mais necessária em algumas atividades que em outras. Por exemplo, se os direitos de propriedade não podem ser garantidos, porque a atividade em causa envolve uma gama substancial de externalidades, soluções de mercado geralmente implicam ineficiência econômica, e a ação do setor público deve ser considerada; ela pode permitir maior eficiência. Do mesmo modo, quando as pressões de competição são fracas e a saída é mais difícil para qualquer das partes, ou quando há razões nítidas para se esperar que os consumidores sejam mal-informados, nessas circunstâncias o mercado falha. E, uma vez mais, a ação do governo deve ser examinada (ver "Regras de Bolso" a seguir, para um resumo dos fatores que influenciam o funcionamento do mercado e a ação do setor público).

Regras de Bolso

Condições que enfraquecem o funcionamento do mercado em favor da intervenção do setor público, e vice-versa.

Estes fatores enfraquecem a eficiência de mercado:	Estes fatores enfraquecem a recomendação de intervenção do setor público:
1. Falta de competição	1. O poder de interesses específicos
2. Externalidades positivas e negativas	2. O efeito miopia
3. Bens públicos	3. Os custos da apropriação de renda
4. Pouca informação	4. Ausência de sinais e incentivos para a promoção de eficiência operacional

A mesma análise vale para o setor público. Quando há uma boa razão para acreditar que a influência de interesses especiais será muito forte, a recomendação de uma ação do governo, para corrigir uma falha de mercado, perde força. Do mesmo modo, a impossibilidade de identificar e contornar a ineficiência, no setor público, enfraquece a recomendação da ação do governo. Em muitos casos, a escolha da instituição adequada pode ser uma alternativa entre dois males. Por exemplo, podemos esperar que não haja competição privada em uma atividade particular, se esta for deixada ao sabor do mercado. Contudo, controlar esse poder de monopólio, por meio de regulamentação sujeita ao efeito de interesses especiais, pode ser perigoso. Compreender as dificuldades tanto do mercado quanto do setor público é importante para melhorar nossas instituições econômicas.

Implicações da Escolha Pública: Como Obter mais do Governo

É importante distinguirmos entre política comum e regras constitucionais. Constituições estabelecem os procedimentos por meio dos quais decisões políticas serão tomadas e implementadas. Elas também podem reduzir os resultados negativos da ação do governo, conforme discutimos anteriormente, pela limitação da regra da maioria. Elas fazem isso impondo restrições adicionais à regra da maioria ou a procedimentos legislativos normais, quando determinadas questões são tratadas (por exemplo, a desapropriação de propriedade privada sem indenização, restrições à liberdade de expressão ou de credo e várias limitações com relação ao voto).

Tanto boas quanto más notícias podem emergir da análise da escolha pública. A notícia ruim é que, para certas classes de atividades econômicas, um governo democrático, sem restrições adicionais, seguramente será fonte de desperdício e ineficiência econômica. Não é só a mão invisível do mercado que, algumas vezes, falha em satisfazer o critério ideal de eficiência; isso também ocorre com decisões de política. Isso faz que nos preocupemos com o crescimento do governo. Mas há também boas notícias derivadas da análise da escolha pública: regras constitucionais bem-estruturadas podem melhorar o resultado esperado da ação governamental. Assim, o estudo de como as pessoas se comportam quando têm de tomar decisões coletivas, "em um mundo como ele realmente é", sugere construções alternativas que venham a melhorar o processo decisório do governo.

Dependendo da estrutura política e da regra constitucional, um sistema político organizado pode levar a resultados econômicos desejáveis ou indesejáveis. Tanto no governo quanto em qualquer outra parte, incentivos adequados são determinantes para a tomada de boas decisões. Quando a estrutura de uma regra política harmoniza o interesse próprio dos indivíduos (eleitores, políticos e burocratas) com o bem-estar geral, o governo promoverá prosperidade econômica. No entanto, se as regras falham em promover tal harmonia, uma alocação de recursos, fundada no sistema político, nos levará tanto a desperdício de recursos quanto a conflitos entre os cidadãos. O desafio que enfrentamos é o de desenvolver instituições de política que sejam consistentes com eficiência econômica e prosperidade. A teoria da escolha pública nos fornece a percepção de como esse objetivo pode ser atingido. É desnecessário dizer que esse é um dos tópicos mais excitantes e de maior potencial no campo do estudo da economia.

Olhando à Frente

Governos democráticos são uma criação da interação entre os homens. A análise da escolha pública nos permite compreender melhor essas interações e as possíveis modificações das regras que melhorariam os resultados da ação do governo. Questões envolvendo comparação entre as soluções de mercado e as soluções impostas pelo setor público serão discutidas constantemente, ao longo deste livro. A escolha pública – o estudo de como o setor público funciona – é parte integral da fascinante escolha econômica. Ela nos permite entender o porquê de muitos eventos que ocorrem hoje em dia. Quem disse que a economia é a "ciência das sombras"?

Resumo do Capítulo

- Em uma democracia representativa, o governo é controlado por eleitores que elegem políticos que determinam as políticas públicas e contratam burocratas. Todos esses três participantes influenciam os resultados políticos em uma sociedade.
- Tudo o mais constante, os eleitores têm um forte incentivo para apoiar o candidato que lhes ofereça o maior ganho, dado o seu custo pessoal. Entretanto, a informação tem um custo. Como as decisões coletivas quebram a ligação entre a escolha individual e a solução adotada para uma questão, é racional que os eleitores permaneçam desinformados em relação a muitas questões.
- Os políticos têm um forte estímulo para adotar estratégias que aumentem as chances de sua eleição ou reeleição. A competição política por votos força o político a considerar permanentemente como sua ação afetará o apoio de seus eleitores.
- A distribuição dos benefícios e dos custos entre eleitores influencia o funcionamento do processo político. Quando os eleitores pagam em proporção aos benefícios que recebem de um projeto público, o processo de decisão democrático funciona bem. Projetos produtivos tendem a ser aprovados, e projetos contraproducentes, rejeitados.

- ☐ Há um forte estímulo para que políticos apóiem questões de interesse especial. Grupos de interesse especial concedem tanto apoio financeiro quanto suporte direto para a eleição de políticos, enquanto a maioria dos outros eleitores tende a se manter desinformada a respeito das questões de interesse especial.
- ☐ O efeito miopia é uma fonte adicional de conflito entre a boa política e a boa economia. Tanto eleitores quanto políticos tendem a apoiar projetos que prometem substanciais benefícios no momento, a custos difíceis de serem identificados e incidentes no futuro.
- ☐ A apropriação de renda absorve recursos que poderiam ser usados em atividades produtivas. A intensidade de uso do sistema tributário, dos gastos públicos e do poder de regulamentação do governo encoraja a apropriação de renda. O produto de uma economia sujeita à prática de apropriação de renda será inferior ao seu produto potencial.
- ☐ Os incentivos econômicos para que o setor público opere eficientemente são fracos. Nenhum indivíduo ou grupo relativamente pequeno de indivíduos pode capturar os ganhos derivados da melhora de eficiência operacional do governo.
- ☐ Uma grande e crescente parcela de qualquer governo dedica-se a um processo de transferência de renda que, em sua maioria, não se destina às pessoas pobres. Transferências de renda tendem a reduzir o tamanho do bolo econômico.

Questões de Análise Crítica

1. Você considera que as pessoas que participam do processo político têm motivação diferente daquelas que participam de atividades no setor privado? Por quê?

2. "O governo tem condições, ao tomar decisões, de considerar as questões de uma perspectiva de longo prazo, se isso for necessário. As empresas privadas tomam decisões com base no curto prazo. Os administradores de uma sociedade anônima, por exemplo, só se preocupam com os próximos três ou seis meses, e não com os próximos 50 ou 100 anos. Assim, o governo – e não as empresas privadas – deve possuir coisas como florestas, que levam décadas para se desenvolver." Avalie essa afirmação.

3. "Um governo democrático é um instrumento de correção usado como remédio para as ineficiências que decorrem do mau funcionamento dos mercados." Essa afirmação é falsa ou verdadeira? Explique.

4. O que é apropriação de renda? Quando essa prática é mais facilmente encontrada em uma sociedade? Como ela afeta a eficiência econômica? Explique.

5. O processo político democrático incorpora o princípio da mão invisível? A presença ou ausência do princípio da mão invisível é importante? Por quê?

6. "A pessoa média gasta mais tempo e recursos para se informar quando pretende comprar um microcomputador do que quando vota em representantes no Congresso." Avalie essa afirmação.
7. Você considera que grupos de interesse especial têm muita influência sobre governos locais? Por quê?
8. "Os eleitores devem simplesmente ignorar candidatos políticos que colaboram com grupos de interesse especial e votar em candidatos que venham a representar todo o povo, uma vez eleitos. O governo funcionará muito melhor quando isso acontecer." Avalie essa afirmação.
9. Você considera que a propaganda exerce mais influência sobre o tipo de carro comprado por um consumidor do que sobre o tipo de político escolhido por essa mesma pessoa em uma eleição? Explique sua resposta.
10. "Quando uma função econômica é transferida para o governo, a cooperação social substitui o interesse próprio." Essa afirmação é verdadeira? Por quê?
11. "Políticas públicas são necessárias para proteger o cidadão médio dos poderosos grupos de interesse. Na ausência de intervenção governamental e regulamentação, indústrias – tais como companhias de transporte aéreo e de transporte rodoviário – cobrariam preços excessivamente elevados e os seus produtos ou serviços não confeririam segurança ao consumidor, e os ricos oprimiriam os pobres. O governo aplaca o poder dos grupos de interesse especial." O que há de errado com essa forma de pensar?
12. Você considera que o processo político opera em benefício dos pobres? Por quê?
13. "Uma vez que as empresas governamentais não têm de apresentar lucro, elas podem produzir a um custo mais baixo e, portanto, cobrar um preço menor do que o que seria cobrado por uma correspondente empresa privada." Avalie essa afirmação.

PARTE III

FUNDAMENTOS DA MACROECONOMIA

A macroeconomia trata do crescimento e das flutuações do produto, do nível de emprego e do nível geral de preços para toda a economia. O Produto Interno Bruto (PIB) é a medida de produto mais utilizada. A Figura III-A apresenta o PIB real brasileiro – isto é, o PIB ajustado pela inflação –, que cresceu, no século XX, a uma taxa de aproximadamente 5% ao ano. O crescimento do produto é muito importante, porque proporciona, em uma sociedade, a base para níveis de consumo e padrão de vida mais elevados.

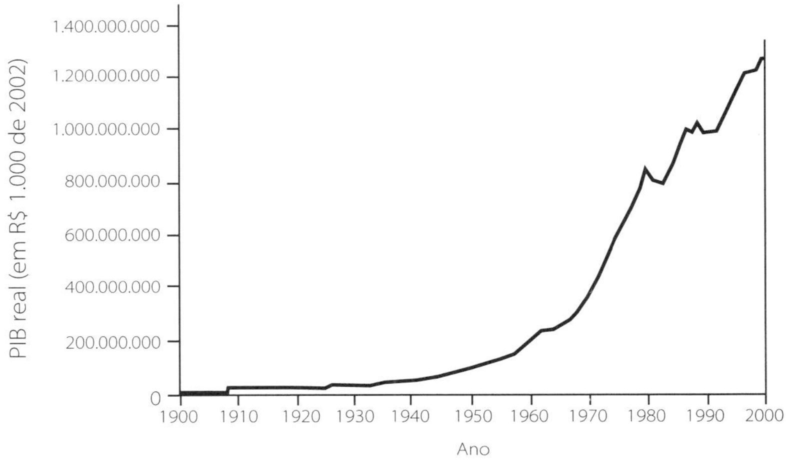

Figura III-A
O PIB real brasileiro.

FLUTUAÇÕES NO PRODUTO

Como os demais países, o Brasil tem experimentado flutuações no nível de seu produto. A Figura III-B apresenta a média anual de variação do PIB real em períodos de expansão (crescimento do PIB real) e de recessão (queda do PIB real) para a economia brasileira desde 1960. Como podemos verificar, a duração dos períodos de *boom* e de contração variam substancialmente, embora os períodos de expansão sejam mais longos. Mesmo considerando apenas os períodos de expansão econômica, sua intensidade difere bastante entre períodos. Entre 1968 e 1973, o PIB real brasileiro cresceu, em média, 11% ao ano, enquanto, de 1994 a 2000, o crescimento real médio foi cerca de 3% ao ano. O que causa flutuações econômicas? Como sua freqüência e intensidade podem ser reduzidas? Devemos esperar menor ocorrência de recessão econômica no futuro? Analisaremos essas questões ao longo da Parte III.

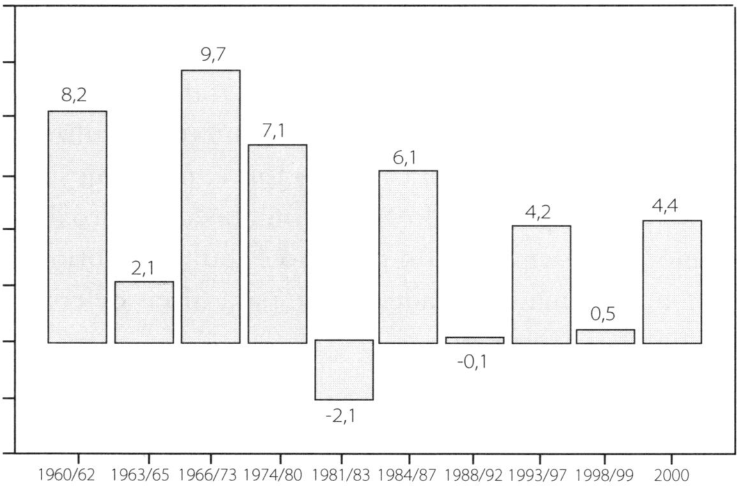

Figura III-B
Brasil: taxa média de crescimento anual do PIB em períodos selecionados.

As recessões são caracterizadas por desemprego, aumento de pobreza e falências. As expansões econômicas promovem aumento de emprego, crescimento da renda e aquecimento nas vendas no varejo.

CRESCIMENTO DO PRODUTO

O Quadro III-A nos fornece a taxa média de crescimento anual da economia brasileira nas últimas cinco décadas. Embora o PIB real brasileiro tenha crescido em todas as décadas, podemos observar que esse crescimento vem desacelerando, isto é, as taxas média de crescimento vêm decrescendo ao longo do tempo. O que faz uma economia crescer? A taxa de crescimento de longo prazo do PIB real brasileiro está se reduzindo? O que políticas públicas podem fazer para encorajar o crescimento econômico? Essas questões serão tratadas nesta parte.

Quadro III-A
Taxa média de crescimento anual da economia brasileira nas últimas cinco décadas.

Década	Taxa Média de Crescimento Anual
1950–1959	7,15
1960–1969	6,12
1970–1979	8,79
1980–1989	3,02
1990–1999	1,80

7 Tomando o Pulso da Economia Nacional

Tem-se dito que os números governam o mundo; talvez. Eu tenho certeza de que são os números que nos mostram se o mundo tem sido bem ou mal governado.

Johann Wolfgang Goethe, 1830.

Pela medida, construímos a distinção; medindo com precisão, acentuamos as diferenças.

Enrico Fermi[1]

FOCO DO CAPÍTULO

- O que é PIB? Que itens estão incluídos no PIB?
- Como se calcula o PIB?
- Quais são os principais componentes do PIB?
- Quando fazemos comparações ao longo do tempo, por que é importante ajustar o PIB nominal para os efeitos da inflação?
- O que os índices de preços medem?
- Como eles podem ser usados para ajustamentos necessários em decorrência de mudanças no nível geral de preços?
- O PIB é uma boa medida do produto? Quais são seus pontos fortes e seus pontos fracos?

1. Como citado por Milton Friedman in Walter Block (Ed.), *Economic freedom*: toward a theory of measurement. Vancouver, B.C.: The Fraser Institute, 1991, p.11

Nossa sociedade adora manter registros. Nas páginas de esportes de qualquer jornal, sempre temos informações sobre o histórico de vitórias e derrotas dos times envolvidos em uma competição. Também mantemos registros sobre o desempenho da nossa economia. O placar do desempenho de uma economia é o *sistema de contas nacionais*. Assim como no caso de uma firma, cujo desempenho podemos obter informações por meio de registros contábeis, o *sistema de contas nacionais* nos informa sobre toda a economia.

Simon Kuznets, ganhador do Prêmio Nobel de Economia em 1971, desenvolveu os conceitos básicos de um sistema de contas nacionais durante as décadas de 1920 e 1930 (ver "Economista de Destaque"). Ao longo dos anos, esses procedimentos foram modificados e melhorados. Neste capítulo, vamos explicar como é medido o fluxo de produto (e de renda) em uma economia. Explicaremos também como mudanças nas quantidades produzidas de bens e serviços podem ser separadas de mudanças que refletem as variações dos preços desses bens e serviços. Finalmente, vamos analisar os pontos fortes e fracos dos instrumentos de medida que usamos na avaliação do desempenho de nossa economia nacional.

ECONOMISTA DE DESTAQUE

SIMON KUZNETS (1901–1985)

Simon Kuznets criou a metodologia moderna para o sistema de contas nacionais e desenvolveu o primeiro sistema confiável de medidas agregadas para a economia dos Estados Unidos. Por isso, ele é freqüentemente chamado "o pai do sistema de contas nacionais". Nascido na Rússia, emigrou para os Estados Unidos aos 21 anos e desenvolveu sua carreira acadêmica lecionando e pesquisando nas universidades da Pensilvânia, Johns Hopkins e Harvard.

PIB – Uma Medida do Produto

O **Produto Interno Bruto (PIB)** *é o valor de mercado dos bens finais e de serviços produzidos dentro de um país durante determinado período, geralmente o ano civil.* O PIB é o indicador mais utilizado na avaliação de desempenho de uma economia. As estatísticas sobre o PIB são acompanhadas por responsáveis pela política econômica, por *homens de negócio* e pela comunidade financeira. A Fundação Instituto Brasileiro de Geografia e Estatística (IBGE) é o órgão responsável pelo Sistema Brasileiro de Estatística, que engloba o registro estatístico primário de atividades econômico-sociais do país. Cabe ao IBGE a manutenção e a atualização de nosso sistema de contas nacionais. O Adendo A, ao final deste capítulo, fornece um histórico do desenvolvimento da contabilidade nacional no Brasil.

Produto Interno Bruto (PIB)

Valor de mercado de todos os bens finais e serviços produzidos dentro de um país, durante determinado período.

O PIB é um fluxo. O conceito de fluxo vem da analogia com o fluxo de água por unidade de tempo que passa por um tubo. Assim, o PIB mede o valor de mercado da produção que flui por meio das fábricas e lojas da economia por unidade de tempo – por exemplo, a cada ano ou a cada trimestre.

O que Está Incluído no PIB?

Em primeiro lugar, e mais importante, o PIB é uma medida de produto. Assim, não se pode chegar ao PIB simplesmente somando o total das receitas registradas em cada caixa registradora do país, durante determinado tempo. As palavras-chave na definição do PIB – "valor de mercado" dos "bens finais e serviços" "produzidos" "dentro de um país" "durante determinado período" – nos revelam o que deve ser incluído e excluído no cálculo do PIB. Vamos olhar com mais cuidado os elementos dessa definição.

Somente bens finais e serviços devem ser considerados. Se o produto deve ser medido adequadamente, todos os bens e serviços produzidos durante o ano devem ser contados uma, e somente uma, vez. Muitos bens passam por muitos estágios de produção, antes de chegar às mãos do seu demandante final. Para evitar dupla contagem, precisamos ter cuidado em diferenciar bens que são usados em estágios intermediários de produção – **bens intermediários** – dos **bens finais e serviços**, que são aqueles comprados pelo usuário final e não por quem vai revendê-los ou promover uma transformação produtiva neles.

Bens intermediários

Bens comprados para a revenda ou para ser usados na produção de outros bens e serviços.

Bens finais e serviços

Bens e serviços adquiridos pelo usuário final.

Vendas nos estágios intermediários de produção não podem ser contadas no PIB, porque o valor dos bens intermediários será incorporado ao valor do bem adquirido pelo usuário final.

Se somarmos as vendas, tanto dos bens intermediários quanto dos bens de uso final, estaremos exagerando o valor do PIB. Por exemplo, quando um frigorífico vende carne a um restaurante, o preço final pago pelo cliente do restaurante pelo filé refletirá o custo dessa carne. Estaríamos contando duas vezes o valor desse filé se incluíssemos, no cálculo do PIB, a venda da carne como bem intermediário (carne vendida pelo frigorífico ao restaurante) e a compra desse mesmo filé pelo usuário final, o cliente do restaurante.

O Quadro 7.1 nos ajuda a deixar claro o método utilizado no cálculo do PIB. Antes que o bem final, o pão, chegue às mãos do consumidor, ele passa por vários estágios intermediários no processo de produção. Os agricultores produzem 1 kg de trigo e o vendem ao moinho por R$ 0,30. O moinho mói o trigo e o transforma em farinha que é vendida à padaria por R$ 0,65. O moinho *adicionou* R$ 0,35 ao valor do trigo bruto (R$ 0,65 – R$ 0,30). O padeiro combina a farinha de trigo com outros ingredientes para fazer um pão que é vendido ao supermercado ou à *delicatessen* por R$ 0,90. O padeiro *adicionou* R$ 0,25 ao valor da farinha (R$ 0,90 – R$ 0,65). O supermercado estoca o pão convenientemente em prateleiras para facilitar sua compra pelos consumidores finais. O supermercado vende o pão por R$ 1, *adicionando* R$ 0,10 ao valor do pão (R$ 1 – R$ 0,90).

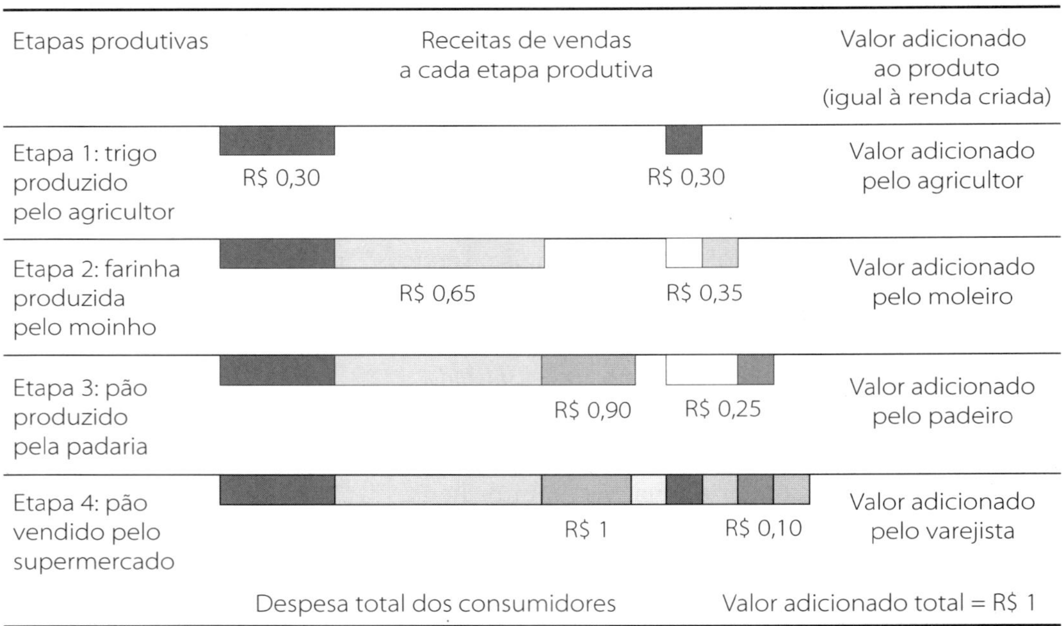

Quadro 7.1 PIB e as etapas na produção

Muitos bens passam por muitos estágios de produção. O quadro apresentado ilustra tanto o valor de mercado de um pão, à medida que ele passa pelos vários estágios de produção (coluna 1), quanto o valor adicionado em cada fase intermediária do processo produtivo (coluna 2). O PIB registra apenas o valor de mercado do produto final. Naturalmente, o somatório dos valores adicionados em cada fase intermediária da produção (coluna 2) é exatamente igual ao valor de mercado do produto final.

Somente o valor de mercado do produto final – o R$ 1 de pão – é incluído no PIB. O preço do bem final reflete o somatório dos *valores adicionados* a cada estágio de produção. Os 30 centavos adicionados pelos agricultores, mais os 35 adicionados pelo moinho, mais os 25 adicionados pelo padeiro e mais os 10 centavos adicionados pelo supermercado somam R$ 1, que é o preço pago pelo consumidor final.

Transações financeiras e transferências de renda não estão incluídas no PIB porque não envolvem produção. Lembre-se de que PIB é a medida de bens e serviços produzidos. Transações puramente financeiras e meras transferências de renda significam apenas que os recursos passaram de um dono para outro. Isso não envolve nenhuma produção e, portanto, não deve estar incluído no PIB. Note, entretanto, que, se uma transação financeira envolve uma comissão de intermediação, a comissão é incluída no PIB, porque corresponde a um serviço prestado pelo corretor, por exemplo, no período corrente.

Assim, a compra e a venda de ações, debêntures e títulos da dívida pública não estão incluídas no PIB. Também não estão incluídas as transferências de renda, seja entre particulares, seja entre agentes públicos, seja entre o setor público e o setor privado. Se o seu avô lhe envia R$ 600 para pagar a sua universidade, ele terá menos riqueza e você, mais. Entretanto, essa transação não adicionou coisa alguma à produção corrente. As transferências de renda promovidas pelo governo, tais como pagamentos do INSS ou de programas de bem-estar (salário-desemprego, bolsa-escola e outros), também não estão incluídas no PIB. Os recipientes dessas transferências não estão produzindo bens ou serviços em troca delas. Logo, seria impróprio adicioná-las ao PIB.

Somente a produção dentro do país é contada. O PIB registra apenas bens e serviços produzidos na área geográfica que define o país. Quando estrangeiros ganham renda no Brasil, ela é adicionada ao PIB brasileiro. Por exemplo, se as rendas recebidas por um engenheiro eletrônico inglês, um jogador de futebol colombiano ou um professor de balé russo forem geradas no Brasil, elas estarão incluídas no PIB brasileiro. No entanto, a renda recebida por brasileiros no exterior – por exemplo, professores que lecionem na África ou atletas que joguem futebol na Itália – não faz parte do PIB brasileiro, porque não foi gerada em território nacional.

Só os produtos produzidos no período corrente são contados. Como a definição nos indica, o PIB é uma medida de produto, durante determinado período. Transações que impliquem bens ou ativos produzidos em algum momento no passado são omitidas, pois não se referem à produção do período corrente. Por exemplo, a compra de bens usados – tais como carros ou casas –, produzidos ou construídos há algum tempo (ainda que sejam meses), efetuada no ano passado, não está incluída no PIB deste ano. A produção desses bens foi contada no momento em que eles foram produzidos e comprados pela primeira vez. A revenda de tais itens produzidos há alguns anos simplesmente muda o proprietário desses bens ou ativos e não adiciona produção corrente. Portanto, seria inadequado incluí-la no PIB corrente. Note que, como no caso das transações financeiras, comissões e rendas ganhas por aqueles que intermedeiam a venda de carros, casas ou outros ativos estarão incluídas no PIB, uma vez que refletem serviços que foram providos durante o período corrente.

Reais – O Denominador Comum do PIB

Sempre nos ensinaram sobre a dificuldade de somarmos laranjas com bananas. Entretanto, essa é a natureza do conceito de produto agregado. Literalmente, milhões de comodidades e serviços diferentes são produzidos a cada ano. Como laranjas, bananas, maçãs, sapatos, filmes, sanduíches, automóveis, vestidos, serviços de faxina, educação, transplante de coração, geração de mapa astral e muitos outros itens podem ser adicionados? Resposta: o valor de mercado de cada bem ou serviço é adicionado para a composição do PIB.

A vasta maioria dos diferentes bens e serviços produzidos no mundo de hoje tem algo em comum: alguém paga um preço para tê-los. Assim, ao medirmos o produto, a unidade de cada bem deve ser ponderada de acordo com seu valor de mercado – o preço de compra de um bem ou serviço. Se um consumidor paga R$ 20 mil por um automóvel novo e R$ 20 por uma boa refeição em um restaurante, a produção de um automóvel adiciona ao PIB mil vezes mais que uma refeição no restaurante. Do mesmo modo, a produção de um aparelho de tevê, que é comprado por R$ 1.000, adicionará 1/20 do produto de um novo automóvel ou 50 vezes mais que uma refeição em um restaurante adicionará ao PIB.

Cada bem produzido aumenta o produto da economia pela quantidade paga pelo seu comprador. O total de gastos com todos os bens e serviços produzidos durante um ano, se somados em termos de reais, reproduz o PIB anual.

O Setor Governo

O conceito de PIB como valor adicionado nos remete a outra questão. Como o valor adicionado é definido pelo valor de venda menos o consumo intermediário, como podemos definir valor adicionado no caso de um bem ou serviço que não é vendido? Essa situação ocorre com muitos bens e serviços providos à sociedade pelo setor governo, isto é, pelos municípios, Estados ou União. A administração dos serviços públicos corresponde a esse tipo de serviço. Por exemplo, o serviço de segurança pública não nos é cobrado diretamente, porque protege a todos os cidadãos. Por isso mesmo, ele é custeado pela arrecadação de impostos que os Estados nos cobram, como o imposto sobre a circulação de mercadorias e serviços (ICMS). Assim, não temos o valor de venda de segurança pública para dele subtrairmos os gastos do governo com bens intermediários necessários à produção desse serviço, tais como munição, combustível para veículos etc. Lembre-se de nossa discussão sobre o papel do governo e o processo de decisão coletiva, apresentados nos Capítulos 5 e 6.

A existência do setor governo (municipal, estadual e federal) exige uma contribuição compulsória dos cidadãos para que os serviços prestados pelo setor público possam ser executados. Lembre-se de que os municípios, Estados ou mesmo a Federação não possuem nenhum recurso produtivo, exceto, no caso brasileiro, pelas desapropriações constitucionais de nossas riquezas em subsolo, que são de propriedade do governo federal. As famílias são as proprietárias de toda a riqueza de um país. Impostos são, portanto, transferências compulsórias dos cidadãos para os governos. Há basicamente dois tipos de impostos. Os impostos diretos são os que incidem sobre o fator de produção, fonte de renda. O imposto de renda pessoa física (IRPF) é o imposto sobre os rendimentos auferidos pelas pessoas, decorrentes de salários, juros, lucros ou aluguéis. Há ainda o imposto de renda pessoa jurídica (IRPJ), isto é, o imposto sobre os lucros das empresas. A segunda categoria compreende aqueles impostos incidentes sobre a produção ou a comercialização de mercadorias ou serviços. São os impostos indiretos tais como o imposto sobre produtos industrializados (IPI), o ICMS e outros. São chamados indiretos porque afetam os rendimentos líquidos apropriados pelos fatores que produzem o bem ou o serviço, objeto da tributação, mas não incidem diretamente sobre a renda do fator. Dada a complexidade do sistema tributário brasileiro, não nos preocuparemos, neste livro, em descrever os diversos tipos de impostos existentes. Por simplicidade, vamos supor que inequivocamente todos os tributos existentes no Brasil possam ser categorizados em diretos ou indiretos.

Além dos impostos, parte dos serviços prestados pelo governo é financiada por meio de tarifas (preços) ou taxas específicas cobradas diretamente aos seus usuários, facilmente identificados. Esses são os casos de serviços postais, serviços de distribuição de água e outros. Nesses casos, é possível a aplicação do conceito de valor adicionado para o cálculo da contribuição desses serviços para o PIB. Embora o beneficiário dos serviços de educação promovidos pelo governo possa ser perfeitamente identificado, as contribuições ao PIB do ensino público gratuito em todos os níveis não podem ser obtidas pelo cálculo de seu valor adicionado.

Como, então, incorporar os serviços produzidos pelo setor público para os quais não podemos calcular o valor adicionado? Uma convenção das Nações Unidas, a qual padroniza a metodologia de cálculo das contas nacionais nos diversos países, estabelece que, nesses casos, o valor adicionado seja determinado pelos gastos do setor público com pessoal.

Relações com o Exterior

Vimos que, pelo princípio das vantagens comparativas, há um forte estímulo para o comércio entre os países. Esse comércio se processa pela exportação ou importação de bens e serviços. As exportações representam produtos gerados no país, enquanto as importações decorrem da compra de bens e serviços de outras nações. Naturalmente, os produtos exportados geram valor adicionado no país em questão, enquanto os produtos importados têm seu valor adicionado gerado no exterior, isto é, em outro país. Assim, o que deve ser computado no cálculo do PIB é a diferença entre o valor das exportações e o valor das importações, isto é, as exportações líquidas.

Pagamentos ou recebimentos de juros, de *royalties* decorrentes de contratos de uso de marca registrada ou patente, bem como de lucros obtidos por investimentos passados, são todos registrados, juntamente com as transações já mencionadas, no balanço de pagamentos. Os procedimentos para o registro de todas as relações de um país com o restante do mundo (exterior) foram sistematizados pelo Fundo Monetário Internacional (FMI). O fundamento que orienta o registro no balanço de pagamentos de qualquer transação é se ela ocorre entre *residente* e *não residente* em um país, em determinado período. Residentes são agentes econômicos – pessoas ou organizações – situados no território do país, sujeitos às instituições locais e ao controle sistemático de suas autoridades públicas. No Capítulo 18 (volume 2), trataremos especificamente das relações de um país com o restante do mundo e, por isso mesmo, estudaremos os conceitos e as relações fundamentais do balanço de pagamentos. No momento, o que nos interessa para o cálculo do PIB é o saldo das exportações líquidas.

Depreciação dos Bens de Capital

No processo de produção dos diversos bens e serviços em uma sociedade, bens de capital – ou, simplesmente, capital – desgastam-se pelo uso. Um bem de capital é um bem durável que gera para seu proprietário um fluxo de renda ou de serviços. Dessa forma, todas as máquinas e equipamentos usados na produção dos diversos bens e serviços fazem parte do capital. Também fazem parte do capital instalado no país as construções, tais como prédios e casas, pontes, viadutos, estradas, rodovias, ferrovias, portos, automóveis, ônibus, caminhões – enfim, todo bem durável que presta um fluxo de serviços. Se você, em sua residência, olhar ao seu redor, será capaz de identificar um sem-número de bens de capital: mobiliário, geladeira, aparelhos de ar-condicionado, de telefone, de televisão, de rádio, forno de microondas, fogão, geladeira, *freezer*, liquidificador, *mixer*, panelas, pratos, talheres, roupas etc. Todos esses bens têm um grau de durabilidade. Uns prestam serviços por um longo período, como é o caso de sua moradia (casa ou apartamento). Outros o fazem por um período menor, como é o caso do vestuário e calçados.

Embora todos os bens listados, e muitos outros, prestem aos seus donos um fluxo de serviços por certo período, dois aspectos devem ser destacados, ao caracterizarmos bens de capital em uma sociedade. Muitos desses bens têm uma durabilidade relativamente menor e, por isso mesmo, não são tratados como capital, como é o caso de vestuário, calçados, louça e talheres etc. Outros prestam serviços ao consumidor, embora possam ter durabilidade elevada, como geladeira, liquidificador, aparelhos de ar-condicionado, de televisão, de DVD etc. Nesse caso, esses bens são classificados como bens de consumo duráveis.

Capital, portanto, inclui máquinas e equipamentos, assim como construções e veículos usados na obtenção de outros bens e de serviços comercializados. Note que, embora a geladeira de sua residência preste um valioso serviço, conservando alimentos e, por conseguinte, poupando recursos escassos e tempo para os membros de sua família, ela não faz parte do capital de nossa economia. Entretanto, uma geladeira igual à de sua família, que preste os mesmos tipos de serviços em um restaurante ou em um bar, faz parte do capital de nossa economia. A mesma lógica se aplica a veículos que, ao servirem uma família, são considerados bens de consumo duráveis, mas, quando usados em um processo produtivo sujeito à comercialização, são contabilizados como capital.

Agora que somos capazes de distinguir bens de consumo duráveis de bens de capital, podemos considerar o desgaste desse capital durante o processo produtivo. A esse desgaste, dá-se o nome de *depreciação*. Como nem tudo é tão simples, a depreciação tem vários significados. Há a depreciação contábil, permitida pelas normas de contabilidade e, portanto, usada na apuração dos resultados de um empreendimento. O desgaste de um bem de capital representa um custo no processo produtivo, e as normas contábeis estabelecem como esse desgaste deve ser registrado. Geralmente, cada bem de capital tem uma vida física útil, predeterminada para cálculo de sua depreciação contábil. A norma contábil permite vários sistemas de depreciação. Esses sistemas podem ser classificados em dois tipos de depreciação: a linear ou a acelerada.

Apenas como ilustração, suponha que veículos leves tenham uma vida física útil de dez anos, isto é, eles podem prestar serviços, dentro de certos parâmetros de segurança, por dez anos. Em um sistema de depreciação linear, a cada um dos dez anos, o contador registrará como depreciação 1/10 do valor do veículo. Note que essa depreciação não constitui um gasto, mas é efetivamente um custo para a empresa. Por isso mesmo, recursos monetários equivalentes a esse custo são acumulados na rubrica "fundo de depreciação", que ao fim dos dez anos deve ser o suficiente para a aquisição de um veículo igual. Ora, muita coisa muda em dez anos. Não será possível adquirir um veículo semelhante ao que foi depreciado e, muito menos, um melhor ao mesmo preço. As normas contábeis permitem que a depreciação seja apropriada pelo custo de reposição do bem de capital, respeitados certos limites. Essas breves noções de depreciação contábil são suficientes para nossos propósitos.

Outro conceito importante de depreciação que nos interessa mais de perto é a depreciação econômica. Um bem de capital deprecia-se pelo uso, e isso é registrado na contabilidade. Entretanto, um bem de capital pode depreciar-se economicamente. Se o bem de capital guarda suas características físicas e pode ainda ser usado no processo de produção, ele não está fisicamente depreciado, mas pode ser economicamente inadequado à produção por incorporar uma tecnologia antiga e, portanto, implicar maiores custos. Compare um microcomputador 386 com um Pentium IV. O 386 pode ter cinco anos de uso e, certamente, sua vida física é superior a esse período. No entanto, seu uso é tão limitado em algumas atividades que ele já está economicamente depreciado.

Por que todas essas considerações sobre depreciação? Pelo simples fato de que parte dos bens de capital se deprecia durante o processo produtivo. Assim, o total dos gastos dos compradores finais dos bens e serviços registrado no PIB não leva em conta essa perda de capital, isto é, sua depreciação pelo uso. Esse é exatamente o significado da palavra *bruto* na caracterização do produto. Como calculado, o produto interno é bruto de depreciação, isto é, não retiramos do valor adicionado produzido aquele necessário para repor o capital depreciado durante a produção. É importante destacarmos que a depreciação não deve ser confundida com os serviços de manutenção do bem de capital. Esses serviços são computados como custo e registrados como despesas de um comprador final e, portanto, geram valor adicionado e fazem parte do PIB.

Duas Outras Formas de Medir o PIB

Há duas outras formas de considerar a medida do PIB. Na primeira, chega-se ao PIB de uma economia adicionando-se as despesas com todos os bens e serviços de uso final produzidos durante o ano. O sistema de contas nacionais se refere a esse método como a *ótica da despesa.*

Alternativamente, o PIB pode ser calculado pela soma da remuneração dos fatores de produção utilizados na obtenção de todos os bens e serviços, durante o ano. A produção de bens e serviços tem custo porque os recursos devem ser desviados de sua melhor alternativa para a produção desses bens e serviços. Esses custos geram as rendas dos proprietários dos fatores de produção. Esse método de cálculo do PIB corresponde à *ótica da renda.*

Os preços usados para ponderar as quantidades de bens e serviços incluídos no PIB refletem tanto o valor de mercado dos produtos quanto a renda gerada pelos recursos usados nas suas produções. Do ponto de vista da contabilidade nacional, quando um bem é produzido e vendido, o total dos pagamentos feitos aos fatores de produção (inclusive o lucro ou prejuízo do produtor) é igual ao preço de venda desse bem.[2] Por exemplo, considere um proprietário de um salão de beleza que aluga um prédio e equipamentos, compra cosméticos e outros produtos de beleza e os combina com trabalho, de modo a produzir serviços de cabeleireiro, maquiagem, manicure etc., pelos quais seus clientes pagam R$ 500 por dia. O valor de mercado do seu produto, R$ 500 por dia, é adicionado ao PIB. Levando-se em conta o lucro ou prejuízo do proprietário, os R$ 500 são exatamente iguais à renda recebida pelos proprietários dos recursos usados na produção desses serviços. Desse modo, o PIB é uma medida tanto de produto quanto de renda.

A ligação entre o valor de mercado de um bem e a renda (inclusive lucros e prejuízos) dos proprietários dos recursos produtivos de cada bem considerado está presente para todo bem e serviço produzido e, conseqüentemente, estará presente para o agregado da economia. Esta é uma identidade contábil fundamental:

fluxo em reais
da despesa
com bens finais = PIB = fluxo em reais da renda
(e custo indireto) gerada na
produção de bens finais

O PIB é uma medida do valor de bens e serviços comprados pelas famílias, por investidores, pelos governos e por estrangeiros. Os compradores desses bens e serviços os valorizam mais do que o preço que pagam por eles. Se não fosse assim, eles não os teriam comprado. *O*

2. No sistema de contas nacionais, os termos *lucro* e *lucro de sociedades anônimas* são usados no sentido contábil. Assim, eles refletem tanto a taxa de retorno sobre os ativos próprios de uma firma (que algumas vezes é referido como lucro normal) quanto o lucro ou prejuízo econômicos que discutimos no Capítulo 3.

PIB é também uma medida da renda agregada. A produção de bens envolve trabalho humano, uso e desgaste de máquinas, uso de recursos naturais, risco, responsabilidades administrativas e outras complicações. Os proprietários de recursos precisam ser recompensados com renda para que sejam induzidos a oferecer os serviços de seus recursos.

O Quadro 7.2 resume os componentes do PIB, pela ótica da despesa e pela ótica da renda. Exceto por alguns elementos complicadores, que discutiremos adiante, a receita que as firmas auferem da venda de seus produtos e serviços é paga diretamente aos proprietários dos recursos produtivos, sob a forma de salários, renda de autônomos, aluguéis, lucros e juros. Vamos nos concentrar agora no exame desses componentes e nas duas formas alternativas de calcular o PIB.

Ótica da despesa	Ótica da renda ou do custo dos recursos
Despesas de consumo pessoal	Renda agregada Remuneração de empregados (salários, proventos e contribuições sociais)
Investimento interno privado bruto	Renda de autônomos Juros Lucros Aluguéis
+	+
Consumo e investimento bruto do governo	Itens de custo que não são renda
+	Impostos indiretos menos subsídios
Exportações líquidas de bens e serviços	Depreciação
	+
	Renda líquida de estrangeiros
=	=
PIB	PIB

Quadro 7.2
Duas outras formas de medir o PIB.

Além do cálculo por meio do valor adicionado, podemos determinar o PIB de duas outras formas. Ele pode ser estabelecido pela soma das despesas com bens e serviços adquiridos pelos "usuários finais" – isto é, consumidores, investidores, governos e estrangeiros (exportações líquidas). O PIB pode, alternativamente, ser obtido pela soma de todos os pagamentos referentes à renda dos fatores de produção gerada internamente no país mais alguns itens de custo direto que decorrem da produção de bens e serviços, como impostos indiretos e depreciação.

Portanto, há três formas distintas de calcularmos o PIB: a forma original – isto é, pelo cálculo do valor adicionado gerado em cada etapa da produção – referida como *ótica da produção*; os cálculos pelas óticas da despesa e da renda, que acabamos de identificar. O Quadro 7.3 apresenta a composição do PIB brasileiro, por essas três óticas, para o ano de 2000.

Quadro 7.3
Brasil: Composição do Produto Interno Bruto (PIB) segundo as óticas da produção, da despesa e da renda, para o ano de 2000 (principais componentes).

Especificação	Valor em R$ 1.000.000
Ótica da produção	
Componentes do Produto Interno Bruto	
Produto Interno Bruto	**1.086.700**
Produção	1.979.057
Impostos sobre produtos	119.394
Consumo intermediário (–)	1.011.751
Ótica da despesa	
Componentes do Produto Interno Bruto	
Produto Interno Bruto	**1.086.700**
Consumo final	868.061
Consumo das famílias	658.726
Consumo da administração pública	209.334
Formação bruta de capital	236.169
Formação bruta de capital fixo	211.225
Variação de estoque	24.944
Exportação de bens e serviços	117.422
Importação de bens e serviços	134.951
Ótica da renda	
Componentes do Produto Interno Bruto	
Produto Interno Bruto	**1.086.700**
Remuneração dos empregados	411.637
Salários	288.078
Contribuições sociais efetivas	67.437
Contribuições sociais imputadas	56.122
Rendimento de autônomos (rendimento misto)	55.321
Excedente operacional bruto (lucro distribuído ou não)	440.486
Impostos líquidos de subsídios sobre a produção e importação	179.255

Fonte: Sistema de Contas Nacionais: Brasil. Rio de Janeiro: IBGE, 2003.

Calculando o PIB pela Ótica da Despesa

Quando o PIB é calculado pela ótica da despesa, podemos identificá-lo como a soma de quatro componentes: (1) despesas de consumo pessoal, (2) investimento bruto doméstico privado, (3) consumo e investimento bruto do governo e (4) exportações líquidas para o exterior. No tópico "Ótica da despesa" do Quadro 7.3, apresentamos os valores para 2000 desses quatro componentes da economia brasileira. Adiante, discutiremos o tópico do Quadro 7.3 que trata do cálculo do PIB pela ótica da renda.

Consumo pessoal. O consumo pessoal ou consumo das famílias é a parcela maior do PIB, quando examinado pela ótica da despesa. Em 2000, correspondia a R$ 658,726 bilhões, que representavam 60,6% do PIB brasileiro. Grande parte das despesas de consumo se refere a bens não-duráveis ou serviços. Alimentação, vestuário, recreação, serviços médicos e legais e combustível estão incluídos nessa categoria. Esses itens são usados à exaustão ou consumidos em um período relativamente curto. Bens de consumo duráveis, tais como aparelhos eletrodomésticos e automóveis, também estão incluídos nas despesas de consumo, embora possam fazer parte da formação bruta de capital quando se constituírem em investimentos. Infelizmente, não dispomos de estatísticas sobre as despesas com bens de consumo duráveis. Em 1998, a despesa com esses itens nos Estados Unidos correspondia aproximadamente a 1/8 de todas as compras de consumo. Os serviços desses produtos são consumidos por um longo período, ainda que eles sejam inteiramente contados no momento em que foram comprados.

> **Consumo pessoal**
>
> Despesas das famílias com bens de consumo e com serviços durante o período corrente. O consumo é um fluxo.

Consumo da administração pública. Os componentes dos gastos do setor governo incluem: (a) despesas de consumo com bens (tais como material de escritório, combustível e outros) necessários às suas atividades, os quais foram "consumidos" durante o período corrente, e (b) despesas com a compra de bens de capital, tais como máquinas e equipamentos (de escritório, de hospital, de escola, ou bélicos), e com construções (rodovias, escolas, hospitais, barragens), isto é, bens que serão usados no período corrente e em períodos futuros. Desse modo, os gastos do setor público, computados no PIB, se referem tanto ao consumo quanto ao investimento. Lembre-se de que as transferências (feitas pelo governo) são excluídas do PIB, uma vez que não envolvem produção corrente. Assim, as compras do governo de bens de consumo e investimento são substancialmente menores que a despesa total do governo. Em 2000, o consumo da administração pública brasileira (municipal, estadual e federal) foi de R$ 209,334 bilhões que correspondiam a cerca de 19,3% do PIB.

Formação bruta de capital ou investimento bruto. O próximo item na ótica da despesa é o **investimento privado**, que é a produção ou construção de bens de capital para a provisão de um fluxo futuro de serviços. Diferentemente de alimentos ou de serviços médicos, eles não são exauríveis pelo uso em um curto período. As fábricas e seus equipamentos são bens de investimento, assim como equipamentos de transporte e máquinas e equipamentos agrícolas, porque eles participarão da produção de bens e serviços no futu-

> **Investimento privado**
>
> Fluxo de gastos do setor privado com ativos duráveis (investimento fixo) mais o aumento de estoques (investimento em estoque) durante o período. Esses gastos ampliam a nossa capacidade de prover benefícios aos consumidores no futuro.

ro. De modo semelhante, uma casa é um bem de investimento porque também provê um fluxo de serviços ao longo do tempo no futuro. Portanto, construções acabadas ou em andamento, residenciais ou não, exceto as de uso militar, fazem parte do investimento do ano. Pelo mesmo princípio, plantações permanentes, seja de reflorestamento, seja de culturas permanentes (café, laranja etc.), feitas durante o ano, constituem investimento, bem como o aumento no efetivo animal usado para tração, reprodução ou produção de bens de origem animal (leite, ovos, lã etc.). O aumento dos estoques mantidos pelas firmas também é classificado como investimento, uma vez que esses estoques proverão benefícios aos consumidores somente no futuro.

Desse modo, a formação bruta de capital resulta da soma de dois componentes: a formação bruta de capital fixo e a variação de estoques. Portanto, a formação bruta de capital inclui tanto o investimento privado quanto o investimento da administração pública (setor do governo). A formação bruta de capital, em 2000, foi de R$ 236,169 bilhões, cerca de 21,7% do PIB, e seu maior componente, como normalmente ocorre, foi a formação bruta de capital fixo. Nesse mesmo ano, a formação bruta de capital fixo no Brasil foi de R$ 211,225 bilhões, enquanto a variação de estoques correspondia a apenas R$ 24,944 bilhões. Note que, nas estatísticas do Quadro 7.3, a formação bruta de capital fixo inclui, sem destacar, o investimento bruto do setor do governo. Ao decompor esse agregado, o IBGE estima que a formação bruta de capital fixo da administração pública, em 2000, foi de cerca de 1,9% do PIB, correspondendo a R$ 20,916 bilhões, dos quais R$ 16,426 bilhões se referiam a construções.

O investimento bruto, além da variação de estoques, inclui os gastos com: (1) reposição de maquinários, de equipamentos ou de prédios desgastados durante o ano e (2) adição líquida ao estoque de ativos de capital. O investimento líquido é simplesmente o investimento bruto menos a provisão para **depreciação** e obsolescência de máquinas e outros ativos físicos durante o ano em causa.

> **Depreciação**
>
> Estimativa da quantidade de capital físico (por exemplo, máquinas, veículos e edifícios) que não poderá mais ser usada no processo produtivo por desgaste ou obsolescência, durante o período.

O investimento líquido é um indicador importante da capacidade produtiva futura de uma economia. Um elevado nível de investimento líquido indica que o estoque de capital na economia está crescendo e, portanto, ampliando o potencial produtivo dessa economia no futuro (deslocando, para a direita, a curva de possibilidades de produção dessa economia). No entanto, uma baixa taxa de investimento líquido ou, pior ainda, um investimento líquido negativo implicam estagnação ou uma economia em contração. Naturalmente, o impacto dos investimentos sobre a renda futura depende também da produtividade desse investimento – isto é, se os fundos investidos foram canalizados para projetos geradores de riqueza. Tudo o mais constante, entretanto, países com elevadas taxas de investimento líquido tendem a crescer mais que países com baixas taxas de investimento líquido. Dadas as dificuldades para estimar a depreciação, o IBGE não tem calculado esse componente do investimento brasileiro. Portanto, não nos é possível saber qual o investimento líquido em nossa economia.

Como o PIB procura medir a produção corrente, precisamos considerar todos os produtos produzidos que não foram vendidos durante o ano – isto é, os **investimentos em estoque**, ou as mudanças durante o ano no valor de mercado de mercadorias depositadas nas prateleiras ou nos armazéns das firmas, que ainda não foram vendidas. Assim, as variações no valor dos estoques de matérias-primas, de produtos não-acabados ou na linha de montagem, bem como as variações nos estoques de animais de corte ou de produtos agrícolas armazenados são computadas como investimentos em estoque, medidos apenas pela variação no ano.

> ***Investimento em estoque***
> Variação nos estoques de bens e matérias-primas produzidos, mas não vendidos, durante o período.

Se as firmas têm mais bens em estoque no fim do ano do que tinham no início, o investimento em estoque será positivo. Esse investimento em estoque deve ser adicionado ao PIB. Contudo, uma queda nos estoques indicaria que a compra de bens e serviços no corrente ano excede a produção desse ano. Nesse caso, o desinvestimento em estoques deve ser subtraído do PIB. Em 2000, o Brasil investiu R$ 24,944 bilhões em estoques adicionais, isto é, cerca de 10,56% do seu investimento total (formação bruta de capital), enquanto, no ano anterior, a variação de estoques foi cerca de 7,45% da formação bruta de capital.

Muitos bens possuem características tanto de bens de consumo quanto de bens de investimento. Nem sempre nos é possível fazer uma distinção clara entre os dois. O sistema de contas nacionais criou toda uma classificação arbitrária para resolver tais problemas. Por exemplo, as compras de bens de consumo duráveis feitas por todas as firmas são registradas como investimento privado, e todas essas compras, quando feitas pelos consumidores, são consideradas como bens de consumo pessoal, com exceção da habitação, classificada como investimento privado.

> ***Exportações líquidas***
> São exportações menos importações.

Exportações líquidas. O componente final do PIB, pela ótica da despesa, são as **exportações líquidas**, ou o total das exportações menos as importações. **Exportações** são bens e serviços produzidos domesticamente, mas vendidos no exterior. **Importações** são bens e serviços produzidos no exterior, mas comprados domesticamente. Lembre-se de que o PIB é uma medida de produção doméstica – tudo aquilo que é produzido dentro das fronteiras do país. Portanto, quando medimos o PIB pela ótica da despesa, temos de (1) adicionar as exportações (bens e serviços pro-

> ***Exportações***
> Bens e serviços produzidos domesticamente, mas vendidos no exterior.

> ***Importações***
> Bens e serviços produzidos no exterior, mas comprados domesticamente por consumidores, por investidores e pelo governo.

duzidos domesticamente, mas vendidos no exterior) e (2) subtrair importações (bens produzidos no exterior, mas adquiridos por residentes). Para os propósitos do sistema de contas nacionais, podemos combinar esses dois fatores em um só: exportações líquidas:

exportações líquidas = total das exportações – total das importações.

As exportações líquidas podem ser positivas ou negativas. Quando vendemos mais para o exterior do que compramos dele, as exportações líquidas são positivas. Nos anos recentes, as exportações líquidas no Brasil têm sido negativas, indicando que estamos comprando mais bens e serviços do exterior do que lhe vendendo. Em 2000, as exportações líquidas do Brasil foram negativas, isto é, importamos bens e serviços em um valor superior ao que exportamos. Portanto, nosso balanço em conta corrente (exportações menos importações, ambas de bens e serviços), como veremos no Capítulo 18 (volume 2), foi negativo em 2000 e somou R$ 17,529 bilhões.

Calculando o PIB pela Ótica da Renda

A terceira seção do Quadro 7.3 ilustra como podemos calcular o PIB não mais adicionando os gastos com bens finais e serviços, mas somando os fluxos de renda paga aos fatores de produção. A remuneração dos empregados inclui todos os pagamentos feitos pelos empregadores ao fator trabalho. Assim, são incluídos todos os salários e ordenados pagos, tanto em espécie (bens ou serviços como carro com motorista, moradia etc.) quanto em dinheiro, bem como todos os demais pagamentos que beneficiam o trabalhador, sejam os exigidos por lei (contribuições à previdência social pública) sejam os voluntariamente pagos pelo empregador (seguro-saúde, previdência complementar etc.). Em 2000, o total da remuneração dos empregados correspondia a R$ 411,637 bilhões.

Além da remuneração dos empregados, devem ser considerados os rendimentos dos trabalhadores autônomos que empresariam seus próprios serviços. Com esses autônomos, o IBGE inclui o rendimento auferido pelos proprietários de firmas que assumem o risco de conduzir seus próprios negócios e, simultaneamente, provêem seus serviços às suas próprias firmas. Em 2000, a renda gerada pelos autônomos foi de R$ 55,321 bilhões.

Os serviços do trabalho têm papel muito importante no processo produtivo, correspondendo, em 2000, a cerca de 42,97% do PIB brasileiro. Se descontarmos do PIB os impostos líquidos de subsídios sobre a produção e a importação (última linha do terceiro tópico do Quadro 7.3), a remuneração do fator trabalho atinge, nesse ano, cerca de 51,46% do total da remuneração dos fatores. Em países mais industrializados, onde a escassez relativa de mão-de-obra é maior, os serviços do trabalho absorvem uma parcela maior do produto. Em 1998, nos Estados Unidos, a remuneração dos empregados correspondia a cerca de 58,5% do PIB.

Máquinas, equipamentos, construções, terras e outros ativos físicos também contribuem no processo produtivo. Aluguéis, lucros e juros são pagamentos aos proprietários tanto de recursos físicos quanto financeiros, utilizados no processo de produção. Aluguéis são os rendimentos auferidos pelos proprietários de recursos cedidos a outros, sob um contrato específico, durante o período considerado – nesse caso, o ano civil. Lucros são as compensações recebidas pelos acionistas ou pelos sócios, por assumir os riscos do negócio, provendo o capital financeiro necessário para que a firma possa desenvolver a produção. Juro é um pagamento aos proprietários dos recursos financeiros colocados à disposição dos produtores ou consumidores, durante certo período, de modo que dificuldades decorrentes de defasagens temporais, entre pagamentos e recebimentos, possam ser contornadas.

Nem todos os componentes do PIB implicam uma renda paga a proprietários de fatores de produção. Para obter o PIB, é preciso levar em conta três outros elementos: impostos indiretos, o custo de depreciação e a renda líquida enviada ao exterior.

Impostos Indiretos

Os impostos que incidem sobre a venda de bens, aumentando, dessa forma, o seu preço para os consumidores, são chamados **impostos indiretos**. O ICMS é um exemplo claro desse tipo de imposto. Quando você faz uma compra de R$ 1 em um estado que aplica uma alíquota de 15% sobre esse produto, você pagará, na realidade, R$ 1,15. Desse total, R$ 1 é apropriado pelo vendedor para pagar salários, aluguéis, juros e seus custos administrativos. Os 15 centavos são apropriados pelo governo do Estado. Impostos indiretos aumentam o preço de mercado dos bens, quando calculamos o PIB pela ótica da despesa. Do mesmo modo, quando olhamos para o PIB a custo de fatores, esses impostos são custos indiretos que incidem sobre a oferta dos bens aos compradores.

> **Impostos indiretos**
>
> Impostos que aumentam os custos de produção da firma e, portanto, os preços cobrados aos consumidores. ICMS e IPI são bons exemplos de impostos indiretos.

Depreciação

O uso de máquinas na produção de bens acarreta seu desgaste. A depreciação de bens de capital é um custo de se produzirem bens e serviços no momento, mas não é um custo direto, uma vez que ela reflete a perda que os produtores têm com a redução no valor de seu maquinário e de suas instalações. A depreciação não envolve um pagamento direto a proprietários de recursos. Ela é estimada com base na vida esperada de um ativo e reflete a redução no valor desse ativo durante um ano. Como esse item não é calculado pelo IBGE, seu valor está incorporado ao excedente operacional bruto (de depreciação).

Renda Líquida Enviada (Recebida) ao (do) Exterior

Renda nacional (RN)

Total da renda gerada pelos nacionais (cidadãos) durante determinado período (ano). É a soma do pagamento aos empregados, mais a renda dos autônomos, os aluguéis, os rendimentos de juros e os lucros das empresas.

Produto Nacional Bruto (PNB)

O total do valor de mercado de todos os bens e serviços de uso final produzidos pelos cidadãos de um país. Ele é igual ao PIB menos a renda líquida enviada ao exterior.

Renda líquida enviada ao exterior

A renda recebida por estrangeiros no país – decorrente seja de seu trabalho, seja de recursos de capital, ambos usados na produção de bens e serviços dentro das fronteiras de um país – e enviada ao exterior, menos a renda de nacionais gerada em outros países, mas repatriada.

A soma dos pagamentos aos empregados com a renda dos proprietários de outros recursos produtivos, mais os aluguéis, os lucros das empresas e os rendimentos de juros, constitui a **renda nacional**, isto é, a renda de todos os brasileiros, independentemente de ela ter sido gerada no país ou no exterior. Se adicionarmos depreciação e impostos indiretos – dois componentes indiretos de custo – à renda nacional, teremos como resultado o **Produto Nacional Bruto** (PNB), isto é, a renda apropriada por brasileiros, independentemente de ela ter sido ganha no Brasil ou no exterior. Dito de outra forma, o PNB compreende a renda de todos os brasileiros recebida no exterior, mas deduz a renda de estrangeiros ganha no Brasil e enviada para seus países de origem.

Como o PIB é uma medida do produto gerado domesticamente, a renda líquida apropriada por estrangeiros no Brasil deve ser adicionada ao PIB quando este é obtido pela ótica da renda. A renda líquida do exterior (enviada ou recebida) é igual à renda de estrangeiros gerada no Brasil e enviada ao exterior menos a renda de brasileiros gerada no exterior e remetida para o Brasil. Se os estrangeiros no Brasil enviam ao exterior mais renda que aquela trazida por brasileiros e originariamente ganha no exterior, estaremos enviando renda líquida ao exterior. Historicamente, no Brasil, o fluxo de renda líquida do exterior tem sido negativo (renda líquida enviada ao exterior). A **renda líquida enviada ao exterior** tem sido, de modo geral, pequena. Em 2000, esse fluxo correspondia a R$ 2,799 bilhões, equivalendo a cerca de 0,26% do PIB. Como enviamos mais renda ao exterior do que recebemos, no Brasil, o PNB tem sido menor que o PIB.

A Importância Relativa dos Componentes do PIB

A Figura 7.1 apresenta a importância relativa média de cada componente do PIB brasileiro, para o período 1996-2000. Quando utilizamos a ótica da despesa, o consumo pessoal é o componente mais importante e estável do PIB. No período 1996-2000, o consumo correspondia a cerca de 68% do PIB, enquanto o investimento privado atingia

(a) Ótica da Despesa

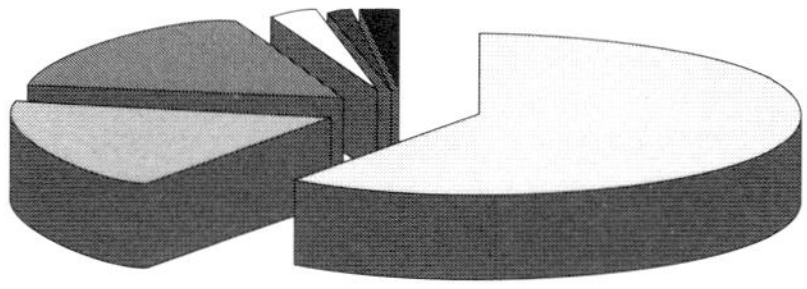

- Despesas de consumo das famílias (62%)
- Despesas de consumo da administração pública (19%)
- Formação bruta de capital fixo do setor privado (17%)
- Formação bruta de capital fixo da administração pública (2%)
- Variação de estoque (1,7%)
- Exportações líquidas (–1,9%)

(b) Ótica da Renda

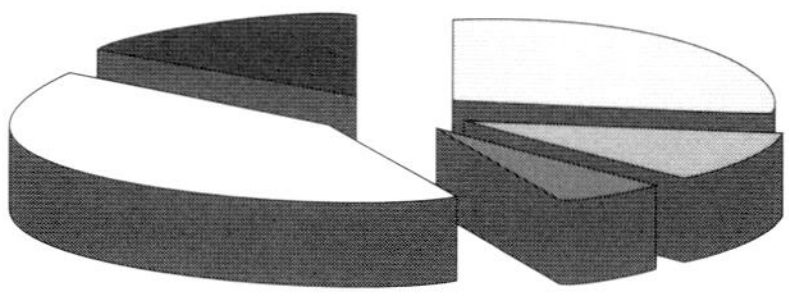

- Salários (28%)
- Contribuições sociais (efetivas + imputadas) (10%)
- Rendimento de autônomos (rendimento misto) (6%)
- Excedente operacional bruto (41%)
- Impostos indiretos menos subsídios (15%)

Figura 7.1

Brasil: Principais componentes do PIB, 1996-2000.

(Importância relativa média no período).

A importância relativa dos principais componentes do PIB varia pouco. Essa importância relativa média para o período 1996-2000 está aqui representada da ótica da despesa (a) e da ótica da renda (b).

a marca de 17% e os gastos do governo com consumo (18,8%) e investimento (2,1%) chegavam a 21%. Quando o PIB é medido pela ótica da renda (custo de fatores), os pagamentos aos empregados correspondem à parcela dominante (cerca de 44% do PIB). Durante o mesmo período de 1996-2000, aluguéis, lucros das empresas e rendimentos de juros conjuntamente correspondiam a cerca de 41%.

PIB Real e PIB Nominal

O PIB é uma medida que foi desenvolvida de modo a nos ajudar a inferir sobre o que acontece com o produto (e a renda) de uma economia ao longo do tempo. Isso é importante porque a expansão da produção de bens e serviços valorizados pelas pessoas é a fonte do crescimento da renda e do padrão de vida. Quando comparamos o PIB ao longo do tempo, enfrentamos um problema: o valor nominal do PIB pode crescer como resultado tanto de uma expansão das quantidades de bens e serviços produzidos quanto de aumentos de preços. Como somente o primeiro efeito melhora o padrão de vida, é de vital importância distinguirmos um do outro.

Valores nominais

Valores expressos em reais (R$) correntes.

Valores reais

Valores que foram ajustados pelos efeitos da inflação.

Os economistas usam índices de preços para ajustar **valores nominais** (ou valores monetários, como são comumente chamados) pelo efeito da inflação – um aumento no nível geral de preços ao longo do tempo. Sempre que os economistas usam a expressão **real** (por exemplo, PIB *real* ou *renda real*), significa que os dados foram ajustados para compensar os efeitos da inflação. Quando comparamos dados em diferentes momentos no tempo, geralmente estamos interessados nas mudanças reais.

O que é exatamente um índice de preços e como ele pode ser usado para ajustar o PIB e outros dados aos efeitos da inflação? Um índice de preços mede o custo de compra de uma cesta de mercadorias e serviços em determinado momento do tempo, relativamente ao custo de compra de uma cesta idêntica em um momento anterior, tomado como referência de comparação. O ano-base (ou período-base), uma vez escolhido, é identificado com o valor 100. À medida que o custo de compra da referida cesta de bens aumenta relativamente ao ano-base, o índice de preços aumenta proporcionalmente. Por exemplo, se o custo de compra da referida cesta durante o período corrente é 20% maior do que durante o ano-base, o índice de preços atual será 120, comparado com 100 para o ano-base.

Dois Índices de Preços Importantes: Índice de Preços ao Consumidor e Deflator Implícito do PIB

Índice de preços ao consumidor (IPC)

É um indicador do nível geral de preços aos consumidores. Ele objetiva a comparação do custo de aquisição de uma cesta de bens e serviços de um consumidor típico durante um período específico com o custo de compra dessa mesma cesta durante um período anterior.

Os índices de preços indicam o que está ocorrendo com o nível geral de preços. Os dois índices de preços mais utilizados são o índice de preços ao consumidor (IPC) e o deflator implícito do PIB. Como a construção do IPC é mais simples, vamos iniciar nossa explanação por ele.

O **índice de preços ao consumidor (IPC)** *é desenhado para medir o impacto de mudanças de preços no custo de uma cesta típica de bens e serviços comprados pelas famílias.* Na construção desse índice, faz-se necessário caracterizar a família. A tradição no Brasil tem sido a de utilizar a renda familiar como indicador das famílias a serem consideradas na caracterização da cesta de bens e serviços que comporão o índice. Como as famílias residem em determinada região, os índices são calculados para cidades ou regiões metropolitanas. Uma vez identificada a característica de renda desejada – por exemplo, de um a 30 salários mínimos –, é preciso obter informação sobre os hábitos de consumo dessas famílias. Isso é feito por meio da pesquisa de orçamentos familiares (POF). No Adendo B, ao final deste capítulo, exploramos um pouco mais o conceito de número-índice.

O **deflator do PIB** é um índice de preços mais amplo que o IPC. Seu objetivo é medir a mudança no preço médio da cesta de bens e serviços que compreende o PIB. Além dos bens de consumo, o deflator implícito do PIB inclui os preços dos bens de capital e de outros bens e serviços comprados pelas firmas e pelos governos. Portanto, além dos bens de consumo, a cesta usada para construir o deflator do PIB inclui itens como computadores de grande porte, aeroplanos e equipamentos dos mais diversos, assim como espaço físico de escritório. Nem sempre o deflator do PIB é construído como um índice de preços, ponderados pelas respectivas quantidades dos bens. Quando ele é obtido pela divisão do valor corrente do PIB pelo índice de produto real, que é um índice de quantidade, esse deflator é um índice geral de preços, obtido de forma implícita, isto é, pela divisão do valor pelo índice de quantidade. Daí o seu nome, *deflator implícito do PIB*, que é o deflator disponível no Brasil.

> **Deflator do PIB**
>
> Um índice de preços que revela o custo, no momento presente, de comprar os itens incluídos no PIB relativamente ao custo desses mesmos itens durante o ano-base. Como o ano-base assume o valor 100, à medida que o deflator do PIB registra valores superiores a 100, ele está indicando que os preços aumentaram.

O Quadro 7.4 apresenta, para as décadas de 1980 e 1990, dados referentes ao índice de preços ao consumidor, medido pelo INPC – calculado pelo IBGE para nove regiões metropolitanas brasileiras mais Brasília – e pelo deflator implícito do PIB. Embora correspondendo a diferentes cestas de bens e serviços, podemos observar que suas taxas de variação, ano a ano, são bastante próximas e que os dois índices apresentam a mesma tendência.

O IPC e o deflator do PIB são dois índices desenhados para propósitos diferentes. A escolha de um ou de outro depende do que estamos querendo medir. Se estamos interessados em determinar de que forma os aumentos de preço afetam o poder de compra dos rendimentos das famílias, o IPC é o índice apropriado, pois só leva em conta bens e serviços adquiridos pelas famílias (consumidores). Se, no entanto, estivermos interessados em medir os aumentos de preço para a economia como um todo, para, por exemplo, ajustar o produto aos efeitos da inflação, claramente o deflator do PIB, mesmo que na sua versão implícita, é o índice apropriado, por levar em conta um conjunto mais amplo de bens e serviços.

Quadro 7.4
Brasil – Índice de preços ao consumidor e deflator implícito do PIB 1981-2000.

Anos	Índice nacional de preços ao consumidor (INPC)		Deflator do PIB	
	Índice (1993 = 100)	Taxa de inflação* (%)	Índice (1980 = 100)	Taxa de inflação (%)
1981	2,7E-08	99,8	200,6	100,6
1982	5,3E-08	96,8	402,3	100,5
1983	1,2E-07	136,1	931,3	131,5
1984	3,6E-07	192,0	2811	201,8
1985	1,2E-06	218,2	9.796	248,5
1986	2,6E-06	126,5	24.110	146,1
1987	8,4E-06	220,4	74.750	210,0
1988	6,2E-05	638,1	544.100	627,9
1989	9,1E-04	1.362,6	7,642E+06	1.304,5
1990	2,7E-02	2.863,9	2,064E+08	2.600,9
1991	0,14	423,8	1,066E+09	416,5
1992	1,54	992,9	1,140E+10	969,4
1993	31,34	1.936,3	2,389E+11	1.995,6
1994	693,17	2.111,6	5,591E+12	2.240,3
1995	1.150,37	66,0	9,927E+12	77,5
1996	1.328,89	15,5	1,166E+13	17,5
1997	1.408,52	6,0	1,262E+13	8,2
1998	1.461,82	3,8	1,323E+13	4,8
1999	1.532,68	4,8	1,384E+13	4,6
2000	1.628,03	6,2	1,495E+13	8,0

* Média sobre média.

Fonte: Conjuntura Econômica, nov. 2002: Conjuntura Estatística Tabelas III e XIX.

Usando o Deflator Implícito do PIB para Gerar o PIB Real

PIB nominal

PIB expresso a preços correntes. É geralmente chamado PIB a preços correntes.

Podemos usar o deflator implícito do PIB com o **PIB nominal** para medir o **PIB real**, isto é, o PIB em reais com poder de compra constante. Se os preços estão subindo, simplesmente, deflacionamos o PIB nominal do último período para levar em conta o efeito da inflação.

PIB real

PIB ajustado para as mudanças no nível de preços.

O Quadro 7.5 ilustra como o PIB real pode ser medido e por que é importante o ajuste para mudanças nos preços. Entre 1996 e 1998, o PIB nominal do Brasil aumentou de R$ 778,887 bilhões para R$ 914,188 bilhões, um aumento de 17,37%. Entretanto, grande parte desse aumento do PIB nominal reflete a inflação e não um aumento na disponibilidade real de bens e serviços. Quando comparamos o PIB ao longo do tempo, o fazemos em termos do poder de compra do real durante o ano-base do deflator implícito do PIB, atualmente 1996. O deflator implícito do PIB, o índice de preços que mede as mudanças no custo de todos os bens e serviços incluídos no PIB, aumentou de 100, em 1996 (ano-base), para 113,5, em 1998. Isso indica que os preços aumentaram 13,5% entre 1996 e 1998. Para determinarmos o PIB real para 1998 em termos de reais (R$) de 1996, deflacionamos o PIB nominal de 1998 pelo aumento de preços:

$$\text{PIB real}_{98} = \text{PIB nominal}_{98} \times \frac{\text{deflator implícito do PIB}_{96}}{\text{deflator implícito do PIB}_{98}}$$

Como os preços vinham aumentando, a última razão é inferior a 1. Medido em termos de reais de 1996, o PIB real de 1998 era R$ 805,452 bilhões, isto é, apenas 3,41% mais que o PIB de 1996. Desse modo, embora o PIB a preços correntes (PIB nominal) tenha crescido 17,37% nesse período, o PIB real cresceu apenas 3,41%. Como exercício, calcule as variações do PIB nominal, dos preços e do PIB real, entre 1998 e 2000.

Para fazer comparações de produto entre dois momentos no tempo que tenham significado, é indispensável ter informações sobre o PIB a preços correntes e as correspondentes mudanças de preços. Uma mudança no PIB nominal por si só não nos diz muito sobre o que está acontecendo com a taxa real de produção. Por exemplo, mesmo que o produto nominal

Quadro 7.5
Brasil: Variações nos preços e no PIB real (1996-2000).

Ano	PIB nominal (R$ 1.000.000)	Índice de preços (Deflator do PIB, 1996 = 100)	PIB real (R$ 1.000.000 de 1996)
1996	778.887	100	778.887
1998	914.188	113,50	805.452
2000	1.086.700	128,24	847.395
Variação % de 1996 para 1998	17,37	13,50	3,41
Variação % de 1998 para 2000			

Fonte: IBGE.

dobrasse de valor em determinado período, isso não implicaria um aumento de produto real, se os preços tivessem mais que dobrado nesse mesmo período. Porém, a renda monetária poderia permanecer constante ainda que o produto real crescesse, se nesse período fosse registrada uma redução nos preços. O conhecimento tanto do PIB nominal quanto do nível geral de preços é necessário para fazer comparações de renda real ao longo do tempo.

Problemas com o Uso do PIB para Medir o Crescimento do Produto

O PIB não é um instrumento perfeito para medir a produção e a renda correntes. Alguns itens que envolvem produção corrente são excluídos, porque seus valores são de difícil determinação. A introdução de novos produtos também complica o uso do PIB como medida de crescimento. Além disso, quando a produção de bens envolve efeitos colaterais negativos que não são totalmente registrados pelos preços de mercado, o PIB falha em nos dar uma medida acurada do nível de produto. Essas limitações são particularmente importantes, quando o PIB é utilizado como um indicador de bem-estar econômico e não como uma simples medida do produto de mercado ao longo do tempo ou entre países. Vamos considerar algumas das maiores limitações que o uso do PIB nos impõe.

Produção que não Chega ao Mercado

O PIB não leva em conta a produção de bens e serviços nos domicílios, uma vez que eles não envolvem uma transação de mercado. Por isso mesmo, o serviço em domicílio de milhões de pessoas está excluído do PIB. Se você corta a sua grama, conserta seu carro, pinta a sua casa, busca os filhos na escola ou mesmo desenvolve alguma atividade produtiva no seu domicílio, esses serviços adicionam zero ao PIB, porque essas atividades não representam transações de mercado. Atividades produtivas que não envolvem transações de mercado são bastante significativas e, dependendo do país, podem corresponder a 10% ou 15% do PIB.

A não-inclusão de tais atividades pode resultar em situações esdrúxulas. Suponha, por exemplo, que uma mulher se case com seu jardineiro e, após o casamento, seu marido trabalhe para ela por amor e não por dinheiro. O PIB se reduzirá, uma vez que os serviços do esposo jardineiro não envolvem uma transação de mercado e, portanto, não contribuem para o PIB. Se o membro de uma família decide entrar no mercado de trabalho e contrata alguém para fazer os serviços que anteriormente fazia na sua casa, haverá um duplo impacto sobre o PIB. Ele aumentará como resultado: (1) dos ganhos de mercado do novo participante da força de trabalho e (2) do valor pago à pessoa contratada para fazer os serviços que eram anteriormente produzidos em domicílio.

A omissão de muitas atividades produtivas que ocorrem fora do mercado torna menos significantes as comparações ao longo do tempo e entre países, nos mais variados estágios de desenvolvimento de mercado. Por exemplo, diferentemente da situação de 30 ou 40 anos atrás, as pessoas hoje se alimentam fora do domicílio, em restaurantes ou lanchonetes, não preparando mais suas próprias refeições; elas contratam o serviço de uma faxineira, não fazendo, portanto, suas próprias faxinas, e compram uma máquina de lavar roupa em vez de lavar as peças à mão. Essas e muitas outras mudanças similares envolvem uma substituição de atividades desenvolvidas fora do mercado por atividades de mercado, o que aumenta por si só o PIB. Como a participação do total da produção nos domicílios tem-se reduzido relativamente à produção de bens que envolvem transações de mercado, o PIB hoje, mesmo em termos reais, está superestimado em relação a anos passados.

De modo similar, as comparações de PIB entre países superestimam as diferenças entre países desenvolvidos e em desenvolvimento. Uma parcela maior da produção nos países em desenvolvimento ocorre nos domicílios. Por exemplo, a incidência de famílias nas quais uma parcela significativa do vestuário é produzida no domicílio, no Brasil, é maior que nas famílias norte-americanas. Isso é válido para a maioria dos serviços domésticos. Como os serviços produtivos originados em domicílios são excluídos do PIB, o produto brasileiro é mais fortemente subestimado que o produto norte-americano.

A Economia Clandestina

Algumas pessoas procuram esconder suas atividades econômicas de modo a evitar impostos ou porque essas atividades são ilegais. Os economistas se referem a essas atividades não registradas e, portanto, de difícil mensuração, como clandestinas, informais, de mercado paralelo ou, ainda, de mercado negro.

Como as transações com dinheiro são difíceis de serem detectadas pelas autoridades governamentais, esse é o tipo de transação comum na **economia clandestina**. Por isso mesmo, tráfico de drogas, contrabando, prostituição e outras atividades ilegais são, geralmente, realizadas com dinheiro vivo. Nem todas as atividades da economia clandestina são ilegais. Um elevado percentual da economia clandestina envolve transações legais de bens e serviços que são desenvolvidas informalmente e, conseqüentemente, não são registradas, para evitar impostos. Às transações legais da economia clandestina, vamos dar o nome de **economia informal**. A participação das pessoas na economia informal é bastante diversa. Motoristas de táxi e garçons recebem gorjetas. Proprietários de pequenos

Economia clandestina

São trocas não registradas e transações com dinheiro que ocorrem fora do mecanismo de mercado. Algumas atividades são legais, embora sejam desenvolvidas dessa forma para evitar impostos. Outras envolvem ações ilegais, como tráfico de drogas e prostituição.

Economia informal

É a parte da economia clandestina associada às atividades legais desenvolvidas à margem da lei, isto é, informalmente.

negócios podem não declarar vendas feitas em dinheiro. Técnicos e profissionais liberais podem não registrar a renda recebida em dinheiro. Pessoas podem aceitar empregos sem registro em carteira para evitar impostos ou podem permitir que os empregadores os evitem.

Embora produtivas, todas essas atividades da economia clandestina não estão incluídas no PIB. Para se ter uma idéia da economia clandestina no Brasil, estima-se que cerca de 50% da população economicamente ativa trabalhe na informalidade. Há evidências de que é significativo o tamanho da economia clandestina nos países da Europa Ocidental (onde os impostos são muito altos) e na América do Sul (onde o excesso de regulamentação torna a operação de qualquer negócio mais custosa).

Lazer e Desconforto

O PIB exclui lazer como um bem valorizado pelas pessoas, assim como o desconforto associado à produção de bens e serviços, como custo para o ser humano. Simon Kuznets, "inventor" do PIB, acreditava que essa omissão reduzia sobremodo a acuidade do PIB como medida de bem-estar econômico. Um país pode ter US$ 20.000 de PIB *per capita* com uma média de 30 horas de trabalho por semana. Outro país pode chegar ao mesmo PIB *per capita* com uma média de 50 horas de trabalho por semana. O produto de mercado por pessoa nos dois países seria idêntico. Em termos de bem-estar econômico, entretanto, o primeiro país estaria melhor, uma vez que oferece mais lazer ou menos desconforto a seus habitantes. O PIB, portanto, não reflete esse fato.

O PIB também falha ao levar em conta o custo imposto às pessoas pelo desconforto. Hoje em dia, as atividades laborais são menos extenuantes fisicamente e, de modo geral, mais seguras e desenvolvidas em um ambiente mais confortável do que há duas gerações. Na medida em que as condições de trabalho vêm melhorando ao longo dos anos, as estatísticas do PIB subestimam o crescimento de renda real.

Variação na Qualidade e a Introdução de Novos Bens

Se pretendemos usar o PIB para medir de forma precisa as mudanças no produto real, as variações no nível de preços devem ser medidas acuradamente. Essa é uma tarefa difícil em um mundo dinâmico em que novos produtos e melhorias nos produtos existentes estão freqüentemente substituindo velhos produtos. Embora os estatísticos tentem levar em conta as melhorias de qualidade e a introdução de novos produtos, a maioria desses profissionais acredita que a metodologia é inadequada. A maioria dos economistas considera que os índices de preços, incluindo o deflator implícito do PIB, superestimam a taxa de inflação por, pelo menos, 1% ao ano. Se isso é verdade, as variações anuais do produto real estão, por isso mesmo, subestimadas por um percentual semelhante.

Embora o erro de medida mencionado anteriormente seja razoavelmente pequeno, ele faz muita diferença se o período é longo. Considere as mudanças de qualidade e o surgimento de novos produtos durante os últimos 25 anos. Hoje, os novos automóveis são mais eficientes em termos de consumo de combustível e, normalmente, são bem mais seguros que aqueles produzidos na década de 1970. Os serviços odontológicos são geralmente menos penosos para os pacientes que há 25 anos. Alguns bens – DVDs, CDs, computadores pessoais e correio eletrônico, para mencionar alguns – simplesmente não estavam disponíveis há 25 anos. Quando o conjunto de bens disponíveis difere substancialmente entre períodos, o significado das comparações de renda se reduz.

A Figura 7.2 mostra que o PIB real *per capita* brasileiro, na década de 1930, era inferior a 16% da renda *per capita* registrada no ano de 2000. Isso significa que, em média, os brasileiros produziam e consumiam, em 2000, cerca de 6,3 vezes mais que na década de 1930? Devemos ter cuidado antes de responder afirmativamente a essa pergunta. Em 1930, não tínhamos aviões a jato, televisão, máquinas de lavar roupas e pratos nem computadores pessoais ou aparelhos de DVD. Em 1930, nenhum milionário poderia comprar a cesta típica de um consumidor médio do Brasil de 2000.[3] No entanto, em 1930, havia muito espaço disponível, árvores, estradas não congestionadas (mas de péssima qualidade), rios de água limpa, trilhas para caminhada e áreas com baixas taxas de criminalidade. Assim, muitos bens que estavam disponíveis, em 2000, não o estavam em 1930, e vice-versa. Sob essas circunstâncias, a comparação de estatísticas de PIB perde parte da sua precisão.

Efeitos Colaterais Negativos e os Males

O cálculo do PIB não leva em conta os efeitos colaterais negativos que, por vezes, acompanham a produção, o consumo ou mesmo eventos naturais. Todos os bens que não envolvem transações de mercado não são computados no PIB. Entretanto, em uma economia industrial moderna, não raro produção e consumo geram efeitos colaterais que podem reduzir o consumo presente ou nossa capacidade produtiva no futuro. Quando os direitos de propriedade não são bem-definidos, efeitos colaterais negativos ocorrem com freqüência, como bem atesta a poluição das águas e do ar. Por exemplo, uma planta industrial pode poluir a água ou o ar em decorrência de sua atividade produtiva.

3. Esse ponto é bem ilustrado para os Estados Unidos pelo falecido Mancur Olson, que foi professor de economia da Universidade de Maryland, por muitos anos:
O nível de preços cresceu cerca de oito vezes desde 1932. Assim, uma renda de US$ 25 mil seria "equivalente" a uma renda de US$ 200 mil hoje – o indivíduo poderia ter um Rolls-Royce, os melhores lugares no teatro, e ser atendido pelo melhor médico do país. Entretanto, o Rolls-Royce de 1932, embora com todas as suas virtudes, não incorporava algumas das características tecnológicas disponíveis hoje no mais simples dos Fords. Nem o dólar de 1932 seria suficiente para a compra de um aparelho de tevê ou um aparelho de videocassete. E se o indivíduo pegasse uma infecção, o melhor médico em 1932 não seria capaz de prescrever-lhe um antibiótico.

Figura 7.2
Brasil – Renda *per capita* real em 2000 e média das décadas 1930-1990 (valores em reais de 2002).

A renda *per capita* média da década de 1990 foi 2,2 vezes a registrada na década de 1960 e cerca de 4,6 vezes a renda *per capita* média da década de 1940.

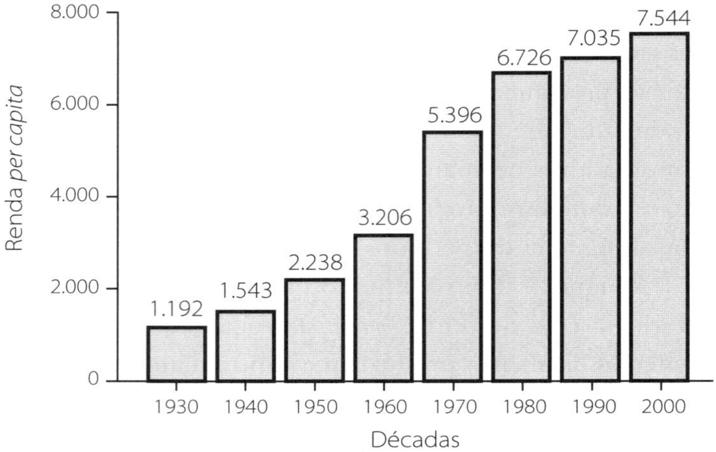

Automóveis podem emitir gases prejudiciais à nossa saúde, ao mesmo tempo que nos provêem um meio de locomoção. Esses efeitos negativos não estão considerados nos cálculos do PIB. Todavia, os gastos com despoluição do ar e da água decorrentes desses efeitos colaterais são considerados nos cálculos do PIB.

De modo similar, no PIB não são computados os efeitos destruidores de fenômenos naturais. Durante o outono de 1992, o sul da Flórida foi assolado pelo furacão Andrew, que, por onde passou, deixou um rastro de destruição e de tristeza. Muitos prédios, pontes e casas foram parcial ou totalmente destruídos. No entanto, o órgão responsável (Bureau of Census) pelo cálculo do PIB norte-americano não ajustou o produto para a depreciação precoce dos bens de capital atingidos, pelo simples fato de essas perdas terem decorrido de evento não associado ao funcionamento dos mercados. Na realidade, o impacto do furacão refletiu-se positivamente no PIB, a partir do final de 1992 e durante o ano de 1993, porque várias centenas de milhares de dólares foram alocadas na reconstrução e recuperação desse capital perdido. O processo de reconstrução exigiu que as pessoas trabalhassem mais e comprassem bens e serviços que, na ausência do furacão, não teriam sido demandados. Como no cálculo do PIB a destruição natural foi ignorada, mas as atividades de reconstrução foram computadas, seu valor tende a superestimar a verdadeira mudança no padrão de vida da população afetada, durante aquele período.

A Grande Contribuição do PIB

Se, de um lado, certas dificuldades enfrentadas no cálculo do PIB produzem uma subestimação do bem-estar econômico, de outro, a existência de outras dificuldades nos conduz a uma superestimação desse mesmo bem-estar. É relativamente fácil para um analista identificar as deficiências no cálculo do PIB de qualquer país, embora lhe seja muito difícil identificar a direção do viés incorporado ao cálculo. Dificuldades à parte, há claras evidências de que o PIB *per capita* é um indicador geral do padrão de vida de uma população. À medida que o PIB *per capita* no Brasil tem crescido ao longo do tempo, podemos perceber que a qualidade da maioria dos bens consumidos pelos brasileiros tem melhorado e, simultaneamente, o número de horas de trabalho necessárias para sua compra tem diminuído. Em muitos casos, as mudanças foram dramáticas (ver a seguir o boxe "Medidas da Atividade Econômica"). Como o PIB, essa informação indica que nosso padrão de vida tem melhorado. Se olharmos para os mais variados indicadores de qualidade de vida, obteremos a mesma informação. Por exemplo, a expectativa de vida, assim como o tempo e o dinheiro gastos em lazer pelos brasileiros, têm crescido, enquanto a taxa de mortalidade infantil tem declinado. Comparações entre países também mostram uma forte relação positiva entre o PIB *per capita* e os mais variados indicadores de bem-estar econômico.

É importante ter em mente, sempre que usarmos o PIB em nossas considerações, o fim para o qual esse conceito foi desenvolvido. O PIB não é uma medida de bem-estar ou da felicidade dos cidadãos. Nem sequer é uma medida de bem-estar econômico. Como vimos, atividades que certamente influenciam o bem-estar das pessoas – como lazer e produção de bens e serviços no domicílio – são omitidas de seu cálculo.

O PIB foi concebido para medir o valor de bens e serviços produzidos no mercado, isto é, no setor de negócios. A despeito das dificuldades e limitações enfrentadas em seu cálculo, o PIB real provê uma medida razoavelmente precisa do produto de mercado de uma sociedade, bem como da taxa de variação dessa produção.

Ajustado para as variações de preço, o PIB anual ou trimestral nos fornece a informação necessária para acompanhar o desempenho econômico de uma sociedade. Essa estatística nos permite comparar o fluxo corrente de produção de bens e serviços de uma economia com o fluxo de produto em um passado recente. Essa, por si só, é uma contribuição valiosa. Sem essa informação, os responsáveis pela política econômica dificilmente poderiam desenhar políticas produtivas, e os homens de negócios teriam extrema dificuldade em determinar a direção futura da demanda pelos seus produtos. Nas palavras de Kenneth Boulding, essa contribuição é tão significante que nos permite classificar o PIB como "uma das maiores invenções do século XX, possivelmente tão significante quanto a invenção do automóvel, mas não tão significante quanto a da TV".[4]

4. Kenneth Boulding, "Fun and Games with the Gross National Product – The Role of Misleading Indicators in Social Policy", em Harrold W. Helfrich Jr. (Ed.), *The Environment Crisis*. New Haven, Conn.: Yale University Press, 1970, p. 157.

MEDIDAS DA ATIVIDADE ECONÔMICA

O custo dos bens em tempo de trabalho: ontem e hoje

Muitos de vocês devem ter ouvido histórias contadas pelos seus pais ou avós sobre como eram baratos os bens e serviços no tempo em que eles eram jovens. Uma garrafa de refrigerante custava apenas cinco centavos e um carro novo, menos que R$ 2 mil. Neste capítulo, aprendemos que existe uma diferença entre valores nominais e reais. Quando os economistas procuram identificar se um bem é hoje barato ou relativamente mais caro, eles se valem de uma medida do nível geral de preços, como o IPC ou o deflator implícito do PIB, para ajustar preços nominais de períodos passados para o presente. Entretanto, há uma forma alternativa para se fazer essa comparação: pode-se estimar quanto tempo de trabalho de uma pessoa média seria necessário para que ela ganhasse o suficiente para comprar os bens considerados. Por exemplo, acabamos de lhe dizer que uma garrafa de refrigerante custava cinco centavos e que, naquela época, o seu avô ganhava cerca de 25 centavos por hora. Assim, com uma hora de trabalho, ele ganharia o suficiente para comprar cinco garrafas de refrigerante. Hoje, o preço de uma garrafa de refrigerante é aproximadamente R$ 1,20. Para obter o mesmo salário real que o seu avô, você precisaria ganhar R$ 6 por hora, o suficiente para comprar cinco garrafas de refrigerante com uma hora de seu trabalho.

Ao longo do tempo, a produtividade do trabalhador médio na América tem crescido substancialmente. Esse aumento na produtividade do trabalhador é o fator-chave para aumentos de renda real e melhoria no padrão de vida. Usando salários médios horários, W. Michael Cox e Richard Alm, do Federal Reserve Bank of Dallas, computaram o tempo de trabalho requerido para que um trabalhador típico pudesse comprar um conjunto de bens que adquirimos em nosso dia-a-dia. A análise desses dois autores mostra que os norte-americanos, hoje em dia, são capazes de adquirir a maioria dos bens com muito menos horas de trabalho do que no passado. Alguns exemplos aparecem na Tabela 7.1.

Comprar um automóvel novo, em 1908, implicava um desembolso de US$ 850 que correspondia à remuneração de 4.696 horas de trabalho de um trabalhador médio. Em 1955, um carro novo era adquirido a um preço de US$ 3.030 ou cerca de 1.638 horas de trabalho, e, em 1997, um automóvel novo a um preço de US$ 17.995 exigia de um trabalhador típico o ganho correspondente a 1.365 horas de trabalho. O preço, em termos de horas de trabalho requeridas para a aquisição de um carro novo hoje, é 30% menor que o custo desse mesmo tempo em 1908. Além disso, a potência, o desempenho e a confiabilidade, até mesmo dos modelos mais econômicos dos carros de 1997, estão anos-luz à frente do melhor modelo de 1908.

Essas reduções de preço têm sido particularmente dramáticas em decorrência de melhorias tecnológicas na obtenção de produtos como microcomputadores, forno de microondas, calculadoras e telefones celulares. Tanto telefones celulares quanto computadores têm um preço hoje que é apenas uma fração do tempo de trabalho requerido para comprá-los há 15 anos. Em 1984, nos Estados Unidos, eram necessárias dez semanas de trabalho de um trabalhador médio para a compra de um telefone celular, enquanto hoje esse preço é um pouco superior a um dia de trabalho de oito horas. Em 1901, um trabalhador típico

MEDIDAS DA ATIVIDADE ECONÔMICA *(continuação)*

norte-americano gastava, em alimentos, vestuário e habitação, cerca de 76% do seu salário. Em virtude do aumento da produtividade do trabalho e do conseqüente aumento de rendimentos, hoje, um trabalhador gasta, em média, somente 38% do seu rendimento, com esses itens.

À medida que a produtividade do trabalho cresce, a renda real cresce e o tempo de trabalho exigido para comprar bens e serviços cai. Esse processo gera um aumento no padrão de vida, permitindo aos trabalhadores acesso a bens considerados de luxo no passado por transformar seu preço de semanas ou meses de trabalho em algumas horas, para a maioria dos americanos. A próxima vez que você telefonar para casa, lembre a seus pais que, em 1915, um telefonema interurbano de três minutos custava mais que duas semanas de trabalho de um trabalhador que ganhasse um salário médio. Hoje, essa mesma ligação custa somente 1,8 minuto de trabalho. Seus pais ficarão felizes em ouvir isso, especialmente se você estiver ligando a cobrar.

Tabela 7.1
O custo de produtos em termos de horas e minutos de um trabalhador assalariado médio nos Estados Unidos – Vários períodos.

Itens	Custo em minutos ou horas de trabalho	
	No passado	Em 1997
Uma dúzia de ovos	80 minutos em 1919	5 minutos
2,5 quilos de açúcar	72 minutos em 1919	10 minutos
1/2 quilo de café	55 minutos em 1919	17 minutos
1/2 quilo de pão	13 minutos em 1919	4 minutos
Colchão de casal com suporte	161 horas em 1919	24 horas
Geladeira	3.162 horas em 1916	68 horas
Lavadora e secadora de roupas	256 horas em 1956	52 horas
Automóvel	4.696 horas em 1908	1.356 horas
Frete aéreo de costa a costa	366 horas em 1930	16 horas
Big Mac	27 minutos em 1940	9 minutos
Três minutos de interurbano	90 horas em 1915	1,8 minuto
Calculadora	31 horas em 1972	46 minutos
Forno de microondas	97 horas em 1975	15 horas
Telefone celular	456 horas em 1984	9 horas
Computador pessoal	435 horas em 1984	76 horas

Fonte: W. Michael Cox; Richard Alm, Time well spent: The declining real cost of living in America. 1997 *Annual Report of the Federal Reserve Bank of Dallas*, p. 2-24. Ver também Michael Cox, *Myths of rich and poor*. Nova York: Basic Books, 1999.

Medidas Relacionadas à Pessoa

O Quadro 7.6 mostra as relações entre cinco medidas alternativas da renda agregada. O PIB é certamente o índice de desempenho econômico mais citado. O Produto Nacional Bruto é uma medida bastante próxima do PIB e tem por finalidade medir a renda dos cidadãos, a despeito de ela ser gerada no país ou no exterior. Assim, o PNB exclui a renda líquida enviada ao exterior, a diferença entre a renda dos estrangeiros no Brasil e a renda de brasileiros no exterior. De modo geral, a renda líquida enviada ao exterior é pequena na maioria dos países, de forma que a diferença entre o PIB e o PNB não seja muito grande. No Brasil, a renda líquida enviada ao exterior tem sido positiva, de maneira que o PIB seja maior que o PNB.

Quando a renda líquida enviada ao exterior, a depreciação e os impostos indiretos são subtraídos do PIB, obtemos, como resultado, a renda nacional, isto é, a renda gerada pelos brasileiros a custo de fatores. Como ressaltamos anteriormente, a renda nacional é igual à soma dos salários mais a renda dos autônomos, juros, lucros e aluguéis.

Embora a renda nacional represente os rendimentos gerados por todos os recursos produtivos para seus proprietários, nem toda a renda estará disponível para uso das pessoas. O Quadro 7.6 apresenta os vários ajustamentos que precisamos fazer a partir da renda nacional, para obtermos a **renda pessoal**, que é o total de renda recebido pelos indivíduos e pelas empresas individuais. Como a maioria dos trabalhadores sabe, o valor líquido em seu contracheque não é igual ao seu salário. Impostos precisam ser deduzidos. **Renda disponível** é a renda que lhe sobra para fazer o que você desejar. É simplesmente a renda pessoal menos os impostos diretos (IRPF).

Renda pessoal

Total da renda recebida pelas pessoas residentes e pelas firmas individuais. Ela é utilizada para consumo, poupança e pagamento de impostos diretos (pessoais).

Renda disponível

É a renda que pode ser usada pelos indivíduos depois de pagos os impostos diretos (pessoais). Ela pode ser gasta em consumo ou pode ser poupada.

Quadro 7.6
Cinco medidas alternativas para a renda agregada.

PIB	=	Consumo das famílias + Investimento bruto privado + Gastos do governo em consumo e investimento + Exportações líquidas (exportações – importações).
PNB	=	PIB – renda líquida enviada ao exterior.
RN	=	PNB – depreciação – (impostos indiretos – subsídios) = remuneração dos trabalhadores empregados e autônomos + juros + lucros (distribuídos e não distribuídos) + aluguéis.
RP	=	RN – lucros não distribuídos – contribuições para a seguridade social + juros líquidos (recebidos – pagos) + transferências do governo (seguridade e assistência sociais).
RPD	=	RP – impostos diretos.

As cinco medidas alternativas para o produto e a renda domésticos são:

1. Produto Interno Bruto (PIB)
2. Produto Nacional Bruto (PNB)
3. Renda nacional (RN)
4. Renda pessoal (RP)
5. Renda pessoal disponível (RPD)

Cada uma dessas cinco medidas alternativas se refere a um conceito diferente, embora todas elas estejam relacionadas. Variações em uma dessas medidas são sempre acompanhadas por variações similares nos outros indicadores. Como essas cinco medidas variam de forma similar, os economistas geralmente usam somente o PIB ou as expressões *renda, produto* ou *produção agregada* quando se referem às variações desses cinco indicadores de atividade produtiva.

A Associação entre Produto e Renda

Como destacamos ao longo deste capítulo, o PIB é uma medida tanto do valor de mercado do produto quanto da renda gerada por aqueles que o produzem. *Esse é um fato bastante importante: os aumentos de produto e o crescimento da renda estão associados. O crescimento do produto – isto é, a produção adicional de bens e serviços valorizados pelas pessoas – é a fonte de níveis de renda mais elevados.*

A associação entre o produto e a renda também destaca a importância do aumento do produto por trabalhador, o qual os economistas chamam *produtividade.* Quando o valor do produto produzido em um ano aumenta, o nível de renda média real também sobe. Assim, se desejamos atingir níveis de renda mais elevados e melhores padrões de vida, precisamos descobrir maneiras e modos de produzir uma quantidade maior de produto (coisas que as pessoas valorizam) por trabalhador. Não podemos ter um sem o outro. O crescimento da produtividade é a fonte de aumentos de nível de renda. Como é possível aumentarmos a produtividade? Essa é uma questão central em economia. Já consideramos o número de fatores que influenciam a produtividade e continuaremos a enfocar esse tema, à medida que prosseguirmos neste livro.

Olhando à Frente

O PIB nos fornece uma medida de desempenho econômico. No próximo capítulo, olharemos cuidadosamente a tendência que o PIB real brasileiro tem apresentado e introduziremos outros indicadores de desempenho econômico. Mais à frente, investigaremos os fatores que determinam o nível e as flutuações do PIB real.

Resumo do Capítulo

- ☐ O Produto Interno Bruto (PIB) é uma medida do valor de mercado dos bens e serviços produzidos para o usuário final, dentro das fronteiras do país, durante determinado período especificado, geralmente um ano.
- ☐ Transferências de renda, transações puramente financeiras e comercialização de bens e ativos produzidos durante um período anterior não estão incluídos no PIB, porque não correspondem a uma produção corrente.
- ☐ Quando examinado da ótica da despesa, o PIB é composto de quatro componentes: (1) consumo pessoal, (2) investimento bruto privado, (3) consumo e investimento bruto do governo e (4) exportações líquidas.
- ☐ Quando examinado da ótica da renda, o PIB é igual: (a) aos componentes da renda (salários, renda de autônomos, juros, lucros e aluguéis) mais (b) impostos indiretos, depreciação e a renda líquida enviada ao exterior.
- ☐ Os índices de preços medem mudanças no nível geral de preços ao longo do tempo. Eles podem ser utilizados para ajustar valores nominais aos efeitos da inflação. Os dois índices mais utilizados para esse fim são o deflator implícito do PIB e o índice de preços ao consumidor (IPC).

$$PIB_2 \text{ real} = PIB_2 \text{ nominal} \times (\text{deflator}_1 \text{ do PIB/deflator}_2 \text{ do PIB}).$$

- ☐ O PIB é uma medida imperfeita da produção corrente. Ela exclui a produção doméstica e toda a economia clandestina e não leva em conta o lazer e os custos do desconforto humano, ajustando de forma imperfeita as mudanças na qualidade dos produtos.
- ☐ A despeito de suas limitações, o PIB é de importância vital, porque mede de maneira razoavelmente acurada as flutuações de curto prazo no produto e na renda.
- ☐ Produto e renda estão associados, como se depreende facilmente das diversas alternativas de se medir o PIB. Aumentos no produto são a fonte de níveis de renda mais elevados.

Questões de Análise Crítica

1. Indique como cada uma das seguintes atividades afeta o PIB do ano:
   a) A venda de um livro-texto de economia a um sebo.
   b) O Sr. Silva paga R$ 1.500 a um ortopedista para que trate do braço quebrado de seu filho.
   c) O filho mais velho do Sr. Silva corta a grama do jardim.
   d) O Sr. Silva paga ao filho de seu vizinho, o qual tem uma empresa de jardinagem, para que corte a grama de seu jardim.

e) Um gasto de R$ 5.250 referentes à compra de 100 ações de uma empresa, a R$ 50 cada ação mais uma comissão de R$ 250.
f) A descoberta de um depósito de gás natural no Nordeste brasileiro.
g) Uma enchente no Sul que provocou danos de R$ 10 bilhões.
h) R$ 150.000 de renda auferida por um professor brasileiro lecionando nos Estados Unidos.

2. Se o investimento bruto em um país excede sua depreciação (consumo de capital), durante o ano, o que ocorreu com o estoque de capital desse país nesse ano? Como isso afetará o produto futuro? É possível que o investimento líquido de um país seja negativo? Explique. O que significa um investimento líquido negativo durante um ano, em termos do estoque de capital do país e seu potencial de produção futura?

3. Em uma promoção especial, uma grande loja de móveis vendeu R$ 100 mil de móveis mantidos em estoque e produzidos no ano anterior. Como essa venda afeta o PIB? De que modo os componentes do PIB são afetados?

4. Suponha que um grupo de investidores australianos financie a construção de uma fábrica de pranchas de surfe em Saquarema, no estado do Rio de Janeiro. Como a construção dessa fábrica afeta o PIB? Se a construção do projeto é feita com trabalhadores brasileiros, como o produto nacional bruto será afetado? Suponha que essa fábrica produza R$ 100 mil de lucros neste ano. Esses lucros contribuem para o PIB? Explique.

5. Por que a comparação do PIB real de 1950 com o PIB real de 1999 pode não ser o indicador adequado para as mudanças de produto ocorridas no Brasil nesse período? Podemos usar o PIB para identificar diferenças entre o produto brasileiro e o argentino?

6. O que exatamente medem os índices de preços? Explique como esses índices são construídos. Explique a importância dos índices de preços quando desejamos comparar o PIB e outros indicadores de renda para diversos períodos.

7. Em 1982, o ganho médio horário de um trabalhador industrial era de R$ 8,49 por hora. Em 1997, esse mesmo ganho tinha subido para R$ 12,26. Em 1997, o IPC era de 162,5, comparado com 96,5, em 1982, ambos na mesma base. Calcule o ganho real do trabalhador médio na indústria, em 1997, medido em reais de 1982.

8. Considere a seguinte informação para uma economia:

Ano	PIB nominal	Deflator implícito do PIB
1998	$ 8,5	120
1999	$ 8,8	125

a) Qual é o PIB de 1999 a preços de 1998?
b) Qual é a taxa de crescimento do PIB real entre 1998 e 1999?
c) Qual é a taxa de inflação entre 1998 e 1999?

9. Qual é a contribuição para o PIB de cada uma das ações descritas a seguir:
   a) Bernard paga R$ 1.500 a uma oficina mecânica para que repare o motor de seu automóvel.
   b) Bernard gasta R$ 500 para comprar as peças que são entregues na oficina e paga ao mecânico R$ 1.000 pelo conserto do motor.
   c) Bernard gasta R$ 500 para comprar as peças e ele mesmo conserta o motor de seu veículo.
   d) Bernard vende seu carro, que foi fabricado há quatro anos, por R$ 8 mil e compra o carro de Cíntia com dois anos de uso, por R$ 18 mil.
   e) Bernard vende seu carro, que foi fabricado há quatro anos, por R$ 8 mil e compra um carro novo por R$ 8 mil.

10. Qual é a diferença entre o índice de preços ao consumidor (IPC) e o deflator implícito do PIB? Qual dos dois índices deve ser usado para avaliar se a remuneração que você recebe em seu estágio aumentou ou diminuiu, em termos reais, em relação ao ano passado? Explique o porquê de sua escolha.

11. Avalie as afirmações a seguir, justificando por que elas estão certas ou erradas:
    a) Para a economia como um todo, o investimento em estoque nunca pode ser negativo.
    b) O investimento líquido de uma economia é sempre positivo.
    c) Um aumento no PIB indica que o padrão de vida das pessoas aumentou.

12. Como as despesas e receitas das loterias operadas pelos Estados e pela União afetam o PIB?

13. No cálculo do PIB, não são levados em conta serviços produtivos gerados dentro do domicílio, tais como cuidar de crianças, preparar alimentos, fazer limpeza doméstica, lavar roupas. Por que esses serviços são excluídos? A medida do PIB discrimina as mulheres? Essa medida subestima a contribuição das mulheres relativamente à dos homens no PIB? Apresente seus argumentos de forma clara.

14. Indique de que forma cada um dos eventos listados a seguir afeta o PIB do ano:
    a) Você sofre um prejuízo material de R$ 3 mil em um acidente de automóvel.
    b) Você ganha R$ 100 mil ao jogar na loteria federal.
    c) Você gasta R$ 5.200 em janeiro, ao adquirir 100 ações de uma companhia (R$ 5 mil pelo valor das ações e R$ 200 de comissão para a corretora), e as vende em agosto por R$ 8.300 (R$ 8 mil pelo valor das ações e R$ 300 de comissão para a corretora).
    d) Você paga, neste mês, R$ 900 pelo aluguel do apartamento onde você mora.
    e) Você recebe R$ 300 por serviços de computação executados para um cliente.

f) Pelo seu aniversário, você recebe R$ 300 de uma tia.
g) Uma digitadora ganhava, até o mês passado, R$ 8 por hora de trabalho. Sua remuneração é aumentada para R$ 10 por hora. Dado esse aumento, ela decide reduzir sua jornada de trabalho semanal, de 20 horas para 16.
h) Durante suas férias de verão, você ganha, em Miami, o equivalente a R$ 6 mil, ensinando português.

15. "O PIB agrega o produto da indústria de aço, mas não o *mal* da poluição do ar que ele gera. O produto da indústria automobilística faz parte do PIB, mas não as inconveniências e a poluição visual dos ferros-velhos. Nele está também contado o produto da indústria de cigarros, mas não o mal que eles provocam à saúde das pessoas. Até que os economistas criem um índice mais confiável de produto, não podemos inferir se o bem-estar da população de um país está melhorando ou piorando." Essa afirmação está correta? Ela representa uma crítica adequada ao PIB?

16. A tabela a seguir apresenta componentes das contas nacionais do Brasil em 1996.

Componentes	Valores em R$ 1.000.000
Consumo das famílias	
Compensações aos empregados	
Aluguéis	
Consumo e investimento do governo	
Importações	
Depreciação	
Lucros das empresas	
Rendimentos de juros	
Exportações	
Investimento bruto privado	
Renda de autônomos (mista)	
Renda líquida do exterior	

a) Complete a tabela com os valores correspondentes. O IBGE é a fonte dessa informação. Você pode consultar suas publicações específicas sobre contas nacionais para obter esses dados. A página do IBGE na Internet é também uma boa referência: www.ibge.gov.br
b) Calcule o PIB usando a ótica da despesa.
c) Calcule o PIB usando a ótica da renda.

17. Complete os espaços em branco na tabela a seguir que contém números fictícios:

Ano	PIB nominal R$ 1.000.000	Deflator do PIB	PIB real R$ 1.000.000 de 1992
1960	526,6	23,3	(a)
1970	1.035,6	30,6	(b)
1980	2.784,2	(c)	4.611,9
1990	(d)	93,6	6.138,7
1992	6.244,4	(e)	6.244,4
1994	6.931,4	105,1	(f)
1997	8.110,9	111,6	(g)

ADENDO AO CAPÍTULO 7 (A)

As Contas Nacionais no Brasil: Uma Nota Histórica

Maria Alice Gusmão Veloso[1]

O primeiro registro de um trabalho sobre contabilidade social no Brasil data de setembro de 1948, com a publicação da tese *Renda nacional (teoria)*, do professor Antônio Dias Leite, apresentada à Escola de Engenharia da Universidade do Brasil.

A primeira iniciativa de organizar equipes técnicas com vistas à mensuração de agregados macroeconômicos partiu da Fundação Getulio Vargas, com a criação, em 1947, do Núcleo de Economia, que iniciou o desenvolvimento de trabalhos sobre balanço de pagamentos, cálculos de renda nacional e índices de preços. As primeiras estimativas da renda nacional líquida, a custo de fatores, foram concluídas em 1949 e revisadas em 1950, sendo, em seguida, publicadas, apresentando também dados referentes ao ano de 1946.

Após quatro anos de trabalho, com diversas publicações de resultados e adaptações metodológicas, o Núcleo de Economia foi transformado em Equipe de Estudos da Renda Nacional (EERN), para, a partir de 1951, com a criação do Instituto Brasileiro de Economia (Ibre), transformar-se em Centro de Contas Nacionais (CCN), órgão responsável pela elaboração das contas nacionais do Brasil, até dezembro de 1986, quando a responsabilidade passou, oficialmente, para o Instituto Brasileiro de Geografia e Estatística (IBGE). Na estrutura montada na FGV/Ibre, foi criado, também, o Centro de Estudos Fiscais que, entre outras atribuições, era responsável pela elaboração da conta do governo, uma das componentes do sistema de contas nacionais, àquela época.

1. Maria Alice Gusmão Veloso é professora de Contabilidade Nacional do Instituto de Ciências Econômicas da Universidade Santa Úrsula. A professora Maria Alice vem colaborando para o aperfeiçoamento e o desenvolvimento do sistema brasileiro de contas nacionais desde 1966. Agradecemos a sua colaboração a este capítulo.

Até 1986, enquanto as contas nacionais ficaram sob a responsabilidade da Fundação Getulio Vargas, as divulgações dos resultados foram feitas na *Revista Brasileira de Economia* (RBE/FGV) até 1966; na *Revista Conjuntura Econômica*, de 1967 a 1986; e, durante todo o período, nos *Anuários Estatísticos* do IBGE. Destaca-se, nesse conjunto de publicações, a *Revista Brasileira de Economia* de março de 1962 que, além de divulgar as contas nacionais do período 1947-1960, apresentou diversos quadros complementares e notas metodológicas, sendo até hoje referência para elaboração de séries históricas.

No que se refere a publicações, pela Fundação Getulio Vargas, de textos metodológicos sobre contas nacionais, podem ser destacadas:

- a metodologia divulgada em 1972, seguindo recomendações do System of National Accounts (SNA), versão de 1953, apresentando cinco contas – produção, apropriação, governo, capital e restante do mundo – e um conjunto de quadros complementares, com informações por atividades econômicas e dados a preços constantes, com base em 1953;
- a revisão de 1977, que incorporou os resultados do censo demográfico e dos censos econômicos de 1970;
- a revisão divulgada em 1984, que antecedeu a passagem, da FGV para o IBGE da responsabilidade de produção de contas nacionais. Além das cinco contas e dos quadros complementares, na referida revisão, a base do sistema está referenciada ao ano de 1970 e apresenta também as estimativas da renda regional, por unidades da federação, segundo atividades econômicas, para os anos de 1970 e 1975.

Para melhor conhecimento das diversas publicações e dos avanços metodológicos na história das contas nacionais do Brasil, consultar a publicação *Contas nacionais do Brasil*, Capítulo 2, "Histórico da experiência brasileira", CCN/Ibre/FGV, de janeiro de 1972 (para histórico completo até 1968); e o Capítulo 5, Tópico 5.1, da tese de doutoramento de Eduardo Pereira Nunes, *Sistemas de contas nacionais:* a gênese das contas nacionais modernas e a evolução das contas nacionais no Brasil, Campinas, 1998, que apresenta uma visão completa de toda a história das contas nacionais do Brasil até o final da década de 1990, destacando datas e revisões metodológicas, detalhadamente.

Desde 1973, a produção das contas nacionais brasileiras passou a ser atribuição do IBGE, que, a partir daquele ano, por lei, se tornou o coordenador do Sistema Estatístico Nacional. No entanto, até 1986, a compilação das contas nacionais do Brasil estava a cargo da Fundação Getulio Vargas, por delegação do IBGE. Paralelamente, durante os anos 1970, o IBGE implantou os trabalhos de elaboração de matrizes de insumo-produto, com periodicidade qüinqüenal, referenciadas aos Censos Econômicos, de 1970 e 1975. Embora não fossem integradas às contas nacionais, as referidas matrizes formaram a base conceitual e metodológica para sua futura incorporação ao sistema.

Com o tempo, ficou evidente que as duas instituições deveriam unir seus esforços para produzir um sistema que atendesse às recomendações internacionais e fornecesse ao país um conjunto de agregados macroeconômicos mais completo. Assim, em dezembro de 1986, após um acordo entre as duas instituições, FGV e IBGE, a delegação foi retirada, e o IBGE recuperou a atribuição oficial de elaborar as contas nacionais do Brasil, absorvendo, naquele momento, a equipe técnica que produzia as contas nacionais na FGV.

A transferência para o IBGE significou enorme avanço na elaboração das contas nacionais do Brasil. A produção das estatísticas primárias e derivadas em uma mesma instituição, o conhecimento técnico e treinamento das equipes envolvidas no projeto de criação de um novo sistema de contas nacionais, aliados a determinada vontade de produzir um trabalho de alto nível, resultaram no sistema atualmente em vigor, adequado às recomendações do SNA 1993 e rico em informações.

O Sistema de Contas Nacionais Consolidadas, originalmente desenvolvido na FGV e absorvido pelo IBGE a partir de 1986, foi mantido e aperfeiçoado até 1997 (com resultados até o ano de 1995), quando foram divulgados os primeiros resultados de um novo sistema que vinha sendo produzido pela equipe técnica do Departamento de Contas Nacionais (Decna), hoje Coordenação de Contas Nacionais (Conac).

Em 1990, foi publicada a primeira revisão do Sistema de Contas Nacionais Consolidadas feita no IBGE, a qual representou uma profunda modificação nas séries já conhecidas, tanto no conteúdo metodológico quanto na forma de apresentação do conjunto de tabelas e contas. Essa revisão passou a apresentar um conjunto de quatro contas consolidadas para a nação (suprimindo a conta do governo): conta do produto interno bruto, conta da renda nacional disponível, conta de capital e conta de transações correntes com o restante do mundo. Completando a apresentação, foram ainda publicados 11 quadros complementares, contendo: informações a preços constantes de 1980, uma conta corrente das administrações públicas, índices de variações do produto real por atividade econômica, renda regional etc. O resultado dessa revisão, abrangendo o período de 1970 a 1987, foi divulgado, com a metodologia adotada, em *Série Relatórios Metodológicos*, volume 8, Sistema de Contas Nacionais Consolidadas Brasil, IBGE, Rio de Janeiro, 1990.

Durante dez anos, o IBGE manteve a divulgação do sistema desenvolvido pela FGV, Contas Nacionais Consolidadas, enquanto preparava o novo sistema, denominado Sistema de Contas Nacionais do Brasil cuja primeira publicação data de dezembro de 1997, cobrindo a série de 1990 a 1995. Conforme já comentado anteriormente, esse novo sistema é extremamente rico em informações e muito mais amplo que o anterior.

O primeiro passo dado para a montagem do novo sistema consistiu na elaboração do ano-base de 1980, com a apresentação de três conjuntos de contas: as tabelas de insumo-produto, as contas não-financeiras por setores institucionais e o quadro-síntese da economia brasileira. O resultado desse trabalho foi publicado pelo IBGE em dezembro de 1988, como Texto para Discussão DPE 10, com o título *Brasil – Novo sistema de contas nacionais* – Metodologia e resultados provisórios, ano-base 1980, em dois volumes.

Em dezembro de 1997, foi divulgada a primeira versão do novo Sistema de Contas Nacionais do Brasil, seguindo, basicamente, as recomendações do SNA 1993 (System of

National Accounts) e, de acordo com a divulgação do IBGE, "refletindo as transformações e a evolução da economia nacional, e permitindo maior precisão na análise comparativa com outros países". A publicação dos resultados foi apresentada pelo IBGE em dois volumes, sob o título *Sistema de Contas Nacionais Brasil – 1990-1995*, Rio de Janeiro, 1997. No volume I, estão as Tabelas de Recursos e Usos para os anos de 1990 a 1995, a preços correntes, e de 1991 a 1995, a preços do ano anterior. No volume II, estão a Tabela de Recursos e Usos do ano de 1996, a preços correntes e a preços do ano anterior, e um conjunto de quadros complementares com informações relevantes para conhecimento e análise da economia brasileira. No volume I, foram incluídos um glossário com os principais termos e definições de agregados macroeconômicos, uma análise dos resultados no período e um texto explicativo das principais diferenças entre o sistema novo e o anterior.

Dando continuidade ao processo de aperfeiçoamento e ampliação das contas nacionais do Brasil, o IBGE, ao final do ano de 2000, passou a divulgar também os resultados das contas econômicas integradas (CEI), por setores institucionais. Segundo o próprio IBGE: "essas contas permitem não somente analisar a forma como o setor institucional participa da geração, apropriação, distribuição e uso da renda nacional e da acumulação de ativos não-financeiros, como também evidenciar as relações entre a economia nacional e o restante do mundo".

Para conhecer todos os detalhes do sistema de contas nacionais e o conjunto de tabelas e informações que o acompanham, e ainda o calendário das divulgações, consultar na Internet o endereço: www.ibge.gov.br. A recente publicação *Estatísticas do século XX* apresenta as séries históricas das contas nacionais do Brasil.

ADENDO AO CAPÍTULO 7 (B)

Números-Índices[1]

Vimos que a demanda por qualquer bem nada mais é que a soma, ao mesmo preço, das quantidades demandadas pelos indivíduos. Nesse caso, estamos agregando um produto homogêneo, e, portanto, é lícito somar as quantidades consumidas pelos indivíduos. Mas como proceder, se queremos agregar todos os bens produzidos no país? A solução é agregá-los pelo seu valor em reais (R$). Entretanto, essa agregação nos coloca outro problema. O valor dessas mercadorias e serviços pode estar crescendo, porque a quantidade aumentou ou porque os preços cresceram, uma vez que o valor que agregamos resulta do produto dessas duas magnitudes (valor = preço × quantidade).

Números-índices têm sido extensivamente utilizados pelos economistas no processo de análise que exige comparações. Eles cumprem dois propósitos básicos. O primeiro é semelhante às medidas de posição que usamos para caracterizar uma variável cuja distribuição conhecemos. Nesse caso, um número-índice é uma média e, portanto, é uma medida-resumo do fenômeno observado. A outra função é a de agregar bens heterogêneos, sem que se incorra na inconveniência que a agregação de valores impõe. Exatamente por permitir distinguir variações nos preços de variações nas quantidades, implícitas nas variações de valor, o número-índice é o melhor instrumento de agregação usado pelos economistas e outros cientistas sociais.

O conceito estatístico de número-índice pode ser aplicado a qualquer variável ou a qualquer conjunto de variáveis que se deseja comparar ao longo do tempo ou ao longo do espaço (comparações regionais). Considere as comparações de um conjunto de variáveis para duas situações, conforme especifica a Tabela B1 a seguir.

---

1. Baseado em José L. Carvalho, Uma nota sobre números-índices. *Revista Brasileira de Economia*, v. 29 p. 60-88, jan./mar. de 1975.

Tabela B1

Variáveis	Situação I	Situação II
A	1,50	1,30
B	3,20	3,20
C	2,40	2,00
D	6,15	6,00
E	6,15	7,10
F	4,95	4,50
G	3,65	3,40
H	4,35	4,10
I	20,15	25,00
J	3,15	2,50

Uma análise individual do comportamento de cada variável pode ser facilmente levada a termo pela comparação simples do valor da variável em questão na situação I com seu correspondente valor em II. Assim, a variável A passou de 1,50 para 1,30. Essa flutuação pode ser vista de outra forma, por meio da seguinte transformação:

1,50 100
1,30 x

Isto é, 1,50 será representado por 100, e devemos, por isso, representar 1,30 por uma fração de 100, definida como:

$x = 100 * (1{,}30/1{,}50)$ e, portanto, $x = 86{,}67$.

Assim, a variável A passou de 100 para 86,67, o que significa dizer que essa variável decresceu 13,33%, quando comparamos a situação II à situação I (Tabela B2).

Esse exercício pode ser repetido para cada uma das demais variáveis.

Podemos observar que a variável B não sofreu alteração, enquanto a variável E cresceu 15,45%, a variável I cresceu 24,07% e as demais variáveis decresceram.

Suponha que se deseje analisar o comportamento dessas variáveis em seu conjunto. Para tanto, precisamos construir índices agregados que possam resumir as mudanças dessas variáveis. Uma maneira de se resumir o comportamento dessas variáveis seria comparar as médias de seus valores para duas situações. Para facilitar a comparação, tomemos os dados da Tabela B2, que já estão em termos relativos, em vez dos valores da Tabela B1.

Média da situação I = 100,00
Média da situação II = 96,47

Tabela B2

Variáveis	Situação I	Situação II
A	100	86,67
B	100	100,00
C	100	83,33
D	100	97,56
E	100	115,45
F	100	90,91
G	100	93,15
H	100	94,25
I	100	124,07
J	100	79,36

Assim, as variáveis consideradas decresceram, em média, 3,53%.

Várias outras medidas e mesmo outros tipos de média poderiam ser usados para representar as mudanças ocorridas nessas variáveis, da situação I para a II. A dúvida que levantamos agora é sobre a representatividade das médias calculadas. Para dramatizar melhor essa questão, vamos considerar que as observações resumidas nas Tabelas B1 e B2 se referiam aos preços das mercadorias A, B, ..., J para duas situações distintas (períodos ou locais). As médias calculadas anteriormente nos indicam que, de I para II, esses preços caíram em média 3,53%. Nossa dúvida é quanto à validade dessa inferência. É claro que a média aritmética valoriza igualmente as variações nos preços das mercadorias. É bem possível que isso não corresponda à realidade. Certos produtos, entre os que aqui consideramos, devem ser mais importantes que outros, o que implica a necessidade de ponderarmos cada preço de acordo com sua importância relativa (de alguma forma definida). A dificuldade maior aqui é a definição desse sistema de pesos. Essa dificuldade é de caráter geral, isto é, ela existe, qualquer que seja o número-índice a ser calculado.

Suponha que se queira calcular, para certo indivíduo, os índices de preços para as duas situações descritas. Um sistema de pesos, que pode ser utilizado, é a participação dos gastos com cada bem nos gastos totais do indivíduo. Assim, uma vez conhecidas essas participações, podemos calcular os índices de preços como uma média ponderada. A Tabela B3 reproduz os preços observados nas duas situações, bem como seus respectivos pesos, nesse caso representados pela importância relativa do gasto com cada bem nos gastos totais.

Média ponderada em I = 9,085

Média ponderada em II = 8,963

Tabela B3

Variáveis	Situação I		Situação II	
	Preços	Pesos	Preços	Pesos
A	1,50	0,05	1,30	0,08
B	3,20	0,10	3,20	0,11
C	2,40	0,05	2,00	0,07
D	6,15	0,10	6,00	0,06
E	6,15	0,15	7,10	0,07
F	4,95	0,05	4,50	0,07
G	3,65	0,10	3,40	0,12
H	4,35	0,05	4,10	0,07
I	20,15	0,30	25,00	0,25
J	3,15	0,05	2,50	0,10

A construção dos índices segue a norma anterior:

9,085 100
8,963 x

$x = (896,3/9,085) = 98,66$

Desse modo, os preços decresceram, em média, 1,34%, tomando-se por base a situação I. Note que, desconsiderando-se a ponderação, isto é, considerando-se uma ponderação idêntica para todos os preços, a queda média nos preços, da situação I para a situação II, seria de 3,53%.

Para enfatizar os efeitos da ponderação no cálculo desses índices, vamos considerar a mesma estrutura de peso, da situação I para a situação II. Empiricamente, essa é uma situação comum, em razão dos custos de atualização do sistema de pesos, conforme veremos adiante. Caso o sistema de pesos de I seja mantido para II, temos:

Média ponderada em I = 9,085
Média ponderada em II = 10,545

Em termos de índices:

9,085 100
10,545 x

e, portanto, $x = (1.054,5/9,085) = 116,07$, isto é, os preços cresceram, em média, 16,07%!

Além do problema da ponderação, a escolha da base para efetuar as comparações é de grande importância, não pela definição da base em si, mas pelas dificuldades de informação, conforme veremos adiante. É claro que uma comparação ao longo do tempo implica menor relevância para a base, proporcional ao período que a separa do período que se quer comparar. Para contornar esse problema, pode-se, com facilidade, mudar a base de comparação, referindo-se como 100 o novo período que se quer considerar como base. Isso pode ser feito por regra de três, como fizemos ao determinar que a situação I seria a base de comparação para a situação II. Outra possibilidade é o encadeamento do índice, ou seja, cada período tem como base seu período imediatamente anterior.

Durante muitos anos, os índices do tipo aritmético simples foram computados. A necessidade de uma ponderação provocou o surgimento de vários índices caracterizados pelos seus sistemas de pesos. Assim, na segunda metade do século XIX, estudiosos ingleses sugeriram vários índices. Em especial, Arthur Young sugeriu um que, sob certas condições, resultava no mesmo índice que posteriormente seria definido por Laspeyres. A discussão sobre o sistema de pesos concentrou-se por muito tempo em torno de dois índices: o de Laspeyres e o de Paasche. O princípio básico é usar como pesos, na construção de índices de preços, as quantidades correspondentes, e vice-versa, no caso do índice de quantidade. Se tivermos duas situações, haverá duas possibilidades, isto é, usarmos as quantidades do período-base ou as do período corrente como peso no cálculo do índice de preços. Em nossas discussões, vamos considerar apenas índices de preços, embora as conclusões sejam válidas para os respectivos índices de quantidade.

Para comparar dois grupos de preços, Laspeyres sugeriu que, uma vez escolhida a base, o cálculo do índice deveria ser feito ponderando-se os preços atuais e os preços do período-base pelas correspondentes quantidades observadas nesse último período (base). Assim, considerando duas situações *zero* e *um*, vemos que o índice de preços de Laspeyres para *um* com base em *zero* é definido como:

$$L_p^{01} = \frac{\sum_{i=1}^{n} p_{i1} q_{i0}}{\sum_{i=1}^{n} p_{i0} q_{i0}}$$

em que

p_{i0} = preços dos bens i em *zero*;
p_{i1} = preços dos bens i em *um*;
q_{i0} = quantidade dos bens i em *zero*;
L_p^{01} = índice de preços de Laspeyres para *um* com base em *zero;*
n = número de bens considerado.

De modo semelhante ao do índice de Laspeyres, no índice de preços de Paasche, ponderam-se os preços pelas quantidades – mas, nesse caso, pelas quantidades correntes e não pelas referentes ao período-base.

$$P_p^{01} = \frac{\sum_{i=1}^{n} p_{i1} q_{i1}}{\sum_{i=1}^{n} p_{i0} q_{i1}}$$

em que

P_p^{01} = índice de preços de Paasche para *um* com base em *zero;*
p_{i0}, p_{i1} e n já foram definidos;
q_{i1} = quantidade dos bens i em *um.*

Embora para dois períodos quaisquer a diferença entre os índices de Laspeyres e de Paasche se resuma em um sistema de pesos, isso não representa a real diferença entre esses índices, quando consideramos mais de dois períodos. Suponha que se deseje comparar os períodos 0, 1, 2 e 3. Calculando um índice de preços *à la* Laspeyres, com base em zero, o sistema de pesos será único (q_0) para qualquer um dos períodos considerados. Entretanto, no cálculo *à la* Paasche, o sistema de pesos varia, mantendo-se sempre atualizado com relação ao período considerado (q_1, q_2 e q_3).

De modo geral, tanto o índice de preços de Laspeyres quanto o de Paasche são usados para comparações intertemporais cujo intervalo de tempo é relativamente grande: ano, trimestre, mês etc. Como certamente os preços variam de forma contínua, tanto os p_{i0} quanto os p_{i1} devem ser representados por valores médios, considerados constantes durante o período de referência. Por isso mesmo, Marshall sugeriu como ponderação para os índices de preços uma média aritmética simples entre as quantidades do período-base e do período corrente. Essa formulação ganhou popularidade graças aos trabalhos desenvolvidos por Edgeworth, por isso, esse índice ficou conhecido como índice de Marshall-Edgeworth.

Irving Fisher, no seu notável trabalho analítico sobre números-índices (*The making of index numbers*), sugere um conjunto de testes visando classificar os índices de acordo com sua exatidão. Dos testes propostos, destacamos dois: o teste da inversão no tempo e o teste da inversão de fatores. Esses testes foram sugeridos pelo fato de que, em geral, os índices são calculados ao longo do tempo e para preços e quantidades. O teste da inversão no tempo verifica uma propriedade desejável para qualquer unidade de medida. Ao medirmos a largura de uma sala, utilizando o sistema métrico, nossa medida será a mesma, quer iniciemos a operação do lado esquerdo quer do lado direito da sala (salvo por imprecisões no processo de medida). Assim, o teste da inversão no tempo propõe, como qualidade de um número-índice, que essa medida forneça a mesma informação, ao compararmos o período 1 com o período 2, tomando por base o período 1 ou o período 2. Por exemplo, se calcularmos um índice de preços para a situação II, com base na situação I, e obtivermos 200, para que essa informação seja entendida inequivocamente, faz-se necessário que, pelo índice em I com base em II, obtenha-se o valor 50. É bom lembrar que as variações percentuais não satisfazem esse teste. Entretanto, as diferenças em logaritmo satisfazem o teste de inversão no tempo.

O teste de inversão de fatores é também intuitivo. Como o valor resulta do produto do preço pela quantidade, deveríamos observar, ao adotar um critério para cálculo de índice, que o produto do índice de preços pelo índice de quantidade resultaria no índice de valor. Infelizmente, não há índice que satisfaça o critério de inversão de fatores.

Fisher foi incapaz de determinar um índice que pudesse satisfazer a todos os testes que ele propunha. Como solução, ele sugeriu que se adotasse uma média geométrica entre os índices de Laspeyres e os de Paasche, como uma aproximação para esse índice ideal.

Divisia, ao estudar fenômenos monetários em 1925, deparou-se com a necessidade de utilizar um índice que satisfizesse o teste da inversão de fatores sugerido por Fisher. Assim, para comparar duas situações separadas por um período, Divisia propôs um tratamento contínuo do tempo de modo que, tanto no cálculo dos índices de preços quanto no dos índices de quantidade, a propriedade de inversão de fatores fosse satisfeita. Dessa forma, enquanto o sistema de pesos do índice de preços de Laspeyres é fixo e o de Paasche é atualizado, desconsiderando-se as mudanças intermediárias; o índice de Divisia considera um sistema de pesos variável, que incorpora o possível efeito das mudanças nesse sistema ao longo do tempo. Desse modo, se, para os períodos 0, 1, 2, 3, 4 e 5, considerarmos 0 como base para o cálculo do índice pelo critério de Laspeyres, todos os índices para os cinco períodos seguintes possuirão o mesmo sistema de pesos, isto é, q_0. Pelo critério de Paasche, o sistema de pesos é atualizado, sendo, portanto, q_1, q_2, q_3, q_4 e q_5, para cada um dos períodos considerados. Conforme Divisia, o sistema de pesos para o período 1 será o mesmo sugerido por Paasche, isto é, q_1; para o período 2, o sistema de pesos será uma média ponderada entre q_1 e q_2; para o período 3, será uma média ponderada entre q_1, q_2 e q_3 e assim sucessivamente.

Conforme o índice a ser calculado, definem-se sua expressão matemática e a estratégia de coleta de informações. Se quisermos calcular um índice de preços ao consumidor, deveremos nos preocupar em definir uma amostra e os sistemas de pesos a serem utilizados.

O problema da amostragem tem dois aspectos. O primeiro se refere ao conjunto de bens a ser considerado no cálculo do índice. É claro que é praticamente impossível levar em consideração todos os bens consumidos pelas famílias no cálculo do índice de preços ao consumidor. No entanto, torna-se necessário utilizar um número razoável de produtos, sem que, com isso, se perca a representatividade do fenômeno, isto é, os preços dos bens adquiridos pelas famílias. O segundo problema se refere às famílias que compõem o grupo considerado. Como não se pode obter informação de todas as famílias pertencentes a uma sociedade, no cálculo de um número-índice, em decorrência do elevado custo, deve-se utilizar uma amostra que represente o grupo escolhido. De modo geral, essa amostra é determinada para alguns subgrupos da sociedade de modo a reduzir o seu tamanho, mantendo, entretanto, sua representatividade para, pelo menos, o subgrupo definido. No cálculo do IPC, o IBGE adota, para representar o Brasil, as nove regiões metropolitanas mais Brasília. Para representar as famílias, há duas amostras: para o cálculo do IPC, famílias com rendimento de até cinco salários mínimos; para o IPCA, famílias com rendimento de até 30 salários mínimos. Os dados que utilizaremos ao longo deste livro se referem ao IPC ampliado (IPCA). Por comodidade, eliminamos o A das referências a esse índice.

A partir da amostra previamente definida em termos de bens e famílias, procura-se obter o sistema de ponderação a ser adotado no cálculo dos índices considerados. As informações a serem colhidas dependem do índice que se deseja calcular. Para o índice de preços ao consumidor, pesquisas de orçamento familiar (POF) procuram definir a estrutura dos pesos a serem utilizados.

Como os preços do mesmo bem variam, dependendo do local de compra, ao se coletar tais informações torna-se indispensável uma preocupação com os hábitos de compra das famílias. Teoricamente, em um mercado livre, deveríamos ter um único preço para cada bem. A existência de custos de transação, tais como custos de transporte e de tempo dos consumidores, faz que esse preço não seja único. Assim, um consumidor estará mais disposto a pagar alguns centavos a mais por 1 kg de batata, comprando-o próximo à sua residência, do que sair procurando, entre os vendedores de batata, quem está vendendo ao menor preço.

Como o custo da informação e o custo do tempo do consumidor não aparecem diretamente no preço dos produtos considerados, os hábitos de compra devem refletir a tentativa, por parte dos consumidores, de adquirir um mesmo produto ao menor preço total (reais pagos pelo bem + o custo do seu tempo). Portanto, a boa qualidade do índice a ser calculado depende de se levar em conta a proporção adquirida de cada bem em cada lugar diferente, ao se considerar o preço médio desse bem.

Embora informações individuais para cada família sejam coletadas nas pesquisas de orçamentos familiares para definição do sistema de pesos, esse sistema é obtido por meio de uma média dos pesos individuais. Além desse aspecto estatístico, o sistema de pesos é mantido constante por algum tempo, uma vez que há custos para sua atualização. No mundo dinâmico em que vivemos, o aparecimento de novos produtos reduz a representatividade do sistema de pesos, sugerindo, portanto, períodos menores entre uma POF e outra. Como essa revisão no sistema de pesos altera o cálculo do índice, as organizações responsáveis pelo seu cálculo, além de encadear o novo índice ao anterior, de modo a permitir a utilização de toda a informação acumulada no passado, publicam notas metodológicas, explicando as inovações introduzidas.

Essas observações finais servem não só para alertar o leitor para as dificuldades no cálculo de índices, mas também para destacar a importância de se conhecer a metodologia e os procedimentos usados nesse cálculo. Ao usar um índice, você precisa conhecer sua metodologia e as condições de seu cálculo. Esse procedimento singelo pode lhe evitar maiores dores de cabeça. Todas as organizações que produzem índices no Brasil publicam as correspondentes metodologias em que são descritos os procedimentos amostrais e o critério de cálculo do índice.

8 Flutuações Econômicas, Desemprego e Inflação

A prosperidade ocorre quando os preços das coisas que você vende estão subindo; a inflação ocorre quando os preços das coisas que você compra estão subindo. A recessão ocorre quando outras pessoas estão desempregadas; a depressão ocorre quando você está desempregado.

Anônimo

FOCO DO CAPÍTULO

- O que é um ciclo econômico? Como tem sido a instabilidade econômica no Brasil?
- Por que ocorre desemprego? Há tipos de desemprego piores do que outros?
- O que os economistas querem dizer com pleno emprego? De que maneira o pleno emprego se relaciona com a taxa natural de desemprego?
- Qual é a diferença entre inflação antecipada e inflação não-antecipada?
- Quais são os principais perigos que acompanham um processo inflacionário?

Medidas de produto, o emprego e o nível geral de preços são largamente utilizados na avaliação do desempenho de uma economia. Indicadores-chave, tais como a taxa de crescimento do PIB, a taxa de desemprego e a taxa de inflação, são cuidadosamente acompanhados pelos investidores, pelos políticos e pela mídia de modo geral. Neste capítulo, vamos descrever como muitos indicadores econômicos, considerados chave, são determinados e, então, analisar seu significado.

Mudanças no produto, no emprego e nos preços nos fornecem informação tanto sobre o desempenho quanto sobre a estabilidade de uma economia. Este capítulo se concentra exatamente no desempenho e na estabilidade de uma economia – como eles são medidos e que impacto têm sobre nossas vidas. Ao longo dos próximos capítulos, vamos desenvolver um modelo para nossa economia, a fim de que possamos compreender melhor as causas da instabilidade econômica e o potencial de ação estabilizadora das políticas governamentais. Os principais objetivos de uma política macroeconômica são: rápido crescimento do produto, alto nível de emprego e estabilidade no nível geral de preços. Não há dúvida de que todos concordam que esses são objetivos desejáveis. No entanto, há muita controvérsia com relação à maneira de atingi-los. Nos próximos capítulos, essas questões serão analisadas em detalhes.

Flutuações Econômicas

Durante o século XX, a taxa de crescimento do PIB real do Brasil foi, em média, de 5% ao ano. Essa taxa de crescimento, entretanto, não tem sido estável. Destacam-se como períodos adversos ao crescimento do PIB real brasileiro: (a) 1914-1918 – a Primeira Guerra Mundial; (b) 1929-1931 – período durante a Grande Depressão; (c) 1940-1942 – período durante a Segunda Guerra Mundial; (d) 1963-1965 – período de instabilidade institucional; (e) 1981-1983 – período de ajuste às flutuações internacionais no preço do barril do petróleo e na taxa de juros; (f) 1988-1992 – período de instabilidade política e reforma da Constituição Federal, seguido de eleição presidencial, Plano Collor e renúncia do presidente, para evitar a cassação de seu mandato.

Durante a Primeira Guerra Mundial, o crescimento do PIB real foi muito baixo (inferior a 1% a.a.) ou negativo, com exceção do ano de 1917, que apresentou um crescimento real de 9,5%. O impacto da Grande Depressão sobre a economia brasileira foi menos intenso e menor, em termos de tempo, se comparado com a economia norte-americana. Enquanto o PIB real dos Estados Unidos registrou, no período mais grave da crise (entre 1930 e 1932), uma queda de 7,5% ao ano, a maior perda na economia brasileira ocorreu entre 1929 e 1931, quando, em média, seu PIB real se reduziu em 2,7% a.a. Considerando o PIB real, verificamos que só em 1935 a economia brasileira voltaria ao nível de produção real de 1928, enquanto, para os Estados Unidos, o nível do PIB real de 1929 só seria atingido em 1939.

No período da Segunda Guerra Mundial, o PIB real brasileiro se reduziu apenas nos anos de 1940 e 1942. Por um longo período, até 1981, esses seriam os únicos anos marcados por um decréscimo no produto real brasileiro. Entretanto, entre 1963 e 1965, o PIB brasileiro cresceu apenas 6,5%, em decorrência de instabilidade institucional e de um programa de reformas, para conter o processo inflacionário, introduzido pelo governo militar, que assumiu o poder em março de 1964.

Após o primeiro choque de preço do petróleo em 1973, as autoridades brasileiras decidiram não ajustar o preço interno do petróleo ao seu preço internacional, de modo a não interromper o processo de crescimento acelerado registrado entre 1968 e 1973. Nesse período, conhecido internacionalmente como o Milagre Brasileiro, nossa economia cresceu, em média, 11,2% a.a.!! Contudo, a realidade se fez mais dura quando novo choque de preço do petróleo, acompanhado de uma substancial elevação na taxa internacional de juros, atingiu, em dezembro de 1979, a economia brasileira. Com uma elevada dívida externa, acumulada pelo financiamento dos constantes déficits no balanço comercial (exportações – importações), provocados, principalmente, pelas importações de petróleo caro a preços internacionais, mas artificialmente barato domesticamente, as autoridades brasileiras tiveram de ajustar a economia à nova realidade. Entre 1981 e 1983, o PIB real brasileiro decresceu a uma taxa média de 2,1% ao ano.

De 1986 a 1989, a economia brasileira passou por uma série de experimentos de política de estabilização de preços, com um elevado custo em termos de crescimento do PIB real e do nível de emprego. Com a posse de um novo governo em março de 1990 e a implantação do plano Brasil Novo (Collor), o PIB real só voltaria ao seu nível de 1989 no ano de 1993.

Como mostra a Figura 8.1, o PIB real apresentou uma taxa anual de crescimento de, aproximadamente, 4,92%, de 1960 a 2000, muito próxima da média histórica do século XX. Taxas de crescimento mais elevadas, inferiores ou até negativas ocorreram ao longo de todo o período. A taxa de variação do PIB caiu no período 1960/1963, passando, então, a apresentar uma trajetória crescente até 1973. Foi razoavelmente estável, em torno de 7%, no período 1974/1980. Após a recessão de 1981/1983, cresceu até 1985 e, a partir daí, caiu até 1990, quando atingiu seu maior valor negativo desde 1901. Após a recessão de 1990/1992, o PIB brasileiro cresceu cerca de 5% ao ano

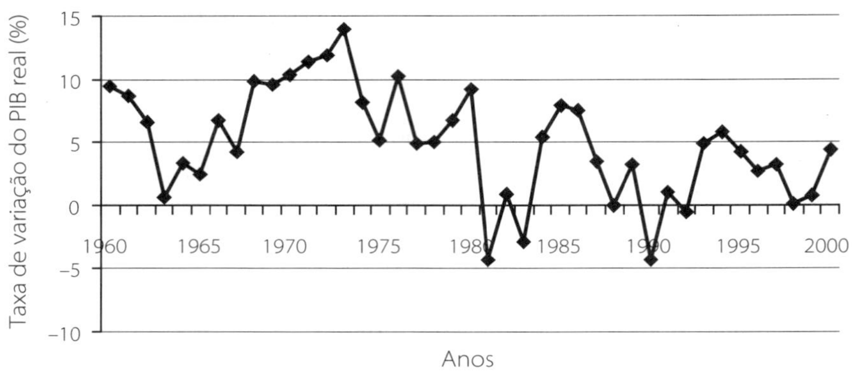

Figura 8.1 Brasil – Instabilidade na taxa de variação do PIB real (1960-2000).

nos anos de 1993 e 1994, para estabilizar-se em um patamar baixo (cerca de 2,6% a.a.), no período 1995-2000.

Um Ciclo Econômico Hipotético

Os registros econômicos para o Brasil, assim como para outras economias modernas, têm caracterizado tanto o crescimento do PIB real quanto a instabilidade de sua taxa de variação. Períodos de expansão econômica não duram para sempre e, inevitavelmente, elevadas taxas de crescimento do PIB real têm sido acompanhadas de períodos de redução no crescimento econômico ou mesmo de contração econômica (taxas de variação negativas). Os economistas se referem a essas flutuações na taxa de crescimento do produto real como **ciclo econômico** ou ciclo dos negócios. Períodos de crescimento no produto real e em outras medidas agregadas que refletem a atividade econômica, seguidos de períodos de redução de crescimento, caracterizam os ciclos econômicos.

> ***Ciclo econômico***
>
> Flutuação no nível geral de atividade econômica medida pela taxa de desemprego e pelas variações no PIB real.

A Figura 8.2 ilustra um ciclo econômico hipotético. Quando a maioria das firmas está operando a taxas crescentes de produção, e o PIB real está crescendo rapidamente, diz-se que a economia está em um período de *boom* ou aquecida. Eventualmente, o produto atingirá um *pico*. À medida que as condições dos negócios em geral desaceleram, a economia inicia um processo de *contração* ou uma fase de recessão no ciclo dos negócios. Durante o período de contração, a maioria das vendas das firmas cai, o PIB real cresce a taxas menores ou, eventualmente, a taxas negativas, enquanto, no mercado agregado de trabalho, o desemprego aumenta.

O auge da fase de contração isto é, o fundo do poço, é identificado como o *vale da recessão*. Quando o ciclo de baixa atinge o fundo do poço, e as condições econômicas

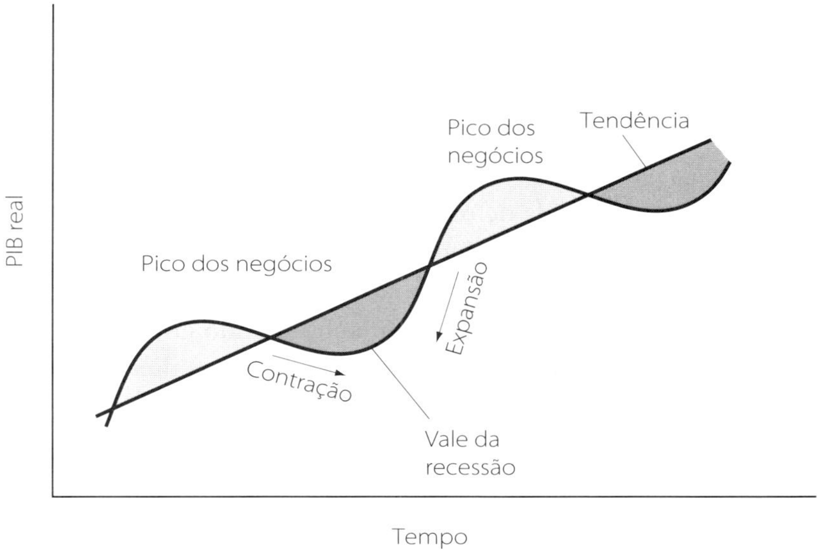

Figura 8.2 O ciclo econômico.

No passado, as atividades econômicas agregadas se caracterizaram por subidas e descidas. A despeito dessas flutuações, o PIB brasileiro tem apresentado uma tendência de crescimento ao longo do tempo. Essa tendência de crescimento tem sido observada na maioria dos países industrializados.

começam a melhorar, a economia entra na fase de *expansão* do ciclo. As vendas começam a subir, o PIB real passa a crescer mais rapidamente, e a taxa de desemprego se reduz. A expansão eventualmente conduz a economia a um novo pico de negócios. A atividade de pico se esgota e uma nova contração se inicia, gerando um ciclo novo.

O termo **recessão** é genericamente utilizado para descrever as condições econômicas durante os períodos de contração associados ao vale da recessão – isto é, períodos durante os quais o PIB real se reduz. Muitos economistas identificam uma recessão pela queda do PIB real por dois trimestres sucessivos.[1] Quando uma recessão é prolongada e caracterizada por uma forte redução na atividade econômica, ela é denominada **depressão**.

Recessão

Uma redução na atividade econômica caracterizada por uma queda no PIB real e um crescimento no desemprego. Em um esforço de precisar empiricamente o conceito, muitos economistas caracterizam uma recessão quando o PIB real declina por dois trimestres consecutivos.

Depressão

Uma recessão prolongada e muito severa.

1. Para informações adicionais sobre recessões nos Estados Unidos, ver Geoffrey H. Moore, Recessions. In: David R. Handelson (Ed.), *The Fortune Encyclopedia of Economics*. Nova York: Time Warner, 1993.

A expressão *ciclo econômico* pode ser enganadora. Ciclo geralmente significa a existência de regularidade – como aquela indicada pelo ciclo econômico hipotético que apresentamos na Figura 8.2 – no tempo e na duração da atividade. No mundo real, como ilustra a Figura 8.1, isso não ocorre. Os períodos de expansão e de contração têm uma duração de tempo variável, e os picos e vales atingidos diferem em suas grandezas. Por exemplo, a recessão de 1930/1931 foi seguida de oito anos ininterruptos de crescimento econômico. Já a recessão de 1940 foi acompanhada de um ano de crescimento. Em contraste, a recessão de 1941 foi seguida por uma expansão que durou 39 anos, embora as taxas de variação anual do PIB real, nesse período, tenham flutuado entre 14% e 0,6%. A fase de expansão que se seguiu à recessão de 1981/1983 teve uma duração entre esses dois extremos. *No mundo real, as flutuações observadas no produto real são irregulares e imprevisíveis.*

Flutuações Econômicas e o Mercado de Trabalho

Flutuações no nível do PIB real influenciam a demanda por trabalho e o emprego. No nosso mundo moderno, as pessoas estão ocupadas com seus empregos, com o seu trabalho no domicílio, na escola e em outras atividades. A Figura 8.3 apresenta como os economistas decompõem a população para analisar as condições agregadas de emprego. A população em idade ativa (PIA) é definida pelo número de pessoas com mais de 16 anos de idade. Entretanto, como no Brasil, especialmente na área rural, as crianças a partir dos 10 anos já participam de atividades laborais, os analistas sociais adotam 10 anos como o limite inferior de idade para definir a PIA. A população em idade ativa pode ser decomposta em dois grupos: (1) pessoas que participam da força de trabalho ou **população economicamente ativa (PEA)** e (2) população economicamente não-ativa. Há muitas razões para que as pessoas não estejam, no momento, na força de trabalho, isto é, trabalhando ou procurando emprego. Algumas já se aposentaram, outras podem estar em suas próprias residências, cuidando de afazeres domésticos ou freqüentando a escola ou, simplesmente, vivendo de renda produzida pela sua riqueza (ativos reais ou financeiros). Outras ainda podem não estar trabalhando, como resultado de doença ou invalidez. Embora a maioria dessas pessoas esteja ocupada, suas atividades estão fora do mercado de trabalho.

População economicamente ativa (PEA)

Número de pessoas com 10 anos ou mais que estejam empregadas ou desempregadas. Para ser classificada como desempregada, a pessoa deve estar procurando emprego.

Desempregado

Termo usado para descrever a pessoa que não está empregada atualmente, mas está ou procurando ativamente um emprego ou esperando para iniciar ou retornar a um emprego.

Fica clara, pela Figura 8.3, a inter-relação dos diversos conceitos usados no estudo econômico do emprego agregado. Note que os trabalhadores **desempregados** que estão em busca de emprego estão incluí-

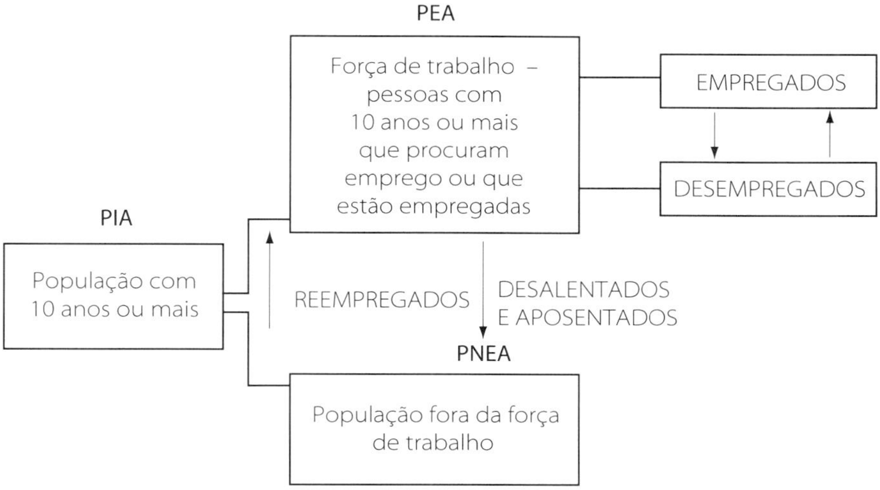

Conceitos e indicadores (Metodologia da PNAD)	Número de pessoas em 2001
Pessoas com 10 anos ou mais (**PIA**)	137.686.979
População economicamente ativa (**PEA**)	83.243.239
Pessoas ocupadas (**emprego**)	75.458.172
Pessoas desocupadas (**desemprego**)	7.785.067
População economicamente não-ativa	54.426.700
Pessoas sem declaração de atividade	17.040
Taxa de atividade (PEA/PIA) em %	60,46%
Taxa de desemprego aberto	9,35%

Fonte: IBGE – Pesquisa Nacional por Amostra de Domicílios, 2001.

Figura 8.3 Brasil – População, emprego e desemprego.

O diagrama ilustra as opções abertas à população em idade ativa.

dos na força de trabalho (população economicamente ativa – PEA) com os trabalhadores empregados. A **taxa de participação na força de trabalho** é o número de pessoas na força de trabalho (incluídos tanto empregados quanto desempregados) como uma porcentagem da população de 10 ou mais anos. Em 2001, a PIA brasileira era de 137,7 milhões de pessoas, das quais 83,2 milhões estavam na força de trabalho (PEA). Assim, naquele ano, a taxa de participação da força de trabalho no Brasil era de 60,5% (83,2 milhões : 137,7 milhões).

> **Taxa de participação na força de trabalho**
>
> O número de pessoas na população economicamente ativa como porcentagem do total da população com 10 anos ou mais.

A taxa de participação na força de trabalho varia substancialmente entre os países. Por exemplo, em 1996, a taxa de participação na força de trabalho era, nos Estados

Unidos, de 67%. Nesse mesmo ano, no Canadá e na Austrália, ela correspondia a 65%, enquanto na Suécia era de 64%. Em contraste, a taxa de participação da força de trabalho na Alemanha era de 53% e, na Itália, 48%. A porcentagem de mulheres casadas na força de trabalho é geralmente menor em países como a Itália e a Alemanha, que têm uma baixa taxa de participação na força de trabalho.

Taxa de desemprego

Percentual das pessoas na força de trabalho (PEA) que estão desempregadas. Matematicamente, essa taxa é dada por: {(número de pessoas desempregadas)/(número de pessoas na força de trabalho)} x 100.

A **taxa de desemprego** é o principal instrumento de aferição das condições no mercado de trabalho agregado. Entretanto, o termo *desemprego* é muitas vezes incompreendido. Basicamente, é importante notar que *estar desempregado* é diferente de *não estar trabalhando.* Como destacamos, há muitas razões – tais como trabalho no domicílio, freqüência à escola, aposentadoria e doença ou invalidez – para que uma pessoa não esteja empregada ou procurando emprego. Essas pessoas, embora não empregadas, não são contadas como desempregadas. É importante chamarmos a atenção do leitor para o grupo de pessoas denominado *desalentados,* que, pelos procedimentos do IBGE, na obtenção de informações sobre emprego e procura por emprego, acabam sendo excluídos tanto da PEA quanto dos desempregados. Tendo procurado emprego por muito tempo, essas pessoas acabam por desistir e, por isso, ao ser entrevistadas, declaram que não estão buscando emprego no período de referência da pesquisa.

A pesquisa mensal de emprego e desemprego do Departamento Intersindical de Estatística e de Estudos Socioeconômicos (Dieese) fornece informação que tem sido elaborada pelo IPEA de modo a calcular uma taxa de desemprego oculto por desalento. Portanto, as pessoas precisam estar empregadas ou se declararem desempregadas para que sejam contadas como parte da força de trabalho. A taxa de desemprego é dada pelo número de pessoas desempregadas, expresso como uma porcentagem da força de trabalho (PEA). Em 2001, a taxa de desemprego no Brasil era de 9,3%, correspondendo a cerca de 7,8 milhões de pessoas à procura de emprego. (Ver o boxe "Medidas da Atividade Econômica" para mais informações sobre como a taxa de desemprego é obtida.)

Em muitos países industrializados, um dos mais interessantes fatores associados à força de trabalho no pós-Segunda Guerra Mundial é o dramático aumento da participação da mulher na força de trabalho. Isso também ocorreu no Brasil, embora mais lentamente que naqueles países. A Figura 8.4 destaca esse ponto. Em 2000, cerca de 44% das mulheres com 10 anos ou mais, participantes da PEA, trabalhavam fora do domicílio, comparados com os 13,6% registrados em 1950. Enquanto a participação da mulher na força de trabalho aumentou, a participação masculina caiu. Em 2000, a participação dos homens economicamente ativos na força de trabalho era de 69,6%, comparados com os 77,2%, em 1960, ou com os 80,8%, em 1950. É evidente que a composição da participação na força de trabalho dentro da família variou substancialmente durante as últimas cinco décadas.

MEDIDAS DA ATIVIDADE ECONÔMICA

Pesquisa Mensal de Emprego (PME)

Todo mês, a Fundação Instituto Brasileiro de Geografia e Estatística (IBGE) consulta uma amostra de pouco mais de 37 mil domicílios, em 145 municípios distribuídos em seis regiões metropolitanas (Recife, Salvador, Belo Horizonte, Rio de Janeiro, São Paulo e Porto Alegre), os quais refletem as características da população urbana do Brasil. Por quatro semanas e nessas seis regiões metropolitanas, um grupo de pesquisadores especialmente treinados, seguindo a metodologia da Organização Internacional do Trabalho, entrevista cada um dos residentes que tenham 10 ou mais anos. Usando o mesmo questionário, esses pesquisadores obtêm informações de cada entrevistado sobre sua condição na PIA, isto é, se a pessoa está empregada, ou desempregada procurando emprego, se trabalha no domicílio, com alguém que está empregado ou que tem negócio próprio, se não é economicamente ativa etc. Dessa forma, o IBGE congrega, mensalmente, informação sistematizada sobre as condições dessas pessoas em relação ao mercado de trabalho.

São consideradas empregadas as pessoas que durante a semana da pesquisa: (a) trabalharam por pelo menos, uma hora em troca de salário ou lucro; (b) trabalharam por, pelo menos, 15 horas, sem remuneração, em negócio familiar ou em ajuda a um membro do domicílio em sua atividade econômica; (c) exerciam uma profissão ou um ofício com o auxílio de um ou mais empregados (empregador); (d) tinham um emprego, mas não trabalharam na semana de referência da pesquisa por estarem de férias, doentes, em greve ou de licença, por razões do empregador, por condições climáticas ou por razões pessoais.

As pessoas são consideradas desempregadas se não têm um emprego, mas estão dispostas a trabalhar, e para isso tomaram alguma *providência efetiva*. Tomar providência efetiva na procura de emprego pode ser caracterizado pelas seguintes iniciativas: (a) inscrever-se em agência de emprego do Ministério do Trabalho ou em agência particular; (b) fazer entrevistas com possíveis empregadores; (c) contatar parentes e amigos; (d) colocar anúncios e responder a eles; (e) preencher formulários de cadastro de empregadores ou (f) freqüentar o sindicato de sua categoria.

Com base nas informações coletadas pela aplicação do questionário, o IBGE calcula e divulga um conjunto de indicadores, entre os quais destacamos: a taxa de desemprego aberto (calculada para todos os desempregados que procuravam emprego, para os que buscavam o primeiro emprego e para os que já trabalharam), a taxa de desemprego aberto por atividade econômica e a taxa de atividade.

Além da PME, o IBGE gera informações anuais sobre o mercado de trabalho por meio da Pesquisa Nacional por Amostra de Domicílios (PNAD) e dos censos demográficos. Embora a PNAD seja uma pesquisa que contemple domicílios em quase todo o território nacional, devemos alertar o leitor para a existência de problemas metodológicos decorrentes da utilização conjunta de informações provenientes de diferentes pesquisas. Compare dados de uma PME com dados de outra. O mesmo se aplica para as PNADs e para os censos demográficos. O IBGE produz também informações sobre o mercado de trabalho industrial. Visite a página do IBGE na Internet: www.ibge.gov.br.

Figura 8.4
Brasil – Taxa de atividade por gênero em anos selecionados (1950-2000).

A ilustração ao lado indica que a taxa de atividade das mulheres na força de trabalho vem crescendo, continuamente, enquanto a dos homens vem declinando.

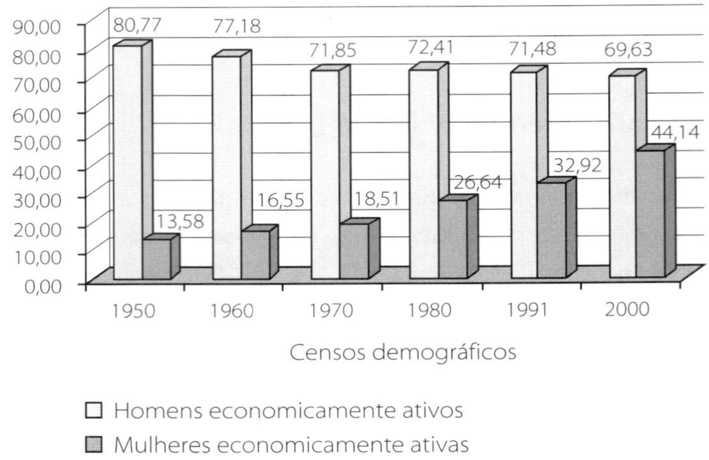

Razões do Desemprego

Nem todas as pessoas que estão desempregadas perderam seu último emprego. Uma economia dinâmica é caracterizada por uma considerável mobilidade do fator trabalho, uma vez que os trabalhadores se deslocam (1) de indústrias em contração para indústrias em expansão e (2) para a força de trabalho ou para fora da força de trabalho. Períodos de desemprego geralmente acompanham tais mudanças. Embora o IBGE não discrimine, de forma sistemática, as razões do desemprego, para entender melhor o fenômeno é importante conhecer suas causas.

O Departamento de Trabalho dos Estados Unidos aponta cinco razões para que os trabalhadores, nesse país, experimentem o desemprego. A Figura 8.5 apresenta a importância relativa de cada uma dessas cinco categorias no total dos trabalhadores desempregados, para o ano de 1998. É interessante observar que 8,4% dos desempregados eram trabalhadores que buscavam emprego pela primeira vez, isto é, eram novos entrantes na força de trabalho, e que 34,3% eram pessoas que reentravam no mercado de trabalho procurando emprego, depois de estarem ausentes por algum tempo. Essa ausência é justificada pelas mais variadas razões, por exemplo, a ampliação da escolaridade ou a aquisição de novas habilidades por meio de treinamento, trabalho no domicílio etc. Desse modo, 42,7% dos desempregados estavam nessa condição em decorrência da possibilidade de entrar pela primeira vez ou reentrar na força de trabalho. Um em cada oito (11,8%) desempregados havia se demitido de seu último emprego. As pessoas com o contrato de trabalho temporariamente suspenso, à espera de retornar ao trabalho, correspondiam a 13,9% do total. Os trabalhadores despedidos do seu último emprego eram menos de 1/3 (31,6%) do total dos trabalhadores desempregados.

No mundo dinâmico onde a informação – como a maioria das outras coisas – é escassa, se as pessoas têm liberdade para escolher entre diversas oportunidades de

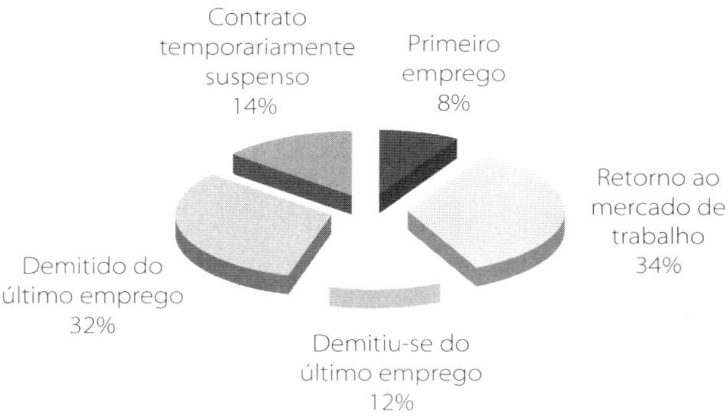

Fonte: Monthly Labor Review, março de 1999.

Figura 8.5

Estados Unidos: composição dos desempregados segundo a causa do desemprego.

Esta ilustração aponta as várias razões para um trabalhador norte-americano, em 1998, estar desempregado. Menos de 1/3 dos trabalhadores desempregados havia sido demitido de seu último emprego. Mais de 2/3 dos desempregados eram trabalhadores que buscavam emprego pela primeira vez ou que procuravam reingressar no mercado após algum período de ausência.

emprego, algum desemprego é inevitável. À medida que novos produtos são introduzidos, e novas técnicas de produção, adotadas, algumas firmas expandem suas atividades, enquanto outras as contraem. Possivelmente, outras firmas estarão fechando definitivamente as portas. Esse processo resulta na criação de novos empregos, assim como no desaparecimento de empregos existentes. Do mesmo modo, a qualquer momento no tempo, trabalhadores em potencial estarão deixando os estudos (escola ou universidade, atividades não associadas ao mercado de trabalho) para entrar na força de trabalho, ao passo que outros trabalhadores estarão se aposentando ou deixando, temporariamente, a força de trabalho. Enquanto houver mobilidade de trabalho – isto é, enquanto os trabalhadores puderem, voluntariamente, deixar um emprego e procurar melhores oportunidades em um mundo em constante mutação, mudando de um emprego para outro ou mesmo realocando as responsabilidades de trabalho dentro da família –, algum desemprego sempre ocorrerá.

Há um lado positivo no desemprego que decorre da procura por uma nova posição: ele geralmente permite que os indivíduos encontrem empregos mais condizentes com suas habilidades e preferências. Se a mudança voluntária de emprego tem sucesso, ela aumenta a produtividade do empregado e, provavelmente, seus rendimentos.

Os trabalhadores mais jovens geralmente mudam de emprego e se deslocam da escola para a força de trabalho, ou vice-versa, na procura de uma carreira profissional que melhor se ajuste às suas habilidades e preferências. Como resultado dessa mudança de emprego, a taxa de desemprego entre os trabalhadores mais jovens é substancialmente mais alta que para trabalhadores já estabelecidos no mercado. O Quadro 8.1 apresenta, para o período de 1999-2001, as taxas de desemprego para o Brasil, por posição na família e por faixa etária. Podemos constatar que a taxa de desemprego para os filhos, que no âmbito familiar representam os mais jovens, é a mais elevada.

Ao examinarmos a taxa de desemprego por faixa etária, constatamos, uma vez mais, que os trabalhadores na faixa etária de 18-24 anos enfrentam uma taxa de desemprego

Quadro 8.1

Brasil – Taxa de desemprego (%) por posição na família e por faixa etária, 1999-2001.

Composição do desemprego por posição na família

Posição na família	1999	2000	2001
Chefe	32,90	31,62	32,43
Cônjuge	12,69	13,86	12,88
Filho	47,34	47,58	48,12
Outros	7,07	6,94	6,56

Composição do desemprego por faixa etária

Faixa etária	1999	2000	2001
15 – 17	7,02	6,30	4,65
18 – 24	36,21	37,84	38,32
25 – 29	15,31	15,37	15,59
30 – 39	21,94	21,19	21,64
40 – 49	13,47	13,56	13,37
50 – 59	4,87	4,74	5,44
60 – 64	0,73	0,54	0,69
65 e +	0,45	0,46	0,32

Fonte: *Mercado de Trabalho: Conjuntura e Análise*, IPEA, ano 7, out. de 2002. Tabelas A.4.9 e A.4.10.

maior. A relativamente baixa taxa de desemprego registrada para os trabalhadores de 15-17 anos resulta do fato de a Pesquisa Mensal de Emprego do IBGE, fonte primária das informações usadas para seu cálculo, só ser feita em seis regiões metropolitanas. Como essas regiões são mais bem servidas de escolas públicas, a maioria desses jovens, embora fazendo parte da PIA, não procura emprego e, portanto, não compõe a PEA.

Três Tipos de Desemprego

Embora algum desemprego seja perfeitamente consistente com eficiência econômica, nem sempre isso ocorre. Taxas de desemprego excessivamente superiores às normais geralmente refletem débeis condições de demanda por trabalho, políticas inibidoras da produção e/ou falta de habilidade ou de incentivo por parte de trabalhadores e empregadores em potencial para chegar a um acordo mutuamente vantajoso. Para esclarecer melhor o assunto, os economistas dividiram o desemprego em três categorias: friccional, estrutural e cíclico. Vamos examinar cada um desses três casos de desemprego.

Desemprego Friccional

O desemprego causado por mudanças constantes no mercado de trabalho é denominado **desemprego friccional**. Ele ocorre porque (a) os empregadores não têm perfeita informação sobre a disponibilidade de trabalhadores com suas respectivas habilidades e qualificações e (b) os trabalhadores no mercado não têm plena informação sobre a disponibilidade de empregos oferecidos pelos empregadores. Em outras palavras, a principal causa do desemprego friccional é que a informação tem custo e, por isso mesmo, os agentes econômicos não têm perfeita informação. O número de postos de trabalho vagos pode ser exatamente igual ao número de pessoas que buscam emprego. A qualificação dos trabalhadores que buscam emprego pode também ser exatamente aquela exigida pelas firmas que procuram trabalhadores. Entretanto, o desemprego friccional ocorrerá porque uns não sabem da existência dos outros. Com o intuito de melhorar suas opções, tanto empregadores quanto empregados tentarão identificar as melhores alternativas que lhes estão disponíveis.

> **Desemprego friccional**
>
> Desemprego devido às constantes mudanças na economia que impedem que um trabalhador qualificado e desempregado seja imediatamente alocado em um posto de trabalho existente que requeira sua qualificação. Resulta da escassez de informação e, conseqüentemente, das atividades de busca – tanto de empregadores quanto de empregados – de informação que venha a ajudá-los a fazer uma escolha melhor com relação ao emprego.

Empregadores que procuram determinado tipo de trabalhador dificilmente contratarão a primeira pessoa que se apresente para a vaga disponível. Eles tentarão descobrir o melhor trabalhador disponível, no momento, para a vaga que estejam oferecendo. Há um custo elevado ao se contratar um trabalhador que tenha um desempenho pobre. Muitas vezes, é mais caro ainda cancelar seu contrato de trabalho. Por isso mesmo, os empregadores procuram e gastam tempo e recursos examinando os candidatos ao emprego com o propósito de descobrir, entre eles, os trabalhadores mais bem-qualificados para a posição, que aceitem trabalhar ao salário e condições de trabalho oferecidos.

Do mesmo modo, os trabalhadores que procuram emprego tentarão encontrar a melhor opção entre todas as alternativas potenciais. Eles contatarão amigos e parentes, darão telefonemas, responderão a anúncios de jornais, se submeterão a entrevistas, utilizarão serviços de empresas especializadas na obtenção de emprego – enfim, utilizarão todos os meios conhecidos e possíveis para conseguir o melhor emprego. A perseguição do interesse pessoal – descobrir um emprego que seja o mais atraente com relação à disponibilidade de ocupações possíveis das quais o indivíduo tenha informação – motiva o trabalhador a procurar um emprego, a investir nas atividades de busca da melhor alternativa.

À medida que um trabalhador que procura um emprego acumula mais e mais informação sobre as oportunidades que lhe são abertas, uma *pesquisa adicional* poderá informá-lo cada vez menos sobre uma oportunidade mais atrativa do que as identificadas. Assim, o *benefício marginal* obtido de pesquisas sobre oportunidades de emprego é decrescente com o tempo gasto na identificação das oportunidades de emprego. Isso é um fato, pois, quanto mais informado estiver o trabalhador com relação às oportunidades de emprego, menor a possibilidade de uma pesquisa adicional lhe informar sobre uma posição melhor que as já identificadas. O principal custo na procura de emprego é, geralmente, o custo de oportunidade dos salários perdidos por não se ter aceitado a melhor proposta corrente de emprego e por se continuar na busca de uma melhor alternativa. Esse custo aumenta à medida que melhores alternativas de emprego são descobertas. Assim, o custo marginal da procura por emprego cresce com o período de pesquisa por oportunidades de emprego, principalmente porque mais tempo de pesquisa significa perda de salários em ocupações mais atrativas, já identificadas nas pesquisas anteriores.

Como o benefício de uma pesquisa adicional se reduz e o seu custo marginal aumenta, eventualmente o trabalhador racional, que procura emprego, concluirá que o ganho potencial de uma pesquisa adicional não paga seu custo. A melhor alternativa de emprego resultante do processo de busca será aceita. Entretanto, esse processo de busca leva tempo e, durante esse tempo, o trabalhador à procura de emprego contribui para o desemprego friccional da economia. É importante observar que, embora o desemprego friccional seja um efeito colateral, o processo de procura de um novo emprego deve melhorar a eficiência econômica e aumentar a renda real dos trabalhadores (ver o boxe "Mitos em Economia", sobre esse assunto).

Mudanças que afetam custos e benefícios associados à procura de emprego influenciam o nível de desemprego. Se, por exemplo, o desenvolvimento de um sistema computadorizado de listas de emprego facilitar a aquisição de informação a respeito das oportunidades abertas de emprego, o desemprego friccional tende a se reduzir. No entanto, uma mudança que reduza o custo de procurar um novo emprego tenderá a aumentar o período de procura da melhor ocupação entre os postos de trabalho disponíveis. Por exemplo, um aumento nos benefícios pagos aos desempregados pelo governo reduz o custo de se sustentar o processo de procura de um novo emprego por um período mais longo. Tudo o mais constante, a redução no custo de procura de um novo emprego induzirá o trabalhador em busca de emprego a estender seu tempo de pesquisa. Como resultado, o nível de desemprego aumentará.

MITOS EM ECONOMIA

"Desemprego de recursos não existiria se a economia estivesse operando eficientemente."

Ninguém gosta de desemprego. Naturalmente, o desemprego por um período relativamente longo pode ser uma experiência de muito sofrimento. A procura de emprego, entretanto, tem uma função importante no mercado de trabalho: ela permite melhora na adequação das habilidades e qualificações do trabalhador às exigências de determinada posição de trabalho.

MITOS EM ECONOMIA

(continuação)

Em um mundo de informação imperfeita, pessoas que procuram emprego se engajam em um processo de pesquisa de modo a adquirir informação sobre as oportunidades de emprego e as exigências, em termos de qualificação pessoal, das diversas ocupações. Essencialmente, procurar emprego é como "ir às compras"; as pessoas procuram informação sobre as oportunidades de emprego que melhor se ajustem às suas habilidades, expectativa de rendimento e preferências. Do mesmo modo, os empregadores também vão às compras quando procuram serviços de trabalho. Eles também obtêm informações sobre a disponibilidade de trabalhadores as quais os ajudarão a selecionar aqueles com habilidades e preferências adequadas às posições que devem ser preenchidas.

Esse processo resultará em algum desemprego, mas fornece tanto a empregados quanto a empregadores a informação que os ajudará a fazer escolhas melhores. Se os recursos de uma economia vão ser usados efetivamente, as habilidades e qualificações dos trabalhadores devem se ajustar às ofertas de emprego dos empregadores. Haverá um desperdício se, por exemplo, uma pessoa, com alto nível de qualificação em uso de computadores, acabar trabalhando como faxineiro, enquanto outra, com o mínimo de competência e habilidade no uso de computadores, vier a ser contratada como programador. A procura por emprego promove a identidade entre as habilidades e as preferências dos empregados e os postos de trabalho oferecidos. À medida que os trabalhadores encontrem posições de trabalho que sejam compatíveis com suas habilidades, eles conseguirão salários mais elevados e a economia será capaz de gerar um produto maior.

Por meio do exemplo do mercado habitacional, talvez fique mais fácil para o leitor compreender por que o tempo de pesquisa pode ser tanto benéfico quanto produtivo para os trabalhadores. Como no mercado de trabalho, o mercado habitacional é caracterizado por custos de informação e mudanças dinâmicas. Novas habitações são oferecidas no mercado, velhas habitações se depreciam e, eventualmente, têm de ser demolidas. As famílias mudam-se de um bairro para outro. Neste mundo dinâmico, faz sentido que as pessoas que alugam habitação, de tempos em tempos, gastem tempo e recursos para se informar sobre a disponibilidade de imóveis em termos de sua qualidade, valor do aluguel, localização e outros atributos valorizados pela família. Do mesmo modo, os locatários também procuram informação sobre locadores em potencial, esperando alugar sua propriedade para aqueles que a valorizem mais. Habitações vazias são um tipo de "desemprego friccional". Isso significa que há ineficiência nesse mercado? Não. Isso é simplesmente o resultado da informação imperfeita decorrente dos custos de obtê-la e do tempo necessário para que locadores e locatários, com os mesmos interesses, descubram uns aos outros.

É claro que alguns tipos de desemprego, particularmente o desemprego cíclico, são um indicador de ineficiência. Entretanto, esse não é o caso do desemprego friccional. A procura por emprego (assim como o desemprego friccional que a acompanha) ajuda tanto os que procuram quanto os que oferecem emprego a fazer boas escolhas e, portanto, promove maior eficiência por ajustar os trabalhadores às exigências do emprego, e vice-versa.

Desemprego Estrutural

> **Desemprego estrutural**
>
> Desemprego devido a características estruturais da economia que tornam difícil, para os trabalhadores que procuram emprego, encontrá-lo, ao mesmo tempo em que é difícil, para os empregadores com vagas disponíveis, encontrar trabalhadores para preenchê-las. Embora existam postos de trabalho não ocupados, eles geralmente exigem habilidades que diferem das dos trabalhadores desempregados.

No caso do **desemprego estrutural**, mudanças nas características básicas da economia impedem a alocação de trabalhadores disponíveis a vagas de emprego disponíveis. Nem sempre é fácil distinguir desemprego friccional de desemprego estrutural. Nos dois casos, há empregos vagos e trabalhadores em potencial procurando por emprego. A diferença crucial entre esses dois tipos de desemprego é que, no desemprego friccional, os trabalhadores possuem a qualificação necessária para ocupar as posições em aberto, enquanto, no caso do desemprego estrutural, os trabalhadores não possuem a qualificação exigida pelos empregos disponíveis. Essencialmente, as habilidades de um trabalhador desempregado, por razões estruturais, se tornaram obsoletas, em decorrência de mudanças nas condições de mercado e na tecnologia. Realisticamente, um desempregado por razões estruturais deve considerar mudanças de carreira ou permanecer desempregado por um longo período. Para um trabalhador mais idoso, essas são alternativas desoladoras.

Há muitas causas para o desemprego estrutural. A mudança tecnológica, naturalmente, é a primeira da lista. A introdução de novos produtos e de novas técnicas produtivas pode alterar, de forma substancial, a demanda relativa por trabalhadores com vários níveis diferentes de habilidade e qualificação. Mudanças desse tipo podem afetar as oportunidades de emprego inclusive de trabalhadores altamente qualificados, especialmente se suas habilidades não são facilmente transferíveis para outras indústrias ou ocupações. A "revolução dos computadores" transformou drasticamente as oportunidades de trabalho de muitos trabalhadores. As alternativas de trabalho abertas aos trabalhadores, com as habilidades exigidas para operar e manter equipamentos de alta tecnologia, melhoram substancialmente, enquanto as perspectivas daqueles que não possuem tais habilidades, em alguns casos, deterioram drasticamente.

Mudanças nas prioridades do setor público podem também produzir desemprego estrutural. As mudanças nas condições internacionais permitiram aos Estados Unidos reduzir, de forma significativa, seus gastos com defesa, a partir dos anos iniciais da década de 1990. O corte nesses gastos redundou em uma redução de renda e de perspectiva de emprego para trabalhadores na indústria de defesa ou a ela relacionada. Uma vez que as habilidades de muitos trabalhadores que perderam seus empregos nas indústrias de defesa ou a elas relacionadas não se adaptavam às ofertas de emprego nos setores da economia que se expandiam, o desemprego estrutural emergiu. Caso semelhante tem ocorrido na indústria automobilística no Brasil. A melhoria tecnológica introduzida nos automóveis fabricados no país, durante a década de 1990, passou a exigir novas habilidades dos trabalhadores dessa indústria.

Desemprego Cíclico

Desemprego cíclico

Desemprego devido às condições de recessão da economia e devido a uma demanda agregada por trabalho inadequada à oferta existente.

Quando há uma contração geral nas atividades econômicas, o **desemprego cíclico** aparece. Como menos bens estão sendo produzidos, menos trabalhadores são exigidos para produzi-los. Empregadores dispensam trabalhadores, reduzindo, portanto, o nível de emprego.

Uma redução inesperada no nível geral da demanda de bens e serviços é a principal causa do desemprego cíclico. Em um mundo em que, devido a custos, a informação acumulada pelos agentes econômicos não é perfeita, os ajustamentos a uma queda inesperada na demanda não ocorrem sem sofrimento. Quando a demanda por trabalho se reduz de forma generalizada, os trabalhadores não identificarão, inicialmente, se estão sendo dispensados em conseqüência de uma redução, específica do setor que os emprega ou a uma redução generalizada na demanda por trabalho. Do mesmo modo, eles não estão seguros se as perspectivas sombrias, com relação a um emprego, são temporárias ou de longo prazo. Os trabalhadores procurarão emprego, esperando encontrar um que lhes pague um salário real próximo àquele que eles recebiam na sua última ocupação.

Se o desemprego resulta de mudanças na composição da demanda por trabalho ou se a redução da atividade econômica ocorre por um período curto, os trabalhadores desempregados, em decorrência da redução de produção em alguns setores, geralmente são capazes de encontrar emprego em setores que estejam se expandindo ou que estejam contratando trabalhadores adicionais. A situação é completamente diferente, entretanto, quando há uma redução generalizada na demanda por trabalho. Muitos empregadores estarão desempregando trabalhadores e poucos estarão contratando. Sob essas circunstâncias, o esforço de procura de emprego da maioria dos trabalhadores será infrutífero e a duração do desemprego será maior que a normal.

Com o passar do tempo, os trabalhadores desempregados reduzirão suas expectativas com relação a salário e muitos deles estarão dispostos a aceitar um emprego a salários mais baixos. Esse processo de ajustamento, no entanto, leva tempo. Durante o período de ajustamento, certamente a taxa de desemprego aumentará. Adiante, investigaremos as fontes em potencial do desemprego cíclico e consideraremos as alternativas de política para reduzi-lo.

Flutuações de Emprego: Os Registros Históricos

Emprego e produção estão intimamente ligados ao longo dos ciclos econômicos. Se vamos produzir mais bens e serviços, precisamos ou aumentar o número de trabalhadores ou aumentar a produção por trabalhador. Embora o aumento de produtividade ou do produto por trabalhador seja a principal fonte de crescimento econômico de longo prazo, a produtividade varia lentamente de ano para ano. Assim, um rápido crescimento no produto, tal como aquele que ocorre durante o período de *boom* do ciclo econômico, geralmente exige um aumento de emprego. Dessa forma, produção e emprego tendem a estar positivamente relacionados. Portanto, a taxa de desemprego normalmente aumenta, quando a economia mergulha em uma recessão.

A evidência empírica apresentada na Figura 8.6 ilustra a relação inversa entre produto e taxa de desemprego. Quando o produto declina durante a recessão, a taxa de desemprego geralmente sobe. Durante a recessão de 1981-1983, a taxa de desemprego aumentou para uma média de, aproximadamente, 7%. Por outro lado, ela se reduziu ao longo do *boom* econômico artificialmente criado pelos sucessivos planos de estabilização com controle de preços, durante o período 1986-1988.

Pleno emprego

Nível de emprego que resulta do uso eficiente da força de trabalho após levar-se em conta a taxa normal (natural) de desemprego decorrente de custos de informação, da dinâmica do mercado e de condições estruturais da economia.

O Conceito de Pleno Emprego

Pleno emprego, expressão freqüentemente utilizada pelos economistas, por políticos e por autoridades

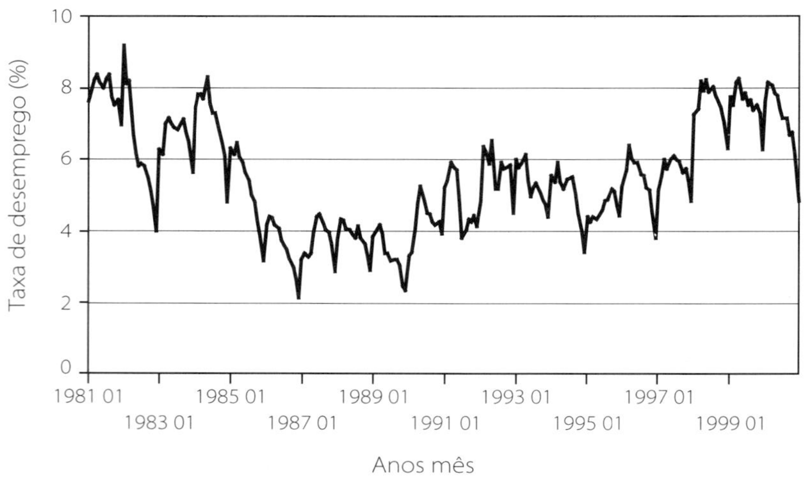

Fonte: IBGE, Pesquisa Mensal de Emprego. Taxa de desemprego aberto, referência de 30 dias, nas seis regiões metropolitanas.

Figura 8.6 Brasil: taxa mensal de desemprego (%) jan. 1981 – dez. 2000.

públicas, não significa desemprego zero. Como chamamos a atenção anteriormente, em um mundo em que, em virtude do custo de informação, os agentes econômicos decidem com base em informação imperfeita, empregadores e empregados "pesquisarão" antes de concordar em contratar ou aceitar um emprego. A maior parte das ações associadas a esse processo de pesquisa é eficiente, uma vez que ela permite o melhor ajuste entre as habilidades dos empregados e as habilidades exigidas nas ocupações que são oferecidas. Desse modo, algum desemprego é perfeitamente consistente com a operação eficiente de um mercado de trabalho dinâmico. *Conseqüentemente, os economistas definem pleno emprego como o nível de emprego que produz uma taxa de desemprego normal, levando-se em conta seus aspectos friccionais e estruturais.* Temos poucos estudos empíricos que estimam a taxa natural de desemprego no Brasil. O professor Cláudio R. Contador, em seu trabalho *Pleno emprego, inflação e política econômica no Brasil,* estimou que, para o período 1947-1975, estaria ocorrendo pleno emprego no Brasil se 90% a 96% da força de trabalho estivessem empregados.

Associado ao conceito de pleno emprego, tem-se o conceito de **taxa natural de desemprego**, isto é, o percentual de trabalhadores desempregados em decorrência do processo de busca por emprego e da imperfeição no nível de informação dos agentes econômicos.

Taxa natural de desemprego

Taxa média de desemprego no longo prazo, devido aos fatores friccionais e estruturais no mercado de trabalho. Essa taxa é influenciada tanto por mudanças dinâmicas na economia quanto por política pública. É uma taxa sustentável no futuro. A taxa natural de desemprego para os Estados Unidos, na década de 1990, deveria variar entre 5% e 6%. Para o Brasil, essa taxa deveria estar entre 3,7% e 9,1% durante o período 1947-1975.

A taxa natural de desemprego não é um valor temporariamente alto ou baixo; é uma taxa que pode ser mantida durante certo tempo no futuro. Os economistas às vezes se referem a ela como a taxa de desemprego que acompanha a maior taxa "sustentável" de crescimento do produto.

A taxa natural de desemprego, portanto, não é permanentemente fixa. Ela é afetada tanto pela estrutura da força de trabalho quanto por mudanças nas políticas econômicas. Por exemplo, os trabalhadores jovens estão sujeitos a maior taxa de desemprego porque mudam de emprego, bem como entram e saem da força de trabalho com muita freqüência (ver, por exemplo, o Quadro 8.1). Dessa forma, a taxa natural de desemprego aumenta quando os jovens trabalhadores representam maior proporção da força de trabalho. Foi precisamente isso o que ocorreu, nos Estados Unidos, durante as décadas de 1960 e 1970. Em 1958, trabalhadores jovens (de 16 a 24 anos) correspondiam a somente 15,6% da força de trabalho. À medida que a geração *baby boom* do pós-guerra entra no mercado de trabalho, a participação dos trabalhadores jovens na força de trabalho aumenta de maneira drástica. Em 1980, um em cada quatro trabalhadores estava no grupo de jovens. Em contraste, a proporção de trabalhadores no seu pico de atividades (com idade superior a 25 anos) declinava de 84,4%, em 1958, para 75,3%, em 1980. Estudos indicam que o crescimento da participação dos trabalhadores jovens na força de trabalho aumentou a taxa natural de desemprego dos Estados Unidos em aproximadamente 1,5 ponto percentual, durante o período 1958-1980.

As políticas públicas também afetam a taxa natural de desemprego. A taxa natural de desemprego é aumentada por políticas que: (1) encorajam os trabalhadores a rejeitar ofertas de emprego e a dilatar o tempo de procura por novos empregos, (2) impeçam que empregadores ofereçam salários que lhes permitam empregar (e treinar) trabalhadores não-qualificados e (3) reduzam o custo de oportunidade dos empregadores de demitir empregados de modo a ajustar suas taxas de produção. Esses fatores indicam que, por exemplo, um salário mínimo mais elevado e benefícios mais atraentes aos desempregados tendem a aumentar a taxa natural de desemprego.

A Figura 8.7 ilustra a relação entre a *taxa atual* de desemprego e a *taxa natural* de desemprego, para a economia dos Estados Unidos durante as últimas quatro décadas. A taxa atual de desemprego flutua em torno da taxa natural, de acordo com as condições do ciclo econômico. A taxa atual, durante a recessão, é geralmente superior à taxa natural e se mantém abaixo dela quando a economia se estabiliza ou entra em um *boom* econômico. Por exemplo, a taxa atual de desemprego era substancialmente maior que a taxa natural durante as recessões de 1974-1975 e 1982 (indicadas na figura pelas áreas sombreadas), enquanto o reverso ocorria durante os *booms* econômicos das décadas de 1960 e 1990. À medida que prosseguirmos com esta discussão, estaremos freqüentemente comparando a taxa atual com a taxa natural de desemprego. Em uma percepção realista, os estudos macroeconômicos procuram explicar por que a taxa atual e a taxa natural de desemprego diferem e identificar os fatores que causam mudanças, ao longo do tempo, da taxa natural de desemprego.

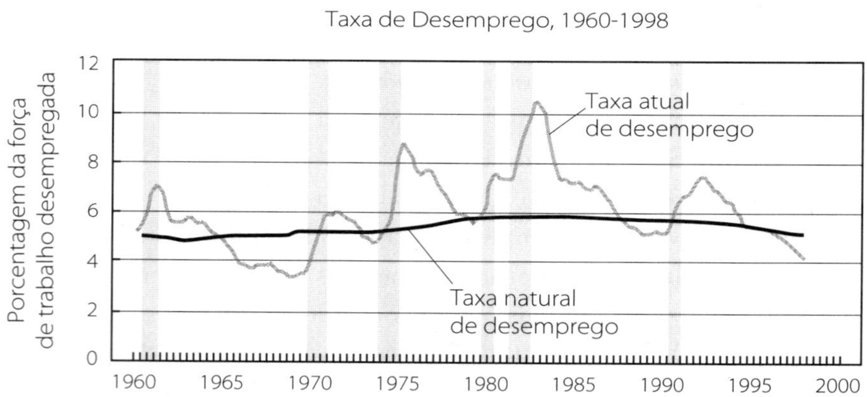

Figura 8.7 Estados Unidos: taxa de desemprego e taxa natural de desemprego 1960-1998.

Como esperado, a taxa de desemprego cresceu mais rapidamente durante as seis recessões (áreas sombreadas). Contrariamente, tão logo a recessão chega ao seu fim, a taxa de desemprego começa a diminuir à medida que a economia entra na fase de expansão do ciclo dos negócios. Durante os períodos de recessão e imediatamente após seu término, a taxa de desemprego observada para a economia dos Estados Unidos é superior à sua taxa natural de desemprego.

Sem nos desviarmos do importante conceito de pleno emprego – no sentido de ser o maior nível de emprego sustentável –, não devemos nos esquecer de outro ponto de vital importância. Emprego é o meio para um fim. Pessoas são empregadas para produzir bens e serviços que são desejados. Pleno emprego é um conceito vazio se implica o uso de fatores em atividades não-produtivas. É um conceito rico de significado somente se se referir ao emprego produtivo que produzirá bens e serviços desejados pelos consumidores, ao mais baixo custo possível.

Desemprego e Problemas de sua Medida

A definição de desemprego é ambígua. Lembre-se de que as pessoas são contadas como desempregadas somente se estão: (1) procurando emprego ou (2) esperando para retomar um emprego após uma dispensa. Pode-se argumentar que a definição estatística de desemprego resulta tanto de (1) pessoas excluídas, embora elas preferissem estar trabalhando (ou trabalhando mais), quanto de (2) pessoas incluídas que não estão efetivamente procurando emprego.

Considere indivíduos cuja perspectiva de conseguir emprego é tão pequena que eles simplesmente julgam não valer mais a pena procurar emprego. Esses indivíduos são classificados como **trabalhadores desalentados**. Embora muitos desalentados estivessem dispostos a aceitar um emprego que lhes fosse oferecido, eles não são contados nas estatísticas de desemprego porque não estão atualmente engajados na procura de emprego. Por isso, o número de desempregados pode estar sendo subestimado. Quando a economia entra em uma recessão, o número de trabalhadores desalentados aumenta substancialmente. Por exemplo, durante a recessão de 1991, o Departamento de Trabalho estimou que havia, nos Estados Unidos, um milhão de trabalhadores desalentados, aproximadamente 0,8% da força de trabalho, enquanto na recessão anterior os desalentados correspondiam a 715 mil pessoas.

> ***Trabalhadores desalentados***
>
> Indivíduos que desistiram de procurar emprego porque acreditam que o esforço adicional de procurar emprego é infrutífero. Como eles não estão atualmente procurando emprego, não são contados como desempregados.

No Brasil, o Ipea estima e publica na sua análise de conjuntura do *Mercado de Trabalho*, usando dados primários do Dieese, que, de 1991 a 2000, a taxa de desemprego oculto por desalento, em São Paulo, foi, em média, de 1,41%. De uma média de 0,93% em 1994/1995, essa taxa de desemprego oculto por desalento apresenta uma tendência crescente a partir de então, para superar os 2% em 1999 e 2000.

O método de classificar um trabalhador como de tempo parcial também pode produzir uma subestimação no desemprego. Trabalhadores de tempo parcial que gostariam de estar empregados em tempo integral são classificados como empregados e não como desempregados desde que trabalhem pelo menos uma hora por semana. Entretanto, certamente, essas pessoas estão subempregadas, se não desempregadas.

No entanto, algumas pessoas que dizem estar procurando emprego e que, portanto, são classificadas como desempregadas, não estão, na realidade, procurando emprego. Exemplo: um indivíduo que rejeita um emprego que lhe é oferecido porque é menos atraente do que a combinação de seu trabalho doméstico com a procura por emprego e com os benefícios que recebe de programas de bem-estar social do governo concedidos aos desempregados. Uma vez que os recipientes de vários programas de transferência de renda do governo precisam estar registrados como "procurando emprego", muitos deles são classificados como "desempregados", ainda que não estejam considerando seriamente a procura de emprego. No caso da economia dos Estados Unidos, esse efeito é mais dramático pelos benefícios concedidos pelo governo aos desempregados. De acordo com o estudo de Lawrence Summers e Kim Clark, da Universidade de Harvard, a consideração dessas pessoas, que estão registradas como à procura de emprego, nas estatísticas de desemprego eleva a taxa de desemprego norte-americana em, aproximadamente, 0,5 a 0,8 ponto percentual (de 600 mil a um milhão de pessoas).[2]

Relação emprego/população

Número de pessoas com 10 anos ou mais, empregadas como civis, dividido pelo total da população civil com 10 anos ou mais. Essa taxa é expressa em porcentagem.

Como resultado dessas ambigüidades, alguns economistas argumentam que a **relação emprego/população** – número de pessoas com 10 anos ou mais que estão empregadas, como uma porcentagem da população com 10 anos ou mais – é um indicador mais objetivo e com maior conteúdo de informação sobre a disponibilidade de emprego do que a taxa de desemprego. Tanto o número de empregados quanto a população com 10 anos ou mais são conceitos claros bem-definidos e de fácil aferição. Sua medida não exige um julgamento subjetivo, se a pessoa está atualmente "disponível para trabalhar" ou "ativamente procurando emprego". A taxa de emprego está relativamente livre de muitos defeitos que podem distorcer as estatísticas de desemprego. Por exemplo, quando um número muito grande de trabalhadores desalentados pára de procurar emprego, a taxa de desemprego cai. A relação emprego/população, entretanto, não absorve esse conceito errôneo.

Qual das duas estatísticas deve ser utilizada? A resposta é: ambas. Nossa economia tem experimentado muitas mudanças estruturais que contribuem para a diversidade da população de desempregados e, portanto, afetem tanto a taxa de desemprego quanto a relação emprego/população. Monitorar essas duas estatísticas nos ajuda a evitar conclusões inválidas e a compreender melhor as condições do mercado de trabalho.

---

2. Lawrence H. Summers e Kim B. Clark, Labor market dynamics and unemployment: a reconsideration. *Brookings Papers on Economic Activity*, n. 1, p. 13-60, 1979. Ver também, Lawrence H. Summers, *Understanding unemployment.* Cambridge Mass.: MIT Press, 1990.

PIB Atual e PIB Potencial

Se uma economia vai produzir o seu potencial, é essencial o pleno emprego de seus recursos produtivos. Quando a taxa atual de desemprego excede a taxa natural, o produto atual da economia será inferior ao seu potencial. Alguns recursos que poderiam estar produtivamente empregados serão subutilizados.

O Council of Economic Advisers define **produto potencial** como: "a quantidade de produto que se espera obter com o pleno emprego. Não representa o nível máximo absoluto de produção que pode ser gerado durante um período de guerra ou quando o nível de demanda agregada está anormalmente elevado, mas o produto que se espera de elevadas taxas de utilização dos recursos sob circunstâncias normais". Embora de difícil aferição, o conceito de produto potencial facilita a compreensão do que se passa na economia, ainda que utilizemos um modelo simples para descrevê-la.

Produto potencial

Nível de produto que pode ser atingido e sustentado no futuro, dados o tamanho da força de trabalho, a produtividade esperada do trabalho e a taxa natural de desemprego consistente com o funcionamento eficiente do mercado. Para alguns períodos, o produto atual pode diferir do produto potencial de uma economia.

O conceito de produto potencial contém duas idéias importantes: (1) plena utilização dos recursos, inclusive do trabalho, e (2) uma restrição de produto. O produto potencial pode ser concebido como o maior nível de produto sustentável, consistente com a base de recursos da economia, dada sua organização institucional. Esse conceito nos remete ao conceito de curva de possibilidades de produção (CPP). Desse modo, a segunda idéia a que nos referimos anteriormente – isto é, que o produto potencial corresponde a um limite no nível de produto – corresponde exatamente ao nosso velho conceito de CPP. A questão que se impõe é: como obter uma medida para o produto potencial? Com relação ao fator trabalho, a estimativa do produto potencial envolve três elementos principais: o tamanho da força de trabalho, a qualidade (produtividade) do trabalho e a taxa natural de desemprego. Como esses fatores não podem ser estimados com certeza, a estimação de valores para o produto potencial está sujeita a alguma variação.

Os economistas que se utilizaram desse conceito adotaram, alternativamente, três caminhos para caracterizar numericamente o produto potencial. O mais simples é o que adota para produto potencial o maior valor real de produto já atingido na economia. Assim, o produto real corrente será, por definição, igual ou inferior ao produto potencial. Um procedimento muito utilizado é o de ajustar a série histórica do produto real da economia, em determinado período, a uma função exponencial e, por meio de métodos estatísticos (especialmente o método de mínimos quadrados), separar a variação sistemática do PIB real da variação assistemática. O produto potencial seria, nesse caso, representado pela parte sistemática da variação do PIB real observado. Uma terceira medida de produto potencial concentra-se no capital físico da economia. Dados a tecnologia e o estoque de capital físico, o produto potencial seria aquele que a atual tecnologia permitiria ser atingido, isto é, o produto compatível com o uso pleno da capacidade produtiva instalada, conforme a "utilização normal" do estoque de capital físico existente.[3]

Com base em duas projeções do produto potencial, ilustramos, na Tabela 8.1, a relação entre o produto atual e o produto potencial para o Brasil desde 1974, primeiro

Tabela 8.1
Brasil: Índice de produto real e produto potencial, 1974-2002.

	Índice de Produto Real		
Anos	Observado	Potencial 1	Potencial 2
1974	**67,18**	67,18	76,31
1975	**70,66**	70,66	78,40
1976	**77,91**	77,91	80,55
1977	**81,75**	81,75	82,76
1978	85,78	85,78	85,03
1979	91,58	91,58	87,37
1980	100,00	100,00	89,76
1981	**95,75**	100,00	92,23
1982	**96,54**	100,00	94,76
1983	***93,72***	100,00	97,36
1984	***98,78***	100,00	100,03
1985	106,53	106,53	102,77
1986	114,51	114,51	105,59
1987	118,55	118,55	108,49
1988	118,48	118,55	111,47
1989	122,22	122,22	114,53
1990	**116,91**	122,22	117,67
1991	***118,11***	122,22	120,90
1992	***117,47***	122,22	124,22
1993	**123,25**	123,25	127,63
1994	**130,46**	130,46	131,13
1995	135,97	135,97	134,73
1996	139,59	139,59	138,42
1997	144,15	144,15	142,22
1998	**144,34**	144,34	146,13
1999	**145,48**	145,48	150,14
2000	**151,82**	151,82	154,26
2001	**153,98**	153,98	158,49
2002	**156,32**	156,32	162,84

Fonte: Para o índice de PIB real, Ipea data, Séries Históricas. www.ipea.gov.br
Produto potencial 1, obtido pelo critério do pico prévio.
Produto potencial 2, obtido pelo ajuste estatístico à sua tendência no tempo.

3. Em estudos sobre a economia brasileira, vários autores se valeram do conceito de produto potencial. Para uma comparação entre estimativas do produto potencial brasileiro, ver Cláudio R. Contador, Pleno emprego, inflação e política econômica no Brasil. *Revista Brasileira de Economia*, v. 31, p. 131-167, jan./mar. 1977.

ano após o primeiro choque de preço do petróleo. Com o conceito empírico mais simples de produto potencial (definido pelo pico de produção anterior), podemos identificar dois períodos de recessão: 1981-1984 e 1990-1992. Esses foram períodos para os quais as taxas de crescimento do PIB real brasileiro foram negativas. Este é o conceito tradicional de recessão: queda no nível de atividade econômica.

Ao utilizarmos a medida alternativa de produto potencial, isto é, sua tendência temporal (obtida por um ajuste estatístico), identificamos quatro períodos para os quais o produto brasileiro é inferior ao seu potencial: 1974-1977, 1983-1984, 1991-1994 e 1998-2002.

A relação entre o PIB atual e o potencial reflete o ciclo econômico. Note a similaridade entre os dados atuais do PIB da Figura 8.8 (partes *a* e *b*) e os dados hipotéticos de um ciclo econômico teórico apresentado na Figura 8.2. Embora os dados da Figura

Figura 8.8
Brasil: Índice de produto real e produto potencial 1947-2001.

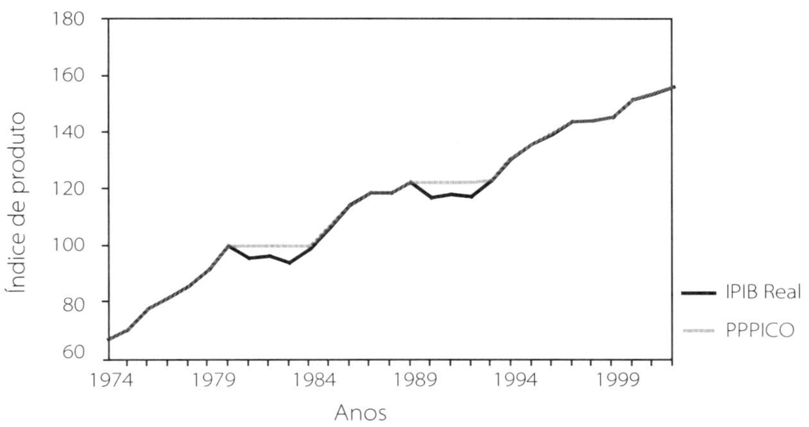

Parte (a) – Produto potencial medido pelo pico prévio

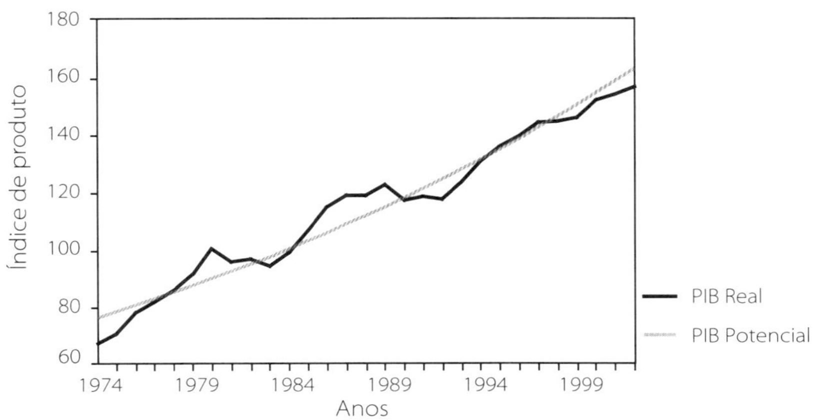

Parte (b) – Produto potencial medido pela tendência temporal do índice de produto real (IPIB Real)

Fonte: Para o índice de PIB real, Ipeadata, Séries Históricas. www.ipea.gov.br
Produto potencial, obtido pelo ajuste estatístico à sua tendência no tempo.

8.8 tenham um padrão irregular comparado aos dados hipotéticos, períodos de expansão e de *boom* econômico são acompanhados por períodos de contração e de recessão claramente observáveis. Durante a fase de *boom*, o produto atual se expande rapidamente e pode, temporariamente, exceder o potencial de longo prazo da economia. Em contraste, as recessões são caracterizadas por um PIB real atual inferior ao potencial. Adiante, consideraremos como é possível atingir o produto potencial minimizando a instabilidade econômica.

Efeitos da Inflação: Um Resumo

> ***Inflação***
>
> Aumento contínuo no nível geral de preços de bens e serviços. O poder de compra da unidade monetária, como o real, declina na presença de inflação.

Inflação é uma alta contínua no nível geral de preços, de tal modo que o custo da compra de uma cesta típica de bens e serviços produzida ou consumida aumenta continuamente. É claro que, mesmo que o nível geral de preços seja estável, alguns preços estarão subindo e outros, caindo. Durante um período de inflação, entretanto, o impacto do aumento de preços mais que compensa qualquer queda de preços. Em virtude do aumento dos preços (em média), R$ 1 comprará menos do que comprava anteriormente. A inflação, portanto, pode também ser definida como a queda no valor (poder de compra) da unidade monetária.

Como determinamos se os preços, em geral, estão subindo ou caindo? Essencialmente, respondemos a essa questão no capítulo anterior, quando indicamos como os índices de preços são construídos. Quando os preços estão crescendo, em média, o índice de preços também crescerá. A taxa anual de inflação (π) é simplesmente a variação percentual no índice de preços (IP) de um ano, em relação ao ano anterior. Matematicamente, a taxa de inflação (π) pode ser descrita como:

$$\pi = \{\text{IP deste ano} - \text{IP do ano passado})/(\text{IP do ano passado})\} \times 100.$$

Se o índice de preços deste ano for 220, comparado com 200 do ano passado, a taxa de inflação seria igual a 10%:

$$\{(220 - 200)/(200)\} \times 100 = 10.$$

O índice de preços ao consumidor (IPC) e o deflator implícito do PIB são os índices de preços mais utilizados para medir a inflação. Como discutimos no capítulo anterior, essas duas medidas da taxa de inflação tendem a apresentar trajetórias similares. No Brasil, o índice geral de preços (IGP) e o índice de preços no atacado (IPA), ambos calculados pela Fundação Getulio Vargas, são – com o IPCA, calculado pelo

IBGE – os índices mais usados. Quão rapidamente tem crescido no Brasil o índice geral de preços?

Usando a taxa mensal de variação no IGP, a Figura 8.9 (parte *a*) apresenta a taxa de inflação brasileira, de janeiro de 1950 a dezembro de 2001. Na parte *b*, apresentamos médias mensais para cada um desses anos, e a média mensal em todo o período, indicada pela linha horizontal na figura (6,045% a.m.). Nesse período, a média mensal em um mesmo ano variou entre 0,14% e 32,09%, mas a medida mensal da inflação variou entre –2,40% (em julho de 1951) e 81,32% (em março de 1990). Fica claro pela parte *b* da Figura 8.9 que, durante todo o período, a inflação brasileira passou por quatro períodos distintos:

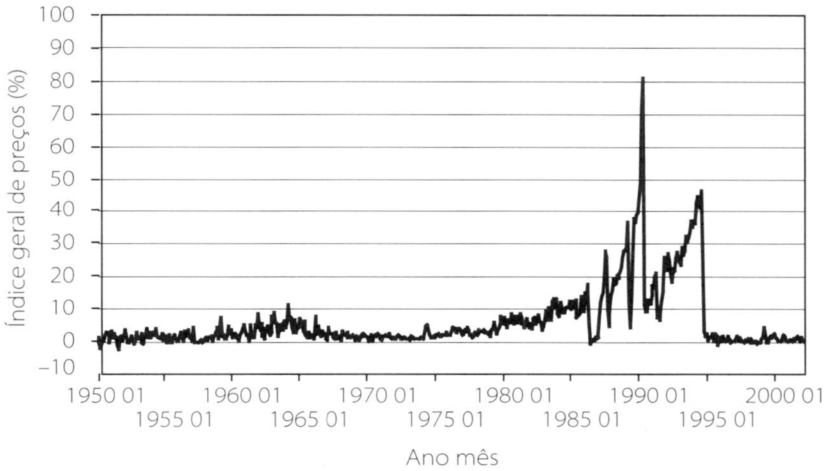

Parte (a)

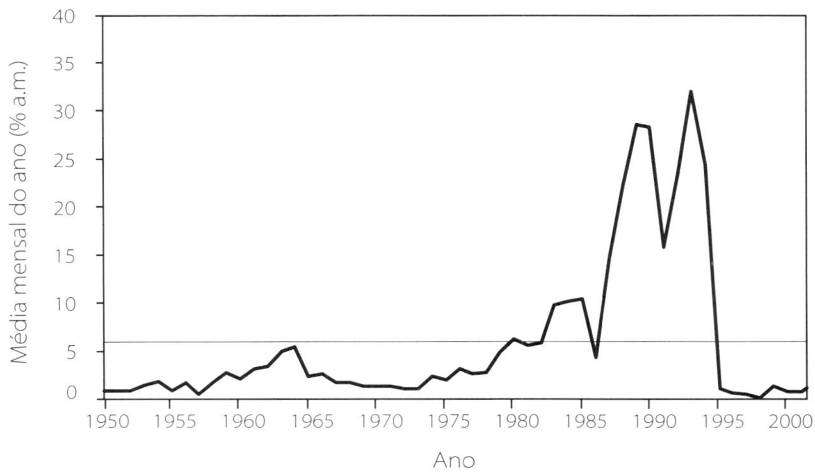

Parte (b)

Figura 8.9
Brasil – índice geral de preços 1950-2001.

Fonte: *Conjuntura Econômica* (vários números). Fundação Getulio Vargas.

- Tendência crescente de 1950, quando a média mensal do IGP era de 0,99 ao mês, para atingir, em 1964, uma média mensal de 5,62% a.m.;
- Tendência declinante a partir de 1964 até 1973, quando atingiu 1,21% a.m.;
- Tendência crescente a partir de 1974 até 1994 (média mensal de 24,55%) com uma acentuada queda em 1986 (4,42% a.m.), em decorrência do Plano Cruzado, que congelou preços;
- Tendência declinante a partir de julho de 1994 (27,71% a.m.) como resultado da implantação do Plano Real, que reduziu a variação média mensal do IGP, no ano de 2001, para 0,83%.

A taxa de inflação varia substancialmente entre os países. O Quadro 8.2 apresenta taxas de inflação para cinco países que experimentaram elevadas inflações: Brasil, República Democrática do Congo, Romênia, Turquia e Venezuela. Em contraste com os países de baixa inflação, a taxa de inflação, nos países em que ela é alta, não é somente alta: ela varia substancialmente mais, de um ano para outro, do que nos países de baixa inflação. Por exemplo, considere os dados para o Brasil. A taxa de inflação no Brasil

Quadro 8.2 Variação na taxa anual de inflação de vários países selecionados 1991-1997.

Países	1991	1992	1993	1994	1995	1996	1997
Baixa Inflação							
Canadá	5,6	1,5	1,8	0,2	2,2	1,6	1,6
Alemanha	3,6	5,1	4,5	2,7	1,8	1,5	1,8
Japão	3,3	1,7	1,3	0,7	-0,1	0,1	1,7
Cingapura	3,4	2,3	2,3	3,1	1,7	1,4	2,0
Estados Unidos	4,2	3,0	3,0	2,6	2,8	2,9	2,3
Alta Inflação							
Brasil	440,9	1.008,7	2.148,4	2.075,9	66,0	15,8	6,9
Rep. Dem. do Congo	2.154,4	4.129,2	1.986,9	23.773,0	542,0	659,0	176,0
Romênia	230,6	211,2	255,2	136,8	32,2	38,8	154,8
Turquia	66,0	70,1	66,1	106,3	88,1	80,4	85,7
Venezuela	34,2	31,4	38,1	60,8	59,9	99,9	50,0

Fonte: Fundo Monetário Internacional, *International Financial Statistics*, julho de 1998 e *International Financial Statistics Yearbook*, 1997. O índice de preços ao consumidor (IPC) foi usado como medida de inflação para cada país.

subiu de 440,9%, em 1991, para 1.008,7%, em 1992, e daí para mais de 2.000% durante os dois anos seguintes, caindo para 66%, em 1995, e atingindo 6,9%, em 1997. (*Nota*: Uma taxa anual de inflação de 2.000% indica que o nível geral de preços é 20 vezes maior que o nível de preços registrado no ano anterior!) Os outros países no grupo dos que experimentavam alta inflação também registraram vigorosas flutuações em sua taxa anual de inflação. Os dados do Quadro 8.2 refletem essa tendência geral. *Elevadas taxas de inflação estão geralmente associadas a substanciais flutuações de um ano para outro nessa taxa.* Inflação mais elevada é mais volátil, isto é, varia mais intensamente.

Inflação Antecipada e Inflação Não-Antecipada

Inflação não-antecipada

Um aumento no nível geral de preços que não era esperado pela maioria dos agentes econômicos.

Antes de examinarmos os efeitos da inflação, é importante distinguirmos entre inflação antecipada e não-antecipada. **Inflação não-antecipada** é um aumento no nível geral de preços que ocorre de surpresa, pelo menos para a maioria dos indivíduos. Por exemplo, suponha que, com base em um passado recente, a maioria das pessoas antecipe uma taxa de inflação de 3% a.a. Se a inflação atual atingir 10% a.a., ela surpreende a todos. Quando a taxa de inflação é alta e extremamente volátil, como as taxas dos países de alta inflação apresentadas no Quadro 8.2, é virtualmente impossível, para os tomadores de decisão, antecipar a taxa futura de inflação com alguma precisão. Por isso mesmo, um planejamento de longo prazo é extremamente difícil.

Inflação antecipada

Um aumento no nível geral que é esperado pela maioria dos agentes econômicos.

Inflação antecipada é uma mudança no nível geral de preços esperada por todos. Os agentes econômicos, de um modo geral são capazes de antecipar taxas de inflação mais baixas e estáveis – tais como aquelas registradas no Canadá, Alemanha, Japão, Cingapura e Estados Unidos, durante o período 1991-1997 – com alto grau de precisão.

Contrariamente à citação do início do capítulo, a inflação afeta o preço das coisas que vendemos, assim como o preço das coisas que compramos. Os preços, tanto dos recursos quanto dos produtos, são influenciados pelo processo inflacionário. Antes de ficarmos muito preocupados com a inflação "que rouba o poder de compra do nosso salário", devemos reconhecer que a inflação influencia o valor dos salários. Os rendimentos mensais dos trabalhadores, medidos pelo IBGE na PME, não teriam sido multiplicados por 2,6 durante o período de junho de 1994 a junho de 1999, se a taxa de inflação não tivesse crescido rapidamente durante aquele período. Do primeiro dia de julho de 1994 ao último dia de junho de 1999, os preços foram multiplicados por 2, conforme o IGP. Os salários também são um preço. O processo inflacionário aumenta tanto os salários quanto os preços.

Os Efeitos Perversos da Inflação

Simplesmente porque a renda nominal inicialmente aumenta com os preços, isso não significa que não devemos nos preocupar com a inflação, particularmente com altas taxas de inflação. A inflação causa problemas! Os ganhos atuais no padrão de vida que conquistamos resultam dos ganhos da especialização, da divisão do trabalho e dos processos de produção em massa. A apropriação dos ganhos gerados por essas fontes depende das condições de comércio e do bom funcionamento do sistema de trocas. Taxas de inflação altas e variáveis produzem incerteza e enfraquecem a ligação entre renda e atividade produtiva. Há três razões principais para que a inflação produza efeitos negativos em uma economia.

1. *Como a inflação não-antecipada altera os resultados previstos para projetos de longo prazo, tais como compra de uma máquina ou investimento em um novo negócio, ela aumenta os riscos e retarda o crescimento de atividades produtivas.* Quando o nível geral de preços sobe de 15% para 40% no ano seguinte, aumentando no ano subseqüente em 20% ou 25% a.a., ninguém sabe o que esperar. Mudanças não-antecipadas na taxa de inflação, ainda que de 5% ou 10%, podem transformar um projeto rentável em um verdadeiro desastre econômico. Dada a incerteza que a inflação não-antecipada cria, muitos agentes econômicos simplesmente deixarão de investir e não se envolverão em transações que acarretem compromissos de longo prazo, quando a taxa de inflação for altamente variável e de difícil previsão. Como resultado, os ganhos mútuos do comércio serão perdidos, e a eficiência do mercado, reduzida.
2. *A inflação distorce a informação fornecida pelos preços.* Os preços fornecem uma informação importante com relação à escassez relativa dos bens e recursos produtivos. Alguns preços podem, fácil e regularmente, mudar. Mas isso não é verdade para outros – particularmente os preços associados a contratos de longo prazo. Por exemplo, um lapso de tempo decorrerá antes que os valores de aluguéis, taxas de juros contratadas e acordos salariais acertados possam ser ajustados, em razão de um processo inflacionário. Como alguns preços responderão mais rapidamente a políticas inflacionárias, enquanto outros variarão mais lentamente, uma mudança não-antecipada na taxa de inflação alterará não só o *nível geral de preços,* mas também os *preços relativos.* A distorção nos preços relativos implicará que eles serão um indicador de escassez relativa menos confiável. Como resultado de uma sinalização de preços não-confiável, os produtores e os proprietários de recursos produtivos normalmente serão levados a tomar decisões das quais se arrependerão mais tarde. Desse modo, a alocação de recursos será menos eficiente do que a que ocorreria caso o nível geral de preços fosse mais estável.
3. *As pessoas reagirão a taxas de inflação altas e variáveis gastando menos o seu tempo em atividades produtivas e mais tentando se proteger dos efeitos da inflação.* Uma vez

> que a não-antecipação da taxa de inflação de forma acurada pode ter efeitos substanciais sobre a riqueza dos indivíduos, eles desviarão seu tempo e recursos escassos da produção de bens e serviços para obter informação sobre a taxa de inflação futura. A capacidade dos responsáveis pelo processo decisório nos negócios de prever mudanças nos preços é uma habilidade mais valorizada nos administradores do que propriamente sua capacidade de organizar e conduzir o processo produtivo. Práticas especulativas são encorajadas, à medida que as pessoas tentam gerar previsões sobre a inflação futura mais precisas que as dos outros. Recursos financeiros fluem das atividades produtivas para as atividades especulativas. Menos investimentos em recursos produtivos (prédios, máquinas, pesquisa tecnológica) que venham a aumentar a capacidade de produção de bens e serviços no futuro resultam da maior atração que o processo inflacionário cria em favor de investimentos especulativos (em ouro, prata e objetos de arte). Tais práticas são socialmente contraproducentes. Elas reduzem a possibilidade de produção da economia.

Embora os efeitos iniciais da inflação possam ser, por vezes, positivos, taxas de inflação elevadas e sujeitas a uma forte variação, sem dúvida, exercerão um impacto negativo sobre o produto real e o nível de prosperidade. Os economistas criaram a expressão **estagflação** para descrever o fenômeno de rápida inflação com estagnação no crescimento econômico. A década de 1980 foi um período de estagflação no Brasil: dois períodos de recessão (1981-1983 e 1988-1990) e um crescimento desprezível (média de 2,2% a.a.) acompanhado de uma inflação de três ou quatro dígitos ao longo de toda a década.

Estagflação

Um período no qual uma economia experimenta tanto uma elevada inflação quanto um baixo crescimento, ou mesmo um decréscimo, do produto.

O que Causa Inflação?

Antes de responder a essa questão, precisamos aprender alguns instrumentos de análise. Por ora, podemos identificar duas teorias. Primeiro, os economistas enfatizam as ligações entre demanda e oferta agregada. Se a demanda agregada cresce mais rapidamente que a oferta, os preços sobem. Segundo, quase todos os economistas acreditam que a rápida expansão no estoque de moeda de um país causa a inflação. É o velho adágio de que os preços crescem porque "há muito dinheiro perseguindo poucas mercadorias". A hiperinflação, registrada em vários países da América do Sul e, mais recentemente, nos países da antiga União Soviética, tem sido resultado de expansão monetária. Ao desenvolvermos um conhecimento adicional sobre como nossa economia opera, estaremos aptos a considerar essa questão com mais detalhes.

Olhando à Frente

Neste capítulo, examinamos as estatísticas sobre produto real, emprego e preços. Discutimos problemas de medida e os efeitos colaterais produzidos pela instabilidade de preços em uma economia. No próximo capítulo, iniciaremos a construção de um modelo macroeconômico que nos ajudará a compreender melhor tanto as fontes de instabilidade econômica quanto seus potenciais remédios.

Resumo do Capítulo

- Durante o último século, o PIB real no Brasil cresceu a uma taxa média anual de aproximadamente 5%.
- O PIB real também se caracteriza por movimentos cíclicos. As quatro fases do ciclo econômico são expansão dos negócios, pico ou *boom*, contração dos negócios e recessão ou vale.
- Uma recessão tem sido definida pela redução no PIB real por dois trimestres sucessivos. Se a recessão é muito severa, ela é chamada depressão.
- Há três tipos de desemprego: (a) desemprego friccional, (b) desemprego estrutural e (c) desemprego cíclico. Em um mundo dinâmico sujeito a constantes mudanças no qual decisões são tomadas com base em informação incompleta, algum desemprego é inevitável.
- Pleno emprego é o nível de emprego consistente com a taxa natural de desemprego da economia. Tanto o pleno emprego quanto a taxa natural de desemprego estão associados com o máximo sustentável de produto real de uma economia.
- A definição de *desemprego* envolve subjetividade. Alguns economistas acreditam que a relação emprego/população é um indicador mais objetivo e apropriado das condições atuais do mercado de trabalho.
- O conceito de produto potencial incorpora duas idéias importantes: (a) plena utilização de recursos e (b) uma restrição de oferta que limita nossa capacidade de produzir bens e serviços. Produto potencial é o maior nível de produto real sustentável e consistente com a base de recursos da economia e com sua atual organização institucional.
- Inflação é um aumento persistente no nível geral de preços. É importante distinguir inflação antecipada de inflação não-antecipada. Mudanças na taxa de inflação que não sejam antecipadas geralmente alteram os termos dos acordos de longo prazo e fazem que as pessoas realizem escolhas das quais se arrependerão mais tarde.
- A inflação, em particular a inflação não-antecipada, tem efeitos negativos. Entre esses efeitos, incluímos: (a) um aumento na incerteza associada a contratos que têm dimensão temporal, (b) distorção nos preços relativos e (c) o deslocamento de recursos de atividades produtivas para atividades que previnam a erosão da riqueza pela inflação.

Questões de Análise Crítica

1. Liste as principais fases do ciclo econômico e indique como o PIB real, o emprego e o desemprego mudam durante essas fases. É possível prever o período de duração de um ciclo econômico, isto é, a duração de suas várias fases? Os ciclos efetivamente se repetem?

2. Explique por que, mesmo em uma economia que funcione eficientemente, haverá desemprego de recursos.

3. Classifique cada pessoa como empregada, desempregada, ou não incluída na força de trabalho, conforme a situação descrita a seguir. Explique o porquê de sua classificação.
   a) Silva não está trabalhando; ele se inscreveu para uma seleção das Lojas Americanas na semana passada e aguarda o resultado.
   b) Nonato está de férias em Santos, durante o período de férias coletivas na fábrica da GM em que trabalha, em decorrência da introdução de novos modelos, mas ele espera ser reconvocado para o trabalho em duas semanas.
   c) Valdomiro perdeu seu emprego de carpinteiro em decorrência do término de uma construção. Ele está procurando um novo emprego, mas não conseguiu nenhum que lhe pague mais do que R$ 10 a hora, embora já tenha rejeitado várias propostas que lhe ofereciam um salário horário inferior a R$ 10.
   d) Amélia trabalha 70 horas por semana nos afazeres domésticos, porque sua família tem nove pessoas.
   e) Eduardo, um jovem de 17 anos, trabalha seis horas por semana entregando jornais em domicílio.
   f) Marta trabalha três horas, pela manhã, em uma clínica e, nas últimas duas semanas, tem usado as tardes para procurar um emprego de tempo integral.

4. O que é pleno emprego? Como o pleno emprego e a taxa natural de desemprego estão relacionados? Indique vários fatores que podem alterar a taxa natural de desemprego. A taxa atual de desemprego é maior ou menor que a taxa natural de desemprego? Explique.

5. Explique de que forma a taxa de desemprego e a relação emprego/população são calculadas. Se a taxa de desemprego se reduz, a relação emprego/população necessariamente aumenta? Por quê? Qual das duas taxas é o melhor indicador das oportunidades de emprego? Por quê?

6. "À medida que a inflação progride e o poder de compra do dinheiro flutua, vigorosamente, de mês para mês, as relações entre credores e devedores são distorcidas e chegam até a perder seu significado; o processo de obtenção de riqueza se degenera em um jogo e em uma loteria." Você concorda com essa visão de um famoso econo-

mista? Por quê? Quão alta deve ser a taxa de inflação para que esses efeitos sejam observados? Discuta.

7. Qual a relação que existe entre os seguintes conceitos: (a) taxa atual de desemprego; (b) taxa natural de desemprego; (c) desemprego cíclico; (d) PIB potencial.

8. Use os seguintes dados para calcular: (a) a taxa de participação da força de trabalho; (b) a taxa de desemprego e (c) a relação emprego/população:

• população	10.000
• força de trabalho	6.000
• pessoas que atualmente não trabalham	4.500
• empregados em tempo integral	4.000
• empregados em tempo parcial	1.500
• desempregados	500

9. As pessoas são classificadas como desempregadas se não estão trabalhando atualmente, mas passaram as últimas quatro semanas procurando um emprego. Isso significa que não há empregos disponíveis? Isso significa que não há emprego disponível para o grau de qualificação dos trabalhadores desempregados? O que isso significa?

10. Indique de que forma um aumento não-antecipado em 5 pontos percentuais na taxa de inflação afetará a riqueza de:
    a) Uma pessoa cujo principal ativo é uma casa com uma hipoteca de 30 anos a uma taxa de juros fixa.
    b) Uma família que possui, como maior componente de sua riqueza, títulos de renda fixa de longo prazo.
    c) Um aposentado que recebe mensalmente sua aposentadoria.
    d) Um pequeno negociante altamente endividado.
    e) O proprietário de um conjunto de apartamentos com uma dívida substancial contratada a juros fixos.
    f) Um trabalhador cujo salário é determinado por um acordo sindical a cada três anos, tendo sido o último ratificado há três meses.

11. A taxa natural de desemprego é fixa? Por quê?

12. Se um grupo de trabalhadores tem um custo de oportunidade relativamente baixo de procurar emprego, como isso afetará sua taxa de desemprego? Como você imagina que o custo de oportunidade de procurar emprego de um adolescente, que reside com os pais, se compara com o de um trabalhador, chefe de família, com vários dependentes? Como isso afeta a taxa de desemprego do adolescente?

13. Como cada uma das condições a seguir afeta a decisão de um trabalhador, que procura emprego, de rejeitar uma proposta que lhe é oferecida e continuar procurando uma alternativa melhor de emprego?

a) A informação não-oficial de que uma grande firma da região expandirá o nível de emprego no próximo mês.
b) A existência de um programa de vale-alimentação para os desempregados.
c) Otimismo com relação às condições econômicas do futuro.

14. "Meu salário monetário aumentou 6% no ano passado, mas a inflação corroeu completamente esse ganho. Como posso progredir, se a inflação está sempre devorando meus aumentos de salário?" O que há de errado com esse pensamento?

15. Suponha que o índice de preços ao consumidor, ao final de 2000, era 150 e, ao final de 2001, subiu para 160. Qual era a taxa de inflação durante o ano de 2001?

16. Os dados do PIB nominal e do deflator do PIB (ambos com base em 1990 = 100) para os anos de 1995 e 1996, para os seis países mais industrializados, estão representados na Tabela A.
a) Use os dados da tabela para calcular o PIB real de 1995 e 1996 de cada país, medido a preços de 1990.
b) Use os dados do deflator do PIB para calcular a taxa de inflação de cada país em 1996.
c) Qual desses países apresentou a maior taxa de crescimento do PIB real durante o ano de 1996? Qual apresentou a menor taxa de crescimento?
d) Indique os países que apresentaram as taxas de inflação mais alta e mais baixa em 1996.
e) Qual dos países teve a maior taxa de inflação no período de 1990 a 1996?

Tabela A

Países	PIB nominal (em bilhões de moeda corrente local		Deflator do PIB (1990 = 100)		PIB real (a preços de 1990)		Taxa de inflação
	1995	1996	1995	1996	1995	1996	1996
Estados Unidos	7.253,8	7.576,1	115,0	117,2			
Canadá	776,3	797,8	107,6	109,0			
Japão	482,9	500,4	104,6	104,7			
Alemanha	3.459,6	3.540,0	118,7	119,9			
França	7.662,4	7.865,5	111,5	112,8			
Reino Unido	700,1	737,2	119,9	123,6			

Fonte: Fundo Monetário Internacional, *International Financial Statistics Yearbook*, 1997.

17. A Tabela B apresenta os dados sobre a população, o número de empregados e o número de desempregados em 1996, para vários países.
   a) Calcule o número de pessoas na força de trabalho, em 1996, para cada um dos seguintes países: Estados Unidos, Canadá e Japão.
   b) Calcule, para 1996, a taxa de participação da força de trabalho, em cada um dos países, completando a coluna correspondente da Tabela B. Qual país tem a mais alta taxa de participação da força de trabalho? Qual país tem a mais baixa taxa?
   c) Calcule a taxa de desemprego para cada um dos países, em 1996, e complete a coluna correspondente da Tabela B. Qual país apresentou a mais alta taxa de desemprego? Qual país apresentou a mais baixa taxa?

Tabela B

Países	População com 16 anos ou mais (em milhões)	Número de empregados (em milhões)	Número de desempregados (em milhões)	Taxa de participação da força de trabalho (%)	Taxa de desemprego (%)
Estados Unidos	207,8	128,0	7,2		
Canadá	24,0	13,7	1,5		
Japão	103,5	64,9	2,3		
Alemanha	56,4	35,8	3,5		
França	47,1	22,5	3,2		
Reino Unido	47,4	26,2	2,3		
Itália	49,4	20,6	2,8		

9 Uma Introdução aos Mercados Macroeconômicos

A macroeconomia é interessante... porque enfrenta o desafio de reduzir os detalhes complicados da economia à sua essência administrável. Essa essência reside na interação entre os mercados de bens, de trabalho e de ativos em uma economia.

***Rudger Dornbusch e Stanley Fischer*[1]**

FOCO DO CAPÍTULO

- O que é o fluxo circular de renda? Quais são os principais mercados que coordenam as atividades macroeconômicas?
- Por que a demanda agregada por bens e serviços é inversamente relacionada ao nível geral de preços?
- Por que um aumento no nível geral de preços provavelmente gerará uma expansão do produto no curto prazo, mas não no longo prazo?
- O que determina o nível de equilíbrio do PIB em uma economia? No equilíbrio, como a taxa atual de desemprego se compara à taxa natural de desemprego?
- Qual é a diferença entre a taxa real de juros e a taxa nominal de juros? A inflação favorece devedores relativamente aos credores?
- Se os mercados de ativos financeiros e de moeda estrangeira estão em equilíbrio, como isso afetará os vazamentos e as injeções no fluxo circular de renda?

1. Rudiger Dornbusch e Stanley Fischer. *Macroeconomia*. São Paulo: McGraw-Hill, 1990.

Como verificamos anteriormente, a economia brasileira tem crescido a uma taxa histórica de 5% a.a. Esse crescimento tem melhorado o padrão de vida dos brasileiros. Entretanto, ele não tem sido constante. Assim, a taxa de crescimento do PIB real tem sido superior, durante alguns anos, a 5% a.a., bem como inferior à média histórica, em outros períodos. Durante as recessões, o tamanho da economia encolhe. Como observamos no Capítulo 8, a economia brasileira também tem registrado flutuações no emprego e na taxa de inflação. A experiência nos outros países é similar à nossa. Todos os países experimentam flutuações de curto prazo no produto e no emprego e taxas de inflação dos mais variados níveis.

Uma coisa é descrever essas flutuações e outra é entender suas causas. Neste capítulo, vamos desenvolver um modelo macroeconômico simples que nos auxilie na compreensão das causas das flutuações econômicas. Adiante, esse modelo será usado para explicar por que as flutuações no produto, no emprego e no nível geral de preços ocorrem para, então, analisarmos o que pode ser feito para reduzi-las.

Entendendo a Macroeconomia

Um modelo é como um mapa; ele ilustra a relação entre as coisas. O modelo simples desenvolvido neste capítulo nos permitirá ter uma compreensão melhor das relações macroeconômicas. Ele também nos ajudará a analisar o impacto de mudanças de política sobre importantes variáveis econômicas, tais como produto, emprego e nível geral de preços.

A política macroeconômica é geralmente dividida em dois componentes: política fiscal e política monetária. A **política fiscal** compreende o uso do sistema tributário do governo e a política de gastos públicos, de modo que certos objetivos macroeconômicos sejam atingidos. No Brasil, assim como em muitos paí-

Política fiscal

O uso de políticas tributária e de gastos públicos com o propósito de atingir certos objetivos macroeconômicos.

ses democráticos, a política fiscal é conduzida pelo Congresso Nacional e pelo presidente da República. Ela é um reflexo do processo político. A **política monetária** compreende as ações que alteram a oferta de moeda. No Brasil, a orientação da política monetária é determinada pelo Conselho Monetário Nacional, composto pelo ministro de Estado da Fazenda, seu presidente, o ministro de Estado do Planejamento e Orçamento e presidente do Banco Central. Cabe ao Banco Central operacionalizar, acompanhar e gerir a política monetária do país. Nos Estados Unidos, a política monetária é concebida e executada, independentemente do Executivo, pelo Sistema da Reserva Federal. Idealmente, tanto a política monetária quanto a política fiscal devem ser usadas para promover a estabilidade econômica, um alto nível de emprego, o crescimento do produto e um nível geral de preços estável.

Política monetária

Controle deliberado da oferta de moeda e, em alguns casos, das condições de crédito, com o propósito de atingir determinados objetivos macroeconômicos.

Inicialmente, na construção do nosso modelo básico, vamos admitir que tanto a política monetária quanto a fiscal não se modificam. Dito de outra forma: vamos considerar que o governo manterá o atual sistema tributário e a política de gastos públicos inalterados e que os responsáveis pela política monetária manterão a **oferta de moeda** constante – eles adotarão uma política que mantenha constante o dinheiro em nossos bolsos e os depósitos à vista nas nossas contas bancárias. Naturalmente, mudanças nos gastos governamentais, nos impostos e na oferta de moeda são potencialmente importantes. Investigaremos os seus impactos com mais detalhes nos capítulos subseqüentes. No momento, entretanto, será muito mais fácil para a compreensão do modelo simples se admitirmos que os responsáveis pela política econômica manterão constantes os gastos do governo, os impostos e a oferta de moeda.

Oferta de moeda

A oferta de dinheiro, os fundos depositados em contas correntes nos bancos e cheques de viagem. Esses itens são contados como dinheiro porque são usados como meios de pagamento para compras.

Quatro Mercados-Chave: Recursos Produtivos, Bens e Serviços, Ativos Financeiros e Moeda Estrangeira

As firmas compram recursos das famílias e os usam na produção de bens e serviços. As famílias utilizam uma substancial parcela da renda que recebem da venda dos serviços produtivos de seus recursos para comprar bens e serviços oferecidos pelas firmas. *Assim, há um fluxo circular de produto e de renda entre esses dois setores-chave – as firmas e as famílias. Esse fluxo circular de renda é coordenado por quatro mercados macroeconômicos: (1) de bens e serviços, (2) recursos produtivos, (3) ativos financeiros e (4) moeda estrangeira.* A Figura 9.1 apresenta tanto o fluxo circular de renda entre as famílias e as firmas quanto a inter-relação desses quatro mercados macroeconômicos. Essa figura é muito importante. *Essencialmente, a Figura 9.1 nos possibilita visualizar o modelo macroeconômico que vamos desenvolver e usar para analisar uma economia.*

Mercado de recursos produtivos

Um mercado agregado que compreende todos os recursos produtivos (trabalho, capital físico, terra, recursos naturais, tecnologia e capacidade empresarial) que contribuem para a produção atual do PIB. O mercado de trabalho é o maior componente do mercado agregado de recursos.

O fluxo inferior do diagrama que apresenta o fluxo circular de renda representa o **mercado de recursos produtivos**, um mercado agregado que inclui o mercado dos serviços de trabalho, dos recursos naturais e do capital físico. No mercado de recursos produtivos, as firmas demandam os recursos, porque eles contribuem para a produção dos bens e serviços. As famílias oferecem os serviços do trabalho e de outros recursos em troca de renda. As forças da demanda e da oferta determinam os preços no mercado de recursos produtivos. Os pagamentos aos ofertantes de recursos produtivos, quando somados, representam a renda nacional.

Mercado de bens e serviços

Um mercado altamente agregado que inclui o fluxo de todos os bens e serviços adquiridos pelo usuário final. Esse mercado abrange todos os itens que agregadamente definem o PIB. Desse modo, o produto real desse mercado é igual ao PIB real.

O **mercado de bens e serviços** está representado no fluxo superior do diagrama. Nesse mercado, às vezes identificado como *mercado do produto*, as firmas oferecem bens e serviços em troca da receita de suas vendas. Como as setas que fluem para o mercado de bens e serviços indicam, há quatro fontes de despesa nesse mercado: (1) despesa das famílias com consumo (de bens duráveis e não-duráveis), (2) investimento das firmas, (3) compras do governo e (4) exportações líquidas. As despesas das famílias, dos investidores privados (firmas), do governo e dos estrangeiros (exportações líquidas) compõem a demanda agregada total para o produto doméstico. Como esses principais componentes da demanda mostram, o mercado de bens e serviços é um mercado altamente diversificado. Ele inclui itens como sorvetes, pizzas, serviços de cabeleireiro, sessões de cinema, roupas e aparelhos de TV – bens adquiridos essencialmente por consumidores. Também inclui bens de investimento – máquinas, equipamentos, ferramentas e edifícios. E, finalmente, itens como rodovias, serviços do Corpo de Bombeiros e Defesa Nacional, que são geralmente "comprados" pelo governo, também fazem parte do mercado agregado de bens e serviços.

Mercado de ativos financeiros

Um termo geral utilizado para descrever os arranjos de mercado que coordenam as decisões de tomar emprestado e emprestar das firmas e das famílias. Os bancos comerciais, as associações de poupança e empréstimo, o mercado acionário, o mercado financeiro e as companhias de seguro são instituições financeiras importantes nesse mercado.

Há dois outros mercados-chave que ajudam a direcionar o fluxo de renda entre as famílias e as firmas. O **mercado de ativos financeiros** coordena as

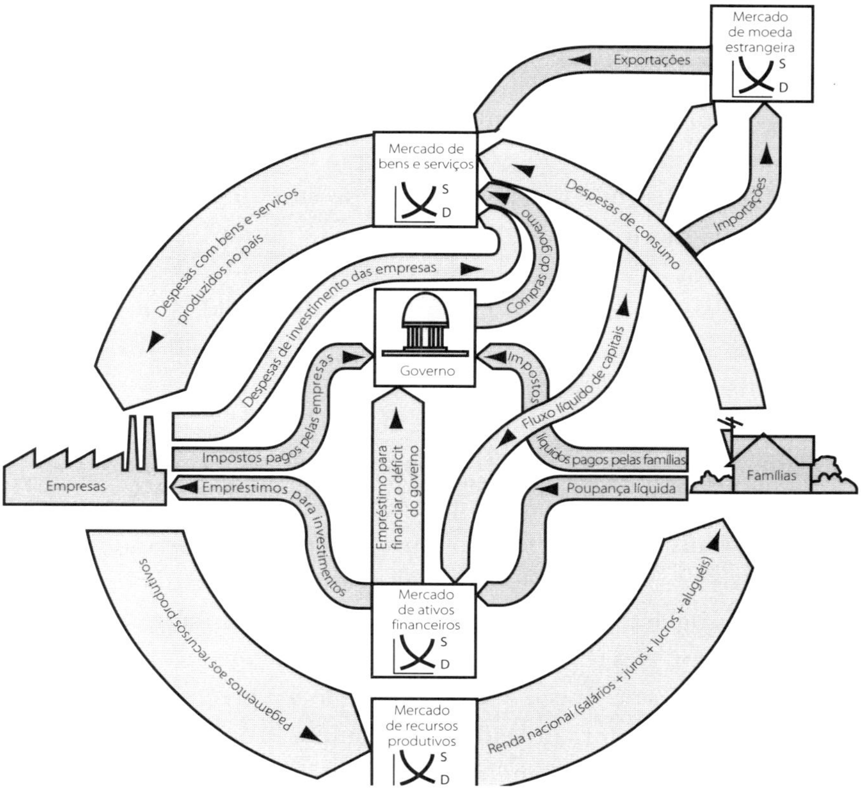

Figura 9.1. Quatro mercados-chave e o fluxo circular de renda e despesa.

O diagrama do fluxo circular nos permite visualizar um modelo para a economia.

O fluxo circular de renda é coordenado por quatro mercados-chave. Primeiro, o mercado de recursos produtivos (parte inferior do fluxo) coordena as ações das firmas que demandam recursos e das famílias que os oferecem em troca de renda. Segundo, o mercado de ativos financeiros (parte inferior do fluxo do meio) faz que a poupança líquida das famílias mais a entrada líquida de capital do exterior se igualem aos empréstimos tomados pelas firmas e pelos governos. Terceiro, o mercado de moeda estrangeira (na parte superior à direita), equilibra as compras (importações) do exterior com as vendas (exportações mais entrada líquida de capital) para o exterior. Finalmente, o mercado de bens e serviços (fluxo superior) coordena a demanda (consumo, investimento, gastos do governo e exportações líquidas) com a disponibilidade de oferta doméstica (PIB real).

ações de quem empresta recursos financeiros e de quem os toma emprestados. A **poupança** líquida das famílias fornece os fundos financeiros oferecidos nesse mercado. A demanda por fundos se origina da ação das firmas, para financiar seus projetos de investimento, e também do governo, para financiar seu déficit orçamentário. Em uma economia aberta, tal como a do Brasil, as pessoas também tomam empres-

Poupança

Parte da renda disponível, isto é, após o pagamento dos impostos diretos, que não é gasta em consumo. Poupança é um conceito de fluxo.

tado ou emprestam recursos financeiros no exterior. Note que o que entra como fluxo externo de recursos no mercado de ativos financeiros é o influxo líquido de capital vindo do exterior (positivo, se entra mais capital do que sai), conforme explicitado na Figura 9.1. Se os recursos tomados emprestados no exterior excederem os empréstimos que concedemos a estrangeiros no exterior, haverá um influxo líquido de fundos que aumentará a oferta de recursos passíveis de empréstimo com relação à demanda no mercado de ativos financeiros. Como discutimos no Capítulo 4, a taxa de juros é o preço no mercado de fundos financeiros e tenderá a promover a igualdade entre a demanda por fundos, por parte das firmas e do governo, e a disponibilidade de fundos oferecidos pelas famílias (poupança líquida) e pelo exterior (influxo líquido de capital). Quando os recursos emprestados são gastos em bens de investimento ou em compras do governo, eles voltam ao fluxo circular.

Finalmente, o mercado de moeda estrangeira coordena as transações com o restante do mundo. Em todo o globo, com a instantaneidade das comunicações e da redução nos custos de transporte, o comércio entre parceiros em diferentes países é muito comum. Quando os brasileiros compram bens e serviços ou ativos do exterior precisam de uma moeda estrangeira para completar a transação. No entanto, quando os brasileiros vendem no exterior, eles recebem moeda estrangeira que não pode ser utilizada nas suas transações correntes no Brasil. A taxa de câmbio – o preço de uma moeda em relação a outra – fará que a compra no exterior se equilibre com a venda para o exterior.

Grande parte da renda das famílias será usada diretamente no mercado de bens e serviços sob a forma de despesas com consumo. Entretanto, as famílias não gastarão toda a sua renda com bens produzidos domesticamente. O exame da Figura 9.1 indica que há três formas de vazamento no fluxo circular de renda: as famílias utilizarão parte da sua renda para comprar produtos importados; parte será usada para pagar impostos ao governo e parte será poupada. Importação, impostos líquidos e poupança líquida são vazamentos no fluxo circular de renda e despesa.

Esses vazamentos tendem a ser canalizados, por meio do mercado de ativos financeiros e de moeda estrangeira, de volta ao fluxo circular. O mercado de ativos financeiros tende a direcionar a poupança líquida das famílias para financiar os investimentos das firmas ou compras do governo. O mercado de moeda estrangeira tende a equilibrar as despesas com importação com a entrada de recursos decorrentes das exportações e do influxo líquido de capital. Mais à frente, investigaremos com mais detalhes de que forma o mercado de ativos financeiros e de moeda estrangeira influenciam os vazamentos e as injeções no fluxo circular de renda e despesa.

Como observamos no Capítulo 7, há duas formas de medir o Produto Interno Bruto (PIB), isto é, o produto doméstico agregado de uma economia. Primeiro, o PIB pode ser medido adicionando-se as despesas, em bens e serviços produzidos durante o ano, dos consumidores às dos investidores, bem como às despesas do governo e dos estrangeiros (importações líquidas). Esse método é equivalente a medir o fluxo de produto de acordo com o fluxo superior da Figura 9.1 – o mercado de bens e serviços.

Alternativamente, o PIB pode ser medido pela soma de todos os pagamentos de renda, tanto direta quanto indireta, recebida pelos ofertantes de recursos produtivos usados na produção de bens e serviços. Esse método usa o fluxo inferior – mercado de recursos – da Figura 9.1 para medir o fluxo de produto.

Demanda Agregada por Bens e Serviços

A composição do mercado agregado de bens e serviços é fundamental para a saúde de uma economia. Na realidade, se tivéssemos de observar um único mercado em uma economia, escolheríamos o mercado de bens e serviços. É importante observarmos que as variáveis "quantidade" e "preço", nesse mercado altamente agregado, diferem dos conceitos que temos utilizado em um mercado de um bem específico. Em um mercado agregado de bens e serviços, a variável "quantidade" é o produto medido pelo PIB real. A variável "preço" é o nível de preços medido por um índice geral de preços (por exemplo, o deflator do PIB).

Exatamente como no caso do mercado de um bem específico, no qual os conceitos de demanda e oferta nos permitem uma compreensão melhor do mercado, esses conceitos agregados também nos ajudarão a compreender o mercado altamente agregado de bens e serviços. Como a demanda no mercado agregado de bens e serviços engloba as compras de consumidores, investidores, governos e estrangeiros, ela é denominada "demanda agregada". A **curva de demanda agregada** nos indica as várias quantidades de bens e serviços *produzidos domesticamente* que os compradores estão dispostos a adquirir aos diferentes níveis de preços. Como a Figura 9.2 ilustra, a curva de demanda agregada (*DA*) é negativamente inclinada, indicando a existência de uma relação inversa entre a quantidade de bens e serviços demandada agregadamente e o nível do índice geral de preços.

Curva de demanda agregada

Uma curva negativamente inclinada que indica uma relação inversa entre o nível geral de preços e a quantidade de bens e serviços produzidos domesticamente que famílias, firmas, governos e estrangeiros (exportações líquidas) estão dispostos a comprar durante um determinado período.

Por que a Curva de Demanda Agregada é Negativamente Inclinada?

Tanto a natureza da curva de demanda agregada quanto a explicação para a sua inclinação negativa diferem, substancialmente, daquelas associadas a uma demanda por um bem específico, conforme discutimos no Capítulo 3. A relação inversa entre o preço e a quantidade demandada de um bem específico – aparelhos de televisão, por exemplo – reflete o fato de que os consumidores substituirão esse bem por outros, quando um aumento de preço torná-lo relativamente mais caro que os demais bens. Uma redução de preço em um mercado agregado de bens e serviços nos indica que o

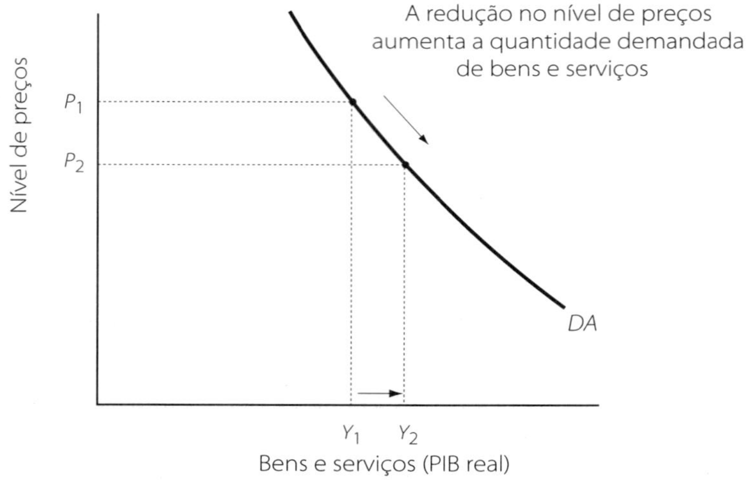

Figura 9.2 A curva de demanda agregada.

Como ilustrado na figura, a quantidade de bens e serviços comprada aumentará (para Y_2) à medida que o nível de preços se reduz (para P_2). Tudo o mais constante, o nível de preços mais baixo aumenta a riqueza das pessoas para uma mesma quantidade de moeda, provoca uma redução na taxa de juros e faz que os bens produzidos domesticamente fiquem relativamente mais baratos que os produzidos no exterior. Todos esses fatores tendem a aumentar a quantidade de bens e serviços comprada quando o nível de preços se reduz.

nível geral de preços se reduziu. Em média, o preço de todos os bens é menor. Quando os preços de todos os bens produzidos domesticamente caem na mesma proporção, não haverá qualquer incentivo para que os consumidores domésticos substituam um bem por outro.

Há três razões principais para que uma redução no nível de preços promova o aumento da quantidade agregada de bens e serviços demandados pelos compradores.

1. *Um menor nível de preços aumenta o poder de compra de uma quantidade fixa de dinheiro.* À medida que o nível de preços se reduz, o poder de compra de uma quantidade fixa de dinheiro aumenta. Por exemplo, suponha que você tenha R$ 2.000 no banco. Considere como uma redução de 20% no nível dos preços afetará a sua riqueza e os seus gastos. Para esse nível de preços mais baixo, os seus R$ 2.000 poderão comprar mais bens e serviços. Na realidade, os seus R$ 2.000 comprarão tanto quanto R$ 2.500 comprariam no nível de preços mais elevado que vigorava anteriormente. (Você pode explicar por quê?) Assim como você, as outras pessoas estarão enfrentando uma situação semelhante. Conforme o nível geral de preços se reduz, o poder de compra do dinheiro e

da riqueza real das pessoas aumenta. (*Nota*: Lembre-se de que estamos admitindo que a quantidade nominal de dinheiro é fixa.). Em virtude desse aumento na riqueza, as pessoas comprarão mais bens e serviços. Os economistas se referem a essa relação inversa entre o nível de preços e a riqueza das famílias e das firmas, para dada oferta de dinheiro, como o **efeito liquidez real**. Ele ajuda a explicar por que uma queda no nível geral de preços implicará um aumento na quantidade demandada de bens e serviços.

> **Efeito liquidez real**
>
> É o aumento de riqueza gerado pelo aumento no poder de compra de uma oferta de dinheiro constante à medida que os preços caem. Esse efeito riqueza produz uma relação inversa entre o nível geral de preços e a quantidade demandada no mercado de bens e serviços.

2. *O efeito taxa de juros: um nível de preços mais baixo reduz a demanda por moeda e a taxa real de juros, o que estimula compras adicionais durante o presente período.* Quando o preço médio de todas as coisas é mais baixo, os consumidores e as firmas precisarão de menos dinheiro para conduzir suas atividades normais. As famílias não terão nenhuma dificuldade em manter suas atividades com menor quantidade de dinheiro. No novo nível de preços, mais baixo, elas gastarão uma quantidade nominal de dinheiro menor em alimentos, vestuário e outros itens regularmente comprados. De modo similar, as empresas precisarão de menos dinheiro para pagar os salários de seus empregados, os impostos e outras despesas comerciais. Em um nível de preços mais baixo, tanto consumidores quanto firmas procurarão reduzir os seus saldos monetários e aplicar mais fundos no mercado de ativos financeiros, de modo a obter um rendimento de juros. Isso canalizará mais recursos para o mercado de ativos financeiros, gerando uma pressão para uma redução nas taxas de juros.

   Que impacto uma taxa de juros menor terá sobre a demanda de bens e serviços? Uma redução na taxa de juros torna mais barata a compra de bens e serviços no presente período. As famílias devem aumentar as suas compras de bens de consumo que necessitam de crédito, tais como automóveis e bens duráveis. De modo similar, as firmas expandirão suas atuais despesas de investimento, de modo a ampliar os seus negócios, inclusive com novas construções, uma vez que a taxa de juros está mais baixa. Assim, um menor nível de preços e a decorrente redução na taxa de juros encorajarão tanto as famílias quanto as firmas a demandar uma quantidade maior de bens e serviços. O efeito da taxa de juros também contribui para que a inclinação da demanda agregada seja negativa.
3. *Tudo o mais constante, um menor nível de preços fará que os bens produzidos domesticamente fiquem mais baratos em relação aos bens do exterior.* Em um nível de preços mais baixo, as importações se reduzirão, pois os brasileiros descobrirão que, em sua maioria, os bens produzidos domesticamente estão muito mais baratos que aqueles produzidos no exterior. Em um nível de preços mais baixo, no Brasil, os residentes no país comprarão menos produtos importados porque

estes ficaram relativamente mais caros que suas contrapartidas domésticas. Ao mesmo tempo, os estrangeiros aumentarão suas compras de bens produzidos no Brasil, que estão agora relativamente mais baratos. Desse modo, as exportações líquidas (exportações – importações) tendem a aumentar.[2] O aumento nas exportações líquidas, no menor nível geral de preços no Brasil, elevará a quantidade demandada de bens produzidos domesticamente. Esse efeito substituição internacional nos dá a terceira razão para que a curva de demanda agregada seja negativamente inclinada.

A Curva de Demanda Agregada Negativamente Inclinada: Um Resumo

As "Regras de Bolso", a seguir, resumem as razões para que uma redução no nível de preços aumente a quantidade demandada agregada de bens e serviços produzidos domesticamente. Um preço mais baixo: (1) aumenta o poder de compra, se a oferta nominal de dinheiro é constante, (2) reduz as taxas de juros e (3) reduz o preço dos bens produzidos domesticamente em relação aos bens produzidos no exterior. Cada um desses fatores tende a aumentar a quantidade demandada no mercado do produto.

Regras de Bolso

Por que, na demanda agregada, a quantidade é inversamente relacionada ao nível de preços?

Uma redução no nível de preços provocará um aumento na quantidade agregada de demanda porque:

1. A riqueza real das pessoas cresce pelo maior poder de compra de seus saldos monetários, quando o nível de preços diminui; isso estimula um aumento no consumo.
2. Uma redução na demanda pelos saldos monetários a um menor nível de preços diminui a taxa de juros, o que encoraja mais investimento e consumo.
3. As exportações líquidas aumentarão (uma vez que os preços dos bens domésticos caíram, em relação aos dos bens estrangeiros).

2. Um aumento nas exportações e um declínio nas importações produzirão, no mercado de moeda estrangeira, uma pressão de valorização da moeda estrangeira em relação ao real, isto é, uma desvalorização do real. Entretanto, a queda na taxa de juros provocará uma fuga de capitais externos e produzirá uma pressão para baixo, no mercado de moeda estrangeira, ou seja, para uma desvalorização do real. A maioria dos economistas acredita que esse segundo efeito é o dominante. Se isso é verdade, o real, de fato, se depreciará, estimulando ainda mais as exportações líquidas, o que induzirá a um aumento na quantidade demandada de bens e serviços.

Para um aumento no nível de preços, o resultado será exatamente o oposto do que acabamos de descrever. Em um nível de preços mais elevado, (1) a riqueza das pessoas que mantêm uma quantidade fixa de dinheiro será menor, (2) a demanda por dinheiro aumentará, o que provocará uma pressão de alta nas taxas de juros, e (3) os bens domésticos ficam relativamente mais caros do que os bens produzidos no exterior. Cada um desses fatores tenderá a reduzir a quantidade demandada de bens produzidos domesticamente. Portanto, embora as razões sejam diferentes, a quantidade demandada no mercado agregado de bens e serviços, assim como a quantidade demandada no mercado específico de um produto, está inversamente relacionada ao preço.

Oferta Agregada de Bens e Serviços

Dadas as explicações que apresentamos para justificar o formato da demanda agregada, não deve ser surpresa o fato de termos uma explicação que justifique o formato ascendente da **curva de oferta agregada**, diferente da explicação para a curva de oferta de determinado bem. Como discutimos, um aumento de preços no mercado de bens e serviços indica que o índice geral de preços aumentou, e não o preço de um bem em relação ao preço dos outros. Portanto, a forma ascendente da curva de oferta agregada (*SA*) não é um reflexo de mudanças nos preços relativos dos bens.

> ***Curva de oferta agregada***
>
> Uma curva que indica a relação entre o índice geral de preços e a quantidade de bens oferecida pelos produtores. No curto prazo, ela é, provavelmente, uma curva ascendente, mas, no longo prazo, a maioria dos economistas acredita que a curva de oferta agregada seja vertical (ou muito próximo disso).

Quando consideramos a oferta agregada, é de fundamental importância distinguirmos o curto prazo do longo prazo. Nesse contexto, o curto prazo é o período durante o qual alguns preços, particularmente os do mercado de trabalho, estão fixos em razão de contratos anteriormente estabelecidos. Portanto, no curto prazo, as famílias e as empresas não são capazes de ajustar esses preços quando são surpreendidas por mudanças não-esperadas, incluindo mudanças não-antecipadas no nível geral de preços. Em contraste, o longo prazo é o período suficiente para que as pessoas tenham oportunidade de ajustar suas ações em resposta a mudanças de preços. Vamos considerar a curva de oferta agregada, tanto no curto quanto no longo prazo.

Oferta Agregada no Curto Prazo

A curva de oferta agregada de curto prazo (SACP) *indica as várias quantidades de bens e serviços que as firmas locais oferecerão em resposta a mudanças nas condições de demanda que alterem o nível geral de preços no mercado de bens e serviços.* A Figura 9.3 ilustra a curva *SACP* no mercado de bens e serviços como ascendente. A inclinação positiva dessa curva reflete o fato de que, no curto prazo, um aumento não-antecipado no nível de preços provocará, em média, um aumento na lucratividade das firmas. Por isso mesmo, elas expandirão a sua produção, aumentando o produto.

A curva *SACP* está baseada em uma expectativa específica com relação ao nível de preços – P_{100}, no caso da Figura 9.3 – e, conseqüentemente, na taxa de inflação associada a esse nível de preços. Quando o nível de preços esperado é atualmente observado, as firmas terão lucros normais e estarão oferecendo o produto Y_0. Por que um aumento no nível geral de preços (por exemplo, para P_{105}) aumenta a lucratividade das empresas, pelo menos no curto prazo? Os lucros por unidade correspondem ao preço menos o custo unitário de produção. *Uma parcela importante dos componentes dos custos de um produtor é determinada por contratos de longo prazo.* Taxas de juros de empréstimo, acordos coletivos de trabalho com os empregados, contratos de arrendamento mercantil para prédios ou máquinas, e outros contratos com fornecedores de recursos terão impactos sobre os custos de produção durante o período atual. Os preços estabelecidos por esses contratos de longo prazo, no momento do acordo, eram baseados na expectativa de que o nível de preços hoje seria P_{100}. O custo desses recursos tende a ser, temporariamente, fixo. *Se um aumento de demanda provoca um aumento não-antecipado no nível geral de preços durante o presente período, os preços dos bens e serviços aumentarão em relação aos preços dos componentes de custo que, em razão dos contratos, são temporariamente fixos. As margens de lucro aumentarão e as firmas elevarão a produção, com satisfação, de modo que o produto aumenta (para* Y_1*).*[3]

Figura 9.3
Curva de oferta agregada de curto prazo.

A curva de oferta agregada de curto prazo (SACP) mostra a relação entre o nível geral de preços e a quantidade de bens e serviços oferecida pelos produtores domésticos. No curto prazo, as firmas geralmente expandirão sua produção à medida que o nível geral de preços aumente, porque, a preços mais elevados, sua margem de lucro aumenta, uma vez que muitos componentes de seu custo são temporariamente fixos em decorrência de contratos de longo prazo.

3. Outros fatores podem contribuir para essa relação positiva entre nível de preços e produto na oferta agregada de curto prazo. Em resposta a um aumento generalizado de demanda, algumas firmas podem elevar a sua produção sem, entretanto, subir seu preço, porque acreditam que esse aumento de vendas é apenas temporário e que preços maiores hoje podem fazer que os seus clientes passem a comprar de seus rivais. Outras firmas podem elevar sua produção

Uma redução não-antecipada no nível de preços para, digamos, P_{95}, teria um impacto similar, mas em direção oposta. Ela reduziria o preço do produto em relação aos seus custos, diminuindo, portanto, a lucratividade da produção. Em resposta a esse fato, as firmas reduziriam sua produção e, conseqüentemente, o produto cairia para Y_2. Dessa forma, no curto prazo, há uma relação direta entre a quantidade oferecida e o nível geral de preços no mercado agregado de bens e serviços.

Oferta Agregada no Longo Prazo

A curva de oferta agregada de longo prazo (SALP) *indica a relação entre o nível geral de preços e a quantidade de produto, após os agentes econômicos terem tido tempo suficiente para ajustar, quando possível, seus contratos anteriores ou tomar medidas que possam compensar algumas de suas obrigações passadas em decorrência de mudanças não-esperadas nos preços de mercado.* Um nível de preços mais elevado em um mercado de bens e serviços não alterará a relação entre os preços do produto e os preços dos recursos produtivos no longo prazo. Se as pessoas tiverem tempo suficiente para ajustar suas obrigações previamente contratadas, as forças de competição restaurarão a relação usual entre o preço do produto e os seus custos. As taxas de lucro retornarão ao normal, eliminando qualquer incentivo, para que as firmas aumentem a quantidade oferecida e, conseqüentemente, o produto não se alterará. Assim, como ilustra a Figura 9.4, a curva *SALP* é vertical.

As forças que fazem que a curva de oferta no curto prazo (SACP) *seja ascendente estão ausentes no longo prazo.* Os custos que são temporariamente fixos, em decorrência de acordos contratuais, eventualmente serão revisados. Com o passar do tempo, os contratos de mais longo prazo expirarão e precisarão ser renegociados. No processo de renegociação dos contratos, o preço dos recursos produtivos crescerá na mesma proporção que o preço dos produtos. Um aumento proporcional nos custos e nos preços dos produtos não mudará o incentivo à produção. Considere como uma firma, com um preço de venda de R$ 20 e um custo unitário também de R$ 20, será afetada se tanto o preço do seu produto quanto o dos recursos produtivos que ela usa dobrarem. Após o aumento nos preços, o preço de venda da firma será R$ 40, mas esse também será o valor do seu custo unitário. Dessa forma, nem a taxa de lucro da firma nem o seu incentivo à produção se modificaram. Portanto, no longo prazo, um aumento no nível de preços nominais não provocará qualquer impacto duradouro sobre o produto agregado.

Com discutimos no Capítulo 2, em determinado momento do tempo, as possibilidades de produção de um país estão condicionadas à disponibilidade de recursos produtivos, ao nível de tecno-

---

porque acreditam erroneamente que a demanda pelos seus produtos aumentou, em relação à demanda de outros produtos. No longo prazo, custos mais elevados em relação aos preços dos bens tornarão impossível a manutenção da expansão da produção e, conseqüentemente, do produto.

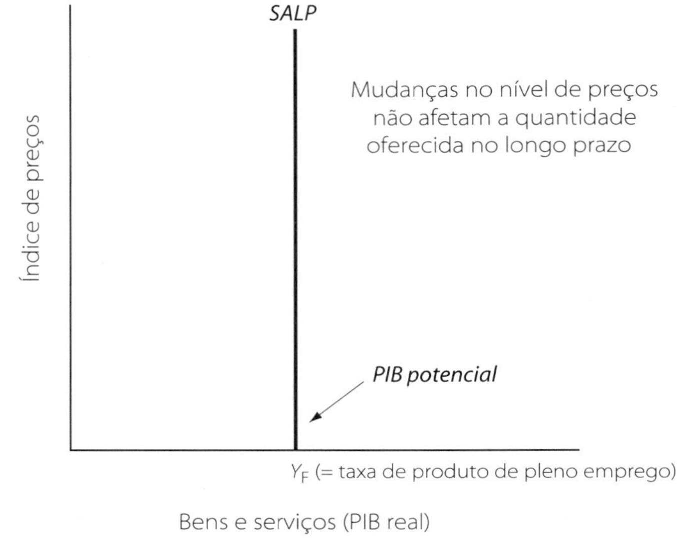

Figura 9.4 A curva de oferta agregada de longo prazo.

No longo prazo, o maior nível de preços não expandirá o produto real da economia. Se as pessoas tiverem tempo para ajustar suas obrigações contratadas anteriormente, o mercado de recursos (e os custos) se ajustará a esse novo nível de preços mais elevados e, portanto, eliminará o incentivo para que as firmas aumentem suas ofertas em decorrência de um nível de preços mais alto. O nível de produto de pleno emprego – Y_F a maior taxa de produto sustentável – é determinado pela oferta de recursos produtivos, pelo nível da tecnologia e pela estrutura institucional do país, fatores que são insensíveis a mudanças no nível de preços. A curva vertical SALP ilustra esse ponto.

logia e à sua organização institucional que influencia o uso eficiente de recursos. A curva de oferta agregada de longo prazo é uma forma alternativa de visualizar as possibilidades de produção de uma economia. Em vez de concentrar a atenção nas unidades físicas do produto, como ocorre com a curva de possibilidade de produção, a curva de oferta agregada de longo prazo enfatiza o valor real, em reais (R$), das unidades produzidas. A curva de oferta vertical no longo prazo indica que uma mudança no nível de preços não reduz as restrições que impõem um limite às nossas possibilidades de produção. Por exemplo, dobrar os preços não melhora a tecnologia nem tampouco aumentará a disponibilidade de recursos produtivos, nem melhorará a eficiência de nossas instituições econômicas. Assim, não há qualquer razão para que um nível geral de preços mais elevado aumente nossa capacidade ou mesmo nossa habilidade de produzir bens e serviços. Isso é exatamente o que a curva vertical *SALP* significa. As "Regras de Bolso", a seguir, resumem os elementos que estão por trás da curva de oferta agregada tanto no curto quanto no longo prazos.

Regras de Bolso

Por que a oferta agregada de curto prazo apresenta uma relação crescente entre nível de preços e produto?

- À medida que o nível de preços aumenta, as margens de lucro se elevam, porque inicialmente o preço do produto vendido pelas firmas aumenta relativamente aos seus custos (componentes importantes do custo estão temporariamente fixos, em razão de contratos de longo prazo).

Por que a oferta agregada de longo prazo é vertical?

- Uma vez que as pessoas tenham tempo para se ajustar plenamente ao novo nível de preços, a relação entre o preço de venda do produto e o custo dos recursos para produzi-lo volta ao seu nível normal.
- O produto potencial sustentável em uma economia é determinado por sua disponibilidade de recursos, por sua tecnologia e pela eficiência da sua organização institucional e não pelo nível geral de preços.

Equilíbrio no Mercado de Bens e Serviços

Agora estamos prontos para combinar a nossa análise de demanda agregada com a de oferta agregada e considerar de que modo elas interagem para determinar o nível geral de preços e a taxa do produto. Quando um mercado está em **equilíbrio**, há um balanço de forças de tal modo que a ação dos compradores é consistente com a ação dos vendedores. Em equilíbrio, os compradores estão dispostos a adquirir todas as unidades que os vendedores estão dispostos a oferecer, ao atual preço de mercado. Como o preço de equilíbrio iguala as intenções de compradores e vendedores – todas as unidades produzidas são vendidas –, alguns se referem a ele como o preço de "equilíbrio de mercado".

> **Equilíbrio**
>
> Satisfação simultânea dos desejos de compradores e vendedores.

Equilíbrio no Curto Prazo

A Figura 9.5 ilustra o equilíbrio de curto prazo no mercado de bens e serviços em um nível de preços (*P*) e uma quantidade agregada de demanda igual à quantidade agregada oferecida. Isso ocorre à taxa de produto (*Y*) em que as curvas *DA* e *SACP* se cruzam. Ao preço de equilíbrio de mercado (*P*), a quantidade que os compradores desejam adquirir é exatamente igual à que os vendedores estão dispostos a vender no presente período.

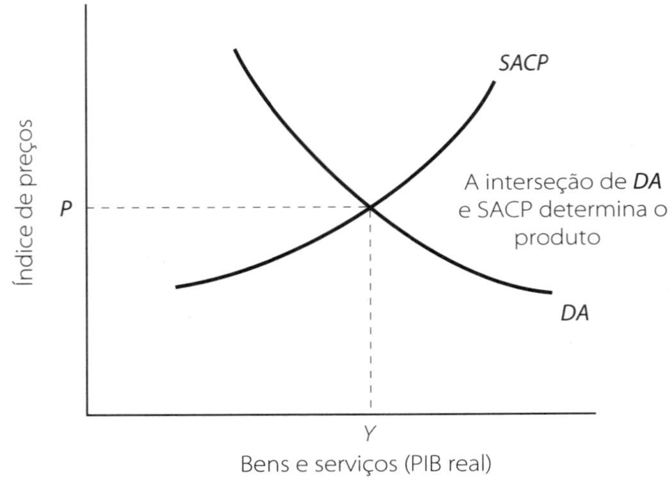

Figura 9.5 Equilíbrio de curto prazo no mercado de bens e serviços.

O equilíbrio no curto prazo, no mercado de bens e serviços, ocorre no nível de preços (*P*) para o qual a curva *DA* intercepta a curva *SACP*. Se o nível de preços fosse inferior a *P*, haveria um excesso de demanda agregada no mercado de bens e serviços que pressionaria o nível de preços para cima. Contrariamente, se o nível de preços fosse superior a *P*, o decorrente excesso de oferta pressionaria o nível de preços para baixo.

Em um nível de preços inferior a *P*, a quantidade agregada demandada excede a quantidade agregada oferecida. Os compradores estariam dispostos a adquirir mais bens e serviços do que os produtores se disporiam a oferecer. Esse excesso de demanda gera uma pressão de alta nos preços, fazendo que o nível de preços tenda para *P*. No entanto, em um nível de preços superior a *P*, a quantidade agregada oferecida excederia a quantidade agregada demandada. Os produtores não seriam capazes de vender todos os bens produzidos, e isso provocaria uma pressão de baixa nos preços (na direção de *P*). Somente no nível de preços *P*, haverá um equilíbrio entre a quantidade de bens demandada pelos consumidores, investidores, governos e estrangeiros, e a quantidade oferecida pelas firmas domésticas.

Equilíbrio no Longo Prazo

No curto prazo, o mercado de bens e serviços gravita em torno de um preço de equilíbrio de mercado – aquele que faz que a quantidade demandada seja igual à quantidade oferecida. *Entretanto, uma segunda condição é exigida para o equilíbrio de longo prazo: os agentes econômicos que acertaram contratos de longo prazo, que afetam os preços e os custos correntes, precisam antecipar corretamente o atual nível de preços no momento em que fazem tais contratos.* Se isso não ocorre, compradores e vendedores procurarão modificar esses contratos quando eles expirarem no longo prazo. Tais modificações afetarão os custos, as margens de lucro e o produto.

A Figura 9.6 ilustra o equilíbrio de longo prazo no mercado de bens e serviços. Como na Figura 9.3, os subscritos associados às curvas *SACP* e *DA* indicam o nível de preços (um índice de preços) que era antecipado pelos agentes econômicos no momento em que tomaram as decisões que caracterizaram tais curvas. Nesse caso, quando compradores e vendedores fazem suas escolhas de compra de produção, eles antecipam o nível de preços para o presente período como P_{100}, com o subscrito 100 se referindo a um índice de preços durante um ano anterior, tomado como base. Como a interseção das curvas *DA* e *SACP* indica, o nível geral de preços P_{100} efetivamente ocorreu. No equilíbrio de longo prazo, a curva de demanda agregada (*DA*) intercepta tanto a curva *SACP* quanto a curva *SALP*, que é vertical.

Quando as expectativas com relação ao nível geral de preços incorporadas nos contratos de longo prazo efetivamente se realizam, os preços atuais dos recursos produtivos, bem como as taxas reais de juros, se manterão no futuro. As taxas de lucro serão normais. As escolhas de compradores e vendedores estarão em harmonia e nenhum deles terá razão para modificar os arranjos contratuais previamente acertados, quando chegar o momento de sua renegociação. Assim, a atual taxa de produto (Y_F) é sustentável no futuro. O equilíbrio de longo prazo ocorre no momento e persistirá no futuro até que mudanças em outros fatores alterem a *DA* ou a *SACP*.

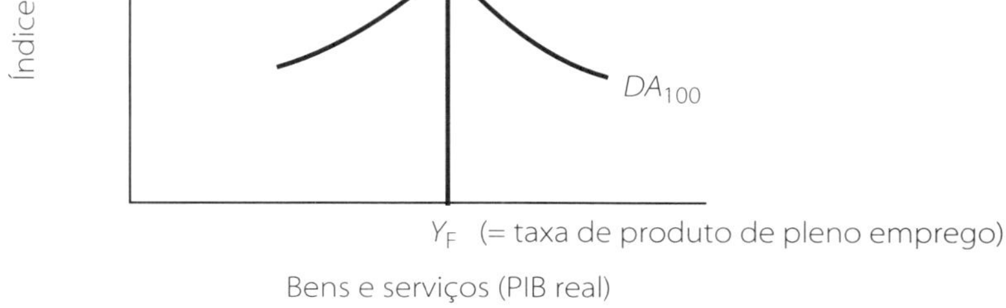

Figura 9.6 Equilíbrio de longo prazo no mercado de bens e serviços.

Quando o mercado de bens e serviços está em equilíbrio de longo prazo, duas condições precisam ser satisfeitas. Primeira, a quantidade demandada precisa ser igual à quantidade oferecida no atual nível de preços. Segunda, o nível de preços antecipado pelos agentes econômicos para esse período deve ser igual ao nível de preços atual. Os subscritos das curvas *SACP* e *DA* indicam que tanto compradores quanto vendedores antecipavam um nível de preços P_{100}. Quando o nível de preços antecipado atualmente ocorre, o produto atual da economia será igual ao PIB potencial de pleno emprego (Y_F).

Equilíbrio de Longo Prazo, Produto Potencial e Pleno Emprego

Como discutimos no Capítulo 8, o produto potencial é igual ao *maior produto sustentável* pela economia, consistente com sua base de recursos produtivos, com a atual tecnologia e com sua estrutura institucional. O PIB potencial não é um produto temporariamente elevado nem anormalmente baixo. Quando o equilíbrio de longo prazo ocorre, o produto atual da economia é exatamente igual ao seu PIB potencial.

A taxa de produto no equilíbrio de longo prazo (Y_F na Figura 9.6) também corresponde ao pleno emprego de recursos produtivos. Quando o produto de pleno emprego ocorre, o tempo de procura por emprego pelos trabalhadores desempregados será normal, dadas as características da força de trabalho e da estrutura institucional da economia. Só serão registrados desempregos friccional e estrutural, não ocorrendo desemprego cíclico.

Quando uma economia está em equilíbrio no longo prazo, a *taxa atual* de desemprego será igual à *taxa natural*. Lembre-se de que a taxa natural de desemprego reflete o processo normal por procura de emprego ou de empregados, por parte dos trabalhadores e dos empregadores, dadas a estrutura da economia e suas leis e a regulamentação que afetam o funcionamento dos mercados. A taxa natural não é anormalmente alta ou baixa; ela pode ser sustentada no futuro. No equilíbrio de longo prazo, o desemprego estará na sua taxa natural. (Ver o boxe "Medidas da Atividade Econômica", que trata da taxa natural de desemprego.)

Resumindo: no equilíbrio de longo prazo, (a) o produto será igual ao produto potencial, (b) o pleno emprego será atingido e (c) a taxa atual de desemprego será igual à taxa natural de desemprego. É esse produto máximo sustentável no longo prazo que os economistas identificam como "produto de pleno emprego" ou "PIB potencial".

Ajustamento quando o Produto Difere do Produto Potencial de Longo Prazo

O que acontece quando mudanças no nível geral de preços surpreendem tanto compradores quanto vendedores? Quando o atual nível geral de preços difere do nível de preços esperado por compradores e vendedores, alguns agentes econômicos podem se ver em uma situação desconfortável e até mesmo perigosa, do ponto de vista econômico, em decorrência de contratos assinados no passado sob um conjunto de expectativas ora frustradas. Esses agentes econômicos estarão ansiosos para, assim que seja possível, modificar as condições desses contratos.

Considere uma situação na qual o nível geral de preços aumenta mais do que o que foi antecipado pelos agentes econômicos. Incapazes de prever o aumento nos preços, os credores no mercado de fundos financeiros concordaram em fazer empréstimos, com uma taxa de juros que agora se apresenta inferior àquela que eles imaginavam receber, antes de o aumento no nível geral de preços (inflação) ocorrer. De modo semelhante, esperando um nível de preços mais baixo que o atualmente registrado, os sindicatos e os empregadores concordaram em um aumento de salário nominal que, por essa razão, acaba produzindo um nível de salário real mais baixo que aquele inicialmente esperado. No curto prazo, tanto as taxas de juros quanto os salários reais atipicamente mais baixos contribuem para reduzir os custos de produção relativamente ao preço dos produtos. As margens de lucro são, por isso mesmo, substancialmente mais elevadas do que as normais, e as firmas reagem, aumentando a produção. O emprego se expande, e a taxa de desemprego cai, abaixo de sua taxa natural.

Entretanto, esse produto anormalmente elevado, assim como o elevado nível de emprego, não é sustentável. Os "erros", resultantes da incapacidade dos agentes econômicos de prever a pressão de demanda atual, serão reconhecidos, mas só poderão ser corrigidos quando os atuais contratos, que impedem um ajuste de curto prazo, expirarem e tiverem de ser renovados. Nesse momento, os salários reais e as taxas de juros aumentarão, refletindo, eventualmente, o maior nível de preços e a taxa de inflação. As taxas de lucro voltarão ao normal. Quando esses ajustamentos se completarem, a elevada taxa temporária de produto e o elevado nível de emprego declinarão aos seus níveis normais.

O que acontecerá se os preços dos bens *se reduzirem ou aumentarem menos rapidamente* que os agentes econômicos anteciparam? Antecipando um nível geral de preços superior (uma taxa de inflação mais elevada) ao atual, os devedores concordam em tomar emprestado a uma taxa de juros que, no futuro, se apresentará, *em termos reais*, inaceitavelmente elevada. Do mesmo modo, os empregadores concordarão com aumentos salariais que implicarão um aumento real muito superior ao esperado, uma vez que o nível geral de preços aumenta mais lentamente que as pessoas esperavam. A taxa de juros e a taxa salarial extraordinariamente elevadas aumentam os custos de produção em relação aos preços dos bens. À medida que as margens de lucros são reduzidas, os produtores reduzem a taxa de produção, desempregando seus trabalhadores. A *taxa atual* de desemprego aumenta acima da *taxa natural* de desemprego; o produto atual da economia é, portanto, inferior ao seu PIB potencial.

Muitos economistas consideram que foi precisamente isso que ocorreu nos Estados Unidos, durante o ano de 1982. Após as taxas de inflação de 13%, em 1979, e 12%, em 1980, o aumento de preço reduziu-se a 4%, em 1982. Essa acentuada redução na taxa de inflação surpreendeu os agentes econômicos. Incapazes de transferir para os consumidores os elevados aumentos nos salários nominais acordados em 1980 e 1981, os empregadores se viram obrigados a reduzir a produção e a desempregar trabalhadores. A taxa de desemprego disparou de 7,6%, em 1981, para 10,8%, ao final de 1982. Eventualmente, novos acordos trabalhistas permitiram menores aumentos no salário nominal ou, em alguns casos, reduções salariais, nos anos de 1983 e 1984. Nesses anos, o desemprego caiu. De qualquer forma, em 1982, a taxa de desemprego estava muito acima de sua taxa natural. Os ajustamentos necessários não poderiam ser feitos instantaneamente.

Em resumo, uma mudança não-esperada no nível geral de preços (taxa de inflação) alterará a taxa do produto no curto prazo. Um aumento não-esperado no nível geral de preços estimulará a produção, elevando a taxa do produto e o nível de emprego durante um ano ou dois, enquanto uma redução não-antecipada no nível geral de preços fará que o produto e o emprego caiam em um futuro imediato.

Mercado de Recursos Produtivos

Além do mercado agregado de bens e serviços, o mercado de recursos produtivos, o mercado de ativos financeiros e o mercado de moeda estrangeira ajudam a coordenar o fluxo circular de renda e despesa entre as famílias e as firmas. Todos esses quatro mercados estão inter-relacionados – as mudanças em um deles produzirão uma repercussão nos demais. Vamos agora analisar os mercados de recursos produtivos, de ativos financeiros e de moeda estrangeira e a inter-relação deles com o mercado de bens e serviços.

O mercado de recursos produtivos é o *lugar* em que trabalho, matérias-primas, máquinas e equipamentos e outros fatores de produção são comprados e vendidos. No contexto de nossa análise do fluxo circular, as famílias oferecem recursos em troca de renda, e as firmas os demandam para produzir bens e serviços (ver a Figura 9.1). Sem dúvida, o mercado dos serviços de trabalho é o mais importante dos recursos produtivos – independentemente da importância relativa nos custos de produção –, uma vez que não é possível produzir sem a contribuição de recursos humanos. Por isso mesmo, daremos especial atenção ao mercado de trabalho.

Como nos outros mercados, os preços coordenarão as escolhas de compradores e vendedores em um mercado de recursos produtivos. Um aumento no preço do trabalho e de outros recursos produtivos provocará um aumento nos custos de produção, fazendo que seja menos lucrativo, para a firma, empregar recursos produtivos. Como resultado, as firmas demandarão menos trabalho e menos recursos à medida que aumentem seus preços. Assim, a curva de demanda no mercado de recursos terá, como é usual, uma inclinação negativa. Embora trabalhar e oferecer serviços de recursos produtivos gere renda, isso também exige que se abra mão de algo valioso: lazer, o tempo usado em atividades fora do mercado de trabalho. Elevados preços de recursos produtivos tornarão mais atraente para um indivíduo abrir mão de horas de seu lazer para oferecer mais trabalho ou outros recursos. Dessa forma, a quantidade oferecida de trabalho e de outros recursos produtivos se expande, à medida que o preço dos recursos aumenta.

A Figura 9.7 ilustra que, no mercado de recursos produtivos, haverá uma tendência para que o preço se estabeleça de modo a fazer que a quantidade demandada pelas firmas seja igual à quantidade oferecida pelos proprietários dos recursos. A esse preço (P_r), as escolhas de compradores e vendedores são harmonizadas no mercado agregado de recursos produtivos – as intenções desses agentes são compatíveis umas com as outras. Se o preço de mercado fosse maior que P_r, haveria um excesso de oferta de recursos produtivos no mercado. Contudo, esse excesso de oferta geraria uma pressão de redução nos preços dos recursos, na direção do preço de equilíbrio. Contrariamente, se o

MEDIDAS DA ATIVIDADE ECONÔMICA

Taxa natural de desemprego

A taxa natural de desemprego é um conceito teórico que não pode ser diretamente observado. A teoria, entretanto, nos indica de que forma ela pode ser estimada. A taxa natural de desemprego será a atual taxa de desemprego, quando os agentes econômicos anteciparem corretamente a taxa de inflação. Quando a taxa de inflação de uma economia for relativamente constante – quando ela não for nem crescente nem decrescente –, compradores e vendedores serão capazes de antecipá-la acuradamente e de ajustar os salários e as taxas nominais de juros de acordo com essa inflação esperada. Assim, a taxa atual de desemprego tenderá a gravitar em torno da taxa natural de desemprego da economia quando a taxa de inflação for constante por um largo período.

Uma relação estatística que liga a taxa de desemprego à taxa de inflação pode ser usada para se estimar a taxa natural de desemprego. Quando a mudança na taxa de inflação for igual a zero, essa relação nos fornece uma estimativa da taxa natural de desemprego. Estimativas estatísticas desse tipo indicam que a taxa natural de desemprego nos Estados Unidos, ao final da década de 1990, era aproximadamente de 5%.

Ao longo do tempo, a taxa natural de desemprego é influenciada por mudanças demográficas na composição da força de trabalho. Como os trabalhadores mais jovens tendem a trocar de emprego com mais freqüência ou simplesmente estão entrando ou reentrando na força de trabalho, a taxa natural de desemprego aumenta quando a proporção de trabalhadores jovens na força de trabalho se eleva. Isso ocorreu durante as décadas de 1960 e 1970, quando a geração *baby boom* – a das pessoas nascidas durante os 15 anos subseqüentes à Segunda Guerra Mundial – entrou na força de trabalho. Os pesquisadores nessa área estimam que o maior influxo de trabalhadores jovens durante esse período fez que a taxa natural de desemprego subisse dos 5%, registrados na década de 1950, para quase 7%, em 1980. Essa situação se reverteu durante as décadas de 1980 e 1990, à medida que a geração *baby boom* passou a ficar mais madura, atingindo seu período de pico no mercado de trabalho, e, por conseguinte, a participação de trabalhadores jovens na força de trabalho caiu. Como resultado, a taxa natural de desemprego vem-se reduzindo nas últimas duas décadas, voltando, uma vez mais, ao nível de 5% registrado ao final da década de 1950.

preço dos recursos estivesse abaixo do preço de equilíbrio (menos do que P_r), o excesso de demanda que se estabeleceria produziria uma pressão para cima no preço dos recursos produtivos. As forças de mercado, portanto, tendem a fazer que os preços convirjam para o preço de equilíbrio de mercado – o preço que faz que a quantidade demandada seja igual à quantidade oferecida.

Como discutimos no Capítulo 4, os mercados de recursos e de produtos estão altamente relacionados. A demanda por recursos produtivos está diretamente ligada à

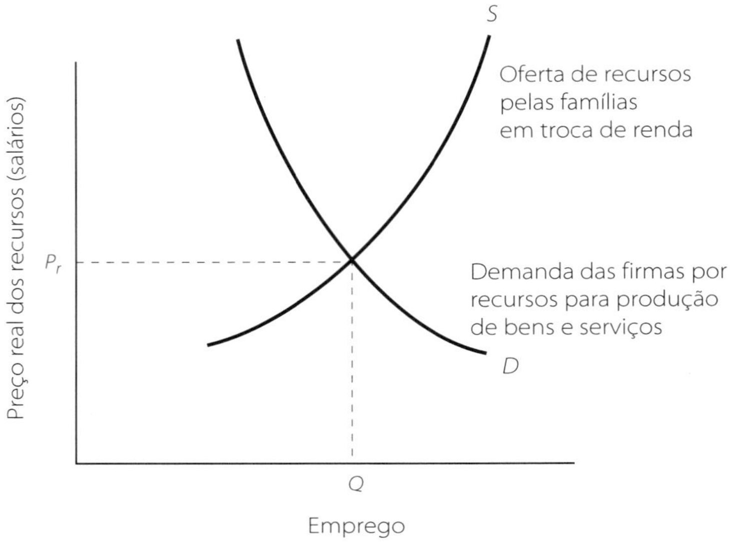

Figura 9.7 Equilíbrio no mercado de recursos produtivos.
De modo geral, à medida que o preço dos recursos se eleva, a quantidade demandada pelos produtores declina, e a quantidade oferecida pelos proprietários de recursos aumenta. Além disso, o preço dos recursos faz que a quantidade demandada se iguale à quantidade oferecida no mercado agregado de recursos produtivos. O mercado de trabalho é um grande componente do mercado de recursos.

demanda por bens e serviços. Na realidade, a demanda por recursos produtivos é uma *demanda derivada* – ela decorre da demanda por bens e serviços. Um aumento na demanda no mercado de bens e serviços provocará uma demanda adicional no mercado de recursos. Do mesmo modo, uma diminuição na demanda agregada no mercado de bens e serviços reduzirá a demanda por recursos.

O custo de produção de bens e serviços é influenciado diretamente pelo preço dos recursos. Tudo o mais constante, um aumento no preço dos recursos elevará os custos de produção e reduzirá a margem de lucros no mercado de bens e serviços, fazendo que a curva de oferta (*SACP*) no mercado do produto se desloque para a esquerda. De modo semelhante, uma redução no preço dos recursos produtivos diminuirá o custo de produção e aumentará a margem de lucro no mercado de bens e serviços. Isso provocará um aumento na oferta agregada (um deslocamento para a direita na *SACP*).

Quando uma economia está em equilíbrio de longo prazo, o preço dos recursos produtivos, relativo ao preço dos bens e serviços, será tal que as firmas, em média, serão capazes de cobrir apenas seu custo de produção, nele incluído um retorno competitivo aos seus investimentos. Se isso não ocorre, os produtores tentarão contrair ou expandir o produto. Por exemplo, se o preço dos recursos produtivos fosse muito elevado (relativamente ao preço dos bens e serviços), as firmas não seriam capazes de cobrir seus custos. Muitos produtores reduziriam sua produção, ou talvez até tivessem de descontinuá-la. Portanto, o produto agregado se alteraria. Contrariamente, se o preço dos recursos produtivos fosse muito baixo, as firmas seriam capazes de auferir uma taxa de lucro acima da prevalecente nos outros mercados. Na busca por maiores lucros, as firmas expandiriam sua produção e, naturalmente, novas firmas entrariam no mercado. Uma vez mais, mudanças nos mercados de recursos produtivos alterariam as condições no mercado de bens e serviços.

Mercados de Ativos Financeiros

Quando introduzimos o mercado de ativos financeiros no Capítulo 4, indicamos que as pessoas que tomam empréstimo demandam recursos financeiros, enquanto as pessoas que emprestam oferecem recursos financeiros. Em essência, os tomadores de empréstimo estão trocando renda futura por poder de compra agora. Somos, de modo geral, impacientes; queremos as coisas agora e não no futuro. *Do ponto de vista dos tomadores de empréstimo, juro é o preço que se paga por se antecipar a disponibilidade futura do poder de compra para agora. Do ponto de vista do credor, juro é o prêmio recebido pela espera, pela postergação de gastos.*

Tudo o mais constante, baixas taxas de juros tornarão a poupança menos atrativa e, portanto, menos recursos financeiros serão oferecidos no mercado de ativos financeiros. No entanto, quanto menor a taxa de juros, mais barato será, para os homens de negócios, adotar projetos de investimento, assim como mais barato será, para as famílias, adquirir bens normalmente financiados, tais como moradias e automóveis. Assim, as curvas de oferta e de demanda no mercado de ativos financeiros têm seus formatos usuais, e a taxa de juros tenderá a fazer que a quantidade demandada de fundos se iguale à quantidade oferecida.[4]

Taxa nominal de juros

Taxa de juros medida em unidades monetárias. Ela superestima o custo real do empréstimo, durante um período inflacionário. Quando a inflação é antecipada, um prêmio inflacionário será incorporado à taxa nominal de juros.

É interessante pensarmos na taxa de juros de duas formas. Primeiro, como uma porcentagem sobre o montante de dinheiro tomado emprestado, a qual deve ser paga ao credor em adição ao pagamento do principal, isto é, a **taxa nominal de juros**. Quando lemos nos jornais ou em publicações especializadas referências à taxa de juros, elas estão associadas ao conceito de taxa nominal de juros. O segundo conceito é o da **taxa real de juros**, que reflete o custo real – isto é, o custo medido em termos do poder de compra de bens e serviços –

Taxa real de juros

Taxa de juros ajustada pela inflação esperada; ela indica o custo real ao tomador do empréstimo (e o rendimento do credor), em termos de bens e serviços.

4. É claro que há muitas taxas de juros que diferem de acordo com o tempo de duração do empréstimo e as características do tomador de empréstimo.

que a transação impõe aos tomadores de fundos e, conseqüentemente, o pagamento que o credor recebe.

A taxa de inflação esperada por devedores e credores afetará a atratividade das várias taxas de juros. Talvez um exemplo ilustre esse ponto e deixe clara a distinção entre a taxa nominal e a taxa real de juros. Suponha que tanto o devedor quanto o credor antecipem que o nível geral de preços ficará estável e concordem em um empréstimo de R$ 1.000 por um ano com uma taxa de juros de 5% a.a. Depois de um ano, o devedor deve pagar ao credor R$ 1.050 – os R$ 1.000 de principal mais 5% de juros. Considere, entretanto, que, durante o ano, os preços subam 5%, como resultado de um processo inflacionário. Por causa disso, os R$ 1.050 pagos após um ano compram exatamente o mesmo que os R$ 1.000 originalmente compravam quando o empréstimo foi feito. O credor não recebe absolutamente nada por ter adiantado poder de compra ao devedor. Nesse caso, a taxa real de juros para o credor (e o custo real para o devedor) é zero. Credores dificilmente continuarão a emprestar fundos a essas taxas.

Na presença da inflação, as pessoas procurarão antecipar o nível de variação de preços. Se devedores e credores esperam a mesma taxa de inflação – por exemplo, 5% a.a. –, eles a incorporarão ao seu contrato de empréstimo. Os credores exigirão (e os devedores aceitarão) o pagamento de uma taxa nominal de juros maior para compensar o impacto da inflação sobre o poder de compra do retorno do empréstimo. Esse prêmio, para compensar a perda no poder de compra do real, é identificado como **prêmio inflacionário**. Ele é igual à taxa de inflação esperada. A relação entre a taxa real e a taxa nominal de juros é a seguinte:

Prêmio inflacionário

Componente da taxa nominal de juros que reflete a compensação ao credor pela esperada perda, devido à inflação, de poder de compra do principal e dos juros durante o período do empréstimo. Ele é determinado pela taxa de inflação futura esperada.

taxa real de juros	=	taxa nominal de juros	–	prêmio inflacionário.

A Figura 9.8 ilustra como as expectativas inflacionárias influenciam a taxa nominal de juros. Aqui estamos considerando uma situação na qual, da expectativa de devedores e credores de estabilidade de preços, a taxa de juros de mercado é de 5%. Como a expectativa de inflação é zero, não há prêmio inflacionário e, nessa circunstância, a taxa nominal de juros é igual à taxa real de juros. Considere agora de que forma uma persistente taxa de inflação de 5% influenciará as escolhas de devedores e credores. Comparada com a situação de inflação zero, será necessário que a taxa nominal de juros seja de 10% para que credores tenham incentivos para emprestar recursos financeiros em um mercado. De modo similar, uma taxa nominal de juros de 10% fornecerá aos devedores os mesmos incentivos para demandar fundos. Assim, tanto a curva de oferta quanto a de demanda se deslocam verticalmente em cinco pontos percentuais, para compensar a

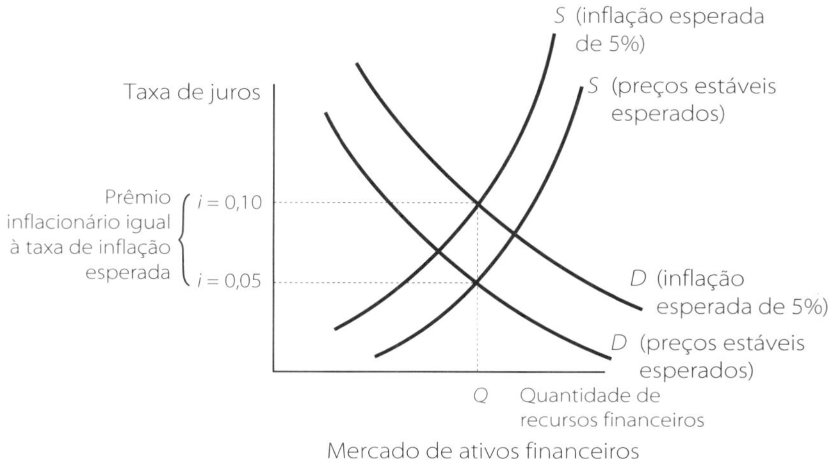

Figura 9.8 Inflação e taxas de juros.

Suponha que, quando as pessoas esperam que o nível geral de preços permaneça estável no futuro (inflação zero), uma taxa nominal de juros de 5% a.a. equilibra o mercado de ativos financeiros. Sob essas circunstâncias, a taxa nominal e a taxa real de juros serão iguais. Quando as pessoas esperam que os preços subam 5% a.a., a taxa nominal de juros (*i*) aumentará para 10% a.a., embora a taxa real de juros (*r*) permaneça constante em 5% a.a.

taxa de inflação esperada. A taxa nominal de juros aumentará para 10%, dos quais 5% refletem o prêmio inflacionário e 5%, a taxa real de juros.

A taxa nominal de juros pode ser um indicador impreciso do custo real de endividamento e do retorno real do empréstimo (real sempre significa que a inflação já foi levada em conta). Quanto mais alta a taxa de inflação esperada, maior será o prêmio inflacionário e, portanto, maior a taxa nominal de juros. Entretanto, é a taxa real de juros – a taxa nominal de juros menos o prêmio inflacionário – que reflete o verdadeiro custo de se tomar emprestado e o retorno de se emprestar (ver, para mais explicações, o boxe "Mitos em Economia", sobre inflação).

O diagrama do fluxo circular (Figura 9.1) apresenta tanto a entrada quanto a saída de recursos no mercado de ativos financeiros. A poupança líquida das famílias e a entrada líquida de capital do exterior representam entrada de recursos – oferta de fundos – no mercado de ativos financeiros. Os empréstimos tomados pelas firmas, para projetos de investimentos, e pelo governo, para financiar seu déficit orçamentário, representam as saídas de fundos. Esses empréstimos geram a demanda por fundos financeiros. As firmas e os governos geralmente tomam emprestados recursos financeiros, emitindo títulos que prometem pagar determinada taxa de juros. A emissão de títulos é simplesmente um método de demandar recursos financeiros. Os compradores desses títulos são os ofertantes de recursos passíveis de empréstimo. É importante notar que há uma relação inversa entre o preço de um título e sua taxa de juros. *Quanto mais elevado o preço*

MITOS EM ECONOMIA

"Como a inflação corrói o custo do endividamento, ela sistematicamente ajuda os devedores à custa dos credores."

Como a maioria dos mitos, esse também contém um pouco de verdade. A inflação reduz o poder de compra dos pagamentos feitos pelo devedor e recebidos pelo credor durante o período de empréstimo. Mas isso é apenas parte da história. *A inflação também influencia a taxa nominal de juros* e, portanto, a quantidade a ser paga pelo devedor e recebida pelo credor, quando empréstimos são contratados.

Quando altas taxas de inflação são antecipadas pelos agentes econômicos, credores exigirão dos devedores, e estes aceitarão taxas de juros mais elevadas para conceder os empréstimos, porque ambas as partes esperam que o valor do real se deprecie durante o período de empréstimo (ver a Figura 9.8). Se devedores e credores anteciparem acertadamente a taxa de inflação, eles concordarão que a taxa nominal de juros deve ser elevada o suficiente para compensar os efeitos da inflação sobre o poder de compra do principal e dos juros durante o período de empréstimo.

Naturalmente, os agentes econômicos nem sempre serão capazes de prever, acertadamente, a taxa de inflação futura. Às vezes, a taxa de inflação será superior àquela esperada, enquanto, em outras ocasiões, ela poderá ser inferior. Não há qualquer razão, entretanto, para esperarmos que esses erros, na previsão da taxa de inflação futura, tenham alguma sistematicidade.

No entanto, o inverso pode também ocorrer quando a taxa atual de inflação for inferior à esperada. Suponha que, depois de firmado o contrato entre devedor e credor com uma taxa de juros de 8%, o nível geral de preços permaneça estável durante todo o período de concessão de empréstimo. Nesse caso, o devedor acaba pagando uma taxa real de juros de 8%, e não 5%, como era antecipado. *Quando a taxa atual de inflação é inferior à taxa antecipada, os credores ganham à custa dos devedores.*

Assim, não é a inflação por si só que gera o efeito redistribuição, mas a taxa de inflação esperada com relação à taxa atualmente registrada. Como não há razão para acreditar que devedores e credores subestimarão ou superestimarão, sistematicamente, a taxa de inflação futura, não há motivo para acreditar que a inflação beneficiará sistematicamente um em relação ao outro.

de um título, menor é sua taxa de juros. (Ver o boxe "Teoria Econômica Aplicada", em que a relação entre títulos e sua taxa de juros é explorada).

Em uma economia aberta, os residentes no país podem também tomar emprestado e emprestar no exterior. No Brasil, isso é possível por meio do sistema bancário. Quando estrangeiros oferecem mais recursos para empréstimo do que demandam, haverá um influxo líquido de capital estrangeiro que suplementará a poupança doméstica. Entretanto, se o restante do mundo toma de determinado país mais empréstimo do que lhe empresta, haverá, nesse país, uma saída líquida de capital de seu mercado doméstico.

A taxa real de juros, no mercado de ativos financeiros, tenderá para aquela que faz que a quantidade demandada de fundos seja igual à quantidade oferecida, *levando em conta a entrada ou a saída líquida de capital.*

No mercado financeiro globalizado como o de hoje, o fluxo de capital para um mercado financeiro doméstico está diretamente associado, tudo o mais constante, com a taxa real de juros. Como a Figura 9.9 demonstra, quando a demanda doméstica por recursos financeiros (por exemplo, D_1) é fraca e a taxa real de juros, baixa (r_1), o capital estrangeiro deixará o país à procura de outros mercados, nos quais a taxa de retorno esperada das aplicações financeiras é maior. Contudo, quando a demanda doméstica por fundos (por exemplo, D_2) é elevada, e a taxa real de juros é relativamente alta, haverá um influxo de capital estrangeiro nesse mercado local de ativos financeiros.

Como o mercado de recursos produtivos, o mercado de ativos financeiros está relacionado ao mercado de bens e serviços. Indicamos anteriormente que uma redução na taxa de juros que geralmente acompanha uma queda no índice geral de preços explica por que a curva de demanda agregada (*DA*) tem uma inclinação negativa, se a oferta de moeda é mantida constante. Além disso, a taxa real de juros pode variar por outras razões. Quando ela variar, afetará a curva de demanda agregada. A taxa real de juros influencia de que forma as famílias alocam sua renda entre poupança e consumo cor-

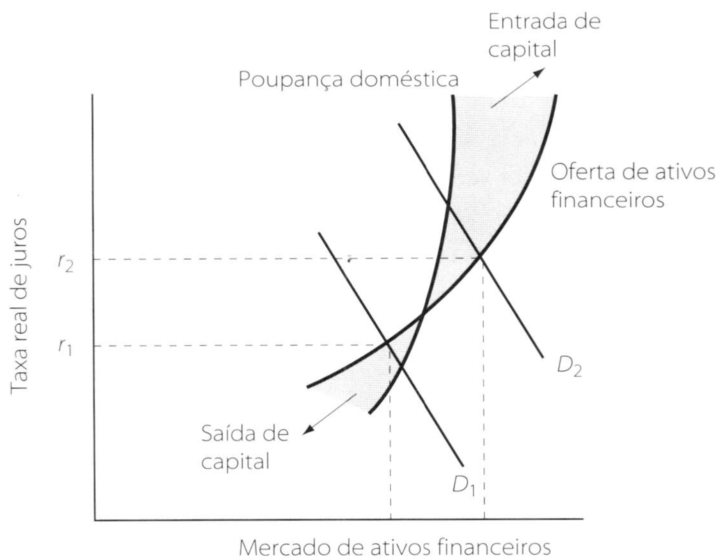

Figura 9.9 Taxas de juros e os influxos e refluxos de capital.

A demanda e a oferta no mercado de ativos financeiros determinarão a taxa de juros. Quando a demanda por recursos financeiros (por empréstimos) é alta (como D_2), a taxa de juros será alta (r_2) e haverá um influxo líquido de capital do exterior. Em contraste, uma pequena demanda por ativos financeiros (D_1) e baixas taxas de juros (r_1) farão que o capital externo deixe o país.

TEORIA ECONÔMICA APLICADA

Títulos, taxas de juros e preços dos títulos

Títulos são simplesmente reconhecimentos de dívida emitidos pelas firmas ou pelos governos. A emissão de títulos é uma forma de tomar dinheiro emprestado para financiar atividades econômicas. A organização que emite o título promete pagar ao seu detentor a quantidade que lhe foi emprestada (denominada principal), mais uma taxa de juros *fixa* (chamada taxa do cupom), enquanto o título não for resgatado. Os pagamentos de juros são feitos geralmente duas vezes por ano, ao passo que o pagamento do principal é devido no futuro, em uma data predeterminada, normalmente certo número de anos (por exemplo, cinco ou dez) após a emissão do título.

Embora as taxas de juros possam variar ao longo do tempo, *o detentor do título receberá um rendimento de juro como uma porcentagem fixa do valor original do principal por toda a vida do título.* Embora os títulos sejam emitidos por longos períodos – o Tesouro Nacional chega a emitir títulos de 30 anos –, eles podem ser vendidos a outras pessoas antes de serem resgatados. A cada dia, a compra e venda de títulos emitidos no passado compreendem a maioria dos títulos transacionados no mercado.

Quando as taxas de juros aumentam, os preços dos títulos já emitidos, que circulam no mercado, caem, e vice-versa. Suponha que, por R$ 1.000, você compre um título (perpetuidade) que acabou de ser emitido e que promete pagar 8% de juros a.a. para sempre.* Enquanto possuir o título, você terá direito a receber anualmente, sob a forma de retorno, um valor fixo de R$ 80 por ano. Suponha que você manteve esse título por um ano e recebeu os R$ 80 de juros referentes àquele ano. Agora, a taxa de juros de mercado para novos títulos emitidos, como o que você comprou, aumentou para 10%. De que forma esse aumento na taxa de juros afeta o preço de mercado do seu título? Como os títulos novos rendem agora 10% de juros, os compradores preferirão adquirir esses títulos novos a comprar os já emitidos, que só rendem 8%. Para convencê-los a comprar os títulos já emitidos, que pagam R$ 80 de juros por ano, não se pode cobrar pelo título mais do que R$ 800, pois assim ele estará rendendo os mesmos 10% que os títulos novos. Afinal de contas, por que alguém pagaria R$ 1.000 por um título que lhe rende R$ 80 de juros por ano, quando pode comprar, pelos mesmos R$ 1.000, um título que lhe rende R$ 100 por ano? O aumento na taxa de juros para 10% faz que o *preço de mercado* do seu título caia de R$ 1.000 (com um juro de 8% a.a.) para R$ 800. A esse novo preço o comprador do seu título estará ganhando 10% de sua aplicação (R$ 80 sobre os R$ 800). Desse modo, um aumento na taxa de juros de mercado faz que o preço dos títulos de renda fixa caia.

No entanto, uma queda na taxa de juros faz que o preço do título de renda fixa aumente. Se a taxa de juros de mercado tivesse caído para 6%, o que aconteceria com o preço de mercado do seu título? (*Dica*: R$ 80 são 6% de R$ 1.333.) *Assim, o preço do título e as taxas de juros estão inversamente associados.*

---

* Títulos como esses, sem data de resgate, existem no Reino Unido. Eles são chamados *consols.*

rente. Um aumento na taxa de juros desestimulará o consumo presente, por tornar mais atrativa a poupança e mais cara a contratação de empréstimos. Assim, tudo o mais constante, altas taxas de juros diminuirão o consumo corrente e, portanto, reduzirão a demanda agregada. Baixas taxas de juros produzirão efeitos opostos. À medida que prosseguirmos, analisaremos com mais detalhes a inter-relação entre o mercado de ativos financeiros e o mercado de bens e serviços.

Quando uma economia está no equilíbrio de longo prazo, a relação entre a taxa de juros no mercado de ativos financeiros e o nível de preços nos mercados de bens e serviços e de recursos produtivos será tal que uma firma típica estará obtendo apenas retornos normais sobre seus investimentos. Em outras palavras, o retorno sobre os investimentos de capital deve ser igual à taxa de juros, isto é, o custo de oportunidade do capital. Retornos mais elevados induzem os produtores a expandir a produção, enquanto retornos mais baixos os levam a reduzi-la.

O Mercado de Moeda Estrangeira

Volte a examinar a Figura 9.1 e observe as várias transações com estrangeiros (exterior) indicadas. As famílias importam alguns bens e serviços do exterior, reduzindo o fluxo de despesa com o produto doméstico. As firmas exportam alguns bens e serviços produzidos domesticamente para o exterior, o que aumenta o fluxo de despesa no mercado de produto. Além disso, há uma entrada e uma saída de capital externo no mercado de ativos financeiros. Como acabamos de discutir, o tamanho e a direção do fluxo do capital externo dependem da taxa real de juros.

As transações internacionais geralmente exigem que um dos parceiros converta sua moeda doméstica na outra. Como destacamos no Capítulo 4, essa conversão ocorre no mercado de moeda estrangeira, no qual a moeda de um país é trocada pela moeda de outro. Quando brasileiros compram do exterior (importação) ou investem em um país estrangeiro (saída de capital), precisam comprar uma moeda estrangeira (em geral, o dólar) para completar tais transações. Assim, esses tipos de transações com o exterior normalmente geram uma demanda por moeda estrangeira no mercado. No entanto, quando brasileiros vendem bens e serviços no exterior (exportação) ou títulos financeiros (entrada de capital externo), essas transações gerarão uma oferta de moeda estrangeira (em geral, o dólar) no mercado. Assim, a demanda por moeda estrangeira resulta da compra feita pelos brasileiros no exterior, enquanto a oferta de moeda estrangeira resulta da venda efetuada por brasileiros para o exterior.

A Figura 9.10 ilustra como o mercado de moeda estrangeira tende a igualar o desejo dos compradores de moeda estrangeira com o dos vendedores. A moeda estrangeira que vamos considerar é o dólar americano. O preço do dólar em reais é medido no eixo vertical. A redução no preço do dólar em reais – movimento na direção da origem ao longo do eixo vertical – significa que R$ 1 comprará mais dólares. Isso fará que as com-

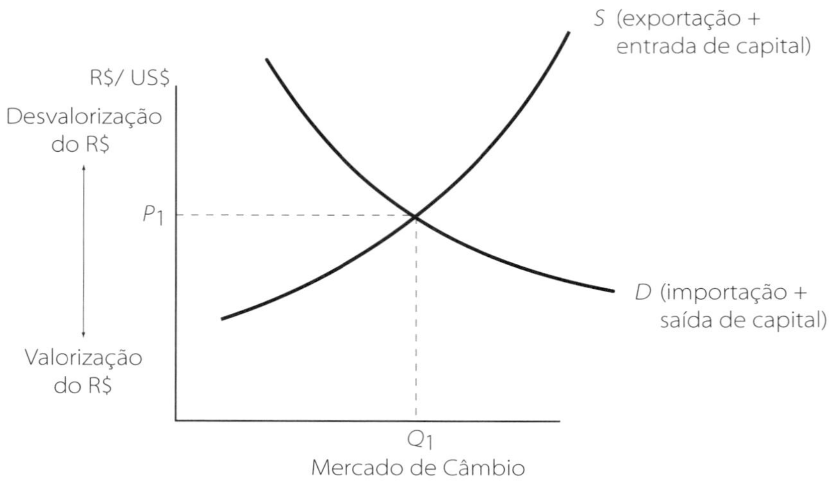

Figura 9.10 Mercado de moeda estrangeira (US$).

Os brasileiros demandam dólares de modo a importar bens e serviços, fazer investimentos no exterior e pagar empréstimos contraídos no exterior. O restante do mundo oferece dólares em troca de reais para importar bens e serviços produzidos no Brasil, bem como para investir no país. A taxa de câmbio fará que a quantidade demandada de dólares se iguale à quantidade oferecida no mercado de câmbio brasileiro. Esse equilíbrio implica que as importações mais a saída de capital devem ser iguais às exportações mais a entrada de capital.

Apreciação

É o aumento no valor de uma moeda em relação a moedas de outros países. A apreciação aumenta o poder de compra de uma moeda em termos de bens produzidos no exterior.

pras dos brasileiros no exterior fiquem mais baratas. Por isso, dizemos que o real se valorizou ou **apreciou**, indicando que agora, com a mesma quantidade de reais, compraremos mais bens e serviços do exterior. À medida que o preço do dólar em reais cai, os brasileiros importam mais e, dessa forma, demandam uma quantidade maior de dólares para pagar as suas contas. Assim, a demanda por dólares terá uma inclinação negativa, como representado na figura, pela curva *D*. Contudo, um aumento no preço do dólar – um movimento ascendente ao longo do eixo vertical – indica que mais reais serão necessários para comprar um dólar. Isso faz que, para os brasileiros, as compras no exterior fiquem mais caras e, portanto, diz-se que o real **depreciou**. À medida que o real deprecia, precisaremos de mais reais para comprar um dólar. A depreciação do real fará que os bens produzidos no Brasil fiquem mais baratos para quem os compra pagando em dólar, isto é, para os residentes no exterior. Com a depreciação do real (movimento para cima ao longo

Depreciação

É a redução no valor de uma moeda em relação a moedas estrangeiras. Uma depreciação reduz o poder de compra de uma moeda em termos de bens produzidos no exterior.

do eixo vertical), o restante do mundo comprará mais produtos brasileiros e, portanto, estará oferecendo mais dólares para adquirir os reais necessários para realizar suas compras. Desse modo, a curva de oferta de dólares tem uma inclinação positiva, como demonstra a curva *S* na figura.

As forças de oferta e de demanda no mercado de moeda estrangeira farão que a taxa de câmbio tenda para o seu nível de equilíbrio (P_1, na Figura 9.10). Em equilíbrio, a quantidade demandada de moeda estrangeira será exatamente igual à quantidade oferecida. Quando isso ocorre, as importações mais a saída de capital, para investimento no exterior ou pagamentos de dívida, serão iguais às exportações mais a entrada de capital no país, para investimentos de estrangeiros ou como empréstimos. Matematicamente, quando a taxa de câmbio equilibra o mercado, observamos a seguinte igualdade:

$$\text{importações} + \text{saída de capital} = \text{exportações} + \text{entrada de capital} \qquad (9.1)$$

Essa relação pode também ser escrita da seguinte forma:

$$\text{importações} - \text{exportações} = \text{entrada de capital} - \text{saída de capital} \qquad (9.2)$$

O lado direito da Equação 9.2 é denominado *entrada líquida de capital*. Como isso é um resultado líquido, ele pode ser tanto positivo (indicando uma entrada de capital) quanto negativo (indicando uma saída de capital).

Há um **déficit comercial** quando as importações excedem as exportações. Entretanto, um **superávit comercial** ocorre quando as exportações excedem as importações. Há uma estreita ligação entre o fluxo de comércio e o fluxo de capital: quando um déficit comercial está presente, é necessário que haja uma entrada líquida de capital para financiá-lo. O reverso também é verdade: uma entrada líquida de capital implica um déficit comercial. Do mesmo modo, quando há um superávit comercial (as exportações excedem as importações), haverá uma saída líquida de capital.

Déficit comercial

Uma situação na qual as importações de bens e serviços de um país são maiores que suas exportações.

Superávit comercial

Uma situação na qual as exportações de bens e serviços de um país são maiores que suas importações.

Vazamentos e Injeções no Fluxo Circular de Renda e Despesa

Se você examinar mais uma vez a Figura 9.1, observará que há três vazamentos no fluxo de renda e despesa das famílias: poupança, impostos e importações. Como os três fluxos (exceto o que mostra o consumo das famílias) na direção do mercado de bens e serviços indicam, há três injeções de despesa no fluxo circular: investimento, compras do governo e exportações.

Para que haja equilíbrio macroeconômico, o fluxo de despesas com bens e serviços (parte superior do fluxo na Figura 9.1) deve ser igual ao fluxo de renda direcionado às famílias, proprietárias dos recursos (fluxo inferior). Isso só será verdade se as injeções (investimento, compras do governo e exportações) no fluxo circular de renda e despesa forem iguais aos vazamentos (poupança, impostos e importações) que ocorrem nesse fluxo. É interessante observar que, quando isso ocorre, haverá equilíbrio no mercado de ativos financeiros e no mercado de moeda estrangeira. Vamos analisar por que isso ocorre.

Como mostra a Figura 9.1, a poupança líquida das famílias mais a entrada líquida de capital do exterior constituem a oferta de fundos no mercado de ativos financeiros. Os investimentos das firmas e a demanda por fundos, por parte do governo, para financiar seus déficits constituem a demanda nesse mercado. Quando a taxa de juros iguala essas duas forças, isso significa que a seguinte igualdade deve ocorrer:

poupança líquida + entrada líquida de capital =
investimento privado + déficit do governo (9.3)

O equilíbrio no mercado de moeda estrangeira implica que as importações mais a saída de capital devem ser iguais às exportações mais a entrada de capital (Equação 9.1). Como resultado, a entrada líquida de capital (entrada de capital – saída de capital) é igual às importações menos as exportações (conforme Equação 9.2). Substituindo, na Equação 9.3, a entrada líquida de capital por exportações menos importações, temos:

poupança líquida + importações – exportações =
investimento + déficit do governo (9.4)

Como o déficit do governo representa simplesmente as compras do governo menos a receita tributária líquida, a Equação 9.4 pode ser reescrita como:

poupança líquida + importações – exportações =
investimento privado + compras do governo – impostos (9.5)

Finalmente, passando exportações e impostos para o lado oposto da equação, temos:

poupança líquida + importações + impostos =
investimento privado + compras do governo + exportações (9.6)

Naturalmente, a obtenção da Equação 9.6 está baseada no equilíbrio, tanto no mercado de ativos financeiros quanto no mercado de moeda estrangeira. Quando as taxas de juros e a taxa de câmbio equilibram esses dois mercados, elas também farão que os vazamentos (lado esquerdo da Equação 9.6, isto é, sua primeira linha) se igualem às injeções (lado direito da Equação 9.6, sua segunda linha) no fluxo circular de renda e despesa. As "Regras de Bolso", a seguir, nos dão um resumo das principais relações implicadas por essa proposição.

Regras de Bolso

Relações-chave nos mercados macroeconômicos

1. Equilíbrio no mercado de moeda estrangeira implica:

   importações + entrada de capital = exportações + saída de capital

2. Como a entrada líquida de capital é igual à entrada de capital menos a saída de capital, a Equação 1 pode ser reescrita como:

   importações – exportações = entrada líquida de capital

3. Equilíbrio no mercado de ativos financeiros implica:

   poupança líquida + entrada líquida de capital =
   investimento privado + déficit do governo

4. Substituindo, no lado esquerdo da Equação 3, entrada líquida de capital, conforme a Equação 2, temos:

   poupança líquida + importações – exportações =
   investimento privado + déficit do governo

5. Como o déficit orçamentário do governo é igual às compras do governo menos a tributação líquida, a Equação 4 pode ser reescrita como:

   poupança líquida + importações – exportações =
   investimento + compras do governo – tributação líquida

6. A Equação 5 pode ser reescrita como:

   poupança líquida + importações + tributação líquida =
   investimento + compras do governo + exportações

Portanto, quando os mercados de ativos financeiros e de moeda estrangeira estão em equilíbrio, os vazamentos no fluxo circular de renda e despesa (poupança + investimento + tributação líquida) são iguais às injeções nesse fluxo (investimento + compras do governo + exportações).

Olhando à Frente

Acabamos de discutir os quatro mercados básicos da macroeconomia: bens e serviços, recursos produtivos, ativos financeiros e moeda estrangeira. Como as pernas de uma cadeira, esses quatro mercados macroeconômicos dependem uns dos outros. Quando uma economia está em um equilíbrio de longo prazo, a inter-relação desses quatro mercados estará em harmonia. A relação entre os preços dos recursos produtivos, as taxas de juros e o preço dos bens e serviços será tal que as firmas estarão realizando, em média, somente a taxa de retorno de competição. Correspondentemente, as taxas de juros e a taxa de câmbio atrairão injeções no fluxo circular de renda e despesa, de modo a compensar os vazamentos nesse fluxo. Quando as pessoas antecipam corretamente o nível geral de preços (a taxa de inflação), há razões para acreditar que os ajustamentos de mercado conduzirão a economia a um equilíbrio de longo prazo.

Entretanto, vivemos em um mundo dinâmico com mudanças e eventos inesperados. Como a economia se ajustará a choques econômicos não-antecipados? O modelo macro desenvolvido neste capítulo nos ajudará a considerar essa questão. A macroeconomia se concentra, basicamente, em identificar o impacto de mudanças em um mercado sobre outros mercados, em particular sobre o mercado de bens e serviços. No capítulo seguinte, vamos analisar de que forma mudanças nas condições agregadas influenciam o desempenho de uma economia.

Resumo do Capítulo

- ☐ O fluxo circular de renda e despesa destaca a importância de quatro mercados na coordenação dos eventos macroeconômicos: (a) bens e serviços, (b) recursos produtivos, (c) ativos financeiros e (d) moeda estrangeira.
- ☐ A curva de demanda agregada (*DA*) indica as várias quantidades de bens e serviços produzidos domesticamente que os compradores estão dispostos a adquirir nos diferentes níveis de preços. Ela possui uma inclinação negativa porque os consumidores, investidores, governos e estrangeiros (exportações líquidas) comprarão uma quantidade maior em um nível de preços menor.

- ☐ A curva de oferta agregada (*SA*) aponta as várias quantidades de bens e serviços que os ofertantes domésticos estarão dispostos a produzir em diferentes níveis de preços. A curva de oferta agregada de curto prazo (*SACP*) é ascendente (inclinação positiva) porque, para mais elevados níveis de preços, a margem de lucro aumenta quando importantes componentes de custo são temporariamente fixos no curto prazo.
- ☐ No longo prazo, o produto é limitado pela base de recursos produtivos da economia, sua atual tecnologia e a eficiência de suas instituições. Um nível de preços mais elevado não elimina essas restrições. Assim, a curva de oferta agregada de longo prazo (*SALP*) é vertical.
- ☐ Duas condições são necessárias para o equilíbrio de longo prazo no mercado de bens e serviços: (a) a quantidade demandada deve ser igual à quantidade oferecida e (b) o nível de preços atual deve ser igual ao nível de preços antecipado pelos agentes econômicos para esse período, quando eles tomarem as decisões de comprar e vender no atual período.
- ☐ Quando a economia está no equilíbrio de longo prazo, o produto estará em seu maior nível sustentável. A esse nível de produto, haverá pleno emprego e a *taxa atual* de desemprego será igual à *taxa natural*.
- ☐ O modelo de demanda e de oferta agregadas revela os determinantes do nível geral de preços e do produto real. No curto prazo, o nível de preços e o produto se ajustarão àqueles determinados pela interseção da curva de demanda agregada (*DA*) com a curva de oferta agregada de curto prazo (*SACP*). No longo prazo, o nível de preços e o produto gravitarão entre os correspondentes valores definidos pela interseção da curva de demanda agregada (*DA*) com a curva de oferta agregada de curto prazo (*SACP*) e a curva de oferta de longo prazo (*SACL*).
- ☐ Quando a economia está em equilíbrio de longo prazo, o produto potencial será atingido e haverá pleno emprego (a taxa atual de desemprego será igual à taxa natural).
- ☐ É importante distinguir a taxa real de juros da taxa nominal de juros. A taxa real de juros reflete o custo real para os devedores e o retorno real para os credores, em termos de poder de compra de bens e serviços. A taxa real de juros é igual à taxa nominal de juros menos o prêmio inflacionário. Esse prêmio depende da taxa de inflação esperada.
- ☐ Quando os mercados de ativos financeiros e de moeda estrangeira estão em equilíbrio, as injeções (investimento, compras do governo e exportações) ao fluxo circular de renda e despesa serão iguais aos seus vazamentos (poupança, impostos e importações).
- ☐ O equilíbrio macroeconômico exige que ocorra equilíbrio simultaneamente nesses quatro mercados macroeconômicos-chave e que a inter-relação destes se mantenha em harmonia.

Questões de Análise Crítica

1. Com suas próprias palavras, explique por que a demanda agregada é inversamente relacionada ao nível de preços. Por que essa sua explicação, que justifica a inclinação negativa da demanda agregada, difere da explicação que justifica o mesmo formato para a curva de demanda por um bem específico?

2. Quais os principais fatores que influenciam a nossa habilidade de produzir bens e serviços no longo prazo? Por que a curva de oferta agregada de longo prazo é vertical?

3. Por que a curva de oferta agregada de curto prazo é crescente, isto é, tem uma inclinação positiva? Se os preços dos recursos produtivos e dos bens e serviços aumentassem proporcionalmente (pela mesma porcentagem), as firmas estariam dispostas a expandir a produção? Por quê?

4. Suponha que, nos anos recentes, o nível geral de preços venha crescendo a 3% a.a. Um sindicato, com muitos associados, estabelece um contrato de três anos que implica um aumento nos salários nominais de 6% a.a. O que acontecerá com o salário real dos trabalhadores sindicalizados, se o nível geral de preços se mantiver constante durante os próximos três anos? Se outros sindicatos conseguirem contratos similares, o que provavelmente ocorrerá com a taxa de desemprego? Por quê? Responda a essas mesmas questões supondo que, em vez de constante, o nível geral de preços aumente em 8% a.a. durante os próximos três anos.

5. Qual é a atual taxa nominal de juros em um título do governo de cinco anos? Essa é também taxa real de juros? Por quê?

6. Qual é a taxa natural de desemprego? Por que a taxa atual de desemprego pode diferir da taxa natural de desemprego? Se a taxa atual de desemprego é inferior à taxa natural, essa situação pode ser sustentável por um longo período? Por quê?

7. No Capítulo 3, ao construirmos as curvas de demanda e de oferta de determinado bem, enfatizamos que, exceto pelo preço e pela quantidade desse bem, tudo o mais seria mantido constante. Qual o significado desse *tudo o mais*? Quais são os elementos importantes do *tudo o mais constante* quando construímos as curvas de demanda e de oferta agregadas de curto prazo (*DA* e *SACP*) e de oferta agregada de longo prazo (*SALP*)?

8. Se o nível geral de preços no período atual é superior ao que foi antecipado por compradores e vendedores, o que você espera que tende a ocorrer com os salários reais e com o nível de emprego? Como as margens de lucro das firmas serão afetadas? Como a taxa atual de desemprego se compara com a taxa natural de desemprego? A atual taxa de produto pode ser sustentável no futuro? Por quê?

9. Suponha que você compre R$ 5.000 de um título de renda fixa que paga 6% de juros a.a. e que tem cinco anos de maturidade, isto é, seu proprietário receberá o

principal daqui a cinco anos. Se, nos últimos anos, a taxa de inflação tem-se mantido estável em um nível de 3% a.a., qual o valor estimado para a taxa real de juros desse título? Se a taxa de inflação durante os próximos cinco anos permanecer estável em 3% a.a., qual será a taxa real de retorno de sua compra? Se a taxa de inflação nos próximos cinco anos for de 6% a.a., o que acontecerá com a taxa de retorno real desse título?

10. Como você relaciona os três conceitos listados a seguir?
    a) taxa de produto de equilíbrio de longo prazo;
    b) PIB potencial da economia;
    c) taxa de produto compatível com a igualdade entre a taxa atual e a taxa natural de desemprego.

11. A inflação ajuda os devedores em detrimento dos credores? Por quê? Você considera que a inflação favorecerá as pessoas de baixa renda em relação às de alta renda? Explique. De que forma um aumento não-antecipado na taxa de inflação afeta o endividamento do governo associado a um déficit público? O governo é ajudado pela inflação?

12. Se uma perpetuidade paga R$ 1.000 por ano, qual será o preço de mercado desse título se a taxa de juros de longo prazo for de 10%? Qual seria esse preço se a taxa de juros fosse 5%?

13. De que forma os preços dos títulos estão relacionados às taxas de juros? Por que eles devem estar relacionados?

14. O quadro a seguir nos fornece o nível geral de preços, a demanda agregada (*DA*) e a oferta agregada de curto prazo (*SACP*) para o período atual. Tanto compradores quanto vendedores antecipam para esse período que o nível geral de preços será P_{105}.
    a) Indique o PIB que será produzido durante esse período.
    b) Ele corresponde a um PIB de equilíbrio de longo prazo? Por quê?
    c) Qual será a relação entre a taxa atual e a taxa natural de desemprego durante o presente período? Explique a sua resposta.

DA_{105}	Nível de preços (*P*)	$SACP_{105}$
6.300	90	4.500
6.000	95	4.800
5.700	100	5.100
5.400	105	5.400
5.100	110	5.700
4.800	115	6.000

15. Considere uma economia cuja demanda agregada (*DA*) e oferta agregada de curto prazo (*SACP*) estão representadas no quadro a seguir. Os agentes econômicos esperam que, para o período atual, o nível geral de preços seja 105.
    a) Indique o valor do PIB a ser produzido durante o período atual.
    b) Esse é também um PIB de longo prazo? Por quê?
    c) Como a taxa de desemprego registrada no atual período se compara com a taxa natural de desemprego dessa economia?
    d) A taxa atual do PIB poderá ser sustentável no futuro? Por quê?

DA_{105}	Nível de preços (P)	$SACP_{105}$
6.900	90	4.500
6.600	95	4.800
6.300	100	5.100
6.000	105	5.400
5.700	110	5.700
5.400	115	6.000

16. Mostre que, quando há equilíbrio nos mercados de ativos financeiros e de moeda estrangeira, os vazamentos no fluxo circular de renda e despesa serão exatamente compensados pelas injeções nesse fluxo.

10 Operando com o Modelo Básico de Demanda e de Oferta Agregadas

Nós também podemos questionar, de maneira razoável, se é a lâmina superior ou a lâmina inferior de uma tesoura que corta um pedaço de papel, da mesma forma que podemos questionar que valor é determinado pela [demanda] ou [oferta].

Alfred Marshall[1]

FOCO DO CAPÍTULO

- Que fatores provocarão deslocamentos na demanda agregada? Que fatores deslocarão a oferta agregada?
- De que forma o mercado de bens e serviços se ajustará a uma variação na demanda agregada?
- Como a economia se ajusta a uma mudança na oferta agregada?
- Quais as causas das recessões e dos *booms*?
- Uma economia de mercado possui um mecanismo automático de correção que a conduzirá ao pleno emprego?

1. Alfred Marshall, *Principles of economics*. 8. ed. Londres: MacMillan, 1920, p. 348.

No Capítulo 9, concentramos nossa atenção nas condições de equilíbrio nos quatro mercados macroeconômicos básicos. Equilíbrio é importante, mas vivemos em um mundo dinâmico que constantemente boicota o equilíbrio. Os mercados estão sendo sempre afetados por mudanças não-antecipadas, tais como a invenção de um novo chip de computador, alterações na confiança dos consumidores, seca na região agrícola do Centro-Sul ou modificações nas despesas públicas. Como conseqüência, o equilíbrio está sendo continuamente perturbado. Assim, se quisermos compreender como as coisas funcionam no mundo real, é crucial que dominemos instrumentos analíticos capazes de nos fazer compreender como os mercados se ajustam à dinâmica das mudanças.

Estamos prontos a considerar de que forma os mercados macroeconômicos se ajustam a mudanças na demanda e na oferta agregadas. Como no capítulo anterior, vamos continuar supondo que a ação do governo não se modifica, isto é, a tributação, os gastos do governo e a política monetária não variam. No momento, estamos interessados em fazer que o leitor compreenda como os mercados macroeconômicos funcionam. Uma vez que tenhamos cumprido esse objetivo, estaremos aptos a compreender e a identificar tanto o potencial quanto as limitações das políticas macroeconômicas.

Mudanças Antecipadas e Não-Antecipadas

Como destacamos, em nossa discussão sobre inflação no Capítulo 8, é importante distinguir mudanças no nível geral de preços que são antecipadas daquelas que não são antecipadas. Essa distinção é importante para as várias áreas da análise econômica. **Mudanças antecipadas** são aquelas que ocorrerão no cenário econômico futuro, mas que são hoje antecipadas pelos agentes econômicos. Dessa forma, esses agentes econômicos têm tempo de se ajustar a essas mudanças, antes que elas ocorram. Por exemplo, suponha que seja antecipado, sob condições climáticas normais, o

> ***Mudanças antecipadas***
>
> Mudanças previstas pelos agentes econômicos, de modo que eles tenham tempo suficiente para se ajustar às novas condições de mercado.

uso de uma nova semente de milho híbrido, mais resistente à seca, a qual poderá expandir a produção de milho no Centro-Sul em cerca de 10%, no próximo ano. Com essa informação, compradores e vendedores planejarão sua estratégia para o próximo ano, considerando uma oferta maior e um menor preço para o milho. Eles ajustarão suas decisões no mercado do milho, de acordo com a antecipação do impacto dessas mudanças.

Em contraste, **mudanças não-antecipadas** surpreendem as pessoas. O mundo em que vivemos é caracterizado por uma dinâmica de mudanças – novos produtos são introduzidos, descobertas de novas técnicas de produção alteram custos, a seca reduz safras, a demanda aumenta para alguns bens e se contrai para outros. É impossível, para um agente econômico, responsável por decisões, antever a maioria dessas mudanças. A ciência econômica incorpora às suas preocupações o modo como as pessoas respondem a essas mudanças e de que forma os mercados se ajustam às diferentes circunstâncias. Como explicaremos a seguir, há uma forte razão para esperar que os processos de ajustamento sejam diferentes, caso as mudanças sejam antecipadas ou não.

Mudanças não-antecipadas

São mudanças que os agentes econômicos não têm condições de antever. Assim, as decisões tomadas antes da realização do evento não levarão em conta sua ocorrência.

Fatores que Deslocam a Demanda Agregada

A curva de demanda agregada isola o impacto do nível de preços sobre a quantidade demandada de bens e serviços. Como discutimos no capítulo anterior, uma redução no nível de preços provocará (1) um aumento na riqueza das pessoas que mantêm certa quantidade fixa de dinheiro, (2) uma redução na taxa real de juros e (3) uma mudança nos preços relativos dos bens comercializáveis: bens produzidos domesticamente ficarão relativamente mais baratos do que os produzidos no exterior. Esses três fatores conduzirão a um aumento na quantidade demandada de bens e serviços, à medida que o nível geral de preços baixar.

O nível de preços, entretanto, não é o único fator que influencia a demanda por bens e serviços. Quando construímos a curva de demanda agregada, supomos que muitos outros fatores que afetam as decisões dos compradores no mercado de bens e serviços sejam mantidos constantes. Mudanças nesses "outros fatores" deslocarão a curva de demanda agregada, alterando a quantidade comprada em cada nível de preços. Vamos examinar, com mais cuidado, os principais fatores que provocam deslocamentos na curva de demanda agregada.

1. **Mudanças na riqueza real.** O preço das ações no Brasil cresceu de forma marcante durante o ano de 1969. O *boom* no mercado acionário aumentou a riqueza real dos acionistas. Em contraste, tanto o preço das ações quanto

o das habitações declinaram durante o ano de 1983, reduzindo a riqueza real das famílias.

De que forma uma variação na riqueza das famílias afeta a demanda por bens e serviços? À medida que a riqueza real das famílias aumenta – talvez como resultado de um aumento no preço das ações, da habitação e/ou do mercado imobiliário em geral –, as pessoas demandam mais bens e serviços. Como a Figura 10.1 ilustra, esse aumento de riqueza deslocará a curva de demanda agregada (*DA*) para a direita (de DA_0 para DA_1). Mais bens e serviços são comprados em cada nível de preços. No entanto, uma redução na riqueza reduzirá a demanda agregada por bens e serviços, deslocando a curva *DA* para a esquerda (para DA_2).

2. **Mudanças na taxa real de juros.** Como discutimos anteriormente, os principais mercados macroeconômicos estão estreitamente relacionados. Uma variação na taxa real de juros, no mercado de ativos financeiros, influenciará as escolhas de consumidores e de investidores no mercado de bens e serviços. A uma taxa real de juros mais baixa, torna-se mais barato para os consumidores adquirir bens altamente associados a crédito, tais como bens duráveis, automóveis e habitações. É melhor comprar hoje que no futuro. Simultaneamente, essa baixa taxa real de juros estimulará os homens de negócios a investir em bens de capital. A taxa de juros influencia o custo de oportunidade de todos os projetos de investimento. Se, para realizar seu investimento, a firma precisa tomar emprestado, a taxa real de juros afeta diretamente os custos de tal projeto. Mesmo que a firma use seus próprios recursos, ela deixa de ganhar por não aplicá-los no mercado de ativos financeiros, à taxa real de juros. Portanto, uma

Figura 10.1
Deslocamentos na demanda agregada.

Um aumento na riqueza real, como aquele resultante de um *boom* no mercado acionário, elevará a demanda agregada, deslocando a curva de demanda para a direita (de DA_0 para DA_1). Em contraste, uma redução na riqueza real das famílias provocará uma diminuição na demanda por bens e serviços, fazendo que *DA* se desloque para a esquerda (de DA_0 para DA_2).

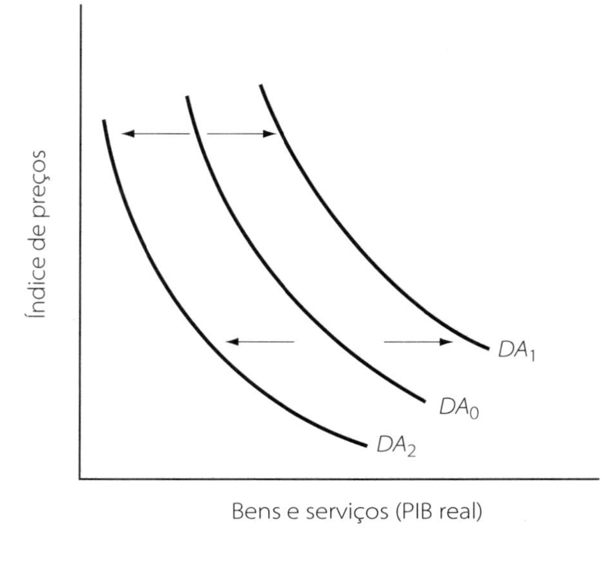

taxa real de juros mais baixa reduz o custo de oportunidade de projetos, independentemente de eles serem financiados com recursos próprios ou por meio de empréstimos.

Já que uma redução na taxa real de juros torna mais baratos o consumo e o investimento presentes em relação ao futuro, tanto as famílias quanto os investidores aumentarão, como resposta a essa menor taxa real de juros, suas despesas no presente. Desse modo, essa despesa adicional aumentará a demanda agregada, deslocando a curva de demanda para a direita. Contrariamente, um aumento na taxa real de juros torna os bens de consumo e de investimento, no momento, relativamente mais caros que no futuro, o que provocará uma redução na atual demanda agregada, deslocando a curva *DA* para a esquerda.

3. **Mudanças nas expectativas dos homens de negócios e das famílias sobre o futuro da economia.** O que as pessoas antecipam que vá ocorrer no futuro influencia suas atuais decisões com relação às compras. Um otimismo quanto ao que ocorrerá com a economia no futuro estimula investimentos no presente. Os tomadores de decisão nas firmas sabem que uma economia em expansão significa crescimento das vendas e um aumento nas margens de lucro. Se as firmas desejam se beneficiar das oportunidades geradas por esse otimismo, elas devem investir hoje. Do mesmo modo, quando os consumidores esperam que a economia continue se expandindo no futuro – o que lhes dá uma expectativa de segurança de emprego e de aumentos de renda nos próximos anos –, provavelmente utilizarão crédito para comprar bens, como automóveis e moradia. Dessa maneira, um otimismo crescente sobre o futuro da economia encoraja um aumento nas atuais despesas, tanto de investidores quanto de consumidores, elevando a demanda agregada.

   É claro que o pessimismo com relação ao estado da economia no futuro tem um efeito exatamente oposto ao que acabamos de descrever. Quando tanto investidores quanto consumidores esperam uma redução na atividade econômica (uma recessão), eles reduzirão suas despesas correntes, especialmente as associadas a crédito, com medo de não conseguir cumprir seus compromissos no futuro. Esse pessimismo provoca uma queda na demanda agregada, deslocando a curva *DA* para a esquerda.

4. **Mudanças na taxa de inflação esperada**. Quando consumidores e investidores acreditam que a taxa de inflação aumentará no futuro, eles têm um forte incentivo para comprar mais no período atual. "Compre agora, antes que o preço aumente" é a ordem do dia. Assim, a expectativa de um aumento na taxa de inflação estimula a atual demanda agregada, deslocando a curva *DA* para a direita.

   Entretanto, a expectativa de que a taxa de inflação no futuro seja menor desencoraja despesas no presente. Quando se espera uma estabilidade de preços no futuro (ou, pelo menos, uma desaceleração no processo inflacionário), os ganhos por se postergarem compras são reduzidos. A expectativa de que a taxa de inflação se reduza no futuro provocará uma queda na demanda agregada atual, deslocando a curva *DA* para a esquerda.

5. **Mudanças na renda do exterior**. Mudanças na renda dos principais parceiros comerciais afetam a demanda pelas exportações de um país. Se a renda dos países com os quais temos uma relação comercial intensa cresce rapidamente, a demanda por nossas exportações aumentará. Assim, uma demanda maior por nossas exportações estimulará a demanda agregada. Durante a segunda metade da década de 1960, o rápido crescimento de renda na Europa, no Canadá e nos Estados Unidos aumentou a demanda dos consumidores nessas áreas, inclusive de bens importados do Brasil. Isso fez que as exportações brasileiras se expandissem, aumentando a demanda agregada (deslocando a curva *DA* para a direita).

   Contrariamente, quando nossos parceiros comerciais experimentam condições de recessão econômica, eles reduzem suas compras, inclusive suas compras no exterior. Portanto, uma queda na renda dos países com os quais mantemos comércio tende a reduzir tanto nossas exportações quanto nossa demanda agregada.

   Atualmente, cerca de 10% dos bens e serviços produzidos no Brasil são vendidos a compradores estrangeiros. O setor de exportação do Canadá, do México e da maior parte dos países da Europa Ocidental é bem maior que o do Brasil. Quanto maior o tamanho do setor de comércio, maior a importância potencial de as flutuações de renda no exterior gerarem uma instabilidade em nossa demanda agregada. Se a demanda de compradores no exterior não aumenta, ou cai juntamente com a demanda doméstica, a diversidade de comportamento, nesses dois componentes de demanda agregada, reduzirá a magnitude das flutuações na demanda agregada.

6. **Mudanças nas taxas de câmbio.** Como explicamos anteriormente, mudanças na taxa de câmbio afetarão o preço relativo, tanto das importações quanto das exportações. Uma valorização do real, em relação ao dólar, no mercado de câmbio, fará que fique mais barato, para os brasileiros, importar bens do exterior e mais caro, para os estrangeiros, comprar produtos brasileiros. Como resultado, as importações brasileiras aumentarão e as exportações cairão. Foi essa a experiência brasileira no período 1995-1998, quando o real esteve valorizado em relação ao dólar e nossas exportações líquidas foram negativas. Tudo o mais constante, uma queda nas exportações líquidas (exportações menos importações) reduzirá a demanda agregada (deslocará a curva *DA* para a esquerda).

   Em 1998, as exportações líquidas brasileiras totalizaram US$ 6,474 bilhões e, nesse ano, a média mensal da taxa de câmbio foi de R$ 1,16 por dólar. Já acumulando déficits comerciais (exportações líquidas negativas) desde 1995, o governo brasileiro optou por mudar sua política cambial. No início de 1999, o regime de câmbio foi modificado e essa nova política implicou uma desvalorização do real em relação ao dólar. Em 1999, a média mensal da taxa de câmbio foi de R$ 1,81 por dólar, implicando, portanto, em um ano, uma desvalorização média do real de 56,3%. Note, entretanto, que essa não é uma desvalorização real de nossa moeda, uma vez que os preços domésticos aumentaram (IPA aumentou em 28,9%) e os preços domésticos de nossos parceiros comerciais também variaram. A desvalorização do real, como era de esperar, estimulou nossas exportações e comprimiu as importações, fazendo que o déficit comercial se reduzisse. Em 1999, nossas exportações líquidas somaram US$ 1,199 bilhão.

Considere o impacto de um aumento no valor do dólar em relação ao peso mexicano, como o que ocorreu durante a crise financeira do México. Nos últimos meses de 1994 e no início de 1995, o número de pesos necessário para comprar um dólar dobrou em apenas alguns meses. Como resultado dessa valorização do dólar e, conseqüentemente, da depreciação do peso, importar do México ficou extremamente barato para os consumidores norte-americanos. A um preço em dólares mais baixo, os norte-americanos importavam muitos bens do México. Simultaneamente, a desvalorização da moeda mexicana fez que os preços dos produtos norte-americanos ficassem bem mais caros, em termos de peso. Como resultado, as exportações norte-americanas para o México caíram. Essa queda nas exportações líquidas, que reflete o aumento nas importações norte-americanas do México e um declínio nas exportações dos Estados Unidos para esse país, gerou uma pressão de redução na demanda agregada norte-americana. Mais recentemente, uma valorização do dólar em relação à maioria das moedas asiáticas teve um impacto similar. À medida que o dólar se valorizou (e as moedas asiáticas depreciaram), as exportações líquidas dos Estados Unidos para os países asiáticos apresentaram um declínio acentuado em 1998, provocando uma redução na demanda agregada norte-americana.

Uma desvalorização do dólar terá um efeito exatamente oposto ao que acabamos de descrever. Com a desvalorização do dólar em relação a outras moedas estrangeiras, os bens produzidos no exterior ficam mais caros para o consumidor norte-americano, enquanto os produtos norte-americanos ficam mais baratos para os estrangeiros. O resultado será um aumento nas exportações líquidas norte-americanas e, portanto, um estímulo na sua demanda agregada (deslocamento da curva *DA* para a direita).[2]

As "Regras de Bolso", a seguir, resumem os principais fatores que provocam deslocamentos na demanda agregada. Na seqüência analisaremos como

2. Adiante, quando discutirmos finanças internacionais, analisaremos os determinantes da taxa de câmbio e consideraremos, mais detalhadamente, de que forma mudanças nessa taxa afetam tanto o comércio quanto os mercados macroeconômicos.

o mercado de bens e serviços se ajusta a mudanças na demanda. Os gastos do governo, os impostos e a política monetária também influenciam a demanda agregada. A compreensão de como o mercado de bens e serviços funciona nos dá a fundamentação necessária para a análise das políticas fiscal e monetária, tópicos que serão considerados mais à frente, em outro capítulo.

Regras de Bolso

Que fatores influenciam a demanda agregada?

Esses fatores aumentarão (reduzirão) a demanda agregada (*DA*).*

1. Um aumento (decréscimo) da riqueza real.
2. Um decréscimo (aumento) na taxa real de juros.
3. Um aumento no otimismo (pessimismo) dos agentes econômicos (produtores e consumidores) sobre as condições futuras da economia.
4. Um aumento (declínio) na taxa de inflação esperada.
5. Um aumento (redução) da renda real dos principais parceiros comerciais.
6. Uma desvalorização (valorização) da moeda nacional em relação às outras moedas.

* As políticas macroeconômicas que também afetam a demanda agregada serão consideradas adiante.

Mudanças Não-Antecipadas na Demanda Agregada

De que forma as mudanças não-antecipadas na demanda agregada influenciam o nível de preços e a taxa do produto no mercado de bens e serviços? Levará algum tempo para que os agentes econômicos, ao tomar suas decisões, incorporem plenamente essas mudanças não-antecipadas. Inicialmente, não estará claro para os agentes econômicos se uma variação – um aumento de vendas, por exemplo – reflete a ocorrência de um evento aleatório ou uma mudança efetiva nas condições de demanda. Também será necessário algum tempo para que os homens de negócios identifiquem se a mudança é temporária ou permanente. Mesmo depois de os agentes econômicos estarem convencidos de que as condições de mercado mudaram, é preciso tempo para que eles levem a termo suas novas decisões, decorrentes das novas condições. Em alguns casos, o ajustamento pleno à nova situação exigirá mais tempo ainda, se contratos de longo prazo só puderem ser revistos ao seu término. Todos esses fatores reduzirão a velocidade com que o mercado se ajusta a mudanças não-antecipadas nas condições de demanda.

Aumento na Demanda Agregada

Na parte *a* da Figura 10.2, é ilustrado de que forma uma economia que está em equilíbrio de longo prazo se ajusta a um aumento não-antecipado na demanda agregada. Inicialmente, a economia está em equilíbrio de longo prazo, com um produto Y_F e um nível geral de preços P_{100} (ponto E_1). A demanda e a oferta agregadas estão em equilíbrio. Os agentes econômicos têm antecipado corretamente o atual nível geral de preços, e a economia está operando no nível de produto de pleno emprego.

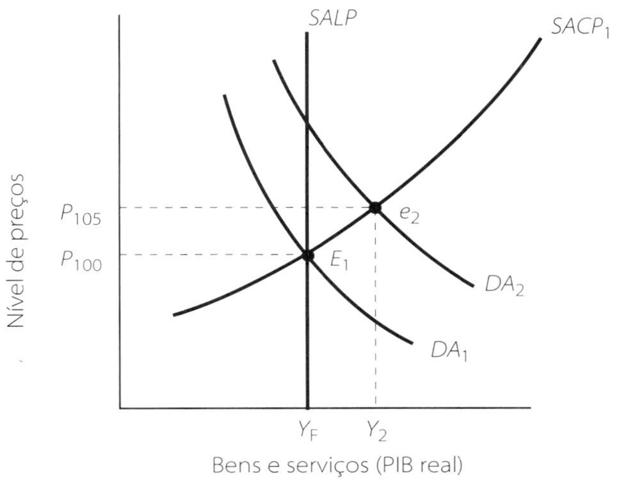

(a) Efeitos de curto prazo de um aumento na *DA*

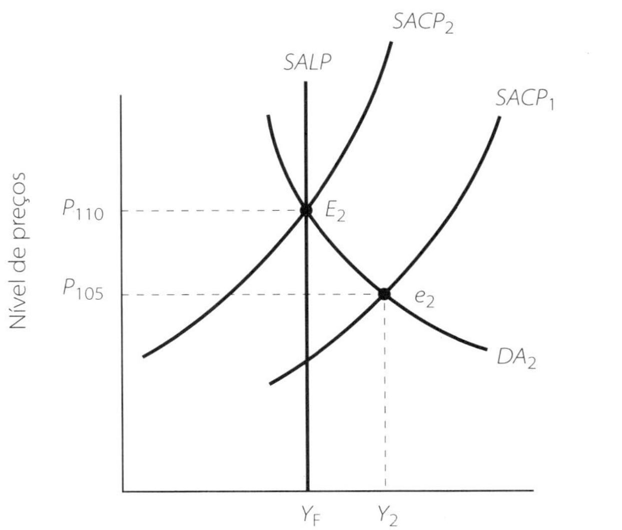

(b) Efeitos de longo prazo de um aumento na *DA*

Figura 10.2
Efeitos de um aumento não-antecipado na demanda agregada.

Em resposta a um aumento não-antecipado na demanda agregada pelos agentes econômicos (deslocamento de DA_1 para DA_2), os preços subirão (para P_{105}) no curto prazo, e o produto, temporariamente, excederá o produto de pleno emprego (parte *a*). Entretanto, com o passar do tempo, os preços nos mercados de recursos produtivos, incluindo o mercado de trabalho, aumentarão como resultado da pressão de demanda agregada. Preços de recursos produtivos mais elevados implicam custos mais elevados, o que reduzirá a oferta agregada para $SACP_2$ (parte *b*). No longo prazo, um novo equilíbrio ocorrerá em um nível de preços maior (P_{110}) e a um produto consistente com o produto potencial sustentável da economia. Assim, o aumento na demanda agregada expandirá o produto somente de forma temporária.

Considere agora o que ocorreria se esse equilíbrio fosse perturbado por um aumento não-antecipado na demanda agregada (deslocamento da curva DA_1 para DA_2) em virtude de um *boom* no mercado acionário ou de um crescimento mais rápido na renda dos principais parceiros comerciais. No nível geral de preços (P_{100}), haverá um excesso de demanda de bens e serviços. Reagindo a esse excesso de demanda e ao conseqüente aquecimento nas vendas, as firmas aumentam seus preços. Dessa forma, suas margens de lucro também se elevam (uma vez que o preço dos bens aumenta em relação ao custo dos recursos), e haveria uma expansão na produção, ao longo da curva de oferta agregada de curto prazo (*SACP*). Como fica claro na parte *a* da Figura 10.2, a economia atingiria um equilíbrio de curto prazo (e_2), a uma taxa de produto maior (Y_2) e a um nível geral de preços mais elevado (P_{105}). (*Nota*: O equilíbrio de curto prazo é indicado pela letra minúscula *e*, enquanto a letra maiúscula *E* é usada para designar o equilíbrio de longo prazo. Essa convenção será seguida em todo o texto.)

No curto prazo, o produto será diferente do produto de pleno emprego, quando o nível geral de preços no mercado de bens e serviços diferir do nível geral de preços esperado pelas pessoas. Isso ocorrerá quando o equilíbrio de longo prazo for perturbado por uma mudança não-antecipada na demanda agregada. O aumento de demanda elevará o nível geral de preços acima do nível esperado pelos agentes econômicos. Por algum tempo, muitas taxas salariais, pagamentos de juros, de aluguéis, bem como preços de outros recursos produtivos, continuarão a refletir o nível geral de preços antecipado (P_{100}) e, conseqüentemente, o menor nível de demanda. Como os mercados não se ajustam instantaneamente, o preço desses recursos e, portanto, os custos de produção dos bens que os utilizam não acompanharão o crescimento dos preços no mercado de bens e serviços. Desse modo, o nível de preços mais elevado aumentará, temporariamente, as margens de lucro, que, por sua vez, estimularão as firmas a expandir tanto o produto quanto o emprego no curto prazo. Como resultado, a taxa de desemprego se reduzirá para um nível inferior à taxa natural e o produto, temporariamente, excederá o produto potencial de longo prazo da economia.[3]

---

3. Um estudante atento pode se questionar como o produto (e, conseqüentemente, a quantidade de recursos) pode ser aumentado, ainda que temporariamente, enquanto os salários reais e, mais genericamente, os preços dos recursos produtivos estão declinando. Há duas razões para que isso ocorra. Primeiro, em um ambiente inflacionário, os trabalhadores (e os proprietários de outros recursos produtivos) podem ser enganados, ao menos temporariamente, pelo aumento nos salários nominais (ou no preço dos recursos) que seja inferior à taxa de inflação. Em decorrência de salários nominais maiores, os trabalhadores podem oferecer mais trabalho, ainda que seus salários reais tenham caído. Embora tenhamos apresentado nossa análise em um ambiente não-inflacionário, a ligação básica entre os salários reais (custos) e a oferta agregada de curto prazo (*SACP*) se mantém. Uma redução na taxa de salário real, ainda que isso assuma a forma de um aumento no salário nominal inferior à taxa de inflação, diminuirá os custos reais e, portanto, aumentará a *SACP*. Segundo, a base de recursos produtivos pode se expandir temporariamente, em resposta a um aumento na demanda agregada, porque o

Entretanto, isso não é o fim da história. Esse aumento de demanda, acompanhado por uma elevação no nível de preços e na taxa de produto, provocará uma pressão de alta nos preços dos recursos produtivos e no mercado de ativos financeiros. Com o passar do tempo, essa demanda mais elevada (mais aquecida) pressionará os salários para cima, assim como os preços de outros recursos produtivos e a taxa real de juros. Como ilustra a parte *b* da Figura 10.2, o aumento nos preços dos recursos produtivos e, conseqüentemente, nos custos de produção deslocará a curva de oferta agregada de curto prazo para a esquerda (para $SACP_2$). Eventualmente, a economia atingirá seu novo equilíbrio de longo prazo (E_2) a um nível geral de preços maior (P_{110}), que é corretamente antecipado pelos agentes econômicos.

Assim, o aumento no PIB real acima do produto potencial de longo prazo é apenas temporário. Esse aumento perdurará até que os preços dos recursos produtivos (e taxas de juros) que se mantinham temporariamente fixos se ajustem para cima em decorrência do aumento de demanda agregada. Quando isso ocorrer, as margens de lucro retornarão ao seu nível normal, o produto voltará a ser o produto potencial de longo prazo da economia, e a taxa de desemprego retornará ao seu nível natural.

Como um aumento na demanda agregada não altera a capacidade produtiva de uma economia, ela não pode expandir permanentemente o produto (além de Y_F). O aumento de demanda agregada expande o produto temporariamente, mas, ao longo do tempo, seu principal efeito serão preços mais elevados (inflação).

Redução na Demanda Agregada

De que forma o mercado de bens e serviços se ajusta a uma redução não-antecipada na demanda agregada? Por exemplo, suponha que os agentes econômicos fiquem mais pessimistas quanto ao futuro da economia ou que a renda real dos principais parceiros no comércio exterior tenha se reduzido, produzindo uma queda na demanda por nossas exportações. A Figura 10.3 nos ajudará a analisar essa questão.

Considere, uma vez mais, que a economia está em equilíbrio de longo prazo E_1 a uma taxa de produto Y_F e nível geral de preços P_{100}, conforme ilustrado na parte *a* da figura. O equilíbrio de longo prazo é perturbado pela redução na demanda agregada, representada pelo deslocamento de DA_1 para DA_2. Com a queda na demanda agregada, as firmas não conseguirão mais vender Y_F de produto no nível de preços P_{100}. No curto prazo, as firmas procurarão diminuir sua produção e, conseqüentemente, o pro-

---

custo de entrar no mercado de trabalho se reduz durante as fases de *boom* do ciclo econômico. Novos trabalhadores que potencialmente podem entrar na força de trabalho não terão nenhuma dificuldade em encontrar emprego durante um período de expansão econômica, fazendo que o tamanho da força de trabalho cresça mais rapidamente. Contudo, a força de trabalho tende a diminuir ou a crescer menos rapidamente, durante o período de contração econômica, quando o custo de entrar no mercado de trabalho é muito alto.

Figura 10.3
Efeitos de uma redução não-antecipada na oferta agregada.

O impacto de curto prazo de uma redução não-antecipada na demanda agregada (deslocamento de DA_1 para DA_2) provocará uma queda no produto para Y_2 e uma queda no nível geral de preços para P_{95} (parte *a*). Temporariamente, as margens de lucro cairão, o produto será reduzido e a taxa de desemprego será superior à taxa natural. No longo prazo, o menor nível de demanda e o conseqüente excesso de oferta no mercado de recursos promoverão uma redução nas taxas de salário e nos preços dos recursos produtivos. Isso provocará uma redução nos custos, fazendo que a oferta de curto prazo aumente (deslocamento para $SACP_2$ na parte *b*). Entretanto, a restauração do equilíbrio de longo prazo (E_2) pode ser tão penosa quanto exigente em termos de tempo.

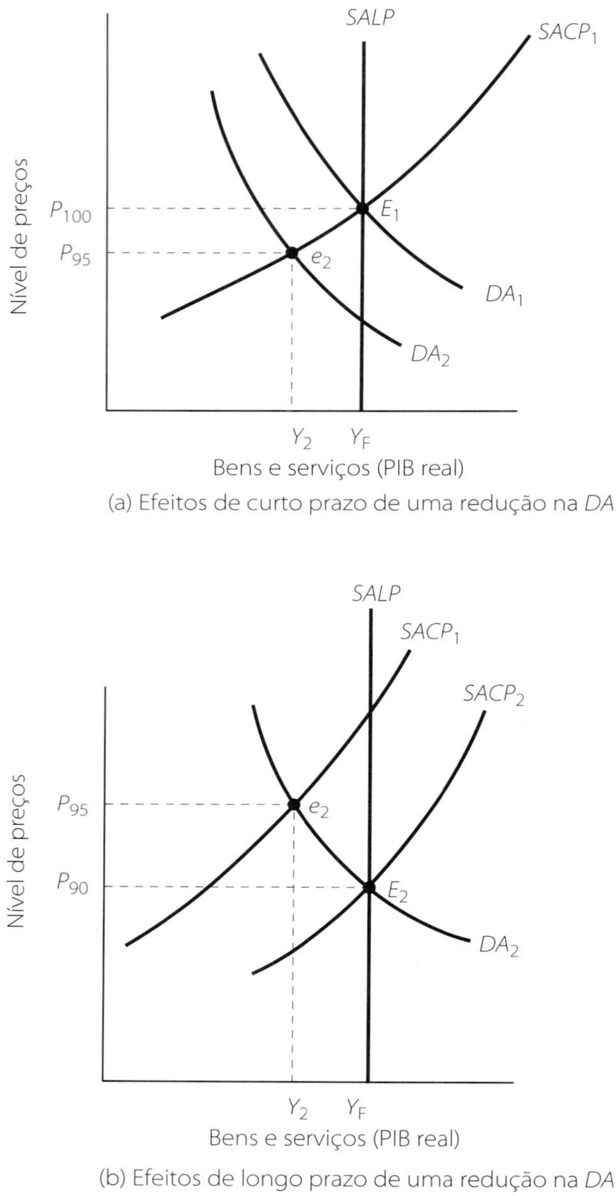

duto (Y_2) e reduzir seus preços (P_{95}), em resposta à queda na demanda agregada. Como muitos componentes dos custos de produção das firmas estão temporariamente fixos, as margens de lucro se reduzirão. Como devíamos esperar, as firmas reduzirão a produção e desempregarão trabalhadores, fazendo que a taxa de desemprego aumente. A taxa atual de desemprego aumentará em um nível superior à taxa natural de desemprego da economia. A queda de demanda e o conseqüente excesso de oferta atingirão os mercados de recursos produtivos. Essas forças produzirão uma pressão de queda nos preços dos recursos produtivos.

Se os preços dos recursos produtivos se ajustarem rapidamente para um nível mais baixo, em resposta à redução de demanda agregada e ao aumento de desemprego, a queda no nível de produto para Y_2 *será breve.* A queda no preço dos recursos produtivos reduzirá os custos e, portanto, aumentará a oferta agregada (deslocamento para $SACP_2$), conforme ilustra a parte *b* da Figura 10.3. Sob essas condições, o novo equilíbrio de longo prazo (E_2) da economia ocorrerá à taxa de produto de pleno emprego (Y_F) e em um nível geral de preços mais baixo (P_{90}). Taxas de juros mais baixas também terão papel importante. Dado que muitas firmas operam com capacidade ociosa (excesso de capacidade produtiva), a demanda por bens de capital (investimento) se reduzirá, provocando uma queda na demanda por fundos, no mercado de ativos financeiros, promovendo, portanto, uma pressão de queda sobre as taxas de juros. Taxas de juros mais baixas estimulam os gastos correntes, compensando, em parte, a queda na demanda e estimulando a economia a voltar ao seu nível de equilíbrio de pleno emprego.

O preço dos recursos produtivos e as taxas de juros, entretanto, não devem se ajustar muito rapidamente. Contratos de longo prazo e incerteza sobre a natureza (temporária ou permanente) da queda na demanda agregada farão que o processo de ajustamento seja mais lento. Além disso, os trabalhadores individuais e os líderes sindicais podem, inicialmente, relutar em aceitar salários nominais mais baixos. *Se os preços dos recursos produtivos são inflexíveis para baixo, como muitos economistas acreditam, o processo de ajustamento será longo e penoso. Longos períodos de recessão econômica – produto abaixo da capacidade plena e taxa de desemprego anormalmente elevada – podem ocorrer, antes que o equilíbrio de longo prazo seja restabelecido.*

Deslocamentos na Oferta Agregada

O que acontece se a demanda agregada permanece a mesma, mas a oferta agregada varia? A resposta a essa questão depende da natureza da mudança na oferta agregada – isto é, se a mudança é de longo ou de curto prazo. Uma mudança na oferta agregada de longo prazo significa, na realidade, uma mudança nas possibilidades de produção de longo prazo de uma economia (a taxa de produto potencial sustentável). Por exemplo, a descoberta de uma nova fonte de energia de mais baixo custo provocará uma variação na oferta agregada de longo prazo. Em uma situação como essa, tanto a curva de oferta agregada de longo prazo (*SALP*) quanto a de curto prazo (*SACP*) se modificarão.

Em contraste, mudanças que alterem temporariamente a capacidade produtiva de uma economia deslocam a curva de oferta agregada de curto prazo (*SACP*), mas não têm nenhum efeito sobre a de longo prazo (*SALP*). Uma seca na agricultura do Centro-Sul é um exemplo de uma alteração que afeta apenas a oferta de curto prazo. A seca terá seus impactos negativos no curto prazo e, eventualmente, seus efeitos se dissiparão, de modo que o produto retorne ao seu nível normal de longo prazo. Mudanças que são de natureza temporária deslocam apenas a curva de oferta agregada de curto prazo

(*SACP*). Vamos agora considerar os principais fatores responsáveis por deslocamentos das curvas de oferta agregada de longo e de curto prazos.

Mudanças na Oferta Agregada de Longo Prazo

Lembre-se de que a curva de oferta agregada de longo prazo nos indica a taxa de produção máxima sustentável, dados no momento (1) a base de recursos produtivos da economia, (2) seu nível tecnológico e (3) sua organização institucional, que afeta a produtividade e a eficiência do uso de recursos. Mudanças em qualquer um desses três condicionantes do produto fazem que a curva de oferta agregada de longo prazo se desloque. A parte *a* da Figura 10.4 ilustra mudanças que aumentam a capacidade produtiva da economia e, portanto, implicam um deslocamento para a direita da curva de oferta agregada de longo prazo (*SALP*). Com o passar do tempo, o investimento líquido pode expandir a oferta de capital físico, de recursos naturais e de recursos humanos (trabalho). Investimento em capital físico pode expandir a oferta de prédios, máquinas, equipamentos e outros ativos físicos. Com o passar do tempo, mudanças na demografia, bem como no tamanho e na composição da força de trabalho, podem afetar a oferta de trabalho. Do mesmo modo, educação, treinamento, aquisição de experiência no trabalho podem melhorar a qualidade da força de trabalho e, assim, expandir a oferta de recursos humanos.

Eventos que deslocam a curva de oferta agregada de longo prazo tornam possíveis um aumento na taxa do produto e sua sustentação ao longo do tempo. Desse modo, esses eventos aumentarão tanto a oferta agregada de longo prazo quanto a de curto prazo, fazendo que as curvas *SALP* e *SACP* se desloquem para a direita. No entanto, uma redução permanente na quantidade (ou qualidade) de recursos produtivos diminuirá tanto a capacidade de produção corrente como a capacidade de produção da economia no longo prazo, deslocando as curvas de *SALP* e *SACP* para a esquerda.

Melhorias tecnológicas – a descoberta de um novo produto econômico ou maneiras mais baratas de produzir bens e serviços – também nos permitem obter maior nível de produto com uma mesma disponibilidade específica de recursos. A fantástica melhora em nosso padrão de vida, durante os últimos 250 anos, é, em grande parte, o resultado de invenções e adoção de uma tecnologia superior na transformação de recursos em bens e serviços. O desenvolvimento do motor a explosão, da eletricidade e da energia nuclear alterou de forma substancial nossas fontes de energia. O desenvolvimento de ferrovias, de automóveis e de aeroplanos mudou drasticamente tanto o custo quanto a experiência do sistema de transporte. Mais recentemente, o desenvolvimento de microcomputadores, aparelhos de CDs, fornos de microondas, câmaras de vídeo e aparelhos de fax vem expandindo nossa capacidade produtiva, modificando o modo como trabalhamos e nos divertimos. Melhorias tecnológicas aumentam nossa **produtividade** e, portanto, deslocam para a direita as curvas *SALP* e *SACP*.

Produtividade

Produto médio produzido por trabalhador durante determinado período. Geralmente, é medida em termos de produto por homem-hora de trabalho.

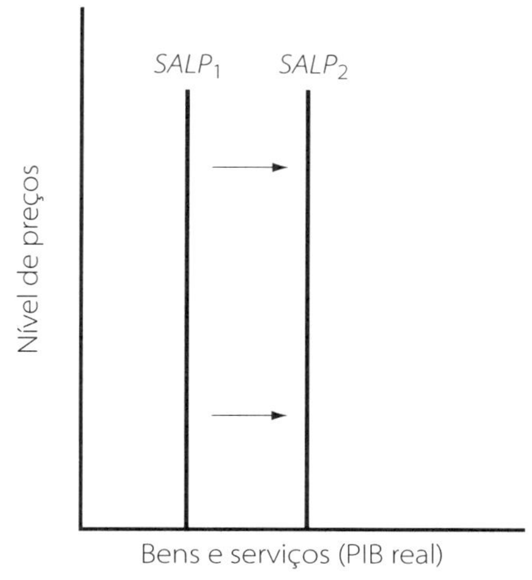

(a) Aumento na *SALP*

Figura 10.4
Deslocamento da oferta agregada.

Fatores, como um aumento no estoque de capital ou uma inovação tecnológica, expandem o produto potencial da economia e deslocam a curva *SALP* para a direita (parte *a*). Uma redução no preço dos recursos produtivos, um clima mais favorável ou uma redução temporária no preço internacional de um importante recurso importado deslocam a curva *SACP* para a direita (parte *b*). Naturalmente, as mudanças que implicam redução na oferta, tanto de curto quanto de longo prazos, deslocarão as curvas *SALP* e *SACP* para a esquerda.

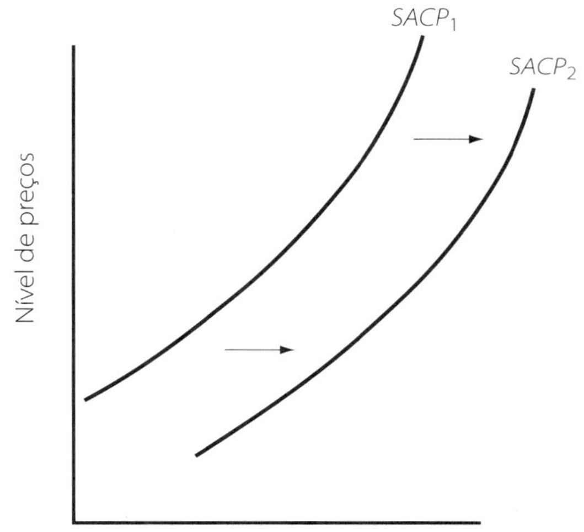

(b) Aumento na *SACP*

Finalmente, mudanças institucionais podem também afetar a eficiência com que os recursos produtivos são usados e, dessa forma, alterar a curva de oferta agregada de longo prazo (*SALP*). Políticas públicas aumentam a oferta agregada quando elas promovem a eficiência econômica, ao fornecer, por exemplo, bens públicos a um baixo custo. Em contraste, arranjos institucionais, às vezes, promovem desperdício e aumento nos custos de produção. Por exemplo, os estudos indicam que a legislação que impõe um salário mínimo reduz o emprego e restringe as oportunidades de treinamento no trabalho, particularmente no caso de jovens trabalhadores. Arranjos institucionais como estes reduzem a oferta agregada.

A taxa média de crescimento do PIB real no Brasil nos últimos cem anos tem sido de 5% a.a. Isso indica que aumentos na oferta de recursos produtivos e melhorias na produtividade têm expandido o produto potencial real da economia. Portanto, as curvas *SALP* e *SACP* têm-se gradualmente deslocado para a direita, em cerca de 5% a.a., às vezes mais rapidamente e às vezes mais lentamente.

Mudanças na Oferta Agregada de Curto Prazo

Mudanças em certas condições da economia podem, muitas vezes, afetar o produto atual sem alterar o produto potencial da economia de longo prazo. Quando isso ocorre, a curva *SACP* se deslocará, embora a curva *SALP* permaneça imutável. Que tipos de mudanças produzirão tais resultados?

1. **Mudanças nos preços dos recursos produtivos.** Quando, no Capítulo 9, derivamos a curva de oferta agregada de curto prazo (*SACP*), chamamos a atenção para o fato de que, ao longo da curva de oferta, os preços dos recursos produtivos permaneciam constantes. Uma mudança no preço dos recursos altera a curva de oferta agregada de curto prazo (*SACP*), mas não modifica necessariamente a oferta agregada de longo prazo (*SALP*). Uma redução no preço dos recursos produtivos diminuirá o custo de produção e, portanto, deslocará a curva *SACP* para a direita, como ilustrado na parte *b* da Figura 10.4. Entretanto, a menos que a queda nos preços dos recursos produtivos decorra de um aumento na oferta agregada de longo prazo desses recursos, essas mudanças nos preços não terão nenhum efeito sobre a oferta agregada de longo prazo. De modo similar, um aumento nos preços dos recursos provoca um aumento nos custos de produção, deslocando a curva *SACP* para a esquerda. A menos que esse aumento de preços resulte de uma redução na disponibilidade de longo prazo dos recursos dessa economia, ele não terá nenhum efeito sobre a curva *SALP*.[4]

---

4. A definição da oferta agregada de longo prazo ajuda a deixar claro por que mudanças nos preços dos recursos produtivos afetam apenas a oferta agregada no curto prazo, não tendo qualquer efeito sobre a oferta de longo prazo. Quando uma economia está operando sobre a curva de oferta agregada de longo prazo (*SALP*), a relação entre os preços dos recursos produtivos (custo de produção) e os preços dos produtos deve refletir as condições normais em um mercado competitivo. Como tanto o lucro quanto as taxas de desemprego estão nos seus níveis normais, não há nenhuma tendência para os preços dos recursos variarem em relação aos preços dos produtos, quando o produto corrente da economia for igual ao seu produto potencial. Desse modo, quando uma economia está operando na sua curva de oferta

2. **Mudanças na taxa de inflação esperada.** Como destacamos anteriormente, uma mudança na taxa de inflação esperada afetará a demanda agregada atual (*DA*) no mercado de bens e serviços. Essas mudanças também afetarão a curva de oferta agregada de curto prazo. Se os vendedores no mercado de bens e serviços esperam que a inflação aumente no futuro, o incentivo que eles têm para vender, a determinado preço, no período atual, será reduzido. No fim das contas, bens que não sejam vendidos hoje poderão ser comercializados no futuro, segundo as expectativas dos vendedores, a preços mais elevados (como resultado de um aumento na taxa de inflação). Portanto, um aumento na taxa de inflação esperada reduzirá a *oferta atual* de bens e serviços, fazendo que a curva *SACP* se desloque para a esquerda. Naturalmente, uma redução na taxa de inflação esperada terá um impacto exatamente contrário ao descrito. Quando vendedores esperam que os preços no futuro sejam inferiores aos preços correntes, aumenta o incentivo que eles têm para vender suas mercadorias hoje. Por que esperar, se o preço não vai aumentar no futuro? Assim, uma redução na taxa de inflação esperada aumentará a oferta agregada de curto prazo (desloca a curva *SACP* para a direita).
3. **Choques de oferta.** Vários choques de oferta podem também alterar o produto atual sem afetar diretamente a capacidade produtiva da economia. **Choques de oferta** são eventos não-esperados que aumentam ou diminuem temporariamente o produto corrente. Por exemplo, condições climáticas adversas, um desastre natural ou um aumento temporário no preço de um recurso importado que seja importante no processo produtivo (como o preço do petróleo) reduzirão a oferta atual, ainda que nenhum deles possa afetar a capacidade produtiva de longo prazo da economia. Eles provocarão uma redução na oferta agregada de curto prazo (deslocamento da curva *SACP* para a esquerda), sem afetar diretamente a curva *SALP*. Contudo, condições climáticas excepcionalmente favoráveis ou uma redução temporária no preço de um recurso importado, como o petróleo, aumentam o produto corrente, sem afetar a capacidade produtiva de longo prazo da economia.

> ***Choque de oferta***
>
> Evento não-esperado que provoca um aumento ou uma redução temporária na oferta agregada.

As "Regras de Bolso", a seguir, resumem os principais fatores que influenciam as curvas de oferta agregada de curto e de longo prazos. É claro que políticas macroeconômicas também afetarão a oferta agregada. Como no caso da demanda agregada, consideraremos o impacto de políticas macroeconômicas sobre a oferta agregada nos capítulos subseqüentes.

---

agregada de longo prazo (*SALP*), qualquer mudança nos preços dos recursos produtivos será acompanhada de uma mudança proporcional nos preços dos produtos, mantendo, inalterado, portanto, o incentivo para a oferta de recursos (e de produto).

Regras de Bolso

Que fatores influenciam as ofertas agregadas de longo e de curto prazos?

Esses fatores aumentarão (reduzirão) a oferta agregada de longo prazo (*SALP*).*

1. Um aumento (redução) na oferta de recursos.
2. Uma melhoria (deterioração) na tecnologia e na produtividade.
3. Mudanças institucionais que aumentam (reduzem) a eficiência no uso de recursos produtivos.

Esses fatores aumentarão (reduzirão) a curva de oferta agregada de curto prazo (*SACP*).*

1. Uma redução (aumento) no preço de recursos produtivos – isto é, nos custos de produção.
2. Uma redução (aumento) na taxa de inflação esperada.
3. Choques de oferta favoráveis (desfavoráveis) tais como bom (mau) tempo ou uma redução (aumento) no preço internacional de um importante recurso importado.

* Os impactos das políticas macroeconômicas serão considerados adiante.

Impactos de Mudanças na Oferta Agregada

Como destacamos anteriormente, o impacto das mudanças nas condições de mercado depende, em grande parte, de essas mudanças serem ou não-antecipadas pelos agentes econômicos. Quando uma alteração ocorre de forma gradual e previsível, os agentes econômicos farão as suas escolhas, levando em conta a antecipação da ocorrência de tais eventos. Desse modo, essas mudanças não perturbarão as condições de equilíbrio de mercado, pois os agentes econômicos, ao definir suas ações, já antecipavam sua ocorrência.

Crescimento Econômico e Mudanças Antecipadas na Curva de Oferta Agregada de Longo Prazo

Com o passar do tempo, os investimentos líquidos, as melhorias tecnológicas e a eficiência institucional ampliam a taxa de produto real sustentável. Tal crescimento econômico deslocará a curva de oferta agregada de longo prazo (*SALP*) da economia para a direita. Quando expansões na capacidade produtiva de uma economia são persistentes e previsíveis, elas serão antecipadas pelos agentes econômicos. Dessa forma, não perturbarão o equilíbrio macroeconômico.

A Figura 10.5 ilustra o impacto do crescimento econômico no mercado de bens e serviços. Inicialmente, a economia estava em equilíbrio de longo prazo no nível de preços P_1 e à taxa de produto Y_{F1}. O crescimento aumenta o produto potencial da economia, deslocando para a direita tanto a curva de oferta de longo prazo (de $SALP_1$ para $SALP_2$) quanto a de curto prazo (de $SACP_1$ para $SACP_2$). Como essas mudanças são graduais, os agentes econômicos têm tempo de prever as alterações que ocorrerão nas condições de mercado e de ajustar suas decisões conforme suas previsões.

Quando o crescimento econômico aumenta as possibilidades de produção de uma economia, será possível produzir mais e sustentar uma taxa de produto real maior (Y_{F_2}). Uma taxa de produto mais elevada pode ser atingida, ainda que a taxa de desemprego se mantenha no seu nível natural. Se a oferta de moeda permanecer constante, o aumento na oferta agregada promoverá uma redução no nível geral de preços (P_2).

Durante os últimos 50 anos, o produto real da economia brasileira se expandiu de forma significante, assim como em outros países. Entretanto, contrariamente ao que se apresenta na Figura 10.5, o nível geral de preços não caiu. Isso resulta do fato de as autoridades monetárias terem expandido a oferta de moeda. Como veremos adiante,

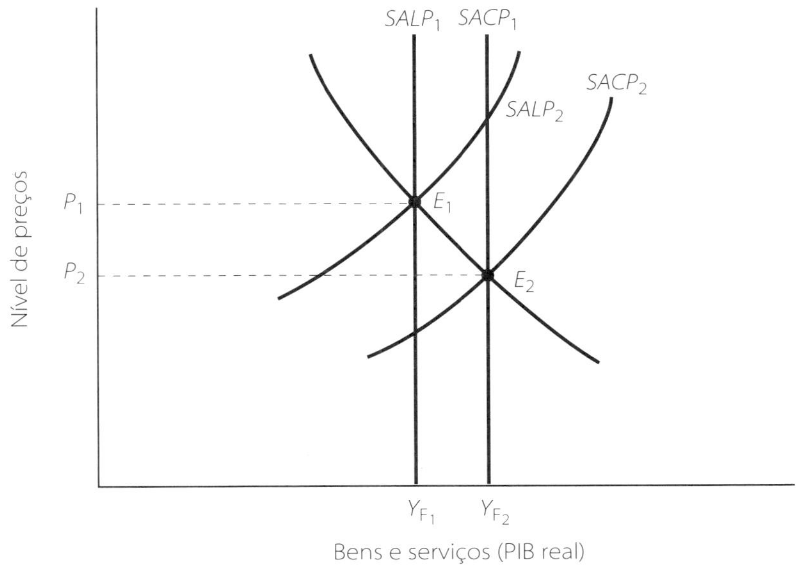

Figura 10.5 Crescimento da oferta agregada.

Ilustramos, nessa figura, o impacto do crescimento econômico em decorrência, por exemplo, de um aumento no estoque de capital ou de melhorias tecnológicas na economia. O produto de pleno emprego da economia aumenta de Y_{F1} para Y_{F2}. Assim, tanto a *SALP* quanto a *SACP* aumentam (para $SALP_2$ e SAC_2). Resultam do crescimento econômico dessa economia um nível de produto sustentável mais elevado e um nível de renda maior. Se a oferta de moeda for mantida constante, o novo equilíbrio de longo prazo ocorrerá a uma taxa de produto maior (Y_{F2}) e a um nível de preços menor (P_2).

um aumento na oferta de moeda estimula a demanda agregada (desloca a curva *DA* para a direita) e, portanto, pressiona o nível de preços para cima.[5]

Mudanças Não-Antecipadas na Oferta Agregada

Além das mudanças que podem ser antecipadas, perturbações não-antecipadas geralmente influenciam o nível geral de preços e o produto no mercado agregado de bens e serviços. Mudanças nos fatores que afetam a curva de oferta agregada de curto prazo (*SACP*) são, particularmente, as fontes de mudanças não-antecipadas. Pela sua própria natureza, os choques de oferta não são previsíveis. Trataremos agora de analisar o impacto das mudanças não-antecipadas sobre a oferta agregada.

Aumentos não-antecipados na *SACP*. O que aconteceria se condições climáticas extremamente favoráveis ou uma redução temporária no preço internacional do petróleo ou de outro recurso importado, de importância crítica para a economia, ocorressem de modo a provocar um aumento na taxa atual de produto e na renda nacional? A Figura 10.6 considera esse caso. Como são temporárias essas condições favoráveis à oferta, não se espera que venham a permanecer no futuro e, por isso mesmo, elas não alteram diretamente a capacidade de produção de longo prazo da economia. Uma vez que essas condições de oferta são temporárias, a curva de oferta de curto prazo aumentará (para $SACP_2$), enquanto a de longo prazo (*SALP*) permanecerá a mesma. O produto (e a renda) temporariamente crescerá além da taxa de produto de pleno emprego da economia. Esse aumento na oferta corrente produzirá uma pressão de redução no nível geral de preços.

De que forma as famílias reagirão a esse aumento temporário em suas rendas? Reconhecendo que não serão capazes de manter esse nível de renda mais elevado, as famílias e as pessoas pouparão uma parte substancial desse aumento inesperado de renda para utilizá-lo no futuro, em períodos não tão prósperos. Esse aumento na poupança expandirá a oferta de fundos para empréstimo, no mercado de ativos financeiros (deslocamento para S_2, na parte *b* da figura), fazendo que a taxa real de juros se reduza. A queda na taxa real de juros estimulará investimentos e encorajará a compra, por parte das pessoas e famílias, de bens de consumo duráveis, tais como automóveis e eletrodomésticos. Do lado do investimento, o aumento no estoque de capital expandirá, no futuro, a base de recursos produtivos da economia, tornando possível transferir parte do benefício do atual aumento de renda para o futuro.

O que aconteceria se as condições favoráveis ao aumento da oferta tivessem impacto sobre fatores de longo prazo? Por exemplo, suponha que a adoção de uma nova tec-

5. Nos capítulos subseqüentes, explicaremos de que forma é possível atingir a estabilidade de preços com o crescimento no produto real.

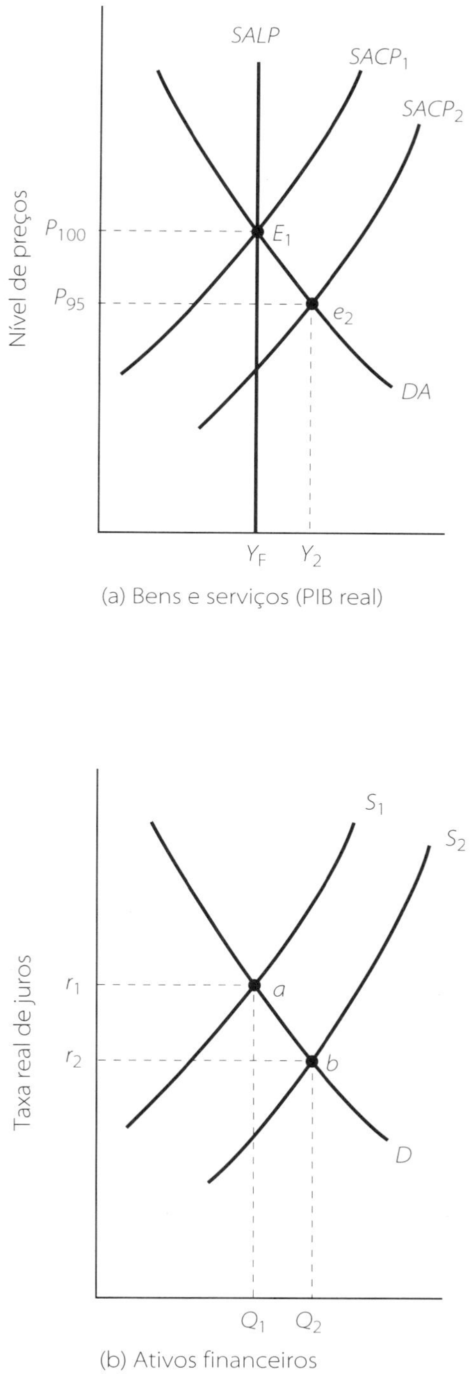

Figura 10.6
Aumento temporário e não-antecipado da oferta agregada.

Aqui, ilustramos o impacto de um aumento temporário e não-antecipado da oferta agregada, como o que pode ocorrer em decorrência de uma supersafra em razão das condições climáticas excepcionais. O aumento na oferta agregada (deslocamento para *SACP*$_2$) produziria um nível geral de preços mais baixo (P_{95}) e um aumento no PIB corrente para Y_2. Como as condições excepcionais, que produziram o aumento da oferta não devem ocorrer no futuro, a oferta agregada de longo prazo da economia não aumentará. Muito provavelmente, os agentes econômicos pouparão uma elevada parcela do aumento temporário de renda, de modo a transferir parte desses benefícios para o futuro. Assim, a oferta de fundos no mercado de ativos financeiros aumentará. A taxa real de juros cairá para r_2, estimulando as despesas intensivas em crédito, tais como as com bens de capital e as com bens de consumo duráveis.

nologia de produção de petróleo reduza o preço dessa comodidade de maneira permanente e não temporária. Nesse caso, tanto a curva *SALP* quanto a curva *SACP* se deslocariam para a direita. Essa situação é similar àquela analisada com o auxílio da Figura 10.5. Nós observaríamos um novo equilíbrio de longo prazo com maior nível de produto.

Uma redução não-antecipada da oferta agregada de curto prazo. Em décadas recentes, a economia brasileira tem sido assolada por vários eventos que têm afetado negativamente a oferta agregada. Em 1973, e uma vez mais em 1979, o Brasil e outros países importadores de petróleo foram atingidos por um substancial aumento no preço do petróleo, como resultado da instabilidade política no Oriente Médio. Durante os anos de 1978, 1979, 1983 e 1986, a agricultura brasileira sofreu os efeitos negativos de estiagens prolongadas e severas. Em agosto de 1990, o Iraque invadiu o Kuwait e ameaçou os campos de petróleo da Arábia Saudita. Uma vez mais, o preço internacional do petróleo disparou, provocando aumentos acentuados no custo de energia nos países importadores de petróleo.

De que modo esses choques de oferta desfavoráveis influenciaram os mercados macroeconômicos? A Figura 10.7 fornece a resposta. Tanto os impactos desfavoráveis sobre a safra, decorrentes de condições meteorológicas adversas, quanto o aumento do preço do petróleo reduziram a oferta de recursos produtivos no mercado doméstico (de S_1 para S_2, na parte *a* da figura). Os preços dos recursos produtivos subiram para P'_r. Esses preços mais elevados reduziram a oferta agregada de curto prazo, no mercado de bens e serviços (o deslocamento de $SACP_1$ para $SACP_2$, na parte *b* da figura).

Se um choque desfavorável na oferta agregada for de natureza temporária, como geralmente é o caso de uma má safra, a oferta agregada de longo prazo não será afetada. Afinal, condições desfavoráveis por um ou dois anos não representam uma mudança permanente nas condições climáticas. Portanto, quando as condições climáticas voltarem ao normal, com o passar do tempo, tanto a oferta quanto as condições de preços no mercado de recursos produtivos voltarão aos seus níveis normais, permitindo que a economia retorne ao seu equilíbrio de longo prazo no nível Y_F de produto.

Como no caso do aumento temporário de produto, as pessoas se valerão do mercado de ativos financeiros para sustentar certa estabilidade de consumo, em resposta à redução temporária no nível de renda. Percebendo a transitoriedade da redução de sua renda, as famílias diminuirão seu nível atual de poupança (e gastarão parte do que foi poupado no passado) de modo a manter o nível corrente de consumo mais ou menos consistente com o que elas consideram compatível com suas oportunidades de longo prazo. Quando cada família reduz seu nível de poupança, a oferta de fundos no mercado de ativos financeiros diminui, provocando um aumento na taxa real de juros. Essa taxa real de juros mais elevada racionará a menor quantidade de fundos entre aqueles dispostos a pagar um preço mais elevado pelo crédito necessário para manter o nível de consumo estável durante o período de dificuldade econômica. Naturalmente, a taxa real de juros mais elevada retardará os investimentos de capital. Uma queda nos investimentos líquidos e o conseqüente declínio, a médio prazo, do crescimento econômico são efeitos previsíveis, em decorrência de uma redução temporária na oferta agregada.

Quando um efeito adverso sobre a oferta agregada é permanente, a curva de oferta agregada de longo prazo também se desloca para a esquerda. Por exemplo, um aumento no preço internacional do petróleo, que se espera seja sustentável por muitos

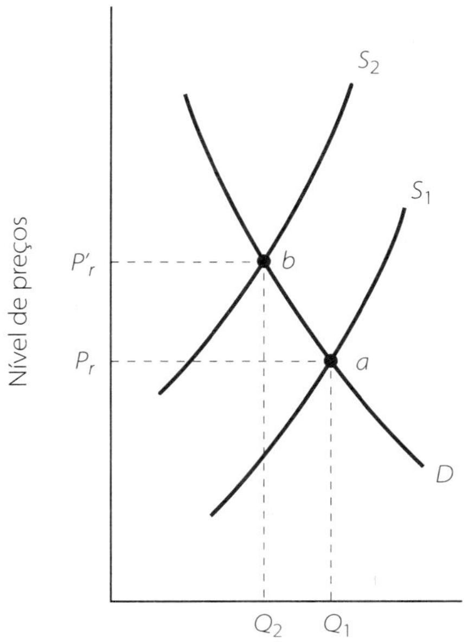

(a) Mercado de recursos

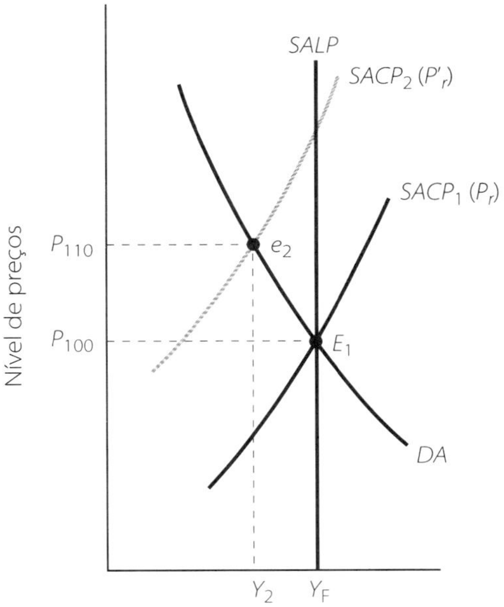

(b) Bens e serviços (PIB real)

Figura 10.7
Efeitos de choques de oferta adversos.

Suponha que haja uma redução não-antecipada na oferta de recursos produtivos, talvez em decorrência de uma quebra de safra ou de um acentuado aumento no preço de um importante insumo importado, como o petróleo. Os preços dos recursos produtivos aumentariam de P_r para P'_r (parte *a*). O aumento no preço dos recursos provocará um deslocamento na curva *SACP* para a esquerda. No curto prazo, o nível geral de preços subiria para P_{110}, e o produto cairia para Y_2 (parte *b*). O que acontecerá no longo prazo depende de a redução na oferta dos recursos ser temporária ou permanente. Se ela for temporária, o preço dos recursos cairá no futuro, permitindo que a economia retorne ao seu nível de equilíbrio inicial (E_1). Por outro lado, se a redução na oferta de recursos for permanente, o produto potencial da economia diminuirá (a curva *SALP* se desloca para a esquerda) e e_2 vai se tornar o equilíbrio de longo prazo.

anos no futuro, reduziria tanto a oferta agregada de curto quanto a de longo prazo, em um país importador de petróleo. Sob essas circunstâncias, a economia teria de se ajustar ao novo nível mais baixo de produto real. Independentemente da natureza temporária ou permanente da redução de oferta agregada, tudo o mais constante, o nível geral de preços aumentará. De modo similar, o nível de produto cairá, pelo menos temporariamente.

De Volta ao Ciclo Econômico

É interessante examinar os ciclos econômicos utilizando instrumental analítico do modelo de demanda e oferta agregadas. Esse modelo nos indica que mudanças não-antecipadas tanto na demanda quanto na oferta agregadas estão por trás das flutuações econômicas. Essas mudanças não-antecipadas levam a um desalinhamento entre preços e custos, porque os mercados não se ajustam instantaneamente e os agentes econômicos nem sempre são capazes de antecipar acuradamente as mudanças no nível de preços.

Recessões ocorrem porque os preços no mercado de bens e serviços estão relativamente mais baixos que o custo de produção (e o preço dos recursos produtivos). Há duas razões para isso: (1) reduções não-antecipadas na demanda agregada e (2) choques de oferta desfavoráveis. Uma redução não-antecipada na demanda agregada (como ilustrado na parte *a* da Figura 10.3) leva a economia a um nível de preços inferior ao nível de preços esperado no mercado de bens e serviços. Dados a menor demanda e um nível geral de preços abaixo do esperado, muitas firmas experimentam perdas que fazem que elas reduzam sua produção e, em alguns casos, fechem definitivamente suas portas. Paralelamente, um choque de oferta adverso (como ilustrado na Figura 10.7) gera um nível de preços no mercado de recursos produtivos superior àquele antecipado. Isso também fará com que as firmas incorram em perdas e reduzam o produto.

De modo similar, os *booms* econômicos – taxas de produto mais elevadas que não são sustentáveis no futuro – ocorrem quando os preços, no mercado de bens e serviços, são elevados em relação aos custos (e aos preços dos recursos). *Os dois casos de* boom *econômico são: (1) um aumento não-antecipado na demanda agregada e (2) choques de oferta favoráveis.* Um aumento não-antecipado na demanda agregada (ver a parte *a* da Figura 10.2) leva a economia a um nível de preços, no mercado de bens e serviços, superior àquele esperado pelos agentes econômicos. A demanda aquecida, preços mais elevados e margens de lucro mais atrativas induzem as firmas a expandir o produto a taxas que não são sustentáveis no longo prazo. Do mesmo modo, um choque de oferta favorável (ver a parte *a* da Figura 10.6) leva a economia a custos mais baixos que os esperados e a taxas de produto não sustentáveis no longo prazo.

A Figura 10.8 ilustra graficamente as flutuações econômicas, no Brasil, durante os últimos 42 anos. É interessante examinar essa figura com a lente do modelo de demanda e oferta agregadas. O produto real cresceu substancialmente. Isso é o que deveríamos esperar de uma economia caracterizada por investimentos líquidos e inovações tecnológicas. As recessões ocorreram durante os períodos 1981-1983 e 1990-1993. À medida que o produto real se reduzia, durante esses períodos, a taxa de desemprego se

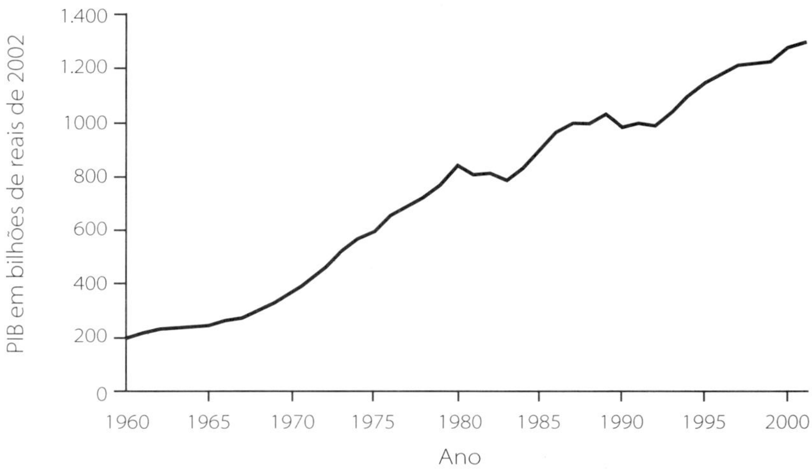

Figura 10.8 Brasil – PIB em reais de 2002, 1960-2002 (Valores em R$ 1.000.000.000).

Fonte: Ipeadata em www.ipea.gov.br

elevava, conforme verificamos no Capítulo 8. Como não dispomos de boas estimativas para um período tão longo da taxa natural de desemprego, vamos tomar o caso norte-americano para ilustrar melhor o uso do modelo de demanda e oferta agregadas.

A Figura 10.9 ilustra as flutuações econômicas nos Estados Unidos, durante os últimos 35 anos. As recessões ocorreram em 1970, 1974-1975, 1979, 1982 e 1990-1991. À medida que o produto real se reduzia durante esses períodos, a taxa de desemprego se elevava acima da taxa natural (parte *b*). (*Nota*: Como a taxa natural de desemprego não é diretamente observável, a parte *b* da Figura 10.9 apresenta o intervalo correspondente às estimativas de tal taxa.)

A duração da recessão é particularmente interessante. A recessão de 1970 ocorreu durante um período em que a Guerra do Vietnã se tornava uma questão intrincada. A recessão de 1974-1975 foi bem mais severa, em decorrência da duplicação do preço internacional do petróleo (um choque de oferta) e uma forte redução na taxa de inflação (sugerindo uma redução não-antecipada na demanda agregada). A estagnação econômica de 1979-1982 reflete exatamente esses mesmos fatores. O preço internacional do petróleo dobrou, uma vez mais, em 1978-1979, aumentando, inesperadamente, os custos antes e durante a recessão de 1979. A recessão de 1982 pode ser associada ao esforço de redução na taxa de inflação, de 12,5%, em 1980 (tendo sido 13,3% em 1979) para apenas 3,8% em 1982, sugerindo que houve um declínio abrupto e, portanto, não-antecipado, da demanda agregada durante esse período. Finalmente, a recessão de 1990 está associada a uma substancial redução nas despesas com defesa, após o colapso do comunismo, os ajustamentos econômicos nos gastos militares (mantidos elevados

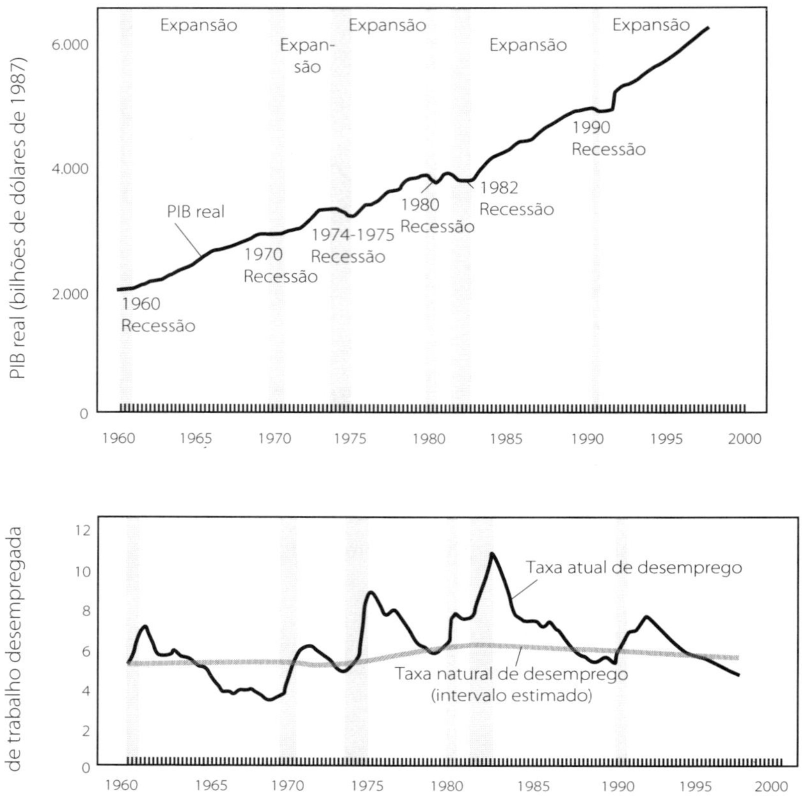

Figura 10.9 Estados Unidos: expansão, recessão e a taxa de desemprego.

Aqui, ilustramos, para a economia norte-americana, os períodos de expansão e contração (recessão) desde 1960. Note como os períodos de redução no PIB (destacados com um sombreado), na parte superior do gráfico, estão associados a aumentos na taxa de desemprego, acima do seu nível natural (parte inferior do gráfico). O modelo de demanda e de oferta agregadas indica que as recessões são causadas por reduções não-antecipadas na demanda agregada, as quais, de modo geral, são acompanhadas por uma redução abrupta na taxa de inflação e/ou por choques adversos na oferta agregada, que podem ocorrer, por exemplo, com um substancial aumento no preço de um recurso largamente utilizado que seja importado, como é o caso do petróleo.

Fonte: Derivado de registros eletrônicos fornecidos por Fame Economics.

por um longo período) e a Guerra do Kuwait. Nitidamente, choques de oferta e mudanças não-antecipadas na demanda agregada estão por trás dessas recessões.

A distinção entre curto e longo prazos é de vital importância para o modelo de demanda e de oferta agregadas. No curto prazo, as expectativas estão fixas e o produto é determinado pela interseção da demanda com a oferta agregada de curto prazo. No longo prazo, as condições atuais da economia podem levar as pessoas a alterar suas expectativas com relação ao nível de preços no futuro. À medida que as expectativas se modificam, a oferta agregada de curto prazo se desloca. Quando uma economia estiver em recessão, as pessoas reduzirão suas expectativas com relação ao crescimento real dos preços dos recursos produtivos e do nível geral de preços (taxa de inflação) no futuro, o que provocará um deslocamento da curva de oferta agregada de curto prazo para a direita (a parte *b* da Figura 10.3 ilustra esse deslocamento). Exatamente o oposto ocorrerá durante um *boom* econômico. O aquecimento da demanda agregada fará que as pessoas esperem, para o futuro, um nível de preços mais elevado que fará que a curva de oferta agregada de curto prazo se desloque para a esquerda, e o produto retorne à sua taxa de equilíbrio de longo prazo (como ilustrado na parte *b* da Figura 10.2).

Uma Economia de Mercado Possui um Mecanismo Automático de Correção?

Em um mundo dinâmico no qual as condições de demanda agregada se modificam e os choques de oferta estão presentes, é inevitável que o sistema econômico passe por *booms* e recessões. As forças de mercado são capazes de promover a estabilização da economia e de acomodar os efeitos dos choques econômicos? Uma economia de mercado tem um mecanismo automático que possa prevenir que uma desaceleração econômica se transforme em uma depressão? Há três razões para acreditarmos que a resposta a essas duas perguntas é sim.

1. **O componente de consumo da demanda agregada é relativamente estável ao longo dos ciclos econômicos.** Sem dúvida, o consumo é o maior componente da demanda agregada. À medida que as rendas flutuam ao longo do ciclo econômico, há uma boa razão para esperar que os gastos com consumo se apresentem muito mais estáveis que a renda agregada. A **hipótese da renda permanente**, desenvolvida por Milton Friedman, detentor do Prêmio Nobel de Economia, nos explica por quê. De acordo com a hipótese da renda permanente, o consumo das famílias é basicamente determinado pela renda esperada de longo prazo ou pela percepção das famílias de sua renda permanente. Como mudanças temporárias na renda, como aquelas que ocorrem ao longo dos ciclos econômicos, geralmente não exercem um impacto importante sobre a renda esperada de longo prazo, aumentos ou decréscimos transitórios na renda têm pouco impacto sobre o consumo *corrente*.[6]

> **Hipótese da renda permanente**
>
> Hipótese de que o consumo depende de uma medida de renda esperada (permanente) no longo prazo e não de renda corrente.

6. Talvez uma aplicação pessoal ajude a explicar por que é importante distinguir mudanças temporárias na renda de mudanças de longo prazo. Pense, por um momento, como você

Portanto, quando as rendas de muitas famílias aumentarem rapidamente durante a expansão da economia, uma parte substancial dos rendimentos, considerados acima da renda normal, serão destinados à poupança. Lembre-se de que poupança é a parte da renda, líquida de impostos, não gasta em consumo corrente. Como resultado, o consumo agregado (componente da demanda agregada) aumentará mais lentamente que a renda durante a fase de expansão do ciclo econômico. De modo similar, ao experimentar uma queda temporária de renda, em decorrência de uma recessão, muitas famílias reduzirão a poupança corrente (e possivelmente consumirão parte do que foi poupado no passado) de modo a manter um nível de consumo corrente mais consistente com a perspectiva de rendimentos de longo prazo (renda esperada). Assim, o consumo agregado aumentará menos que a renda durante o *boom* e cairá menos que a renda durante a recessão. Essa relativa estabilidade do consumo agregado, o maior componente da demanda agregada, ajuda a estabilizar a demanda agregada ao longo do ciclo econômico.

2. **Mudanças nas taxas reais de juros contribuem para estabilizar a demanda agregada e reverter as flutuações econômicas.** A taxa real de juros tende a espelhar as condições dos negócios. Durante um período de redução de atividade econômica, a demanda das firmas por novos investimentos e, portanto, por fundos no mercado de ativos financeiros é, em geral, muito fraca. Exatamente em razão da baixa demanda, as taxas reais de juros geralmente caem durante a fase de contração do ciclo econômico. Portanto, taxas de juros mais baixas tanto encorajam o consumo corrente quanto reduzem o custo de oportunidade dos investimentos em novos projetos. Esses dois fatores tendem a compensar o declínio na demanda agregada e, dessa forma, reconduzir o produto na direção do nível de pleno emprego.

   Durante um *boom* econômico, muitas firmas tomarão recursos emprestados, de modo a adotar projetos de investimento em capital, necessários ao aten-

---

ajustaria seus gastos correntes em bens e serviços se uma tia lhe deixasse, como herança, R$ 10.000 a serem recebidos no próximo mês. Sem dúvida, você começaria a gastar parte desse dinheiro quase imediatamente. Talvez você comprasse um novo *laptop* ou tirasse um mês de férias. Entretanto, você provavelmente usaria uma parte significante desse aumento transitório (e único no tempo) de renda para pagar contas ou poupar para investir em sua educação no futuro. Considere agora como você modificaria seus gastos correntes se sua tia tivesse indicado no testamento que você deveria receber R$ 10.000 por ano, pelos próximos 30 anos. Comparado aos R$ 10.000 recebidos em um único momento no tempo, o fluxo de R$ 10.000 por ano, durante 30 anos, aumenta a sua expectativa de renda no longo prazo. Nesse caso, você provavelmente gastará grande parte dos R$ 10.000 referentes ao ano em curso quase imediatamente. É até possível que você tome dinheiro emprestado para comprar um automóvel ou mesmo um bem de valor maior e, portanto, aumente seus gastos com bens e serviços esse ano, em mais de R$ 10.000.

dimento da demanda aquecida por bens e serviços. Assim, durante os períodos de *boom* econômico, a demanda por fundos no mercado de ativos financeiros estará aquecida, produzindo uma pressão para cima nas taxas reais de juros. Logo, taxas reais de juros mais elevadas tornam mais caras as compras de bens de consumo duráveis, geralmente associadas a crédito, e aumentam o custo de oportunidade de investimento em novos projetos. Isso conterá a demanda agregada durante os períodos de expansão econômica.

Assim, a flutuação nas taxas reais de juros exercerá uma influência estabilizadora na economia. Taxas reais de juros mais baixas durante os períodos de contração, de baixa demanda, ajudarão a estimular os gastos correntes em bens e serviços. De modo similar, elevadas taxas reais de juros durante os booms *econômicos conterão a demanda agregada, mantendo-a em linha com o equilíbrio de pleno emprego.*

Ajustamentos por meio das taxas de juros também ajudarão a compensar as perturbações que possam vir a ser geradas por mudanças nas expectativas. Suponha que, de repente, consumidores e homens de negócios fiquem mais pessimistas com relação ao futuro da economia e, como resultado, reduzem seu nível atual de despesa. Tudo o mais constante, a redução no gasto de consumo implica um aumento de poupança, enquanto a redução nos investimentos significa menor demanda por fundos no mercado de ativos financeiros. Assim, nesse mercado, a oferta de fundos aumenta relativamente à demanda. Isso provocará uma queda nas taxas reais de juros que ajudará a compensar a redução nos gastos, originária do crescente pessimismo.

O oposto ocorreria, caso consumidores e homens de negócios, de repente, se tornassem mais otimistas. Se, por alguma razão, eles decidirem gastar mais da sua renda corrente, isso provocará uma redução na oferta de fundos relativamente à demanda, no mercado de ativos financeiros, causando, portanto, um aumento nas taxas reais de juros. Esse aumento nas taxas reais de juros fará que os gastos correntes fiquem menos atraentes e, portanto, tenderá a estabilizar a demanda agregada.

3. **Mudanças nos preços reais dos recursos produtivos reverterão o sentido das flutuações econômicas.** Ajustamentos de preços no mercado de recursos produtivos também contribuirão para que a economia se mantenha estável. Quando o produto corrente da economia é inferior ao produto potencial de pleno emprego, uma baixa demanda agregada e desemprego de recursos produtivos promoverão pressões para que o preço real dos recursos produtivos caia. Sob essas condições, os salários reais e os preços de outros recursos produtivos cairão (ou aumentarão a taxas muito baixas). Em contraste, quando uma economia está operando além da sua capacidade de pleno emprego – isto é, a taxa atual de desemprego é inferior à taxa natural de desemprego –, o aquecimento de demanda pressionará o preço real do trabalho e de outros recursos produtivos para cima.

Uma Representação Gráfica do Mecanismo de Autocorreção

As Figuras 10.10 e 10.11 apresentam um resumo gráfico do mecanismo de autocorreção em uma economia. A Figura 10.10 fornece as respostas das taxas reais de juros e dos preços dos recursos produtivos às variações nas condições de mercado ao longo dos ciclos dos negócios. Quando uma economia está operando abaixo de seu potencial de pleno emprego (Y_F), tanto as taxas reais de juros quanto os preços reais dos recursos produtivos tendem a declinar. Esses dois fatos ajudarão a levar o produto ao seu nível de equilíbrio de longo prazo (sobre a vertical que representa a *SALP*). De maneira similar, quando o produto corrente excede o produto sustentável no longo prazo, os aumentos nas taxas reais de juros e nos preços dos recursos produtivos levarão o produto de volta ao seu nível de pleno emprego.

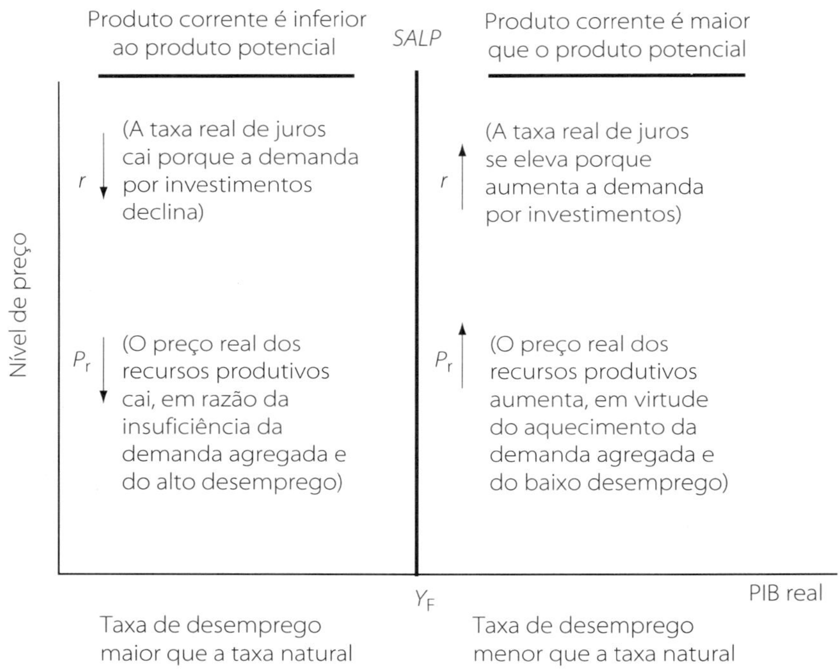

Figura 10.10 Mudanças nas taxas reais de juros e nos preços reais dos recursos produtivos ao longo dos ciclos dos negócios.

Quando o produto atual da economia é inferior ao produto de pleno emprego ou potencial Y_F, as fracas condições de demanda por novos investimentos pressionam as taxas reais de juros para baixo, enquanto a existência de recursos produtivos ociosos pressiona tanto os salários quanto os preços de outros recursos (P_r) para baixo. Contrariamente, quando o produto corrente é superior ao produto potencial Y_F, os investimentos desejados aquecem a demanda por bens de capital, enquanto a pressão de demanda no mercado de trabalho e de outros recursos produtivos provoca aumentos nos salários reais e nos preços reais dos recursos.

Mecanismos de autocorreção do modelo de demanda e oferta agregadas estão representados na Figura 10.11. Na parte *a*, ilustramos as condições de demanda e oferta no mercado de bens e serviços, para uma economia que opere além de sua capacidade de pleno emprego, talvez como resultado de um aumento não-antecipado na demanda agregada. Essas são as condições que se devem esperar, quando a fase de expansão no ciclo dos negócios provoca um *boom* econômico não-sustentável. Quando essas condições prevalecem no mercado agregado, o aquecimento na demanda de bens e serviços provocará um aumento no nível de emprego e uma demanda maior por fundos para

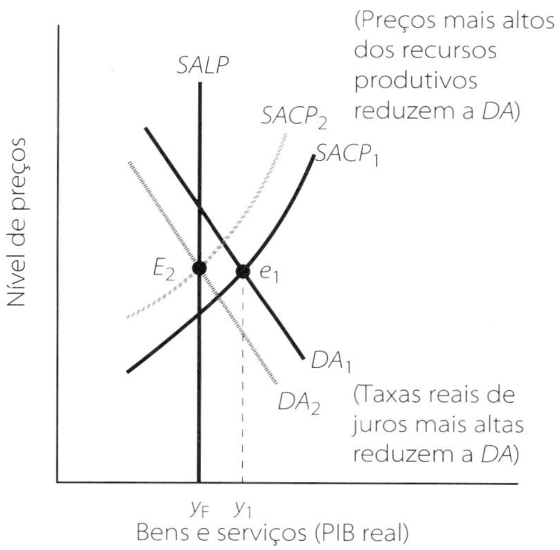

a) Inicialmente, o produto corrente é maior que o produto potencial de longo prazo

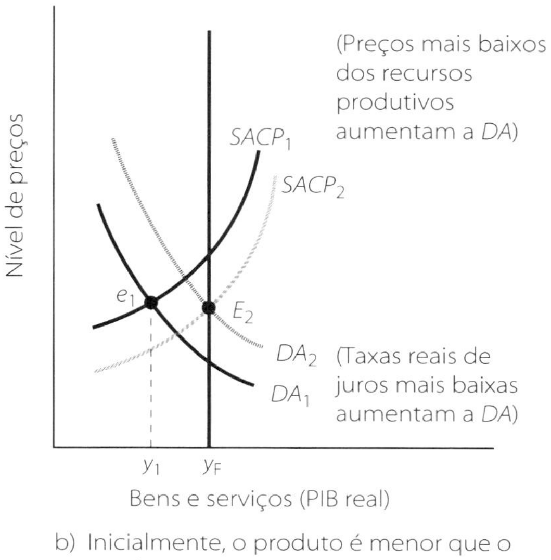

b) Inicialmente, o produto é menor que o produto potencial de longo prazo

Figura 10.11

Mecanismo de autocorreção da economia.

No curto prazo, o produto pode exceder o produto de pleno emprego da economia (Y_F) ou estar abaixo dele. Se o produto está, temporariamente, acima do produto potencial da economia (parte *a*), os aumentos nas taxas reais de juros e nos preços reais dos fatores produtivos provocarão uma redução no produto real para um nível sustentável. As taxas de juros mais elevadas reduzirão a demanda agregada (deslocamento de DA_1 para DA_2). Ao mesmo tempo, preços reais de fatores produtivos mais elevados aumentarão os custos de produção e, por conseguinte, reduzirão a oferta agregada de curto prazo (deslocamento da $SACP_1$ para $SACP_2$). Essas forças levarão o produto da economia ao seu nível potencial de pleno emprego. Quando o produto está abaixo de seu potencial (parte *b*), reduções nas taxas de juros (em decorrência de uma demanda menor por fundos financeiros para investimentos) estimulam a demanda agregada (deslocando-a para DA_2). Além disso, preços reais mais baixos para os recursos produtivos (em razão da fraca demanda agregada e da anormalmente elevada taxa de desemprego) reduzirão os custos de produção, estimulando, dessa forma, a oferta agregada (promovendo seu deslocamento para $SACP_2$). Assim, o produto da economia tende a aumentar na direção de sua capacidade de pleno emprego. Entretanto, esse processo de autocorreção pode exigir um tempo considerável. Adiante, consideraremos métodos alternativos que levam a economia, mais rapidamente, ao pleno emprego.

investimento pelas firmas, que procuram expandir a capacidade de produção. Como resultado, a taxa atual de desemprego será inferior à *taxa natural*. Entretanto, o aumento na demanda tanto por empréstimos (para financiar investimentos) quanto por recursos produtivos provocará uma pressão de alta, na taxa real de juros e no preço desses recursos, fazendo que ambos aumentem. Uma taxa real de juros mais elevada aumentará os custos de investimento nos novos projetos e da aquisição de bens duráveis, o que produz uma tendência de retração na demanda agregada aquecida (deslocamento de DA_1 para DA_2). Simultaneamente, o aumento nos custos de trabalho e de outros recursos produtivos provocará alta nos custos de produção, gerando uma retração, no curto prazo, da oferta agregada (deslocamento para $SACP_2$, na parte *a*). À medida que os preços dos recursos e, conseqüentemente, o custo de produção aumentam, as margens de lucro cairão aos seus níveis normais de competição, e o produto cairá para o seu nível potencial de longo prazo. *Eventualmente, esses fatores – taxas de juros mais elevadas e preços dos recursos mais altos – direcionarão o produto de uma economia superaquecida (com nível de emprego acima da capacidade de longo prazo) de volta à sua capacidade de longo prazo.*

A parte *b* da Figura 10.11 representa uma economia que está inicialmente em recessão. Seu equilíbrio inicial de curto prazo (e_1 da parte *b*) ocorre a uma taxa de produção (Y_1) bem abaixo da capacidade de pleno emprego da economia. Quando o produto corrente for inferior ao produto potencial de longo prazo da economia, a demanda por fundos para investimento será extremamente fraca. Uma demanda deprimida no mercado de ativos financeiros implicará uma baixa taxa real de juros, que, por sua vez, promoverá um aumento na demanda agregada (deslocamento para DA_2, na parte *b*). Ao mesmo tempo, uma taxa de desemprego anormalmente elevada (inicialmente, a *taxa atual* de desemprego excede a *taxa natural*), decorrente de uma fraca demanda por recursos produtivos, produzirá uma pressão de queda nos salários reais e no preço dos demais recursos. Eventualmente, o excesso de oferta no mercado de recursos produtivos induzirá seus ofertantes a aceitar salários reais menores e preços menores para os outros recursos produtivos. Essa redução no preço real dos recursos produtivos pressionará o custo de produção para baixo e, conseqüentemente, provocará um aumento na oferta agregada de curto prazo (deslocamento para $SACP_2$ na parte *b*). *Com o passar do tempo, essa combinação de taxas reais de juros mais baixas e preços menores de recursos produtivos restaurará o produto de pleno emprego na economia (equilíbrio E_2 da parte b).*

Um modelo de demanda e oferta agregadas indica claramente que mudanças na taxa real de juros e nos preços reais dos fatores produtivos (principalmente salários) redirecionarão o produto para seu nível de pleno emprego, tanto em um *boom* expansionista como em uma recessão. Um *boom* não continuará em uma espiral ascendente. Nem tampouco uma contração mergulhará a economia em uma depressão sem fim.

A Tabela 10.1 apresenta, para os Estados Unidos, dados sobre a taxa real de juros estimada (taxa dos títulos Aaa menos a taxa de inflação durante os últimos três anos) para os picos e vales dos recentes ciclos de negócios. São também apresentados dados para a taxa de variação anual da remuneração real, por hora, dos trabalhadores, excluindo

Tabela 10.1
Estados Unidos – Variações nas taxas reais de juros e nos salários reais ao longo dos ciclos de negócios.

Períodos de expansão ou recessão	Taxa real de juros estimada (no pico da expansão e no vale da recessão)	Variação percentual anual na taxa horária de salário real (excluindo o setor agrícola)
1966-1969 Expansão (pico em dezembro de 1969)	4,2	2,9
1970 Recessão (vale em novembro de 1970)	1,4	1,0
1971-1973 Expansão (pico em novembro de 1973)	5,9	2,2
1974-1975 Recessão (vale em março de 1975)	0,6	–0,4
1976-1979 Expansão (pico em dezembro de 1979)	3,9	1,8
1979-1982 Recessão (vale em novembro de 1982)	1,7	–1,0
1983-1990 Expansão (pico em julho de 1990)	4,4	0,5
1990-1991 Recessão (vale em março de 1991)	3,3	–1,1

A taxa real de juros foi estimada como a taxa nominal de retorno dos títulos Aaa (títulos com a melhor avaliação no mercado) menos a taxa de inflação esperada. A taxa média de inflação para os três últimos anos foi usada como uma estimativa para a taxa de inflação esperada.
Fonte: Taxa real de juros, Federal Reserve Bulletin; taxa real de salários, Bureau of Labor and Statistics (Departamento do Trabalho).

os do setor agrícola, durante os períodos de expansão e recessão. Como nossa análise prevê, as taxas reais de juros cresceram durante as expansões econômicas e recuaram durante os períodos de contração. Na recessão de 1970, a taxa real de juros estimada caiu do nível de 4,2%, atingido no pico da expansão anterior, para 1,4%. Durante a severa recessão de 1974-1975, a taxa real de juros caiu para 0,6%, comparada com 5,9%, do pico da expansão registrada no período 1971-1973. Essa taxa real também declinou durante os períodos de contração de 1979-1982 e 1990-1991.[7]

Os salários reais também seguiram o padrão esperado. O salário horário real para os empregados, excluindo o setor agrícola, aumentou menos rapidamente durante cada recessão, se comparado com os períodos de expansão anteriores e subseqüentes à recessão considerada. Na realidade, o salário horário real efetivamente declinou durante as recessões de 1974-1975, 1979-1982 e 1990-1991. Claramente, o padrão de mudança, tanto para as taxas reais de juros quanto para as taxas reais de salário, é consistente com a percepção de que esses preços exercem uma influência estabilizadora na economia.

O Grande Debate: Quão Rapidamente o Mecanismo de Autocorreção Opera?

Após a Grande Depressão da década de 1930, muitos economistas pensaram que as economias de mercado eram intrinsecamente instáveis. Eles argumentavam que, a menos que se utilizassem as políticas monetária e fiscal para estimular e guiar a macroeconomia, o mercado estaria sujeito a recessões prolongadas. Influenciada tanto pela reavaliação do que ocorreu na década de 1930 como pela experiência dos últimos 60 anos, a maioria dos economistas modernos rejeita a interpretação de que as economias de mercado estão fadadas à estagnação.[8]

Hoje em dia, há certo consenso generalizado de que as economias de mercado dispõem de forças estabilizadoras endógenas.

O que divide os economistas é um desacordo quanto à rapidez com que essas forças estabilizadoras promovem a autocorreção na economia de mercado. Essa é uma questão-chave. Se o processo de autocorreção operar lentamente, as economias de mercado deverão experimentar períodos prolongados de desemprego anormalmente elevado e de produto inferior ao seu potencial. Muitos economistas acreditam que isso é um fato. Por isso mesmo, eles têm muita confiança no uso discricionário de políticas monetária e fiscal para promover a estabilidade e a prosperidade.

Contrariamente, outros economistas acreditam que os mecanismos de autocorreção das economias de mercado operam razoavelmente bem, quando as políticas monetária e fiscal são claramente anunciadas e conduzidas de maneira estável. Esse grupo de economistas argumenta que os erros de política macroeconômica são a maior fonte de instabilidade econômica. Assim, eles se concen-

---

7. Oficialmente, foram registradas duas recessões durante o período de estagnação de 1979-1982: a primeira de aproximadamente seis meses de duração, em 1980, e uma segunda, que durou aproximadamente 18 meses, ao longo dos anos 1981-1982. Como a economia apresentou um breve período de recuperação após o início do processo recessivo, o período inteiro foi de estagnação econômica.
8. Uma análise detalhada das forças que causaram e prolongaram a Grande Depressão é apresentada no Capítulo 15.

tram na importância da estabilidade e previsibilidade das políticas monetária e fiscal para que o mecanismo de autocorreção dos mercados mantenha a economia funcionando bem. Voltaremos a esse debate, ao considerarmos os impactos das políticas monetária e fiscal.

Olhando à Frente

A moderna macroeconomia reflete um processo revolucionário. A Grande Depressão e o prolongado período de desemprego que a acompanhou exerceram um grande impacto sobre a macroeconomia. John Maynard Keynes, o brilhante economista inglês, desenvolveu uma teoria que permite melhor compreensão do funcionamento de uma economia, operando com altas taxas de desemprego. No próximo capítulo, trataremos da teoria keynesiana.

Resumo do Capítulo

- É importante distinguir mudanças antecipadas de mudanças não-antecipadas.
- Um aumento na demanda agregada implica um deslocamento da curva *DA* para a direita. Excetuando as políticas macroeconômicas, os principais fatores que causam um aumento na demanda agregada são: (a) um aumento na riqueza real, (b) uma taxa real de juros mais baixa, (c) um aumento no otimismo dos homens de negócios e dos consumidores, (d) um aumento na taxa de inflação esperada, (e) um aumento na renda real dos principais parceiros comerciais e (f) uma depreciação da taxa de câmbio. Contrariamente, se esses fatores variarem na direção oposta, a demanda agregada cairá e a curva *DA* se deslocará para a esquerda.
- Quando o equilíbrio de longo prazo é perturbado por um aumento não-antecipado na demanda agregada, o produto se expandirá, temporariamente, para além do produto potencial de longo prazo, e a taxa de desemprego será inferior à taxa natural da economia. Entretanto, à medida que os agentes econômicos se ajustarem a esse aumento de demanda, os preços dos recursos produtivos se elevarão, e o produto retrocederá ao seu nível potencial de longo prazo.
- Uma redução não-antecipada na demanda agregada diminuirá o produto para um nível inferior ao seu potencial, e a taxa atual de desemprego será maior que a taxa natural dessa economia. Eventualmente, a queda no preço real dos recursos produtivos (e uma taxa real de juros menor) pressionará a economia de volta ao seu equilíbrio de longo prazo. Entretanto, esse processo pode ser tão longo quanto penoso, particularmente se salários e preços forem inflexíveis para baixo.

- É importante distinguir oferta agregada de curto prazo de oferta agregada de longo prazo. Os seguintes fatores aumentarão a oferta agregada de longo prazo (*SALP*): (a) aumento na oferta dos recursos produtivos, trabalho e capital, (b) melhoria tecnológica e aumento de produtividade e (c) mudanças institucionais que melhorem a eficiência no uso dos recursos produtivos. Mudanças nos preços dos recursos produtivos, na taxa de inflação esperada, e choques de oferta provocarão deslocamentos na curva de oferta agregada de curto prazo (*SACP*).
- Um aumento no produto decorrente de crescimento econômico (um aumento na capacidade produtiva da economia) expandirá a oferta agregada tanto no curto como no longo prazo, possibilitando à economia atingir um nível de produto sustentável mais elevado.
- Quando uma economia em equilíbrio de longo prazo é submetida a um choque de oferta favorável, mas não-antecipado, o produto (e a renda) aumentará, temporariamente, acima da capacidade produtiva, e os preços cairão. Queda na taxa real de juros e, conseqüentemente, uma taxa de formação de capital maior devem ocorrer.
- Um choque de oferta adverso (redução na *SACP*) reduzirá o produto e aumentará o nível de preços. Se a redução de renda é considerada, pelos agentes econômicos, como temporária, as pessoas se endividarão mais (e reduzirão sua poupança), de modo a manter seu nível de consumo consistente com sua renda de longo prazo.
- Reduções não-antecipadas na demanda agregada e choques de oferta adversos causam recessão. No entanto, aumentos de demanda não-antecipados e choques de oferta favoráveis conduzem a economia, temporariamente, à expansão do produto além do produto máximo que a economia pode sustentar.
- Mudanças nas taxas reais de juros e nos preços dos recursos produtivos concedem um mecanismo de autocorreção a uma economia de mercado. Durante uma recessão, taxas de juros mais baixas estimulam a demanda agregada, e a queda nos preços dos recursos produtivos (inclusive de salários reais) aumenta a oferta agregada de curto prazo. Essas duas forças ajudarão a levar o produto ao seu nível de pleno emprego (produto potencial). Do mesmo modo, quando o produto corrente é maior que o PIB potencial, taxas reais de juros mais elevadas e o aumento nos preços reais dos recursos produtivos fazem que o produto retroceda ao seu nível de plena capacidade (produto potencial).
- A rapidez com que o mecanismo de autocorreção opera, em uma economia de mercado, representa hoje um dos mais importantes debates entre os economistas.

Questões de Análise Crítica

1. Explique como e por que cada um dos seguintes fatores pode influenciar a demanda agregada atual na economia brasileira:
   a) um aumento no medo de recessão;
   b) medo de que a inflação aumente;

c) crescimento mais rápido na renda dos Estados Unidos e da Europa Ocidental;
d) uma queda na taxa real de juros;
e) um nível de preços mais elevado (atenção!).

2. Indique de que forma cada um dos eventos a seguir influenciaria a oferta agregada de curto prazo no Brasil:
   a) um aumento nos salários reais;
   b) uma forte seca que destrói metade da safra de soja;
   c) um aumento na taxa de inflação esperada para o futuro;
   d) um aumento no preço internacional do petróleo, um importante produto importado;
   e) clima excepcionalmente favorável à agricultura no Sul e Centro-Oeste brasileiros.

3. Suponha que os principais mercados macroeconômicos estão inicialmente em equilíbrio de longo prazo. De que forma uma redução não-antecipada na demanda agregada afeta o produto real, o emprego e o nível de preços no curto prazo? E no longo prazo?

4. Explique de que forma o mecanismo de autocorreção da economia a conduzirá ao produto potencial de longo prazo, partindo de uma situação corrente em que o produto é inferior ao seu nível de pleno emprego. Você pode identificar alguma razão para que esse mecanismo não funcione?

5. Qual é a diferença entre um aumento de demanda agregada antecipado de um aumento não-antecipado? Dê um exemplo de cada um desses casos. Em qual das duas situações ocorreria um aumento temporário no produto real?

6. Suponha que os sindicatos dos trabalhadores e os respectivos sindicatos patronais acertem um aumento salarial, porque esperam que o nível geral de preços no próximo ano aumente em 10%. Explique por que a taxa de desemprego provavelmente aumentará, se a taxa de inflação no próximo ano for de 3%.

7. Como uma valorização do real em relação ao dólar influencia a demanda agregada, o produto e a taxa de inflação? Como uma desvalorização do real em relação ao dólar afeta a demanda agregada, o produto e a inflação?

8. Quando o produto atual é maior que o produto potencial de longo prazo de uma economia, de que forma o mecanismo de autocorreção conduzirá a economia ao seu equilíbrio de longo prazo? Por que o nível de produto acima do normal não pode ser mantido?

9. Os salários reais dos trabalhadores crescerão mais rapidamente quando a taxa de desemprego for baixa ou for alta? Por quê?

10. Suponha que, por alguma razão, tanto consumidores quanto investidores se tornem pessimistas em relação ao futuro e, portanto, decidam reduzir seu consumo e os seus

gastos com investimento. De que forma uma economia de mercado se ajustaria a esse pessimismo? O que acontecerá com a taxa real de juros?

11. "Os benefícios concedidos pelo governo aos desempregados deveriam repor 100% do rendimento que o trabalhador tinha antes de ficar desempregado, desde que ele não fosse despedido por justa causa." Avalie essa afirmação. Você considera que essa é uma boa idéia? Se implementada, como essa política afetaria o tempo de procura por emprego pelo trabalhador desempregado? Qual seria seu impacto sobre a taxa de desemprego?

12. Suponha que um aumento mais rápido, não-esperado, na renda real de nossos principais parceiros comerciais provoque um substancial aumento na demanda por nossas exportações. O que ocorrerá com o nível geral de preços, o produto e o emprego, no curto prazo? E no longo prazo?

13. Se a taxa real de juros aumenta, como esse evento afetará as intenções de compra de bens e serviços de consumidores e investidores? Como a curva de demanda agregada será afetada?

14. Construa as curvas *DA*, *SACP* e *SALP* para uma economia sob cada uma das seguintes condições: (a) pleno emprego, (b) um *boom* econômico e (c) uma recessão.

15. Suponha uma economia em equilíbrio de longo prazo. Como resultado de mudanças nas condições internacionais, seu governo reduz, em um período de três anos, seus gastos com defesa nacional em aproximadamente 15%. Qual o impacto esperado dessa redução nos gastos com defesa sobre a demanda agregada e o produto, no curto prazo? Se esse país for capaz de reduzir, consistentemente, no futuro, seus gastos com defesa nacional, como isso afetará o padrão de vida de seus habitantes? Discuta.

16. Considere uma economia descrita pelo modelo de demanda e oferta agregadas conforme a tabela a seguir. Tanto as condições de demanda quanto as de oferta refletem o fato de que, anteriormente ao período em questão, os agentes econômicos fizeram seus contratos, antecipando que o nível geral de preços seria 105.

DA_{105}	Nível de preços (em trilhões)	$SACP_{105}$ (em trilhões)
5,1	95	3,5
4,9	100	3,8
4,7	105	4,2
4,5	110	4,5
4,3	115	4,8

a) Indique o valor do PIB que será produzido e o nível geral de preços nesse período.
b) A economia estará em equilíbrio de longo prazo? Por quê?
c) Como a taxa atual de desemprego se compara com a taxa natural de desemprego dessa economia?
d) O que deve ocorrer com os preços dos recursos produtivos no futuro? Como eles afetam o produto de equilíbrio?
e) O PIB produzido nesse período será sustentável no futuro? Por quê?

17. Suponha que o nível geral de preços que decorre da interação da demanda e da oferta agregadas durante o presente período é inferior ao que os agentes econômicos antecipavam.
 a) Construa as curvas *DA*, *SACP* e *SALP* que reflitam essas condições.
 b) No período corrente, como a taxa atual de desemprego se compara com a taxa natural? Como o produto atual se compara com o produto potencial dessa economia?
 c) O que deverá ocorrer com os preços dos recursos produtivos e com as taxas de juros? Explique.

11 Os Fundamentos Keynesianos da Moderna Macroeconomia

Acredito que estou escrevendo um livro de teoria econômica que revolucionará – não imediatamente, suponho, mas ao longo dos próximos dez anos – a forma com que o mundo pensa sobre os problemas econômicos.

John Maynard Keynes[1]

FOCO DO CAPÍTULO

- Quais são os principais componentes do modelo keynesiano? Quais são os principais fatores que causam mudanças no produto e no emprego?
- Qual foi a explicação de Keynes para as altas taxas de desemprego que persistiram durante a Grande Depressão?
- O que determina o nível de equilíbrio de um produto no modelo keynesiano?
- O que é o princípio do multiplicador? Por que ele é importante?
- Por que os keynesianos acreditam que as economias de mercado estão sujeitas à instabilidade nos negócios?

1. Carta de John Maynard Keynes para George Bernard Shaw, Dia de Ano-Novo, 1935.

A moderna macroeconomia é produto de um processo evolutivo. Antes da Grande Depressão da década de 1930, a maioria dos economistas pensava que os ajustamentos no mercado ocorreriam automaticamente, guiando a economia para o pleno emprego, em um lapso de tempo relativamente curto. A presença de taxas de desemprego de dois dígitos, ao longo dos anos 1930, pôs em dúvida a credibilidade dessa visão. A experiência da Grande Depressão nos levou ao desenvolvimento de uma nova teoria concebida com o objetivo de explicar a persistência de altas taxas de desemprego naquele período.

A nova teoria, desenvolvida pelo economista inglês John Maynard Keynes, forneceu uma explicação razoável para o prolongado e generalizado problema de desemprego durante a década de 1930.[2] Ela também exerceu enorme influência no desenvolvimento da macroeconomia. Muitos conceitos básicos e grande parte da terminologia que usamos hoje são devidos a Keynes. A moderna macroeconomia está construída sobre os fundamentos da análise keynesiana. Este capítulo apresenta a visão keynesiana e destaca sua influência sobre a moderna teoria macroeconômica.

ECONOMISTA DE DESTAQUE

John Maynard Keynes (1883-1946)

Keynes pode ser considerado o verdadeiro "pai da macroeconomia". Filho de um proeminente economista do século XIX (John Neville Keynes), formou-se em matemática pelo King's College, Cambridge, aonde mais tarde voltaria para passar a maior parte de sua carreira de economista.

A sua *Teoria geral do emprego, do juro e do dinheiro,* publicada em 1936, revolucionou a forma de pensar dos economistas sobre macroeconomia. Esse trabalho, escrito durante

2. Para apresentação dessa teoria, ver o famoso livro de Keynes, *The general theory of employment, interest and money.* Londres: Macmillan, 1936.

a Grande Depressão, forneceu tanto uma explicação plausível para o desemprego em massa quanto uma estratégia para acabar com ele. A mensagem de Keynes unia uma idéia com o problema do momento.

O trabalho de Keynes foi tão pioneiro quanto controverso. A sua proposição de que os governos deveriam incorrer em déficits orçamentários durante a recessão, de modo a estimular a demanda e direcionar a economia de volta ao pleno emprego, desafiou a visão estabelecida de políticos e de economistas clássicos. O debate sobre o impacto dos déficits orçamentários continua até hoje.

Keynes percebeu antecipadamente e com correção de que as suas idéias, com o passar do tempo, exerceriam uma forte influência (ver a citação no início deste capítulo). Já nos anos 1950, a análise keynesiana era a dominante nos círculos acadêmicos e, nos anos 1960, ela se transformou nos fundamentos da política macroeconômica da maioria das nações do Ocidente. Keynes morreu repentinamente, em 1946, de modo que não viveu para observar o enorme impacto de suas idéias sobre as políticas públicas.

Os eventos econômicos da década de 1970 abrandaram a confiança dos macroeconomistas na análise básica de Keynes. No entanto, sua marca veio para ficar. Ele revolucionou nossa forma de pensar sobre problemas macroeconômicos.

Explicação Keynesiana para a Grande Depressão

O pensamento econômico corrente antes de Keynes (construído pelos chamados **economistas clássicos**) enfatizava a importância da produção total (oferta agregada) e dava pouca atenção à demanda agregada. Os economistas clássicos tinham adotado a **Lei de Say**, proposição que tinha esse nome em homenagem ao economista francês do século XIX, J. B. Say. De acordo com a Lei de Say, não seria possível um excesso de produção de bens em relação à demanda total, uma vez que a oferta (produção) cria sua própria demanda. A racionalidade nesse argumento é que o poder de compra necessário para a aquisição (demanda) de produtos desejáveis é gerado pela produção. A oferta de trigo de um fazendeiro gera-lhe renda, de modo que ele possa demandar sapatos, roupas, automóveis e outros bens desejáveis. De maneira similar, a oferta de sapatos gera poder de compra, com o qual os sapateiros (e seus empregados) demandarão o trigo do fazendeiro e outros bens desejáveis.

Economistas clássicos

Os economistas, desde Adam Smith até a época de Keynes, focaram sua análise na eficiência econômica e na produção. Com relação às instabilidades no nível dos negócios, eles pensavam que os preços de mercado e os salários cairiam durante a recessão, de modo a trazer a economia de volta ao pleno emprego, em um curto período.

Lei de Say

A proposição de que a produção cria sua própria demanda. A demanda sempre será suficiente para comprar os bens produzidos, uma vez que o somatório das rendas pagas aos ofertantes de recursos produtivos será igual ao valor dos bens produzidos.

Naturalmente, os produtores podem produzir em excesso alguns bens e menos de outros. Entretanto, o sistema de preços corrigirá esses desequilíbrios. Os preços dos bens produzidos em excesso cairiam e os preços dos produtos em excesso de demanda cresceriam. De acordo com a visão clássica, a insuficiência de demanda nunca seria um problema, uma vez que a produção de bens deveria gerar uma demanda que fosse suficiente para a aquisição de todos os produtos fabricados.

Conforme a argumentação clássica, os mercados sempre se ajustariam de modo a redirecionar rapidamente a economia para o pleno emprego, de forma similar às condições de equilíbrio de longo prazo obtidas com o nosso modelo de demanda e oferta agregadas considerado no capítulo anterior. Se o desemprego estivesse temporariamente alto, os salários cairiam, o que reduziria os custos de produção e os preços de venda dos bens, até que o excesso de oferta de trabalho fosse eliminado. De modo similar, as taxas de juros determinadas pelo mercado equilibrariam poupança e investimento.

Antes da Grande Depressão, a visão clássica parecia razoável. Entretanto, a profundidade e a longa duração do declínio da atividade econômica, durante os anos 1930, desafiaram a sua validade e forneceram a fundamentação para o que hoje chamamos *economia keynesiana*. Para aqueles que só têm familiaridade com a relativa estabilidade dos anos 1980 e 1990, a gravidade do declínio econômico durante os anos 1930 é difícil de ser compreendida. O PIB real nos Estados Unidos caiu mais de 30%, entre 1930 e 1933. Em 1933, 25% da força de trabalho norte-americana estava desempregada. As condições de depressão continuaram através da década. Em 1939, dez anos após o início da depressão, a renda *per capita* era 10% inferior àquela registrada em 1929. Outros países industriais experimentaram condições similares.

Produto e Despesa: A Visão Keynesiana

Keynes desenvolveu uma teoria que provê uma explicação para a permanência de uma economia, por um período prolongado, em condições de depressão, como as verificadas na década de 1930. Ao rejeitar a visão clássica, Keynes oferecia uma concepção inteiramente nova para a determinação do produto. Keynes acreditava que a despesa induzia as firmas a oferecer bens e serviços. *A partir dessa percepção, ele argumentava que, se o total da despesa caísse (como ocorre, por exemplo, quando consumidores e investidores se tornam pessimistas sobre o futuro ou passam a poupar uma parcela maior da renda corrente), as firmas responderiam, reduzindo sua produção. Menor despesa levaria a economia a um menor produto.*

Keynes e seus seguidores rejeitaram a visão clássica de que a redução nos salários e nos preços eliminaria o desemprego. Eles argumentavam que salários e preços são razoavelmente inflexíveis para baixo. Mesmo quando a demanda é baixa, Keynes acreditava que as grandes firmas e os sindicatos poderosos resistiriam a reduções de preços e salários e, conseqüentemente, retardariam o movimento da economia de volta ao pleno emprego.

Keynes também introduziu um conceito diferente de equilíbrio, assim como um mecanismo diferente para que a economia chegasse a ele. *Na visão keynesiana, o equilíbrio ocorre quando o nível total de despesa é igual ao produto corrente. Quando isso ocorre, os produtores não terão estímulos nem para expandir nem para contrair o produto.* Os keynesianos acreditam que mudanças no produto, e não mudanças nos preços, direcionam a economia para o equilíbrio. Se a despesa total é inferior ao produto de pleno emprego, o produto se reduzirá ao nível de despesa e, mais importante ainda, permanecerá nesse nível até que a despesa varie. Portanto, se a despesa total é insuficiente para a manutenção do produto de pleno emprego, o produto de equilíbrio será inferior ao de pleno emprego, e altas taxas de desemprego persistirão. Isso é exatamente o que Keynes acreditava que ocorria durante a década de 1930.

A mensagem de Keynes pode ser resumida da seguinte forma: os homens de negócio produzirão apenas a quantidade de bens e serviços que eles acreditam que consumidores, investidores, governos e compradores no exterior planejam comprar. Se essa despesa agregada planejada for inferior ao nível de produto de pleno emprego da economia, o produto corrente será inferior ao seu potencial. Quando a despesa agregada é insuficiente, não existem, na economia, forças automáticas capazes de garantir o pleno emprego. Assim, será possível um período prolongado de desemprego. No contexto da Grande Depressão, esse era um argumento convincente.

Modelo Keynesiano Básico

O conceito de despesa agregada *planejada* é o conceito-chave desse modelo keynesiano simples. Assim como no caso da demanda agregada, os quatro principais componentes da despesa agregada planejada são: consumo, investimento, gastos do governo e exportações líquidas. Antes de desenvolver o modelo keynesiano, é instrutivo introduzir algumas hipóteses de modo a simplificar nossa análise. Primeira: como no caso do modelo de *DA/SA* desenvolvido nos Capítulos 9 e 10, vamos supor que existe um nível específico de produto de pleno emprego. Quando a economia está produzindo a pleno emprego, a taxa de desemprego é a natural. Segunda: seguindo a tradição keynesiana, vamos admitir que tanto salários quanto preços são inflexíveis até que o nível de pleno emprego seja atingido. Quando o nível de produto de pleno emprego for atingido, um aumento na demanda agregada provocará apenas preços mais altos. Na realidade, essas hipóteses extremas não correspondem ao mundo real. Elas podem, entretanto, aproximar condições prevalecentes no curto prazo. Finalmente, vamos manter a hipótese de que as políticas tributária, de gastos públicos e monetária permanecem constantes.

Despesa Planejada de Consumo

O mais importante componente da despesa agregada planejada é a despesa planejada com consumo (*C*). Keynes acreditava que a renda corrente era o principal determinante das despesas com consumo. Como ele próprio afirmou: Os homens desejam, como regra e em média, aumentar seu consumo à medida que sua renda aumenta, mas não na mesma proporção do aumento em sua renda.[3]

De acordo com Keynes, a renda disponível é, de longe, o principal determinante do consumo corrente. Se a renda disponível aumenta, os consumidores elevarão suas despesas planejadas.

Função consumo

Uma relação fundamental entre a renda disponível e o consumo na qual, à medida que a renda disponível aumenta, a despesa corrente com consumo também se eleva, mas em um valor menor que o aumento de renda.

Essa relação positiva, entre despesas com consumo e a renda disponível, é denominada **função consumo**. A Figura 11.1 ilustra essa relação para uma economia. Em baixos níveis de renda agregada (menos de R$ 6 trilhões), as despesas de consumo das famílias excederão sua renda disponível. Quando a renda é baixa, as famílias despoupam – elas vão tomar emprestado ou gastarão parte do que pouparam no passado para comprar bens de consumo. Como o consumo não aumenta tão rapidamente quanto a renda, a inclinação da função consumo é inferior a 1. Assim, a função consumo tem uma inclinação inferior ao raio de 45º de inclinação da Figura 11.1. À medida que a renda agregada das famílias aumenta, eventualmente ela se iguala e então excede os gastos com consumo. Para a renda agregada a R$ 6 trilhões, a poupança aumenta com a elevação da renda.

Figura 11.1
Função agregada de consumo.

O modelo keynesiano supõe que haja uma relação positiva entre o consumo e a renda. Entretanto, à medida que a renda se eleva, o consumo aumenta de um valor menor. Assim, a inclinação da função consumo (linha *C*), é inferior a 1 (isto é, de inclinação inferior à do raio de 45º de inclinação).

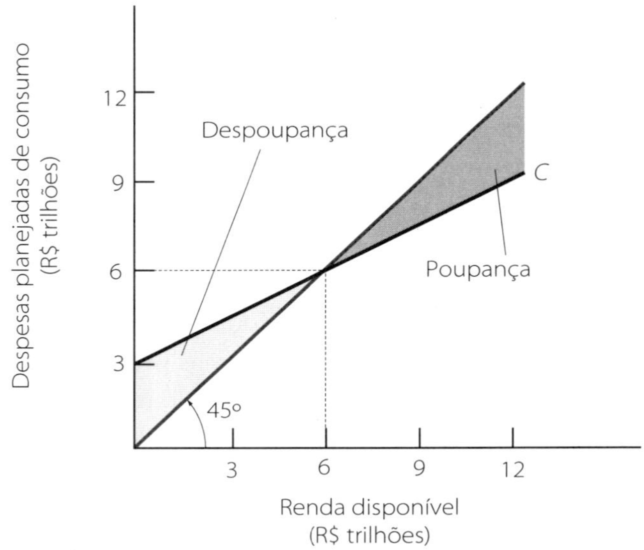

3. Keynes, *The general theory of employment, interest and money*, p. 96.

Despesas Planejadas de Investimento

Investimentos (*I*) compreendem: (1) gastos com ativos fixos, tais como prédios, máquinas e equipamentos e (2) variações nos estoques de matérias-primas e de produtos finais não vendidos. Keynes argumentava que, no curto prazo, o investimento deveria ser compreendido como uma **despesa autônoma**, isto é, um gasto independente da renda. No modelo keynesiano, o investimento planejado não varia com o nível de renda. Na realidade, investimento é, essencialmente, uma função das vendas correntes com relação à capacidade instalada, das vendas esperadas para o futuro e da taxa de juros. Entretanto, quando se consideram as forças que levam a economia para o nível de equilíbrio do produto, o modelo keynesiano simples supõe que as despesas com investimento planejado sejam constantes.

Despesas autônomas

Despesas que não variam com o nível de renda. Elas são determinadas por fatores que estão fora do modelo básico de renda-despesa (tais como expectativas sobre os negócios futuros e política econômica).

Despesas Planejadas do Governo

Assim como o investimento, os gastos planejados do governo (*G*) no modelo keynesiano simples são considerados independentes da renda. Esses gastos não precisam variar com o nível de renda. No modelo keynesiano, as despesas do governo são uma variável determinada pelo processo político. Os governos podem (e, de modo geral, assim o fazem) gastar mais do que arrecadam de impostos. Considerando as despesas do governo como autônomas da renda, podemos focar nosso interesse nas características da estabilidade da economia privada. Adiante, analisaremos de que forma variações nas despesas do governo influenciam o produto e o emprego em um contexto de um modelo keynesiano de despesa agregada.

Exportações Líquidas Planejadas

As exportações dependem das decisões de gastos e do nível de renda de compradores no exterior. Essas decisões, de modo geral, independem das variações de renda doméstica do país exportador. Portanto, como ilustra o Quadro 11.1, as exportações permanecem constantes (R$ 85 bilhões), mesmo quando a renda varia. No entanto, um aumento na renda doméstica induzirá os consumidores a comprar mais, tanto bens domésticos quanto importados. Desse modo, o volume de importações se eleva, quando a renda aumenta.

Como as exportações permanecem constantes e as importações aumentam com a elevação da renda, as exportações líquidas (*NX*) se reduzem à medida que a renda se expande. Desse modo, o modelo keynesiano postula uma relação negativa entre a renda e as exportações líquidas.

Quadro 11.1
Renda e exportações líquidas.

Como as exportações são determinadas pela renda do exterior, elas são constantes em R$ 85 bilhões. As importações aumentam à medida que a renda doméstica cresce. Assim, as exportações líquidas planejadas caem quando a renda doméstica aumenta.

Produto total (PIB real)	Exportações planejadas	Importações planejadas	Exportações líquidas planejadas
760	85	65	20
790	85	70	15
820	85	75	10
850	85	80	5
880	85	85	0

Despesa Planejada × Atual

É importante distinguirmos despesa planejada de despesa atual. A despesa planejada reflete as escolhas dos consumidores, dos investidores, dos governos e dos estrangeiros *dadas suas expectativas com relação às escolhas de outros tomadores de decisão.* Por isso mesmo, despesas planejadas não precisam ser iguais às despesas atuais. Se os compradores gastam um valor diferente em bens e serviços daquele antecipado pelas firmas, estas experimentarão variações não-planejadas nos seus estoques. Quando isso ocorre, o investimento atual será diferente do investimento planejado, uma vez que variações de estoque são um componente do investimento no sistema de contas nacionais.

Considere o que ocorreria se as despesas planejadas dos consumidores, dos investidores, dos governos e dos estrangeiros, em bens e serviços, fossem inferiores ao que os homens de negócio estivessem esperando que ocorresse. Nesse caso, as firmas não seriam capazes de vender a quantidade de produto que os homens de negócio haviam antecipado. Seus estoques correntes aumentariam, fazendo que seu investimento atual fosse, involuntariamente, superior ao investimento planejado. Entretanto, considere o que ocorreria se os compradores adquirissem mais bens e serviços que os homens de negócio esperavam. Esse aumento inesperado de vendas reduziria os estoques das empresas fazendo que seus investimentos em estoques fossem inferiores ao nível planejado. Nesse caso, o investimento atual em estoques seria menor que o investimento planejado em estoques.

Despesas atual e planejada só são iguais quando os compradores efetivamente adquirem a quantidade de bens e serviços antecipada pelos homens de negócio. Somente nesse caso os planos de compradores e vendedores no mercado de bens e serviços serão harmonizados.

Equilíbrio Keynesiano

O equilíbrio ocorre no modelo keynesiano quando as despesas agregadas planejadas são iguais ao valor do produto corrente. Quando isso ocorre, as empresas são capazes de vender o total de bens e serviços que elas produzem. Não há nenhuma variação não-esperada nos estoques. Assim, os produtores não têm qualquer incentivo para expandir ou contrair sua produção no próximo período. Colocado de outra forma: o equilíbrio macroeconômico keynesiano ocorre quando o PIB real é igual à despesa agregada planejada:

$$\text{Produto total} = \text{PIB real} = (C + I + G + NX) \text{ planejados}$$

Equilíbrio Keynesiano: Um Exemplo Numérico

Para melhor compreender o equilíbrio macroeconômico keynesiano, vamos considerar um exemplo numérico para a economia hipotética descrita no Quadro 11.2. Inicialmente, vamos concentrar nossa atenção nas colunas 1 e 2. Em que nível de produto total essa economia estará em equilíbrio macroeconômico keynesiano? Pare por um momento e tente identificar a resposta correta.

Quadro 11.2 Exemplo de um equilíbrio macroeconômico keynesiano (valores em R$ bilhões).

Produto total PIB real (1)	Despesa agregada planejada (2)	Consumo planejado (3)	Investimento planejado + gastos do governo (4)	Exportações líquidas planejadas (5)	Tendência do produto (6)
760	790	600	170	20	Expandir
790	805	620	170	15	Expandir
820	**820**	**640**	**170**	**10**	**Equilíbrio**
850	835	660	170	5	Contrair
880	850	680	170	0	Contrair

Note que a coluna (2) é igual à soma das colunas (3) + (4) + (5).

A resposta é R$ 820 bilhões porque somente para esse nível de produto o PIB é exatamente igual às despesas agregadas planejadas. Quando o PIB real é igual a R$ 820 bilhões, as despesas planejadas dos consumidores, dos investidores, dos governos e do exterior (exportações líquidas) são exatamente iguais ao valor do produto fabricado pelas empresas. Para verificar isso, basta observar que, para esse nível de produto, a soma das colunas 3, 4 e 5 se iguala ao valor na coluna 1. Dado esse equilíbrio, não há nenhuma razão para os produtores mudarem seus planos. Os planos dos compradores coincidem com os planos dos homens de negócio.

O que ocorre em outros níveis de produto? Para qualquer outro nível de produto que não o de equilíbrio, os planos dos produtores e dos compradores estarão em conflito. Se o produto for R$ 790 bilhões, por exemplo, a despesa agregada planejada será R$ 805 bilhões, isto é, R$ 15 bilhões a mais que o nível atual de produto. Quando as despesas (compras) excedem o produto, os estoques se reduzem. Sob essas circunstâncias, as firmas expandirão seu produto, de modo a recompor seus estoques no nível normal (desejado). Portanto, quando a despesa agregada exceder o produto corrente, haverá uma tendência para o produto crescer na direção do maior nível de despesa, de modo a promover o equilíbrio.

Para o produto R$ 850 bilhões, a despesa agregada não é suficiente para sustentar esse nível de produção, e estoques não-desejados se acumularão. Naturalmente, as firmas não continuarão a produzir bens que elas não podem vender. Assim, elas reduzirão a produção no período subseqüente, levando a economia para o equilíbrio de produção e despesa.

Equilíbrio Abaixo do Pleno Emprego

Como o equilíbrio keynesiano depende da igualdade despesa agregada planejada e produto, ele não precisa ocorrer a pleno emprego. Se uma economia está no equilíbrio keynesiano, não há qualquer tendência para o produto variar, ainda que ele seja inferior ao produto de pleno emprego.

Para ilustrar esse fato com o nosso exemplo anterior, vamos considerar que o produto de pleno emprego é o correspondente a R$ 850 bilhões, conforme o Quadro 11.2. Dado o nível corrente de despesa planejada, a economia não será capaz de atingir o pleno emprego. A taxa de desemprego será alta. No modelo keynesiano, nem os salários nem qualquer outro preço de recurso produtivo se reduzirão em face de uma taxa de desemprego anormalmente elevada e, conseqüentemente, de um excesso de capacidade. Portanto, o produto permanecerá abaixo da taxa de pleno emprego, enquanto o nível de despesa for insuficiente para levar a economia ao seu potencial pleno.

Isso era exatamente o que Keynes pensava estar ocorrendo durante a Grande Depressão. Ele acreditava que as economias ocidentais estavam em equilíbrio abaixo da capacidade, experimentando substanciais taxas de desemprego. Essa situação de desemprego se prolongaria, a menos que a despesa agregada aumentasse.

Equilíbrio Keynesiano: Uma Representação Gráfica

A análise keynesiana é apresentada graficamente na Figura 11.2, na qual as despesas agregadas planejadas com consumo, investimento, gastos do governo e exportações

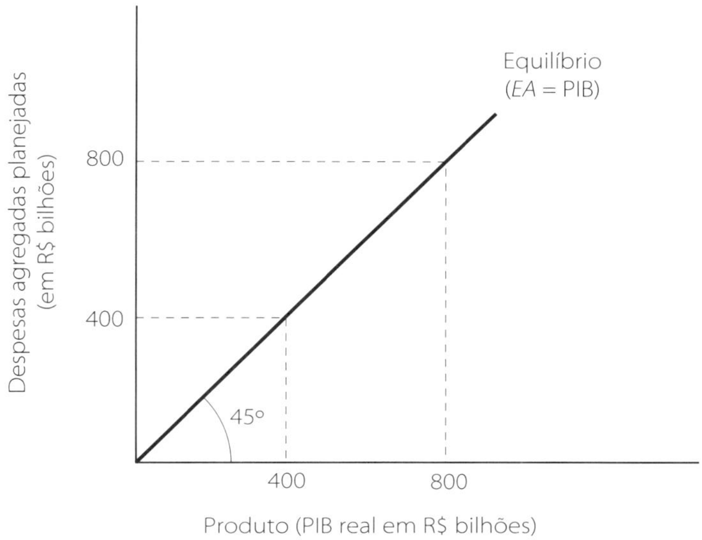

Figura 11.2
Despesas agregadas (*EA*).

A despesa agregada será igual ao produto total para todos os pontos ao longo do raio de inclinação de 45°. Portanto, esse raio mapeia todos os níveis de produto que potencialmente possam representar equilíbrio no modelo keynesiano.

líquidas são medidas no eixo vertical, enquanto o produto total é medido no eixo horizontal. O raio de inclinação de 45° a partir da origem contém todos os pontos para os quais a despesa agregada (*EA*) é igual ao produto total (PIB).

Como as despesas agregadas são iguais ao produto, para todos os pontos sobre o raio de inclinação de 45°, essa reta contém todos os níveis de renda possíveis de equilíbrio. Desde que a economia esteja operando abaixo de sua capacidade de pleno emprego, os homens de negócio escolherão como nível de produto um ponto ao longo do raio de inclinação de 45°, que eles acreditam que corresponda ao desejo de compra (despesa planejada) dos agentes econômicos. Os produtores, portanto, oferecerão um nível de produto somente se acreditarem que as despesas planejadas serão suficientes para absorvê-lo. Dependendo do nível de despesa agregada, cada ponto ao longo do raio de inclinação de 45° é um equilíbrio em potencial.

Com os dados do Quadro 11.2, descrevemos o equilíbrio keynesiano graficamente, na Figura 11.3. A linha $C + I + G + NX$ indica o total das despesas planejadas por consumidores, investidores, governos e estrangeiro (exportações líquidas) em cada nível de renda. *Refletindo a função consumo*, a linha de despesa agregada (*EA*) tem inclinação inferior ao raio de 45°. Lembre-se de que, quando a renda aumenta, o consumo também se eleva, mas menos que o aumento de renda. Assim, à medida que a renda se eleva, a despesa total também cresce, porém, menos que o aumento de renda.

O nível de equilíbrio do produto será R$ 820 bilhões, o ponto onde a despesa total (medida no eixo vertical) é exatamente igual ao produto total (medido no eixo horizontal). Naturalmente, a função de despesa agregada $C + I + G + NX$ cortará o raio de 45° no nível de R$ 820 bilhões, que é o produto de equilíbrio.

Desde que a função de despesa agregada permaneça inalterada, nenhum outro nível de produto pode ser sustentado. Quando um produto é superior a R$ 820 bilhões (por exemplo, R$ 850 bilhões), a linha de despesa agregada se encontra abaixo do raio de 45°. Lembre-se de que, quando a linha ($C + I + G + NX$) está abaixo do raio de 45°, a despesa total é inferior ao produto. Estoques não-desejados se acumularão, induzindo os homens de negócio a reduzir a produção no futuro. O emprego se reduzirá. O produto cairá de R$ 850 bilhões para o nível de equilíbrio de R$ 820 bilhões. Note que são as mudanças no produto e no emprego, e não nos preços, que restauram o equilíbrio em um modelo keynesiano.

Em contraste, se o produto é temporariamente inferior ao seu nível de equilíbrio, há uma tendência para a renda crescer. Suponha que temporariamente o produto seja de R$ 790 bilhões. Para esse nível de produto, a função de despesa agregada ($C + I + G + NX$) está acima do raio de 45°. Assim, a despesa agregada excede o produto agregado. Os homens de negócio estão vendendo mais que conseguem produzir atualmente. Seus estoques começam a cair; há excesso de demanda. Eles reagem a essas condições contratando mais trabalhadores e expandindo a produção. A renda crescerá até o nível de equilíbrio de R$ 820 bilhões. Somente nesse nível de equilíbrio, o ponto no qual a função de demanda agregada ($C + I + G + NX$) corta o raio de 45°, os planos de gastos dos consumidores, dos investidores, dos governos e dos estrangeiros sustentarão o atual nível de produção no futuro.

Na Figura 11.3, identificamos o produto potencial de pleno emprego da economia como R$ 850 bilhões. Para esse nível de renda, entretanto, a despesa agregada é insuficiente para comprar todo o produto fabricado. Para o nível atual de despesa agregada, o produto permanecerá abaixo de seu potencial, e o desemprego persistirá. Em um modelo keynesiano, o equilíbrio não precisa coincidir com o pleno emprego.

Despesa Agregada, Produto e Emprego

Como a economia pode atingir o pleno emprego? De acordo com o modelo keynesiano, isso não ocorrerá, a menos que haja uma mudança na função de despesa agregada. Como o modelo keynesiano supõe que os preços permaneçam fixos até que o produto potencial seja atingido, reduções de salários e preços não são consideradas como mecanismos possíveis para direcionar a economia para o pleno emprego. Nem tampouco a taxa de juros é capaz de estimular a demanda, de modo a redirecionar a economia para o pleno emprego.

Se, de alguma forma, consumidores, investidores, governos e estrangeiros pudessem ser induzidos a expandir suas despesas, o produto cresceria até o nível de pleno emprego. A Figura 11.4 ilustra esse ponto. Se as despesas adicionais deslocassem a função de despesa agregada (EA) para cima, conforme EA_2, o produto de equilíbrio seria expandido até o produto potencial. A esse maior nível de despesa EA_2, a despesa total seria igual ao produto total de R$ 850 bilhões.

O que aconteceria se a despesa agregada fosse maior que a capacidade de produção da economia? Por exemplo, suponha que a despesa agregada cresça para EA_3. No

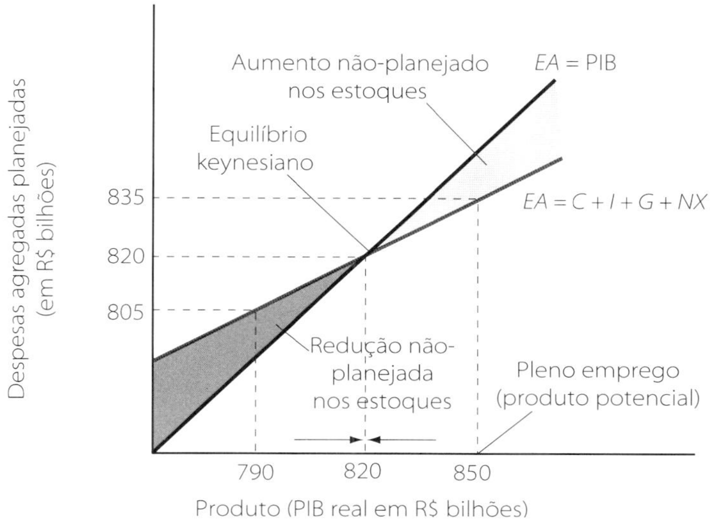

Figura 11.3 Despesas agregadas e o equilíbrio keynesiano.

Apresentamos nesta figura o modelo keynesiano descrito no Quadro 11.2. O nível de equilíbrio do produto é R$ 820 bilhões porque a despesa planejada ($C + I + G + NX$) é exatamente igual a esse nível de produto para esse mesmo nível de renda. Em um nível de despesa inferior – por exemplo, R$ 790 bilhões –, a redução não-planejada nos estoques induzirá os homens de negócio a expandir a produção. No entanto, em maiores níveis de renda – por exemplo, R$ 850 bilhões –, a acumulação de estoques não-planejados induz os homens de negócio a reduzir o produto no futuro. Para o nível atual de despesa agregada, somente o produto de R$ 820 bilhões pode ser sustentado. Observe que o nível de renda de equilíbrio de R$ 820 bilhões é inferior ao produto potencial da economia de R$ 850 bilhões.

contexto do modelo keynesiano simples, uma despesa agregada superior ao produto provoca uma elevação de preços, uma vez que a economia atinja o pleno emprego. O produto nominal aumentará, mas simplesmente refletirá as elevações de preço e não aumentos na quantidade real de produto. Em um modelo keynesiano simples, a despesa agregada acima da capacidade de pleno emprego é inflacionária.

A despesa agregada é o catalisador do modelo keynesiano. Mudanças nas despesas agregadas movimentam a economia. Até que o pleno emprego seja atingido, a oferta sempre se acomoda. Um aumento na despesa agregada causada, por exemplo, por uma elevação na despesa do governo provocará uma expansão no produto real e no emprego. Uma vez que o pleno emprego seja atingido, aumentos adicionais na despesa agregada provocarão simplesmente elevações de preço.

O modelo keynesiano implica que regular a despesa agregada é crucial para a boa política macroeconômica. Se pudéssemos garantir uma despesa agregada, grande o suficiente para atingir a capacidade de produção, mas não tão grande que provocasse uma inflação, poderíamos obter, de acordo com a visão keynesiana, o máximo de produto, pleno emprego e estabilidade de preços.

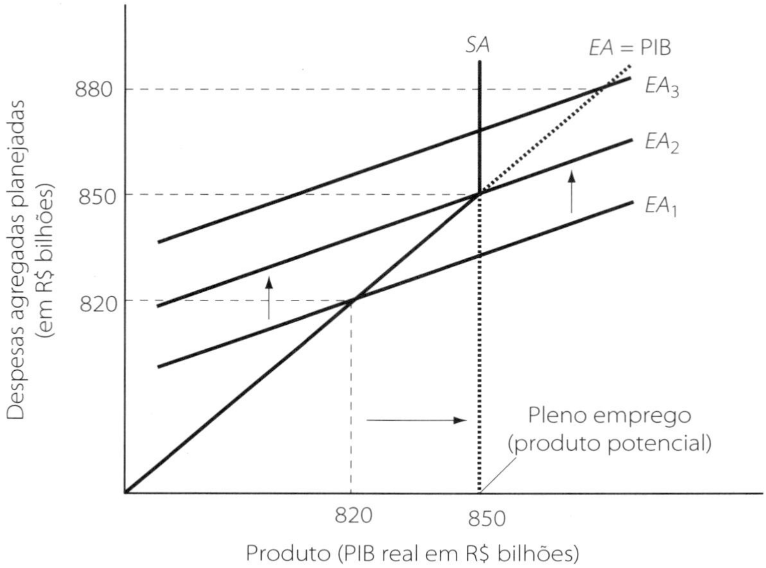

Figura 11.4 Deslocamentos na despesa agregada e mudanças no produto de equilíbrio.

Quando o produto de equilíbrio é inferior à capacidade produtiva da economia, somente um aumento na despesa agregada (um deslocamento da curva *EA*) levará a economia ao pleno emprego. Se consumidores, investidores, governo ou estrangeiros gastassem mais e, portanto, deslocassem a curva de despesa agregada para EA_2, o produto da economia cresceria até o seu potencial (R$ 850 bilhões). Uma vez que o pleno emprego fosse atingido, aumentos adicionais na despesa agregada, como indicado pelo deslocamento dessa curva para EA_3, produziriam apenas preços mais elevados. O produto nominal cresceria (o segmento pontilhado de *EA* = PIB), mas o produto real permaneceria o mesmo.

O Modelo Keynesiano de Demanda e de Oferta Agregadas

O modelo keynesiano pode ser apresentado no contexto do nosso familiar modelo de demanda e de oferta agregadas (*DA*/*SA*), discutido nos dois capítulos anteriores. A única diferença na nossa análise gráfica reside na oferta agregada de curto prazo (*SACP*), que passará a ter um formato diferente daquele apresentado nos capítulos anteriores, em virtude das hipóteses do modelo keynesiano. Considere a Figura 11.5. Note que a *SACP* é perfeitamente horizontal para o atual nível de preços até que a capacidade de pleno emprego seja atingida. Essa curva tem esse formato porque o modelo keynesiano supõe que, para níveis de produto abaixo do pleno emprego, preços (e salários) sejam inflexíveis para baixo. Essencialmente, o que esse formato implica é que as firmas têm uma curva de oferta horizontal enquanto operam abaixo de sua capacidade normal, de modo que qualquer mudança na demanda agregada provocará um aumento correspondente no produto. Os economistas, às vezes, se referem a esse segmento horizontal na curva de oferta agregada como o *intervalo keynesiano* dessa curva.

TEORIA ECONÔMICA APLICADA

Em uma sociedade deve-se gastar mais ou poupar mais?

Por muitas décadas, após a Segunda Guerra Mundial, muitos economistas keynesianos demonstraram preocupação com a possibilidade de a despesa agregada não ser suficiente para promover o pleno emprego. Como resultado dessa preocupação, em países como os Estados Unidos, várias inovações foram introduzidas no Código Tributário (por exemplo, permitir a dedução dos gastos com juros na declaração do imposto de renda), de modo a encorajar os consumidores a gastar mais, punindo, dessa forma, a poupança. Mais recentemente, nos Estados Unidos, a preocupação desses economistas deslocou-se para as baixas taxas de poupança. Uma vez que é a poupança que sustenta o investimento, baixas taxas de poupança retardam tanto a formação de capital quanto o crescimento da renda.

As pessoas devem gastar menos e poupar mais? Do ponto de vista keynesiano, a resposta é "depende". Durante períodos de elevado desemprego e excesso de capacidade, os keynesianos argumentam que um aumento no consumo (e, conseqüentemente, uma redução na poupança) promove uma expansão na demanda agregada e ajuda a promover o pleno emprego. Entretanto, quando a economia se encontra em pleno emprego, uma pressão maior de consumo resultará em inflação e, tudo o mais constante, uma taxa de poupança (de formação de capital) mais baixa, o que retardaria o crescimento.

O que ocorre com a *SACP* na Figura 11.5, quando a capacidade produtiva é atingida? Nessa situação, as firmas aumentarão seus preços para racionar o produto de capacidade plena àqueles que estão dispostos a pagar preços mais elevados. Assim, a *SACP* da economia se torna vertical quando a capacidade de pleno emprego é atingida. Desse modo, tanto a *SACP* quanto a *SALP* são verticais quando o nível de produto de pleno emprego é atingido (Y_F, na Figura 11.5).

A parte *a* da Figura 11.6 ilustra o impacto das mudanças na demanda agregada, no caso extremo da hipótese do modelo keynesiano. Quando a demanda agregada é inferior a DA_2 (por exemplo, DA_1), a economia permanecerá abaixo da sua capacidade potencial. Como preços e salários são inflexíveis para baixo, níveis de produto abaixo da capacidade (Y_1, por exemplo) e taxas de desemprego anormalmente elevadas persistirão, enquanto a demanda agregada não crescer. Quando o produto está abaixo de seu potencial, qualquer aumento na demanda agregada (por exemplo, um deslocamento de DA_1 para DA_2) fará que recursos produtivos anteriormente ociosos passem a participar do processo produtivo sem que os preços se modifiquem. Nesse intervalo (intervalo keynesiano), a análise keynesiana vira a Lei de Say de cabeça para baixo (a oferta cria uma demanda que lhe é equivalente), e é o aumento na demanda que cria sua própria oferta. Naturalmente, uma vez que a economia atinja seu produto potencial

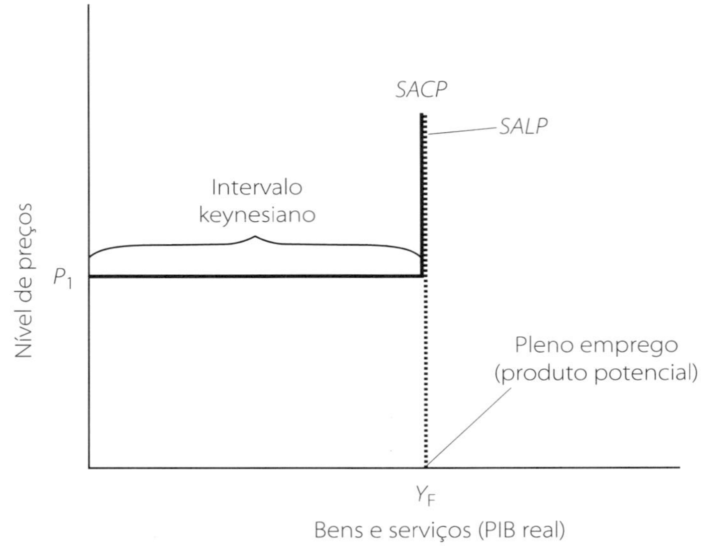

Figura 11.5 Curvas de oferta agregada no modelo keynesiano.

O modelo keynesiano implica uma curva de oferta agregada de curto prazo em um formato de *L* invertido. Como o modelo pressupõe que salários e preços sejam inflexíveis para baixo, a curva *SACP* é horizontal para níveis de produto inferiores ao PIB potencial (Y_F). Nesse intervalo, geralmente identificado como intervalo keynesiano, o produto é totalmente dependente do nível de demanda agregada. O modelo keynesiano implica que o produto real nunca pode ser superior ao produto de pleno emprego. Assim, tanto a curva *SACP* quanto a *SALP* são verticais, quando a economia atinge seu nível potencial de pleno emprego.

(Y_F), qualquer demanda adicional significa, pura e simplesmente, aumento de preços e não mais expansão de produto. Como tanto a curva *SACP* quanto a *SALP* são verticais no nível do produto de capacidade plena, um aumento na demanda agregada para DA_3 não provoca uma expansão no produto real.

Sempre que construímos algum modelo, é instrutivo trabalhar sob hipóteses extremas de modo a ilustrar vários pontos. O modelo keynesiano não é exceção. No mundo real, os preços não serão completamente inflexíveis para baixo. Do mesmo modo, no curto prazo, aumentos não-antecipados na demanda agregada não provocarão somente elevações nos preços. Entretanto, o modelo keynesiano destaca um ponto importante que está ilustrado, não de maneira extrema, na parte *b* da Figura 11.6. O segmento horizontal da curva *SACP* é uma simplificação que tem por objetivo destacar a idéia de que mudanças na demanda agregada exercem pouca influência sobre os preços, afetando substancialmente o nível de produção da economia, quando ela opera abaixo da capacidade. *Portanto, sob as condições prevalecentes durante a década de 1930 – quando a indústria apresentava capacidade ociosa e a economia enfrentava um nível de desemprego excessivamente elevado –, um aumento na demanda agregada teria seu principal impacto no nível de produção.*

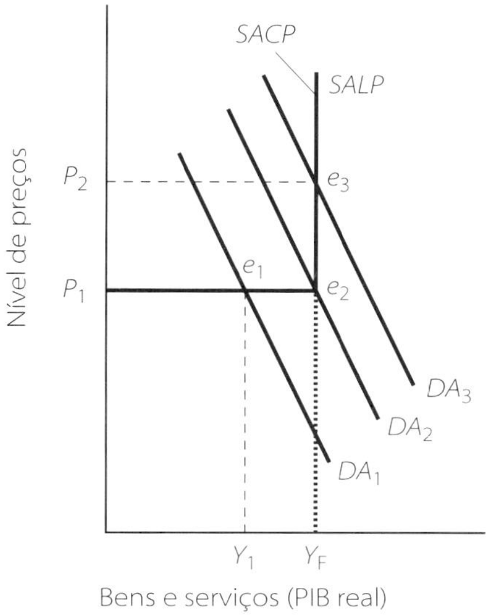

(a) Preços inflexíveis

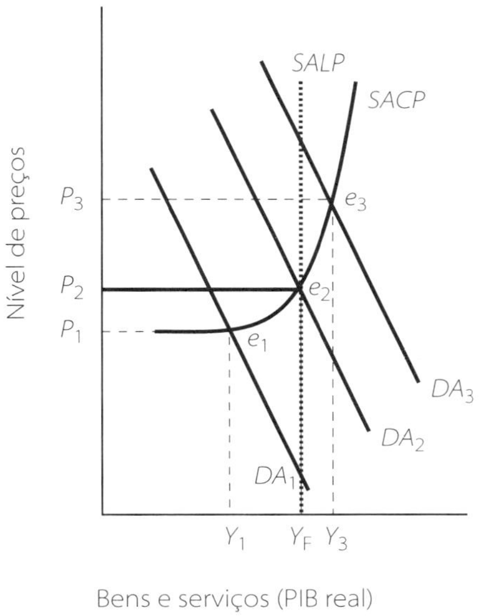

(b) Preços flexíveis

Figura 11.6

Apresentação do modelo keynesiano por meio da demanda e da oferta agregadas.

Na parte *a*, apresentamos um caso extremo do modelo keynesiano. Quando o produto é inferior ao produto potencial (por exemplo Y_1), um aumento na demanda agregada, tal como o ilustrado pelo deslocamento de DA_1 para DA_2, provocará uma expansão no produto, sem que os preços aumentem. Entretanto, aumentos na demanda agregada além de DA_2, tal como indicado por DA_3, levarão a economia a preços, mais elevados (P_2). Na parte *b*, relaxamos a hipótese de inflexibilidade nos preços, bem como a da impossibilidade de, no curto prazo, o produto ser superior ao potencial (Y_F). A curva *SACP* passa de seu trecho horizontal para o trecho vertical de maneira gradual. Isso implica que um aumento não-antecipado na demanda agregada provocará (1) essencialmente uma expansão no produto, quando este se encontra abaixo da capacidade (por exemplo, Y_1), e (2) essencialmente uma elevação no nível de preços, quando o produto está acima de sua capacidade (por exemplo, Y_3).

No entanto, o segmento vertical da curva de oferta agregada é também uma hipótese simplificadora que tem por objetivo ilustrar o fato de que há certo nível de produto além do qual um aumento na demanda produzirá quase exclusivamente elevação nos preços (e somente pequenos aumentos no produto real). *Quando a demanda agregada está aquecida (por exemplo,* DA_3*), um aumento nela nos leva a prever que ele se refletirá principalmente sobre o nível de preços e não sobre o nível de produto.*

O MULTIPLICADOR

O multiplicador ocupa uma posição central no modelo keynesiano. Ele enfatiza o impacto de mudanças nas despesas autônomas – despesas não relacionadas com a renda, que são determinadas por fatores externos ao modelo básico de renda-despesa. Mudanças nas despesas autônomas – por exemplo, um aumento no nível de investimentos em razão das expectativas otimistas dos homens de negócio ou em decorrência de uma expansão nas exportações líquidas resultante de aumentos na renda dos principais parceiros comerciais – deslocarão a curva de despesa agregada, provocando uma expansão de renda maior que o aumento inicial de despesa. O **multiplicador dos gastos** autônomos é definido como a mudança na renda total (produto de equilíbrio) dividida pela mudança na despesa autônoma que provocou esse aumento de renda.

> **Multiplicador dos gastos**
>
> É a razão entre a mudança no nível de equilíbrio do produto e a mudança independente no investimento, no consumo ou nos gastos do governo, a qual originou a mudança registrada no produto. Numericamente, o multiplicador é igual a 1 dividido por (1 – PMgC) quando o nível de preços é constante.

O princípio do multiplicador se baseia no fato de que a despesa de um indivíduo se torna a renda de outro. Como vimos anteriormente, as despesas com consumo estão diretamente relacionadas à renda – um aumento na renda (ou riqueza) provocará uma elevação no consumo. Supostamente, as pessoas gastarão apenas uma parte desse aumento de renda em consumo. Esse gasto adicional com consumo gerará uma renda adicional para outras pessoas que também gastarão, com consumo, uma parcela desse aumento percebido.

Um exemplo nos ajudará a esclarecer o conceito do multiplicador. Suponha que haja recursos ociosos na economia e que um empreendedor decida fazer um projeto de investimento no valor de R$ 1 milhão. Como o investimento é um dos componentes da demanda agregada, a execução desse projeto aumentará a demanda diretamente em R$ 1 milhão. Entretanto, essa não é toda a história. A execução do projeto de investimento exigirá o uso dos serviços de bombeiros, carpinteiros e pedreiros, madeira, cimento e muitos outros recursos e materiais. A renda dos ofertantes desses recursos aumentará em R$ 1 milhão. O que eles farão com essa renda adicional? Dada a relação entre a renda das pessoas e o seu nível de consumo, podemos prever que os proprietários desses recursos gastarão parte dessa renda adicional. Eles comprarão mais alimentos, vestuário, serviços médicos, lazer e milhares de outros itens. De que forma esses gastos adicionais influenciam as rendas dos proprietários dos recursos que serão usados na produção desses bens de consumo adicionais ou desses serviços? A renda deles certamente também aumentará. Depois de separar uma porção dessa renda adicional (poupança), essas pessoas também gastarão parte desse aumento de renda com o seu consumo corrente. Esses gastos com consumo provocarão um aumento adicional na renda dos ofertantes desses outros produtos ou serviços.

O termo *multiplicador* é também utilizado para indicar o número pelo qual o investimento inicial deve ser multiplicado, para se obter a soma de todos esses aumentos de renda. Se o investimento de R$ 1 milhão resultar em um aumento de renda de R$ 4 milhões, o multiplicador será 4. O total de aumento de renda seria quatro vezes o valor do gasto inicial que provocou a expansão na despesa. Se, entretanto, o total de renda aumentasse em R$ 3 milhões, o multiplicador seria 3.

O Tamanho do Multiplicador

O tamanho do multiplicador depende da proporção da renda adicional que as famílias resolvem gastar com o consumo.[4] Keynes se referiu a essa fração da renda como a **propensão marginal a consumir (PMgC)**. Matematicamente:

Propensão marginal a consumir (PMgC)

Consumo corrente adicional dividido pelo aumento corrente na renda disponível.

$$\text{PMgC} = \frac{\text{Consumo adicional}}{\text{Renda adicional}}$$

Por exemplo, se a sua renda aumenta R$ 100 e, por isso, você eleva as suas despesas correntes de consumo em R$ 75, sua propensão marginal a consumir é 3/4 ou 0,75.

O Quadro 11.3 mostra por que o valor do multiplicador depende da PMgC. Suponha que a PMgC seja igual a 3/4, indicando que os consumidores gastam R$ 0,75 de cada real adicional ganho. Voltando ao nosso exemplo anterior, sabemos que o investimento de R$ 1 milhão produzirá inicialmente um aumento de renda de R$ 1 milhão. Como a PMgC é 3/4, o consumo será elevado em R$ 750 mil (os outros R$ 250 mil serão poupados), contribuindo para um segundo aumento de renda. Os recebedores desse segundo aumento de renda, que foi de R$ 750 mil, deverão gastar 3/4 deles com consumo corrente. Assim, seus gastos aumentam a renda em um terceiro turno em R$ 562.500. O Quadro 11.3 ilustra os aumentos de renda adicionais que ocorrem nos outros turnos. O aumento total na renda será de R$ 4 milhões, dado que a PMgC é 3/4. O multiplicador é 4.

Se a PMgC fosse maior, o aumento de renda recebido por família corresponderia a um gasto maior com o consumo corrente em cada um dos turnos do processo de transmissão de renda e despesa. Assim, o aumento de renda gerado a cada turno seria maior, aumentando, dessa forma, o tamanho do multiplicador. Há uma relação precisa entre o valor do multiplicador dos gastos e a PMgC. O multiplicador dos gastos, *M*, é:

$$M = \frac{1}{(1 - \text{PMgC})}$$

4. Por simplicidade, ao calcular o valor do multiplicador, vamos supor que a renda adicional fora (1) gasta com bens produzidos domesticamente ou (2) poupada. Essa hipótese implica que estamos ignorando o impacto dos impostos, assim como os gastos com produtos importados à medida que a renda aumenta em decorrência do processo do multiplicador. Ao final de nossa análise, indicaremos a importância dessa hipótese.

Quadro 11.3
O princípio do multiplicador.

Turno de despesa	Renda adicional (%)	Consumo adicional (R$)	Propensão marginal a consumir (PMgC)
Turno 1	1.000.000	750.000	3/4
Turno 2	750.000	562.500	3/4
Turno 3	562.500	421.875	3/4
Turno 4	421.875	316.406	3/4
Turno 5	316.406	237.305	3/4
Turno 6	237.305	177.979	3/4
Turno 7	177.979	133.484	3/4
Turno 8	133.484	100.113	3/4
Turno 9	100.113	75.085	3/4
Turno 10	75.085	56.314	3/4
Demais	225.253	168.939	3/4
Total	4.000.000	3.000.000	3/4

O Quadro 11.4 nos fornece o valor do multiplicador dos gastos para vários valores diferentes da PMgC.

Quadro 11.4
Relação entre a PMgC e o valor do multiplicador.

PMgC	Valor do multiplicador
9/10	10
4/5	5
3/4	4
2/3	3
1/2	2
1/3	1,5

A Significância do Multiplicador no Mundo Real

No contexto do modelo keynesiano, o multiplicador é importante, pois nos permite compreender por que, ainda que pequenas, variações no investimento, nos gastos do governo ou nos gastos de consumo podem provocar variações bem maiores no nível de produto. O multiplicador magnifica as flutuações no produto e no emprego decorrentes de mudanças nos gastos autônomos.

Há aspectos tanto positivos quanto negativos para esses efeitos amplificadores. Do lado negativo, o princípio do multiplicador nos indica que pequenas reduções na despesa de investimento, talvez decorrentes de um declínio no otimismo dos homens de negócio, podem ser uma importante fonte de instabilidade econômica. Por causa disso, muitos economistas keynesianos acreditam que a estabilidade da economia de mercado é bastante frágil, por ser constantemente suscetível a flutuações de despesas, ainda que modestas. Do lado positivo, o princípio do multiplicador ilustra o potencial de estímulo ao produto que a política macroeconômica pode exercer por meio de um pequeno impacto nas despesas autônomas.

Ao avaliar a importância do multiplicador, devemos ter em mente três pontos.

Primeiro: além da poupança, os outros vazamentos com impostos ou gastos com importação do exterior também reduzirão o tamanho do multiplicador. Para manter a simplicidade, admitimos que toda renda era poupada ou gasta na compra de bens de consumo produzidos domesticamente. Assim como a poupança, os impostos e as importações provocarão vazamentos na renda adicional, reduzindo, portanto, o gasto com bens e serviços domésticos. Esses vazamentos no fluxo de despesa reduzirão o efeito multiplicador. Na presença desses vazamentos, o multiplicador será menor que o multiplicador de gastos apresentado na nossa análise simplificada.

Segundo: leva tempo para o multiplicador funcionar. No mundo real, muitas semanas e talvez meses serão exigidos para que cada turno de despesa se complete. Apenas uma fração do efeito multiplicador será observada em um curto período. Muitos pesquisadores acreditam que somente metade do efeito total do multiplicador se fará sentir nos primeiros seis meses após a variação na despesa autônoma.

Terceiro: o multiplicador implica que uma despesa adicional fará que recursos ociosos sejam incorporados ao processo produtivo, provocando, dessa forma, um aumento no produto real e não uma elevação de preços. Em uma situação de desemprego elevado e generalizado, essa é uma hipótese realista. Entretanto, quando não há recurso produtivo ocioso, o efeito multiplicador será mitigado por um aumento no nível de preços.

A Visão Keynesiana do Ciclo dos Negócios

Os economistas keynesianos acreditam que a economia de mercado, quando deixada livre para funcionar, é instável e, provavelmente, passará por períodos prolongados de recessão. A visão key-

nesiana enfatiza o potencial desestabilizante das mudanças autônomas nas despesas amplificadas pelo efeito multiplicador e por alterações no grau de otimismo. Suponha que ocorra um aumento na demanda agregada, provocado pelo que aparenta ser uma perturbação relativamente pequena – por exemplo, uma expansão da renda no exterior, um aumento no otimismo dos consumidores ou uma onda de otimismo entre os homens de negócio gerada por uma inovação. Os keynesianos acreditam que tais mudanças geralmente provocarão uma expansão no produto que tenderá a se auto-alimentar. O aumento inicial na demanda, *amplificado pelo efeito multiplicador*, provocará uma expansão no emprego e um rápido crescimento na renda. Rendas mais altas provocarão um aumento no consumo, ativando as vendas. Os estoques se reduzirão e os homens de negócio ampliarão sua produção, de modo a repor seus estoques. Aumentos nas vendas provocarão uma onda de otimismo e novos projetos de investimento serão levados a cabo. O desemprego se reduzirá à medida que a economia experimente um *boom*.

Essa fase expansionista continuará indefinidamente? A resposta é não. Eventualmente, a capacidade de pleno emprego será atingida, em decorrência da atual disponibilidade tanto de trabalho quanto de máquinas e equipamentos. A taxa de crescimento da economia se reduzirá. O declínio no crescimento econômico deprimirá o otimismo dos homens de negócio, o que os fará adiar seus projetos, reduzindo, desse modo, seus investimentos. Uma vez mais, o multiplicador amplificará o impacto dessa mudança na demanda. Assim, a queda nos investimentos e o aumento do pessimismo em relação ao futuro provocarão fortes reduções no produto. À medida que a economia entra em uma recessão, os estoques das mercadorias se acumulam, em decorrência da queda nas vendas provocada por uma demanda menor. Trabalhadores serão desempregados. O desemprego vai aumentando e as falências se tornarão mais comuns.

Isso foi o que Keynes percebeu que vinha ocorrendo, na década de 1930. Os consumidores não gastavam, pois as suas rendas caíam, e estavam extremamente pessimistas com relação ao futuro. De modo similar, os homens de negócio não produziam porque havia pouca demanda para os seus produtos. O investimento era efetivamente inexistente, em decorrência da quantidade de recursos ociosos e do excesso de capacidade produtiva disponível.

Uma flutuação acentuada no investimento privado é o vilão da teoria keynesiana do ciclo dos negócios. Uma expansão econômica se transforma em um *boom* porque os investimentos, amplificados pelo multiplicador, estimulam outros setores da economia. Ao primeiro sinal de um desaquecimento, entretanto, os planos de investimento são drasticamente cortados. Eventualmente, as máquinas e os equipamentos se depreciarão e o estoque de capital se reduzirá a um nível consistente com o nível de renda corrente. Nesse ponto, o investimento *adicional* se fará necessário simplesmente para repor o capital depreciado. Esse novo investimento estimulará uma produção adicional, assim como o emprego, iniciando, dessa forma, um ciclo novo. *Os economistas keynesianos acreditam que a fase de recessão tende a ser bastante longa e não crêem que tanto taxas de juros mais baixas quanto redução nos preços dos recursos produtivos serão capazes de reverter a onda de queda de renda.*

Evolução da Moderna Macroeconomia

As Principais Proposições da Economia Keynesiana

A economia keynesiana e o modelo da despesa agregada (*EA*) dominaram o pensamento na macroeconomia por três décadas, a partir da Segunda Guerra Mundial. Três são as principais proposições produzidas pelo modelo keynesiano.

1. *Mudanças no produto, assim como variações nos preços, têm papel importante no processo de ajustamento macroeconômico, particularmente no curto prazo.* O modelo clássico enfatizava o papel dos preços em redirecionar uma economia ao seu equilíbrio macroeconômico. A análise keynesiana destacou a importância das mudanças no produto.

2. *A capacidade de resposta da oferta agregada às mudanças da demanda agregada estará diretamente relacionada à disponibilidade de recursos desempregados.* A análise keynesiana enfatiza que, quando há recursos produtivos ociosos, o produto responderá prontamente a mudanças na demanda agregada. Contrariamente, quando a economia está operando a plena capacidade ou na sua vizinhança, a produção será menos sensível a mudanças na demanda. Dessa forma, a curva *SACP* é relativamente mais horizontal, quando a economia está abaixo da sua capacidade, e relativamente vertical, quando a economia está operando próximo ou além da sua capacidade (ver a Figura 11.6).

3. *Flutuações na demanda agregada são uma importante fonte potencial de instabilidade nos negócios.* Mudanças bruscas na demanda são uma fonte potencial tanto de recessão quanto de inflação. Políticas econômicas que efetivamente estabilizem a demanda agregada – que minimizem as mudanças abruptas na demanda – reduzirão de forma substancial a instabilidade econômica.

Redução na Popularidade do Modelo de Despesa Agregada (EA)

Como destacamos, tanto a economia keynesiana quanto o modelo de despesa agregada (*EA*) emergiram da Grande Depressão. A análise keynesiana provê uma explicação para o que aconteceu na década de 1930. Entretanto, há outras explicações possíveis. Muitos economistas acreditam que o uso errado de políticas econômicas, particularmente da política monetária, contribuiu para a gravidade e a duração da Grande Depressão. De acordo com essa visão, os mercados não conseguiram restaurar o pleno emprego dentro de um período razoável, durante a década de 1930, porque as políticas adotadas, inadvertidamente, não só barraram a recuperação econômica como também efetivamente deprimiram as condições da economia. Essa visão monetária do ciclo dos negócios será apresentada nos Capítulos 14 e 15.

A popularidade do modelo keynesiano de despesa agregada tem diminuído nos anos recentes. Há duas razões principais para isso. Primeiro, o modelo de despesa agregada (*EA*) não é capaz de explicar a ocorrência simultânea de inflação e de altos níveis de desemprego. No modelo *EA*, as despesas agregadas ou são muito baixas (provocando recessão) ou muito altas (provocando inflação). Como esse modelo falha em incorporar as expectativas dos agentes econômicos, ele é incapaz de explicar a presença simultânea tanto de alto nível de desemprego quanto de inflação, como o que ocorreu ao longo da década de 1970.

O segundo fator que contribuiu para o declínio do modelo de despesa agregada é a estabilidade econômica dos anos recentes. O modelo *EA* foi desenhado para explicar uma recessão prolongada – equilíbrio abaixo do pleno emprego – e a fragilidade da natureza da estabilidade dos negócios. Ele funcionou bem logo após a Grande Depressão. Entretanto, hoje, ele é pouco relevante. Durante 16 anos (1983 a 1998), os Estados Unidos experimentaram apenas nove meses de recessão. Assim como o modelo clássico aparentava ter pouca relevância na década de 1930, um modelo fundamentado na tendência à recessão da economia de mercado parece hoje estar fora de lugar. É claro que a situação mais estável das economias industrializadas pode mudar – é muito cedo para passarmos o atestado de óbito do ciclo dos negócios. Enquanto a atual estabilidade econômica continuar, os economistas se preocuparão muito mais com questões de crescimento de longo prazo que com flutuações econômicas.

A Natureza Híbrida da Moderna Macroeconomia

A moderna macroeconomia é um híbrido, refletindo elementos tanto da análise clássica quanto da análise keynesiana, assim como algumas proposições extraídas de outras áreas da ciência econômica. Como discutimos no capítulo anterior, vários choques (mudanças não-antecipadas na *DA* ou na *SA*) podem perturbar o equilíbrio de pleno emprego e levar a economia, no curto prazo, a uma situação de recessão com desemprego ou a um *boom* inflacionário. Além disso, os mercados macroeconômicos não se ajustam instantaneamente. No curto prazo, percepções incorretas do nível de preços corrente e a rigidez nos salários e nos preços podem fazer que o nível de produto seja diferente do seu nível de equilíbrio de longo prazo. Isso resulta da visão keynesiana.

Entretanto, a análise moderna também nos indica que mudanças nos salários reais e na taxa real de juros atuarão como forças estabilizadoras, direcionando a economia de mercado para o pleno emprego. Quando uma economia está operando abaixo do seu potencial durante uma recessão, quedas nos salários reais e nas taxas reais de juros ajudarão a restaurar o pleno emprego. De modo similar, aumentos nos salários e nas taxas de juros tenderão a retardar um *boom* econômico. Essas implicações da análise moderna para o longo prazo refletem a visão clássica.

As condições econômicas durante as últimas décadas são consistentes com essa visão moderna. A economia continua a experimentar altos e baixos, condições de desequilíbrio de curto prazo resultantes de vários choques. Entretanto, retrações econômicas não produzem uma espiral descendente, mas resultam em prolongados períodos de estagnação. Os mecanismos de autocorreção, que caracterizam a economia de mercado, são mais potentes do que se pensava no passado.

Além disso, a macroeconomia moderna indica que os impactos das mudanças econômicas são mais complexos do que os economistas – tanto os clássicos quanto os keynesianos – perceberam. Quando analisamos o impacto de uma mudança, os resultados são totalmente diferentes, se essa mudança é antecipada ou não pelos agentes econômicos. É também importante se as pessoas esperam que essa mudança seja temporária ou permanente. Hoje, tanto keynesianos quanto não-keynesianos integram esses elementos em suas análises.

Muitos elementos-chave da moderna macroeconomia são mais facilmente visualizados no contexto dos vários mercados do modelo *DA/SA* que desenvolvemos nos Capítulos 9 e 10. O modelo *DA/SA* também nos permite, de forma fácil, entender a distinção entre condições de curto e de longo prazos. Na essência, o modelo clássico é um modelo de longo prazo, enquanto o modelo keynesiano de despesa agregada é um modelo de curto prazo com excesso de capacidade. O modelo *DA/SA* incorpora e destaca a importância das análises de curto e de longo prazos. O modelo *DA/SA* é mais flexível e, por isso mesmo, pode ser utilizado para considerar uma gama maior de tópicos levando em conta que aquela considerada pelos modelos clássico ou keynesiano. Por isso, ele será a nossa principal ferramenta no processo de desenvolvimento de uma compreensão mais aprofundada das questões macroeconômicas.

Olhando à Frente

Embora tenha enfatizado que a economia de mercado poderia falhar em atingir automaticamente seu equilíbrio de pleno emprego, Keynes argumentou que os governos poderiam usar impostos e sua política de gastos para estabilizar a demanda agregada e garantir o pleno emprego. Keynes e seus seguidores forçaram uma parte relutante dos economistas profissionais a pensar seriamente sobre políticas macroeconômicas. A seguir, ao considerarmos esse tópico, discutiremos o potencial da política fiscal como uma ferramenta para a promoção do pleno emprego, estabilidade de preços e crescimento do produto real.

Resumo do Capítulo

- Os economistas clássicos acreditavam que a produção criava uma quantidade equivalente de demanda corrente (Lei de Say) e que salários e preços flexíveis, com a taxa de juros, garantiriam o pleno emprego. A Grande Depressão minou a credibilidade dessa visão clássica.
- O conceito de despesa agregada planejada ($C + I + G + NX$) é central na análise keynesiana. No modelo keynesiano, à medida que a renda cresce, o consumo se eleva, mas por uma quantidade menor que o incremento de renda. No modelo keynesiano, tanto o investimento planejado quanto os gastos do governo são independentes da renda. As exportações líquidas planejadas se reduzem à medida que a renda cresce.
- O modelo keynesiano postula que as firmas produzirão a quantidade de bens e serviços que os homens de negócio acreditam que consumidores, investidores, governos e o setor estrangeiro (exportações líquidas) planejam comprar. Assim, ocorrerá o equilíbrio quando a despesa total planejada for igual ao produto.
- Quando a despesa agregada é inferior ao produto corrente, as firmas acumularão estoques não-planejados, os quais indicarão a necessidade de reduzir a produção futura e, conseqüentemente, o emprego. No entanto, quando a despesa agregada for maior que o produto corrente, os estoques cairão a níveis inferiores aos planejados e as firmas responderão a essa indicação com o aumento de sua produção, de modo a restaurar seus estoques aos níveis normais. Para que o equilíbrio ocorra, a despesa agregada deve ser igual ao produto corrente ($EA = PIB$).
- O equilíbrio keynesiano não precisa ocorrer necessariamente no nível de produção de pleno emprego.
- As mudanças na despesa agregada são o catalisador do modelo keynesiano. Quando uma economia está operando abaixo de sua capacidade de pleno emprego, aumentos na demanda agregada provocarão a expansão tanto do produto quanto do emprego. Uma vez que a capacidade seja atingida, novos aumentos na despesa agregada levarão a economia apenas a preços mais altos.
- O modelo keynesiano implica que a principal função da boa política macroeconômica é manter a despesa agregada no nível consistente com o pleno emprego e preços estáveis.
- O multiplicador dos gastos indica que mudanças autônomas nos investimentos planejados, nos gastos do governo e no consumo farão que a renda (e o produto) cresça por um múltiplo do aumento inicial da despesa. O multiplicador é um número que multiplica a variação original da despesa agregada, definindo, dessa forma, o aumento de renda. O valor do multiplicador se eleva com o aumento da propensão marginal a consumir.
- Na avaliação da importância do multiplicador, devemos lembrar que: (a) impostos e maiores gastos com importação reduzirão o tamanho do multiplicador; (b) leva algum tempo para que o efeito do multiplicador se transmita à renda e (c) o efeito amplificador do aumento na despesa agregada sobre o produto real da economia só ocorrerá se recursos ociosos forem incorporados ao processo produtivo, sem que os preços variem.

- De acordo com a visão keynesiana do ciclo dos negócios, expansão e contração do produto tendem a se auto-alimentar. Durante uma contração do produto, o pessimismo dos homens de negócio, a redução nos investimentos e o princípio do multiplicador se associam para mergulhar a economia, ainda mais, na direção de uma recessão. Durante uma expansão econômica, o otimismo dos homens de negócio e dos consumidores e a expansão dos investimentos interagem com o princípio do multiplicador, para projetar a economia em um *boom* inflacionário. A teoria sugere que uma economia direcionada pelas forças de mercado, se deixada à sua própria sorte, experimentará uma flutuação de produto entre períodos de recessão econômica e de *boom* inflacionário.
- Se, no entanto, a moderna análise macroeconômica incorpora elementos tanto da teoria keynesiana quanto da teoria clássica, ela também destaca o papel importante das expectativas e a importância de se distinguir entre ajustamentos de mercado no longo e no curto prazos.

Questões de Análise Crítica

1. O que determina o produto de equilíbrio em um modelo keynesiano? Explique por que um nível de equilíbrio do produto poderá permanecer estável. O que Keynes pensava ter ocorrido durante o período prolongado de elevado desemprego da Grande Depressão?
2. De que forma cada um dos seguintes eventos influencia a função consumo?
   a) A expectativa de que os preços no nível do consumidor crescerão mais rapidamente no futuro.
   b) Pessimismo sobre as condições de emprego no futuro.
   c) Uma redução no imposto de renda.
   d) Um aumento nas taxas de juros.
   e) Uma redução no preço das ações.
   f) Uma redistribuição de renda de trabalhadores mais velhos para trabalhadores mais jovens.
   g) Uma redistribuição de renda dos mais ricos para os mais pobres.
3. No contexto do modelo keynesiano, qual é a principal razão para as flutuações no produto? O que é necessário para a manutenção do pleno emprego?
4. O que é o princípio do multiplicador? O que determina o valor do multiplicador? O princípio do multiplicador facilita ou dificulta a estabilização da economia? Explique.

5. Por que um aumento na despesa agregada, no modelo keynesiano de despesa agregada (*EA*), provoca um igual aumento no PIB real, desde que o produto corrente seja inferior ao produto de pleno emprego? O que isso implica para o formato da curva de oferta agregada?

6. A aceitação generalizada do modelo keynesiano de despesa agregada (*EA*) ocorreu imediatamente após a Grande Depressão. Você pode explicar por quê? A popularidade do modelo de despesa agregada declinou durante a década de 1970, quando muitas economias experimentaram altas taxas tanto de desemprego quanto de inflação. Isso é surpreendente? Explique.

7. No modelo keynesiano, qual é o papel da queda nos salários reais e no preço real dos recursos produtivos, no processo de restauração do pleno emprego? Se o produto corrente é inferior ao produto de pleno emprego, o que levará a economia na direção do pleno emprego em um modelo keynesiano?

8. Suponha que os indivíduos decidam, repentinamente, gastar menos em consumo e poupar mais de sua renda corrente. Compare e contraste o impacto dessa mudança no contexto do modelo keynesiano de demanda agregada (*EA*) e no contexto dos modelos de demanda e oferta agregadas (*DA/SA*).

9. "Historicamente, as taxas de juros geralmente têm sido maiores durante os períodos de *boom* econômico do que nos períodos de recessão. Isso indica que altas taxas de juros estimulam o aumento dos investimentos." Avalie essa afirmação.

10. Usando o modelo keynesiano de despesa agregada, de que forma um aumento na renda de outros países influencia o nível de equilíbrio do produto de uma economia? Seus resultados seriam diferentes se você tivesse usado o modelo *DA/SA*? Explique.

11. Os economistas geralmente afirmam que o modelo keynesiano de despesa agregada é especialmente relevante no curto prazo, enquanto o modelo clássico tem sua relevância na análise de longo prazo. Em que sentido essa afirmação é verdadeira?

12. Nos anos recentes, aproximadamente 35% da renda dos canadenses tem sido gasta com importações. Nos Estados Unidos, cerca de 12% da renda corresponde aos gastos com importações. Você espera que o valor do multiplicador dos gastos autônomos no Canadá seja maior ou menor que o verificado para os Estados Unidos? Explique.

13. A taxa de produto e as despesas planejadas em uma economia estão indicadas na tabela a seguir.

Produto total (PIB real em R$ bilhões)	Despesa agregada planejada (em R$ bilhões)
5.000	5.250
5.500	5.500
6.000	5.750
6.500	6.000
7.000	6.250

a) Se o nível de produção corrente fosse R$ 5.000 bilhões, o que deveria ocorrer com os estoques das empresas, o produto e o emprego no futuro?
b) Se o produto corrente fosse R$ 6.500 bilhões, o que deveria ocorrer com os estoques das empresas, o produto e o emprego no futuro?
c) Qual é o nível de equilíbrio da renda nessa economia?
d) Se o nível de produto de pleno emprego fosse R$ 6.000 bilhões, a taxa de desemprego seria alta, baixa ou normal, supondo-se que a demanda corrente planejada fosse a mesma no futuro?
e) O que ocorreria se um investimento autônomo de R$ 250 bilhões aumentasse o total de investimento dessa economia?

12 Política Fiscal

> Nos estágios iniciais da revolução keynesiana, os macroeconomistas destacavam a política fiscal como a mais eficiente, sendo o remédio adequado para a administração da demanda agregada. Gradualmente, as falhas da política fiscal tornaram-se aparentes. Essas falhas decorrem do tempo certo, da política, da teoria macroeconômica e do próprio déficit público.
>
> ***Paul A. Samuelson, Prêmio Nobel de Economia***[1]

FOCO DO CAPÍTULO

- Como a política fiscal afeta a demanda agregada? Como ela afeta a oferta agregada?
- Qual é a visão keynesiana da política fiscal? Como os modelos *crowding-out* e dos novos clássicos modificam os fundamentos da análise keynesiana?
- Quão difícil é adotar instrumentos de política fiscal no momento certo? Por que o momento da implementação da política fiscal é importante?
- Existe uma síntese da visão fiscal de política econômica? Quais são os seus principais elementos?
- A política fiscal produz efeitos sobre a oferta agregada?

1. Paul A. Samuelson e William D. Nordhaus. *Economics*, 15. ed. Nova York: McGraw-Hill, 1995, p. 644.

Como indicamos no Capítulo 9, a política fiscal envolve a autoridade do governo de aplicar impostos e alocar as despesas públicas. Nas aplicações com o modelo básico de demanda e oferta agregadas que fizemos até agora, temos suposto que a política fiscal do governo não se altera. Já estamos aptos para relaxar essa hipótese e considerar os impactos da política fiscal sobre o produto, os preços e o nível de emprego.

Os economistas, de modo geral, não concordam sobre como certos instrumentos de política fiscal operam na economia, havendo mais desacordo ainda sobre a possibilidade de o governo, por meio da política fiscal, melhorar o desempenho da economia. Neste capítulo, vamos abordar quatro modelos alternativos para a análise da política fiscal: o keynesiano, o efeito *crowding-out,* o modelo dos novos clássicos e o da oferta agregada (*supply-side economics*). Vamos considerar como e por que, nas décadas recentes, a visão dos economistas em relação a esses modelos vem se modificando. O modelo macroeconômico simples de demanda e oferta agregadas (*DA/SA*) será usado para ilustrar cada uma dessas visões da política fiscal.

Como neste capítulo estamos interessados em isolar os efeitos da política fiscal, continuaremos a supor que as autoridades monetárias manterão a oferta monetária constante. A política monetária será considerada no próximo capítulo.

Déficits e Superávits Orçamentários

A política fiscal se caracteriza pelos gastos do governo, pela tributação e pela política de endividamento público. É uma das principais ferramentas de que o governo dispõe para a promoção do pleno emprego, da estabilidade de preços e do rápido crescimento econômico. Se a oferta monetária é constante, o governo só dispõe de duas alternativas para financiar seus gastos: (1) rendimento de patrimônio, receita de impostos, de taxas cobradas pela prestação de serviços e da venda de ativos ou (2) endividamento. Quando a receita do governo, proveniente da arrecadação de impostos e das taxas de serviços, for igual aos gastos do governo com a compra de bens e serviços mais o valor das transferências para o público, dizemos que o governo tem seu **orçamento equilibrado**. Nem sempre o orçamento do governo está equilibrado. Um **déficit orçamentário** ocorre quando o total das despesas do governo supera o somatório de suas receitas provenientes de todas as fontes possíveis. Quando há um déficit orçamentário, o governo precisa tomar emprestado para financiar o excesso de gastos sobre sua receita. O governo toma emprestado emitindo títulos públicos que prometem pagar determinada taxa de juros ao seu comprador. O total desses títulos em poder dos credores do governo, a qualquer momento no tempo, constitui a dívida nacional. No entanto, um **superávit orçamentário** ocorre quando as despesas do governo são inferiores ao total de sua receita. Esse superávit permite ao governo reduzir sua dívida.

Orçamento equilibrado

Ocorre quando o total das receitas correntes do governo, provenientes de impostos, taxas de serviços ou de seu patrimônio, for exatamente igual ao total das suas despesas correntes.

Déficit orçamentário

Ocorre quando o total das despesas correntes do governo excede o total de suas receitas correntes em determinado período, geralmente um ano.

Superávit orçamentário

Ocorre quando o total das despesas correntes do governo é inferior ao total de suas receitas correntes em determinado período, geralmente um ano.

O orçamento do governo federal não é apenas uma listagem organizada de receitas e despesas de uma grande organização. É claro que, pelo volume de recursos financeiros nele incorporado, o orçamento do governo federal exerce uma influência substancial sobre toda a economia. Sua importância, entretanto, decorre do seu papel de instrumento de política macroeconômica. O orçamento do governo federal é o principal instrumento de política fiscal. Se, de um lado, uma grande empresa administra seu orçamento de modo a aumentar sua renda e seus lucros, do outro, o governo federal administra seu orçamento com o propósito de influenciar a direção da economia no futuro.

Mudanças no tamanho do déficit ou do superávit do governo federal são usadas para identificar se a política fiscal está estimulando ou impondo restrições à demanda agregada. É importante destacar, entretanto, que mudanças no tamanho do déficit público podem ter origem em duas fontes diferentes. *A primeira é que o estado da economia pode ser a causa da variação no déficit.* Durante uma recessão, como resultado do desaquecimento da economia, a receita tributária geralmente se reduz e a despesa com os programas de transferências do governo aumenta. Isso provocará uma pressão no orçamento do governo na direção de um déficit, mesmo que a política fiscal não tenha sido alterada. O oposto ocorrerá durante a fase de expansão do ciclo dos negócios. A receita tributária aumenta e as despesas com os programas de transferência se reduzem, em decorrência do crescimento mais acelerado da renda. Nesse caso, haverá uma pressão no orçamento do governo na direção de um superávit (ou menor déficit). *A segunda*

Política fiscal discricionária

Qualquer mudança na legislação ou no sistema de apropriação de despesa que altere tanto a receita quanto as despesas do governo.

é que a própria **política fiscal discricionária** *pode ser a causa da variação do déficit.* Os responsáveis pela política podem introduzir, deliberadamente, mudanças na legislação tributária ou nos programas de gastos do governo, de modo a alterar o tamanho do déficit (ou superávit) orçamentário. Quando nos referimos a "mudanças na política fiscal", estamos considerando alterações desse tipo – mudanças deliberadas nas despesas governamentais, na política tributária ou em ambas, com o objetivo de afetar o tamanho do déficit ou do superávit orçamentário.

A Visão Keynesiana da Política Fiscal

Antes da década de 1960, havia consenso entre os homens de negócio e os líderes políticos de que era desejável que o governo federal tivesse seu orçamento equilibrado. Os economistas keynesianos, entretanto, tinham uma visão crítica dessa proposição. Os keynesianos argumentavam que o orçamento do governo federal deveria ser usado para promover o nível de demanda agregada consistente com o produto de pleno emprego.

De que forma os responsáveis pela política econômica podem utilizar o orçamento para estimular a demanda agregada? Em primeiro lugar, uma elevação nos gastos do governo com bens e serviços provoca um aumento direto da demanda agregada. À medida que o governo gasta mais, construindo estradas e barragens ou investindo em educação e defesa nacional, por exemplo, essas despesas aumentarão a demanda no mercado de bens e serviços. Segundo, mudanças na política tributária também influenciam a demanda agregada. Por exemplo, uma redução na alíquota do imposto de renda aumentará a renda disponível atual das famílias. Com essa expansão de renda líquida de impostos, os indivíduos gastarão mais em consumo. Esse aumento no consumo estimulará a demanda agregada. De modo semelhante, uma redução no imposto de renda da pessoa jurídica aumentará a lucratividade das empresas, o que estimulará tanto os investimentos das empresas quanto a demanda agregada.

Política fiscal expansionista

Um aumento nas despesas do governo e/ou uma redução nos impostos, de modo que o tamanho esperado do déficit orçamentário aumente.

Quando uma economia está operando abaixo de sua capacidade potencial, o modelo keynesiano sugere que o governo deva instituir uma **política fiscal expansionista.** Em outras palavras, o governo deveria aumentar as suas compras de bens e serviços, reduzir impostos ou ambos. Seguramente, essa política elevará o déficit orçamentário do governo. De modo a financiar esse aumento de déficit, o governo deveria tomar emprestado tanto de fontes domésticas quanto de externas.[2]

A Figura 12.1 ilustra o caso de uma política fiscal expansionista, quando a economia experimenta um nível de desemprego acima do normal, causado por uma insuficiência de demanda agregada. Inicialmente, a economia está operando em e_1. O produto está abaixo do potencial de capacidade, Y_F, e o nível de desemprego é superior à sua taxa natural. Como discutimos anteriormente, se não há mudança na política, o desemprego anormalmente elevado e o excesso de oferta no mercado de recursos produtivos eventualmente provocariam uma queda nos salários reais e no preço dos demais recursos produtivos. A correspondente redução nos custos provocaria um aumento de oferta

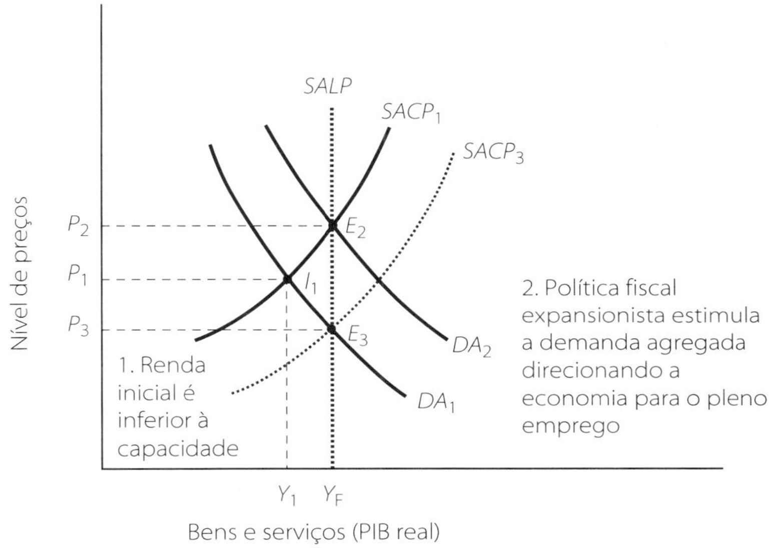

Figura 12.1 Política fiscal expansionista para promover o pleno emprego.

Aqui, ilustramos uma economia operando, no curto prazo, no nível de produto Y_1 abaixo de sua capacidade potencial Y_F. Há dois caminhos para que essa economia atinja o equilíbrio de pleno emprego no longo prazo. Primeiro, os responsáveis pela política poderiam esperar que tanto os salários quanto os preços dos recursos produtivos caíssem para que, desse modo, a redução nos custos aumentasse a oferta agregada para $SACP_3$ e restaurasse o pleno emprego em E_3. Os keynesianos acreditam que o processo de ajustamento via mercado será lento e incerto. Alternativamente, uma política fiscal expansionista poderia estimular a demanda agregada (deslocamento para DA_2) e guiar a economia para o equilíbrio em E_2.

2. Alternativamente, o governo poderia tomar emprestado do Banco Central. Entretanto, como veremos no próximo capítulo, essa forma de financiar o déficit orçamentário expande a oferta monetária. Como queremos isolar o efeito da política fiscal, precisamos manter a oferta monetária constante. Assim, neste capítulo, vamos supor que o déficit do governo deva ser financiado por empréstimos do setor privado.

agregada (deslocamento para $SACP_3$), levando a economia para o pleno emprego (E_3) em um nível de preços menor (P_3). Além disso, uma taxa real de juros menor, resultante de uma demanda menor por fundos de investimento por parte das empresas, deve estimular a demanda agregada, de modo a restaurar o pleno emprego.

Como destacamos no capítulo anterior, os keynesianos acreditam que preços e salários são inflexíveis para baixo. Assim, eles não confiam na possibilidade de que salários menores e reduções nas taxas de juros possam restaurar o pleno emprego a partir de uma recessão. Os keynesianos recomendam que o governo aja – a política fiscal deve tornar-se expansionista, de modo a acelerar o processo de ajustamento para o equilíbrio de pleno emprego. Os keynesianos defendem maiores gastos do governo, uma redução de impostos ou ambos – isto é, um deliberado aumento no déficit público –, de modo a estimular a demanda agregada.

Além disso, eles argumentam que o efeito multiplicador ampliará o aumento inicial nos gastos. Suponha que o governo mantenha os impostos constantes e que aumente seus gastos na construção de estradas e escolas em R$ 10 bilhões. Esse gasto adicional elevará a renda das empreiteiras que assumirem tais construções em R$ 10 bilhões. À medida que esse gasto adicional chega às mãos das pessoas, sob a forma de renda, elas utilizarão uma parte dessa renda para adquirir bens de consumo, o que provocará um estímulo adicional à demanda agregada. Assim, os keynesianos esperam que o total do aumento da demanda agregada seja substancialmente maior que os R$ 10 bilhões de aumento nos gastos do governo.

Quando uma economia está operando abaixo de sua capacidade potencial, a prescrição keynesiana exige uma política fiscal expansionista – mudanças deliberadas na despesa governamental e/ou nos impostos, as quais contribuirão para o aumento do tamanho do déficit governamental. Uma dose apropriada de política fiscal expansionista, se administrada no momento certo, estimularia a demanda agregada (deslocamento de DA_1 para DA_2, na Figura 12.1) e guiaria a economia para o equilíbrio de pleno emprego E_2.

A visão keynesiana também admite a política fiscal como remédio para a inflação. Suponha que uma economia esteja experimentando um *boom* econômico inflacionário, como resultado de um excesso de demanda agregada. A Figura 12.2 ilustra, na ausência de mudança de política, como uma demanda agregada aquecida DA_1 pressiona os salários e os preços de outros produtos produtivos para cima. Com o passar do tempo, a elevação nos preços dos recursos aumenta os custos de produção, reduzindo a oferta agregada (deslocamento de $SACP_1$ para $SACP_3$), levando a economia a um equilíbrio de nível de preços mais alto (P_3). O modelo keynesiano simples, entretanto, indica que uma **política fiscal restritiva** poderia ser usada para reduzir a demanda agregada (deslocamento de DA_1 para DA_2) e guiar a economia para um equilíbrio não-inflacionário (E_2). Uma queda no nível das compras do governo implicaria uma redução direta

Política fiscal restritiva

Uma redução nos gastos do governo e/ou um aumento de impostos, de modo que o valor esperado do déficit orçamentário se reduza (ou que o superávit orçamentário aumente).

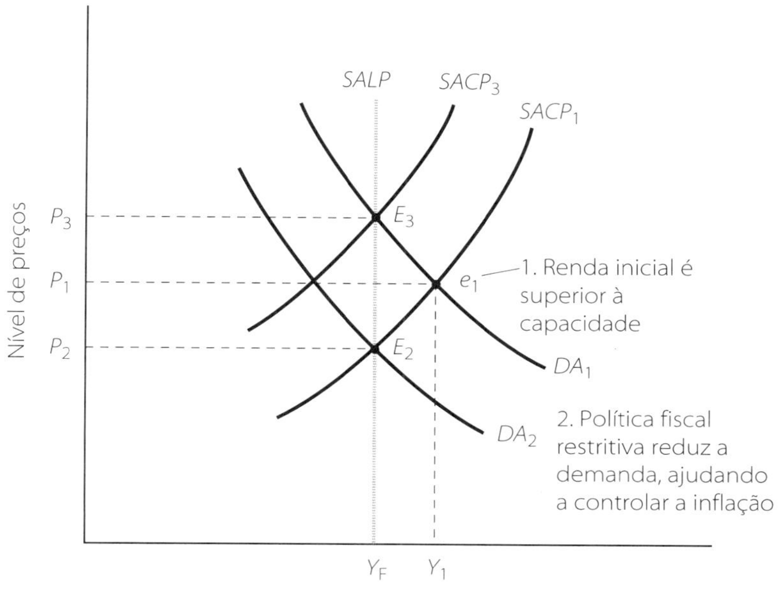

Figura 12.2 Política fiscal restritiva para combater a inflação.

Uma demanda aquecida como DA_1 levará, temporariamente, o produto da economia a um nível superior ao seu potencial de longo prazo (Y_F). Se o elevado nível de demanda agregada for sustentado, a economia será levada a um equilíbrio de longo prazo (E_3) em níveis de preços mais elevados. Entretanto, uma política fiscal restritiva poderia contrair a demanda agregada para DA_2 (ou, melhor ainda, evitar que a demanda agregada se expandisse para DA_1) e, dessa forma, guiar a economia para um equilíbrio não-inflacionário (E_2).

de demanda agregada. Alternativamente, um aumento de impostos sobre as famílias e os negócios poderia ser utilizado para reduzir o consumo e o investimento privados. A política fiscal restritiva – uma redução de gastos e/ou um aumento de impostos – conduziria o orçamento do governo na direção de superávit (ou menor déficit). *A análise keynesiana sugere que a mudança para uma política fiscal restritiva seja a prescrição correta para combater a inflação produzida por um excesso de demanda agregada.*

A revolução keynesiana desafiou a proposição de que um governo responsável deveria manter seus gastos no limite de suas receitas. Em vez de equilibrar o orçamento anual, a visão keynesiana destaca a importância de **políticas anticíclicas**, *isto é, políticas desenhadas para "conter" ou compensar flutuações na demanda agregada.* Quando uma economia está ameaçada por uma recessão, o governo deveria adotar uma política fiscal expansionista, elevando seus gastos ou reduzindo impostos, de modo a

Política anticíclica

Uma política que procura levar a economia em direção oposta às forças do ciclo dos negócios. Tal política estimularia a demanda durante a fase de contração do ciclo dos negócios e restringiria a demanda durante a fase de expansão.

aumentar seu déficit orçamentário. No entanto, a política fiscal deveria ser restritiva – o orçamento público deveria apresentar um menor déficit ou um superávit maior –, em resposta a uma ameaça de inflação. De acordo com a visão keynesiana, as flutuações na demanda agregada são a maior fonte de perturbação econômica. Além disso, o sábio uso da política fiscal pode ajudar a estabilizar e a manter a demanda agregada no nível do produto de pleno emprego, ou próximo a ele.

Mudanças nos Impostos: Temporária Versus *Permanente*

O impacto de uma mudança na política tributária é influenciado pela visão dos agentes econômicos quanto à sua perenidade, isto é, quanto ao fato de essa mudança ser temporária ou permanente. Por que isso é importante? Suponha que o governo anuncie que reduzirá o imposto de renda para as famílias em R$ 500. Uma redução permanente de R$ 500 no imposto aumentaria substancialmente a riqueza e os recursos financeiros das famílias. Como resultado, elas possivelmente vão gastar grande parte desses R$ 500 de aumento na sua renda real disponível. Para efeito de comparação, suponha agora que o governo anuncie uma redução de R$ 500 no imposto de renda, somente para o próximo ano. Essa redução temporária no imposto elevará a riqueza das famílias em um valor muito inferior à redução de R$ 500 no seu imposto a pagar que perdure por muitos anos no futuro. Como uma redução temporária nos impostos tem menor impacto sobre a riqueza das famílias, as pessoas aumentarão a sua despesa corrente em uma fração bem menor. Assim, o efeito de estímulos sobre a demanda, produzido por uma redução temporária de impostos, será substancialmente menor que aquele provocado por uma redução permanente.

No mundo real, as experiências com reduções temporárias de impostos são consistentes com essa visão. Mudanças desse tipo têm sido altamente ineficazes. A experiência dos Estados Unidos nos fornece bons exemplos. A sobretaxa de 10% no imposto de renda das pessoas físicas, na administração Johnson, em 1968, ilustra esse ponto. Esse aumento de imposto, válido apenas para um ano, foi concebido para *desaquecer* a economia, que, em decorrência da Guerra do Vietnã, vinha altamente aquecida (pressão inflacionária). Essa sobretaxa não atingiu seu propósito. Dada a condição temporária desse aumento de imposto, as taxas de inflação continuaram a subir.

Com o propósito de estimular a economia durante a recessão de 1974/1975, o presidente Ford e o Congresso concordaram com uma redução temporária de impostos. Os contribuintes foram contemplados com uma redução nos seus impostos pagos em 1974 sob a forma de um crédito nos impostos a pagar em 1975. Quando essa lei foi aprovada, a economia norte-americana já demonstrava sinais de recuperação. Além disso, os estudos indicam que o estímulo de demanda provocado pelo crédito tributário foi, na melhor das hipóteses, modesto.

Talvez a redução do imposto retido na fonte em 1992, aplicada pela administração Bush, nos forneça a ilustração mais clara do porquê da relativa inoperância de uma redução temporária de impostos. O presidente Bush desejava estimular uma economia estagnada antes das eleições de 1992. Em um esforço de atingir esse objetivo, o imposto de renda retido na fonte, durante aquele ano, foi reduzido. A legislação do imposto de renda, entretanto, não foi alterada. Assim, a redução no imposto retido em 1992 simplesmente significou que os contribuintes teriam de pagar mais impostos (ou receber de volta menos recursos) quando preenchessem os formulários de ajuste até 15 de abril de 1993. Seguramente, os contribuintes tinham consciência desse fato e planejaram seus gastos levando-o em conta. Como era de esperar, o estímulo de demanda agregada decorrente dessa redução temporária de impostos foi mínimo.

ECONOMISTA DE DESTAQUE

PAUL SAMUELSON (1915 –)

Primeiro norte-americano a ganhar o Prêmio Nobel de Economia, Paul Samuelson teve papel central no desenvolvimento e na aceitação da economia keynesiana nas décadas de 1950 e 1960. Ao longo dos anos, sua visão com relação à eficácia da política fiscal foi se modificando gradativamente (ver a citação no início deste capítulo). Professor de economia no MIT por mais de quatro décadas, seu trabalho científico *Collected scientific papers* compreende cinco volumes.*

* Paul Samuelson, *Collected scientific papers of Paul Samuelson*. Cambridge: MIT Press, 1966.

A Política Fiscal e o Efeito *Crowding-Out*

No início da década de 1960, a visão keynesiana era largamente aceita tanto por economistas quanto por responsáveis pela política econômica. Naquele tempo, acreditava-se que mudanças no tamanho do déficit público tinham um forte impacto sobre a demanda agregada e o produto. Mais recentemente, entretanto, os economistas identificaram que há uma série de efeitos secundários que tendem a reduzir o impacto da política fiscal.

Quando o governo toma recursos emprestados para financiar um déficit crescente, ele o faz por meio da emissão de novos títulos. Como discutimos anteriormente, a emissão de títulos pelo governo nada mais é que sua demanda por empréstimos. Assim, quando o governo vende seus títulos, a demanda por empréstimos aumenta. Portanto, a demanda por empréstimos pelo governo compete, por fundos disponíveis, com empréstimos ao setor privado. Uma demanda maior por empréstimos pelo governo, no mercado de ativos financeiros, gera uma pressão de alta nas taxas de juros.

Que impacto uma taxa de juros mais elevada terá sobre os gastos privados? Os consumidores deverão reduzir a compra de bens que requerem crédito, tais como automóveis e bens de consumo duráveis. Mais importante ainda é que taxas de juros mais elevadas aumentam o custo de oportunidade dos projetos de investimento. Os homens de negócio postergarão seus gastos com investimento em expansão de capacidade, na aquisição de novos equipamentos e na melhoria de seu estoque de capital. As construções de novas habitações e as vendas de habitações em geral também sofrerão com a alta dos juros. Desse modo, a elevação nas taxas de juros provocada por um déficit público, financiado no mercado de ativos financeiros por meio de títulos, reduzirá os gastos privados. Os economistas se referem a essa redução nos gastos privados, decorrente de uma elevação na taxa real de juros, gerada por um aumento no déficit público, como ***efeito crowding-out***.

Efeito crowding-out

Uma redução nos gastos privados, decorrente da elevação nas taxas de juros, gerada pelo déficit público, financiado pela venda de títulos no mercado de ativos financeiros.

O efeito crowding-out *sugere que o impacto do déficit público sobre a demanda agregada será inferior àquele previsto no modelo keynesiano simples. Como o financiamento do déficit público pressiona as taxas de juros para cima, o déficit do governo tende a retardar gastos privados, especialmente os gastos com investimento.* Essa redução nos gastos privados, provocada por maiores taxas de juros, compensará, pelo menos parcialmente, os gastos adicionais decorrentes do déficit público. Assim, o efeito *crowding-out* implica que o impacto do déficit público sobre a demanda agregada, o produto e o nível de emprego talvez não seja tão grande quanto se imaginava.

Além disso, o efeito *crowding-out* implica que a existência de um déficit público crescente modificará a composição da demanda agregada. Como as elevadas taxas de juros que resultam do déficit público comprimem o investimento privado, a produção de bens de capital se reduzirá. Como resultado, o estoque de capital no futuro (por exemplo, equipamentos pesados, máquinas e construções) será menor do que seria caso o déficit público não crescesse (ou existisse). Na medida em que o déficit público comprime os investimentos, ele diminui a oferta de capital disponível no futuro para cada trabalhador e, portanto, reduz sua produtividade e, conseqüentemente, sua renda.

Embora a maioria dos economistas aceite a lógica do efeito *crowding-out,* muitos keynesianos argumentam que ele provavelmente não produzirá um impacto importante, durante uma recessão, especialmente se ela for muito severa. Lembre-se de que o efeito amplificador do multiplicador depende de se poder utilizar recursos ociosos no processo produtivo. Durante períodos normais, um crescimento autônomo de demanda agregada muito provavelmente provocará aumentos de preços, com pouco impacto sobre o produto real e o nível de emprego. Entretanto, quando o desemprego é elevado e generalizado, em decorrência de uma severa recessão, um aumento nos gastos autônomos do governo deve produzir um substancial efeito multiplicador sobre o produto, o emprego e a renda real. Se a renda das famílias aumenta, elas pouparão mais, o que permitirá ao governo financiar o seu crescente déficit sem uma grande pressão de alta sobre as taxas de juros. Além disso, quando esse estímulo de demanda é aplicado durante uma recessão, ele pode gerar expectativas de lucros para os homens de negócio e, desse modo, estimular um investimento privado adicional.

As implicações da análise do efeito *crowding-out* são simétricas. Política fiscal restritiva (*crowd in*) promoverá os gastos privados. Se o governo aumentar os impostos e/ou cortar seus gastos e, por isso mesmo, reduzir sua demanda por empréstimos, a taxa real de juros deverá cair. Uma taxa real de juros menor estimulará tanto o investimento quanto o consumo privados. Desse modo, o efeito restritivo da política fiscal será, pelo menos, parcialmente compensado por uma expansão de gastos privados. *Como resultado desse estímulo* (crowding in), *políticas fiscais restritivas podem não ser uma arma tão eficaz no combate à inflação.*

Efeito Crowding-Out *no Mundo Financeiro Globalizado*

Suponha que os Estados Unidos aumentem os gastos do governo ou reduzam impostos ou tomem as duas medidas ao mesmo tempo, levando o orçamento federal em direção a um grande déficit. Como destaca o efeito *crowding-out,* o aumento na demanda governamental por empréstimos provocará uma pressão de alta nas taxas reais de juros. Como o restante do mundo reagirá a essa situação? Taxas de juros mais elevadas pagas pelos títulos do governo e, conseqüentemente, por outros ativos financeiros atrairão fundos do exterior. A entrada desse capital financeiro expandirá a oferta de recursos no mercado de ativos financeiros, reduzindo, desse modo, o aumento na taxa real de juros nos Estados Unidos.[3]

De que forma esse influxo de capital financeiro influencia o efeito *crowding-out*? À primeira vista, o efeito *crowding-out* deveria ser mitigado pela entrada de fundos financeiros do exterior, a qual reduziria a pressão para cima nas taxas reais domésticas de juros. Entretanto, uma análise mais cuidadosa revela que esse não é o caso. Investidores estrangeiros não podem adquirir mais títulos públicos norte-americanos ou mesmo outros ativos financeiros sem comprar mais dólares. Assim, a compra adicional de títulos públicos norte-americanos por estrangeiros aumentará a demanda por dólares (e a oferta das outras moedas estrangeiras) no mercado de câmbio – mercado que coordena a taxa de troca entre as moedas dos vários países. À medida que os estrangeiros demandam mais dólares para investir no mercado financeiro norte-americano, essa maior demanda fará que o dólar se valorize no mercado de câmbio. A valorização do dólar

3. Para o estudante que esteja inseguro sobre a demanda e a oferta no mercado de ativos financeiros, este é um bom momento para rever esse tópico dentro do contexto do nosso modelo macroeconômico básico, apresentado na Figura 9.1. Como descrito nessa figura, a poupança das famílias e a entrada de recursos financeiros do exterior compõem a oferta de fundos no mercado de ativos financeiros. No entanto, o investimento privado e os empréstimos tomados pelo governo para financiar seus déficits compõem a demanda por esses fundos.

fará que as importações norte-americanas fiquem mais baratas. Simultaneamente, ela fará que as exportações norte-americanas fiquem mais caras no exterior. Desse modo, os Estados Unidos importarão mais e exportarão menos. Portanto, as exportações líquidas diminuirão (ou as importações aumentarão), provocando uma redução na demanda agregada. Logo, embora o influxo de capital financeiro do exterior modere o aumento da taxa real de juros e o efeito *crowding-out* sobre o investimento privado, ele também reduzirá as exportações líquidas e, portanto, comprimirá a demanda agregada.

Toda argumentação desenvolvida para o exemplo dos Estados Unidos é essencialmente a mesma para o caso do Brasil. Os efeitos secundários produzidos por maior déficit público do governo federal no país, financiado pela venda de títulos da dívida pública, também contribuirão para reduzir o impacto do déficit sobre a demanda agregada. Entretanto, há algumas diferenças que podem tornar mais difícil a compreensão do processo de transmissão dos efeitos de maior déficit público sobre os diversos mercados. Talvez a principal diferença entre o caso norte-americano e o brasileiro resida no mercado de câmbio, pelo fato de o real (R$) não ser uma moeda conversível.

A Figura 12.3 resume o efeito *crowding-out* do déficit público em uma economia aberta. À medida que um déficit público maior pressiona as taxas reais de juros para

Figura 12.3
Representação esquemática do efeito *crowding-out* em uma economia aberta.

Um aumento na demanda por empréstimos por parte do governo para financiar o crescimento do déficit orçamentário produzirá uma pressão de alta na taxa real de juros. Essa alta reduzirá os investimentos privados e, conseqüentemente, a demanda agregada. Em uma economia aberta, taxas de juros mais elevadas atrairão capital do exterior. À medida que os estrangeiros demandam mais moeda local para comprar títulos do governo e outros ativos financeiros, a moeda doméstica se valorizará. A valorização da moeda doméstica reduzirá as exportações líquidas. Assim, taxas de juros mais elevadas provocarão reduções tanto no investimento privado quanto nas exportações líquidas, mitigando, dessa forma, o impacto expansionista do déficit público.

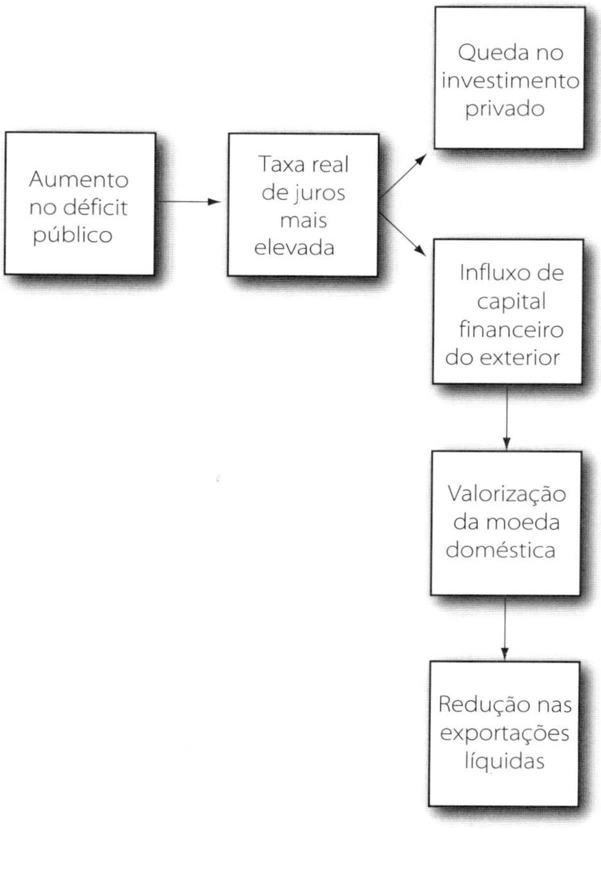

cima, essas taxas mais elevadas no mercado de ativos financeiros atrairão recursos do exterior. A entrada de capital financeiro vindo do exterior reduzirá a pressão de alta nas taxas de juros e, conseqüentemente, a pressão de baixa nos investimentos privados domésticos. Entretanto, essa entrada de capital também provocará um aumento na demanda por dólares no mercado de câmbio, causando sua valorização. Essa valorização do dólar reduzirá tanto as exportações líquidas quanto a demanda agregada. *Assim, embora o influxo de capital do exterior modifique o impacto do efeito* crowding-out, *ele não altera sua principal proposição: déficits públicos provocarão efeitos secundários em outros mercados os quais compensarão em grande parte, se não inteiramente, o estímulo produzido pelos déficits.*

Além disso, nossa análise indica que os déficits públicos e os déficits comerciais – um excesso de importações em relação às exportações – estão associados. Quando os déficits públicos pressionarem as taxas reais de juros para cima e, dessa forma, atraírem capital do exterior, eles também estimularão a valorização da moeda nacional. Como conseqüência, as importações crescerão relativamente às exportações, em virtude da valorização do câmbio.

A Visão dos Novos Clássicos da Política Fiscal

Alguns economistas chamam a atenção para outros efeitos secundários que possivelmente tendem a reduzir o impacto dos déficits públicos sobre a demanda agregada. Em vez de gastar mais, as famílias deverão poupar mais para fazer face ao provável aumento de impostos no futuro, decorrente de maior déficit público atual. Até agora supomos que a decisão corrente de poupar do contribuinte não era afetada pela possibilidade de uma tributação maior no futuro, em decorrência do atual déficit público. Alguns economistas argumentam que essa é uma visão pouco realista. Robert Lucas (Universidade de Chicago), Prêmio Nobel de Economia em 1995, Thomas Sargent (Universidade de Minnesota) e Robert Barro (Universidade de Harvard) têm liderado um grupo de economistas que sustenta que, em decorrência de uma expansão no déficit público corrente, os contribuintes reduzirão o consumo e aumentarão a poupança corrente, por antecipar um aumento de impostos no futuro em virtude da elevação da dívida pública para financiar o déficit corrente. Como essa posição se fundamenta na economia clássica, esses economistas e os seus seguidores são chamados **economistas novos clássicos**.

Economistas novos clássicos

Economistas modernos que acreditam que, em uma economia de mercado, há um conjunto de forças que levam essa economia na direção do equilíbrio de pleno emprego e que, por isso mesmo, as políticas macroeconômicas são ferramentas pouco efetivas na redução da instabilidade econômica.

No modelo keynesiano simples, uma redução nos impostos correntes, compensada por um correspondente aumento no endividamento público, eleva a renda disponível das famílias. Com essa expansão na renda disponível, as famílias aumentam seu consumo corrente. Os novos clássicos argumentam que essa análise é incorreta porque ignora o impacto do aumento da tributação no futuro, necessário para cobrir o déficit público, bem como os pagamentos de juros exigidos pelo serviço da dívida pública adicional. *Os novos clássicos destacam que o endividamento público simplesmente substitui a baixa tributação corrente pela alta tributação no futuro. Assim, os déficits públicos simplesmente afetam o momento da tributação.*

A simples mudança no momento da incidência da tributação não afeta a riqueza das famílias. Portanto, não há razão para supor que o consumo corrente variará, quando os impostos atuais forem reduzidos em conseqüência de maior endividamento do governo, o que implica um aumento equivalente nos impostos a serem pagos no futuro. De acordo com a visão dos novos clássicos, as famílias reduzirão o seu consumo corrente em resposta a maior endividamento do governo (e ao maior nível de tributação no futuro que essa dívida implica), assim como diminuiriam seu consumo se os impostos correntes fossem elevados, para evitar esse maior endividamento do governo. Essencialmente, o que as famílias farão é poupar a redução atual nos impostos, de modo a ter os recursos suficientes, no futuro, para pagar o correspondente aumento de tributação decorrente do endividamento adicional do governo. Esse aumento de poupança corrente permitirá ao governo financiar o seu déficit sem que a taxa real de juros se eleve. Assim, a substituição de impostos por endividamento não afetará o consumo privado, a demanda agregada e nem tampouco a taxa real de juros. A visão de que é essencialmente equivalente o governo financiar seu déficit por aumentos de impostos ou por endividamento é conhecida por **equivalência ricardiana**, em homenagem ao economista do século XIX, David Ricardo, que inicialmente desenvolveu essa idéia.

Equivalência ricardiana

A visão de que uma redução de impostos compensada com aumento de endividamento do governo não produzirá nenhum impacto sobre o consumo corrente e a demanda agregada, porque as pessoas reconhecerão nesse maior endividamento um aumento na carga tributária futura.

Talvez um exemplo nos ajude a compreender a lógica dessa visão dos novos clássicos. Considere as duas formas alternativas de pagar R$ 1.000 de impostos: (1) um único pagamento de R$ 1.000 ou (2) pagamentos de R$ 100 a cada ano no futuro. Se a taxa de juros fosse de 10% a.a., o custo de oportunidade da exigibilidade fiscal de R$ 100 por ano é exatamente R$ 1.000. Portanto, assim como a primeira opção reduz a riqueza corrente em R$ 1.000, da mesma forma, a segunda opção produz a mesma redução de R$ 1.000 na riqueza atual.

Vamos considerar agora o impacto dessas duas opções em termos de renda futura. Se você sacar R$ 1.000 de sua poupança para pagar integralmente, hoje, a exigibilidade fiscal, a sua renda de juros no futuro ficará reduzida em R$ 100 a cada ano (supondo a mesma taxa de juros de 10% a.a.). Por definição, a segunda opção reduz a sua renda futura líquida de tributação em R$ 100 a cada ano, exatamente como ocorre na primeira opção. Nos dois casos, sua riqueza corrente é reduzida em R$ 1.000. De modo similar, nos dois casos, seu fluxo futuro de renda líquida é reduzido em R$ 100 a cada ano.

Exatamente por causa disso, os economistas novos clássicos acreditam que as duas opções são essencialmente a mesma.

A Figura 12.4 ilustra as implicações da visão dos novos clássicos quanto à eficácia da política fiscal. Suponha que as autoridades fiscais emitam R$ 50 bilhões de títulos de dívida, de modo a reduzir a tributação em igual valor. A tomada de empréstimos pelo governo (venda de títulos) aumenta a demanda por fundos no mercado de ativos financeiros (D_1 se desloca para D_2 na parte *b* da Figura 12.4) em R$ 50 bilhões. Se os contribuintes não reconhecessem nessa expansão do endividamento público um aumento futuro de impostos, eles elevariam seu consumo corrente, porque a menor taxação

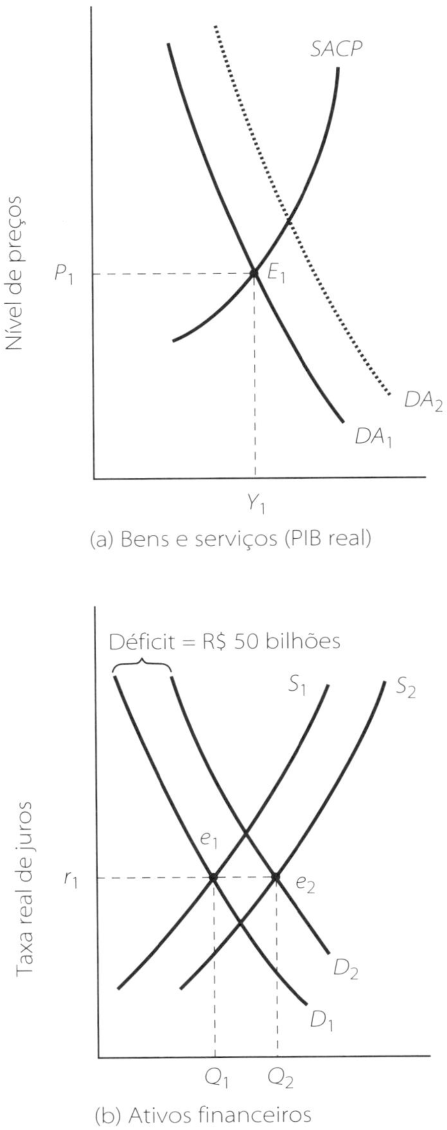

Figura 12.4
A visão dos novos clássicos: maior tributação no futuro impede o aumento das gastos privados.

Os economistas novos clássicos enfatizam que aumentos no déficit público, financiados por endividamento, simplesmente substituem impostos no presente por impostos no futuro. Se as famílias não antecipassem maiores impostos no futuro, a demanda agregada aumentaria para DA_2. Entretanto, a demanda permaneceria em seu nível DA_1, se as famílias antecipassem aumentos nos impostos no futuro (parte a da figura). Nesse caso, simultaneamente, as famílias poupariam mais para ter os recursos necessários para fazer face ao aumento dos impostos no futuro. Essa poupança adicional aumentaria a oferta de fundos para empréstimo no mercado de ativos financeiros para S_2, permitindo que o governo financiasse seu déficit sem pressionar a taxa real de juros para cima (parte *b* da figura). No modelo dos novos clássicos, a política fiscal é inócua. A taxa real de juros, o PIB real e o nível de emprego permaneceriam inalterados.

aumenta a renda disponível atual. Sob tais circunstâncias, a demanda agregada no mercado de bens e serviços se deslocaria para DA_2. No modelo dos novos clássicos, isso não ocorrerá. Reconhecendo no maior endividamento público maior tributação no futuro, os contribuintes manterão seu atual nível de despesas com consumo e usarão a redução atual nos impostos para aumentar a sua poupança, de modo a constituir uma provisão de renda para o pagamento da elevação de impostos no futuro, correspondente aos R$ 50 bilhões de aumento da dívida corrente (deslocamento de S_1 para S_2 no mercado de ativos financeiros). Como o consumo não mudou, a demanda agregada permanece constante (em DA_1). Ao mesmo tempo, a poupança adicional (feita para pagar os impostos no futuro) permite ao governo financiar seu déficit sem que a taxa real de juros aumente. Nesse caso extremo, a política fiscal não produz nenhum estímulo à demanda agregada. Na realidade, ela nada muda. Produto, emprego, nível de preços e mesmo a taxa real de juros permanecem constantes.

A visão dos novos clássicos pode ser resumida da seguinte forma: a substituição de impostos correntes por endividamento público não produzirá nenhum impacto sobre a riqueza ou renda permanente dos contribuintes. As famílias manterão o mesmo nível de consumo, ainda que o governo reduza impostos e aumente seu endividamento. Assim, o déficit público não estimulará a demanda agregada. Tampouco afetará o produto e o emprego. Além disso, a taxa real de juros também não será afetada pelo déficit, uma vez que as pessoas pouparão mais para poder pagar tributos mais elevados no futuro. De acordo com a visão dos novos clássicos, a política fiscal é completamente impotente.

Essa visão dos novos clássicos sobre a política fiscal é controvertida.[4] Seus críticos argumentam que é pouco realista esperar que os contribuintes venham a antecipar a totalidade, ou mesmo parte, dos aumentos dos impostos futuros decorrentes de maior endividamento do governo no presente. Além disso, ainda que as pessoas antecipassem um aumento de impostos no futuro, o fato de a vida ser limitada implica que muitas teriam plena consciência de que não estariam vivas para pagar integralmente essa maior exigibilidade tributária futura, decorrente do maior endividamento atual. Muitos economistas rejeitam a visão da política fiscal dos novos clássicos, pelo menos na sua forma pura. Entretanto, a significância da teoria dos novos clássicos e suas implicações para a política fiscal se constituem em um dos mais vívidos tópicos de debate da moderna macroeconomia.

---

4. Ver Robert J. Barro, Are government bonds net wealth? *Journal of Political Economy*, nov./dez. 1974, p. 1095-1117; Robert J. Barro, The Ricardian approach to budget deficits. *Journal of Economic Perspectives*, p. 37-44, primavera de 1989; Alan S. Blinder, Keynes after Lucas, *American Economic Review*, p. 130-136, maio de 1987; James M. Buchanan, Barro on the Ricardian equivalence theorem. *Journal of Political Economy*, p. 337-342, abr. 1976; Gerald P. O'Driscoll, Jr., The Ricardian non-equivalence theorem. *Journal of Political Economy*, p. 207-210, fev. 1977.

Política Fiscal: O Problema do Tempo Certo

Se a política fiscal vai reduzir a instabilidade econômica, as mudanças de política precisam criar estímulos na recessão e restrições durante o *boom* inflacionário. Entretanto, identificar o momento certo de aplicar o estímulo fiscal adequado não é uma tarefa fácil. Como prever uma recessão ou um *boom* é cientificamente difícil, geralmente ocorre uma defasagem de tempo entre o momento em que a mudança de política é exigida e o momento em que os responsáveis pela política reconhecem a necessidade de mudança.

Além disso, há também uma defasagem entre o momento em que a mudança de política é reconhecida como necessária e o momento em que ela é efetivamente instituída. Uma política fiscal discricionária exige mudanças nas leis tributárias e nos programas de gastos do governo. O tempo exigido para tais mudanças é, de modo geral, relativamente elevado. Esse tempo será maior quanto mais sofisticado for o sistema de controle entre os diversos poderes políticos da sociedade.[5] Um projeto de lei que venha a modificar as condições de arrecadação ou de despesa do governo deve ser aprovado na Câmara e no Senado. Sua tramitação exige que o projeto seja examinado por várias comissões. Membros do Legislativo podem decidir obstruir as votações. É preciso que a maioria do Congresso esteja convencida de que a ação proposta é do interesse do país. Tudo isso leva tempo. No Congresso brasileiro, há vários expedientes regimentais que permitem reduzir o período necessário para que uma medida de política pública entre em vigor. Há ainda a medida provisória, ato do Executivo, que passa a vigorar a partir de sua publicação, submetido à aprovação do Legislativo, que deve apreciá-lo em um prazo máximo de 30 dias. Caso nesse prazo a medida provisória não tenha sido aprovada e transformada em lei, ela perde sua validade, mas é permitido ao Executivo reeditá-la. No entanto, essa solução pode gerar mais dano que benefício. Os planos de estabilização econômica adotados pelo governo brasileiro ao longo da década de 1980 e, em particular, o Plano Brasil Novo, em 1990, foram todos implementados por meio de medidas provisórias.

Finalmente, há ainda outro fator que adiciona maior complexidade para os responsáveis pela política fiscal: após a implementação da política, pode ser necessário um período de seis meses a um ano, para que seus impactos sejam sentidos. Se as despesas do governo deverão ser aumentadas, há todo um procedimento de licitação até que os contratos se efetivem. Aprovada a despesa, ela não ocorre imediatamente, porém, uma redução nos impostos provoca, mais rapidamente, um estímulo à demanda agregada, embora leve algum tempo para que o seu efeito se espalhe por toda a economia.

5. No caso dos Estados Unidos, onde os poderes estão sujeitos a um sistema de controle mútuo bastante sólido (*cheks and balances*), esse problema de tempo é particularmente importante. O tempo requerido para a instituição de uma mudança na política fiscal pode ser menor em um sistema político parlamentarista, como o do Canadá ou do Reino Unido, especialmente quando um partido possui a maioria no Parlamento.

Fazer política macroeconômica é semelhante a tentar arremessar uma bola em um alvo que se move de forma imprevisível. De modo a instituir uma política fiscal que ajude a estabilizar a economia, os responsáveis pela política pública precisam inferir sobre as condições econômicas nos próximos seis, 12 ou 18 meses no futuro. Infelizmente, nossa habilidade de prever as condições econômicas no futuro é bastante limitada. Portanto, no mundo caracterizado por mudanças dinâmicas e eventos imprevisíveis, erros de política são inevitáveis.

A Figura 12.5 ilustra as implicações das dificuldades envolvidas na determinação do momento certo para uma política fiscal. Suponha que os responsáveis pela política procurem usar uma política fiscal expansionista para estimular a demanda agregada durante um período de contração econômica. Como é difícil prever recessões e há defasagens no processo de adoção de uma mudança de política, que podem implicar um período substancial, é possível que, no momento em que o estímulo fiscal comece a se efetivar na economia, seu mecanismo de autocorreção possa já ter restaurado o pleno emprego. Se isso de fato ocorreu, o estímulo fiscal gerará um excesso de demanda e, conseqüentemente, inflação. De modo similar, uma política fiscal restritiva, de modo a desaquecer a economia, pode acabar provocando uma recessão, se a demanda agregada declinar antes da imposição das restrições fiscais.

No mundo real, uma política fiscal discricionária é como uma faca de dois gumes – ela tem o potencial de produzir o mal, assim como o bem. Se implementada no momento certo, ela reduzirá a instabilidade econômica. Entretanto, se implementada no momento errado, a mudança na política fiscal pode aumentar, e não reduzir, a instabilidade econômica.

Estabilizadores Automáticos

Felizmente, há alguns poucos programas fiscais que tendem, automaticamente, a produzir estímulos à demanda agregada, durante uma recessão, e restrições à demanda, durante um *boom* econômico. Programas desse tipo são denominados **estabilizadores automáticos**. Eles são chamados automáticos porque não exigem nenhuma modificação na legislação vigente, tendendo a aumentar o déficit orçamentário (ou a reduzir seu superávit) na recessão e a aumentar o superávit (ou a reduzir o déficit) em um *boom* econômico.

Estabilizadores automáticos

Instrumentos de política fiscal que, em razão das suas características, tendem, automaticamente, a promover um déficit público, durante uma recessão, e um superávit orçamentário, durante um *boom* inflacionário, sem nenhuma mudança na política.

A principal vantagem dos estabilizadores automáticos é que eles promovem uma política fiscal anticíclica sem as defasagens de tempo associadas às mudanças de política que exigem ação legislativa. Dessa forma, esses instrumentos de política minimizam o problema do tempo certo para a ação pública. Quando o desemprego está aumentando e a economia está em desaquecimento, esses estabilizadores, automaticamente, reduzem impostos e aumentam os gastos do governo, dando um

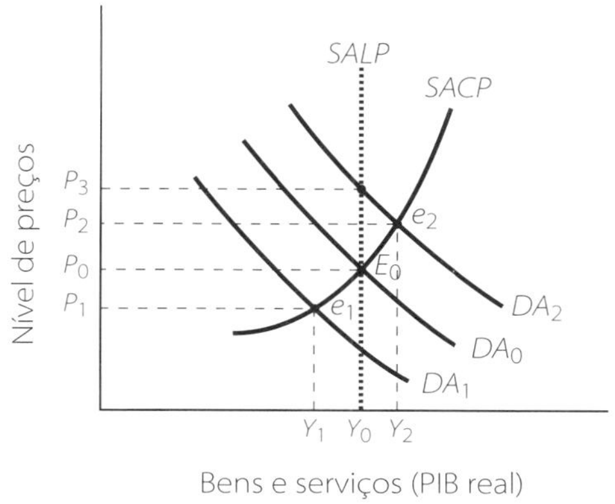

Figura 12.5 Por que implementar uma política fiscal no tempo certo é difícil.

Aqui, consideramos uma economia que experimenta um deslocamento na *DA* que é de difícil previsão. Inicialmente, a economia está em equilíbrio de longo prazo (E_0) no nível de preços P_0 e produto Y_0. Nesse nível de produto, a taxa de desemprego é a natural. Entretanto, uma redução nos investimentos e uma onda de pessimismo por parte dos homens de negócio provocam um declínio não-antecipado na demanda agregada (para DA_1). O produto cai e o desemprego aumenta. Após algum tempo, os responsáveis pela política instituem uma política fiscal expansionista, com o objetivo de trazer a demanda agregada ao seu nível anterior DA_0. Quando a política fiscal começa a produzir seus efeitos, o investimento privado já retomou seu nível anterior e os homens de negócio passam a ter uma visão mais otimista sobre o futuro. Assim, quando a política fiscal começa a produzir efeitos, a demanda agregada já se deslocou de volta para DA_0. Desse modo, a política fiscal expansionista acaba deslocando a demanda agregada para DA_2 e não para DA_0. Os preços começam a subir uma vez que a economia está superaquecida. A menos que a política fiscal expansionista seja interrompida, os salários e os preços dos outros recursos produtivos eventualmente aumentarão, deslocando a curva *SACP* para a esquerda e pressionando o nível de preços para cima (para P_3). Alternativamente, suponha que um aumento não-previsto nos investimentos perturbe o equilíbrio inicial. Esse aumento nos investimentos desloca a demanda agregada para DA_2, gerando uma pressão de alta nos preços. Os responsáveis pela política reagem, aumentando os impostos e cortando gastos públicos. No entanto, no momento em que essas medidas de política fiscal restritiva começam a afetar a economia, os investimentos já haviam retornado ao seu nível normal. Como resultado, a política fiscal restritiva desloca a demanda agregada para DA_1 e não, como se desejava, para DA_0, mergulhando a economia em uma recessão. Como a política fiscal não funciona instantaneamente, e uma vez que fatores dinâmicos estão constantemente influenciando a demanda do setor privado, identificar o tempo certo da aplicação de medidas de política fiscal não é uma tarefa fácil.

empurrão na atividade econômica. No entanto, os estabilizadores automáticos ajudam a frear a economia durante o *boom*, aumentando a arrecadação tributária e reduzindo os gastos do governo. Por sua importância, três desses estabilizadores automáticos serão considerados: as compensações aos desempregados, os impostos sobre a pessoa jurídica e o sistema progressivo de imposto de renda.

Compensações aos desempregados. Quando uma economia atola em um processo recessivo, as transferências do governo, sob a forma de benefícios aos desempregados, aumentam à medida que o nível de desemprego se expande. Simultaneamente, a receita tributária, que é obtida de impostos cobrados dos que estão empregados e que financia o sistema de transferências, diminuirá, uma vez que o nível de emprego cai durante a recessão. Assim, esse programa automaticamente contribuirá para o déficit público durante o ciclo descendente dos negócios. Contudo, durante o *boom* econômico, a receita tributária desse programa aumentará, uma vez que mais pessoas estão empregadas e, por isso mesmo, pagam o seguro-desemprego. Além disso, o total de benefícios pagos pelo programa se reduzirá, visto que menos pessoas estarão desempregadas. Dessa maneira, o programa contribuirá automaticamente para um superávit orçamentário durante os bons tempos da expansão econômica. Portanto, sem nenhuma mudança de política, o programa de compensação aos desempregados tem um efeito anticíclico sobre a demanda agregada.[6]

Imposto de renda pessoa jurídica. Os estudos tributários indicam que o imposto sobre o lucro das empresas é o mais importante dos estabilizadores fiscais automáticos, porque os lucros das empresas são altamente sensíveis às condições do ciclo. Durante uma recessão, os lucros das empresas caem acentuadamente e, por isso mesmo, também caem seus pagamentos de impostos. Essa redução de arrecadação fiscal contribui para uma pressão de aumento no déficit público. No entanto, quando a economia está em expansão, os lucros das empresas aumentam mais rapidamente que os salários, a renda ou mesmo o consumo. Esse aumento nos lucros das empresas provocará um crescimento mais acelerado na arrecadação fiscal obtida desse setor, durante a fase de expansão do ciclo dos negócios. Assim, os impostos pagos pelas empresas crescem durante a expansão e caem rapidamente durante a contração econômica, sem a necessidade de nenhuma modificação da legislação vigente.

Imposto de renda progressivo. Quando a renda está crescendo rapidamente, aumenta o imposto de renda médio pago pelos indivíduos e pelas famílias. Com o crescimento da renda, muitas pessoas passam de uma situação de isenção para uma de pagamento de imposto de renda. Outras serão deslocadas para uma alíquota marginal mais alta. Portanto, durante uma expansão econômica, a receita do imposto de renda pessoa física aumenta mais rapidamente que a renda. Tudo o mais constante, há uma tendência para o orçamento público apresentar um superávit (ou um déficit menor),

---

6. Embora a compensação ao desempregado tenha um impacto anticíclico sobre a demanda, ela também pode reduzir o incentivo para o desempregado aceitar oportunidades de emprego que possam lhe ser oferecidas. As pesquisas nessa área, para o caso norte-americano, indicam que a existência de compensação ao desemprego aumenta a duração do período de procura de emprego pelos trabalhadores desempregados e, portanto, eleva a taxa natural de desemprego de longo prazo. No Brasil, esse efeito deve ser desprezível, uma vez que esse benefício tem seu prazo limitado a três meses após a demissão.

ainda que a estrutura tributária da economia permaneça a mesma. Entretanto, quando a renda diminui, muitos indivíduos passarão para uma alíquota marginal mais baixa ou deixarão de pagar imposto de renda. A receita tributária do imposto de renda pessoa física cairá mais rapidamente que a renda, provocando, automaticamente, uma pressão de aumento no déficit público durante a recessão.

Política Fiscal como uma Ferramenta de Estabilização: Uma Síntese Moderna

Durante a década de 1960, a visão keynesiana era largamente aceita. Acreditava-se que a política fiscal era um instrumento altamente poderoso. Além disso, era generalizadamente aceito, pelos responsáveis pelas decisões políticas, assim como pelos seus assessores econômicos, que era possível instituir uma política fiscal discricionária, de modo a promover a estabilização da economia. Durante as décadas de 1970 e 1980, a política fiscal, assim como sua eficácia como instrumento de estabilização econômica, foi analisada e era objeto de um acirrado debate entre os economistas profissionais. Esse debate produziu uma síntese aceita tanto por keynesianos quanto por não-keynesianos. Listamos a seguir os três elementos que condensam essa síntese moderna sobre o uso da política fiscal como instrumento de estabilização econômica.

1. *O tempo certo de uma política fiscal discricionária é de crucial importância para a eficácia da política, mas é também muito difícil de ser identificado.* Dado que nossa capacidade de previsão de mudança de rumo dos ciclos de negócios é bastante limitada e dadas as defasagens de tempo, que inevitavelmente acompanham as mudanças na política fiscal, a efetividade de uma política fiscal discricionária, como instrumento de estabilização, fica altamente comprometida. Por isso mesmo, a maioria dos macroeconomistas, hoje em dia, dá menos ênfase à política fiscal. (*Nota:* A citação de Paul Samuelson, um keynesiano de quatro costados, no início deste capítulo, destaca exatamente esse ponto.)
2. *Os estabilizadores automáticos reduzem a flutuação da demanda agregada e ajudam a conduzir a economia na direção do pleno emprego.* Como os estabilizadores automáticos não dependem de nenhuma ação legislativa, eles são capazes de redirecionar o orçamento fiscal, consistentemente, na direção de um déficit, durante uma recessão, ou de um superávit, durante um *boom* econômico. Assim, eles produzem os estímulos exigidos durante a recessão e agem como um freio durante um *boom* inflacionário. Embora alguns questionem seu impacto quantitativo, a maioria concorda que eles representam uma força estabilizadora.
3. *A política fiscal é menos efetiva que a visão keynesiana inicialmente supunha.* O debate atual, entre os macroeconomistas, com relação ao impacto da política fiscal durante períodos normais da atividade econômica, não é se ocorre *crowding-*

out, mas, sim, de que forma ele ocorre. O efeito *crowding-out* e o modelo dos novos clássicos discutidos anteriormente destacam esse ponto. Tanto um quanto outro indicam que há efeitos secundários produzidos pelo déficit público que compensarão, substancialmente, mas não inteiramente, o impacto do déficit sobre a demanda agregada. Conforme o efeito *crowding-out*, o aumento nas taxas de juros e a redução nas exportações líquidas, decorrentes da valorização da moeda nacional, reduzem a demanda do setor privado, compensando, dessa forma, o efeito expansionista do déficit público. No modelo dos novos clássicos, a antecipação de mais impostos no futuro conduz a economia ao mesmo resultado. Ambos indicam que a política fiscal terá um pequeno impacto sobre a demanda agregada corrente, o nível de emprego e o produto real, durante períodos de normalidade econômica.

Efeitos da Política Fiscal no Lado da Oferta

Até agora, temos considerado o efeito da política fiscal sobre a demanda agregada. Entretanto, quando a política fiscal altera as alíquotas do imposto de renda, ela afeta o estímulo que as pessoas têm para trabalhar, investir e usar seus recursos eficientemente. Assim, mudanças tributárias podem também influenciar a oferta agregada. No passado, os macroeconomistas ignoravam o impacto de mudanças nas alíquotas dos impostos por acreditar que isso tinha pouca importância. Nos anos recentes, os chamados **economistas do *supply-side*** (lado da oferta) modificaram essa visão.[7] O argumento do *suppy-side* forneceu a fundamentação para uma redução substancial nas alíquotas marginais dos impostos nos Estados Unidos e em muitos outros países, durante a década de 1980.

Economistas do supply-side

Economistas modernos que acreditam que mudanças nas alíquotas marginais dos impostos têm impacto importante sobre a oferta agregada.

Do ponto de vista da *economia da ótica da oferta* (*supply-side*), a taxa marginal de imposto é de crucial importância. Como discutimos no Capítulo 4, a alíquota marginal determina quanto da renda adicional será retido como imposto. Uma redução na alíquota marginal aumenta o ganho por uma unidade adicional de renda gerada pelo trabalho, por investimento, pela poupança e por outras atividades sujeitas à menor tributação. As pessoas passam a dedicar seus recursos (tempo e dinheiro) a essas atividades, reduzindo o lazer (e atividades intensivas em lazer); diminuem seus gastos na

7. Ver Dwight Lee (Ed.), *Taxation and the deficit economy*, São Francisco: Pacific Institute, 1986; Lawrence Lindsey, *The growth experiment*: how the new tax policy is transforming the U.S. economy, Nova York: Basic Books, 1989, para informações adicionais sobre a economia da oferta (*supply-side economics*).

aquisição de bens que tenham benefício fiscal no cálculo do imposto, assim como gastos com consultores especiais para reduzir seus impostos a pagar. Os economistas do *supply-side* acreditam que essas substituições aumentam tanto a efetividade dos recursos produtivos quanto a eficiência com que esses recursos são utilizados.

A origem dos efeitos decorrentes de uma mudança nas alíquotas dos impostos, identificada da ótica da oferta agregada *(supply-side)*, é fundamentalmente diferente da origem identificada da ótica da demanda. Uma mudança na política tributária afeta a demanda agregada por meio do seu impacto sobre a renda disponível e, conseqüentemente, sobre o fluxo de despesa. *Em contraste, mudanças nas alíquotas dos impostos, em especial nas alíquotas marginais, afetam a oferta agregada pelo seu impacto sobre a relativa atratividade de atividades produtivas, em comparação com o lazer e com o esforço de redução da carga tributária.*

A Figura 12.6 descreve graficamente o impacto, da ótica da oferta, de uma redução na alíquota marginal dos impostos. A redução na alíquota marginal dos impostos aumen-

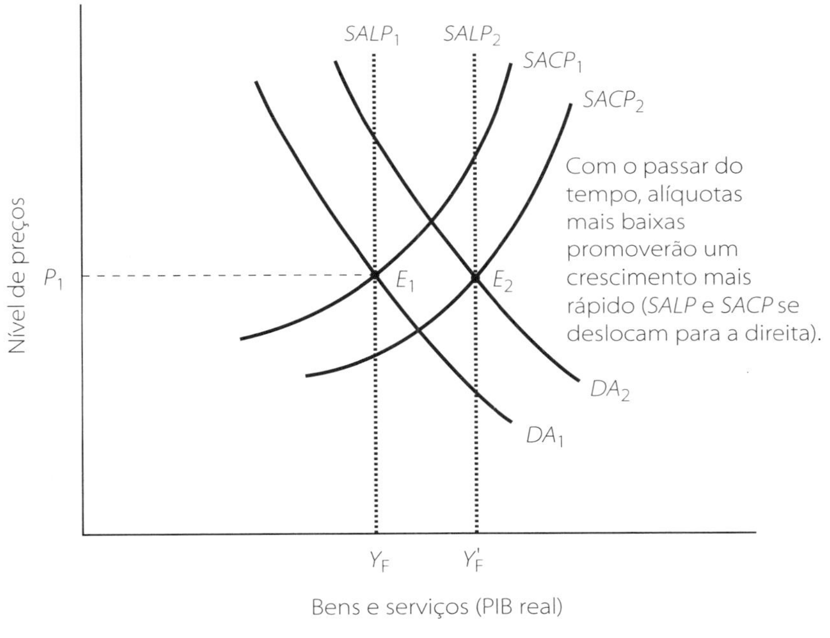

Figura 12.6 Efeitos da redução na alíquota marginal de impostos da ótica da oferta (*supply-side*).

Aqui, ilustramos os efeitos, sobre a oferta, de uma redução nas alíquotas marginais de impostos. Uma alíquota marginal de imposto menor aumenta o incentivo para as pessoas gerarem mais renda e utilizarem seus recursos eficientemente. Como esses efeitos operam tanto no longo quanto no curto prazo, as curvas *SALP* e *SACP* aumentam (deslocam-se para a direita). O produto real cresce. Se a redução na receita tributária é financiada por um déficit público, a demanda agregada pode expandir-se mais que a oferta agregada, provocando, dessa forma, um aumento nos preços.

ta a oferta agregada, uma vez que encoraja os contribuintes a gerar renda adicional e a usar seus recursos mais eficientemente. Se essa mudança tributária é identificada como uma mudança de longo prazo, as curvas de oferta agregada de curto e de longo prazos (*SACP* e *SALP*) aumentarão. O produto real e a renda crescerão.

É claro que a expansão da renda real também aumentará a demanda (deslocando-a para DA_2). Se a redução nas alíquotas marginais for financiada por um déficit público, dependendo da magnitude do efeito *crowding-out* e da antecipação, por parte dos contribuintes, de uma carga tributária maior no futuro (teoria dos novos clássicos), a demanda agregada poderá crescer mais que a oferta agregada. Se isso ocorrer, o nível de preços aumentará.

A redução da tributação por meio das alíquotas marginais, mesmo da ótica da oferta, não deve ser vista como uma ferramenta anticíclica de curto prazo. Leva tempo para que as mudanças no mercado incentivem a realocação de recursos, das atividades antes estimuladas pelo sistema tributário para atividades que apresentem, sob as novas condições, retornos mais elevados. Os efeitos favoráveis de uma alíquota marginal de imposto menor só se realizarão plenamente após os mercados de trabalho e de capital terem se ajustado a essa nova estrutura de incentivos. *Claramente, os argumentos da economia da ótica da oferta* (supply-side) *fornecem uma estratégia de crescimento de longo prazo.*

Por que Alíquotas de Imposto Elevadas Tendem a Retardar o Crescimento

Há três razões principais para que alíquotas de impostos elevadas retardem o crescimento do produto.

Primeira: alíquotas marginais elevadas desencorajam o trabalho e reduzem a eficiência produtiva do trabalho. Quando a alíquota marginal do IRPF aumenta de 55% para 60%, os indivíduos acabam ficando com menos da metade do que produzem – e, quando o ganho pelo trabalho diminui, as pessoas tendem a trabalhar menos. Alguns (por exemplo, aqueles que têm o cônjuge também empregado) sairão da força de trabalho. Outros simplesmente trabalharão menos horas. Outros, ainda, decidirão tirar longas férias, rejeitar oportunidades de horas extras de trabalho, aposentar-se mais cedo do que pretendiam ou simplesmente abandonar seus projetos com boas perspectivas de ganho, mas sujeitos a risco. Em alguns casos, alíquotas marginais elevadas poderão até forçar cidadãos produtivos a migrar para outros países, onde os impostos são menores.

Elevadas alíquotas de impostos promoverão também um uso ineficiente do trabalho. Algumas pessoas reduzirão suas horas de trabalho no mercado formal, por estarem sujeitas a uma elevada tributação, para usar esse tempo em atividades menos produtivas, mas não tributadas (por exemplo, fazer trabalhos temporários ou prestar serviços de assessoria no mercado informal, desenvolver projetos do tipo "faça você mesmo").

Segunda: alíquotas de impostos elevadas terão um impacto adverso sobre a taxa de formação de capital, assim como sobre o uso eficiente desse capital. Quando as alíquotas de impostos são altas, o investimento estrangeiro será repelido e os investidores domésticos procurarão projetos de investimento no exterior sujeitos a uma tributação menor. Além disso, os investidores domésticos direcionarão uma fração maior do seu tempo e esforço para *hobbies* específicos que provêem tanto uma atividade agradável quanto uma proteção contra os impostos (por exemplo, coleção de antigüidades, criação de cavalos ou mesmo aulas de golfe). Esse processo desviará recursos de projetos com elevada taxa de retorno, mas sem a possibilidade de qualquer benefício fiscal e, portanto, sujeitos a uma alta tributação. Como resultado dos benefícios fiscais eventualmente concedidos, ou mesmo de falhas na legislação – que permitam alguma proteção com relação à tributação –, investimentos serão direcionados para essas atividades favorecidas, ainda que esses investimentos reduzam o valor dos recursos por eles absorvidos. Capital escasso é desperdiçado, e os recursos são desviados de seus usos mais produtivos para usos menos produtivos.

Terceira: alíquotas marginais de imposto elevadas encorajam os indivíduos a se dedicarem a atividades que sejam menos desejadas, mas que promovam redução de impostos, em detrimento de atividades mais desejadas, porém, sujeitas a maior tributação. Nesse caso, a ineficiência emerge do fato de os indivíduos não incorrerem no custo total das compras que permitem abatimento no imposto. Elevadas alíquotas marginais de impostos fazem que as despesas dedutíveis no imposto de renda fiquem mais baratas para as pessoas sujeitas às alíquotas mais altas. Uma vez que o custo pessoal é baixo, mas não o custo social, os contribuintes que enfrentam uma alíquota marginal elevada gastarão mais do seu dinheiro em itens prazerosos que permitam dedução de impostos, tais como escritórios suntuosos, conferências de negócios no Havaí e vários *fringe benefits,* isto é, benefícios adicionais ao salário, mas não sujeitos à tributação (por exemplo, um automóvel luxuoso de propriedade de sua empresa, entretenimento patrocinado pela empresa, plano de aposentadoria patrocinado pela empresa). Como essas compras que envolvem abatimento fiscal reduzem os impostos que as pessoas devem pagar, elas tendem a adquirir esses bens, ainda que não os valorizem tanto quanto custa produzi-los.

Qual É a Importância dos Efeitos Identificados da Ótica da Oferta (Supply-Side)?

Assim como os economistas estavam divididos, durante as décadas de 1970 e 1980, quanto à eficácia da política fiscal, essa divisão ocorre hoje com relação à importância dos efeitos de estímulos fiscais sobre a oferta. Os críticos da *economia da oferta* destacam que as reduções nas alíquotas na década de 1980, registradas nos Estados Unidos, estão associadas a um modesto crescimento no produto, uma significante redução na receita tributária real do governo federal e um grande déficit público. Esses resultados não indicam que os efeitos sobre a oferta são importantes.

Os defensores da economia da oferta contra-argumentam, destacando que a redução nas alíquotas, tanto na década de 1960 quanto na de 1980, provocou um crescimento expressivo e uma expansão econômica duradoura. Além disso, os economistas do *supply-side* enfatizam que a resposta da oferta para as faixas de renda mais elevadas – para quem a redução nas alíquotas produziu os maiores incentivos – foi substancial.[8] A Figura 12.7 mostra que a parcela do imposto pago pelos contribuintes de alta renda se elevou tanto na década de 1960 como na de 1980, quando as alíquotas marginais mais elevadas foram reduzidas.

É importante lembrar-se de que os efeitos sobre a oferta geralmente ocorrem após um longo período. Muitos países europeus – incluindo Bélgica, Dinamarca, França, Alemanha, Holanda e Suécia – têm enfrentado o problema do *brain draim*, isto é, um êxodo de pessoas com alta qualificação (e, portanto, alta renda), tanto homens de negócios quanto profissionais, que deixam seus países de origem em decorrência da elevada tributação. Embora os efeitos sobre a oferta desse tipo de impacto não se reflitam de forma drástica na taxa de crescimento do produto a cada ano, eles têm um impacto significante no nível de renda do país, com o passar do tempo.

Há evidências de que países com elevada alíquota marginal de imposto (por exemplo, 50% ou mais) têm um desempenho econômico pior que países com alíquotas menores (por exemplo, 40% ou menos).[9] Relacionado a esse ponto, é interessante comparar a experiência do Reino Unido com as da França e da Alemanha. O Reino Unido reduziu a sua alíquota marginal mais alta de 83%, em 1979, para 40%, em 1985, taxa que tem sido mantida desde essa época. Em contraste, a alíquota mais elevada tem sido persistentemente alta – 55% ou mais – tanto na França quanto na Alemanha. Durante a década de 1970, o Reino Unido era considerado o patinho feio da Europa Ocidental, enquanto a França e a Alemanha apresentavam taxas de crescimento impressionantes. Nos últimos 15 anos, essa posição se inverteu: a economia do Reino Unido vai bem. O investimento tem crescido rapidamente, particularmente durante o período que se seguiu à redução na alíquota marginal do imposto de renda, no início da década de 1980, e a taxa de desemprego tem-se mantido no nível de 1 dígito. Em contraste, as economias da França e da Alemanha têm patinado durante a última década, e suas taxas de desemprego têm excedido, persistentemente, 10%. É claro que a política tributária

8. Martin Feldstein e Daniel Feenberg, do National Bureau of Economic Research, estimam que os contribuintes nas alíquotas marginais mais elevadas declararam, em 1993, uma renda 8,5% inferior àquela que eles teriam produzido, se sua alíquota não tivesse sido aumentada naquele ano. Ver Martin Feldstein e Daniel Feenberg, *The effect of increased tax rates on taxable income and efficiency*: preliminary analysis of the 1993 tax rates increases. Cambridge, Mass.: National Bureau of Economic Research, 1995. Em um estudo semelhante, Feldstein estimou que a economia sofreu uma perda líquida (menos produto e menor ganho pelo comércio) de aproximadamente $ 2 para cada $ 1 de receita gerada pelo aumento na alíquota do imposto de 1993. Ver Martin Feldstein, *Tax avoidance and the deadweight loss of the income tax*. Cambridge, Mass.: National Bureau of Economic Research, 1996.
9. Para evidenciar esse ponto, ver Alvin Rabushka, Taxation, economic growth and liberty. *Kato Journal*, p. 121-148, primavera-verão de 1987.

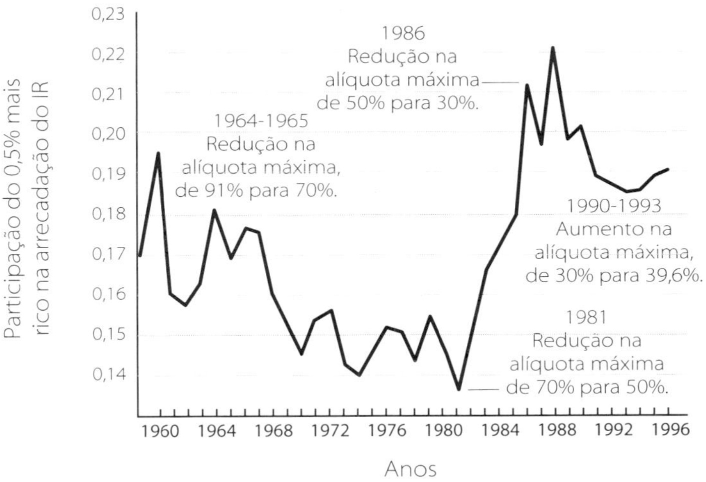

Figura 12.7 Estados Unidos – Como as mudanças nas alíquotas marginais do IR afetaram a participação dos mais ricos no total arrecadado?

Esse gráfico indica a participação na arrecadação do imposto de renda pessoa física pago pelo 0,5% dos contribuintes mais ricos, durante o período 1960-1996. Ocorreram três reduções significantes na alíquota marginal mais alta do imposto de renda durante esse período. Na primeira, na administração Kennedy/Johnson, a alíquota mais alta foi reduzida de 91%, em 1963, para 70%, em 1965. Durante a administração Reagan, a alíquota mais alta foi reduzida de 70%, em 1980, para 50%, em 1982. Em 1986, essa alíquota foi reduzida em aproximadamente 30%. É interessante notar que a participação desses super-ricos no total do imposto pago aumentou após cada redução de alíquota. Talvez surpreendente para alguns, o fato é que esses contribuintes de alta renda pagaram, durante a década de 1970, uma proporção menor do total da arrecadação desse imposto, enquanto a inflação empurrava mais e mais contribuintes para alíquotas marginais mais elevadas. Esse grupo também pagou relativamente menos imposto durante as administrações Bush e Clinton, quando as alíquotas foram aumentadas (para 39,6%). Isso sugere que, pelo menos para o grupo que recebe alta renda, o efeito sobre a oferta associada à redução da alíquota marginal foi bastante forte.

não foi a única responsável por esses resultados, mas há indicações que nos levam a acreditar que ela teve alguma responsabilidade por eles.

Política Fiscal: Examinando Evidências Empíricas

As "Regras de Bolso", a seguir, resumem as principais implicações das teorias alternativas para o impacto de uma política fiscal expansionista. Em geral, os efeitos de uma política fiscal restritiva produzirão resultados opostos. Como destacamos anteriormente, os economistas utilizam a variação no valor do déficit público, e não o valor absoluto do déficit ou do superávit, para determinar se uma política fiscal mudou na direção expansionista ou restritiva. Um aumento no valor do déficit em relação ao PIB indica que a política fiscal está se tornando mais expansionista. De modo similar, uma redução no tamanho do déficit como proporção do PIB implica uma política fiscal restritiva.

A Figura 12.8 apresenta as despesas e receitas do governo federal norte-americano como uma parcela do PIB durante as últimas quatro décadas. Os dados indicam, de modo geral, que os déficits orçamentários como proporção do PIB crescem durante a recessão (áreas sombreadas na figura) e são reduzidos durante a expansão dos negócios. Por exemplo, as despesas aumentaram e as receitas caíram como proporção do PIB durante as recessões de 1970, 1974-1975, 1982 e 1990. Desse modo, aumentos substanciais no valor do déficit foram registrados durante, e imediatamente após, cada um desses períodos de recessão. Em contraste, o déficit público diminuiu como porcentagem do PIB durante as expansões de 1971-1973, 1976-1979, dos últimos anos da década de 1980 e de 1993-1998. Esse padrão de déficits e superávits indica que a política fiscal norte-americana tem sido anticíclica – isto é, ela tem produzido estímulos à demanda durante a recessão e restrições durante os períodos de expansão.

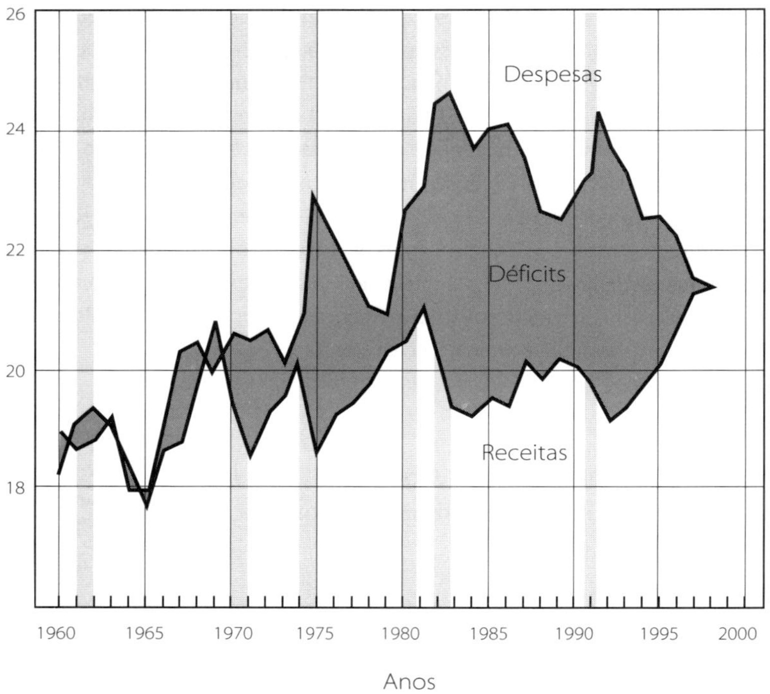

Figura 12.8 Estados Unidos – Despesa e receita do governo federal como porcentagem do PIB, 1960-1998.

Desde 1960, os déficits do governo federal como porcentagem do PIB têm geralmente crescido durante a recessão e declinado durante os períodos de expansão. (As barras sombreadas indicam os períodos de recessão.) *Fonte: Economic Report of the President*, 1998, Tabelas B-1 e B-79.

Regras de Bolso

Impacto da política fiscal expansionista: um resumo das quatro visões

1. **Modelo keynesiano básico**: uma elevação nos gastos do governo e/ou uma redução nos impostos ampliam o efeito multiplicador e provocam um substancial aumento na demanda agregada. Quando uma economia estiver operando abaixo de sua capacidade, o produto real e o emprego também crescerão acentuadamente.
2. **Efeito *crowding-out***: uma política fiscal expansionista exercerá um pequeno ou nenhum impacto sobre a demanda agregada e o emprego, porque o governo, ao tomar emprestado para financiar o déficit público, pressiona as taxas de juros para cima, provocando, dessa forma, uma redução nos gastos privados e, em particular, nos investimentos. Em uma economia aberta, as taxas de juros mais elevadas atrairão capital do exterior, provocando uma valorização da moeda local e uma redução nas exportações líquidas.
3. **Modelo dos novos clássicos**: uma política fiscal expansionista produzirá um pequeno ou nenhum impacto sobre a demanda agregada e o nível de emprego, porque as famílias anteciparão um aumento futuro nos impostos, em decorrência do maior endividamento do governo, e, por isso mesmo, reduzirão seus gastos (aumentando sua poupança), de modo a poder pagar esses impostos adicionais futuramente. O financiamento dos gastos do governo por endividamento, assim como por aumentos nos impostos atuais, reduz os gastos privados.
4. **Ótica da oferta (*supply-side*)**: uma redução na alíquota marginal do imposto de renda aumenta o incentivo para as pessoas ganharem (produzirem) mais renda e melhora a eficiência no uso dos recursos escassos, provocando um aumento na oferta agregada (produto real), no longo prazo.

Déficits e Taxas de Juros

Há diferenças marcantes com relação aos impactos previsíveis da política fiscal sobre o déficit público e a taxa de juros, conforme o modelo analítico utilizado. O efeito *crowding-out* indica que déficits aumentarão a demanda por empréstimos por parte do governo e, portanto, produzirão uma pressão de alta sobre a taxa real de juros. Em uma economia aberta, entretanto, o aumento na taxa real de juros no mercado doméstico de ativos financeiros será contido pela entrada de capital vindo do exterior. O modelo dos novos clássicos implica que a expectativa de maiores impostos no futuro, associada à expansão do endividamento corrente do governo, estimulará uma poupança adicional, permitindo que o governo se financie, sem que ocorram mudanças marcantes nas taxas de juros.

O que a evidência empírica nos ensina? Muitos estudos investigaram a relação entre déficits públicos e taxas de juros ano a ano (e trimestre a trimestre). Os resultados são ambíguos. Uma pesquisa do Congressional Budget Office, que considerou 24 estudos, destaca que somente alguns poucos indicaram haver uma relação positiva no curto prazo entre o déficit público e a taxa real de juros. A maioria dos estudos concluiu pela ausência de uma relação estatisticamente significante entre déficit público e taxa real de juros.[10] Aparentemente, esses resultados confirmam a visão dos novos clássicos de que o déficit público exerce pouca influência sobre as taxas de juros. Entretanto, temos de interpretá-los com cuidado. Quando uma economia mergulha em uma recessão, o déficit público tende a aumentar, como resultado das condições de desaquecimento da economia. Ao mesmo tempo, a demanda por fundos para o investimento se contrai, o que provoca uma pressão para a redução nas taxas de juros. Assim, quando a atividade econômica se reduz, e a economia entra na fase de contração do ciclo, há uma tendência para que ocorra um aumento no déficit público e uma redução nas taxas reais de juros. Por isso mesmo, esse fenômeno torna mais difícil determinar o impacto independente do déficit público sobre as taxas de juros.

Embora a relação ano a ano entre o déficit público e as taxas reais de juros seja fraca, há evidência empírica que constata que déficits elevados e crescentes pressionam as taxas reais de juros para cima. Como bem demonstra a Figura 12.8, o tamanho dos déficits era persistentemente grande durante a década de 1980 e a segunda metade da década de 1970. Essa mesma figura ilustra que, durante o período 1960-1990, havia claramente uma tendência de crescimento do déficit público como porcentagem do PIB.

De que forma essas mudanças de longo prazo afetaram a economia? Os dados da Tabela 12.1 nos ajudam a considerar essa questão. Essa tabela apresenta informações, para a economia norte-americana, sobre as taxas reais de juros ao longo de períodos para os quais o déficit público era grande ou pequeno. Durante os cinco anos (1983-1987) subseqüentes à recessão de 1982, o déficit público, em média, foi de 5,1% do PIB, comparado com 2,9% durante os cinco anos (1976-1980) imediatamente posteriores à recessão de 1974-1975. Durante o primeiro período de elevados déficits, a taxa real de juros, em média, foi de 7,5% ao ano, quase quatro vezes seu valor durante o período de menores déficits.[11]

A Tabela 12.1 também mostra a taxa real de juros média para o período 1960-1974 (quando o déficit público apresentou uma média de 0,9% do PIB), bem como para o

---

10. Congressional Budget Office, Deficits and interest: empirical findings and selected bibliography. Appendix A in *The economic outlook*, p. 99-102, fev. 1984. Ver também Charles Plosser, The effects of government financing decisions on asset returns. *Journal of Monetary Economics*, maio 1982; Paul Evans, Do large deficits produce high interest rates? *American Economic Review*, mar. 1985.

11. É claro que a taxa real de juros é a taxa nominal menos a taxa de inflação esperada. Como a taxa de inflação esperada não pode ser diretamente observada, ela tem de ser estimada. Usamos a taxa de inflação efetivamente registrada como uma aproximação para a taxa de inflação esperada nos cálculos da Tabela 12.1. Assim, a taxa real de juros foi obtida tomando-se as taxas dos títulos privados classificados como AAA menos a taxa de inflação efetivamente registrada pelo deflator do PIB. Todos os dados utilizados nesses cálculos foram dados anuais.

período 1981-1994 (durante o qual o déficit público médio foi de 4,% do PIB). Uma vez mais, a taxa real de juros foi muito maior (6,1% ao ano) no período de déficits mais elevados que durante o período de déficits mais baixos (2,4% ao ano). Assim, enquanto a análise ano a ano indica uma fraca relação entre o déficit público e as taxas de juros, os dados da Tabela 12.1 sugerem que, para um período mais longo, déficits persistentemente mais elevados provocam taxas reais de juros mais elevadas, exatamente como prevê o efeito *crowding-out*.

Tabela 12.1 Estados Unidos – Déficit federal e mudanças no consumo pessoal, no investimento e nas exportações líquidas como porcentagem do PIB (períodos selecionados).

			Valores em porcentagem do PIB				
Período	Déficit federal % do PIB	Taxa real de juros[a]	Consumo pessoal	Investimento privado bruto	Investimento estrangeiro líquido	Investimento bruto menos investimento estrangeiro	Exportações líquidas
1976-1980	2,9	1,9	62,3	17,5	0,0	17,5	−0,8
1983-1987	5,1	7,5	65,0	16,7	2,6	14,1	−2,6
Diferença[b]	+2,2	+5,6	+2,2	−0,8	+2,6	−3,4	−1,8
1960-1974	0,9	2,4	62,0	15,7	−0,5	16,2	0,2
1981-1994	4,0	6,1	65,8	15,3	1,6	13,7	−1,6
Diferença[b]	+3,1	+3,7	+3,8	−0,4	+2,1	−2,5	−1,8

[a] A taxa real de juros foi calculada subtraindo da taxa AAA dos títulos privados a taxa anual de inflação medida pelo deflator do PIB.

[b] Valor do período mais recente menos o valor do período anterior. Assim, pela primeira coluna, observamos que o déficit foi maior no segundo período.

Fonte: Calculado a partir do *Economic report of the president*, 1996, Tabelas B-1, B-3, B-28 e B-73.

Déficits, Consumo e Investimento

Taxas de juros mais altas farão que os investidores privados abandonem projetos que seriam viáveis a taxas de juros menores. Assim, o efeito *crowding-out* prevê que haverá uma redução nos investimentos privados à medida que os déficits públicos pressionarem as taxas de juros para cima. Em contraste com essa visão, o modelo dos novos clássicos prevê que as famílias aumentarão a sua poupança em decorrência de uma elevação no déficit público. Esse aumento na taxa de poupança permitirá que o governo financie o seu déficit no mercado de ativos financeiros sem pressionar a taxa de juros para cima e, conseqüentemente, sem reduzir os investimentos privados.

Claramente, os dados da Tabela 12.1 favorecem o efeito *crowding-out*. Durante o período 1983-1987 de déficits públicos elevados, o consumo das famílias como porcentagem do PIB cresceu para 65%, comparado com 62,3% durante o período 1976-1980. Correspondentemente, o investimento bruto como porcentagem do PIB caiu de 17,5%, em 1976-1980, para 16,7%, durante o período 1983-1987. Contrariamente à visão dos novos clássicos, não há evidência de que os elevados déficits públicos da década de 1980 provocaram uma expansão na taxa de poupança. Na realidade, o aumento no consumo como proporção do PIB implica justamente o oposto. Esse padrão se repete, se comparamos o período 1981-1994 com o período 1960-1974. Os elevados déficits do primeiro período estão associados a níveis de consumo mais altos e menor investimento, ambos como uma proporção do PIB.

Valorização do Dólar, Influxo de Capital e Exportações Líquidas

Qual o impacto dos elevados e persistentes déficits públicos, nos Estados Unidos, sobre a taxa de câmbio do dólar, no início e em meados da década de 1980? À medida que as taxas de juros se elevavam durante esse período, aumentava o influxo de capital estrangeiro para os Estados Unidos, exatamente como o efeito *crowding-out* prevê. Em 1980, os investimentos financeiros de norte-americanos no exterior eram pouco superiores aos dos estrangeiros nos Estados Unidos. Assim, havia uma pequena saída líquida de capital. À medida que o déficit público cresceu, durante a década de 1980, a situação se modificou drasticamente. Em 1984, os Estados Unidos experimentaram um influxo de capital estrangeiro de cerca de 2,1% do PIB. Para o período de 1983-1987, os investimentos estrangeiros nos Estados Unidos correspondiam, em média, a 2,6% do PIB, e essa média era zero no período de 1976 a 1980. Exatamente como prevê o efeito *crowding-out*, esse elevado influxo de capital do exterior valorizou o dólar. Entre 1980 e 1985, o dólar valorizou-se em mais de 50% (relativamente às moedas de seus principais parceiros comerciais) no mercado de câmbio. Essa valorização do dólar barateou os produtos importados pelos norte-americanos, tornando suas exportações mais caras aos estrangeiros. Como era de esperar, as exportações líquidas declinaram substancialmente.

Vejamos o que aconteceu com os gastos dos norte-americanos com investimentos. Os gastos dos norte-americanos com investimentos (investimento bruto menos investimento estrangeiro líquido) caíram de 17,5% do PIB, no período 1976-1980, para 14,1%, em 1983-1987. Assim, à medida que o tamanho do déficit público aumentava substancialmente durante o período 1983-1987, os norte-americanos passaram a gastar mais em consumo corrente, reduzindo, substancialmente, sua formação de capital, financiada com recursos domésticos.

A Tabela 12.1 também apresenta a entrada de capital vindo do exterior e as exportações líquidas para os períodos de 1960-1974 e 1981-1994. Uma vez mais, podemos observar um aumento substancial no investimento líquido vindo do exterior e uma redução nas exportações líquidas durante o período de déficits públicos maiores. Esse resultado é consistente com o efeito *crowding-out*.

Uma Visão da Política Fiscal mais Recente

Durante as últimas quatro décadas, os Estados Unidos experimentaram todo tipo de política fiscal. Na década de 1960, a maioria dos economistas pensava que a política fiscal era uma ferramenta potente, que poderia ser usada com sucesso para abrandar o ciclo dos negócios. Poucos são os que concordam com essa visão hoje. Os economistas agora parecem estar mais conscientes dos fatores políticos e econômicos que fazem que a identificação do tempo certo, para mudanças na política fiscal, seja extremamente difícil. A confiança na habilidade do Congresso e do presidente para instituir uma política fiscal anticíclica se deteriorou. Além disso, a elevação nas taxas de juros, a redução nos investimentos e a entrada de capital estrangeiro, que vêm acompanhando o crescimento do déficit público, indicam que os fatores secundários – particularmente aqueles destacados pelo efeito *crowding-out* – são bastante significantes. Assim, a maioria dos economistas agora acredita que a política fiscal tem um impacto, apenas modesto, sobre a demanda agregada durante os períodos de atividade econômica normal.

Na década de 1990, o foco da política fiscal passou a ser o de longo prazo. Tanto os economistas quanto os responsáveis pela política expressavam preocupação com os elevados déficits públicos que vinham reduzindo a taxa de formação de capital e levando a economia norte-americana a uma dependência pouco saudável da entrada de capital estrangeiro. Contrariamente ao que ocorreu em recessões anteriores, a de 1990-1991 resultou de um acordo da administração Bush com o Congresso para a redução do déficit público por meio de um aumento de impostos. A administração Clinton elevou os impostos em 1993. Ao mesmo tempo, o Congresso, de maioria democrata, derrotou, em 1993, um pacote de estímulo à demanda agregada. Mais tarde, a administração Clinton e um Congresso de maioria republicana entraram em um acordo para reduzir tanto os gastos do governo quanto o déficit público como porcentagem do PIB, durante o período 1994-1998. Em grande medida, os menores déficits registrados na década de

1990 refletem uma expansão econômica sustentada e menores gastos públicos, devido ao fim da guerra fria, e não a uma mudança substancial na política fiscal. Sem dúvida alguma, está claro que a política fiscal na década de 1990 é vista diferentemente de como o foi na década de 1970.

Olhando à Frente

Se a política fiscal hoje em dia é menos importante, a significância da política monetária – o outro principal instrumento de estabilização econômica – está em alta.[12] Agora estamos prontos para integrar o sistema monetário à nossa análise. O Capítulo 13 se concentra na operação do sistema bancário e nos fatores que determinam a oferta de moeda. No Capítulo 14, vamos analisar o impacto da política monetária sobre o produto real, as taxas de juros e o nível geral de preços.

Resumo do capítulo

- O orçamento federal é o principal instrumento de política fiscal. Política fiscal discricionária implica mudanças deliberadas nos gastos do governo e na política tributária, de modo a alterar o tamanho do déficit público e, conseqüentemente, influenciar o nível de atividade econômica.
- De acordo com a visão keynesiana, as flutuações na demanda agregada são a principal fonte de instabilidade econômica. Políticas que ajudem a manter a demanda agregada em um nível consistente com a capacidade de pleno emprego da economia reduzirão a instabilidade econômica.
- A análise keynesiana indica que a política fiscal não deve preocupar-se em equilibrar o orçamento anual, mas em reagir às condições do ciclo dos negócios. Durante uma recessão, a política fiscal deve tornar-se mais expansionista (maior déficit público deve ser planejado). Durante um *boom* inflacionário, a política fiscal deve tornar-se mais restritiva (direcionar o orçamento para um superávit).

---

12. Com relação a esse ponto, a visão de Paul Samuelson é, uma vez mais, reveladora. Na edição de 1995 de seu livro *Economia* (escrito com William D. Nordhaus), Samuelson escreveu: "A política fiscal não é mais a principal ferramenta de política para a estabilização nos Estados Unidos. Pode-se antever para o futuro que a política de estabilização será conduzida pela política monetária da reserva federal" (p. 645).

- ☐ O efeito *crowding-out* indica que uma política fiscal expansionista pressionará a taxa real de juros para cima, reduzindo os gastos privados, particularmente os investimentos. Em uma economia aberta, taxas reais de juros mais elevadas atrairão capital externo, o que provocará uma valorização da moeda doméstica e uma redução nas exportações líquidas. A teoria do crowding-out implica que esses efeitos secundários, de modo geral, compensarão um estímulo à demanda agregada produzido por uma política fiscal expansionista. Os efeitos secundários de uma política fiscal restritiva também a tornarão inoperante.
- ☐ O modelo dos novos clássicos destaca que o financiamento do déficit público por endividamento, e não por impostos, simplesmente muda o momento do aumento tributário, mas não o nível de taxação. De acordo com essa visão, a expectativa de mais impostos incidentes no futuro, em decorrência do financiamento do déficit público pela emissão de títulos públicos, provocará um aumento na poupança e uma redução nos gastos do setor privado, os quais compensarão o efeito expansionista do déficit.
- ☐ Para que mudanças na política fiscal tenham um impacto estabilizador sobre a atividade econômica, é necessário que elas ocorram no momento certo. A habilidade dos responsáveis pela política fiscal para promover as mudanças no momento certo, de modo a torná-la anticíclica, é bastante reduzida pelo fato de que: (a) nossa capacidade de prever as condições macroeconômicas no futuro é muito limitada; (b) leva tempo para que as mudanças de política sejam aprovadas e (c) há defasagem de tempo entre a implementação das mudanças de política fiscal e o seu impacto sobre a atividade econômica.
- ☐ O problema do momento certo é reduzido quando há estabilizadores automáticos – programas que produzem estímulos econômicos durante a recessão e restrições durante o *boom*, sem necessidade de qualquer ação legislativa. Uma síntese moderna sobre o impacto da política fiscal como uma ferramenta de estabilização econômica emergiu das discussões das últimas quatro décadas. Os principais pontos dessa síntese são: (1) o tempo certo para a implementação de uma política fiscal discricionária é tão crucial para seu sucesso quanto difícil de ser identificado; (2) os estabilizadores automáticos reduzem a flutuação da demanda agregada e, portanto, ajudam a promover a estabilidade econômica e (3) a política fiscal é menos efetiva do que os keynesianos acreditavam.
- ☐ Quando a política fiscal muda a alíquota marginal dos tributos, ela afeta a oferta agregada por alterar: (a) o estímulo ao uso do tempo para a produção em relação ao uso do tempo para o lazer e (b) o estímulo ao uso de recursos produtivos para redução da efetiva tributação. Tudo o mais constante, menor alíquota marginal de imposto aumentará a oferta agregada. A economia da oferta deve ser vista como uma estratégia de longo prazo e não como uma ferramenta anticíclica.
- ☐ A importância da política fiscal como uma ferramenta de estabilização econômica é reduzida pela dificuldade de identificar o tempo certo de uma mudança discricionária de política, bem como pelo impacto do déficit público sobre as taxas reais de juros e a formação de capital.

Questões de Análise Crítica

1. Suponha que o presidente lhe peça um pronunciamento sobre a seguinte questão: "Qual é a política fiscal adequada para os próximos 12 meses?". Prepare sua declaração indicando (a) o atual estado da economia, isto é, a taxa de desemprego, a taxa de crescimento do produto e a taxa de inflação e (b) sua sugestão de política fiscal. O orçamento deve ser equilibrado? Explique as razões que apóiam sua sugestão.

2. O que é efeito *crowding-out*? Como ele modifica as implicações do modelo keynesiano básico com relação à política fiscal? Qual é a diferença da análise da política fiscal feita pelos novos clássicos e aquela implicada pelo efeito *crowding-out*?

3. Por que o tempo certo de uma mudança discricionária na política fiscal é difícil de ser identificado? Você considera que fatores políticos, assim como fatores econômicos, limitam o uso da política fiscal como uma ferramenta de estabilização econômica? Justifique.

4. O que são estabilizadores automáticos? Explique sua principal vantagem.

5. Descreva a visão da *economia da oferta* sobre a política fiscal. Como essa visão difere das várias teorias baseadas na demanda agregada? Explique por que a economia da oferta é favorável a uma redução na alíquota dos impostos, financiada pela eliminação de despesas dedutíveis do imposto de renda, tais como gastos com juros, despesas médicas etc.

6. De acordo com a visão keynesiana, se a economia enfrenta uma elevada taxa de desemprego, e o PIB atual é inferior ao produto potencial, qual é a política fiscal aconselhável?

7. No início da década de 1990, muitos argumentavam que o elevado déficit público da economia norte-americana estava reduzindo sua taxa de crescimento econômico. Use os principais modelos desenvolvidos neste capítulo para analisar essa proposição.

8. "Se deixarmos de lado nosso preconceito com relação à política fiscal como uma força de estabilização da economia, será muito fácil atingirmos o pleno emprego e a estabilidade de preços. Quando o produto for inferior ao produto de pleno emprego, deveremos ter um déficit público. Se a inflação for um problema, produziremos um superávit orçamentário. A implementação rápida de uma política fiscal adequada estabilizará a economia." Avalie essa afirmação.

9. "Os déficits públicos podem estimular a demanda agregada e o produto no curto prazo, mas como normalmente desviam recursos da formação de capital para o consumo corrente, eles retardam o crescimento do produto no longo prazo."
   a) Explique por que você concorda ou não com essa afirmação.

b) Um adepto da teoria *crowding-out* concordaria ou não com essa afirmação? Explique.

c) Um economista novo clássico concordaria com essa afirmação? Por quê?

10. Algumas pessoas argumentam que o crescimento do produto e do emprego nos Estados Unidos, na década de 1980, resultou de elevados déficits públicos. Como um político afirmou: "Qualquer um pode criar prosperidade emitindo cheques de US$ 200 bilhões todo ano". Avalie essa afirmação. Se estímulos à demanda agregada criam prosperidade, o que você espera que ocorrerá com a taxa de inflação se essa idéia for implementada? Isso aconteceu no Estados Unidos na década de 1980?

11. O déficit público como um percentual do PIB nos Estados Unidos decresceu continuamente durante o período 1993-1998. Que fatores foram responsáveis por essa redução no déficit durante esse período? Você considera que a mudança na visão de como a política fiscal opera teve alguma importância para a redução do déficit? Por quê? Essa redução no déficit teve um efeito positivo ou negativo sobre a economia? Discuta.

12. Se o déficit público tende a crescer durante a recessão, de que forma isso afeta a relação entre o déficit público e a taxa real de juros?

13. "Se a propensão marginal a consumir (PMgC) é 0,75, um aumento de R$ 10 bilhões nos gastos do governo produzirá uma despesa adicional de R$ 40 bilhões (R$ 10 bilhões vezes o multiplicador, que é 4). No entanto, R$ 10 bilhões de aumento de impostos reduzirão a despesa agregada em R$ 30 bilhões (R$ 7,5 bilhões vezes o multiplicador, que é 4). Assim, um aumento de R$ 10 bilhões nos gastos do governo, acompanhado de R$ 10 bilhões de impostos, estimulará a demanda agregada em R$ 10 bilhões." Avalie essa afirmação.

14. Se o impacto sobre a receita tributária é o mesmo, faz alguma diferença se o governo diminui a tributação por (a) redução na alíquota marginal de imposto ou (b) aumento nas deduções do imposto de renda? Explique.

15. O professor Paul Samuelson é, reconhecidamente, um dos principais economistas keynesianos nos Estados Unidos. Leia a citação do início deste capítulo. Use a análise deste capítulo para explicar exatamente o que Samuelson quis dizer com a afirmação. "Essas falhas [da política fiscal] decorrem do tempo certo, da política, da teoria macroeconômica e do próprio déficit público." Discuta a importância dessa afirmação.

13 Moeda e o Sistema Bancário

> Moeda é tudo aquilo que é aceito como instrumento de troca de bens e serviços – aceito não como um objeto a ser consumido, mas como um objeto onde reside, temporariamente, um poder de compra a ser usado na aquisição de outros bens e serviços.
>
> ***Milton Friedman***[1]

FOCO DO CAPÍTULO

- O que é moeda? Como a oferta de moeda é definida?
- O que é um sistema fracionário de reserva bancária?
- Quais são as principais funções do Banco Central?
- Quais são os principais instrumentos de que dispõe o Banco Central para controlar a oferta monetária?
- De que modo as inovações financeiras e outras inovações afetam o conceito de moeda? O que será considerado como moeda no futuro?

1. Milton Friedman, *Money mischief:* episodes in monetary history. Nova York: Harcourt Brace Jovanovich, 1992, p. 16.

O modelo macroeconômico simples que desenvolvemos até agora é composto de quatro mercados: (1) bens e serviços; (2) recursos produtivos; (3) ativos financeiros e (4) moeda estrangeira (câmbio). Quando transacionam em qualquer um desses mercados, as pessoas geralmente usam dinheiro. Dinheiro, ou moeda, é usado para comprar todos os tipos de bens, serviços, ativos físicos, como casas, e ativos financeiros, como ações e títulos.

> **Banco Central**
> Uma instituição que regula o sistema bancário e controla a oferta monetária em um país.

Este capítulo se dedica à natureza da moeda, como o sistema bancário funciona e como o **Banco Central** controla a oferta monetária. A moeda e a política monetária exercem papel importante no funcionamento de uma economia. Como reflexo dessa importância, os próximos dois capítulos serão dedicados principalmente a explicar como funciona a política monetária e o seu impacto sobre o nível de preços, o produto, o emprego e o ciclo dos negócios.

O QUE É MOEDA?

Moeda é o bem comumente usado como meio de pagamento na aquisição de bens, serviços, ativos e títulos de dívida. (Ver a citação do professor Friedman na abertura deste capítulo.) Paradoxalmente, a maioria das moedas modernas não tem valor intrínseco. Entretanto, a maioria de nós gostaria de ter mais dela. Por quê? Porque a moeda é um ativo que cumpre três funções básicas: serve como meio de troca, funciona como reserva de valor para uso futuro e é usada como unidade de conta.

Meio de Troca

> **Meio de troca**
> Um ativo que é usado na compra e venda de bens e serviços.

A moeda é uma das mais importantes invenções da história da humanidade, em decorrência de sua função de **meio de troca**. A moeda simplifica e reduz os custos de transação. Essa redução nos custos de transação nos permite um enorme ganho pela especialização, pela divisão do trabalho e pelo uso de processos de produção em massa, que permeiam o padrão de vida de uma sociedade moderna. Com a ausência da moeda, a troca seria mais complicada e exigiria mais tempo para que as transações se realizassem; enfim, os custos nas transações seriam muito mais elevados. Imagine o que seria viver em uma sociedade de escambo – uma sociedade que não tivesse moeda, na qual bens fossem trocados por outros bens. Se você quisesse comprar uma calça *jeans*, por exemplo, teria de descobrir, em primeiro lugar, alguém que estivesse disposto a vendê-la, mas não só isso: esse alguém deveria estar disposto a receber os serviços de seu trabalho ou alguma coisa que você tivesse e que ele desejasse em troca da calça *jeans*. Essa economia funcionaria de forma bastante ineficiente, pois mais tempo e mais recursos produtivos seriam usados para que as transações se realizassem.

A moeda lubrifica as engrenagens do comércio e possibilita que cada um de nós se especialize na oferta das coisas que fazemos melhor, de modo a comprarmos (e consumirmos) uma diversidade maior de bens e serviços consistentes com as nossas preferências individuais. As pessoas simplesmente alugam seus recursos produtivos ou ativos por dinheiro que será usado na aquisição dos bens e serviços que elas desejam. Por exemplo, se um agricultor deseja trocar uma vaca por energia elétrica ou por serviços médicos, o animal é vendido por dinheiro que, então, é usado na compra de energia ou de serviços médicos. A moeda permite que todos na sociedade se livrem das inconveniências do processo de escambo.

Reserva de Valor

Moeda é um ativo financeiro e, portanto, uma forma de guardar valor, de modo a transferir poder de compra de um período para outro. Há algumas desvantagens em utilizar moeda como **reserva de valor**. A maioria dos modos de guardar dinheiro não rende nenhum retorno (juro) e, durante períodos de inflação, o poder de compra da moeda cai, impondo um custo àqueles que a mantêm como um dos componentes de sua riqueza.

> **Reserva de valor**
>
> Um ativo que permite às pessoas transferir poder de compra de um período para outro no futuro.

Moeda não é a única forma de guardar valor. Outros ativos, tais como produtos alimentícios, terra, habitações, ações ou títulos financeiros, podem ser usados como reserva de valor para uso futuro. *A moeda, entretanto, tem uma grande vantagem: por seu uso como meio de troca, é o* **ativo mais líquido** *de todos os ativos, define liquidez*. Ela pode, facilmente e de forma expedita, ser transformada em outros bens, ao mais baixo custo de transação e sem uma apreciável perda no seu valor nominal. Em contraste, levará

> **Ativo mais líquido**
>
> É um ativo que pode ser convertido, fácil e rapidamente, em poder de compra sem perda de valor. O custo de transformar um ativo em poder de compra define seu grau de liquidez. Quanto maior o custo, menor a liquidez.

algum tempo para se encontrar um comprador para uma casa, um terreno ou mesmo um espaço comercial. Assim, esses ativos não são líquidos. Embora ações e muitos títulos financeiros sejam razoavelmente líquidos – podem ser vendidos muito rapidamente por uma pequena comissão –, eles não são aceitos na liquidação de pagamentos. A moeda provê um poder de compra imediato. Por essa razão, a maioria das pessoas mantém uma fração de sua riqueza na forma de moeda.

Unidade de Conta

> **Unidade de conta**
>
> Unidade de medida usada pelas pessoas para anunciar preços e manter registros de receitas e custos.

A moeda também serve como **unidade de conta**. Assim como utilizamos jardas ou metros para medir a distância, a unidade monetária é usada para medir o valor de troca e os custos dos bens, dos serviços, dos ativos e dos recursos. O valor (e custo) de ingressos de teatro, aparelhos de tevê, serviços de trabalho, automóveis, habitações e muitos outros itens é medido em unidades monetárias. A moeda serve como um denominador comum na expressão tanto dos custos quanto do valor dos bens. Se vão gastar as suas rendas de maneira sábia, os consumidores precisam ser capazes de comparar os custos de aquisição de um vasto número de bens e serviços. Os preços medidos em unidades monetárias nos ajudam a fazer tais comparações. Do mesmo modo, as decisões dos homens de negócio requerem comparações de custo e receita para um vasto número de diferentes recursos produtivos. O uso da moeda na cotação dos preços dos recursos e nos procedimentos contábeis facilita tremendamente a ação dos homens de negócio.

Por que a Moeda Tem Valor?

Em muitas ocasiões no passado, as sociedades usaram ouro, prata, contas, conchas, cigarros, pedras preciosas e outros bens como moeda. Quando bens são empregados como moeda, as pessoas utilizarão recursos escassos – recursos que poderiam ser usados na produção de outros bens e serviços –, para produzir mais do bem que é utilizado como moeda. Por isso mesmo, o custo de oportunidade de um bem-moeda é alto.

Se a sociedade usar como moeda alguma coisa que custe muito pouco ou quase nada para ser produzida, mais recursos escassos estarão disponíveis para a produção dos outros bens e serviços desejáveis. Assim, a maioria das sociedades modernas usa **moeda fiduciária**, um tipo de moeda que tem pouco ou nenhum valor intrínseco (*fiducia*, palavra latina que significa "confiança"). Uma nota de R$ 1 é simplesmente um pedaço de papel. Contas bancárias de depósito à vista nada mais são

> **Moeda fiduciária**
>
> Moeda que não tem valor intrínseco nem lastro de qualquer bem com valor intrínseco; o papel-moeda é um exemplo.

que números. As moedas metálicas que usamos têm um valor intrínseco (no metal de que são feitas) muito inferior ao poder de compra do valor monetário nelas estampado.

Por que a moeda fiduciária tem valor? Na realidade, seu valor está baseado na confiança que as pessoas têm em seu uso. As pessoas estão dispostas a aceitar a moeda fiduciária porque sabem que podem usá-la para comprar bens e serviços. Os governos, ao emitir moeda fiduciária, geralmente indicam que essa moeda é de "circulação forçada", significando que ela é legalmente definida como forma de liquidação de débito.

O que, na realidade, faz que a moeda seja valorizada pelas pessoas, entretanto, é exatamente o que gera valor para qualquer comodidade: a sua demanda relativa à sua oferta. As pessoas demandam moeda porque ela reduz os custos de transação nas trocas. Quando a oferta de moeda é limitada em relação à sua demanda, o valor do dinheiro aumenta.

O valor de uma unidade monetária – R$ 1, por exemplo – é medido em termos daquilo que ela compra. Seu valor, portanto, está inversamente relacionado ao nível de preços. Um aumento no nível geral de preços e um declínio no poder de compra da unidade monetária são a mesma coisa. Se o poder de compra da moeda deve permanecer estável ao longo do tempo, a oferta de moeda deve ser controlada. Supondo uma taxa de uso de moeda constante, se a oferta de dinheiro aumenta mais rapidamente que o produto real de bens e serviços, os preços aumentarão. Na linguagem popular, há "muito dinheiro para poucos bens".

Quando as autoridades governamentais expandem a oferta monetária mais rapidamente, a moeda se torna menos valorizada nas trocas e virtualmente perde a sua função de reserva de valor. O rápido crescimento da oferta de moeda na Alemanha, imediatamente após a Primeira Guerra Mundial, ilustra, de forma dramática, esse ponto. No período 1922-1923, a oferta de marco alemão aumentou, durante algum tempo, em 250% *ao mês*. O governo alemão estava imprimindo dinheiro tão rapidamente quanto as impressoras permitiam. Como o dinheiro se tornou abundante em relação aos bens e serviços, ele rapidamente perdeu seu valor. Como resultado, o preço de um ovo era 80 bilhões de marcos e o de um pão de forma, 200 bilhões. Os trabalhadores recebiam seus pagamentos em malas de dinheiro. As lojas fechavam suas portas na hora do almoço para mudar os preços. O valor do dinheiro tinha-se deteriorado. Mais recentemente, nas décadas de 1980 e 1990, Argentina, Bolívia, Brasil, Israel, Iugoslávia, Rússia, Ucrânia e muitos outros países da antiga União Soviética experimentaram o mesmo ciclo de crescimento rápido da oferta monetária (para que o governo cobrisse seus déficits) e hiperinflação.

A Oferta de Moeda

Como a oferta de moeda é definida? Não há uma resposta simples e imediata para essa pergunta. Os economistas e os responsáveis pela política econômica têm desenvolvido várias medidas alternativas. Vamos descrever as duas medidas mais utilizadas para a oferta de moeda.

Oferta de Moeda: M1

Entre todas as funções da moeda, a de meio de troca é a que melhor caracteriza sua importância para a sociedade. Por isso mesmo, a definição mais estrita de **oferta monetária**, **M1**, se concentra nessa função. Se a moeda é meio de troca, a sua oferta é caracterizada pelo papel-moeda em poder das pessoas e firmas (isto é, as notas mais as moedas) e os depósitos à vista que permitem aos seus titulares a emissão de cheques pagáveis contra a apresentação. Pessoas e firmas, excluindo os bancos, são denominadas público. Daí o agregado de papel-moeda em poder das pessoas e das firmas ser referido como o papel-moeda em poder do público. Os depósitos à vista, sob os quais podemos preencher cheques, são normalmente identificados como depósitos em **conta corrente**. Há duas categorias de contas correntes. A primeira corresponde aos **depósitos à vista**, que não remuneram seus depositantes com juros e cujos recursos estão disponíveis a qualquer momento sem restrições. A segunda, nem sempre disponível em todos os países, são depósitos remunerados com juros, mas, para o uso de seus recursos, seu titular está sujeito a algumas restrições, tais como o número máximo de cheques que pode ser emitido a cada mês e a exigência de um saldo mínimo igual a um determinado valor (R$ 1.000, por exemplo). Como o dinheiro e os depósitos à vista, esses depósitos especiais estão disponíveis para serem utilizados como meio de troca. Cheques de viagem também são meios de pagamento. Eles podem ser livremente convertidos ao par (igual valor). *Assim, o conceito de oferta monetária definido por M1 corresponde a: (1) papel-moeda em poder do público, (2) depósitos à vista que permitem o uso de cheques e (3) cheques de viagem.*

Oferta monetária: M1

A soma de (1) papel-moeda em poder do público, (2) depósitos que permitem a emissão de cheques e (3) cheques de viagem.

Conta corrente

Contas bancárias que permitem a emissão de cheques.

Depósitos à vista

Depósitos bancários sem remuneração de juros, que permitem a emissão de cheques. Como o dinheiro, esses depósitos são largamente utilizados como meios de pagamento.

O Quadro 13.1 fornece, ao final do ano de 2000, no Brasil, o total de oferta monetária nos diversos conceitos definidos pelo Banco Central. Como podemos observar, para o conceito de M1, os depósitos à vista se constituem no componente mais importante (61,5%).

Os Vários Agregados Monetários

Nas economias modernas, muitos ativos financeiros podem ser facilmente convertidos em depósitos à vista para emissão de cheques ou convertidos em dinheiro. Portanto, a linha divisória entre a moeda e essas **quase-moedas** é difícil de ser determinada. Por isso mesmo, as várias definições de moeda resultam da inclusão desses vários ativos que podem ser facilmente convertidos em depósitos à vista ou em dinheiro. O Banco Central do Brasil define e mantém um sistema atualizado de divulgação dos vários agregados monetários. Mensalmente, o Banco Central publica, em seu Boletim, os saldos no último dia útil de cada mês, assim como a média desses saldos nos dias úteis do mês. Como o Banco Central tem o monopólio da emissão de nossa moeda fiduciária (o real), os agregados monetários são construídos a

Quase-moeda

Ativos financeiros facilmente conversíveis em depósito à vista ou em dinheiro. Como o custo de transformá-los em meios de pagamento é muito baixo, esses ativos são incluídos nas definições mais abrangentes de oferta monetária.

Quadro 13.1
Composição dos agregados monetários no Brasil – Saldo no final de período em 2000.

Oferta monetária	Em R$ milhões	Composição (%)
Papel-moeda em poder do público	28.641	38,52
Depósitos à vista	45.712	61,48
Meios de pagamento, M1	**74.352**	**100**
M1	74.352	26,20
Depósitos de poupança	111.936	39,44
Títulos privados[a]	97.496	34,36
M2	**283.785**	**100**
M2	283.785	50,99
Cotas de fundos de renda fixa[b]	253.832	45,61
Operações compromissadas com títulos federais[c]	18.961	3,41
M3	**556.577**	**100**
M3	556.577	85,35
Títulos federais (Selic)	93.624	14,36
Títulos estaduais e municipais	1.892	0,29
M4	**652.093**	**100**

Notas: a) Inclui depósitos a prazo, letras de câmbio, letras hipotecárias e letras imobiliárias.
b) Exclui lastro em títulos emitidos primariamente por instituições financeiras.
c) Aplicações do setor não-financeiro em operações compromissadas estão incluídas no M3 a partir de agosto de 1999, quando se eliminou o prazo mínimo de 30 dias exigido em tais operações desde outubro de 1991.

Fonte: Boletim do Banco Central do Brasil, p. 52-53, jul. 2002.

partir do total de papel-moeda (notas e moedas) emitido por ele. A seguir, apresentamos as principais definições de agregados monetários, conforme a atual definição do Banco Central do Brasil (Bacen). Cumpre-nos destacar que, exceto pelo M1, as definições adotadas pelo Bacen, para os diversos agregados monetários, diferem das adotadas em outros países. As definições do Bacen refletem as peculiaridades operacionais e institucionais de nosso sistema financeiro.

Agregados monetários segundo as definições do Bacen

Papel-moeda emitido - caixa do Bacen = papel-moeda em circulação;

Papel-moeda em circulação - reservas em dinheiro nos bancos (R_3, caixa dos bancos) = papel-moeda em poder do público;

Reservas dos bancos no Bacen = reservas compulsórias (R_1) + reservas voluntárias (R_2);

Reserva dos bancos = $R_1 + R_2 + R_3$;

Base monetária = papel-moeda em poder do público + reservas dos bancos;

Meios de pagamento = M1 = papel-moeda em poder do público + depósitos à vista nos bancos;

M2 = M1 + depósitos especiais remunerados + depósitos de poupança + títulos emitidos por instituições depositárias (que são bancos múltiplos; bancos comerciais; caixas econômicas; sociedades de crédito, financiamento e investimento; sociedades de crédito imobiliário; associações de poupança e empréstimo; companhias hipotecárias);

M3 = M2 + cotas de fundos de renda fixa + operações compromissadas registradas no Selic (financiamento líquido de títulos);

M4 = M3 + títulos públicos de alta liquidez.

Oferta monetária: M2

Igual a: M1 + depósitos especiais remunerados + depósitos de poupança + títulos emitidos por instituições depositárias.

A definição mais comum da oferta de moeda mais ampla é **M2**. Ela inclui todos os itens incorporados à definição de M1 mais depósitos de poupança e aplicações em títulos emitidos pelas instituições financeiras: depósitos a prazo, letras de câmbio que financiam a aquisição de bens duráveis, letras hipotecárias e letras imobiliárias.

Embora os componentes da oferta monetária, caracterizados em M2, mas não em M1, não sejam geralmente utilizados como meios de pagamento, eles podem ser, fácil e rapidamente, convertidos em dinheiro ou depósitos à vista, para tal uso. Por exemplo, se você mantém recursos depositados em poupança, pode facilmente transferi-los pela Internet para sua conta corrente sem precisar ir ao banco e, então, usá-los como meio de pagamento. Para tanto, basta que seu depósito de poupança tenha sido feito em um banco que receba depósitos à vista e que você mantenha, nessa mesma instituição, uma conta corrente. Está claro que a transferência da poupança para a conta corrente implica abrir mão dos juros que a poupança renderia.

Muitos economistas – particularmente aqueles que enfatizam a função de reserva de valor da moeda – preferem a definição de oferta monetária mais ampla, M2, à mais estrita, M1. O Quadro 13.1 mostra que, ao final do ano de 2000, a oferta monetária pelo conceito de M2 era quase quatro vezes (3,82) a oferta monetária pelo conceito de M1. Note que a incorporação de outros ativos nas definições mais abrangentes de oferta monetária tem uma contribuição cada vez menor para a formação do novo agregado monetário. Enquanto depósitos de poupança e títulos privados representam 73,8% do agregado M2, os ativos incorporados a esse agregado, na caracterização de **M3**, representam cerca de 49%, ao passo que, para a obtenção de M4, adicionam-se outros ativos, que correspondem a 15% desse último agregado monetário.

Oferta monetária: M3

Igual a: M2 + cotas de fundos de renda fixa + operações compromissadas registradas no Selic (financiamento líquido de títulos).

No passado, quando a inflação brasileira era elevada, os bancos efetivamente pagavam juros sobre depósitos à vista. Isso era feito de maneira indireta, em decorrência da proibição legal de tal prática. Diariamente, ao final do expediente bancário, os bancos aplicavam, em títulos públicos, os saldos existentes nas contas correntes de seus depositantes. Essa aplicação poderia ser desfeita no dia seguinte, após o banco creditar os juros correspondentes na conta corrente de seu depositante. Assim, nesse período, o conceito agregado de moeda mais relevante incluía todos os títulos transacionados no chamado mercado *overnight* (mercado de empréstimo por uma noite).

Cartão de Crédito É Moeda?

É importante fazermos a distinção entre moeda e crédito. Moeda é um ativo financeiro que provê ao seu possuidor um poder de compra hoje ou no futuro. Crédito é uma exigibilidade adquirida pela tomada de empréstimo de recursos financeiros. Essa distinção nos ajuda a compreender uma pergunta freqüentemente levantada pelos estudantes: "Se podemos usar cartões de crédito para fazer compras, por que os gastos com cartões de crédito não fazem parte da oferta monetária?". Contrariamente ao conceito de moeda, cartões de crédito não representam poder de compra.

Eles não são mais que uma forma conveniente de contratar empréstimo. Quando você usa seu Visa ou seu MasterCard para comprar um CD, por exemplo, não está, na realidade, pagando por ele. O que você está fazendo é tomando um empréstimo da administradora do seu cartão de crédito, e é essa organização que está pagando pelo CD. Você só fará o pagamento pela aquisição do CD quando pagar a fatura do seu cartão de crédito com cheque ou com dinheiro, reduzindo, dessa forma, a quantidade de moeda de que dispõe. Assim, compras com cartão de crédito não são com moeda;

cartões de crédito não representam um ativo com poder de compra no futuro, como é o caso da moeda.

Embora cartões de crédito não sejam moeda, seu uso influencia a quantidade de dinheiro que as pessoas desejam manter. Os cartões de crédito possibilitam às pessoas adquirir bens ao longo do mês e pagar todas as suas compras em uma única transação ao final do mês. Isso faz que as pessoas possam conduzir as transações regulares, afetas ao seu dia-a-dia, com menos moeda do que seria necessário, caso não tivessem cartões de crédito. Portanto, o uso generalizado de cartões de crédito tende a reduzir a quantidade média de dinheiro que as pessoas mantêm para efetuar suas transações.

O Sistema Financeiro Nacional

Antes de explicarmos os fatores que influenciam a oferta monetária, precisamos entender como o sistema financeiro está organizado e a diferença entre seu sistema monetário e o não-monetário. O Quadro 13.2 apresenta, esquematicamente, o Sistema Financeiro Nacional do Brasil (SFN). Durante sua configuração, em 1964, o SFN era formado por organizações especializadas em determinadas operações financeiras. A partir da Resolução 1.524 de 21 de setembro de 1988, o sistema passou a privilegiar organizações que pudessem operar com todo e qualquer tipo de instrumento financeiro. Embora ainda com alguma compartimentalização, o SFN está, a cada dia, mais próximo de um sistema constituído de instituições financeiras universais, isto é, organizações aptas a operar com os mais diversos instrumentos financeiros.

O SFN pode ser examinado de duas grandes óticas. A primeira é considerar as organizações que o constituem segundo sua função, enquanto a segunda as examina conforme sua natureza. Com relação à função, as organizações são de dois tipos: autoridades públicas, responsáveis pela política monetária e pela regulamentação e fiscalização do sistema, e organizações que prestam serviços de intermediação financeira, inclusive de crédito. No primeiro grupo, todos os órgãos são administrados pelo governo federal, enquanto no segundo – o dos prestadores de serviços –, a grande maioria é de empresas privadas, embora algumas organizações sejam de economia mista, isto é, empresas de direito privado, mas com elevada participação da União ou dos estados em seu capital. Exemplo típico é o Banco do Brasil cujo maior acionista é a União.

Com relação à sua natureza, o SFN é composto de dois subsistemas: o sistema monetário e o sistema não-monetário. O sistema monetário congrega, além da autoridade monetária e do órgão responsável pela orientação de política monetária, os bancos múltiplos com carteira comercial, os bancos comerciais, as caixas econômicas e as cooperativas de crédito. Assim, além dos órgãos do governo, fazem parte do sistema monetário todas as organizações financeiras que estão autorizadas a receber depósitos à vista, isto é, depósitos que permitam aos seus titulares a emissão de cheques como

Quadro 13.2
Brasil – Sistema Financeiro Nacional.

CMN – Conselho Monetário Nacional

Órgãos de regulação e fiscalização

■ BCB – Banco Central do Brasil

▲ CVM – Comissão de Valores Mobiliários

● SUSEP – Superintendência de Seguros Privados

◆ SPC – Secretaria de Previdência Complementar

Instituições financeiras captadoras de depósitos à vista	Bancos múltiplos com carteira comercial	■
	Bancos comerciais	■
	Caixas econômicas	■
	Cooperativas de crédito	■
Demais instituições financeiras	Bancos multiplos sem carteira comercial	■
	Bancos de investimento	■▲
	Bancos de desenvolvimento	■
	Sociedades de crédito, financiamento e investimento	■
	Sociedades de crédito imobiliário	■
	Companhias hipotecárias	■
	Associações de poupança e empréstimo	■
	Agências de fomento	■
	Sociedades de crédito ao microempreendedor	■
Outros intermediários ou auxiliares financeiros	Bolsas de mercadoria e de futuros	■▲
	Bolsas de valores	▲
	Sociedades corretoras de títulos e valores mobiliários	■▲
	Sociedades distribuidoras de títulos e valores mobiliários	■▲
	Sociedades de arrendamento mercantil	■
	Sociedades corretoras de câmbio	■
	Representações de instituições einanceiras estrangeiras	■
	Agentes autônomos de investimento	■▲
Entidades ligadas aos sistemas de previdência e seguros	Entidades fechadas de previdência privada	◆
	Entidades abertas de previdência privada	●
	Sociedades seguradoras	●
	Sociedades de capitalização	●
	Sociedades administradoras de seguro-saúde	●
Administração de recursos de terceiros	Fundos mútuos	■▲
	Clubes de investimentos	▲
	Carteiras de investidores estrangeiros	▲■
	Administradoras de consórcio	■
Sistemas de liquidação e custódia	Sistema Especial de Liquidação e de Custódia – Selic	■
	Central de custódia e de liquidação financeira de títulos – CETIP	■
	Caixas de liquidação e custódia	▲

Fonte: Banco Central do Brasil.

meio de pagamento. Um cheque nada mais é do que uma ordem de pagamento à vista e, por isso mesmo, é também chamado *moeda escritural*.

Ao efetuarmos um depósito à vista em uma organização do sistema monetário – um banco comercial, por exemplo –, estamos, na realidade, fazendo um contrato com o banco. Pelos serviços de guarda de nosso dinheiro, mais a facilidade de podermos emitir cheques para fazer pagamentos, o banco nos cobra taxas de serviços. Essas taxas têm seus limites fixados pelo Banco Central, cujas funções discutiremos adiante. Dentro desses limites, os bancos podem, segundo sua vontade, cobrar o que desejarem. Essas taxas de serviços constituem um importante instrumento de competição entre os bancos, pela escolha do depositante. Evidentemente, há outras razões para cada um de nós escolher o banco com o qual deseja operar. Você pode usar os princípios gerais da escolha do consumidor, que discutimos anteriormente, para identificar outros aspectos associados a custos e benefícios da escolha de um provedor de serviços bancários.

O sistema não-monetário é constituído das demais organizações financeiras que não operam com depósitos à vista. Assim, fazem parte do sistema-não monetário os bancos múltiplos sem carteira comercial (depósitos à vista), bancos de investimento, bancos de desenvolvimento, sociedades de crédito e financiamento, sociedades de crédito imobiliário, associações de poupança e empréstimo, agências de fomento e outras sociedades de crédito. Além dessas organizações que prestam serviços de intermediação financeira, há ainda dois grupos de organizações que operam no sistema não-monetário do SFN, altamente especializados em termos operacionais, que são os seguintes:

a) *Outros intermediários ou auxiliares financeiros,* que são organizações que prestam serviços a intermediários financeiros específicos, como as bolsas de valores e as bolsas de mercadorias e de futuros. Esses intermediários são as corretoras e distribuidoras de títulos e valores mobiliários e os agentes autônomos de investimento. Estão também incluídas nesse grupo as sociedades de arrendamento mercantil, as corretoras de câmbio e as representações de instituições financeiras estrangeiras;
b) *Entidades ligadas aos sistemas de previdência e seguros,* que são organizações que captam recursos com seus associados, para fins de previdência e capitalização, ou com seus clientes, pela venda de seguros. A sobrevivência econômica dessas organizações depende da administração financeira dos recursos captados. Esses recursos são aplicados no mercado financeiro, gerando renda líquida (de custos operacionais) para o pagamento dos benefícios previdenciários e de capitalização ou para cobrir os sinistros protegidos por seguro. Por serem organizações que, para cumprir sua função, necessitam investir os recursos financeiros captados, são chamadas *investidores institucionais*. Nesse grupo estão incluídas as entidades fechadas e abertas de previdência privada, sociedades seguradoras e de capitalização e as administradoras de seguro-saúde.

Finalmente, dois outros serviços estão incluídos no sistema não-monetário: a administração de recursos de terceiros (fundos mútuos, clubes de investimentos, carteiras de investidores estrangeiros e administradoras de consórcio) e os sistemas de liquidação e custódia de ativos (Selic – Sistema Especial de Liquidação e de Custódia do Banco Central; Cetip – Central de Custódia e de Liquidação Financeira de Títulos; caixas de liquidação e custódia das bolsas). As câmaras de compensação de pagamentos estão associadas ao sistema monetário: serviços de compensação de cheques, operados pelo Banco do Brasil e a Câmara Interbancária de Pagamentos, organização autônoma criada pelos bancos.

A Função de Autoridade Pública

A função de autoridade pública no SFN compreende a definição da política monetária e sua execução, a regulamentação de todo o sistema financeiro, bem como sua fiscalização. Essas funções estão divididas e são, às vezes, compartilhadas entre os vários órgãos do governo federal, responsáveis pela função de autoridade pública no SFN. O órgão deliberativo máximo do SFN é o **Conselho Monetário Nacional** (**CMN**), que é formado pelo seu presidente, o ministro da Fazenda, pelo ministro do Planejamento e Orçamento e pelo presidente do Banco Central. Em suas funções, o CMN é assessorado pela Comissão Técnica da Moeda e do Crédito (Comoc), bem como outras comissões consultivas que ainda não foram implementadas. Compete ao CMN *estabelecer as diretrizes gerais das políticas monetária, cambial e creditícia; regular as condições de constituição, funcionamento e fiscalização das instituições financeiras e disciplinar os instrumentos de política monetária e cambial.*

Conselho Monetário Nacional (CMN)

É um conselho formado pelo seu presidente, o ministro da Fazenda, pelo ministro do Planejamento e Orçamento e pelo presidente do Banco Central. Compete ao CMN estabelecer as diretrizes gerais das políticas monetária, cambial e creditícia; regular as condições de constituição, funcionamento e fiscalização das instituições financeiras e disciplinar os instrumentos de política monetária e cambial.

Os órgãos executivos e de fiscalização são o Banco Central (Bacen), a Comissão de Valores Mobiliários (CVM), a Superintendência de Seguros Privados (Susep) e a Secretaria de Previdência Complementar (SPC). A jurisdição reguladora e de fiscalização de cada um desses órgãos sobre as organizações que operam no SFN está indicada no Quadro 13.2. Destacamos que, para sete tipos de organizações, há sobreposição de funções do Banco Central e da CVM.

Como nosso interesse aqui é o mecanismo de oferta de moeda, vamos examinar mais atentamente os bancos que detêm depósitos que permitem o uso de cheques. Esses bancos incluem os bancos comerciais e os bancos múltiplos com carteira comercial. Vamos nos referir a eles como bancos comerciais ou bancos criadores de moeda. Mais à frente ficará claro o porquê dessa última denominação.

Os Bancos Comerciais

O sistema bancário é um importante componente do mercado financeiro, em particular de seu sistema monetário. Como em qualquer negócio, os bancos operam de modo a maximizar seus lucros. Os bancos oferecem serviços (por exemplo, guardam fundos, provêem serviços de conta corrente) e pagam juros, de modo a atrair depósitos de poupança, depósitos a prazo e outros tipos de aplicações financeiras. *Eles ajudam no processo de intermediação financeira fazendo que os recursos poupados, por parte de alguns clientes, para uso no futuro, sejam direcionados a outros que demandam empréstimos para executar seus projetos de investimento.* A renda gerada pelos empréstimos que sustentam projetos de investimento é a principal fonte de receita dos bancos.

Ao decidir se financiam um projeto, os banqueiros têm um forte incentivo para examinar a lucratividade esperada do projeto, assim como a credibilidade financeira do tomador do empréstimo. Os tomadores de empréstimo podem não ser capazes de pagar seus empréstimos se os recursos assim obtidos forem canalizados para um investimento não-lucrativo. No entanto, os financiadores de negócios malsucedidos podem perder parcial ou integralmente os fundos financeiros emprestados. A alocação eficiente de fundos para investimentos é uma importante fonte de crescimento econômico. Projetos de investimento lucrativos aumentam o valor dos recursos produtivos neles utilizados e promovem o crescimento econômico; projetos não-lucrativos têm o efeito oposto. Um mercado de capitais eficiente, do qual o sistema bancário é parte integrante, proverá empréstimos e suporte financeiro para projetos que muito provavelmente terão sucesso – isto é, haverá uma preferência por projetos lucrativos, em detrimento dos não-lucrativos.

No Brasil, os bancos múltiplos com carteira comercial, os bancos comerciais, as caixas econômicas e as cooperativas de crédito são as instituições financeiras que captam depósitos à vista e, portanto, são consideradas criadoras de moeda. Quando consideramos o conceito mais abrangente de moeda M2 e incluímos os depósitos de poupança, além dos bancos criadores de moeda, podem receber depósitos de poupança as sociedades de crédito imobiliário e as associações de poupança e empréstimo. Todas essas organizações estão sob a jurisdição do Banco Central, que lhe impõe um conjunto de regulamentação e lhes oferece serviços como os de câmara de compensação, bem como empréstimos de liquidez e redesconto.

Ao examinarmos o balancete consolidado dos bancos criadores de moeda, no Quadro 13.3, podemos identificar as principais funções desses bancos. Com as informações publicadas no *Boletim do Banco Central*, é possível identificar que as principais exigibilidades desses bancos são os depósitos à vista, os depósitos de poupança e os depósitos a prazo. Por exemplo, ao final de 2000, o consolidado dos bancos criadores de moeda tinha 45% de seu passivo em depósitos (sendo 7% à vista e 38% nos depósitos a prazo, de poupança e outros). *Do ponto de vista do banco,* tais depósitos são exigibilidades porque representam uma obrigação do banco para com seus depositantes. Empréstimos, que geram rendimento de juros, são, contudo, o principal ativo de um banco. Para os bancos

ATIVO	PASSIVO
ENCAIXE	DEPÓSITOS À VISTA
Em Moeda	
Depósitos no Bacen	DEPÓSITOS A PRAZO,
Voluntários	DEPÓSITOS DE POUPANÇA
Compulsórios	E OUTROS DEPÓSITOS
EMPRÉSTIMOS	REDESCONTO E OUTROS
Ao Setor Público,	EMPRÉSTIMOS DO BACEN
Inclusive Autarquias	REPASSES (Política de Crédito)
Ao Setor Privado	ARRECADAÇÃO (Impostos e INSS)
CONTAS CAMBIAIS	OPERAÇÕES CAMBIAIS
TÍTULOS PÚBLICOS	OUTRAS EXIGIBILIDADES
E PRIVADOS	PATRIMÔNIO LÍQUIDO
IMOBILIZADO	(Recursos Próprios)
OUTRAS CONTAS	

Quadro 13.3
Balancete consolidado dos bancos comerciais (criadores de moeda).

Os bancos provêem serviços e pagam juros para atrair depósitos à vista, depósitos de poupança e depósitos a prazo (exigibilidades). Grande parte dos recursos assim obtidos pelos bancos é aplicada em empréstimos e títulos, que produzem a renda dos bancos. Os bancos mantêm uma pequena parcela de seus ativos sob a forma de reservas (encaixes), em dinheiro ou como depósito no Banco Central, para atender às exigências diárias de seus depositantes.

criadores de moeda, ao final de 2000, os empréstimos correspondiam a 79% do total dos ativos do consolidado desses bancos (49% ao setor privado e 29% ao governo federal e suas autarquias, incluídos os títulos de dívida pública). Porém, muitos bancos têm elevadas aplicações em títulos públicos, títulos privados e ações.

Os bancos diferem da maioria dos negócios por terem grande parte de suas exigibilidades pagável à vista e a qualquer momento. Entretanto, embora seja possível que todos os depositantes de um banco queiram sacar seus fundos no mesmo momento, a probabilidade de isso vir a ocorrer é bastante remota. Normalmente, enquanto alguns indivíduos estão sacando contra seus depósitos, outros estão fazendo novos depósitos. Essas transações tendem a se compensar, eliminando variações elevadas e abruptas nos depósitos bancários. Exatamente por isso, os bancos mantêm uma pequena parcela de seus ativos sob a forma de **reservas bancárias** (em moeda e em depósitos no Banco Central).

Reservas bancárias

Correspondem ao total de dinheiro na caixa dos bancos mais seus depósitos voluntários e compulsórios no Banco Central.

A Origens das Reservas Fracionárias

Os economistas gostam de explicar o funcionamento do atual sistema bancário a partir da descoberta dos ourives do passado. No passado, o ouro (assim como a prata) era usado como meio de pagamento. Ouro era dinheiro. Porém, era muito arriscado manter o ouro em casa, a não ser que as famílias gastassem recursos para promover sua guarda. Entretanto, por razões de ofício, os ourives tinham de lidar com essa preocupação, uma vez que seu ganha-pão era obtido pela produção e venda de peças de ouro. Suas oficinas, em geral anexas às suas residências, onde mantinham seu estoque de matéria-prima (ouro), eram dotadas de um sistema de segurança. As pessoas procuravam confiar ao ourives a guarda de seu dinheiro por razões de segurança, exatamente como fazemos hoje, ao abrir uma conta corrente em um banco. Os proprietários do ouro assim protegido recebiam do ourives um certificado que lhes garantia poder reaver seu ouro, totalmente ou em parte, quando assim o desejassem. Dessa forma, quando alguém queria comprar algo, ia ao ourives, sacava parte de seu ouro e usava-o para comprar o bem desejado. Desse modo, a oferta de moeda era a soma do ouro em circulação mais o ouro depositado nas ourivesarias.

No seu dia-a-dia, o ourives logo descobriu que tanto novos depósitos quanto os saques feitos sobre o ouro depositado eram uma pequena fração do total de ouro sob sua guarda. A maior parte do ouro confiado ao ourives ficava guardada em seu cofre-forte sem qualquer uso. Ao perceber esse fato, o ourives passou a emprestar ouro aos comerciantes locais. Após o prazo estipulado, o comerciante devolvia a mesma quantidade de ouro tomada emprestada, mais uma quantidade adicional referente ao juro. O que acontecia com a oferta de moeda quando o ourives emprestava ouro a comerciantes? Os depósitos em ouro das pessoas que o confiavam ao ourives não haviam sido reduzidos. Esses depositantes poderiam, como antes, a qualquer momento, exigir seu ouro de volta (desde que isso não fosse feito por todos os depositantes ao mesmo tempo). Além desses depósitos, os comerciantes poderiam fazer pagamentos com o ouro recebido por empréstimo do ourives. *À medida que emprestavam ouro, os ourives aumentavam a quantidade de ouro em circulação, expandindo, dessa forma, a oferta de moeda.*

Era inconveniente (isto é, custoso) ter de ir ao ourives toda vez que se desejasse comprar algo. Como os certificados emitidos pelos ourives eram, uma vez apresentados, trocados por ouro, eles começaram a circular como meio de pagamento. Desse modo, os depositantes eram favorecidos com essa possibilidade, porque não precisariam mais ir ao ourives, toda vez que quisessem fazer uma transação, para trocar certificados por ouro. Para que os certificados fossem usados como meio de pagamento, era preciso que os vendedores confiassem no ourives emitente do certificado. Nesse caso, eles também tinham um forte incentivo para aceitar os certificados como meio de pagamento, pois, dessa forma, não precisariam incorrer nos custos e riscos de transportar o ouro de seus estabelecimentos para o cofre do ourives.

À medida que os certificados de depósito de ouro passaram a circular como meio de pagamento aceito por mais e mais pessoas, os saques e depósitos de ouro nos ourives diminuíam cada vez mais. Mantendo apenas uma fração do total de depósitos em ouro, digamos 20%, o ourives local era capaz de honrar todas as exigências de troca de certificados por ouro. Os restantes 80% dos depósitos de ouro poderiam, dessa maneira, ser emprestados aos comerciantes ou a outros cidadãos. Portanto, 100% dos certificados originalmente emitidos circulavam como dinheiro. Também circulavam como dinheiro os 80% dos depósitos originais emprestados pelo ourives sob a forma de ouro. A oferta monetária total, ouro mais os certificados de ouro, é agora 1,8 vez a quantidade de ouro originalmente depositada no ourives. Como mantêm parte dos depósitos recebidos e emprestam o resto, os ourives são capazes de aumentar a oferta monetária.

Desde que o ourives mantivesse uma reserva de ouro, de modo a satisfazer as exigências de saques de seus depositantes, o sistema funcionaria muito bem. A maioria dos depositantes provavelmente nunca desconfiou de que o ourives não tinha, em seu cofre, todo o ouro que cada um havia lhe entregue para guarda.

Os ourives ganhavam dinheiro emprestando ouro. Quanto mais ouro eles emprestassem, maior seria sua renda. Alguns ourives, tentando aumentar a sua renda expandindo os empréstimos de ouro a juros, utilizavam de forma imprudente o ouro depositado em seus cofres. Se um grande número de depositantes desejasse resgatar seu ouro ao mesmo tempo, esse ourives imprudente não seria capaz de satisfazer às exigências de tantos depositantes. Se isso viesse a ocorrer, o sistema de reserva fracionária do ourives seria desacreditado.

Sistema Bancário de Reserva Fracionária

Em princípio, o nosso sistema bancário moderno funciona de modo similar ao do sistema dos ourives. O Brasil tem um **sistema bancário de reserva fracionária**. Apenas uma fração do total dos depósitos é exigida aos bancos, como forma de reserva em dinheiro ou em ativos líquidos e seguros. Assim como os ourives não tinham ouro suficiente para pagar simultaneamente todos os seus depositantes, nossos bancos também não têm reservas suficientes (dinheiro em caixa e depósito no Banco Central) para pagar simultaneamente todos os seus depositantes. No passado, os ourives expandiam a oferta monetária concedendo empréstimos. No presente, os bancos fazem exatamente o mesmo. A quantidade de ouro mantida pelo ourives, sob a forma de reserva para atender às exigências dos depositantes, limitava a sua capacidade de expandir a oferta monetária. O dinheiro em caixa e outras **reservas compulsórias** limitam a capacidade de expandir a oferta monetária dos bancos de hoje.

Sistema bancário de reserva fracionária

Um sistema que permite aos bancos manter, sob a forma de reserva, menos de 100% de seus depósitos.

Reservas compulsórias

O mínimo de reservas que um banco legalmente deve manter com relação aos seus depósitos. Assim, se as reservas compulsórias forem de 15%, os bancos devem manter R$ 150.000 de reserva para cada milhão de reais de depósito.

Entretanto, há diferenças importantes entre o moderno sistema bancário e o antigo sistema mantido pelos ourives. Hoje, a ação dos bancos é regulada pelo Banco Central. O Banco Central tem, entre suas funções, a de adotar políticas de modo a preservar a saúde da economia. Ele também funciona como o emprestador de última instância. Se, de repente, todos os depositantes de um banco desejarem retirar simultaneamente seus depósitos, o Banco Central deveria intervir e prover esse banco específico com os fundos necessários para atender a tais exigências.

Como os Bancos Criam Dinheiro Emprestando Recursos

Em um sistema de reserva fracionária, um aumento no nível das reservas permitirá ao banco expandir os seus empréstimos. Geralmente, ao conceder um empréstimo, o que o banco faz é creditar o montante do empréstimo na conta corrente de seu cliente, criando, dessa forma, depósitos adicionais. Como depósitos à vista são moeda, a concessão de um empréstimo adicional expande a oferta monetária. Para melhor compreender esse processo, vamos considerar um sistema bancário sem um banco central, no qual só o dinheiro funciona como reserva de depósitos à vista. Vamos supor, inicialmente, que todos os bancos devam, conforme a lei, manter em seus cofres, em dinheiro, 20% de seus depósitos à vista. Essa proporção – a porcentagem dos depósitos à vista que deve ser mantida sob a forma de reserva – é chamada **taxa de reserva compulsória**. A taxa de reserva compulsória, nesse nosso exemplo, é de 20%.

> ***Taxa de reserva compulsória***
>
> Um percentual incidente sobre uma exigibilidade específica (depósitos em conta corrente, depósitos a prazo, depósitos de poupança) que os bancos compulsoriamente devem manter sob a forma de reservas associadas a esse tipo de exigibilidade.

Suponha que você encontre R$ 10.000 no porão da casa de um tio há muito falecido. Em quanto esses novos R$ 10.000 em dinheiro expandirão a oferta monetária? Você vai ao Primeiro Banco Nacional e abre uma conta corrente depositando esses R$ 10.000 em dinheiro. O Primeiro Banco precisará aumentar as suas reservas compulsórias em R$ 2.000 em dinheiro, isto é, 20% do seu depósito. Entretanto, o banco recebeu um depósito em dinheiro adicional de R$ 10.000. Assim, após separar R$ 2.000 e colocá-los no cofre, o Primeiro Banco tem R$ 8.000 de **excesso de reservas ou reservas livres**, isto é, reservas acima da quantidade legalmente exigida. Dado esse excesso de reservas, o Primeiro Banco pode expandir seus empréstimos em R$ 8.000. Suponha que o banco empreste esses R$ 8.000 a um de seus depositantes, para que ele possa comprar um carro. No momento em que o empréstimo é concedido, a oferta de moeda aumenta em R$ 8.000, uma vez que o banco adiciona esse valor à conta corrente do cliente que tomou os R$ 8.000

> ***Excesso de reservas ou reservas livres***
>
> Reservas atuais que excedem à exigência legal de reserva compulsória.

emprestados. Ninguém teve a sua disponibilidade de dinheiro diminuída. Você continua tendo um saldo de R$ 10.000 na sua conta corrente e o correntista que tomou o dinheiro emprestado tem mais R$ 8.000 em sua conta para comprar seu carro.

Quando o tomador do empréstimo compra o seu carro, o vendedor aceita um cheque em pagamento e deposita os R$ 8.000 no Segundo Banco Nacional. O que acontecerá quando o cheque for compensado? O excesso de reservas temporariamente experimentado pelo Primeiro Banco Nacional será eliminado, quando os R$ 8.000 forem transferidos para o Segundo Banco Nacional. Quando o Segundo Banco Nacional recebe R$ 8.000 em dinheiro, ele passa a ter um excesso de reservas. Porém, ele terá de manter 20% do depósito adicional de R$ 8.000 feito pelo vendedor de automóveis, sob a forma de reservas compulsórias, isto é, R$ 1.600.

Separados os R$ 1.600 de reservas, o Segundo Banco Nacional tem, efetivamente, R$ 6.400 de reservas livres que podem ser emprestados. Como o Segundo Banco, assim como qualquer outro banco, está no negócio para ganhar dinheiro, seus administradores ficarão bastante felizes em ajudar algum cliente que necessite de um empréstimo. Quando o Segundo Banco empresta seu excesso de reservas a um de seus clientes, ele o faz creditando em conta corrente os R$ 6.400. Assim, R$ 6.400 são adicionados à oferta monetária. Você ainda tem os seus R$ 10.000, o vendedor de automóveis aumentou seus depósitos em R$ 8.000 e o cliente, que tomou emprestado do Segundo Banco, tem mais R$ 6.400 creditados em sua conta. Como você encontrou R$ 10.000 e os depositou no banco, a oferta de moeda já aumentou em R$ 14.400 (R$ 8.000 + R$ 6.400).

Está claro que o processo pode continuar. O Quadro 13.4 acompanha o potencial de criação de moeda resultante do depósito inicial de R$ 10.000, por meio dos vários estágios adicionais. Quando as reservas compulsórias são de 20%, a oferta monetária poderá ser expandida em, no máximo, R$ 50.000: seu depósito inicial de R$ 10.000 + R$ 40.000 de depósitos à vista, criados por meio de novos empréstimos.

O múltiplo pelo qual as novas reservas aumentam o estoque de moeda é denominado **multiplicador bancário dos depósitos**. O aumento na oferta monetária, decorrente de um incremento nas reservas bancárias, é determinado pela taxa de reservas compulsórias sobre os depósitos à vista. De fato, o **potencial de multiplicação dos depósitos bancários** é simplesmente o inverso da taxa de reservas compulsórias (r). Matematicamente, o potencial de multiplicação dos depósitos bancários é igual a $1/r$. No nosso exemplo, como os bancos só mantêm reservas compulsórias que são de 20% dos depósitos à vista, as reservas bancárias representam 1/5 desses depósitos. Assim, o potencial de multiplicação dos depósitos bancários é 5.

Multiplicador bancário dos depósitos

Múltiplo pelo qual um aumento (redução) de reservas expande (diminui) a oferta monetária. Ele é inversamente relacionado à taxa de reservas compulsórias.

Potencial de multiplicação dos depósitos bancários

Potencial máximo de aumento na oferta monetária dividido pelas novas reservas injetadas no sistema bancário. Ele é igual ao inverso da taxa de reservas compulsórias.

Quadro 13.4
O processo de criação de moeda pelos bancos comerciais, a partir de um aumento nas reservas bancárias.

Quando os bancos são obrigados a manter 20% de seus depósitos à vista em reservas compulsórias, um aumento de R$ 10.000 nas reservas bancárias pode expandir a oferta monetária em até R$ 50.000,00.

Estágios da criação de moeda	Novos depósitos: Δ reservas	Novas reservas compulsórias	Máximo de depósitos criados por empréstimos de reservas livres
Depósito no Banco 1	10.000,00	2.000,00	800,00
Depósito no Banco 2	8.000,00	1.600,00	6.400,00
Depósito no Banco 3	6.400,00	1.280,00	5.120,00
Depósito no Banco 4	5.120,00	1.024,00	4.090,60
Depósito no Banco 5	4.090,60	819,20	3.276,80
Depósito no Banco 6	3.276,80	655,40	2.621,44
Depósito no Banco 7	2.621,44	524,29	2.097,15
Demais estágios	10.485,76	2.097,15	8.388,61
TOTAL	50.000,00	10.000,00	40.000,00

Se a taxa de reservas compulsórias fosse de 10%, o potencial de multiplicação dos depósitos bancários seria de 10, o inverso de 1/10. *Quanto menor o percentual de reservas compulsórias, maior é o potencial de expansão da oferta monetária decorrente da criação de novas reservas. O sistema de reserva fracionária impõe um teto no potencial de criação de moeda a partir de novas reservas.*

O Multiplicador Bancário

O aumento nas reservas bancárias provocará, necessariamente, um impacto sobre os depósitos no sistema bancário correspondente ao potencial do efeito multiplicador? A resposta é não. O multiplicador bancário corrente é geralmente inferior ao seu potencial, por duas razões.

Primeiro, o multiplicador bancário será reduzido, se as pessoas decidirem manter mais dinheiro consigo e, conseqüentemente, menos depósitos bancários. Por exemplo, suponha que a pessoa que tomou os R$ 8.000 emprestados, em nosso exemplo anterior, gaste somente R$ 7.000 e guarde os restantes R$ 1.000 para alguma possível emergência. Desse modo, somente R$ 7.000 voltarão ao sistema bancário sob a forma de depósito, no segundo estágio do nosso exemplo. O potencial de novos empréstimos, em um segundo estágio e em todos os estágios subseqüentes, será reduzido. Quando o dinheiro permanece circulando fora do sistema bancário, ele reduz o tamanho do multiplicador bancário.

Segundo, o multiplicador bancário atual será inferior ao seu potencial máximo quando os bancos não utilizarem plenamente suas reservas livres para aumentar os empréstimos. Entretanto, os bancos têm um forte incentivo para emprestar ou investir a maior parte de suas reservas livres. Reservas livres ociosas não geram rendimento. Como os bancos estão no negócio para ganhar renda, eles manterão uma pequena parcela de seus ativos – dinheiro em caixa necessário para as transações diárias – sob a forma de reserva excedente. Nos países mais desenvolvidos, como os Estados Unidos, o excesso de reserva dos bancos tem sido menos de 1% do total das reservas bancárias. No Brasil, o encaixe em moeda corrente dos bancos comerciais é cerca de 20% do total de suas reservas. Esse percentual é elevado em razão da possibilidade de os bancos manterem até 15% de suas reservas compulsórias sob a forma de encaixe bancário.

Vazamentos de dinheiro e excesso de reservas ociosas no sistema bancário farão que o atual multiplicador bancário seja inferior ao seu potencial máximo. Entretanto, como as pessoas geralmente mantêm seu dinheiro depositado nos bancos (mantendo, conseqüentemente pouco dinheiro consigo), e o excesso de reservas bancárias tipicamente é pequeno, a injeção de novas reservas no sistema seguramente expandirá a oferta monetária por um múltiplo dessas reservas adicionais.

O Banco Central

Até a criação do Banco Central pela Lei da Reforma Bancária (Lei nº 4.595 de 31 de dezembro de 1964), as funções de autoridade monetária eram exercidas pela Superintendência da Moeda e do Crédito (Sumoc), pelo Banco do Brasil e pelo Tesouro Nacional. Criada em 1945 para exercer o controle monetário e preparar a organização de um banco central, a Sumoc tinha por funções: fixar o percentual dos depósitos à vista que deveria ser recolhido como reservas compulsórias pelos bancos comerciais e fixar a taxa de redesconto e de assistência de liquidez, assim como os juros pagos pelos bancos comerciais sobre os depósitos à vista (há muitos anos os bancos comerciais não pagam juros sobre depósitos à vista). A Sumoc era ainda responsável pela política cambial. O Banco do Brasil, além de suas funções de banco comercial, desempenhava as funções de banco do governo, recebia os depósitos compulsórios a crédito da Sumoc e os depósitos voluntários dos bancos para operar a Câmara de Compensação (acerto de débitos entre os bancos) e controlava as operações de comércio exterior. Ao Tesouro Nacional, cabia a função de emitir papel-moeda, além de suas funções de governo. Como podemos observar, o arranjo institucional para a administração da moeda era bastante precário.

Embora tenha sido criado em 1964, o Banco Central só viria a ter suas funções de execução e de acompanhamento da política monetária bem caracterizadas, quando, em 1988, após um processo gradual que teve início em 1985, o Banco do Brasil deixou de compartilhar com o Bacen as funções de autoridade monetária. A nova Constituição Federal de 1988 introduziu alguns dispositivos importantes para o funcionamento do Bacen: o monopólio de emissão de moeda; a aprovação, pelo Senado Federal, dos nomes indicados pelo presidente da República para sua presidência e sua diretoria; a proibição da concessão direta ou indireta de empréstimos ao Tesouro Nacional.

ECONOMISTA DE DESTAQUE

EUGÊNIO GUDIN (1886-1986)

Carioca, engenheiro de formação (construiu barragens e ferrovias, canalizou rios), executivo de alto nível e economista autodidata formado na tradição inglesa, sob forte influência de Adam Smith. Chefiou a delegação brasileira que participou da Conferência de Bretton Woods e foi ministro da Fazenda. Como se deliciava ao relatar, criou em 1938 a primeira faculdade de economia do Brasil, pois era preciso "ensinar economia aos brasileiros". Chegou a essa conclusão ao perder seu investimento em uma moderna plantação de laranjas para exportação, em decorrência da equivocada política cambial do governo. Como professor de economia monetária (aposentou-se em 1957), exerceu forte influência, sobre gerações de economistas, com seus escritos, em particular com o livro *Princípios de economia monetária*. O professor Gudin é o único brasileiro distinguido com o título de Fellow da American Economic Association.

A principal função de um banco central é a de assegurar a estabilidade do poder de compra da moeda, por ser monopolista de sua emissão. Para tanto, além desse monopólio, é concedido a um banco central o poder de regular e fiscalizar o sistema financeiro, de modo a assegurar sua solidez. Nesse sentido, deve ser dada uma atenção especial ao sistema bancário que recebe depósitos à vista, isto é, aos *bancos criadores de moeda*. A função do banco central, embora clara, não é simples, porque requer dele pelo menos dois tipos de atividades, além a de ser o banqueiro do governo: ser o banco dos bancos e ser o depositário das reservas internacionais do país.

De modo a assegurar a solidez do sistema financeiro, o banco central assume a função de emprestador de última instância para as organizações financeiras com problemas de liquidez. Para agir como o banco dos bancos, um banco central necessita de recursos. Essa tem sido uma das justificativas, comumente apresentada, para a imposição de depósitos compulsórios dos bancos comerciais em um banco central. Como veremos adiante, essa exigência é muito mais importante para o controle monetário. Um banco central conta ainda com depósitos voluntários, mantidos pelas organizações financeiras com o propósito de facilitar o processo de compensação de eventuais saldos decorrentes de transações entre elas. Com esses e outros recursos de seu passivo, um banco central pode conceder empréstimos de redesconto ou de assistência à liquidez, para sanar dificuldades momentâneas das organizações financeiras. Na eventualidade de a dificuldade de liquidez decorrer de uma situação insustentável no longo prazo, um banco central deve intervir na organização financeira e, eventualmente, encenar as operações dela, liquidando-a ou promovendo sua incorporação por outra organização capaz de absorvê-la.

Ao assumir a posição de depositário das reservas internacionais do país, um banco central detém recursos necessários para, operando no mercado de câmbio, procurar assegurar a estabilidade da moeda local em relação às demais moedas dos países com os quais o seu país tem relações comerciais e financeiras.

Por meio do balancete consolidado do Banco Central do Brasil (Bacen), representado no Quadro 13.5, podemos identificar suas funções. Note que o passivo monetário do Banco Central é exatamente a base monetária. Assim, sua função de controlar a base monetária está associada ao controle de suas contas ativas, uma vez que o passivo monetário, por definição, é igual ao seu ativo menos seu passivo não-monetário. Entretanto, a função primordial do Banco Central é administrar a oferta monetária. Como os bancos comerciais podem criar moeda, é importante consolidarmos o balancete dos bancos comerciais com o balancete do Banco Central, para assim obtermos o balancete consolidado do sistema monetário. O Quadro 13.6 nos fornece essa consolidação.

Ao consolidarmos as contas do sistema monetário, verificamos, de imediato, que o passivo monetário do sistema nada mais são que os meios de pagamento, isto é, M1. Portanto, para administrar M1, o Banco Central deve, com instrumentos de política monetária que passaremos a discutir, afetar as aplicações ativas dos bancos criadores de moeda, bem como administrar suas aplicações, destacadas aqui pelas reservas internacionais e pelos títulos públicos. Um aumento dos ativos do sistema monetário, se não for acompanhado de um aumento do passivo não-monetário dos bancos comerciais ou do Banco Central, implicará uma expansão de M1. Vejamos de que instrumentos de política monetária o Banco Central dispõe para administrar a oferta monetária.

Como o Banco Central Controla a Oferta Monetária

O Banco Central possui três instrumentos principais para controlar o estoque de moeda: (1) o estabelecimento de reservas compulsórias para instituições depositárias, (2) a compra e venda de títulos da dívida pública federal no mercado aberto e (3) a fixação

Quadro 13.5
Balancete do Banco Central do Brasil (Bacen).

ATIVO	PASSIVO
	PASSIVO MONETÁRIO
RESERVAS INTERNACIONAIS	PAPEL MOEDA EM PODER DO PÚBLICO
	DEPÓSITOS À VISTA, EXCLUINDO OS DO TESOURO NACIONAL
TÍTULOS PÚBLICOS FEDERAIS	ENCAIXES DOS BANCOS CRIADORES DE MOEDA
REDESCONTO E OUTROS EMPRÉSTIMOS AOS BANCOS CRIADORES DE MOEDA	Em Moeda
	Depósitos no Bacen
	Voluntários
	Compulsórios
	PASSIVO NÃO-MONETÁRIO
EMPRÉSTIMOS AO SETOR PRIVADO	DEPÓSITO DO TESOURO NACIONAL
	EMPRÉSTIMOS INTERNOS
IMOBILIZADO	RECURSOS ESPECIAIS
	OUTRAS EXIGIBILIDADES
OUTRAS APLICAÇÕES	RECURSOS PRÓPRIOS

da taxa de juros de seus empréstimos para os bancos comerciais e outras instituições depositárias. Vamos analisar em detalhes de que forma cada uma dessas ferramentas pode ser usada para regular a quantidade de moeda em circulação.

Reservas Compulsórias

O Banco Central exige das instituições bancárias (inclusive cooperativas de crédito e associações de poupança e empréstimo) a manutenção de reservas como uma proporção dos depósitos de seus clientes. As reservas dos bancos se compõem de (1) dinheiro na caixa do banco e (2) depósitos no Banco Central. Um banco pode sempre obter dinheiro adicional sacando parte de seus depósitos no Banco Central. Assim, tanto o

Quadro 13.6
Balancete consolidado do sistema monetário.

ATIVO	PASSIVO
APLICAÇÃO DOS BANCOS COMERCIAIS (Criadores de Moeda)	MEIO DE PAGAMENTO
EMPRÉSTIMOS	PAPEL-MOEDA EM PODER DO PÚBLICO
Ao Setor Público, Inclusive Autarquias	DEPÓSITOS À VISTA NO BACEN, EXCLUINDO OS DO TESOURO NACIONAL
Ao Setor Privado	DEPÓSITOS À VISTA NOS BANCOS COMERCIAIS
	RECURSOS NÃO-MONETÁRIOS DOS BANCOS COMERCIAIS
TÍTULOS PÚBLICOS E PRIVADOS	DEPÓSITOS A PRAZO, DEPÓSITOS DE POUPANÇA E OUTROS DEPÓSITOS
ATIVO PASSIVO	
	SALDO LÍQUIDO DE OUTRAS CONTAS
APLICAÇÕES DO BACEN	
RESERVAS INTERNACIONAIS	RECURSOS NÃO-MONETÁRIOS DO BACEN
	DEPÓSITOS DO TESOURO NACIONAL
TÍTULOS PÚBLICOS FEDERAIS	RECURSOS ESPECIAIS
	SALDO LÍQUIDO DE OUTRAS CONTAS
EMPRÉSTIMOS AO SETOR PRIVADO	

dinheiro em caixa quanto o dos depósitos no Banco Central podem ser usados pelo banco para satisfazer as exigências de saques de seus depositantes. Por isso, esses dois valores são contados como reservas bancárias.

O Quadro 13.7 indica as diversas taxas de reserva compulsória – o percentual de cada categoria de depósito que o banco compulsoriamente deve recolher ao Banco Central.

Quadro 13.7
Reservas compulsórias exigidas pelo Banco Central em setembro de 2001.

Tipo de depósito	Taxa do compulsório (%)	Período de cálculo
1. Depósito à vista	45	Bissemanal
2. Depósito a prazo e outros*	10	Semanal

* "Outros" correspondem a: recursos de aceites cambiais, cédulas de debêntures, títulos de emissão pela instituição financeira e contratos de assunção de obrigações vinculados a operações realizadas no exterior.

Fontes: 1) Circular do Bacen 3063 (26 de setembro de 2001); 2) Circular do Bacen 3062 (21 de setembro de 2001).

Por que os bancos comerciais têm de manter parte de seus ativos sob a forma de reservas? Uma razão é evitar que banqueiros imprudentes se excedam na concessão de empréstimos e, conseqüentemente, coloquem seus bancos em uma situação delicada em face de um aumento ocasional nos saques de seus depositantes. A quantidade de reservas necessárias para a satisfação de tais emergências não depende somente do julgamento dos administradores dos bancos. O Banco Central define as regras.

A exigência de reservas compulsórias pelo Banco Central, entretanto, tem sua importância por outra razão. Alterando as exigências de reservas compulsórias, o Banco Central pode afetar a oferta monetária. A norma do Banco Central não impede que bancos comerciais mantenham reservas acima dos níveis exigidos pelo Bacen. Entretanto, como destacamos anteriormente, as instituições bancárias preferirão aplicar suas reservas em ativos que lhes rendam juros (como empréstimos e compra de títulos) e não sob a forma de reserva excedente. Como as reservas não rendem juros, os bancos procurarão mantê-las no mais baixo nível possível. Como resultado, um aumento na exigência de reservas compulsórias forçará os bancos a reduzir seus empréstimos e investimentos. À medida que o volume de empréstimos (e de outras formas de crédito) concedidos pelos bancos declina, a oferta monetária se reduz. *Assim, um aumento na exigência de reservas compulsórias reduzirá a oferta monetária.*

Uma redução nas reservas compulsórias terá um impacto oposto. Quando o Banco Central reduz a taxa do compulsório (a taxa de reservas compulsórias), ele cria um adicional de reservas excedentes nos bancos. Por isso, devemos esperar que um banco maximizador de lucros use grande parte dessa reserva excedente para aumentar seus empréstimos ou ampliar seus investimentos. À medida que os bancos fazem isso, a oferta monetária se expande. *Assim, reservas compulsórias menores elevam a capacidade de empréstimo dos bancos e, conforme eles expandem seus empréstimos, a oferta monetária aumenta.*

No Brasil, as reservas compulsórias têm sido usadas para um outro propósito que, na realidade, conflita com os objetivos de promover prudência nas operações bancárias e controlar a oferta monetária. Trata-se do uso das reservas compulsórias para direcionar o crédito. Durante muitos anos, a política seletiva de crédito do governo – empréstimos a taxas de juros inferiores às do mercado para setores eleitos como prioritários – se concentrava no Banco do Brasil e no uso de uma parcela das reservas compulsórias. Ao banco, era dada a opção de recolher menos reservas compulsórias se os correspondentes recursos fossem emprestados, a juros subsidiados, aos setores privilegiados. Ainda hoje, o governo usa, com menor intensidade, esses dois expedientes para direcionar o crédito no Brasil.

A tendência moderna na administração da política monetária é variar pouco a taxa de reservas compulsórias: primeiro, porque variações na taxa de reservas perturbam as operações dos bancos comerciais – um aumento na taxa de reservas compulsórias, ainda que se dê um tempo para o ajustamento, pressionará muitos bancos a recompor seus ativos vendendo títulos ou não renovando empréstimos; segundo, porque as reservas compulsórias são como um elefante em uma loja de cristais – pequenas variações na taxa de reservas compulsórias podem, por vezes, provocar grandes mudanças na oferta monetária. Além disso, os efeitos de mudanças na taxa do compulsório sobre o estoque de moeda são de difícil previsão, tanto em termos de prazo quanto em magnitude. Por isso, as autoridades monetárias em muitos países preferem usar outros instrumentos de política monetária.

Operações de Mercado Aberto

As ferramentas mais utilizadas pelo Banco Central para alterar a oferta monetária são as **operações de mercado aberto** – a compra e a venda de títulos públicos no mercado aberto. A política monetária do Banco Central é conduzida pelo Copom, que se reúne uma vez por mês, de modo a traçar a política a ser adotada pelo Banco Central, sob a orientação do Conselho Monetário Nacional. As operações de mercado aberto podem ser executadas pelo Banco Central de forma discreta e continuada. Como influenciam a oferta monetária tanto direta quanto indiretamente pelo seu impacto sobre os depósitos bancários, as operações de mercado aberto são menos traumáticas que mudanças nas taxas de reservas compulsórias.

Operações de mercado aberto

A compra e a venda de títulos públicos federais pelo Banco Central.

Diferentemente dos indivíduos, das firmas e mesmo das agências governamentais, o Banco Central pode emitir um cheque sem ter os fundos necessários em sua conta. Quando o Banco Central compra coisas, ele cria dinheiro. As principais coisas compradas pelo Banco Central são os títulos da dívida pública federal – títulos de dívida emitidos pelo Tesouro Nacional. Se o Banco Central desejar expandir a oferta monetária, ele simplesmente irá ao mercado e comprará títulos. *Quando compra títulos públicos, o Banco Central injeta dinheiro novo na economia sob a forma de papel-moeda em circulação e depósitos nos bancos comerciais.*

Considere um caso hipotético. Suponha que o Banco Central compre R$ 100.000 de títulos federais de Maria Valdez. O Banco Central recebe os títulos, e a Sra. Valdez recebe um cheque de R$ 100.000. Se ela descontar o cheque no Banco Central, a quantidade de moeda em circulação se expandirá em R$ 100.000, aumentando a oferta monetária nessa quantia. Se, entretanto, como mais provavelmente deve ocorrer, ela depositar o cheque na sua conta corrente no Primeiro Banco Nacional, seu saldo aumentará em R$ 100.000, mesmo aumento registrado nas reservas livres do banco. O Primeiro Banco terá de manter parte do depósito da Sra. Valdez sob a forma de reserva compulsória. Suponha, então, que a taxa de reserva compulsória seja de 10%. Dessa forma, o Primeiro Banco pode expandir seus empréstimos em até R$ 90.000. À medida que novos empréstimos sejam concedidos, eles também contribuirão para novas expansões na oferta monetária. Parte dos novos empréstimos será eventualmente depositada em outros bancos que, por sua vez, poderão expandir seus empréstimos. À medida que o processo continua, a oferta monetária aumentará em um múltiplo dos títulos comprados pelo Banco Central.

As operações de mercado aberto podem também ser usadas para reduzir o estoque de moeda. *Se deseja reduzir o estoque de moeda, o Banco Central vende títulos públicos no mercado.* Quando o Banco Central vende títulos públicos, seu comprador paga por eles com um cheque de um banco comercial. Quando o cheque é compensado, tanto o saldo em conta corrente do comprador dos títulos quanto as reservas de seu banco serão reduzidos no valor do cheque. Assim, a ação de venda de títulos públicos pelo Banco Central reduz a oferta monetária tanto direta (pela redução dos saldos em depósitos à vista) quando indiretamente (pela redução na quantidade de reservas disponíveis no sistema bancário).

> **Base monetária**
>
> Soma do papel-moeda em poder do público mais reservas bancárias.

A compra e a venda de títulos públicos pelo Banco Central afetam a **base monetária**. A base monetária é igual às reservas dos bancos comerciais (dinheiro em caixa mais as reservas depositadas no Banco Central) mais o papel-moeda em poder do público. É claro que o papel-moeda em poder do público é parte integrante da oferta monetária. Contudo, as reservas bancárias estão associadas ao total de depósitos à vista. A compra de títulos públicos pelo Banco Central aumenta a base monetária. Parte dos recursos transferidos pelo Banco Central pela compra de títulos

Operações de Mercado Aberto no Brasil

A política monetária no Brasil é estabelecida pelo Conselho Monetário Nacional e executada pelo Banco Central. As decisões do CMN são traduzidas em Resoluções do Banco Central que têm força de lei. Por meio de circulares, o Bacen instrui os agentes financeiros sobre os procedimentos a serem adotados para o cumprimento das normas impostas pelas resoluções. Esse arranjo institucional confere ao Banco Central do Brasil o poder de legislar, fiscalizar e julgar administrativamente os agentes econômicos do SFN que estão sob sua jurisdição.

Desde 1996, com a criação do Comitê de Política Monetária do Banco Central (Copom), o processo de condução da política monetária passou a ser amplamente divulgado. Provavelmente, essa preocupação emergiu dos estudos dos economistas centrados no conceito de expectativas racionais. O fato é que, a partir da segunda metade da década de 1990, vários países passaram a adotar procedimento semelhante na condução de suas políticas monetárias.

As operações de mercado aberto, principal instrumento de controle de liquidez, são executadas, no Bacen, pelo Departamento de Operações do Mercado Aberto (Demab), que, por isso mesmo, é responsável pela administração do Sistema Especial de Liquidação e de Custódia (Selic). É ainda atribuição do Demab administrar a dívida pública mobiliária interna para o Tesouro Nacional. Devidamente autorizado pelo Congresso Nacional, o Tesouro emite títulos de dívida pública para venda no chamado mercado primário. Esse mercado é constituído por 22 organizações financeiras (denominadas *dealers*) selecionadas pelo Banco Central e pela Secretaria do Tesouro Nacional e credenciadas a operar com o Demab. Os títulos públicos federais são vendidos a esses 22 *dealers* em leilões regularmente estabelecidos pelo Bacen. Cabe aos *dealers* a venda desses títulos no mercado secundário, isto é, aos demais agentes financeiros ou ao público em geral. Como organizações financeiras, os *dealers* podem manter títulos públicos federais em suas carteiras de aplicações financeiras. Quando o Bacen objetiva modificar a liquidez no sistema monetário, o Demab, por meio de leilões com os *dealers*, compra ou vende títulos públicos.

O principal indicador de política usado pelo Copom é a taxa básica de juros (taxa Selic), que é a taxa média dos financiamentos diários, com lastro em títulos federais, no Sistema Especial de Liquidação e de Custódia (Selic) administrado pelo Bacen.

Reunindo-se uma vez por mês, o Copom estabelece a taxa básica para o período seguinte, podendo definir sua tendência. A caracterização de uma tendência autoriza o presidente do Banco Central, caso considere necessário, a variar a taxa Selic na direção da tendência especificada pelo Copom. Isso dá certa flexibilidade à administração da taxa de juros pelo Bacen.

circulará sob a forma de papel-moeda em poder do público. Cada novo real em poder do público aumenta a oferta monetária em exatamente R$ 1. Entretanto, a maior parte dos recursos decorrentes da compra dos títulos públicos pelo Banco Central acabará sendo depositada nos bancos. Quando isso ocorre, as reservas bancárias aumentam e a maior parte dessas reservas adicionais será usada na expansão de empréstimos gerando expansões adicionais na oferta monetária.

Em quanto variará a oferta monetária quando o Banco Central injetar ou retirar reservas por meio das operações de mercado aberto? Se considerarmos o conceito mais estrito de moeda, M1, o que queremos saber é o que ocorre com M1 quando o Bacen, aumenta ou diminui a base monetária. Para tanto, precisamos conhecer a relação entre a base monetária e os meios de pagamento representados pelo agregado M1. Vimos que: base monetária (B) = papel-moeda em poder do público (PMPP) + reservas dos bancos (RB) e que meios de pagamento (M1) = papel-moeda em poder do público (PMPP) + depósitos à vista nos bancos (DV). Assim, esses dois conceitos podem ser representados pelas expressões a seguir:

$$B = PMPP + RB$$

$$M1 = PMPP + DV$$

Dividindo M1 por B, temos:

$$\frac{M1}{B} = \frac{PMPP + DV}{PMPP + RB} \quad \text{ou} \quad M1 = \frac{PMPP + DV}{PMPP + RB} * B; \quad \text{portanto,} \quad M1 = m * B$$

Mas, o que é exatamente *m*? Ele é um número que, multiplicado pela base monetária, nos fornece o total de meios de pagamentos. Para melhor compreender o significado de *m*, que os economistas denominam *multiplicador monetário*, vamos escrevê-lo de maneira diferente. Sendo

$$m = \frac{PMPP + DV}{PMPP + RB}$$

podemos dividir tanto o numerador quanto o denominador dessa expressão por DV que seu valor não se altera:

$$m = \frac{\dfrac{PMPP}{DV} + \dfrac{DV}{DV}}{\dfrac{PMPP}{DV} + \dfrac{RB}{DV}}$$

Vamos considerar cada uma das razões que compõem a definição de *m*.

PMPP/DV representa a quantidade de dinheiro que o público (pessoas e firmas) deseja conservar sob a forma de notas e moedas, por real mantido como depósito à vista nos bancos comerciais. Chamemos *c*, essa razão que nada mais é que a quantidade de dinheiro que o público conserva por unidade de depósito à vista mantida nos bancos. Portanto, *c* representa o comportamento do público em relação à escolha da composição dos meios de pagamento, entre ter dinheiro em caixa ou mantê-lo no banco em depósitos à vista. Note que essa escolha, como qualquer outra, depende de custos e benefícios. Se o sistema bancário é pouco desenvolvido, e as pessoas relutam em aceitar cheques como pagamento em suas transações, a relação *c* será elevada. Contrariamente, em uma sociedade em que o sistema bancário é bem desenvolvido e o uso de cheques pessoais é amplamente aceito como forma confiável de pagamento, essa razão será pequena.

A segunda razão que caracteriza o multiplicador monetário é RB/DV, isto é, a quantidade de dinheiro que os bancos mantêm em caixa por unidade de depósito à vista que eles têm em seu passivo. Vimos que, independentemente da exigência de reservas compulsórias pelo Banco Central, os bancos comerciais mantêm parte de seus depósitos em caixa para atender às demandas de seus correntistas. Denominando RB/DV por *r* a taxa de reservas bancárias por unidade de depósito à vista, podemos constatar, uma vez mais, que o valor dessa razão resulta de uma escolha, nesse caso, dos administradores dos bancos. A escolha de *r* depende primordialmente da solidez e do desenvolvimento do sistema bancário. Quanto mais desenvolvido for o sistema bancário, menor deverá ser o nível de reservas bancárias por unidade de depósitos à vista. Você pode explicar por quê?

Podemos agora reescrever *m* da seguinte forma:

$$m = \frac{c + 1}{c + r},$$

e estudar seu comportamento quando *c* e/ou *r* variam. A razão *c* pode variar por vários motivos, assim como *r*. Aqui não estamos interessados em explicar o comportamento do público e dos administradores dos bancos. Queremos, simplesmente, saber o que acontece com o multiplicador monetário, caso *c* e/ou *r* variem. Se *c* aumenta, isto é, se o público passa a manter mais moeda sob a forma de dinheiro em caixa ou no bolso, em relação aos seus depósitos à vista, podemos concluir que o multiplicador monetário diminui. Como podemos ter tanta certeza? Quando *c* aumenta, cresce o numerador, bem como o denominador da fração que define o multiplicador. Portanto, como afirmar que o denominador cresce mais que o numerador, fazendo a fração decrescer? Dois caminhos podem ser usados para se chegar a essa conclusão. O primeiro depende do conceito matemático de derivada parcial. Qual é o sinal da derivada parcial de *m* com relação a *c*? Aqueles leitores que dominam esse conceito podem facilmente constatar que essa derivada parcial é negativa. Entretanto, podemos chegar a essa mesma conclusão simplesmente examinando a fração que define *m*. As razões *c* e *r* são inferiores à unidade (você pode explicar por quê?) e o multiplicador é maior que 1 porque $(1 + c) > (c + r)$.

Suponha que $m = 1{,}5$, isto é, 15/10 e que c aumentou em x. O novo multiplicador monetário será $(15 + x)/(10 + x)$. Como x é um percentual maior para 10 do que para 15, o denominador cresce mais que o numerador!

O que acontece com o multiplicador monetário quando a taxa de reservas bancária varia? A taxa de reservas é particularmente interessante, pois, como mencionamos, o Bacen pode alterar a oferta monetária por meio da taxa de reservas compulsórias. Como não destacamos as reservas voluntárias das reservas compulsórias, podemos verificar o impacto do aumento da taxa das reservas compulsórias sobre o multiplicador, examinando o impacto do aumento de r sobre m, bastando supor que as reservas bancárias incluem as reservas compulsórias. Está claro que um aumento em r reduz o multiplicador bancário, porque apenas o denominador de m é aumentado. Esse resultado já era esperado, uma vez que as reservas compulsórias reduzem a capacidade de emprestar dos bancos e, conseqüentemente, sua capacidade de criar novos depósitos.

O Banco Central publica, em seu boletim mensal, o multiplicador monetário brasileiro. Esse boletim também é divulgado na página do Bacen (www.bc.gov.br). Chamamos a atenção do leitor para algumas diferenças no cálculo apresentado pelo Bacen. Para encontrarmos as razões que representam o comportamento do público (c) e dos bancos (r), dividimos o numerador e o denominador de m por DV. O Bacen divide por M1 e adota dois componentes para reservas bancárias: dinheiro na caixa dos bancos e reservas mantidas no Banco Central (compulsórias mais voluntárias). Nos últimos anos, o multiplicador monetário no Brasil tem flutuado em torno de 1,5.

Taxa de Redesconto – O Custo de Tomar Emprestado do Banco Central

> ***Taxa de redesconto***
>
> Taxa de juros que o Banco Central cobra nos empréstimos concedidos aos bancos.

Quando as instituições bancárias tomam emprestado do Banco Central, elas pagam juros por esses empréstimos. A taxa de juros que os bancos pagam pelos empréstimos do Banco Central é chamada **taxa de redesconto**. Tomar emprestado do Banco Central deve ser visto como um privilégio, e não como um direito. O Banco Central não é obrigado a emprestar recursos financeiros aos bancos nem a nenhuma outra instituição financeira. Os bancos tomam emprestado do Banco Central para cobrir uma eventual necessidade de caixa. De modo geral, esses empréstimos são de curtíssimo prazo, suficiente para que os bancos tenham tempo para ajustar a composição de seus ativos, de forma a satisfazer as exigências de caixa ou de reservas compulsórias.

Um aumento na taxa de redesconto faz que o custo do banco de tomar dinheiro emprestado do Banco Central fique maior. Assim, os bancos são desencorajados a tomar emprestado e administrarão seus fundos de modo a satisfazer as exigências de reservas compulsórias e a ter um caixa compatível com os hábitos de seus depositantes. *Um aumento na taxa de redesconto restringe a expansão da oferta monetária, pois desencoraja os ban-*

cos a manter suas reservas em níveis arriscadamente baixos. Como o custo de recompor reservas por meio de empréstimo do Banco Central fica mais caro, em virtude do aumento da taxa de redesconto, os bancos expandem menos seus empréstimos e aplicações financeiras.

No entanto, uma redução na taxa de redesconto tem um efeito expansionista sobre a oferta monetária. Uma baixa taxa de redesconto estimula os bancos a usar, com mais freqüência, os empréstimos do Banco Central para enfrentar situações de emergência, quando os níveis de suas reservas estiverem muito baixos. Assim, à medida que o custo de tomar dinheiro emprestado do Bacen se reduz, os bancos tendem a utilizar suas reservas livres ao máximo, expandindo seus empréstimos e aumentando, conseqüentemente, a oferta monetária.

O público em geral tem a tendência a superestimar a importância da taxa de redesconto. Muitas pessoas acreditam que um aumento na taxa de redesconto implica que seu banco cobrará uma taxa de juros mais elevada em seus empréstimos.[2] Isso não é necessariamente verdade. As reservas acumuladas pelos bancos por meio de depósitos à vista e depósitos a prazo são as principais fontes de recursos passíveis de empréstimo de um banco comercial. Os empréstimos de redesconto de liquidez do Banco Central aos bancos comerciais correspondem a menos de 1% dos recursos passíveis de empréstimo desses bancos. Como os empréstimos do Banco Central aos bancos representam uma parcela muito pequena do total de fundos à disposição do banco, um aumento de 0,5% na taxa de redesconto tem, de modo geral, um impacto muito pequeno sobre a disponibilidade de crédito oferecido pelos bancos e, conseqüentemente, sobre a oferta monetária. Está claro que, em decorrência de uma mudança na taxa de redesconto, nem sempre o seu banco aumentará as taxas de juros dos empréstimos que concede.

Se um banco precisa tomar dinheiro emprestado para recompor as suas reservas, em especial as reservas compulsórias, ele não precisa, necessariamente, recorrer ao Banco Central. Em vez disso, ele pode ir ao **mercado interbancário.** Nesse mercado, os bancos com excesso de reservas a curto prazo (em alguns casos, apenas por um dia) emprestam a outros bancos que necessitam recompor suas reservas. Se a taxa de juros no mercado interbancário é baixa ou aproximadamente igual à taxa de redesconto, os bancos que precisam recompor suas reservas preferirão tomar dinheiro no mercado interbancário a ir ao Banco Central. Desse modo, a taxa de juros no mercado interbancário e a taxa de redesconto de liquidez tendem a flutuar *pari passu.*

Mercado interbancário

Um mercado financeiro no qual os bancos que necessitam recompor suas reservas no curto prazo (de modo geral, alguns dias) tomam emprestados fundos financeiros dos bancos com excesso de reservas. A taxa de juros nesse mercado é denominada taxa interbancária.

2. A taxa de redesconto é, às vezes, confundida com a *prime rate,* taxa de juros privilegiada que os bancos cobram dos seus clientes de mais baixo risco. Essas duas taxas de juros são diferentes. Uma mudança na taxa de redesconto não afetará necessariamente a *prime rate* cobrada pelos bancos.

Se a taxa de juros no mercado interbancário for muito mais alta que a taxa de redesconto, os bancos tenderão a tomar emprestado mais intensivamente do Banco Central. Geralmente, quando isso ocorre, o Banco Central aumenta a sua taxa de redesconto, reduzindo, dessa forma, o incentivo dos bancos a tomar emprestado do Bacen e não no mercado interbancário.

Controlando a Oferta Monetária: Um Resumo

O Quadro 13.8 resume os principais instrumentos de política monetária à disposição do Banco Central. *Se o Banco Central deseja adotar uma política monetária expansionista, pode reduzir a taxa de reservas compulsórias, comprar títulos da dívida pública no mercado e/ou diminuir a taxa de redesconto. Se, contudo, o Banco Central deseja reduzir o estoque de moeda, ele pode aumentar a taxa de reservas compulsórias, vender títulos públicos no mercado e/ou elevar a taxa de redesconto.* Como o Banco Central, de modo geral, procura, ao afetar o estoque de moeda, fazê-lo por meio de pequenas variações, a autoridade monetária, para cumprir esse objetivo, tende a utilizar uma ou duas dessas ferramentas ao mesmo tempo.

O Banco Central e o Tesouro Nacional

Muitos estudantes confundem o Banco Central com o Tesouro Nacional, possivelmente porque a dívida do Tesouro é administrada pelo Banco Central. O Tesouro Nacional é a agência governamental responsável pela administração do orçamento do governo federal. Se há um déficit público, o Tesouro emitirá títulos da dívida pública, de modo a financiá-lo. Esses novos títulos são leiloados pelo Banco Central aos seus *dealers*. Conforme a Constituição Federal, os títulos da dívida pública emitidos pelo Tesouro para financiar um déficit público não podem ser diretamente adquiridos pelo Banco Central. Entretanto, o Tesouro Nacional não pode emitir dinheiro, isto é, as notas de reais que usamos, assim como as moedas. A emissão de dinheiro é monopólio do Banco Central. Dessa forma, se o Tesouro tem de financiar o excesso de gastos do governo refletido no déficit público, seu único caminho é tomar dinheiro emprestado. Isso geralmente é feito pela emissão de títulos de dívida pública vendidos no mercado. Tomar emprestado, portanto, é o método utilizado pelo Tesouro para cobrir os excessos de despesa do governo federal em relação à sua receita tributária e a outras fontes.

Enquanto o Tesouro Nacional se preocupa com as receitas e as despesas do governo federal, o Banco Central se preocupa com a disponibilidade de moeda e crédito para toda a economia. O Banco Central não emite títulos de dívida do governo federal. Ele simplesmente compra e vende os títulos emitidos pelo Tesouro, como uma forma de controlar a oferta monetária na economia. Contrariamente ao Tesouro, o Banco Central pode comprar títulos do governo emitindo cheques, sem possuir nenhum depósito, ouro ou qualquer coisa que lhe dê lastro. Fazendo isso, o Banco Central estará criando

Quadro 13.8 Instrumentos de política monetária do Banco Central: um resumo

Política do Banco Central	Política Monetária Expansionista	Política Monetária Restritiva
1. Reservas compulsórias	Reduz a taxa de reservas compulsórias, porque isso criará um excesso de reservas adicionais nos bancos, induzindo-os a expandir seus empréstimos, o que, conseqüentemente, aumentará a oferta monetária.	*Aumenta a taxa de reservas compulsórias*, pois isso reduzirá o excesso de reserva dos bancos, o que fará que os bancos diminuam seus empréstimos; à medida que os empréstimos bancários são reduzidos, o estoque de moeda também cairá.
2. Operações de mercado aberto	Compra títulos da dívida pública federal, o que aumenta diretamente o estoque de moeda; as reservas bancárias crescem, induzindo os bancos a expandir seus empréstimos; isso eleva indiretamente estoque de moeda.	Vende títulos da dívida pública federal, o que reduzirá tanto o estoque de moeda quanto o excesso de reserva dos bancos; a diminuição no excesso de reservas provocará uma redução adicional indireta na oferta de moeda.
3. Taxa de redesconto	Reduz a taxa de redesconto, encorajando os bancos a tomar recursos emprestados do Banco Central; os bancos tendem a reduzir suas reservas e a aumentar seus empréstimos, porque ficou mais barato tomar dinheiro emprestado do Banco Central, em face de uma emergência, caso suas reservas fiquem abaixo do desejado.	Aumenta a taxa de redesconto, fazendo que tomar emprestado do Banco Central fique mais caro; os bancos tenderão a expandir seus empréstimos mais lentamente, de modo a ter suas reservas em níveis que dispensem uma eventual necessidade de empréstimos do Banco Central.

dinheiro do nada. O Tesouro Nacional não tem esse poder. O Banco Central, por sua vez, não tem nenhuma obrigação em financiar os déficits do governo federal. Isso é responsabilidade do Tesouro. Embora essas duas agências governamentais cooperem entre si, elas são organizações diferentes e estabelecidas com propósitos distintos (ver as "Regra de Bolso" a seguir).

Regras de Bolso

Quais são as diferenças entre o Tesouro Nacional e o Banco Central?

Tesouro Nacional

1. Responsável pela administração do orçamento do governo federal.
2. Emite títulos da dívida do governo federal para serem vendidos ao público em geral, de modo a financiar o déficit do governo federal.
3. Não afeta a oferta monetária.

Banco Central

1. Responsável pela administração da oferta monetária na economia.
2. Não emite títulos de dívida.
3. Determina a oferta monetária – primordialmente, pela compra e venda de títulos de dívida pública emitidos pelo Tesouro Nacional.

É importante reconhecer que a compra e a venda de títulos públicos pelo Tesouro e pelo Banco Central têm efeitos diferentes sobre a oferta monetária. O ponto essencial aqui é que o Tesouro Nacional e o Banco Central usam as receitas da venda de títulos de maneira diferente. Quando o Tesouro emite e vende títulos de dívida, ele o faz para cobrir as despesas do governo federal. No fim das contas, o Tesouro emite títulos para gerar recursos financeiros, de modo a cobrir os excessos de gastos do governo. As pessoas, ao comprar os títulos públicos do Tesouro, têm menos dinheiro, mas, quando o Tesouro gasta esses recursos, os recipientes deles terão mais dinheiro. Portanto, quando o Tesouro toma emprestado e gasta esses recursos financeiros, ele não afeta a oferta monetária.

Em contraste, quando o Banco Central vende títulos públicos, o que ele faz, na realidade, é guardar em seus cofres a receita obtida da venda, evitando que esse dinheiro volte a circular. Como esse dinheiro está fora de circulação e, por isso mesmo, não pode ser usado na compra de bens e serviços, a oferta de moeda diminui. No entanto, se mais tarde o Banco Central desejar expandir a oferta monetária, ele pode comprar títulos da dívida pública, aumentando, dessa forma, a disponibilidade de reservas bancárias e, conseqüentemente, a oferta monetária.

Ambigüidades no Significado e na Medida da Oferta Monetária

No passado, os economistas se valiam da taxa de crescimento da oferta monetária (M1 ou M2) para identificar a direção da política monetária. Uma elevada taxa de crescimento na oferta monetária era um indicador de política monetária expansionista – uma política que estimulava a economia. Contrariamente, um crescimento mais lento, ou mesmo um declínio, no estoque de moeda significava uma política monetária mais restritiva.

Tanto a história monetária quanto os desenvolvimentos recentes nos mercados financeiros estão levando muitos economistas a reconsiderar o significado das taxas de crescimento da oferta monetária. Historicamente, mudanças drásticas na natureza do dinheiro (por exemplo, a mudança do uso de metais preciosos para moeda fiduciária) têm influenciado, de forma substancial, a vida das pessoas. As inovações financeiras afetam, significativamente, nossos métodos de pagamento, assim como o significado das várias medidas de oferta monetária.

Ao longo da maior parte da década de 1970, M1 era formado de papel-moeda em poder do público mais depósitos à vista. Naquele tempo, a regulamentação bancária virtualmente proibia qualquer pagamento de juros em contas que permitissem o uso de cheque. Isso ainda hoje vale para o Brasil, embora a tecnologia da transferência eletrônica de fundos e a disponibilidade de uma larga variedade de fundos de aplicação de curto prazo tenham permitido, para efeitos práticos, uma remuneração nos depósitos à vista. Nos Estados Unidos, a competição entre os fundos mútuos acabou provocando a eliminação de tal restrição, o que motivou um rápido crescimento, a partir de 1980, dos depósitos que permitem o uso de cheque e são sujeitos a um rendimento de juros. No caso brasileiro, as inovações fizeram que a oferta de moeda caracterizada por M1 crescesse mais lentamente. Nos Estados Unidos, esse agregado monetário passou a crescer mais rapidamente, por incorporar depósitos com rendimentos de juros. Entretanto, o conceito de meios de pagamento nos dois casos não é exatamente o mesmo, o que faz que comparações ao longo do tempo com esse agregado monetário possam nos conduzir a equívocos.

Outras mudanças estruturais, assim como inovações financeiras – algumas das quais já estão presentes em nosso dia-a-dia e outras possivelmente serão desenvolvidas em um futuro próximo –, estão alterando a natureza do conceito de moeda. Dessa forma, o uso das taxas de crescimento da oferta monetária, tanto medidas por M1 quanto por M2, tem perdido utilidade como um indicador de política monetária. Vamos considerar dois desses fatores. No caso específico dos Estados Unidos, há ainda um terceiro fator importante, que é a manutenção de dólares fora do país. Esse fato faz que as estatísticas norte-americanas sobre os agregados monetários sejam distorcidas, em decorrência da efetiva quantidade de dólares em poder do público. Essa distorção sobre o conceito de M1 se agrava, à medida que aumenta o número de países que permitem aos seus cidadãos a manutenção tanto dessa moeda estrangeira quanto de contas bancárias nos Estados Unidos.[3]

1. *A crescente disponibilidade de fundos de aplicação de curto prazo, com baixo custo de participação.* Até recentemente, os investimentos em fundos de curto prazo exigiam aplicações razoavelmente elevadas, assim como uma alta taxa de administração. Em virtude do processo inflacionário brasileiro e da competição entre as instituições financeiras, o custo de participar em um fundo mútuo vem se reduzindo, assim como o custo de transformar cotas de tais fundos em meios de pagamento. Isso fez com que tais fundos se tornassem mais atrativos que outros instrumentos de poupança incluídos na definição de M2. Esse fato se reflete na mudança introduzida pelo Banco Central na definição dos diversos agregados monetários. Caso o Banco Central tivesse mantido sua definição anterior para M2 (M1 + depósitos de poupança + depósitos a prazo), o significado desse agregado monetário estaria comprometido.[4]
2. *Cartão de débito e dinheiro eletrônico.* Inovações financeiras são responsáveis, por exemplo, pelo desenvolvimento do cartão de débito, que a cada dia se torna mais versátil e conveniente. Esse tipo de cartão transfere instantaneamente fundos da conta bancária do proprietário do cartão para a conta do vendedor. À medida que mais e mais negociantes aceitem pagamentos via cartão de débito, os brasileiros precisarão manter cada vez menos dinheiro no bolso. Quanto menos moeda é mantida sob a forma de dinheiro no bolso (e, conseqüentemente, mais como depósitos à vista), a oferta monetária crescerá mais rapidamente, a menos que o Banco Central adote medidas compensatórias. Como qualquer outra mudança na natureza do dinheiro, inovações nessa área

---

3. O número de países em que é legal, aos seus cidadãos, a manutenção de contas bancárias no exterior passou de 38, em 1985, para 62, em 1995. Ver James Gwartney, Robert Lawson e Walter Block, *Economic freedom of the world:* 1975-1995. Washington, D.C.: Cato Institute, 1996, p. 81.
4. Para informações adicionais sobre esse tópico, ver Sean Collins e Cheryl L. Edwards, Redefining M2 to include bond and equity mutual funds, *Federal Reserve Bank of St. Louis Review*, nov./dez. 1994, p. 7-30; Kenneth N. Daniels e Neil B. Murphy, The impact of technological change on the currency behavior of households: an empirical cross-section study. *Journal of Money, Credit, and Banking*, n. 26, p. 867-874, nov. 1994; e John V. Duca, Should bond funds be included in M2? *Journal of Banking and Finance*, n. 19, p. 131-152, abr. 1995.

reduzirão, no futuro, a confiabilidade dos dados sobre a oferta monetária, em particular a de M1, como indicador da política monetária.

Finalmente, há a possibilidade do desenvolvimento do dinheiro eletrônico (ver o boxe "Teoria Econômica Aplicada" a seguir). A previsão de mudanças nessa área é bastante difícil. Entretanto, se as pessoas e os homens de negócio puderem usar, segura e economicamente, o dinheiro eletrônico, em vez dos depósitos à vista e do papel-moeda, essa inovação claramente mudará a natureza da moeda e, conseqüentemente, o significado dos agregados monetários. Se, como podemos antever, esses depósitos eletrônicos

TEORIA ECONÔMICA APLICADA

A moeda eletrônica afetará nosso futuro?

Considere um mundo em que o seu salário é pago por meio de um depósito eletrônico em uma conta a que você tem acesso com seu computador pessoal, protegida por uma senha que você define. No conforto de sua casa e apenas apertando algumas teclas em seu computador, você pode transferir fundos para pagar suas contas mensais, desde as prestações da casa própria e da compra de seu carro até outras despesas menores, feitas com regularidade ou não. Você pode comprar pela Internet e usar o seu crédito eletrônico para pagar assinaturas de revistas, assim como um sem-número de mercadorias. Você pode ainda usar seus recursos financeiros, disponíveis eletronicamente, para comprar ações, títulos, cotas de fundos mútuos ou qualquer outro investimento financeiro. Assim como seu salário é creditado em sua conta, os ganhos (ou vendas futuras) desses investimentos podem ser automaticamente depositados na sua conta eletrônica. Se desejar retirar algum dinheiro eletrônico, basta que você insira o seu cartão e autorize a transferência do poder de compra correspondente para as organizações comerciais que adotam tal procedimento, como restaurantes, centros de entretenimento, lojas e outros estabelecimentos. Se você desejar transferir fundos para familiares ou amigos, basta transferir eletronicamente os fundos correspondentes. Na realidade, o seu dinheiro eletrônico lhe permite fazer qualquer operação que atualmente você faz com dinheiro ou com cheque. Só que você o fará mais segura e rapidamente, bem como mais convenientemente. Muitos acreditam que um mundo como esse ou parecido com ele está apenas a alguns anos à nossa frente. Muitas das operações mencionadas aqui já são corriqueiramente realizadas por uma ainda pequena parcela da população brasileira. Se essas operações forem ampliadas, e aumentar de maneira significante o número de pessoas que conduzem suas transações eletronicamente, a natureza da moeda será modificada, e a importância do sistema bancário será reduzida pelo desenvolvimento de um serviço de intermediação de pagamentos eletrônicos. Isso pode, em última instância, limitar a capacidade do Banco Central de conduzir sua política monetária.

puderem ser seguramente mantidos fora do sistema bancário, eles podem trazer mudanças radicais no sistema bancário por afetar sua principal função.

Corrida Bancária, Falência Bancária e Seguro-Depósito

Em vários países, o sistema bancário passou, recentemente, por dificuldades. A origem dessas dificuldades tem sido bastante variada. Em alguns casos, o problema decorreu de empréstimos em moeda estrangeira a empresas nacionais que têm sua renda definida basicamente em moeda local. Uma mudança substancial na taxa de câmbio pode tornar esse tipo de empréstimo impossível de ser pago. Em outros casos, os empréstimos foram concedidos por razões políticas e não por considerações econômicas. Isso é particularmente verdade em países como a Indonésia, onde há muitos bancos de propriedade do governo e onde mesmo os bancos privados estão sujeitos a pressões políticas.

Comparado a outros negócios, o banco é mais vulnerável à falência (e a abusos), e as conseqüências da falência de um banco têm um impacto mais amplo sobre a economia. A vulnerabilidade dos bancos está refletida no fato de que suas exigibilidades com relação a seus depositantes são correntes, enquanto a grande maioria de seus ativos tem pouca liquidez. Isso significa que, se um número razoavelmente elevado de depositantes perde a confiança no banco e retira seus depósitos, essa instituição rapidamente enfrentará problemas. Contudo, quando um banco vai à falência, esta não afeta apenas seus proprietários e empregados, mas também seus depositantes. Esses efeitos secundários podem provocar problemas para o funcionamento da economia como um todo.

A economia norte-americana já enfrentou problemas bancários sérios. Entre 1922 e 1933, mais de 10.000 bancos (1/3 do total) foram à falência. A maioria dessas falências resultou de “corridas bancárias” de depositantes em pânico que, por perder a confiança no sistema bancário, corriam às agências para sacar seus depósitos. Lembre-se de que, sob o sistema de reserva fracionária, os bancos nunca têm reservas suficientes para devolver o montante de depósito a cada um de seus clientes, se todos eles tentarem sacar seus fundos ao mesmo tempo.

As falências bancárias nas décadas de 1920 e 1930, nos Estados Unidos, provocaram o estabelecimento de um sistema federal de seguros, o Federal Deposit Insurance Corporation (FDIC), em 1934. O FDIC garante os depósitos de cada cliente até um determinado limite (atualmente US$ 100.000 por conta). Ainda que o banco venha à falência, os depositantes receberão o seu dinheiro (até o limite de US$ 100.000). Os bancos-membros do FDIC pagam um prêmio de seguro para cada dólar de depósito. O FDIC administra essa receita de prêmios (aplicando-a, como qualquer companhia de seguros), para reembolsar os depositantes de um banco que foi à falência. O FDIC restaurou a confiança no sistema bancário e, a partir daí, tem impedido corridas bancárias. Como resultado, falências bancárias foram extremamente raras no período 1940-1980.

Nos Estados Unidos, as falências bancárias, que durante o período de 1940 a 1980 correspondiam a menos de 15 por ano, aumentaram acentuadamente durante a década de 1980, pulando para mais de 200 ao ano, entre 1986 e 1988. Em contraste com a primeira onda de falências bancárias, as falências bancárias registradas na década de 1980 resultaram do não-pagamento de empréstimos, e não de corrida bancária. Quando os bancos financiam investimentos que goram, os tomadores de empréstimo são incapazes de pagá-lo. O banco perde recursos quando seus tomadores de empréstimo não pagam. Bancos que têm em suas carteiras de empréstimos uma porcentagem elevada de maus empréstimos seguramente virão à falência.

Por que tantos bancos comerciais foram à falência em decorrência do não-pagamento de empréstimos durante a década de 1980, nos Estados Unidos? Muitos fatores contribuíram para que isso ocorresse. A inflação da década de 1970 aumentou tanto a taxa nominal de juros quanto o custo dos recursos financeiros. Esse aumento nos custos dos recursos financeiros provocou uma forte perda para as instituições depositárias que usam recursos captados no curto prazo para financiar empréstimos de longo prazo, contratados em um período em que as taxas de juros eram baixas. Esse efeito foi particularmente importante no caso das associações de poupança e empréstimos.[5] A instabilidade econômica no mercado de petróleo também foi um fator que contribuiu para essas falências. Maus empréstimos concedidos a operadores no mercado de petróleo, durante o *boom* de preços da década de 1970, não puderam ser pagos quando o preço do petróleo caiu, na década de 1980.

Paradoxalmente, muitos economistas acreditam que a estrutura de prêmios do FDIC também contribuiu para as falências bancárias da década de 1980. Diferentemente dos prêmios cobrados pelas seguradoras privadas, o FDIC cobra dos bancos o mesmo prêmio por depósito, independentemente do risco implícito na composição dos ativos do banco. Essa estrutura de prêmios encoraja os bancos a adotar investimentos mais arriscados (por exemplo, comprar *junk bonds* e conceder empréstimos a empresas com uma avaliação de risco elevada), mas gera taxas de juros mais altas. Além disso, como suas contas estão plenamente protegidas pelo seguro até o limite de US$ 100.000, os depositantes têm pouco incentivo para investigar a exposição de risco e a segurança financeira da instituição depositária. Assim, os bancos que estão dispostos a pagar uma taxa de juros um pouco mais elevada são capazes de atrair um número substancial de depositantes de outras instituições financeiras mais saudáveis. Essencialmente, o que esse sistema de seguro-depósito cria é o que os economistas chamam **problema do risco moral**, a tendência de que o segurado assuma um risco mais elevado por estar protegido pela apólice de seguro. Na década de 1980, o problema do risco moral enco-

Problema do risco moral

A tendência do agente econômico, protegido por um seguro contra a possibilidade de um evento desfavorável, adotar um comportamento que aumente a probabilidade de esse evento ocorrer.

5. Na década de 1970, a principal fonte de renda das associações de poupança e empréstimos eram os empréstimos hipotecários de longo prazo. Não foi surpresa que a renda gerada por esse tipo de ativo não conseguisse acompanhar o aumento do custo dos juros durante aquele período.

rajou um tipo de "corrida bancária às avessas" – uma transferência de fundos das instituições de baixo risco para as instituições depositárias de alto risco. Com o passar do tempo, essas ações aumentaram tanto o número de falências bancárias quanto a exigibilidade do FDIC.

Os economistas têm batalhado a favor de uma reforma no sistema de seguro-depósito, de modo que o prêmio cobrado às instituições bancárias pelo seguro reflita o grau de risco da composição de sua carteira de ativos. Essencialmente, o que o sistema de taxa única de prêmio de seguro implica é um subsídio aos bancos que fazem investimentos arriscados (ou imprudentes) à custa das instituições saudáveis. A eliminação desse subsídio implícito induziria os bancos a avaliar os pedidos de empréstimo com mais cuidado, e assim eles concederiam menos empréstimos arriscados e adotariam práticas bancárias seguras.

Olhando à Frente

Neste capítulo, nós nos concentramos na atividade bancária e nos instrumentos de política monetária. Estamos prontos para analisar o impacto da política monetária sobre o produto, a taxa de crescimento do produto e os preços. Como as políticas do Banco Central influenciam a economia? Elas têm tido uma influência estabilizadora? Esses tópicos, bem como questões relacionadas a eles, serão considerados nos próximos dois capítulos.

Resumo do capítulo

- Moeda é um ativo financeiro que é largamente aceito como meio de troca. Como reserva de valor, ela nos permite transferir poder de compra para o futuro. Moeda é também a unidade de conta. Na ausência da moeda, as trocas seriam mais custosas e envolveriam um processo de busca laboriosa. Moeda tem valor segundo sua escassez (oferta) relativamente ao seu uso (demanda).
- Os economistas utilizam várias medidas alternativas para a oferta monetária, de modo a inferir sobre a política monetária. A definição mais estrita de oferta monetária (M1) inclui somente (a) papel-moeda em poder do público, (b) depósitos à vista nos bancos (depósitos que permitem o uso de cheque remunerados ou não) e (c) cheques de viagem.
- Uma definição mais ampla de oferta monetária M2 inclui M1 mais (a) depósitos especiais remunerados, (b) depósitos de poupança e (c) títulos emitidos por instituições depositárias.

- ☐ O banco é um negócio. Os bancos provêem aos seus depositantes a guarda segura de seus depósitos, cheques para que eles movimentem seus depósitos à vista e pagamentos de juros nos seus depósitos a prazo. A renda dos bancos vem principalmente da concessão de empréstimos e de seus investimentos feitos em títulos que rendem juros.
- ☐ A legislação brasileira, a partir de 1988, passou a privilegiar organizações que pudessem operar com todo e qualquer tipo de instrumento financeiro.
- ☐ Em um sistema bancário de reserva fracionária, exige-se dos bancos a manutenção de apenas uma fração de seus depósitos sob a forma de reservas (dinheiro em caixa ou depósitos no Bacen). Os excessos de reservas podem ser investidos ou emprestados aos seus clientes. Quando os bancos fazem novos empréstimos, eles criam depósitos adicionais e, por isso mesmo, expandem a oferta monetária.
- ☐ O Banco Central do Brasil é a autoridade monetária cujo principal objetivo é prover a economia de um sistema monetário estável. O Bacen é o banco dos bancos e o executor da política monetária definida pelo Conselho Monetário Nacional.
- ☐ O Banco Central tem três instrumentos básicos para controlar a oferta monetária.
  a) *A taxa de reservas compulsórias.* Quando o Banco Central reduz a taxa de reservas compulsórias, ele cria um excesso de reservas nos bancos, o que lhes permite expandir seus empréstimos e, conseqüentemente, a oferta monetária. Um aumento na taxa de reservas compulsórias tem o efeito oposto.
  b) *As operações de mercado aberto.* Quando o Banco Central compra títulos da dívida pública federal, a oferta monetária se expande, uma vez que aumenta a quantidade de dinheiro em poder do público e/ou dos bancos. Com a elevação das reservas bancárias, os bancos podem expandir seus empréstimos, aumentando, conseqüentemente, a oferta monetária. Quando o Banco Central vende títulos públicos, a oferta monetária se contrai porque os compradores dos títulos – tanto as pessoas quanto os bancos – transferem, pela compra desses títulos, moeda para o Banco Central. Com menos reservas, os bancos emprestarão menos. Sempre que a moeda é transferida pelo Banco Central para os bancos ou para o público, a oferta monetária é aumentada. Quando o fluxo de moeda é contrário, isto é, do público e dos bancos para o Banco Central, a oferta de moeda é reduzida.
  c) *A taxa de redesconto.* Um aumento na taxa de redesconto restringe a oferta monetária, porque desencoraja os bancos a tomar empréstimos do Banco Central para expandir seus empréstimos. Uma redução na taxa de redesconto expande a oferta monetária, pois diminui o custo dos bancos que tomarem empréstimos do Banco Central.
- ☐ O Tesouro Nacional e o Banco Central do Brasil são duas agências governamentais distintas. O Bacen tem por principal objetivo administrar a oferta monetária, de modo a manter a estabilidade do poder de compra da moeda. A função do Tesouro Nacional é administrar o orçamento do governo federal, equilibrando as despesas com as receitas do governo e financiando eventuais déficits.
- ☐ Historicamente, a taxa de variação da oferta monetária tem sido usada para avaliar a direção e a intensidade da política monetária. Entretanto, as inovações financeiras têm

mascarado o conceito de moeda e têm reduzido a confiabilidade da informação contida nos vários agregados monetários. Na era da informática, devemos esperar, com freqüência, novas mudanças nessa área.

Questões de Análise Crítica

1. O que significa a afirmação "esse é um ativo sem liquidez"? Liste algumas coisas que você possui, ordenando-as segundo seu grau de liquidez: das mais líquidas para as menos líquidas.
2. O que determina se um ativo financeiro deve ou não ser incluído no conceito M1 de oferta monetária? Por que depósitos que permitem a emissão de cheques e rendem juros são incluídos no conceito de M1, enquanto os títulos da dívida pública que também rendem juros não o são?
3. O que determina o valor do dinheiro? A moeda, na sociedade, presta algum serviço econômico? Explique. A função da moeda seria mais bem-executada, se sua quantidade fosse dobrada? Por quê?
4. "As pessoas são pobres porque não têm dinheiro suficiente. Entretanto, os bancos centrais fazem que a moeda seja escassa na sociedade. Se as pessoas tivessem mais dinheiro, a pobreza poderia ser eliminada." Avalie essa afirmação. Você considera que ela reflete uma boa proposição econômica?
5. Por que os bancos podem manter como reservas apenas uma fração dos depósitos à vista de seus clientes? É seguro manter dinheiro em um banco?
6. Suponha que você retire R$ 100 da sua conta corrente. Como essa transação afeta (a) a oferta de moeda, (b) as reservas de seu banco e (c) o excesso de reservas do seu banco?
7. Explique como a criação de um adicional de reserva bancária pode aumentar a oferta monetária em um múltiplo desse novo aumento de reservas.
8. Como as seguintes ações afetam a oferta monetária?
   a) Uma redução na taxa de redesconto.
   b) Um aumento na taxa de reservas compulsórias.
   c) A compra, pelo Banco Central, de R$ 100 milhões de títulos da dívida pública federal de um banco comercial.
   d) A venda, pelo Tesouro Nacional, de R$ 100 milhões de uma nova série de títulos da dívida pública federal a um banco comercial *dealer*.
   e) Um aumento na taxa de redesconto.

f) A venda, pelo Banco Central, de R$ 200 milhões de títulos da dívida pública federal a um grande investidor privado.

9. O que há de errado com esta forma de pensar? "Quando o governo incorre em um déficit público, ele simplesmente paga suas contas emitindo mais dinheiro. À medida que esse dinheiro adicional se espalha pela economia, o poder de compra de todo o papel-moeda existente em circulação se deteriora. Assim, torna-se necessário o uso de mais dinheiro para comprar as mesmas coisas. Os déficits públicos são a principal causa da inflação."

10. Se o Banco Central não adotasse qualquer medida compensatória, o que ocorreria com a oferta monetária, se o público em geral decidisse aumentar a quantidade de dinheiro em caixa (ou nos bolsos), em relação aos seus depósitos à vista?

11. Se as taxas de juros no mercado para empréstimos de curto prazo (inclusive as taxas de rendimento dos títulos públicos federais) estão diminuindo, se o Banco Central reduz a taxa de redesconto, isso significa que ele deseja aumentar a oferta monetária? O que ocorrerá com o volume de reservas tomado emprestado pelos bancos ao Banco Central, se ele não reduzir a taxa de redesconto? Explique.

12. Se o Banco Central deseja expandir a oferta monetária, por que ele geralmente o faz comprando títulos da dívida pública, em vez de reduzir a taxa de redesconto?

13. Avalie as afirmações a seguir, justificando por que são falsas ou verdadeiras:
    a) "Você nunca tem dinheiro demais."
    b) "Quando você deposita dinheiro em um banco comercial, esse dinheiro sai de circulação, e a oferta monetária se reduz."
    c) "Se o Banco Central colocasse mais moeda em circulação, os brasileiros poderiam ter um padrão de vida mais elevado."

14. Avalie esta afirmação: "As falências bancárias ocorridas nos Estados Unidos, na década de 1980, são uma repetição do que ocorreu nas décadas de 1920 e 1930, naquele país".

15. Como a natureza da oferta monetária medida por M1 mudou nos anos recentes? De que forma essas mudanças influenciaram a utilidade de M1 como um indicador da política monetária? Por que muitos analistas preferem usar M2, e não M1, ao analisar a política monetária?

16. Suponha que o Banco Central compre R$ 100.000 de títulos da dívida pública do Sr. Moraes, que deposita os reais correspondentes no Primeiro Banco Nacional.
    a) Qual será o impacto dessa transação sobre a oferta monetária?
    b) Se a taxa de reservas compulsórias é de 20%, qual é a quantidade máxima de empréstimos adicionais que o Primeiro Banco poderá fazer, como resultado do depósito do Sr. Moraes?

c) Dada a taxa de reservas compulsórias de 20%, qual é o aumento máximo nos depósitos à vista que o sistema bancário poderia produzir, em decorrência da ação do Banco Central?
d) Você esperaria que esse aumento máximo nos depósitos à vista no sistema bancário viesse a ocorrer? Explique.

17. Suponha que a taxa de reservas compulsórias é 10% e que o Terceiro Banco Nacional apresente o seguinte balancete:

Ativo		Passivo	
Dinheiro em caixa	20.000	Depósitos à vista	5.250
Depósito no Bacen	30.000	Patrimônio líquido	5.500
Títulos	45.000		
Empréstimos	120.000		

a) Qual é o montante de reservas compulsórias que o Terceiro Banco deve manter? Esse banco possui excesso de reservas?
b) Qual é a quantidade máxima de empréstimos que esse banco pode conceder adicionalmente?
c) Indique de que forma o balancete desse banco seria alterado, caso ele concedesse tais empréstimos.
d) Suponha agora que a taxa de reservas compulsórias seja de 20%. Se esse é o caso, esse banco estaria em condições de conceder empréstimos adicionais? Explique.

18. Suponha que a taxa de reservas compulsórias é de 10% e que o Bacen compra R$ 2 bilhões de títulos em um único dia.
a) Como essa transação afeta a oferta monetária em seu conceito M1?
b) Se a corretora que vendeu os títulos ao Bacen depositar o resultado dessa venda em sua conta no Quinto Banco Nacional, qual é a quantidade máxima de empréstimos adicionais que esse banco poderá conceder, em decorrência de tal depósito?
c) Se ocorrerem empréstimos adicionais no sistema bancário e o montante de cada empréstimo for sempre depositado de volta no sistema, em conta corrente, em quanto a oferta monetária caracterizada por M1 aumentaria, se os bancos utilizarem toda a sua reserva adicional na expansão de novos empréstimos?

d) Suponha agora que os bancos usem todas as suas reservas adicionais para a concessão de empréstimos, mas que 10% de cada empréstimo, inclusive da receita da corretora que vendeu os títulos para o Bacen, são mantidos pelos seus titulares sob a forma de dinheiro em caixa, em vez de permanecerem em conta corrente. Sob essas novas condições, em quanto aumentará a oferta monetária devido à ação do Banco Central?

e) Suponha que os bancos mantenham 5% das suas reservas adicionais sob a forma de excesso de reservas e que 10% dos novos empréstimos (assim como dos R$ 2 bilhões recebidos pela corretora) acabem circulando sob a forma de dinheiro em poder do público, em vez de serem depositados em uma conta corrente. Em quanto será afetada a oferta monetária pela ação do Bacen? Indique o valor do potencial de multiplicação dos depósitos bancários, assim como o efetivo multiplicador bancário dos depósitos nesse caso.

f) Por que o atual multiplicador bancário dos depósitos é geralmente inferior ao seu potencial?

19. Como os eventos a seguir afetam as taxas de crescimento de M1 e de M2, ao longo do tempo?

a) Um aumento na quantidade de reais mantida por residentes no Paraguai e no Uruguai.

b) Uma transferência de fundos de depósitos à vista para aplicações em fundos mútuos.

c) Uma redução na quantidade de dinheiro mantida pelo público em geral, em decorrência de uma aceitação maior dos cartões de débito.

d) Uma transferência de recursos aplicados em fundos mútuos para aplicações em ações e fundos de longo prazo.

14 Macroeconomia Moderna: Política Monetária

No passado, a sabedoria convencional sustentava que a moeda não afetava a economia. Hoje, há consenso de que a política monetária pode afetar, significativamente, as atividades reais de uma economia no curto prazo, mas apenas o nível de preços no longo prazo.

Daniel L. Thornton e David C. Whelock[1]

FOCO DO CAPÍTULO

- Quais são os determinantes da demanda por moeda? Como a oferta de moeda é determinada?
- Como a política monetária afeta as taxas de juros, o produto e o emprego?
- A política monetária pode estimular o PIB real de uma economia no curto prazo? E no longo prazo?
- Faz alguma diferença, para a economia, se as pessoas antecipam rapidamente os efeitos de uma mudança na política monetária? Por quê?
- O aumento no estoque de moeda causa inflação?

1. Daniel L. Thornton and David C. Wheelock, *Editor's introduction, Federal Reserve Bank of St. Louis: Review,* maio/jun. 1995, p. vii.

No capítulo anterior, poderíamos ter sugerido que o ministro da Fazenda, depois do presidente da República, fosse o homem mais importante no Brasil. Por quê? Exatamente por ser ele o responsável pela política monetária do país, com os outros membros do Conselho Monetário Nacional. A política monetária afeta, determinantemente, a economia. O objetivo principal da política monetária é o de estabelecer e manter um ambiente macroeconômico estável, de modo que a economia possa atingir altos níveis de produto e de emprego. A estabilidade de preços – uma baixa taxa de inflação – é fundamental para que esse objetivo possa ser atingido. Quando conduzida de maneira adequada, a política monetária fornece os fundamentos para a prosperidade econômica. No entanto, as conseqüências de uma política monetária inadequada podem ser desastrosas.

Até o momento, admitimos que a oferta monetária era constante na construção e no desenvolvimento do modelo de demanda e oferta agregadas. Vamos agora descartar essa hipótese. No capítulo anterior, descrevemos as principais ferramentas à disposição do Banco Central para alterar a oferta monetária. Neste capítulo, vamos nos concentrar nos efeitos das mudanças na oferta monetária sobre as taxas de juros, o produto e o nível de preços. A ênfase, portanto, é no funcionamento da política monetária.

O Impacto da Política Monetária

Assim como a visão moderna da política fiscal resultou de um processo evolutivo, a visão moderna da política monetária também resulta de um processo semelhante. Imediatamente após a Grande Depressão e a revolução keynesiana, ocorreu um grande debate sobre a importância da política monetária. Durante as décadas de 1950 e 1960, a maioria dos economistas keynesianos argumentava que a política monetária era útil no controle da inflação, mas inócua como um instrumento de estímulo à demanda agregada. Era comum a analogia entre a política monetária e um cordão. Como um cordão, a política monetária poderia ser usada para puxar o nível de preços para baixo e, dessa forma, controlar a inflação. Entretanto, não se pode empurrar com um cordão e, de acordo com essa analogia popular, a política monetária não poderia ser usada para empurrar a demanda agregada para cima, isto é, para estimular a atividade econômica.

No início da década de 1950, essa crença com relação à política monetária foi veementemente contestada por Milton Friedman, mais tarde ganhador do Prêmio Nobel, e um grupo de economistas denominados **monetaristas**. Contrariamente aos keynesianos daquela época, os monetaristas argumentavam que as mudanças no estoque de moeda exerciam uma forte influência sobre o produto (no curto prazo), assim como sobre os preços (no longo prazo). Na realidade, os monetaristas identificavam a política monetária errática como a principal fonte tanto de instabilidade econômica quanto de inflação. Milton Friedman resumiu a posição dos monetaristas em seu discurso presidencial, no encontro da American Economic Association de 1967:

> ***Monetaristas***
>
> Um grupo de economistas que defendia que (1) a instabilidade monetária é a principal causa de flutuações no PIB real e (2) um rápido crescimento na oferta monetária é a principal causa da inflação.

> Cada contração econômica neste país tem sido ou produzida por uma desordem monetária ou grandemente exacerbada pela desordem monetária. Todos os surtos inflacionários importantes têm sido produzidos por expansão monetária.[2]

Uma visão moderna da política monetária emergiu desse debate. Embora ainda hoje persistam pequenas diferenças, tanto os keynesianos modernos quanto os monetaristas concordam que a política monetária produz um importante impacto sobre a economia.[3] Nas seções seguintes, apresentamos a visão consensual moderna de como a política monetária afeta a economia.

Demanda e Oferta de Moeda

Por que as pessoas e as empresas mantêm dinheiro e depósitos em conta corrente, em vez de adquirir títulos, ações, automóveis, edificações e bens duráveis? Ao se considerar essa questão, não se deve confundir (1) o desejo de se manter moeda com (2) o desejo

---

2. Milton Friedman *The role of monetary policy, American Economic Review*, mar. 1968, p. 12.
3. A evolução da visão de Paul Samuelson, que pode, com justiça, ser visto como o pai do keynesianismo econômico na América, é o indicador de como a visão dos keynesianos mudou com relação à importância relativa da política monetária e da política fiscal. Comentando a 12ª edição do seu livro-texto de *Introdução à Economia* em 1985, Samuelson afirmava: "Nas edições anteriores deste livro, a política fiscal era a banana [referência à *banana-split* e, portanto, à política mais importante]. Nas edições mais recentes, essa ênfase transformou-se em igualdade. Nesta edição, assumimos a posição de que a política monetária é mais importante".

de se ter mais riqueza (ou renda). É claro que todos gostaríamos de ter mais riqueza, embora possamos estar perfeitamente satisfeitos com a quantidade de moeda que mantemos em relação a outros ativos que possuímos, bem como aos demais bens que adquirimos, *dado o atual nível de nossa riqueza.* Quando afirmamos que as pessoas desejam manter mais (ou menos) moeda, queremos dizer que elas desejam reestruturar suas riquezas para ter mais (menos) moeda.

ECONOMISTA DE DESTAQUE

MILTON FRIEDMAN (1912–2006)

Prêmio Nobel de Economia em 1976, Friedman é visto quase unanimemente como o mais influente defensor da economia de mercado livre no século XX. Com a ajuda de outros monetaristas, ele eventualmente acabou por convencer inclusive os seus críticos mais importantes de que a política monetária tem um impacto importante sobre a economia. Friedman sustenta que as flutuações econômicas resultam de instabilidade monetária. Seus dois livros para o grande público, *Capitalismo e liberdade* (1962) e *Liberdade de escolher* (1980), escritos com sua esposa Rose, são tratados clássicos em defesa da liberdade econômica. Após 30 anos como professor da Universidade de Chicago, ao se aposentar, Friedman assumiu a posição de Senior Research Fellow da Hoover Institution da Universidade de Stanford. Hoje, com seus 90 anos, ele continua um acadêmico e um escritor ativo.

As pessoas detêm moeda por uma variedade de razões. Como discutimos no capítulo anterior, a moeda nos provê de poder de compra instantâneo. A razão básica para mantermos moeda é, portanto, para poder conduzir nossas transações. As famílias mantêm moeda para poder pagar suas compras semanais de supermercado, as despesas mensais com a casa, com gasolina para o carro, com lanches para as crianças e com outros itens comprados com alguma regularidade. As firmas demandam moeda, de modo a poder fazer os pagamentos semanais, quinzenais ou mesmo mensais de seus trabalhadores, das contas de fornecedores, e executar outras transações. A maioria das pessoas também mantém moeda para lidar com as incertezas do mundo real – o não previsto conserto do carro, as despesas com um acidente ou uma emergência médica, por exemplo. Os economistas se referem a isso como *motivo precaução* para manter moeda. Além disso, moeda é um ativo – um meio de reserva de valor. Algumas pessoas podem manter moeda como forma de guardar poder de compra para uso futuro.

Taxas de juros mais elevadas aumentam o custo de manter moeda. Considere o custo de manter R$ 1.000 sob a forma de dinheiro ou de depósito à vista (que não rende juros) em um banco, em vez de aplicar esse montante, por exemplo, em títulos que rendam juros.

Se a taxa de juros for de 10% ao ano, manter R$ 1.000 em dinheiro que não lhe rende juros irá lhe custar R$ 100 por ano. Em contraste, se a taxa de juros for de 1% ao ano, seu custo em termos de juros perdidos pela manutenção de R$ 1.000 em moeda será de apenas R$ 10. Mesmo que você mantenha seus saldos monetários em contas que paguem juros, haverá no mercado opções de aplicações em títulos menos líquidos, que pagam juros mais elevados. Assim, o custo de oportunidade de manter moeda está diretamente relacionado com a taxa nominal de juros.

A curva de **demanda por moeda** *descreve a relação entre a taxa de juros (medida no eixo vertical) e a quantidade de moeda mantida pelo agente econômico (medida no eixo horizontal), tudo o mais constante. A parte* a *da Figura 14.1 ilustra a relação inversa entre a taxa de juros e a quantidade demandada de moeda.* Essa relação inversa reflete o fato de que taxas de juros mais elevadas aumentam o custo de manter moeda, porque esses recursos monetários poderiam ser usados na aquisição de um ativo que pague juros – por exemplo, títulos. Portanto, à medida que as taxas de juros sobem, as pessoas e as firmas tentarão conduzir os seus negócios com quantidades de moeda menores.

Demanda por moeda

Uma curva que indica a relação entre a taxa de juros e a quantidade de moeda que as pessoas desejam manter. Como, a taxas de juros mais elevadas, o custo de oportunidade de manter moeda aumenta, a quantidade demandada de moeda é inversamente relacionada à taxa de juros.

Como qualquer curva de demanda, a curva de demanda por moeda é construída mantendo tudo o mais constante. A necessidade de moeda geralmente aumenta com o valor das transações que o indivíduo faz. Se os salários e os preços aumentam, as famílias precisarão de mais dinheiro para adquirir as compras semanais que ficaram mais caras, e as firmas precisarão de mais dinheiro para pagar a folha salarial que ficou maior. De modo similar, se os preços permanecem constantes, enquanto a quantidade de bens comprada e vendida aumenta, maior quantidade de moeda se faz necessária para que as pessoas conduzam um volume maior de transações. Essencialmente, o que estamos identificando é que, à medida que o PIB nominal aumenta, como resultado de elevações de preços ou de crescimento do produto real, a demanda por moeda também se expandirá – isto é, a curva de demanda por moeda se deslocará para a direita. Do mesmo modo, uma redução no PIB nominal diminuirá a demanda por moeda, deslocando a curva para a esquerda.

Com o passar do tempo, mudanças nos fatores institucionais também influenciam a curva de demanda por moeda. Tanto a evidência quanto a lógica indicam que as mudanças nos arranjos institucionais têm reduzido a demanda por moeda nos anos recentes. O desenvolvimento e a disseminação dos cartões de crédito fazem que as famílias conciliem mais facilmente o pagamento de suas contas com os seus rendimentos. O crédito pessoal instantâneo (cheque especial) tem reduzido a necessidade de as pessoas manterem reservas monetárias para enfrentar emergências. Essas mudanças

Figura 14.1
Demanda e oferta de moeda.

A demanda por moeda é inversamente relacionada com a taxa nominal de juros (parte *a*). A oferta de moeda é determinada pela autoridade monetária (Bacen), por meio de operações de mercado aberto, da política de redesconto e da imposição de reservas compulsórias (parte *b*).

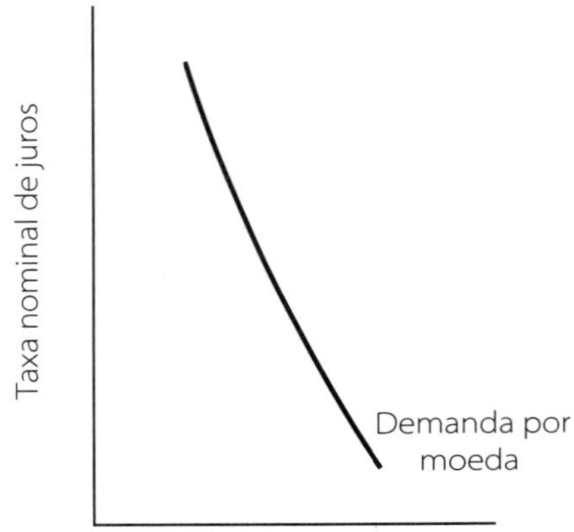

Quantidade de moeda

(a) Demanda por moeda

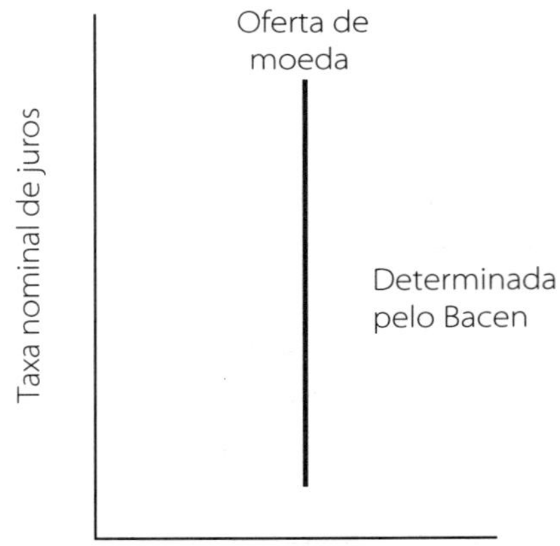

Quantidade de moeda

(b) Oferta de moeda

têm reduzido gradualmente a demanda por moeda e deslocado a curva de demanda para a esquerda.

Como discutimos no capítulo anterior, a quantidade de moeda disponível na economia é estabelecida pela autoridade monetária – no caso brasileiro, o Banco Central. O Bacen pode usar seu poder de controle sobre as exigências de reserva compulsória e o nível da taxa de redesconto e, especialmente, utilizar as operações de mercado aberto para determinar a oferta monetária no nível que desejar. Mudanças na taxa de juros não alteram a capacidade do Bacen de determinar a oferta monetária. Portanto, conforme ilustra a parte *b* da Figura 14.1, a curva de oferta monetária é vertical. Isso reflete o fato de que a quantidade de moeda é determinada pela política do Bacen e não é afetada por mudanças na taxa de juros.

O Equilíbrio entre a Oferta e a Demanda por Moeda

Na Figura 14.2, representamos a demanda e a oferta de moeda, de modo a ilustrar como elas determinam a taxa de juros de equilíbrio. A taxa de juros no mercado monetário deverá tender para i_e, para a qual a quantidade demandada de moeda pelas famílias e pelas firmas é exatamente igual à quantidade oferecida pelo Banco Central. À taxa de juros de equilíbrio, as pessoas desejam manter o estoque de moeda que o Banco Central oferece à economia.

A uma taxa de juros acima do equilíbrio – por exemplo i_2–, as pessoas não desejariam manter tanto dinheiro quanto o oferecido pelo Banco Central. Desse modo, elas tentariam reduzir seus estoques de moeda. Elas podem fazer isso usando parte do seu estoque de moeda para comprar títulos. Esse aumento na demanda por títulos provocaria uma elevação no preço dos títulos e, conseqüentemente, uma redução na sua taxa de juros (lembre-se de que elevados preços dos títulos implicam taxas de juros mais baixas). Como resultado dessa mudança na composição dos ativos das pessoas (menos moeda e mais títulos), a taxa de juros no mercado monetário tende a se mover na direção do seu nível de equilíbrio i_e. No entanto, quando a taxa de juros no mercado monetário está abaixo da de equilíbrio – i_3, por exemplo –, um excesso de demanda por moeda emergiria. Um excesso de demanda por moeda indica que as pessoas gostariam de manter uma quantidade de moeda superior àquela oferecida pelo Bacen. Sob essas

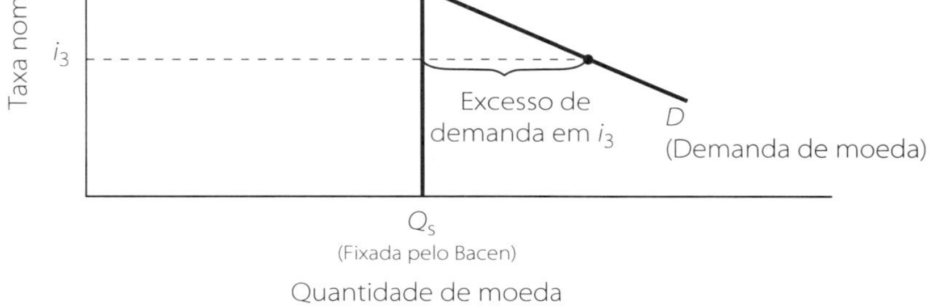

Figura 14.2 A oferta monetária, a demanda por moeda e o equilíbrio.

A taxa nominal de juros no mercado monetário tende a gravitar em torno da taxa de equilíbrio i_e, para a qual a quantidade de moeda demandada pelas famílias e pelas firmas será igual à quantidade de moeda oferecida pelo Bacen.

circunstâncias, elas poderiam vender seus títulos, na tentativa de recompor seus estoques de moeda para o maior nível desejado. Ao vender seus títulos, as pessoas pressionarão o preço dos títulos para baixo, o que provocará uma pressão ascendente na taxa de juros – e assim a taxa de juros no mercado monetário tenderá para i_e. Portanto, a taxa de juros de equilíbrio i_e é a que deve prevalecer no futuro.

Como Opera a Política Monetária

De que forma as mudanças na oferta monetária afetam a economia? Como destacamos anteriormente, o Banco Central geralmente usa as operações de mercado aberto para controlar a oferta monetária. Se o Bacen deseja adotar uma **política monetária expansionista,** ele compra títulos da dívida pública. A Figura 14.3 ilustra o impacto dessa política sobre a economia. Vamos considerar que, na situação inicial, o mercado monetário está em equilíbrio com a taxa nominal de juros em i_1, que é igual à taxa real de juros r_1 no mercado de ativos financeiros. Isso significa que a taxa de inflação esperada é zero. Quando o Bacen compra títulos de modo a aumentar a oferta monetária (deslocamento de S_1 para S_2, na parte *a* da figura), ele pressiona o preço dos títulos para cima e injeta reservas adicionais no sistema bancário. Como maximizadores de lucros, os bancos não deixarão essas reservas ociosas – eles tentarão atrair clientes que possam tomar recursos emprestados, de modo que o total das reservas bancárias disponíveis seja plenamente investido em ativos que rendam juros. Essa combinação de fatores – preços mais elevados dos títulos e um montante adicional de reservas livres que os bancos usarão para empréstimos – aumentará a oferta de recursos passíveis de empréstimo no mercado de ativos financeiros (deslocamento de S_1 para S_2, como ilustrado na parte *b* da figura). No curto prazo, a taxa real de juros cairá para r_2.

> **Política monetária expansionista**
>
> É uma mudança na política monetária com o objetivo de estimular a demanda agregada. A compra de títulos públicos pelo Bacen, a promoção do aumento de reservas livres dos bancos e uma expansão na taxa de crescimento da oferta monetária são geralmente indicadores de uma mudança para uma política monetária mais expansionista.

Como a compra de títulos pelo Bacen, seguida da criação de reservas livres adicionais nos bancos e uma redução na taxa real de juros, influencia a demanda por bens e serviços? Como ilustra a parte *c* da figura, a demanda agregada crescerá (deslocamento da curva DA_1 para DA_2). Os economistas chamam a atenção para três fatores importantes que contribuem para esse aumento de demanda agregada.[4]

4. Para detalhes adicionais de como mudanças na política monetária afetam a demanda agregada, ver *Federal Reserve Bank of St. Luis: Review*, maio/jun. 1995, e *Journal of Economic Perspectives*, outono de 1995.

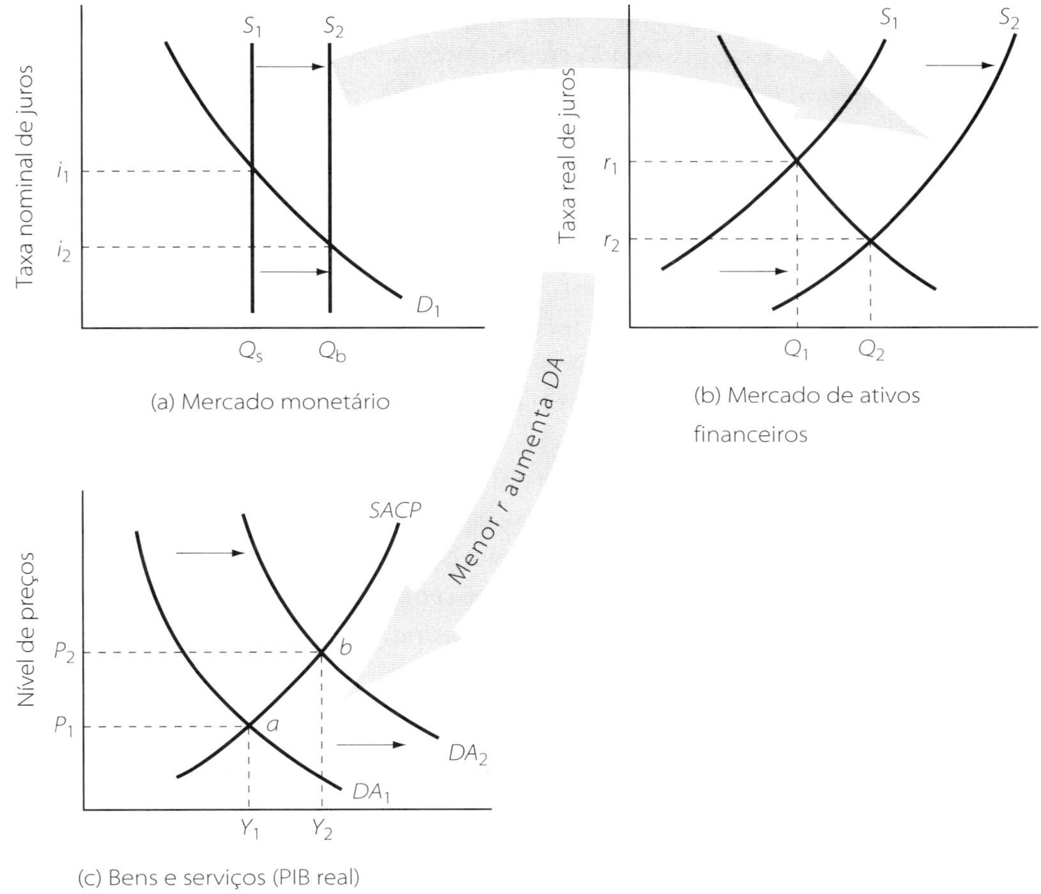

Figura 14.3 Mecanismo de transmissão da política monetária.

Quando o Bacen muda a política monetária para que ela seja expansionista, ele geralmente o faz comprando títulos públicos. Essa compra proverá o sistema bancário com reservas livres adicionais. Tanto a compra dos títulos pelo Bacen quanto o aumento das reservas bancárias promovem uma expansão na oferta de fundos passíveis de empréstimo no mercado de ativos financeiros (deslocamento de S_1 para S_2 na parte *b*) e geram uma pressão de baixa na taxa real de juros. À medida que a taxa real de juros cai (para r_2), a demanda agregada aumenta (para DA_2, na parte *c*). Uma vez que os efeitos da política monetária expansionista não foram antecipados, a expansão de *DA* leva a economia tanto para um aumento no produto corrente (para Y_2) quanto para preços mais elevados (inflação) no curto prazo.

1. *Uma taxa real de juros mais baixa fará que tanto o investimento quanto o consumo correntes fiquem relativamente mais baratos do que gastos futuros.* A uma taxa real de juros mais baixa, os empresários adotarão projetos de investimento que não poderiam ser executados a juros mais elevados. As despesas das firmas na montagem de estruturas e na aquisição de equipamentos aumentarão. De modo similar, os consumidores decidirão aumentar as suas compras de automóveis

e de bens duráveis, porque com um juro real menor eles poderão fazer tais compras a crédito, incorrendo em menores prestações.

2. *Uma taxa real de juros mais baixa pode também provocar uma saída de capital, o que causará uma depreciação do real, estimulando, dessa forma, as exportações líquidas, que são um componente da demanda agregada.* À medida que a taxa real de juros cai domesticamente, os investidores nacionais e estrangeiros redirecionarão parte de seus investimentos para outros países que apresentem taxas de retorno mais atrativas. À medida que os investidores deslocam seus recursos financeiros para o exterior, eles demandam moeda estrangeira – em particular, o dólar norte-americano –, oferecendo reais no mercado de câmbio. Isso provocará uma depreciação do real. Uma depreciação da taxa de câmbio do real em relação ao dólar fará que as importações se tornem mais caras para os brasileiros e as exportações brasileiras, mais baratas para os estrangeiros. Dessa forma, as importações brasileiras se reduzirão e as exportações aumentarão. Esse aumento nas exportações líquidas estimulará a demanda agregada.
3. *Uma taxa real de juros mais baixa pressiona o preço dos ativos para cima – por exemplo, o preço das ações, de habitações e de outras construções –, o que, por sua vez, estimulará a demanda agregada corrente.* À medida que os preços dos ativos reais e financeiros se elevam, a riqueza das famílias também aumenta, o que estimula um consumo adicional. Talvez o mais importante seja o aumento nos preços das residências e de outros ativos físicos, pois isso faz que a produção desses ativos se torne mais lucrativa. Esse aumento de lucratividade induzirá os empresários a empreender projetos adicionais de construção nessas áreas, o que expandirá tanto o investimento quanto a demanda agregada.

As "Regras de Bolso" a seguir descrevem essa complexa seqüência de eventos, por meio da qual a compra de títulos pelo Bacen expande a oferta monetária e estimula a demanda agregada. Essa seqüência, às vezes, é denominada mecanismo de transmissão da política monetária por meio da taxa de juros.[5]

---

5. Há ainda um caminho mais direto pelo qual a política monetária expansionista pode estimular a demanda agregada. Quando o Bacen expande a oferta monetária, ele cria um "excesso de oferta de moeda" para o atual nível de taxa de juros no mercado monetário. As pessoas podem responder a esse excesso de oferta aumentando diretamente a compra de bens e serviços, em um esforço de reduzir seus estoques de moeda para os níveis desejados. É óbvio que isso aumenta a demanda agregada. Esse caminho direto é mais relevante quando o governo expande a oferta monetária pagando as suas contas com emissão de dinheiro novo. Essa já foi uma prática comum no Brasil de outrora. Hoje, a oferta monetária no país é geralmente expandida pelo Bacen por meio de operações de mercado aberto. Por isso mesmo, enfocamos o processo de transmissão dos efeitos da política monetária por meio da taxa de juros. As implicações, quer se utilize o caminho direto quer se adote o indireto, são idênticas – ambos os caminhos indicam que uma política monetária expansionista estimulará a demanda agregada.

Regras de Bolso

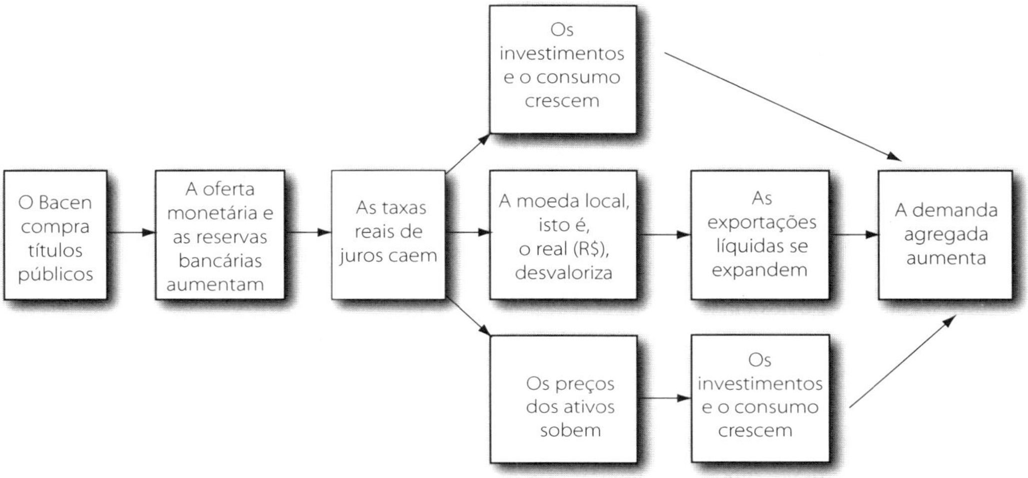

Política Monetária Expansionista Não-Antecipada

Como discutimos anteriormente, a análise macroeconômica moderna destaca a importância de as mudanças serem antecipadas ou não pelos agentes econômicos. Se as pessoas não antecipam um aumento na demanda agregada, provocado por uma política monetária expansionista, os custos subirão no curto prazo mais lentamente que os preços. Por isso, as margens de lucro aumentarão. Os homens de negócio responderão a esse aumento de lucro elevando a produção de bens e serviços (como ilustrado na Figura 14.3, parte *c*, pelo aumento do PIB real, de Y_1 para Y_2).

A análise moderna indica que um aumento não-antecipado na oferta de moeda reduzirá a taxa real de juros provocando, dessa forma, uma expansão na demanda de bens e serviços. Esse aumento de demanda agregada produzirá uma expansão no PIB real e no nível de emprego no curto prazo.

A parte *a* da Figura 14.4 ilustra o potencial de uma política monetária expansionista na condução de uma economia inicialmente em um estado recessivo para o de pleno emprego. Considere que a economia está inicialmente no nível de produção Y_1 abaixo de sua capacidade de pleno emprego (Y_F). Uma política monetária expansionista aumenta a demanda agregada de DA_1 para DA_2, e o PIB real se expandirá para Y_F. Essa política monetária expansionista, na realidade, provê uma alternativa para o mecanismo de autocorreção da economia. Na ausência de seu estímulo de demanda, a redução nos preços dos recursos produtivos e na taxa real de juros eventualmente conduzirá a economia ao produto de pleno emprego. Entretanto, muitos economistas acreditam

Figura 14.4
Efeitos de uma política monetária expansionista.

Se uma economia está operando abaixo do pleno emprego, uma política monetária expansionista pode conduzi-la ao equilíbrio de pleno emprego de longo prazo (parte *a*). Nesse caso, o produto aumenta de Y_1 para Y_F. Por outro lado, se o estímulo de demanda for imposto a uma economia que já está operando a pleno emprego (parte *b*), isso provocará um excesso de demanda e um aumento no nível de preços dos bens. O produto temporariamente aumentará (para Y_2), porém, no longo prazo, essa demanda mais aquecida pressionará os preços dos recursos para cima, deslocando a oferta agregada de curto prazo para $SACP_2$. O nível geral de preços aumentará para P_3 e o PIB retrocederá de seu nível temporariamente mais elevado para o seu nível potencial (Y_F).

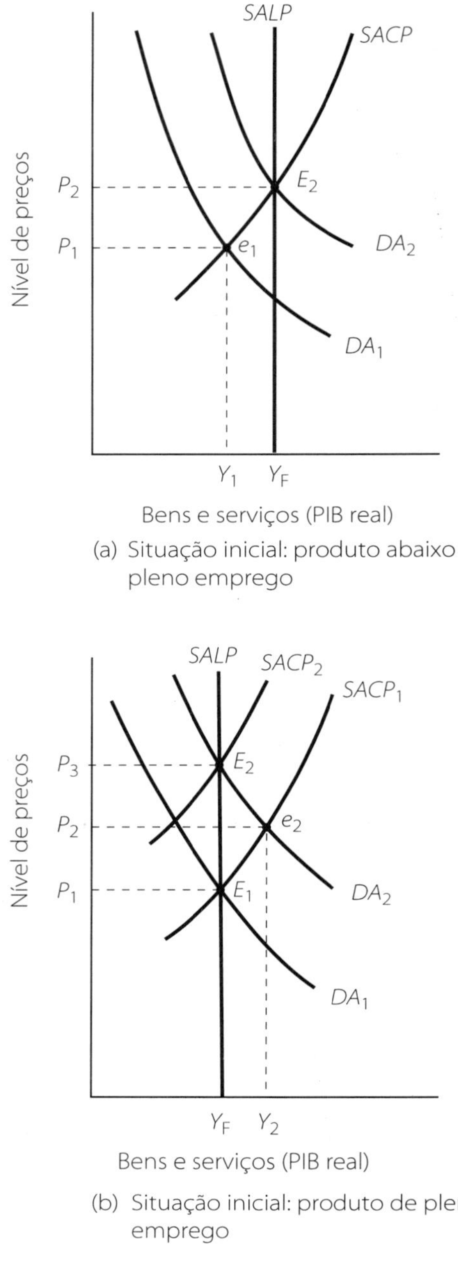

(a) Situação inicial: produto abaixo do pleno emprego

(b) Situação inicial: produto de pleno emprego

que uma política monetária expansionista pode acelerar o retorno da economia ao seu equilíbrio de pleno emprego.

De que forma a adoção de uma política monetária expansionista afeta o produto e o nível de preços, se a economia já está no pleno emprego? Embora esta não seja, de modo geral, uma estratégia desejável, é interessante analisar o que ocorreria. A parte *b* da Figura 14.4 mostra uma economia inicialmente em equilíbrio de pleno emprego

(E_1). Esse equilíbrio é perturbado por uma expansão monetária que aumenta a demanda agregada (de DA_1 para DA_2). Esse aumento de demanda agregada fará que os preços se elevem relativamente aos custos de produção, pois os componentes mais importantes dos preços são temporariamente fixos, em razão de contratos de longo prazo. O deslocamento da demanda agregada temporariamente aumentará o produto real da economia para Y_2, nível de produção superior à capacidade produtiva de longo prazo dessa economia (Y_F). Assim, tanto o produto quanto o emprego aumentarão. Entretanto, essa taxa de produção mais alta (Y_2) e o maior nível de emprego não são sustentáveis. Eventualmente, os contratos de longo prazo, assinados sob as condições da demanda anterior (DA_1), terminarão e deverão ser revistos. As novas negociações refletirão a presença de uma demanda agregada mais aquecida. Os preços dos recursos produtivos aumentarão, deslocando a curva de oferta agregada de curto prazo para a esquerda (de $SACP_1$ para $SACP_2$). Eventualmente, o equilíbrio de longo prazo (E_2) será atingido a preços mais elevados (P_3), e o produto voltará ao seu nível de pleno emprego (Y_F). Assim, quando a economia está em pleno emprego, uma mudança não-antecipada para uma política monetária expansionista aumentará temporariamente o produto e conduzirá a economia no longo prazo apenas a um nível de preços mais alto. Portanto, a eficácia de tal mudança de política é altamente questionável.

Política Monetária Restritiva Não-Antecipada

> ***Política monetária restritiva***
>
> É uma mudança na política monetária com o objetivo de reduzir a demanda agregada e pressionar o nível geral de preços para baixo (ou diminuir a taxa de inflação). São geralmente indicadores de uma política monetária restritiva: a venda de títulos públicos pelo Bacen, uma redução nas reservas bancárias e uma queda na taxa de crescimento da oferta monetária.

Suponha que o Banco Central adote uma **política monetária restritiva**. De modo geral, o Bacen adota esse tipo de política monetária vendendo títulos públicos no mercado, o que reduzirá a oferta monetária e as reservas bancárias. A Figura 14.5 mostra o impacto de uma política monetária mais restritiva no mercado de ativos financeiros e no mercado de bens e serviços. A venda de títulos pelo Banco Central só pode ser feita pela redução no preço dos títulos. Essa venda adicional de títulos absorverá parte das reservas do sistema bancário e, dessa forma, reduzirá a capacidade de emprestar dos bancos. Como resultado, a oferta de fundos passíveis de empréstimo no mercado de ativos financeiros diminuirá, provocando um aumento na taxa real de juros (de r_1 para r_2, conforme a parte *a* da Figura 14.5). A elevação na taxa real de juros tende a reduzir o aumento nas despesas correntes, tanto em investimento quanto em consumo de bens duráveis. Essa alta de juros muito provavelmente provocará um influxo de capital estrangeiro e, conseqüentemente, uma valorização do real no mercado de câmbio. Essa valorização do real estimulará as importações e desestimulará as exportações, provocando uma redução nas exportações líquidas e, conseqüentemente,

Figura 14.5
Os efeitos de curto prazo de uma política monetária mais restritiva.

Quando o Bacen redireciona a política monetária para que ela se torne mais restritiva, geralmente ele produz tal mudança de política vendendo títulos públicos no mercado, o que reduz as reservas dos bancos e diminui a oferta de fundos passíveis de empréstimo no mercado de ativos financeiros, pressionando a taxa de juros para cima (parte *a*). Taxas de juros mais elevadas reduzem a demanda agregada (de DA_1 para DA_2 na parte *b*). Quando a redução da demanda agregada não é antecipada, o produto real se reduzirá (para Y_2), promovendo uma pressão nos preços para baixo.

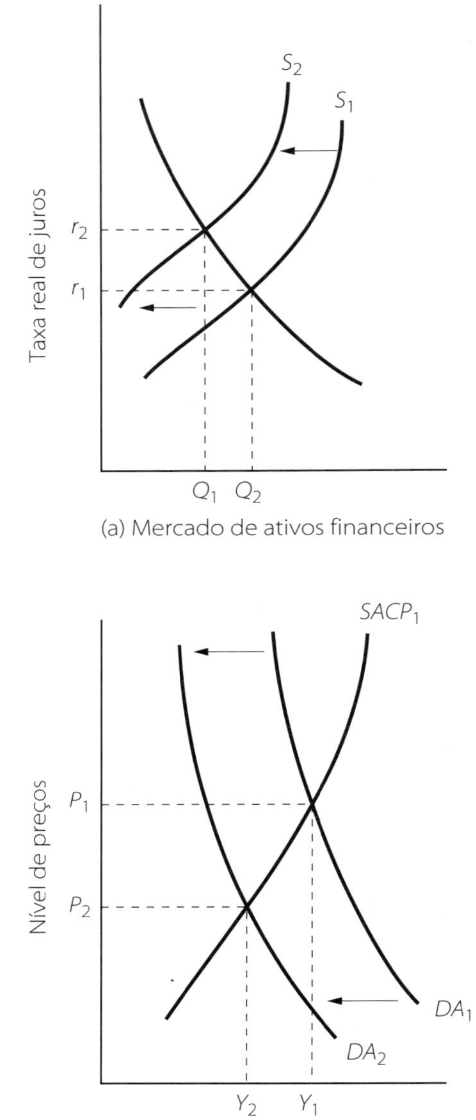

(a) Mercado de ativos financeiros

(b) Bens e serviços (PIB real)

na demanda agregada. A taxa real de juros mais elevada pode também reduzir o preço das habitações e de outros ativos, desencorajando, dessa forma, novas construções. Todos esses fatores tendem a reduzir a demanda agregada no mercado de bens e serviços (deslocamento de DA_1 para DA_2 na parte *b* da Figura 14.5).

A redução não-antecipada da demanda por bens e serviços gera uma pressão de baixa nos preços, de queda nas margens de lucro e de redução do produto no mercado de bens e serviços. Como a parte *b* da Figura 14.5 mostra, o nível geral de preços cai (para P_2), e o produto também (para Y_2), como resultado da política monetária restritiva. A conveniência de uma política monetária restritiva depende do estado inicial da economia. A Figura 14.6 ilustra esse ponto. Quando uma economia apresenta um excesso de demanda que pressiona os preços para cima, uma política restritiva é uma arma poderosa contra a inflação. Suponha, como ilustrado na parte *a* da Figura 14.6, que a economia esteja temporariamente operando no ponto e_1, no qual seu nível de produção (Y_1) é superior ao PIB de pleno emprego (Y_F). O aquecimento da demanda agregada gera uma pressão de alta nos preços. O problema aqui é inflação, e não recessão. Sob

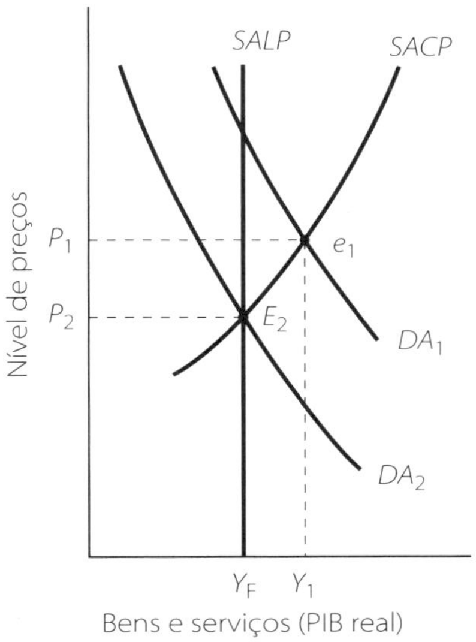

(a) Política monetária restritiva para controlar a inflação

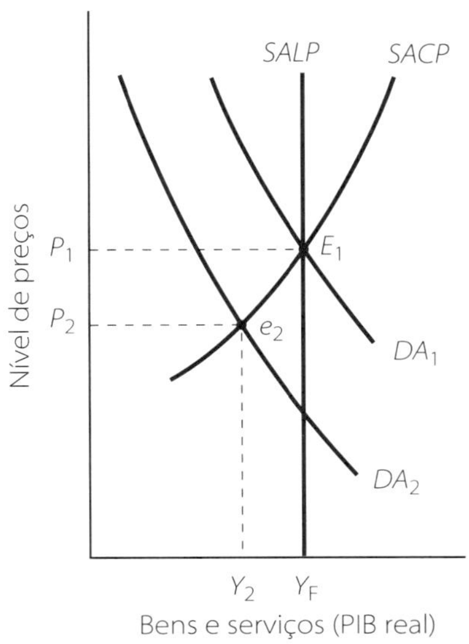

(b) Política monetária restritiva que causa recessão

Figura 14.6
Efeitos de uma política monetária restritiva.

Os efeitos estabilizadores de uma política monetária restritiva dependem do estado da economia quando ela é implementada. Uma política monetária restritiva reduzirá a demanda agregada. Se a restrição imposta à demanda agregada ocorrer durante um período de aquecimento da economia, então, essa restrição limitará ou mesmo impedirá a ocorrência de um *boom* inflacionário (parte *a*). Em contraste, se a redução da demanda agregada for provocada no momento em que a economia estiver em equilíbrio de pleno emprego, então, essa redução de demanda perturbará o equilíbrio de longo prazo, diminuindo o produto e mergulhando a economia em uma recessão (parte *b*).

essas circunstâncias, uma política monetária restritiva faz sentido. Ela ajudará no combate à inflação. Em dosagem correta e no tempo adequado, a política restritiva desaquecerá a demanda agregada (para DA_2) e direcionará a economia para um equilíbrio não-inflacionário de longo prazo aos preços P_2 e em nível de produto real potencial (Y_F), isto é, para o ponto E_2.

Na parte *b* da Figura 14.6, ilustramos como uma mudança para uma política restritiva não-antecipada seria danosa, se aplicada a uma economia em seu equilíbrio de pleno emprego. Se a economia está em equilíbrio de pleno emprego (ou, pior ainda, se está abaixo do pleno emprego), a adoção de uma política restritiva reduz a demanda agregada (deslocando-a para DA_2) e mergulha a economia em uma recessão. O PIB real cairia de Y_F para Y_2. O produto se reduziria para um nível inferior ao produto de plena capacidade da economia e o desemprego seria superior à taxa natural de desemprego.

Assim como no caso da política fiscal, a política monetária precisa ser adotada no momento certo para contribuir para a estabilização da economia. As Figuras 14.4 e 14.6 enfatizaram esse ponto. Quando uma economia está operando abaixo de sua capacidade de longo prazo, uma política monetária expansionista pode estimular a demanda agregada e conduzir o produto da economia ao seu nível potencial (parte *a* da Figura 14.4). Do mesmo modo, se aplicada no momento adequado, uma política monetária restritiva pode ajudar a controlar (ou mesmo evitar) um processo inflacionário (parte *a* da Figura 14.6).

Se, entretanto, adotada no momento errado, a política monetária pode ser desestabilizadora. Uma política monetária expansionista pode ser uma fonte de inflação, se os seus efeitos sobre a economia ocorrerem quando esta estiver em um nível de produção superior ao de plena capacidade (parte *b* da Figura 14.4). De modo similar, se os efeitos de uma política restritiva ocorrerem quando a economia estiver operando em um nível de produto potencial, muito provavelmente ela será conduzida a um processo recessivo (parte *b* da Figura 14.6). O resultado será ainda pior se o impacto da política restritiva ocorrer justamente quando essa economia estiver enfrentando um processo recessivo. Na realidade, isso será um desastre.

Identificar o momento certo de mudar a política monetária não é uma tarefa fácil. Embora o Banco Central possa adotar rapidamente mudanças de política, pode ocorrer uma defasagem de tempo razoavelmente longa para que os efeitos da mudança na política tenham um impacto sobre a demanda agregada. Os economistas que têm estudado esse problema estimam que essa defasagem é de pelo menos de cinco a seis meses. Alguns economistas, particularmente os monetaristas, estimam que o impacto substancial de uma mudança na política monetária sobre o produto e o nível de emprego, de modo geral, ocorrerá de 12 a 18 meses após a instituição da mudança na política. Com relação ao nível geral de preços e à taxa de inflação, a defasagem estimada é ainda maior, possivelmente tão longa quanto 36 meses. Dada nossa capacidade limitada de prever o futuro, essas longas defasagens claramente reduzem o potencial de eficácia de uma política monetária discricionária como instrumento de estabilização.

Política Monetária de Longo Prazo

Desde meados do século XVIII, os economistas vêm argumentando que um crescimento acelerado da oferta monetária provoca inflação. Há quase cem anos, o inglês Alfred Marshall e o norte-americano Irving Fisher formalizaram a **teoria quantitativa da moeda** que dá suporte à proposição anterior. *A teoria quantitativa da moeda indica que um aumento na oferta monetária provocará uma elevação proporcional no nível geral de preços.*

Teoria quantitativa da moeda

Uma teoria que supõe que uma mudança na oferta monetária provocará uma mudança proporcional no nível geral de preços, porque tanto a velocidade quanto o produto real não são afetados pela quantidade de moeda.

A teoria quantitativa da moeda pode ser entendida mais facilmente quando reconhecemos que há duas maneiras distintas de ver o PIB. Como o nosso modelo de demanda e oferta agregadas mostrou, o PIB nominal é o somatório do produto do preço vezes a quantidade de cada bem final adquirido durante o período. No agregado, P representa o nível geral de preços da economia, e Y indica a renda real ou o PIB real. Há ainda outra forma de obter o PIB: multiplicando o estoque de moeda existente, M, pelo número de vezes, V, em que essa moeda é usada para comprar bens finais. Assim,

$$P\,Y = \text{PIB} = M\,V.$$

A **velocidade de circulação da moeda** (V) é simplesmente o número médio de vezes em que um real é usado na compra de um produto final ou de um serviço durante o ano. A velocidade, portanto, é igual ao PIB nominal dividido pelo valor do estoque de moeda. Por exemplo, em 2000, o PIB era igual a R$ 1.086.699 bilhões, enquanto a oferta monetária, medida pela média mensal dos saldos diários de M1 no mesmo ano, era de R$ 57,614 bilhões. Em média, cada real da oferta monetária M1 foi usado cerca de 18,9 vezes na compra de bens finais e de serviços incluídos no PIB. A velocidade de circulação da moeda caracterizada por M1 é, portanto, 18,9. A velocidade da moeda caracterizada por M2 pode ser calculada de maneira similar. Em 2000, o estoque de moeda M2, medido pela média mensal dos saldos em fim de período, era de R$ 399.968. Assim, a velocidade de circulação de M2 era 2,7 (isto é, 1.086.699 : 399.968).

Velocidade de circulação da moeda

Número de vezes que um real é usado para comprar bens finais e serviços, durante um ano. Ela é igual ao PIB dividido pelo estoque de moeda.

O conceito de velocidade está, na realidade, altamente relacionado ao de demanda por moeda. Quando os agentes econômicos conduzem certo volume de transações com uma pequena quantidade de dinheiro, sua demanda por moeda é reduzida. Cada real, entretanto, é usado mais freqüentemente – a velocidade da moeda aumenta. Assim, para dado nível de renda, quando a demanda por moeda se reduz, a velocidade de circulação da moeda aumenta.

Ao considerarmos o comportamento dos preços, do produto, do estoque de moeda e da velocidade ao longo do tempo, podemos reescrever a teoria quantitativa em termos da taxa de crescimento:

Taxa de inflação + taxa de crescimento do PIB real =
Taxa de crescimento da oferta monetária + taxa de crescimento da velocidade.

Equação de trocas

$M\ V = P\ Y$, em que M é a oferta de moeda, V é a velocidade de circulação da moeda, P é o nível geral de preços e Y é o produto real (total de bens finais e serviços produzidos no período).

A relação $M\ V = P\ Y$ é simplesmente uma identidade, uma tautologia. Os economistas se referem a ela como **equação de trocas**, porque reflete tanto o lado monetário quanto o lado real das transações com os produtos finais. A teoria quantitativa da moeda, entretanto, postula que Y e V são determinados por outros fatores que não a quantidade de moeda em circulação. Os economistas clássicos acreditavam que o produto real Y era determinado por fatores como a tecnologia, a disponibilidade de recursos produtivos na economia e a habilidade e o conhecimento dos participantes da força de trabalho. Esses fatores eram vistos como insensíveis a mudanças na oferta monetária. De modo similar, a velocidade de circulação da moeda era vista como determinada essencialmente por fatores institucionais, tais como a organização dos sistemas bancário e creditício, a freqüência de apropriação dos rendimentos (freqüência de pagamento de salários ou de dividendos ou de juros), a expediência do sistema de transportes e do sistema de comunicações. Esses fatores deveriam mudar muito lentamente. Assim, os economistas clássicos admitiam que, para todos os efeitos práticos, tanto Y como V eram constantes (ou sofriam pequenas mudanças) ao longo de dois, três ou quatro anos. Se Y e V são constantes, então, a relação $M\ V = P\ Y$ indica que um aumento na oferta monetária provocará uma elevação de mesma proporção no nível de preços. Conseqüentemente, uma elevação na taxa de crescimento da oferta monetária deve provocar um aumento similar na taxa de inflação.

Implicação de Longo Prazo da Análise Moderna

O que a análise moderna nos indica com relação à validade da teoria quantitativa da moeda? Ao considerarmos essa pergunta, será conveniente enfocar nossa atenção para as implicações dinâmicas de longo prazo do modelo de demanda e oferta agregadas. Até agora, estávamos usando estática comparativa para analisar a política monetária. Nesse contexto, um aumento na oferta monetária reflete uma política mais expansionista. No mundo real, entretanto, mudanças na política monetária geralmente estão associadas a mudanças na *taxa de crescimento* da oferta monetária. Um aumento do crescimento da oferta monetária sugere uma mudança para uma política monetária mais expansionista, enquanto uma redução na taxa de crescimento da oferta monetária implica uma mudança para uma política mais restritiva. De modo similar, em estática comparativa, um aumento no nível de preços implica inflação. Entretanto, inflação é um conceito dinâmico – uma taxa de aumento nos preços e não um simples aumento no nível de preços de um patamar para outro. De modo a adicionarmos realismo e considerarmos as implicações de longo prazo de forma mais completa, nesta seção, vamos refazer a nossa análise estática anterior em um contexto dinâmico. Vamos começar com um caso dinâmico simples.

Suponha que o PIB real de uma economia está crescendo a uma taxa de 3% a.a. e que a autoridade monetária está expandindo a oferta monetária também a 3% a.a. Vamos supor ainda que a velocidade de circulação da moeda é constante. Isso significa que os 3% de crescimento anual no produto levariam a um aumento anual de 3% na demanda por moeda. Sob essas circunstâncias, os 3% de crescimento da oferta monetária seriam consistentes com a estabilidade de preços (inflação zero). Suponha, inicialmente, que a taxa real de juros dessa economia é de 4% a.a. Como a taxa de inflação é zero, a taxa nominal de juros será também 4% a.a. As Figuras 14.7 e 14.8 ilustram essa economia, inicialmente (período 1) caracterizada por essas condições.

O que acontecerá se a autoridade monetária aumentar permanentemente a taxa de crescimento da oferta monetária, de 3% a.a. para 8% a.a., a partir do período 2 (ver a parte *a* da Figura 14.7)?[6] No curto prazo, a política monetária expansionista reduzirá a taxa real de juros e estimulará a demanda agregada (deslocamento para DA_2 na parte *b* da Figura 14.7), exatamente como explicávamos anteriormente (Figuras 14.3 e 14.4). Durante algum tempo, o produto real da economia pode exceder seu produto potencial. Entretanto, com o aquecimento da demanda agregada, muitos proprietários de recursos produtivos (que têm sua remuneração fixada por contratos de longo prazo) tentarão modificar seus contratos em virtude das novas condições de demanda. Com o passar do tempo, mais e mais proprietários de recursos produtivos (incluindo os trabalhadores representados por seus sindicatos) terão condições e oportunidades para alterar seus contratos. À medida que esses contratos são revistos, os salários e os preços de outros recursos produtivos também crescerão. Com a elevação desses preços, os custos aumentarão, e as margens de lucros voltarão aos seus níveis normais. Os aumentos nos custos de produção reduzirão a oferta agregada (deslocamento para SA_2). À medida que o crescimento mais rápido da oferta monetária continua nos períodos subseqüentes (períodos 3, 4), tanto a *DA* quanto a *SA* se deslocarão para cima. O nível geral de preços

6. No capítulo anterior, registramos as dificuldades associadas a medidas da oferta monetária (tanto M1 quanto M2). Mudanças na taxa de crescimento da oferta monetária nem sempre são um bom indicador de mudanças na política monetária. O exemplo apresentado no texto admite que o Bacen mudou para uma política monetária mais expansionista – uma política que conduzirá a um aumento na taxa de inflação – independentemente de os agregados monetários, como atualmente medidos, refletirem tal mudança.

Figura 14.7
Os efeitos de longo prazo de um crescimento mais acelerado da oferta monetária.

Aqui, ilustramos o impacto de longo prazo de um aumento na taxa anual de crescimento da oferta monetária de 3% a.a. para 8% a.a. Inicialmente, os preços estão estáveis (P_{100}), com a oferta monetária sendo expandida à taxa de 3% a.a. A aceleração na taxa de crescimento da oferta monetária aumenta a demanda agregada deslocando-a para DA_2 e, inicialmente, o produto real se expande, superando o produto potencial (Y_F). Entretanto, com o aquecimento da demanda e uma taxa de desemprego muito abaixo da natural, criam-se as condições para uma pressão de alta nos salários e nos preços de outros recursos produtivos, a qual provoca um deslocamento da oferta agregada para SA_2. O produto voltará ao seu nível potencial, e o nível geral de preços aumentará para P_{105} (equilíbrio em e_2). Se essa taxa mais elevada de crescimento da oferta monetária for mantida nos períodos subseqüentes, *DA* e *SA* continuamente se deslocarão para cima, conduzindo a economia para níveis de preços cada vez mais elevados (equilíbrio em e_3, e assim sucessivamente). O resultado líquido será a manutenção de um processo inflacionário.

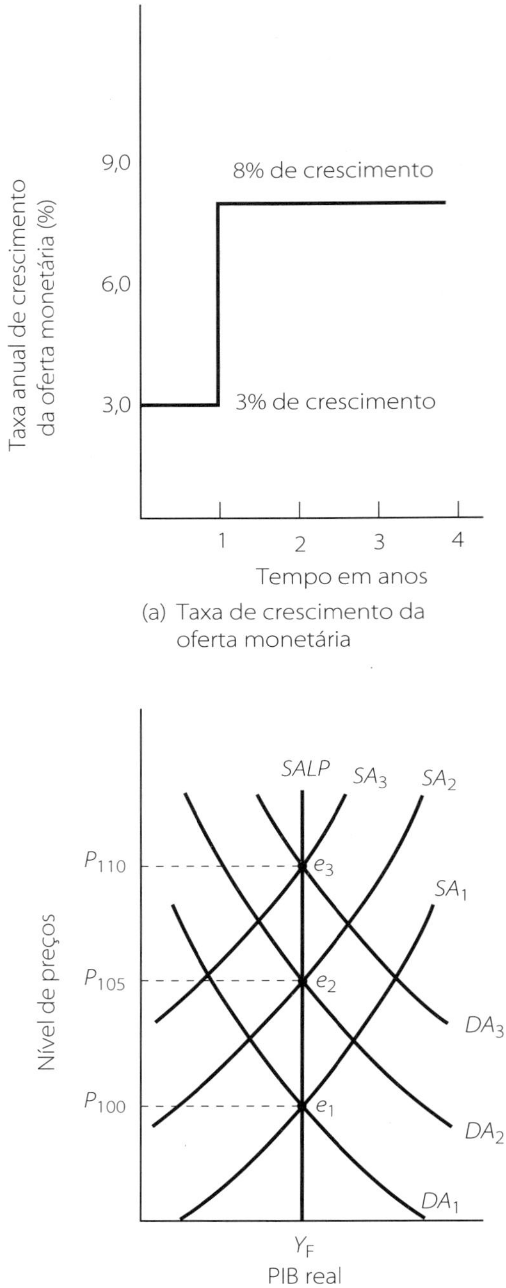

(a) Taxa de crescimento da oferta monetária

(b) Impacto no mercado de bens e serviços

aumentará de P_{105} para P_{110} e assim por diante, enquanto a oferta monetária continuar crescendo mais rapidamente que a taxa de crescimento compatível com a estabilidade de preços. A manutenção dessa política monetária produzirá níveis gerais de preços cada vez mais elevados – isto é, um processo inflacionário.

Suponha que uma taxa de inflação de 5% a.a. resulte do aumento na taxa de crescimento (de 3% a.a. para 8% a.a.) da oferta monetária. Com o passar do tempo, mais e mais pessoas ajustarão o seu processo decisório levando em conta uma renitente inflação de 5% a.a. No mercado de recursos produtivos, tanto compradores quanto vendedores eventualmente incorporarão em seus contratos de longo prazo, inclusive nos acordos trabalhistas coletivos, a expectativa de uma inflação de 5% a.a. Uma vez que isso ocorra, o preço dos recursos produtivos crescerá tão rapidamente quanto os preços dos bens e serviços no mercado. *Quando a taxa de inflação é plenamente antecipada, ela não reduzirá os salários reais nem aumentará as margens de lucro. O desemprego voltará à sua taxa natural.*

A Figura 14.8 ilustra o ajustamento no mercado de ativos financeiros onde tomadores de empréstimo e credores esperam uma inflação de 5% a.a. Quando os credores antecipam uma inflação de 5% a.a., eles exigirão uma taxa nominal de juros de 9% a.a., de modo a ter o mesmo incentivo para oferecer os recursos passíveis de empréstimo que ofereciam com a taxa de 4% e uma expectativa de preços estáveis para o futuro. Assim,

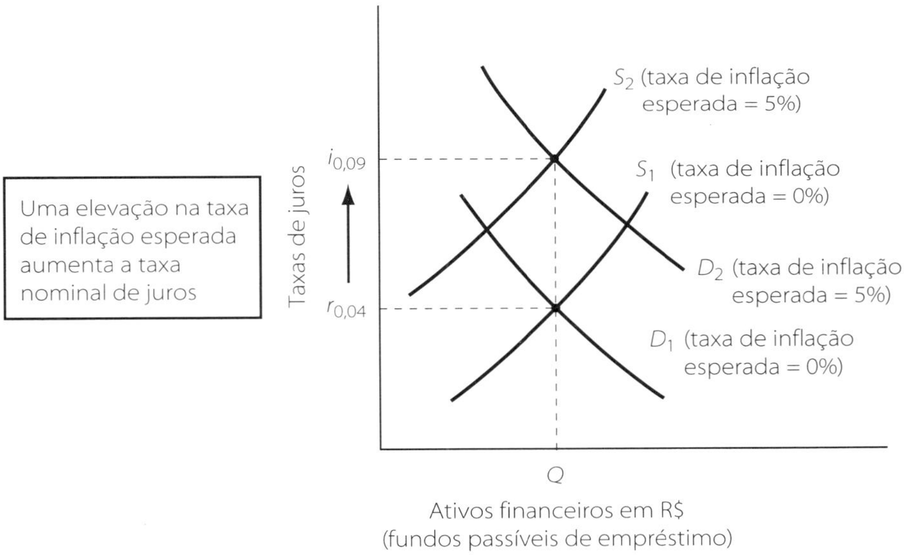

Figura 14.8 Os efeitos de longo prazo de uma expansão mais acelerada da oferta monetária sobre o mercado de ativos financeiros.

Quando há estabilidade de preços, a oferta e a demanda no mercado de ativos financeiros (fundos passíveis de empréstimo) estão em equilíbrio quando a taxa nominal de juros é de 4%. Se uma aceleração na taxa de expansão monetária provocar, no longo prazo, uma taxa de inflação de 5% (ver a Figura 14.7), tanto credores quanto devedores incorporarão nas suas decisões essa expectativa de uma inflação maior no futuro. Como resultado, a taxa nominal de juros (i) aumentará para 9%: os 4% correspondentes à taxa real de juros mais os 5% de compensação pela inflação esperada.

a oferta de fundos passíveis de empréstimo se deslocará verticalmente em 5 pontos percentuais para acomodar a expectativa de inflação. Simultaneamente, os tomadores de empréstimo que estavam dispostos a pagar 4% a.a. de juros nos empréstimos feitos na expectativa de estabilidade de preços, estarão agora dispostos a pagar 9% a.a. de juros por esperar uma inflação de 5% a.a. A demanda por fundos passíveis de empréstimo aumentará (deslocará verticalmente) pela taxa de inflação esperada. Como tanto fornecedores de fundos quanto tomadores de fundos antecipam uma inflação mais elevada (5% a.a.), a taxa nominal de juros de equilíbrio nesse mercado aumentará para 9% a.a. É claro que a taxa real de juros é igual à taxa nominal de juros (9%) menos a taxa de inflação esperada (5%), e, no longo prazo, a taxa real de juros acabará sendo 4% a.a., isto é, no mesmo nível que o registrado com a estabilidade de preços.[7] A inflação, portanto, não conseguirá reduzir a taxa real de juros no longo prazo.

As implicações de longo prazo da análise moderna são consistentes com aquelas decorrentes da teoria quantitativa da moeda. *No longo prazo, a principal conseqüência de um crescimento mais rápido da oferta monetária é a inflação. Embora, no curto prazo, uma mudança não-antecipada para uma política monetária expansionista possa exercer um impacto positivo sobre o produto e o emprego, isso não se sustentará no longo prazo. Um crescimento mais acelerado da oferta monetária não reduzirá o desemprego nem estimulará o produto real no longo prazo.*

Política Monetária quando Seus Efeitos São Antecipados

Até agora, admitimos que os agentes econômicos só identificariam as mudanças na política monetária quando seus efeitos começassem a ocorrer. Por exemplo, admitimos que tomadores de empréstimo e emprestadores de fundos financeiros só antecipavam taxas de inflação mais elevadas após o nível geral de preços dar um sinal de crescimento mais rápido. De modo similar, os proprietários dos recursos produtivos só antecipavam a inflação após os primeiros aumentos de preços consistentes.

O que aconteceria se um número razoavelmente grande de agentes econômicos no mercado antecipasse um processo inflacionário, ao perceber, por meio de indicadores de política monetária, que o Bacen reorientou essa política no sentido expansionista? Suponha que credores e devedores no mercado de ativos financeiros prestem atenção às estatísticas da oferta monetária e de outros indicadores de política monetária. Inferindo, a partir dessa informação, que a política monetária foi redirecionada no sen-

7. Altas taxas de inflação estão geralmente associadas a um aumento na variabilidade da taxa de inflação. Assim, os riscos mais elevados (a possibilidade tanto de ganhos substanciais quanto de grandes perdas associadas a elevadas mudanças na taxa de inflação) permeiam as transações no mercado de ativos financeiros quando as taxas de inflação são elevadas. Esse risco mais elevado pode fazer que a taxa real de juros seja maior que aquela que prevaleceria para menores taxas de inflação. Nossa discussão no texto não leva em conta esse efeito.

tido expansionista, eles reformularão suas expectativas sobre a taxa de inflação futura. Os credores relutarão em emprestar seus recursos à taxa de juros vigente. No entanto, os tomadores de empréstimos aumentarão a sua demanda por fundos à taxa de juros corrente, porque antecipam uma taxa maior de inflação no futuro e, por isso mesmo, estarão dispostos a efetuar suas compras antes que os preços subam. Sob tais circunstâncias, de redução na oferta e de um aumento na demanda por fundos passíveis de empréstimo, a taxa nominal de juros será pressionada para cima. Se tomadores de empréstimo e ofertantes de fundos são capazes de prever a taxa de inflação futura com relativa precisão, em decorrência de uma expansão monetária, a taxa real de juros se reduzirá por um período muito curto ou até nem sofrerá queda.

Se compradores e vendedores no mercado de bens e serviços também antecipassem a mudança, no sentido expansionista, na política monetária, eles também preveriam seus efeitos sobre o processo inflacionário. À medida que os compradores antecipassem aumentos de preço no futuro, muitos fariam suas compras hoje e não amanhã. A demanda agregada corrente aumentaria. Entretanto, na expectativa de uma aceleração na taxa de inflação, os vendedores relutarão em vender seus produtos aos preços atuais, exigindo, para tanto, preços mais elevados. A oferta agregada corrente também se reduzirá. A combinação desses fatores fará que os preços dos bens e serviços cresçam mais rapidamente.

Do mesmo modo, se compradores e vendedores no mercado de recursos produtivos acreditarem que o crescimento mais rápido da oferta monetária levará a economia a uma taxa de inflação mais elevada no futuro, eles também considerarão esse no estabelecimento de seus contratos. Os sindicatos pressionarão os empregadores por um aumento no salário nominal, para compensar a inflação esperada no futuro. Alternativamente, eles exigirão uma **cláusula de indexação** salarial (às vezes denominada ajustamento para variações no custo de vida) nos seus contratos coletivos. Tal cláusula aumentará automaticamente os salários nominais tão logo a inflação seja registrada. Se os tomadores de decisão no mercado de recursos produtivos anteciparem corretamente a taxa de inflação futura, o preço real dos recursos produtivos não se reduzirá quando o aumento de preço se acelerar.

> **Cláusula de indexação**
>
> Uma cláusula contratual que estabelece um ajuste periódico e automático nos salários nominais, de acordo com a alta no nível geral de preços.

A Figura 14.9 ilustra o fato de que, quando os indivíduos antecipam corretamente os efeitos de uma política monetária expansionista antes que eles ocorram, o impacto de curto prazo da política monetária é semelhante ao seu impacto de longo prazo. O nível de preços aumentará, provocando uma expansão na renda monetária (P_2Y_1), mas a renda real (Y_1) não se modificará. A taxa nominal de juros aumentará, mas a taxa real de juros permanecerá estável. Assim, quando os efeitos de uma política monetária expansionista são plenamente antecipados pelos agentes econômicos, essa política terá um impacto muito pequeno sobre a atividade econômica real.

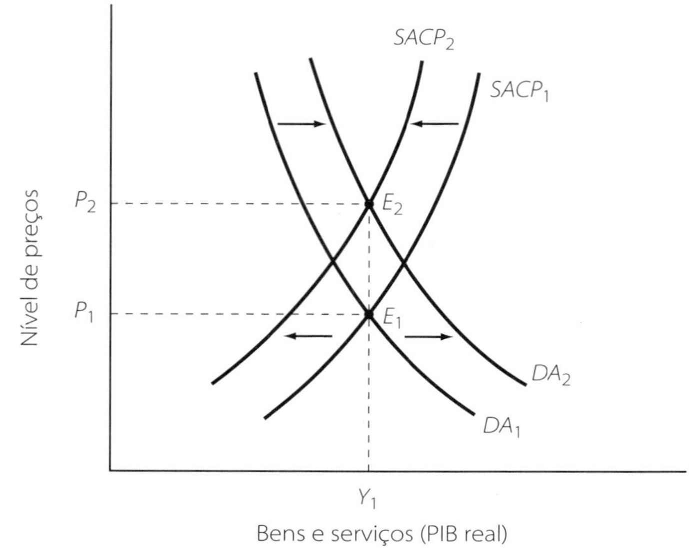

Figura 14.9 Os efeitos de curto prazo de uma expansão monetária antecipada.

Quando os agentes econômicos antecipam plenamente os efeitos de uma expansão monetária, essa expansão não afeta o produto real, mesmo no curto prazo. Os ofertantes, inclusive os de recursos produtivos, consideram em suas decisões a expectativa de aumentos de preços. A inflação antecipada leva a um aumento nos custos nominais (inclusive salários), provocando uma queda na oferta agregada (deslocamento para $SACP_2$). Enquanto os salários nominais, os preços e as taxas nominais de juros aumentam, suas contrapartidas reais não mudam. O resultado será: inflação sem mudança no produto real (Y_1).

As pessoas realmente são capazes de antecipar os efeitos de uma política monetária? Esse é um tópico sujeito a um caloroso debate entre os economistas, e vamos considerá-lo mais detalhadamente no próximo capítulo. Como os efeitos de uma política monetária diferem substancialmente se os agentes econômicos antecipam ou não o impacto das medidas de política monetária, essa questão é muito importante.

Taxas de Juros e Política Monetária

O Banco Central pode controlar as taxas de juros? Quão rapidamente uma mudança na política monetária produzirá efeitos significantes sobre o produto e o nível de preços no mercado de bens e serviços? Essas duas perguntas estão interligadas. Comecemos pela questão da taxa de juros. Para simplificar a análise, vamos prosseguir supondo que exista uma única taxa de juros no mercado de ativos financeiros. No mundo real, há um elevado número de taxas de juros no mercado de ativos financeiros, refletindo as diferenças de prazo e de risco associadas aos empréstimos ou às aplicações financeiras. Por exemplo: há taxas de juros de curto prazo, como as associadas aos fundos lastreados em títulos federais e aos rendimentos de depósitos de poupança. Além disso, há taxas de juros de longo prazo, como as taxas no mercado de hipotecas e as taxas no mercado de títulos de longo prazo.

Quando o Bacen redireciona a política monetária para que ela se torne expansionista – quando ele compra títulos e injeta reservas adicionais no sistema –, há um impacto imediato sobre as taxas de juros de curto prazo, como a taxa interbancária, isto é, a taxa de juros no mercado em que os bancos com excesso de reservas concedem empréstimos de curto prazo aos bancos com insuficiência de reservas. À medida que a taxa de juros no mercado interbancário se reduz, as taxas de curto prazo em outros segmentos de mercado também diminuirão – por exemplo, as taxas de juros das LTNs e as taxas de juros dos certificados de depósitos bancários (CDBs).

Entretanto, o impacto da política monetária expansionista sobre as taxas de juros de longo prazo – como as taxas no mercado de hipoteca e as taxas de juros de títulos públicos de cinco anos – será muito mais modesto e de difícil previsão. Há duas razões para isso: em primeiro lugar, as taxas de juros de longo prazo são mais influenciadas por fatores reais – tais como a demanda por fundos para investimento – do que por fatores monetários. Em segundo, os fatores monetários afetam as taxas de juros de longo prazo primordialmente pelo seu impacto sobre a inflação esperada no futuro. A esperada taxa futura de inflação de longo prazo é um componente importante da taxa nominal de juros de longo prazo. Se as pessoas esperam uma taxa de inflação futura mais elevada, como resultado de uma política monetária expansionista, as taxas de juros de longo prazo devem aumentar, e não cair. Assim, embora a mudança de política do Bacen provoque, de forma expedita, um impacto marcante sobre as taxas de juros de curto prazo, seu impacto sobre as taxas de juros de longo prazo é mais incerto e, possivelmente, ocorrerá com uma defasagem de tempo substancial. Como as taxas de juros de longo prazo são mais relevantes para as decisões de investimento dos homens de negócio e das famílias, a ambigüidade do impacto da política monetária sobre essas taxas de juros é particularmente importante.

Taxas de Juros de Curto Prazo, Velocidade da Moeda e as Defasagens na Política Monetária

Como se as dificuldades citadas não bastassem, o impacto da mudança na taxa nominal de juros de curto prazo sobre a velocidade da moeda adiciona uma complicação a mais. Uma redução na taxa nominal de juros de curto prazo diminui o custo de oportunidade de se manter a moeda. Como é de se esperar, sob tais condições, a velocidade da moeda diminuirá, o que deve reduzir os efeitos do estímulo inicial provocado pela política monetária expansionista. É claro que, se a política monetária expansionista continuar sendo administrada por algum tempo, a combinação de taxas reais de juros mais baixas – particularmente as taxas de curto prazo – com a maior disponibilidade de fundos para crédito, eventualmente, estimulará a demanda agregada (ver a Figura 14.3). Com o passar do tempo, o aumento na demanda agregada provocará uma pressão de alta no nível de preços. Essa pressão de alta nos preços provocará um aumento tanto na expectativa inflacionária quanto nas taxas nominais de juros, inclusive nas taxas nominais de curto prazo. Quando isso acontece – e muitos trimestres devem se passar antes que isso ocorra –, essa taxa nominal de juros mais elevada aumentará a velocidade da moeda e amplificará o estímulo à demanda agregada provocado pela política. É exatamente nesse momento que os principais efeitos da política monetária expansionista serão mais fortes.

Essas mesmas forças também estarão presentes no caso de o Bacen redirecionar a política monetária, no sentido restritivo. Quando o Bacen muda a política monetária para que ela se torne mais restritiva, ele geralmente drena reservas do sistema bancário, o que rapidamente produzirá uma pressão de alta na taxa interbancária e em outras taxas de juros de curto prazo. A política monetária restritiva, entretanto, terá, de modo geral, menor impacto sobre as taxas de juros de longo prazo. Se as pessoas percebem que o perigo da inflação é menor, em decorrência da política monetária restritiva, esse fato produzirá uma pressão de baixa nas taxas de juros de longo prazo, o que, pelo menos parcialmente, reduzirá os efeitos provocados pelo aumento das taxas de juros de curto prazo.

Ao mesmo tempo, essas taxas de juros de curto prazo mais elevadas aumentam o custo de oportunidade de se manter moeda e, conseqüentemente, aumenta a velocidade da moeda. Esse aumento na velocidade da moeda estimulará uma despesa adicional que, por algum tempo, tende a reduzir os efeitos restritivos da política. É claro que a política restritiva, se mantida por algum tempo, eventualmente reduzirá a inflação, assim como a taxa nominal de juros (inclusive as taxas de curto prazo), o que, por sua vez, diminuirá a velocidade da moeda. Uma vez que isso ocorra, e muitos meses se passarão para que isso aconteça, a política restritiva será altamente efetiva – ela reduzirá substancialmente a demanda agregada, o produto e os preços.

Todos esses fatores sugerem que a relação entre mudanças na política monetária e mudanças no produto e nos preços é provavelmente longa e variável. Quando há uma mudança na política monetária, a intensidade de seus efeitos no curto prazo pode diferir, substancialmente, da intensidade registrada no longo prazo. É óbvio que esses fatores complicarão o trabalho dos responsáveis pela política monetária, por tornar mais difícil para o Banco Central implementar mudanças de política, de modo a promover a estabilização da economia.

A Oferta Monetária e a Taxa Básica de Juros (Taxa Selic)

Até agora, temos usado mudanças na oferta monetária para indicar a direção das mudanças na política monetária. Nos anos recentes, o Banco Central tem utilizado a taxa de juros – particularmente a taxa Selic – como um instrumento de mudança na política monetária. Se o Bacen deseja adotar uma política monetária mais expansionista, ele pode anunciar que está reduzindo a meta para a taxa básica de juros (taxa Selic). O Bacen controla essa taxa por meio das operações de mercado aberto. Para baixar essa taxa, ele compra mais títulos públicos, injetando, dessa forma, uma quantidade adicional de reservas no sistema, o que produzirá uma pressão de baixa na taxa Selic. É claro que, quando o Bacen compra títulos públicos, ele também aumenta a oferta monetária. Portanto, embora a mídia e os analistas econômicos destaquem a mudança na taxa Selic, o impacto sobre a economia é o mesmo de um aumento na oferta monetária. No entanto, quando o Bacen redireciona a política monetária para que ela seja mais restritiva, ele aumentará a taxa Selic. Entretanto, o Bacen atinge esse objetivo vendendo títulos públicos, o que reduzirá as reservas disponíveis no sistema bancário. Uma vez mais, o resultado é o mesmo de uma redução na oferta monetária.

Os Perigos do Uso da Taxa de Juros como Indicador de Política Monetária

As taxas de juros indicam a política adotada pelo Bacen? Por exemplo, taxas de juros baixas indicam que o Bacen está adotando uma política monetária expansionista? Aqui é de vital importância a distinção entre considerações de curto e de longo prazos. Quando o Bacen muda a política monetária na direção expansionista, ele geralmente o faz injetando reservas adicionais no sistema bancário. No curto prazo, isso produzirá uma pressão de baixa nas taxas de juros – particularmente nas taxas de juros de curto prazo. Entretanto, considere a possibilidade de o Bacen adotar uma política expansionista de forma continuada, procurando, dessa forma, reduzir as taxas de juros por um longo período. No longo prazo, a expansão monetária provocará inflação. Na medida em que as pessoas passem a esperar uma inflação maior, as taxas nominais de juros aumentarão, em vez de cair. Se a inflação for perfeitamente antecipada, as taxas reais de juros acabarão retornando ao seu nível normal.

Paradoxalmente, embora uma política monetária expansionista possa reduzir as taxas de juros no curto prazo, o resultado no longo prazo será o oposto. Uma política de expansão monetária persistente conduzirá a economia a um processo inflacionário e a elevadas taxas nominais de juros. De modo similar, uma mudança na política monetária na direção contracionista aumentará as taxas de juros no curto prazo. Entretanto, a adoção de uma política monetária restritiva por um longo período produzirá deflação (queda de preços) e taxas de juros mais baixas.

Assim, as taxas de juros geralmente mascaram as inferências sobre o sentido da política monetária. Nos Estados Unidos, por exemplo, as taxas de juros eram elevadas durante a década de 1970, um período de política monetária expansionista e de inflação. Contudo, as taxas de juros eram relativamente baixas durante as décadas de 1960 e de 1990, períodos de política monetária mais restritiva. Durante a Grande Depressão, as taxas de juros caíram a menos de 1% ao ano. Mas isso não era um indicador de política monetária expansionista. Ao contrário, as baixas taxas de juros resultavam de uma política monetária altamente restritiva que provocava deflação, e da expectativa de que os preços continuariam caindo no futuro. Internacionalmente, o quadro é similar. As taxas de juros mais elevadas do mundo ocorrem em países que experimentam hiperinflação – por exemplo, Argentina e Brasil, na década de 1980, e a Rússia, na década de 1990. No final da década de 1990, muitas taxas de juros no Japão caíram abaixo de 1% ao ano. Tal como nos Estados Unidos durante a Grande Depressão, as baixas taxas de juros observadas para o Japão refletiam uma política monetária altamente restritiva que levava a economia a um nível geral de preços decrescente e a uma expectativa de deflação.

Os Efeitos da Política Monetária: Um Resumo

As "Regras de Bolso" a seguir resumem as implicações teóricas de nossa análise. O impacto da política monetária sobre as principais variáveis econômicas é indicado para três alternativas: (1) no curto prazo, quando seus efeitos não são antecipados, (2) no curto prazo, quando seus efeitos são antecipados e (3) no longo prazo. Note que o impacto da política monetária nos dois últimos casos é exatamente o mesmo. Quando os agentes econômicos antecipam rapidamente os efeitos de uma política monetária, o processo de ajustamento é rápido, fazendo que os efeitos de curto prazo sejam idênticos aos de longo prazo. Sob tais circunstâncias, somente as variáveis medidas nominalmente (taxas nominais de juros e taxas de inflação) são afetadas. As variáveis reais não são afetadas (o PIB real, o nível de emprego e a taxa real de juros).

Nossa análise nos leva a cinco principais previsões:

1. *Uma mudança para uma política monetária expansionista (restritiva) não-antecipada estimulará (reduzirá) temporariamente o produto e o nível de emprego.* Como as Figuras 14.3 e 14.4 ilustram, uma expansão na demanda agregada, decorrente de um aumento não-antecipado na oferta de moeda, provocará, no curto prazo, uma expansão no produto real e no emprego. Contrariamente, como mostra a Figura 14.5, uma mudança para uma política monetária restritiva não-antecipada reduz a demanda agregada e o produto real.
2. *Os efeitos estabilizadores de mudanças na política monetária dependem do estado da economia no momento em que esses efeitos são observados.* Se os efeitos de uma política expansionista ocorrem quando a economia está operando abaixo de sua capacidade, então, o estímulo à demanda agregada conduzirá a economia na direção do pleno emprego. Entretanto, se esse estímulo de demanda ocorrer quando a economia estiver operando acima de sua capacidade, ele contribuirá para acelerar a taxa de inflação. Analogamente, uma política monetária restritiva ajudará no controle da inflação, se as restrições impostas à demanda agregada tiverem impacto, quando o produto estiver acima da capacidade de longo

prazo da economia. Todavia, uma política monetária restritiva promoverá uma recessão, se a redução na demanda agregada ocorrer quando a economia estiver abaixo ou em sua capacidade de produção de longo prazo.

3. *Um crescimento contínuo na oferta monetária a taxas elevadas produzirá inflação.* Embora os efeitos de curto prazo de uma política monetária expansionista se façam sentir principalmente sobre o produto, especialmente se a economia estiver sujeita a um excesso de capacidade, uma expansão persistente na oferta monetária a uma taxa superior à taxa de crescimento do produto real provocará inflação. Quanto mais elevada for a taxa de crescimento da oferta monetária (relativamente à taxa de crescimento do produto real), tanto maior será a taxa de inflação provocada por esse crescimento contínuo na oferta monetária.
4. *As taxas nominais de juros e a taxa de inflação estão diretamente relacionadas.* À medida que a taxa de inflação sobe, as taxas nominais de juros eventualmente aumentarão, porque devedores e credores passarão a esperar uma taxa de inflação mais elevada e introduzirão essa expectativa nos seus processos decisórios. Contrariamente, à medida que a taxa de inflação cai, as expectativas sobre a taxa de inflação futura se reduzirão e, eventualmente, levarão a economia a taxas nominais de juros mais baixas. Portanto, quando a expansão monetária conduz a uma aceleração da taxa de inflação, ela também provocará um aumento nas taxas nominais de juros.
5. *Há uma tênue relação ano a ano entre mudanças na política monetária e mudanças no produto e nos preços.* Leva tempo para que os mercados se ajustem às mudanças nas condições de demanda. Alguns preços, tanto no mercado de bens quanto no mercado de recursos produtivos, são acertados por contratos de longo prazo. Obviamente, variações nos preços nesses mercados só ocorrem com o passar do tempo. Em alguns casos, as pessoas podem antecipar os efeitos da mudança de política e se ajustar rapidamente; em outros, a reação a mudanças de política pode tomar mais tempo. Essa variedade de reações enfraquece a relação ano a ano entre os indicadores monetários e variáveis econômicas importantes.

Além disso, uma mudança na política monetária exercerá, inicialmente, um impacto maior nas taxas de juros de curto prazo do que nas taxas de juros de longo prazo. Mudanças nas taxas de juros de curto prazo muito provavelmente provocarão mudanças na velocidade da moeda, o que tende a reduzir os efeitos iniciais da mudança de política monetária. Esse fato também tende a enfraquecer a relação ano a ano entre as mudanças em uma política monetária e as mudanças no produto e nos preços. Portanto, ainda que nossa análise indique que a política monetária influencia o produto e os preços, essas relações ano a ano são, provavelmente, tênues.

Regras de Bolso

Qual é o impacto da política monetária?

<table>
<tr><th></th><th>Efeitos de curto prazo quando a política não é antecipada (1)</th><th>Efeitos de curto prazo quando a a política é antecipada[a] (2)</th><th>Efeitos de longo prazo (3)</th></tr>
<tr><td>Impacto de uma política monetária expansionista sobre:</td><td></td><td></td><td></td></tr>
<tr><td>Taxa de inflação</td><td>Um pequeno aumento, especialmente na presença de excesso de capacidade</td><td colspan="2">Aumenta</td></tr>
<tr><td>Produto real e emprego</td><td>Aumentam, particularmente, na presença de excesso de capacidade</td><td colspan="2">Sem mudança</td></tr>
<tr><td>Taxa nominal de juros</td><td>Taxas de curto prazo provavelmente declinam</td><td colspan="2">Aumenta</td></tr>
<tr><td>Taxa real de juros</td><td>Diminui</td><td colspan="2">Não muda</td></tr>
<tr><td>Impacto de uma política monetária restritiva sobre:</td><td></td><td></td><td></td></tr>
<tr><td>Taxa de inflação</td><td>Uma pequena redução</td><td colspan="2">Diminui</td></tr>
<tr><td>Produto real e emprego</td><td>Diminuem, particularmente se a economia estiver abaixo do pleno emprego</td><td colspan="2">Não mudam</td></tr>
<tr><td>Taxa nominal de juros</td><td>As taxas de curto prazo provavelmente aumentarão</td><td colspan="2">Diminui</td></tr>
<tr><td>Taxa real de juros</td><td>Aumenta</td><td colspan="2">Não muda</td></tr>
</table>

[a] Equilíbrio inicial de longo prazo.

Testando as Principais Implicações da Teoria Monetária

A nossa análise é consistente com o mundo real? Vamos usar o exemplo norte-americano para considerar essa questão. A razão para não utilizarmos o exemplo brasileiro é puramente pedagógica. O Brasil passou por várias reformas monetárias, algumas das quais implicavam única e exclusivamente a retirada de zeros da unidade monetária; outras foram acompanhadas de mudanças institucionais, tais como o congelamento de preços (Plano Cruzado) ou de ativos financeiros (Plano Brasil Novo). As mudanças e intervenções governamentais, no caso brasileiro, tornam sua análise mais complexa, o que poderia dificultar a compreensão do leitor. Além disso, enfrentamos alguns problemas estatísticos. O Brasil não dispõe, para um longo período, de uma série consistente do PIB trimestral. O conceito de oferta monetária foi modificado pelo Bacen, e, durante o período de elevada inflação, o conceito relevante de moeda deveria incluir todos os ativos financeiros que eram objeto de negociação no *overnight*. Por isso, vamos usar o exemplo dos Estados Unidos para verificar a consistência da análise apresentada neste capítulo com os fatos registrados naquele país.

Nossa análise indica que uma mudança para uma política monetária mais expansionista estimulará, inicialmente, o produto, enquanto uma mudança para uma política monetária restritiva deprimirá o produto. A Figura 14.10 mostra a relação entre as mudanças na taxa de crescimento da oferta monetária e a taxa de crescimento do produto real, para os Estados Unidos, desde 1960. Em virtude da introdução do pagamento de juros aos depósitos bancários que permitem a utilização de cheque, a natureza do agregado monetário M1 se modificou durante a década de 1980 (afetando a sua taxa de crescimento), por isso a oferta monetária é representada aqui por M2. É claro que outros fatores que não a política monetária (por exemplo, os choques de oferta, a política fiscal ou as variações na renda do exterior) influenciarão a taxa de crescimento do produto. Dessa forma, a relação entre as mudanças na oferta monetária e as mudanças no crescimento do PIB real não deve ter a característica de uma relação matemática precisa. Entretanto, uma inspeção cuidadosa dos dados revela que os períodos para os quais ocorreu uma acentuada aceleração na taxa de crescimento da oferta monetária estavam geralmente associados a uma aceleração na taxa de crescimento do PIB real. Por exemplo, as acelerações na taxa de crescimento da oferta monetária, durante os períodos 1961-1964, 1971-1972, 1976 e 1983, estão associadas a uma aceleração na taxa de crescimento do PIB durante cada um desses períodos. O inverso também ocorreu: períodos para os quais se registram acentuadas desacelerações na taxa de crescimento da oferta monetária estavam geralmente associados a uma recessão econômica ou foram imediatamente seguidos de uma recessão econômica. Uma redução na taxa de crescimento da oferta monetária precedeu as recessões registradas em 1960, 1970 e 1974-1975. De modo similar, uma acentuada redução, de 12% na taxa de crescimento no estoque de moeda, em 1976-1977, para menos de 8%, em 1978-1979, precedeu as recessões e o crescimento pífio do PIB real durante o período de 1979-1982. Mais recente-

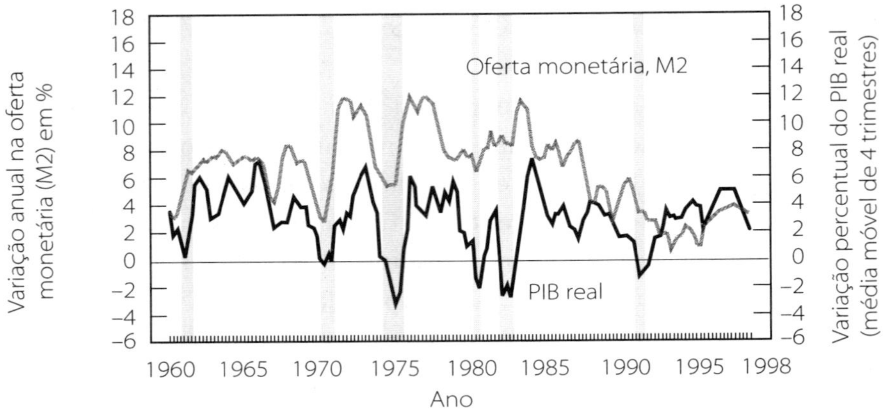

Figura 14.10 Estados Unidos – Política monetária e PIB real.

Reduções acentuadas na taxa de crescimento da oferta monetária, tais como as que ocorreram em 1968-1969, 1973-1974, 1977-1978 e 1988-1991, geralmente precederam quedas no PIB real e períodos de recessão (indicados pela marca sombreada). No entanto, períodos de acentuada aceleração no crescimento da oferta monetária, tais como os de 1971-1972 e 1976, foram seguidos de períodos de rápido crescimento do PIB. A autoridade monetária geralmente tem aumentado a taxa de crescimento da oferta monetária durante as recessões. Note que a taxa de crescimento da oferta monetária tem sido mais baixa e mais estável durante a última década.

Fonte: Derivado de um conjunto de dados digitalizados fornecidos por *Fame Economics*. Ver também *Economic report of the president* (publicado anualmente).

mente, a recessão e a estagnação da economia no período 1989-1991 foram precedidas por substancial desaceleração na taxa de crescimento da oferta monetária. Assim, exatamente como a nossa teoria prevê, parece haver uma relação entre mudanças na política monetária e mudanças no PIB real.

A Figura 14.11 apresenta graficamente a relação entre a política monetária e a taxa de inflação nos Estados Unidos. Embora a nossa teoria afirme que um crescimento persistente na oferta monetária estará, no longo prazo, altamente associado à taxa de inflação, ela também nos indica que um período se faz necessário para que a expansão (ou contração) monetária venha a alterar a demanda agregada e, conseqüentemente, ter um impacto sobre os preços. Muitos economistas acreditam que a defasagem de tempo entre mudanças na política monetária e as conseqüentes mudanças no nível de preços é de cerca de dois a três anos. Refletindo essa visão, a Figura 14.11 compara a oferta monetária (M2) em determinada data (trimestre) com a taxa de inflação registrada três anos depois.

Uma vez mais, embora a relação não seja matematicamente precisa, ela definitivamente existe. É digno de nota que a rápida aceleração monetária durante o período

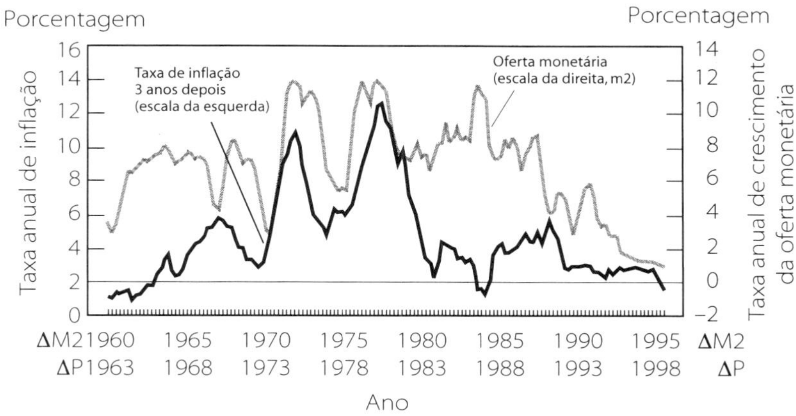

Figura 14.11 Estados Unidos – Efeitos das mudanças na oferta monetária sobre a inflação.

Aqui, ilustramos a relação entre a taxa de crescimento da oferta monetária (M2) e a inflação registrada três anos depois. Embora as duas não estejam perfeitamente correlacionadas, os dados indicam que períodos de aceleração monetária (por exemplo: 1971-1972 e 1975-1976) tendem a estar associados a um aumento na taxa de inflação registrada cerca de três anos depois. De modo similar, uma desaceleração na taxa de crescimento da oferta monetária, como a que ocorreu na década de 1990, está geralmente associada a uma redução na taxa de inflação.

Fonte: Derivado de um conjunto de dados digitalizados fornecidos por *Fame Economics*. Ver também *Economic report of the president* (publicado anualmente). A taxa de inflação foi medida pelo índice de preços ao consumidor.

1971-1972 foi seguida de uma aceleração similar na taxa de inflação durante o período 1973-1974. Semelhantemente a forte contração monetária de 1974-1975 foi acompanhada não só da recessão de 1974-1975, mas também de uma forte desaceleração na taxa de inflação durante o período 1976-1977. Entretanto, à medida que a política monetária voltou a ser expansionista em 1976-1977, uma inflação de dois dígitos emergiu no período 1979-1980. Durante o período 1980-1986, a ligação entre a taxa de crescimento da oferta monetária e a taxa de inflação para alguns anos à frente parece ter enfraquecido. Em parte, isso pode ser um reflexo das inovações financeiras e da mudança na natureza da moeda durante aquele período. Há alguma evidência de que a relação entre a taxa de crescimento da oferta monetária e a inflação futura está se tornando mais previsível agora que durante o período de adaptação à introdução de depósitos à vista remunerados com juros. Durante o período 1987-1993, a taxa anual de crescimento da oferta monetária (M2) desacelerou de aproximadamente 8% para menos de 2%. A taxa de inflação seguiu um caminho similar durante esse período, mantendo, entretanto, uma defasagem de tempo. Além disso, as baixas taxas de crescimento da oferta monetária durante a década de 1990 (a taxa média anual de crescimento da oferta monetária foi de aproximadamente 3% durante esse período) estão associadas a baixas taxas de inflação.

A Figura 14.12 mostra a relação entre a taxa de inflação (medida por variações no IPC) e a taxa nominal de juros. Como nossa medida de inflação é a variação anual no nível de preços, vamos compará-la com a taxa nominal de juros de curto prazo – taxa de juros dos títulos públicos federais de três meses. Nossa teoria implica que a taxa nominal de juros tende a aumentar com a taxa de inflação. A evidência empírica indica que isso efetivamente ocorre. À medida que a inflação aumentou significativamente na parte final da década de 1960, o mesmo ocorreu com a taxa nominal de juros. Durante a década de 1970, os aumentos acentuados na taxa de inflação, particularmente durante o período 1977-1980, foram acompanhados por aumentos substanciais na taxa nominal de juros. De modo similar, à medida que a taxa de inflação desacelerava dos seus dois dígitos do final da década de 1970, a taxa nominal de juros caía acentuadamente durante o período 1980-1987. Mais tarde, um modesto aumento na taxa de inflação registrada no período 1988-1990 provocou, igualmente, um modesto aumento na taxa nominal de juros de curto prazo. Por fim, à medida que a taxa de inflação caiu ao seu nível mais baixo nos últimos 20 anos em 1993, o mesmo ocorreu com a taxa de juros. Esses dados fornecem uma forte evidência de que, como nossa teoria prevê, as escolhas de devedores e credores são altamente influenciáveis pela taxa de inflação e pelas expectativas sobre a trajetória inflacionária no futuro.

A principal implicação de nossa análise é a de que um crescimento mais rápido na oferta monetária por um longo período estará associado a taxas de inflação mais eleva-

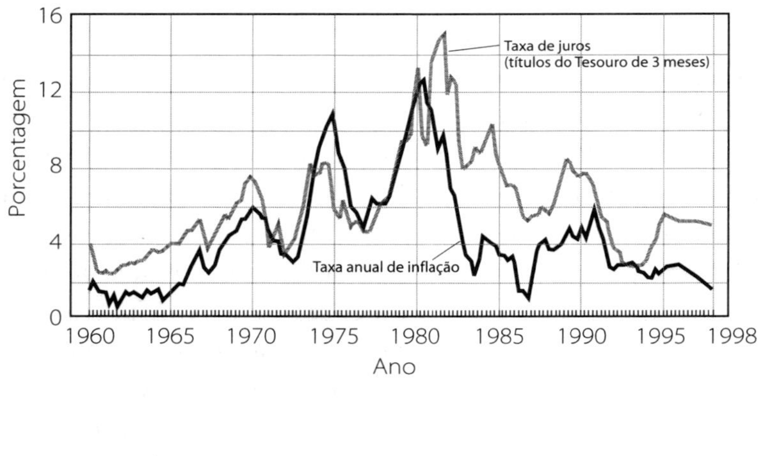

Figura 14.12

Estados Unidos – A taxa de inflação e a taxa nominal de juros.

A expectativa de inflação (a) reduz a oferta e (b) aumenta a demanda por ativos financeiros, fazendo que a taxa de juros se eleve (ver a Figura 14.8). Observe como a taxa nominal de juros de curto prazo tem apresentado a tendência de aumentar quando a taxa de inflação sobe (e declinar quando a taxa de inflação cai).

Fonte: Derivado de um conjunto de dados digitalizados fornecidos por *Fame Economics*. Ver também *Economic report of the president* (publicado anualmente).

das. A Figura 14.13 apresenta, para diversos países, durante o período 1980-1996, a taxa anual média de crescimento da oferta monetária (ajustada para a taxa de crescimento do PIB nacional) e a taxa anual média de inflação. A figura ilustra claramente a ligação entre a política monetária e a inflação. Países com baixas taxas de crescimento da oferta monetária – por exemplo, Bélgica, Japão, Suíça e Estados Unidos – experimentaram baixas taxas de inflação. De modo similar, países com taxas de crescimento monetário entre 15% e 45% experimentavam uma taxa de inflação que variava nesse mesmo intervalo. Hungria, Chile, Equador, Gana e México ilustram esse ponto. Finalmente, conside-

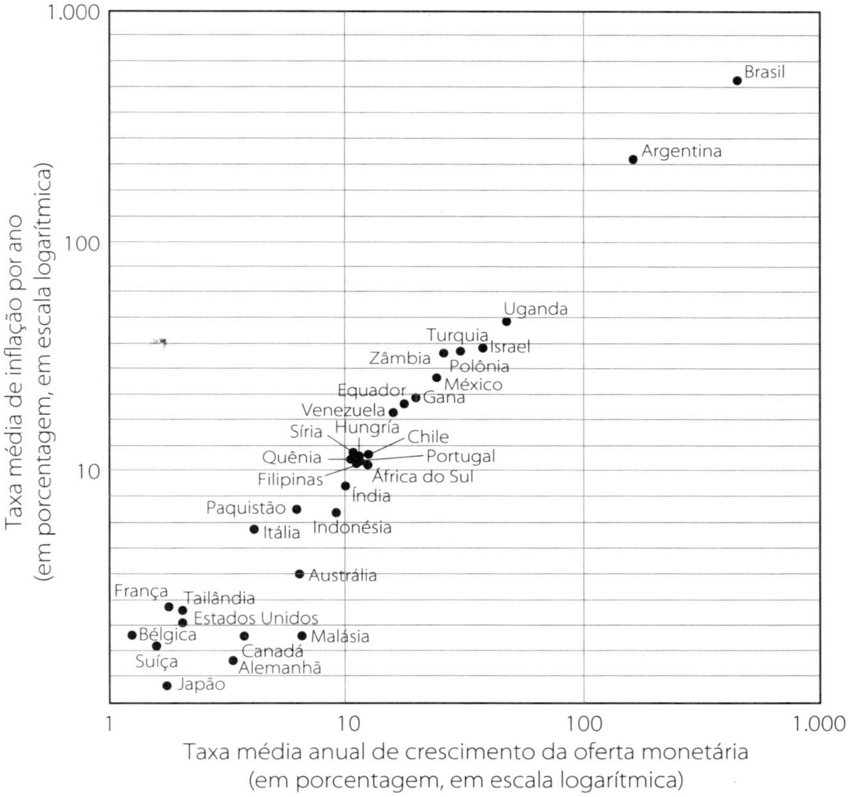

Figura 14.13 Moeda e inflação – Uma comparação internacional, 1980-1996.

A relação entre a taxa anual média de crescimento da oferta monetária e a taxa anual média de inflação é apresentada aqui para o período 1980-1996. Claramente, há uma forte relação entre essas duas médias. Taxas mais elevadas de crescimento monetário implicam taxas de inflação mais elevada.
Nota: Os dados de oferta monetária foram obtidos deduzindo-se da taxa de crescimento da oferta monetária a taxa de crescimento do PIB real.

Fonte: Fundo Monetário Internacional, *International Financial Statistics Yearbook*, 1997 e *International Financial Statistics*, dez. 1998.

remos a Argentina e o Brasil. A taxa anual de crescimento da oferta monetária para esses dois países era bastante elevada – 200% ou mais – durante esse período. Como era de prever, a hiperexpansão monetária conduziu esses países à hiperinflação.

Exatamente como a teoria econômica indica, o crescimento monetário e a inflação estão altamente associados no longo prazo. Taxas de crescimento monetário persistentemente baixas provocam baixas taxas de inflação. De modo similar, altas taxas de expansão monetária provocam altas taxas de inflação. A relação de longo prazo entre o crescimento monetário e a inflação é uma das relações empíricas mais consistentes da teoria econômica.

Olhando à Frente

Como discutimos neste capítulo, a teoria econômica nos indica que o impacto da política monetária depende de os agentes econômicos anteciparem ou não os seus efeitos. Até agora, demos pouca atenção ao processo de formação de expectativas dos agentes econômicos. No próximo capítulo, vamos considerar esse importante tópico.

Resumo do Capítulo

- ☐ A quantidade de moeda que as pessoas desejam manter está inversamente relacionada à taxa nominal de juros porque essa taxa representa o custo de oportunidade de se manter a moeda. Assim, cada real mantido sob a forma de moeda deixa de render, ao seu proprietário, o juro que ele receberia, caso aplicasse esses recursos monetários em títulos à taxa de juros de mercado. A oferta de moeda é vertical porque é determinada pelo Banco Central. A taxa nominal de juros flutuará em torno da taxa para a qual a quantidade de moeda que as pessoas desejam manter é exatamente igual ao estoque de moeda oferecido pelo Banco Central.
- ☐ O impacto de uma mudança na política monetária é geralmente transmitido ao restante da economia pelas taxas de juros, pela taxa de câmbio e pelos preços dos ativos.
- ☐ De modo a implementar uma política monetária mais expansionista, geralmente o Banco Central compra títulos públicos. Essa compra pelo Banco Central aumenta o preço dos títulos no mercado e cria reservas adicionais para os bancos, gerando, portanto, uma pressão de queda na taxa real de juros. No curto prazo, uma mudança não-antecipada para uma política monetária mais expansionista estimulará a demanda agregada, e, portanto, aumentará o produto e o emprego.
- ☐ Para instituir uma política monetária mais restritiva, o Banco Central vende títulos públicos. Essa venda reduzirá o preço dos títulos e diminuirá as reservas livres do sistema ban-

cário. Uma mudança não-antecipada para uma política monetária mais restritiva aumentará a taxa real de juros, o que reduzirá a demanda agregada e, portanto, o produto e o emprego no curto prazo.

- ☐ A teoria quantitativa da moeda postula que a velocidade da moeda é constante (ou aproximadamente constante) e que o produto real é independente de fatores monetários. Se essas hipóteses forem confirmadas, um aumento no estoque de moeda provocará apenas uma elevação proporcional no nível de preços.
- ☐ No longo prazo, o principal impacto da política monetária será sobre os preços e não sobre o produto real. Quando uma política monetária expansionista provoca aumentos de preço, os agentes econômicos eventualmente anteciparão a alta da taxa de inflação e levarão isso em conta, em suas decisões. À medida que isso ocorre, a taxa nominal de juros, os salários e as rendas refletirão a expectativa inflacionária, de modo que a taxa real de juros, os salários e o produto retornarão aos seus níveis normais de longo prazo.
- ☐ Quando os efeitos de uma política monetária expansionista são antecipados pelos agentes econômicos antes que venham a ocorrer, o impacto de curto prazo de um aumento na oferta monetária é similar ao seu impacto de longo prazo. Os preços nominais e a taxa nominal de juros aumentam, embora o produto real permaneça inalterado.
- ☐ Embora o Banco Central possa afetar as taxas de juros de curto prazo sua influência sobre as taxas de longo prazo é muito mais limitada. As taxas de juros podem não ser um bom indicador da política monetária. No longo prazo, uma política monetária expansionista provoca inflação e altas taxas de juros, e não baixas taxas de juros. Do mesmo modo, uma política monetária restritiva, quando adotada de forma consistente ao longo do tempo, leva a economia a uma baixa taxa de inflação e a baixas taxas de juros.
- ☐ A evidência empírica indica que mudanças na política monetária influenciam o PIB real no curto prazo.
- ☐ Tanto a evidência apresentada para os Estados Unidos quanto a comparação de experiências internacionais nos indicam que um crescimento rápido e persistente na oferta monetária está altamente associado à inflação. Países com baixas (altas) taxas de crescimento da oferta monetária tendem a experimentar baixas (altas) taxas de inflação.

Questões de Análise Crítica

1. Por que as pessoas mantêm dinheiro? De que modo um aumento na taxa de juros afeta a quantidade de moeda que as pessoas desejam manter?

2. Como cada um dos eventos a seguir influencia a quantidade de moeda que você gostaria de manter?
   a) Um aumento na taxa de juros dos depósitos que permitem uso de cheque.
   b) Um aumento na taxa de inflação esperada.
   c) Um aumento de renda.

d) Um aumento no diferencial da taxa de juros paga em aplicações de fundos mútuos e em depósitos bancários que permitem o uso de cheque.

3. Qual o custo de oportunidade dos seguintes eventos:
   a) comprar uma casa por R$ 100.000;
   b) manter essa casa durante o próximo ano;
   c) ganhar mil reais;
   d) manter os mil reais na forma de depósito à vista, durante o próximo ano.

4. Historicamente, mudanças na direção de uma política monetária mais expansionista estão, de modo geral, associadas a aumentos no produto real. Por quê? Uma política mais expansionista poderia aumentar a taxa de crescimento de longo prazo do PIB real? Por quê?

5. Qual é o impacto de um aumento não-antecipado na oferta monetária sobre a taxa real de juros, o produto real e o emprego no curto prazo? Como uma política monetária expansionista afetará a economia quando seus efeitos são amplamente antecipados? Por que faz diferença, em termos de impacto sobre a economia, que os efeitos da política monetária sejam antecipados ou não?

6. Qual é a taxa de crescimento da oferta monetária avaliada por M1 durante os últimos 12 meses? Qual tem sido essa taxa para o conceito M2? Na sua opinião, o Banco Central deveria aumentar ou diminuir a taxa de variação da oferta monetária durante o próximo ano? Por quê? Os dados necessários para responder a essa pergunta estão disponíveis no *Boletim do Banco Central* ou na página do Bacen: www.bc.gov.br.

7. Quando o Banco Central passa a adotar uma política monetária mais restritiva, ele geralmente vende títulos públicos no mercado. Como essa ação do Banco Central influencia as variáveis a seguir? Explique cada uma de suas respostas.
   a) As reservas disponíveis nos bancos.
   b) A taxa real de juros.
   c) Os gastos das famílias com bens duráveis.
   d) A taxa de câmbio.
   e) As exportações líquidas.
   f) Os preços de ações e de ativos reais como apartamentos ou salas comerciais.
   g) O PIB real.

8. O déficit público será mais expansionista se for financiado por empréstimos obtidos do Banco Central ou por empréstimos obtidos do público em geral?

9. Os políticos, de modo geral, pressionam as autoridades monetárias a expandir a oferta monetária mais rapidamente para que ocorra uma redução nas taxas de juros. Uma política monetária expansionista reduzirá as taxas de juros no curto prazo? E no longo prazo? Explique. As mais altas taxas de juros no mundo ocorrem em países que expandem sua oferta monetária rapidamente. Você pode explicar por quê?

10. Muitos economistas acreditam que há "uma longa e variável defasagem de tempo" entre a instituição de uma mudança na política monetária e os impactos dessa mudança sobre o produto, o emprego e os preços. Se isso é verdade, de que forma essa longa e variável defasagem de tempo afeta a habilidade dos responsáveis pela política no uso da política monetária como instrumento de estabilização?

11. "Historicamente, quando as taxas de juros são altas, a inflação é alta. Altas taxas de juros são a principal causa de inflação." Avalie essa afirmação.

12. Se a oferta de moeda é constante, como um aumento na demanda de moeda influenciará a demanda agregada?

13. a) O que é a teoria quantitativa da moeda?
    b) A teoria quantitativa da moeda é válida?
    c) Ela é uma teoria completa, no sentido de permitir a avaliação de mudanças na política monetária em uma economia? Explique.

14. A tabela a seguir apresenta dados sobre a oferta monetária, o nível de preços e o PIB real para três países, durante o período 1993-1996.
    a) Complete a tabela calculando os dados que faltam.
    b) Qual país adotou a política monetária mais expansionista (a mais alta taxa de crescimento da oferta monetária) entre 1993 e 1996?
    c) Qual país registrou a mais alta taxa média anual de inflação durante o período 1993-1996?
    d) Qual dos países registrou o crescimento mais rápido do produto real durante o período 1993-1996?

Anos	Oferta monetária (em bilhões de moeda local)	Deflator do PIB (1990 = 100)	PIB nominal (em moeda local corrente)	PIB real (em moeda local de 1990)	Taxa de variação (%)	
					Oferta monetária	Nível de preços
			Estados Unidos			
1993	1.231	109,7	6.553		X	X
1994	1.232	112,2	6.936			
1995	1.221	115,0	7.254			
1996	1.238	117,2	7.576			
			Chile			
1993	1.629	157,3	18.454		X	X
1994	1.892	179,2	21.918			
1995	2.313	201,1	26.702			
1996	2.687	208,2	29.645			
			Venezuela			
1993	409	205,0	5.454		X	X
1994	981	334,1	8.632			
1995	1.367	505,5	13.504			
1996	1.349	1.068,8	28.091			

Fonte: Fundo Monetário Internacional, *International Financial Yearbook*, 1997.

15 Políticas de Estabilização, Produto e Emprego

> Infelizmente, os responsáveis por políticas econômicas não podem agir como se a economia fosse um automóvel, que pode ser, rapidamente, conduzido para a frente e para trás. Melhor comparando, o procedimento de modificar a demanda agregada está mais próximo à ação de um capitão na condução de um superpetroleiro. Mesmo que ele dê uma ordem para uma acentuada mudança de rumo, a embarcação terá percorrido uma milha, antes que ele perceba qualquer mudança, e dez milhas, antes que o petroleiro chegue ao rumo desejado.
>
> ***Robert J. Gordon***[1]

FOCO DO CAPÍTULO

- Como o produto tem flutuado ao longo do tempo? As flutuações econômicas têm-se tornado mais ou menos severas ao longo da história?
- O uso da política macroeconômica discricionária tem moderado os ciclos econômicos?
- Por que o momento certo para a implementação de políticas macroeconômicas é tanto de vital importância quanto de difícil identificação?
- Como as pessoas formam suas expectativas? As expectativas dos agentes econômicos influenciam o funcionamento dos instrumentos de política econômica?
- Qual é a visão moderna sobre políticas de estabilização?
- A Grande Depressão foi causada por erros de política econômica?

1. Robert J. Gordon, *Macroeconomics*. Boston: Little Brown, 1978, p. 334.

Nos capítulos anteriores, analisamos o impacto tanto da política fiscal quanto da política monetária sobre o produto, o emprego e o nível de preços. Observamos também que o impacto inicial das mudanças nas políticas difere do impacto em um período mais longo. Consideraremos agora o potencial de estabilização econômica das políticas macroeconômicas. Como uma administração intencional da política fiscal e/ou monetária pode reduzir a instabilidade econômica? Quais os tipos de políticas fiscal e monetária que são melhores para a economia? Este capítulo enfocará as principais ferramentas que podem ser usadas para favorecer a estabilidade econômica, bem como os fatores que limitam a consecução de tal objetivo. Também vamos considerar as teorias alternativas sobre a formação de expectativas e investigaremos suas implicações para o funcionamento das políticas macroeconômicas. Iniciaremos examinando a magnitude das flutuações econômicas durante o século XX, na economia norte-americana.

Os Estados Unidos serão usados como o caso substantivo neste capítulo, porque as políticas de estabilização no Brasil foram erráticas e dependeram largamente de administração de preços pelo governo, controle de preços – inclusive de salários e da taxa de câmbio –, congelamento de preços, restrições à entrada e, por vezes, à saída de empresas do mercado. Além do uso, pelo governo brasileiro, de mecanismos de controle com o objetivo de debelar a inflação sem atacar sua origem, a adoção de intervenções que procuravam direcionar investimentos privados para setores eleitos como prioritários impedia que os mercados cumprissem seu papel. Enfim, dado o excesso de intervenção do governo na economia brasileira, seria impossível esperar que o mecanismo de autocorreção do mercado funcionasse. Embora a economia norte-americana tenha estado sujeita a muitas distorções introduzidas pelo governo, o grau de intervenção a que a economia brasileira esteve e ainda está sujeita justifica nossa escolha. Acreditamos que, para o leitor, será mais fácil compreender a argumentação desenvolvida neste capítulo se adotarmos um caso no qual os instrumentos de política macroeconômica são claros e os mercados funcionam razoavelmente.

Flutuações Econômicas – Os Registros Históricos

As marcantes flutuações na atividade econômica geral – na renda, no emprego e no nível geral de preços – fazem que o planejamento econômico pessoal seja extremamente difícil. Tais mudanças podem fazer que investimentos bem planejados e bem concebidos resultem em desastre econômico. As histórias trágicas dos trabalhadores desempregados mendigando alimentos e investidores falidos se jogando pelas janelas durante a Grande Depressão, nos Estados Unidos, são registros dramáticos dos imensos custos pessoais e sociais da instabilidade econômica e da incerteza que ela gera.

Historicamente, ocorreram flutuações substanciais no produto real. A Figura 15.1 registra as variações percentuais no PIB real dos Estados Unidos, durante os últimos 90 anos. Antes da Segunda Guerra Mundial, variações de dois dígitos no PIB real durante um ano não eram incomuns. O PIB real aumentou em mais de 10% anualmente, na Primeira Guerra Mundial, durante o *boom* econômico em 1922, na recuperação econômica em meados da década de 1930 e, uma vez mais no período da Segunda Guerra Mundial. Em contraste, o produto caiu a uma taxa de 5% ao ano, ou às vezes superior a esse valor, durante a recessão de 1920-1921, nos anos da Depressão de 1930-1932 e 1938 e, uma vez mais, após a Segunda Guerra Mundial. Desde 1950, as flutuações econômicas (períodos de *boom* e recessão) têm sido mais moderadas. Entretanto, podemos observar ainda flutuações substanciais na área econômica.

Promovendo a Estabilização Econômica – As Visões Ativista e Não-Ativista

Há um consenso com relação aos objetivos da política macroeconômica. Os economistas de quase todas as correntes de pensamento acreditam que o desempenho da economia de mercado seria melhor se as flutuações econômicas fossem mínimas, se o nível geral de preços fosse estável e se o nível de emprego fosse sustentado em altas taxas (o desemprego na sua taxa natural).

Como atingir esses objetivos é, entretanto, motivo de muito debate entre os macroeconomistas. Muitos economistas argumentam que os principais objetivos macroeconômicos podem ser atingidos pelo uso intensivo de políticas discricionárias monetária e fiscal. Os proponentes de uma **estratégia ativista** acreditam que a política macroeconômica pode ser usada com sucesso para acelerar o processo de ajustamento na economia e reduzir as flutuações do ciclo dos negócios. Os ativistas freqüentemente argumentam que os mecanismos de autocorreção da economia funcionam, mas muito lentamente. Portanto, quando choques econô-

Estratégia ativista

Considera a necessidade de mudanças deliberadas nas políticas monetária e fiscal, de modo a estimular a demanda agregada durante uma recessão e restringi-la durante um *boom* inflacionário, minimizando, desse modo, a instabilidade econômica.

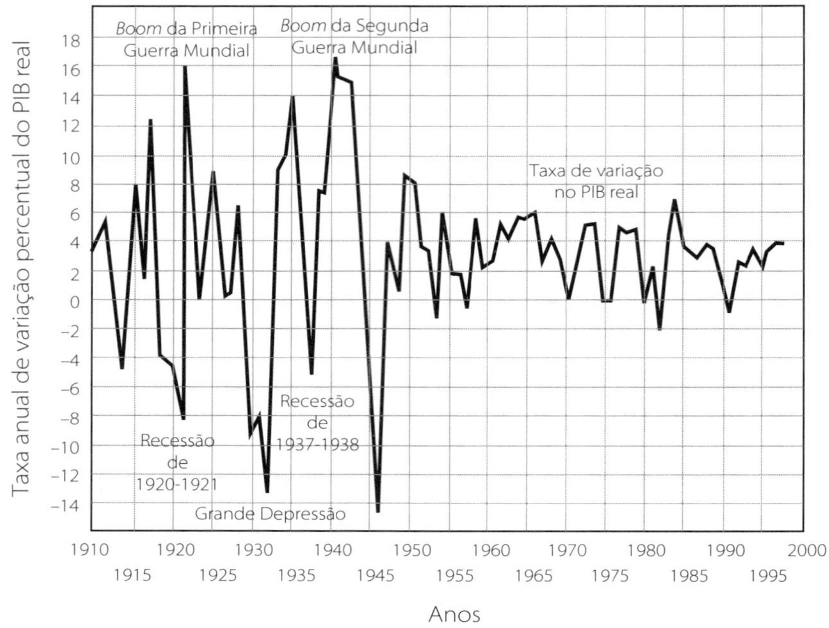

Figura 15.1 Estados Unidos – O declínio da instabilidade econômica após a Segunda Guerra Mundial.

Antes do final da Segunda Guerra Mundial, os Estados Unidos experimentaram um crescimento de dois dígitos no PIB real em 1918, 1922, 1935-1936 e 1941-1943. Em contraste, o PIB real caiu 5% ou mais em 1920-1921, 1930-1932, 1938 e 1946. As flutuações no PIB real se tornaram mais moderadas nas últimas quatro décadas, como bem ilustra o gráfico. A maioria dos economistas acredita que isso resulta do uso mais adequado de políticas macroeconômicas, particularmente da política monetária (ver a Figura 15.2).

Fontes: *Historical statistics of the United States*, p. 224; e *Economic report of the president*, 1999.

micos perturbam o equilíbrio, os responsáveis pela política econômica serão capazes de administrar a demanda agregada, de modo a trazer a economia de volta para os trilhos e minimizar as conseqüências adversas do choque não-antecipado.

Em contraste com a posição dos ativistas, os proponentes da **estratégia não-ativista** argumentam que o uso de políticas discricionárias, tanto a monetária quanto a fiscal, em resposta a mudanças nas condições econômicas, produz mais mal que bem à economia. De acordo com a visão dos não-ativistas, os mecanismos de autocorreção da economia evitarão períodos prolongados de flutuação econômica e de altos níveis de desemprego. Os não-ativistas argumentam que o sentido errático da política macroeconô-

Estratégia não-ativista

Sugere a manutenção das mesmas políticas monetária e fiscal – isto é, nenhuma mudança na taxa de crescimento da oferta monetária e nas alíquotas dos impostos ou nos gastos públicos durante todas as fases do ciclo dos negócios.

mica – particularmente, a instabilidade da política monetária – é a maior fonte de flutuações econômicas. Eles destacam que os casos mais contundentes de instabilidade econômica – como o da Grande Depressão da década de 1930 e da inflação da década de 1970 – resultaram, essencialmente, de erros de política econômica. Por isso mesmo, os não-ativistas acreditam que, em vez de mudanças discricionárias nas políticas macroeconômicas para a promoção da estabilidade econômica, a adoção de regras e princípios que promovam uma política macroeconômica estável (tanto a monetária quanto a fiscal) pode promover a estabilidade de maneira mais eficiente. Entretanto, há pontos de convergência entre os ativistas e os não-ativistas. Ambos reconhecem que os erros de política têm contribuído para a instabilidade econômica. Antes da revolução keynesiana, os governos geralmente aumentavam impostos para equilibrar o orçamento, quando as receitas se reduziam durante a recessão. É claro, pela análise econômica moderna, que tal política promoverá um agravamento da recessão. Tanto os ativistas quanto os não-ativistas reconhecem os perigos potenciais de uma instabilidade monetária. As extremas flutuações na oferta monetária que caracterizaram a política monetária norte-americana antes da Segunda Guerra Mundial emergem claras na Figura 15.2. Contrações acentuadas na oferta monetária foram freqüentemente acompanhadas de

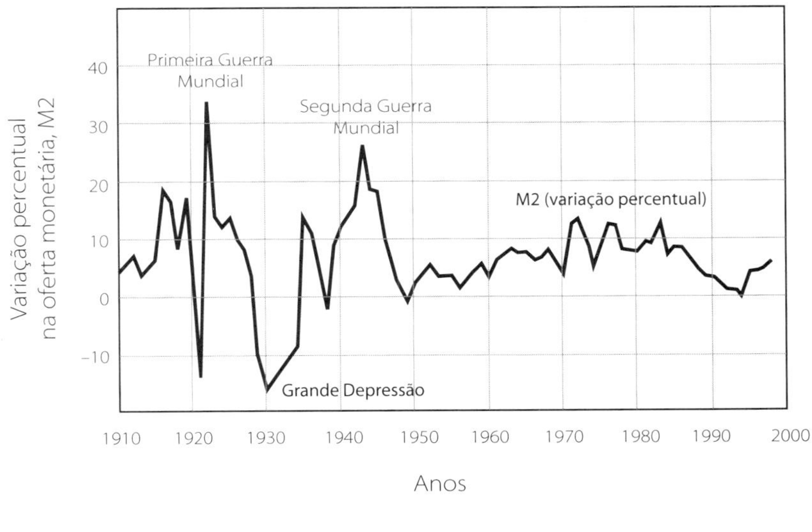

Figura 15.2 Estados Unidos – O declínio da instabilidade monetária após a Segunda Guerra Mundial.

Antes da década de 1950, a política macroeconômica era caracterizada por mudanças radicais. Aumentos elevados (15% ou mais) na oferta monetária (M2) por um ano ou dois eram acompanhados de uma contração monetária marcante. Desde o fim da Segunda Guerra Mundial, as flutuações na oferta monetária têm sido reduzidas à medida que as autoridades monetárias passaram a adotar uma conduta mais estável.

Fonte: *Economic report of the president*, 1999; e Robert J. Gordon, *Macroeconomics*. Glenview, Ill.: Scott Foresman, 1990.

fortes recessões, enquanto um crescimento econômico de dois dígitos era registrado durante os períodos de inflação da Primeira e da Segunda Guerra Mundial. Os ativistas e os não-ativistas concordam que mudanças erráticas na política econômica, especialmente na área monetária, têm contribuído para a instabilidade econômica. (Ver o boxe "Teoria Econômica Aplicada" – "Política macroeconômica perversa e a Grande Depressão norte-americana" para uma evidência do trágico papel da política macroeconômica durante a década de 1930.)

Como bem ilustra a Figura 15.2, as flutuações na política monetária tornaram-se mais moderadas desde a Segunda Guerra Mundial. De modo similar, as flutuações cíclicas dos negócios também se tornaram menos acentuadas. Os ativistas e os não-ativistas concordam que a associação entre uma política monetária mais estável e a moderação no ciclo dos negócios não é uma coincidência. Consideraremos a seguir uma análise de como a política macroeconômica pode ser usada de forma ativa, de modo a reduzir os *booms* e as recessões do ciclo econômico. Ao longo da análise, levaremos em conta algumas das limitações impostas a essa estratégia. Adiante, apresentaremos a visão não-ativista da política macroeconômica.

TEORIA ECONÔMICA APLICADA

Política macroeconômica perversa e a Grande Depressão norte-americana

Como discutimos anteriormente, a Grande Depressão teve um tremendo impacto tanto no pensamento econômico quanto nas instituições econômicas. A Tabela 1 apresenta os dados que ilustram a gravidade e a extensão da contração econômica. Por quatro anos sucessivos (1930-1933), o produto real caiu. A taxa de desemprego chegou a quase 25% da força de trabalho, em 1932 e 1933. Embora a recuperação econômica tivesse ocorrido durante o período 1934-1937, a economia mergulhou em uma profunda depressão em 1938. Dez anos após o início da catástrofe, o PIB real era virtualmente o mesmo registrado para 1929.*

Com o conhecimento de como funcionam as políticas monetária e fiscal, pode-se ver claramente que a magnitude da calamidade resultou de uma política macroeconômica perversa. Três fatores importantes contribuíram para o colapso econômico durante a década de 1930.

1. *Uma acentuada redução na oferta monetária durante o período 1930-1933 contraiu a demanda agregada e o produto real.* A oferta monetária expandia-se lentamente, mas de forma contínua, durante a década de 1920.** Como a Tabela 1 ilustra, o sentido da política monetária mudou repentinamente em 1930. A oferta monetária foi reduzida em 6,9% durante o ano de 1930, em 10,9% em 1931 e em 4,7% em 1932. À medida que os bancos faliam e a oferta monetária se reduzia ainda mais, o Sistema da Reserva Federal (Fed) falhou em injetar novas reservas dentro do sistema. Tampouco o Fed agiu como emprestador de última instância. A quantidade de dinheiro na economia norte-americana em 1933 era 27% inferior à registrada em 1929! Uma mudança repentina para uma política monetária restritiva reduziria tanto a demanda agregada quanto o produto real.

TEORIA ECONÔMICA APLICADA

(continuação)

Uma drástica redução na oferta monetária, como a que ocorreu no início da década de 1930, muito provavelmente provocaria uma drástica redução no produto. Isso foi precisamente o que ocorreu. O produto real despencou. Ao final de 1933, o PIB real norte-americano era 29% inferior ao PIB real registrado em 1929.

Tabela 1 Registros econômicos da Grande Depressão norte-americana

Anos	PIB real em bilhões de dólares de 1989	Deflator implícito do PIB (1929 = 100)	Taxa de desemprego	Taxa de variação na oferta monetária (M1)
1929	821,8	100	3,2	+1,0
1930	748,9	96,8	8,7	–6,9
1931	691,3	88,0	15,9	–10,9
1932	599,7	77,6	23,6	–4,7
1933	587,1	76,0	24,9	–2,9
1934	632,6	82,4	21,7	+10,0
1935	681,3	84,8	20,1	+18,2
1936	777,9	84,8	16,9	+13,9
1937	811,4	89,6	14,3	+4,7
1938	778,9	87,2	19,0	–1,3
1939	840,7	86,4	17,2	+12,1

Fonte: *Economic report of the president*: 1993, Washington, D.C. U.S. Government Printing Office, 1993. The statistical history of the United States from colonial times to the present, *Bureau of the Census*, Nova York: Basic Books, 1976.

2. *Um elevado aumento de impostos em meio a uma severa recessão fez que a situação precária da economia piorasse ainda mais.* Antes da revolução keynesiana, a visão dominante era de que o orçamento federal deveria ser equilibrado. Como resultado do processo recessivo, o orçamento federal norte-americano passou a apresentar um déficit em 1931, e um déficit ainda maior era antecipado para 1932. Com o auxílio da maioria democrata recentemente eleita para a Casa dos Representantes, a administração republicana de Hoover conseguiu aprovar o mais alto aumento de impostos, durante um período de paz, na história dos Estados Unidos. Para a faixa de renda mais baixa, a alíquota marginal de imposto foi aumentada de 1,5% para 4%, em 1932, e no topo da escala de renda a alíquota marginal foi aumentada de 25% para 63%. Como a nossa análise anterior da política fiscal sugere, um substancial aumento nas alíquotas de imposto de renda em meio a uma severa

TEORIA ECONÔMICA APLICADA *(continuação)*

recessão provocará uma redução na demanda agregada ainda maior, diminuindo também o incentivo que as pessoas têm para gerar renda. A Tabela 1 mostra claramente a extensão desse fato. Com o aumento das alíquotas de imposto em 1932, o PIB real caiu em 13,3%. A taxa de desemprego subiu de 15,9%, em 1931, para 23,6%, em 1932.

3. *O aumento das tarifas de importação contraiu o comércio internacional.* O Congresso norte-americano, preocupado com os baixos preços dos produtos agrícolas, o aumento das importações, o crescimento do desemprego e a redução na receita tributária, adotou várias medidas de restrição ao comércio. As tarifas de importação para uma larga gama de produtos foram substancialmente aumentadas no início de 1930.*** Os parceiros comerciais norte-americanos rapidamente responderam, aumentando também suas tarifas, o que reduziu ainda mais o volume de comércio entre as nações. À medida que o fluxo de comércio internacional diminuía, também se reduziam os ganhos mútuos derivados da especialização e da troca.

Quando discutem a Grande Depressão, geralmente os historiadores dão ênfase ao papel desempenhado pelo *crash* da Bolsa, em 1929. É claro que, com a quebra da Bolsa, a riqueza de muitas pessoas se reduziu e, conseqüentemente, esse fator contribuiu para a redução da demanda agregada e no produto. Entretanto, a gravidade da Grande Depressão resultou de uma política macroeconômica desastrada e não foi uma conseqüência inevitável da quebra da Bolsa. A experiência mais recente da economia norte-americana com a quebra da Bolsa, em outubro de 1987, ilustra esse ponto. Em apenas alguns poucos dias, o mercado bursátil perdeu 1/3 de seu valor em 1987, exatamente como ocorreu em 1929. Mas esses dois eventos só têm isso em comum. Contrariamente à ação da autoridade monetária no *crash* de 1929, em 1987 o Fed agiu rapidamente, provendo o sistema bancário com mais reservas. A oferta monetária não se reduziu. As alíquotas dos impostos não foram aumentadas. E, ainda assim, havia na época uma retórica política sobre a "necessidade de promover os negócios americanos". Entretanto, barreiras ao comércio não foram aprovadas. Resumindo, políticas sensatas foram adotadas imediatamente após o *crash* de 1987. O crescimento econômico contínuo e a estabilidade de preços resultaram dessa política. Inadvertidamente, políticas econômicas perversas foram adotadas imediatamente após o *crash* de 1929. Um desastre econômico resultou de tais políticas.

* Ver Robert J. Samuelson, Great Depression, in David R. Henderson (Ed.), *The Fortune Encyclopedia of Economics*. Nova York: Warner Books, 1993, para um comentário interessante e informativo sobre esse período.

** De 1921 até 1929, o estoque de moeda cresceu a uma taxa anual de 2,7%, um pouco inferior à taxa de crescimento da produção de bens e serviços. Assim, a década de 1920 foi de estabilidade de preços e até de uma pequena deflação.

*** A política de elevação de tarifas não teve qualquer efeito em termos de geração de receita. Embora as tarifas sobre a importação de bens tivessem sido aumentadas em, aproximadamente 50%, o volume de importações teve queda tão acentuada que a receita tarifária caiu de US$ 602 milhões, em 1929, para US$ 328 milhões, em 1932.

A Condução da Política de Estabilização Discricionária

A política macroeconômica só reduz a instabilidade econômica quando introduz estímulos ou promove restrições à demanda agregada nos momentos exatos do ciclo dos negócios. O momento certo é a chave para o sucesso de uma política de estabilização discricionária. Como os responsáveis pela política econômica podem saber quando devem estimular a demanda agregada ou frear a economia?

É claro que indicadores econômicos – tais como o crescimento do PIB real e a taxa de desemprego – fornecem, aos responsáveis pela política, informações sobre o estado corrente da economia. Entretanto, isso não é exatamente do que os responsáveis pela política precisam. Como leva tempo para que a política macroeconômica tenha efeito sobre a economia, os responsáveis pela política econômica precisam ter, no momento, conhecimento sobre o que deve ocorrer no futuro – para onde a economia estará indo nos próximos seis ou 12 meses. Eles precisam saber se é uma recessão ou um *boom* inflacionário que virá na próxima esquina. Se eles não sabem para onde a economia está indo, uma mudança na orientação da política econômica pode falhar em exercer o impacto desejado de forma rápida e eficiente, de modo a compensar a contração econômica ou evitar a pressão inflacionária.

Como os responsáveis pela política podem descobrir para onde a economia está indo no futuro e quando uma mudança no ciclo econômico estará prestes a ocorrer? As duas fontes de informação mais utilizadas como indicador da direção futura de uma economia são o índice de indicadores econômicos antecedentes e os modelos de previsão econômica.

Índice de Indicadores Econômicos Antecedentes

Índice de indicadores antecedentes

É um índice composto de variáveis econômicas que historicamente tendem a antecipar o que ocorrerá com o produto e o emprego na economia: começam a cair, antes do início de uma recessão, e tendem a apresentar crescimento, antes de uma expansão dos negócios.

O **índice de indicadores antecedentes** é uma estatística composta baseada em dez variáveis-chave que geralmente apresentam uma redução antes de uma recessão e crescem mais rapidamente antes do início de uma expansão econômica (ver o boxe "Medidas da Atividade Econômica" – "Índice de indicadores antecedentes"). A Figura 15.3 apresenta esse índice para o período 1950-1998. Dois ou três meses de declínio consecutivo nesse índice são considerados como um alerta de que a economia está prestes a entrar em uma recessão. Esse índice previu cada uma das oito recessões registradas nos Estados Unidos desde 1950. Em algumas ocasiões, a redução no índice ocorreu de oito a 11 meses antes da recessão, fornecendo, aos responsáveis pela política econômica, tempo suficiente para modificar a política, em especial, a monetária. O tempo de antecedência do alarme fornecido pelo índice tem variado significativamente. Em alguns eventos, ele foi extremamente curto – o índice se reduziu apenas cinco meses antes da recessão de 1954. Em outras ocasiões, ele foi longo, como no caso da sua queda 30 meses antes da recessão de 1957-1958 e 18 meses antes da recessão de 1990-1991.

Uma queda no índice nem sempre é um indicador adequado de que a economia caminha para uma recessão. Em cinco ocasiões (1950-1951, 1962, 1966, 1984 e 1987), uma queda no índice de indicadores antecedentes previu uma recessão futura que não ocorreu. Isso deu origem a observações, em tom de sátira, como "O índice previu adequadamente 13 das oito últimas recessões".

Modelos de Previsão Econômica

Os economistas desenvolveram modelos econométricos complexos, de modo a melhorar as previsões macroeconômicas. Essencialmente, o que esses modelos fazem é utilizar dados passados e inter-relações econômicas para projetar, com o auxílio de técnicas estatísticas e econométricas, a forma como mudanças atuais afetarão a trajetória das variáveis econômicas no futuro, tais como o PIB real, o nível de emprego e o nível geral de preços.

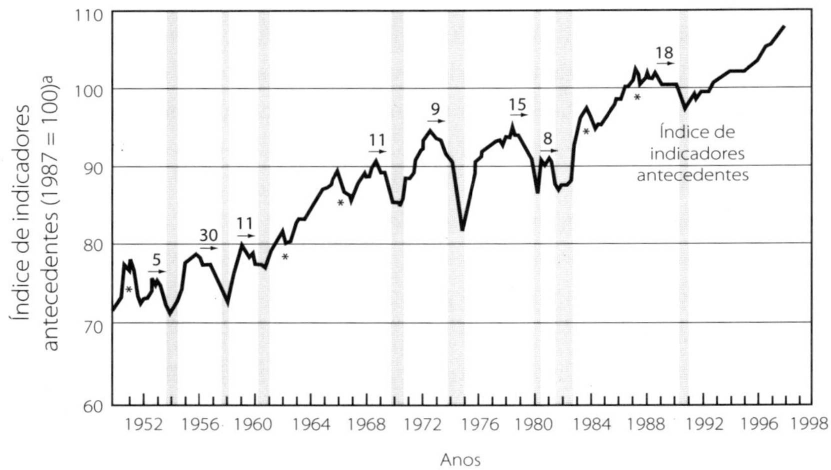

Figura 15.3 Estados Unidos – Índice de indicadores antecedentes.

Os períodos sombreados representam recessão econômica. O índice de indicadores antecedentes previu cada uma dessas oito recessões ocorridas durante o período 1950-1993. Como as setas indicam na ilustração, a defasagem de tempo, entre a indicação de recessão pela queda no índice e o registro efetivo dessa recessão econômica, tem variado. Além disso, o índice previu em cinco ocasiões (1950-1951, 1962, 1966, 1984 e 1987) a ocorrência de uma recessão que não ocorreu.

[a] O tamanho das setas indica o número de meses durante os quais a queda do índice antecedeu a recessão econômica ocorrida. O asterisco (*) indica os períodos em que o índice forneceu sinalização errada de uma recessão futura.
Fonte: Conference Board, *Business Cycle Indicators*.

Os modelos mais elaborados usam centenas de variáveis e de equações para simular os diversos setores da economia e os mercados macroeconômicos. O desenvolvimento de computadores mais rápidos e capazes de manipular um volume maior de dados tem promovido o crescimento, em termos de variáveis e equações desses modelos, e também facilitado a análise dos efeitos futuros de várias políticas econômicas alternativas.

Até o presente momento, o desempenho dos modelos de previsão econômica com o auxílio de computadores não é claro. Quando as condições econômicas são relativa-

MEDIDAS DA ATIVIDADE ECONÔMICA

Índice de indicadores antecedentes

A história nos indica que não há um único indicador econômico capaz de prever acuradamente a direção futura da economia. Entretanto, muitas variáveis econômicas tendem a atingir um pico ou passar por um vale, antes do pico ou do vale do ciclo econômico de uma economia. Tais variáveis são chamadas indicadores econômicos antecedentes.

De modo a prover uma informação mais confiável sobre a direção futura da economia, os economistas desenvolveram, para a economia norte-americana, um índice a partir de dez destes indicadores:

1. tamanho médio da semana de trabalho em horas;
2. novos pedidos de benefício-desemprego registrados semanalmente;
3. novas encomendas feitas às manufaturas;
4. porcentagem das companhias que registram atrasos na entrega de seus fornecedores;
5. contratos e pedidos de novas plantas e de novos equipamentos;
6. autorização para a construção de novas habitações;
7. diferencial (*spread*) de juros: diferença da taxa de juros de títulos do Tesouro norte-americano de dez anos menos a taxa de juros de empréstimos do Fed;
8. índice de expectativa dos consumidores;
9. variação no índice de preço das ações (500 ações mais transacionadas);
10. variação na oferta monetária (M2).

As variáveis incluídas no índice foram escolhidas porque tendem a antecipar as mudanças no ciclo dos negócios e porque são facilmente disponíveis. Em alguns casos, é fácil perceber por que uma mudança em um desses indicadores econômicos antecede a mudança na atividade econômica geral. Considere o indicador "novas encomendas feitas às manufaturas" (medidas em dólares constantes). Um aumento no volume de pedidos é geralmente acompanhado de uma expansão na produção de manufaturas. De modo similar, o setor manufatureiro tenderá a diminuir sua produção futura, à medida que os novos pedidos se reduzam, indicando a probabilidade de uma demanda menor pelos seus produtos no futuro. O índice dos indicadores antecedentes é publicado pelo Conference Board em *Business Cycle Indicators*.

mente estáveis (por exemplo, quando o crescimento do PIB real e a taxa de inflação têm uma tendência estável), os modelos geralmente fornecem previsões bastante acuradas, tanto para variáveis econômicas agregadas quanto para importantes setores da economia. Infelizmente, eles têm falhado em suas previsões nas mudanças no ciclo econômico. Por exemplo, nenhum dos principais modelos computacionais de previsão nos Estados Unidos foi capaz de prever a recessão de 1982 ou a queda acentuada na taxa de inflação durante o período 1982-1984.

Muitos economistas argumentam que a precisão das previsões econômicas vai além da teoria econômica. Dois fatores principais sustentam essa visão. Primeiro, as condições do ciclo dos negócios geralmente refletem choques econômicos e eventos não-previsíveis – por exemplo, uma mudança inesperada na política econômica, a descoberta de um novo recurso produtivo ou de uma nova tecnologia, condições climáticas anormais e severas, agitações políticas em países importantes na exportação de petróleo. Não há qualquer razão para acreditar que os economistas ou qualquer outra pessoa sejam capazes de prever esses tipos de mudança de forma precisa e consistente. Assim, embora a teoria econômica nos ajude a prever as implicações de eventos não-previsíveis, ela não pode nos ajudar a prever se esses eventos ocorrerão ou não. Segundo, os críticos dos modelos de previsão argumentam que o futuro será diferente do passado, porque as pessoas geralmente farão escolhas diferentes, como resultado do aprendizado com os eventos passados. Portanto, modelos de previsão com base em relações passadas – inclusive modelos elaborados e desenvolvidos em computador – nunca serão capazes de gerar previsões precisas e consistentes.

Sinais de Mercado e Política Monetária Discricionária

Alguns economistas acreditam que a informação fornecida por alguns mercados pode também prover os responsáveis pela política econômica com um alerta de que uma mudança na política se faz necessária. Por exemplo, mudanças nos preços das comodidades (*commodities*) geralmente antecipam mudanças futuras no índice geral de preços, porque o preço das comodidades flutua diariamente e é determinado em leilões no mercado. O aumento em um índice amplo de preços de comodidades implica que há muito dinheiro no mercado (relativamente à sua demanda). Isso sugere que o Fed deveria mudar para uma política monetária mais restritiva, de modo a compensar essa pressão inflacionária futura. No entanto, uma queda no índice de preços das comodidades indica que a deflação é um perigo potencial no futuro e, nesse caso, o Fed deveria mudar a sua política monetária, tornando-a mais expansionista.

As taxas de juros também fornecem, aos responsáveis pela política econômica, informação sobre a relativa escassez do dinheiro e as expectativas inflacionárias. Como a taxa de câmbio reflete, em certa medida, o desejo dos estrangeiros em manter dólares, uma queda na taxa de câmbio dessa moeda (o valor do dólar em relação a outras moedas) geralmente significa medo de uma inflação mais alta em dólares e, portanto, uma relutância em mantê-los. Isso deveria sinalizar à autoridade monetária a necessidade de mudar a política monetária para que ela se tornasse mais restritiva. Contrariamente, um aumento no valor do dólar no mercado cambial é um voto de confiança de que o poder de compra do dólar no futuro não cairá. Isso deve fornecer ao Fed uma forte indicação para que ele mude a política monetária em uma direção mais expansionista.

O preço das comodidades, a taxa de câmbio e outros sinais de mercado podem ajudar-nos a identificar os efeitos iniciais e, conseqüentemente, o impacto futuro das atuais políticas econômicas. Essas informações são usadas mais como um complemento e não como um substituto para outros indicadores econômicos e outras formas de previsão econômica.

Política Discricionária – A Visão Ativista

Os ativistas reconhecem que é difícil instituir políticas macroeconômicas anticíclicas. Entretanto, eles acreditam que o índice de indicadores antecedentes, os modelos macroeconométricos de previsão, algumas variáveis de mercado e outros indicadores econômicos fornecem, aos responsáveis pela política econômica, um sistema de alarme antecipado. Desse modo, os responsáveis pela política seriam capazes de alterá-la, de modo a reduzir os altos e baixos da economia provocados pelo ciclo econômico. Em resposta aos primeiros sinais, os responsáveis pela política poderiam adotar mudanças moderadas. Com o passar do tempo e de acordo com mais informações fornecidas pelos indicadores, eles poderiam adotar mudanças mais substanciais.

O cenário que apresentaremos a seguir descreve a essência da visão ativista. Suponha que a economia estivesse à beira de uma recessão. Antes da recessão, o índice de indicadores antecedentes muito provavelmente deveria alertar os responsáveis pela política da possibilidade de sua ocorrência. Isso permitiria que eles redirecionassem a política macroeconômica, de modo a estimular a demanda agregada, expandindo, por exemplo, a oferta monetária mais rapidamente. Inicialmente, a mudança para uma política expansionista poderia ocorrer gradualmente, permitindo, dessa forma, revertê-la no futuro, se necessário. No entanto, se os sinais de recessão se tornassem mais fortes e as condições atuais da economia indicassem uma redução na atividade econômica, um estímulo adicional à demanda agregada poderia ser introduzido. Talvez uma redução nos impostos ou uma aceleração nos gastos do governo pudessem ser usadas em complemento à política monetária mais expansionista.

Os responsáveis pela política econômica podem constantemente monitorar o estado da economia e ajustar suas ações à medida que informações adicionais se tornem disponíveis. Se a atividade econômica continua fraca, a política expansionista deverá prosseguir. Contrariamente, quando os indicadores apontam para uma forte recuperação econômica, os responsáveis pela política econômica podem mudá-la, de modo a restringir a demanda agregada e, dessa forma, sustar a pressão inflacionária em potencial. De acordo com a visão dos ativistas, os responsáveis pela política econômica terão sucesso em estabilizar a economia, se tiverem liberdade para aplicar medidas de estímulo ou de restrição à demanda agregada, com base em mecanismos de previsão e nos indicadores atuais da atividade econômica.

Defasagens e o Problema do Tempo Certo

Mudanças discricionárias nas políticas monetária e fiscal devem ser implementadas no momento certo, para que exerçam uma influência estabilizadora na economia. Entretanto, há três defasagens de tempo que fazem que seja difícil a identificação do momento certo para a implementação da política. Primeiro, há a **defasagem de reconhecimento** – o período entre a mudança nas condições econômicas e o reconhecimento dessa mudança pelos responsáveis pela política. Geralmente, são necessários alguns meses para coletar e tabular informação confiável sobre o desempenho recente de uma economia, de modo a determinar se ela apresenta uma recessão ou se a taxa de inflação está se acelerando e assim por diante.

> **Defasagem de reconhecimento**
>
> É o período entre as mudanças nas condições da economia e o reconhecimento da necessidade de mudança na política econômica para a promoção de estabilização.

Segundo, mesmo depois do reconhecimento da necessidade de uma mudança na política, há geralmente um período adicional antes que ela seja instituída. Os economistas se referem a esse período como **defasagem administrativa**. No caso da política monetária, a defasagem administrativa é, em geral, curta. O Comitê de Mercado Aberto do Fed se reúne uma vez por mês e, por isso mesmo, se encontra em uma posição de instituir mudanças de política muito rapidamente. Vários países adotam procedimentos semelhantes na administração da política monetária. Como vimos no Capítulo 13, o Banco Central é a autoridade monetária no Brasil e, nas reuniões mensais do Copom, são tomadas as decisões sobre a política monetária do governo. Essa é a principal vantagem da política monetária. No caso da política fiscal discricionária, a defasagem administrativa tende a ser mais longa. Em muitos casos (sociedades democráticas), é necessário que vários comitês no Congresso se reúnam para deliberar sobre a matéria. É freqüente a necessidade de uma nova legislação que precisa ser proposta e debatida no Congresso. Uma vez aprovada pelo Congresso, a nova legislação vai à sanção presidencial. Cada um desses passos toma tempo.

> **Defasagem administrativa**
>
> É o período entre o reconhecimento da necessidade de uma mudança de política e a sua efetiva implementação.

Finalmente, há a **defasagem de impacto**, isto é, o período entre a implementação da mudança de políti-

> **Defasagem de impacto**
>
> É o período entre a implementação da mudança de política e o momento em que essas mudanças começam a produzir seus efeitos sobre a economia.

ca macroeconômica e o momento em que essa mudança começa a produzir seus principais impactos sobre a economia. Embora o impacto de mudanças nas alíquotas dos impostos ocorra geralmente após um pequeno período, os efeitos expansionistas de um aumento nos gastos do governo são normalmente bem mais lentos. É necessário tempo para a organização da concorrência pública e para a assinatura de novos contratos. Antes que um novo projeto do governo seja iniciado, muitos meses se passam. A defasagem de impacto, no caso da política monetária, é geralmente ainda mais longa. O período entre uma mudança na política monetária, uma mudança na taxa de juros e seus impactos sobre o nível agregado dos gastos é em geral muito longo.

Os economistas que vêm estudando esse assunto, entre eles, Milton Friedman e Robert Gordon, têm identificado que a combinação dessas defasagens implica normalmente um período de 12 a 18, meses no caso da política monetária, e um período ainda

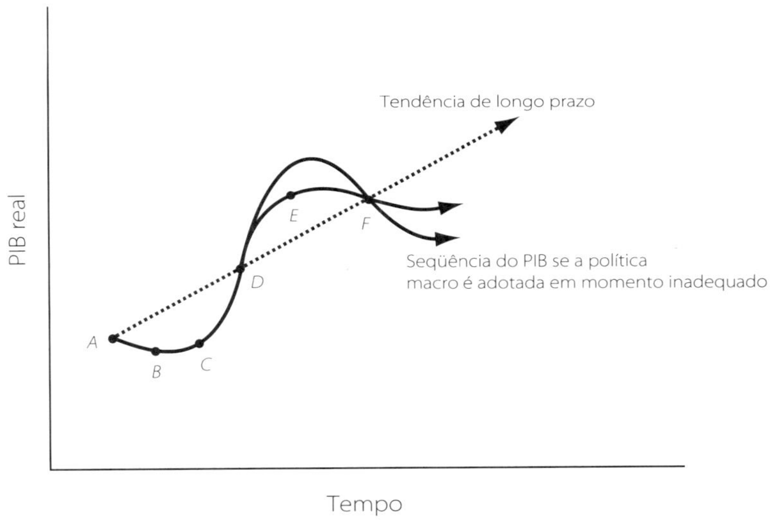

Figura 15.4 Defasagens de tempo e os efeitos da política discricionária.

Considerando o ponto *A* como ponto de partida, ilustramos aqui o caminho hipotético de um ciclo dos negócios. Se uma recessão que se avizinha pode ser identificada rapidamente, e uma mudança na política econômica, tornando-a expansionista, for implementada no ponto *B*, essa política pode produzir seus efeitos no ponto *C* e, dessa forma, minimizar a magnitude do ciclo descendente. Os ativistas acreditam que uma política econômica discricionária tende a produzir tais efeitos. Entretanto, se a decisão de adotar uma política expansionista for retardada e só emergir no ponto *C*, de modo que seu impacto sobre a economia só ocorra a partir do ponto *D*, o estímulo à demanda agregada exacerbará o *boom* inflacionário. No entanto, uma política antiinflacionária instituída no ponto *E* deverá produzir seus principais efeitos no ponto *F*, exatamente quando a economia entra no ciclo descendente, agravando, portanto, o processo recessivo a partir do ponto *F*. Os não-ativistas temem que a adoção de políticas macroeconômicas discricionárias no momento inadequado terá um efeito desestabilizador na economia.

mais longo, no caso da política fiscal. Isso significa que, para que uma mudança de política venha a produzir os efeitos desejados no momento certo, os responsáveis pela política não podem esperar que o problema se desenvolva para agir. Na realidade, o que eles precisam fazer é prever corretamente a direção futura da economia e agir antes que a contração do PIB real ocorra ou que uma pressão inflacionária se transforme em alta no nível de preços. Dada nossa habilidade de prever o futuro, os não-ativistas argumentam que a identificação do tempo certo para a implementação de mudanças de política discricionárias é irreal. Além disso, mesmo que as previsões fossem mais precisas cientificamente, a defasagem de tempo que acompanha as mudanças de políticas monetária e fiscal é longa e variável. Esse fato também reduz a possibilidade do uso efetivo da política discricionária como instrumento de estabilização econômica.

A Figura 15.4 representa graficamente a diferença entre as visões dos ativistas e as dos não-ativistas. Quando a economia inicia um processo de recessão, os ativistas argumentam que os responsáveis pela política econômica podem reconhecer tal perigo e mudar a política para torná-la expansionista no ponto *B*. Se o estímulo concedido à demanda agregada pela mudança de política repercutir rapidamente (antes que a economia atinja o ponto *C*), a mudança para uma política macroeconômica expansionista ajudará a reduzir a queda no produto que acompanha o ciclo descendente dos negócios.

A Política e o Momento Certo das Mudanças de Política Econômica

A análise da escolha pública tem aumentado a preocupação dos analistas sociais em relação a outra armadilha potencial na adoção de políticas discricionárias: a política macroeconômica pode ser usada para satisfazer objetivos políticos e não para promover a estabilização econômica. Um exemplo gritante desse fato foi a manutenção do congelamento de preços do Plano Cruzado em 1986, com o objetivo de fazer o partido do governo ganhar as eleições naquele ano – o que, de fato, ocorreu.

Em uma democracia, uma política macroeconômica é concebida por representantes eleitos (deputados e senadores), um presidente eleito e autoridades (tais como o presidente do Banco Central e os ministros) que são designadas pelo presidente eleito. Como qualquer outra escolha na política, a política macroeconômica abre, aos empresários da política, um novo potencial para que eles possam atingir seus objetivos políticos. É fácil prever que as escolhas na implementação da política macroeconômica discricionária serão influenciadas por considerações políticas. Seria ingenuidade esperar que isso não ocorresse.

A natureza do processo político, particularmente o efeito miopia, dá aos políticos pouco incentivo para considerações sobre o futuro além das próximas eleições. Uma política expansionista implementada de 12 a 18 meses antes das eleições pode produzir um estímulo sobre o produto e o nível de emprego, fazendo que a situação econômica esteja favorável no momento das eleições. Como políticas de estímulo à demanda agregada geralmente afetam o produto antes que tenham um forte impacto sobre o nível geral de preços, os efeitos inflacionários de tal política serão mínimos durante o período imediatamente anterior às eleições. Na medida em que os políticos usem a política macroeconômica com propósitos políticos, eles reduzirão sua efetividade como um instrumento de estabilização econômica.

Há evidências de que os políticos tenham usado a política macroeconômica com o propósito de obter ganhos políticos? O cientista político Edward Tufte conduziu uma extensa pesquisa sobre esse assunto. Revendo as evidências de 90 eleições em 27 países diferentes, Tufte descobriu que a renda real disponível cresceu mais rapidamente em 77% dos anos de eleição comparados com apenas 46% dos anos sem eleição.[2] Seus resultados sugerem que há, pelo menos, uma tendência moderada para a adoção de políticas macroeconômicas expansionistas antes de cada eleição geral.

Como as Expectativas São Formadas

Ao longo deste livro, vimos diferenciando cuidadosamente mudanças antecipadas de mudanças não-antecipadas. Uma mudança pode produzir um impacto bastante diferente, caso seja esperada pela grande maioria das pessoas ou caso as surpreenda. Dada a importância das expectativas, vamos discutir como elas são formadas. Há, fundamentalmente, duas teorias gerais sobre a formação de expectativas. Vamos apresentar o que há de essencial em cada uma delas.

Expectativas Adaptativas

A teoria mais simples com relação à formação de expectativas é a de que as pessoas se baseiam no passado para prever as tendências futuras. De acordo com essa teoria, que os economistas chamam **hipótese das expectativas adaptativas**, os agentes econômicos acreditam que um melhor indicador do futuro é o que aconteceu em um passado recente. Por exemplo, os indivíduos devem esperar uma estabilidade no nível geral de preços para o próximo ano, se os preços têm permanecido estáveis durante os dois ou três últimos anos. Do mesmo modo, se os preços nos últimos anos apresentam uma taxa anual de crescimento de 4% a 5%, as pessoas devem esperar aumentos similares nos preços para o próximo ano.

Hipótese das expectativas adaptativas

É a hipótese de que os agentes econômicos baseiam suas expectativas sobre o futuro no que ocorreu em períodos recentes no passado. Por exemplo, de acordo com essa visão, as taxas de inflação registradas durante os últimos dois ou três anos seriam os principais determinantes da taxa de inflação esperada para o próximo ano.

2. Edward R. Tufte, *Political control of the economy*. Princeton: Princeton University Press, 1978.

A Figura 15.5 apresenta graficamente a hipótese das expectativas adaptativas na sua versão mais simples. No período 1, os preços estão estáveis (parte *a*). Portanto, com base na experiência do período 1, os agentes econômicos supõem que os preços permanecerão estáveis no período 2 (parte *b*). Entretanto, a taxa de inflação no período 2 aumenta para 4%. Caso essa taxa continue nesse nível durante todo o período 2, os agentes econômicos mudarão suas expectativas. Com base na experiência do período 2, eles passarão a antecipar uma inflação de 4% para o período 3. Ao verem frustradas suas expectativas (a taxa atual de inflação durante o período 3 é 8%), os agentes econômicos, uma vez mais, mudarão suas expectativas. Assim, durante o período 4, a taxa atual de inflação cai para 4% – isto é, inferior à taxa de inflação esperada (que era de 8%). Uma vez mais, os agentes econômicos ajustarão suas expectativas para a taxa de inflação esperada para o período 5.

É claro que ninguém esperaria que essa relação mecânica entre o passado e as expectativas sobre o futuro ocorresse como descrito na Figura 15.5. Em vez de utilizar a inflação do último ano ou do período passado mais próximo, as pessoas podem utilizar uma média ponderada das taxas de inflação mais recentes ao formar suas expectativas. Entretanto, o que importa nessa hipótese de formação de expectativas é sua estrutura. Se os agentes econômicos adotam expectativas adaptativas, eles esperarão, para o próximo período, condições muito parecidas com o passado recente.

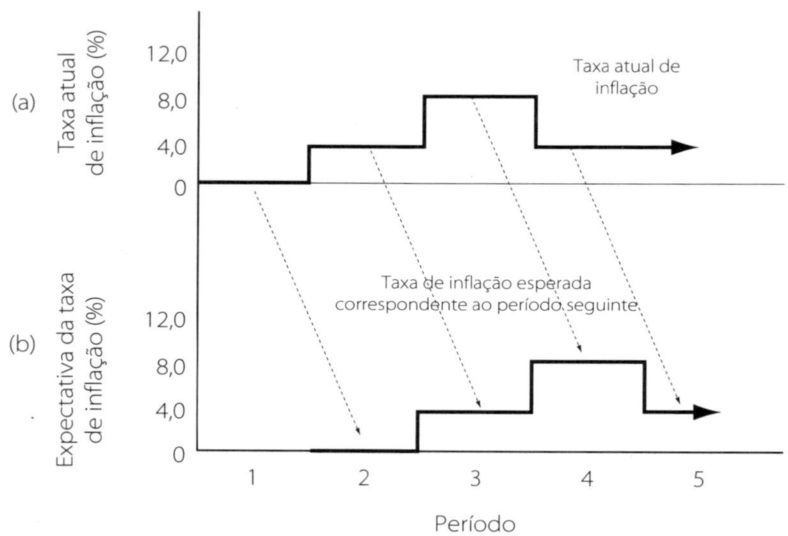

Figura 15.5 Hipótese das expectativas adaptativas.

De acordo com a hipótese das expectativas adaptativas, os valores registrados no período mais recente (ou um conjunto de períodos) determinam as expectativas das pessoas quanto ao futuro. Assim, a taxa de inflação esperada (*b*) é a taxa atual de inflação (*a*) defasada de um período. Desse modo, as expectativas mudam ao longo do tempo.

Expectativas Racionais

A idéia de que as pessoas formam suas expectativas sobre o futuro com base em toda informação disponível – incluindo o conhecimento sobre as mudanças de política econômica e o modo como elas afetam a economia – é chamada **hipótese das expectativas racionais**. De acordo com essa visão, em vez de simplesmente assumir para o futuro o que vem ocorrendo no passado imediato, as pessoas também consideram os efeitos esperados das mudanças de política na sua formação de expectativas. Baseadas em sua compreensão sobre a política econômica, as pessoas alteram suas expectativas com relação ao futuro quando o governo incorre em um grande déficit ou expande a oferta monetária mais rapidamente.

Hipótese das expectativas racionais

Sob essa hipótese, os agentes econômicos ponderam toda evidência disponível – inclusive informações sobre os prováveis efeitos das políticas econômicas corrente e futura – quando formam suas expectativas sobre eventos econômicos futuros (por exemplo, a taxa de inflação futura).

Talvez possamos deixar mais claro o significado da hipótese das expectativas racionais por meio de um exemplo. Suponha que, durante os últimos três anos, o nível geral de preços venha crescendo a uma taxa anual de 3%. Considere ainda que os agentes econômicos acreditam que há uma relação entre a taxa de crescimento da oferta monetária e o aumento no nível geral de preços. Eles observam que o estoque de moeda se expandiu nos últimos nove meses a uma taxa anual de 12% e que, durante muitos anos no passado, essa taxa vinha sendo estável, em torno de 4% ao ano. De acordo com a hipótese das expectativas racionais, os agentes econômicos integrarão a recente aceleração na oferta monetária em suas previsões de inflação futura. Assim, eles deverão projetar um aumento na taxa de inflação – talvez de 6% para 10% ao ano. Em outras palavras, os agentes econômicos esperarão que a taxa de inflação futura responda ao maior crescimento da oferta monetária. Em contraste, a hipótese das expectativas adaptativas implicaria que as pessoas deveriam esperar uma taxa de inflação, para o próximo período, similar àquela registrada no último período ou nos períodos passados mais recentes.

A hipótese das expectativas racionais não considera que as previsões serão sempre corretas. Vivemos em um mundo de incertezas. Mesmo os agentes econômicos racionais cometerão erros. Entretanto, o importante é que eles aprenderão com seus erros passados; eles não continuarão a cometer os mesmos tipos de erros. Assim, a hipótese das expectativas racionais implica que os erros dos agentes econômicos tenderão a ser aleatórios. Por exemplo, em alguns momentos, os agentes econômicos podem superestimar o aumento da taxa de inflação causado por uma expansão monetária e, em outros, podem subestimar esse aumento. Mas como as pessoas aprendem com a experiência passada, os agentes econômicos não cometerão erros de forma sistemática, ano após ano.

ECONOMISTA DE DESTAQUE

ROBERT LUCAS (1937 –)

Detentor do Prêmio Nobel de Economia de 1995, Robert Lucas é considerado o introdutor da teoria das expectativas racionais na macroeconomia. Seu trabalho técnico nessa área alterou, de maneira substancial, a forma de pensar dos economistas sobre políticas macroeconômicas. Robert Lucas é professor de economia na Universidade de Chicago.

Principais Diferenças entre as Expectativas Adaptativas e Racionais

As teorias das expectativas adaptativa e racional diferem em dois aspectos importantes: (1) a rapidez com que as pessoas se ajustam às mudanças e (2) a verossimilhança de erros sistemáticos de previsão. Se a teoria das expectativas adaptativas for correta, as pessoas se ajustarão mais lentamente. Quando da implementação de uma política mais expansionista, por exemplo, haverá uma significante defasagem de tempo até que as pessoas passem a esperar uma inflação mais elevada e incorporem esse fato às suas decisões. Em contraste, a teoria das expectativas racionais admite que as pessoas começarão a antecipar uma inflação maior, tão logo observem a mudança para uma política mais expansionista, o que talvez ocorra antes até do aumento na inflação corrente. Portanto, sob as expectativas racionais, a defasagem de tempo entre uma mudança de política e a conseqüente mudança nas expectativas tende a ser muito pequena.

Erros sistemáticos ocorrerão sob a hipótese das expectativas adaptativas. Por exemplo, quando a taxa de inflação está crescendo, os agentes econômicos tenderão, sistematicamente, a subestimar a inflação futura. No entanto, quando a taxa de inflação está caindo, os indivíduos tenderão, sistematicamente, a superestimar a inflação futura. Sob a hipótese das expectativas racionais, esses erros serão aleatórios. As pessoas tenderão tanto a superestimar quanto a subestimar a taxa de inflação futura.

Como Funcionam as Políticas Macroeconômicas: As Implicações das Expectativas Adaptativas e Racionais

Do ponto de vista da política macroeconômica, faz alguma diferença quão rapidamente as pessoas alteram suas expectativas e se os erros que elas cometem ao antecipar o que ocorrerá no futuro são aleatórios ou sistemáticos? Um modelo de demanda e oferta agregadas pode ser usado para responder a essa questão. Suponha que a política macroeconômica seja alterada para se tornar expansionista – por exemplo, um aumento na taxa de crescimento da oferta monetária. Como ilustra a parte *a* da Figura 15.6, essa mudança de política estimulará a demanda agregada e provocará uma pressão de alta no nível geral de preços (ou na taxa de inflação no caso dinâmico). Sob a hipótese das expectativas adaptativas, as pessoas não serão capazes de antecipar inicialmente essa alta de preços. Assim, como discutimos anteriormente, o produto aumentará temporariamente para Y_2, superior ao nível de produto potencial da economia. Correspondente-

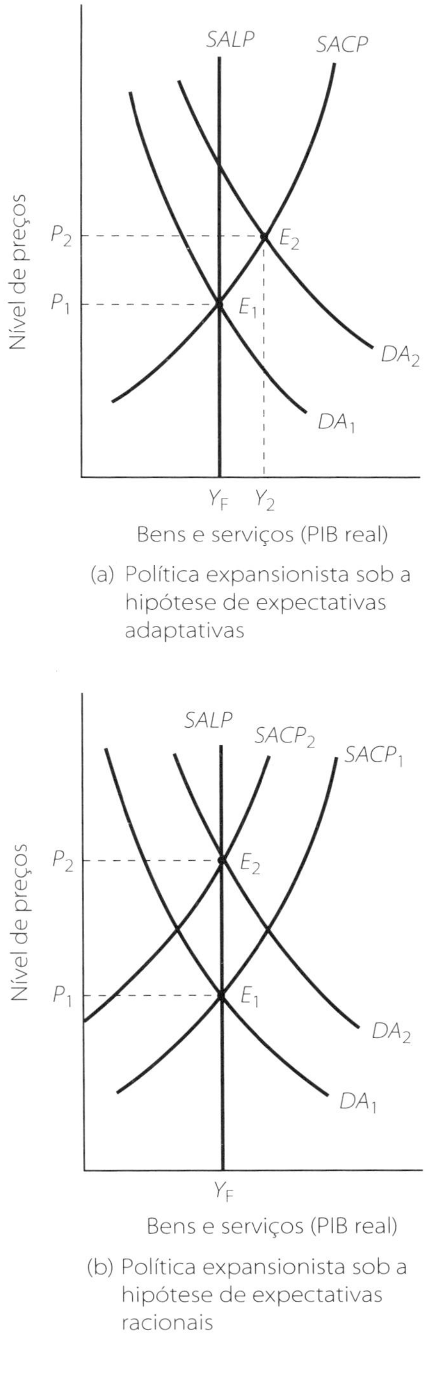

Figura 15.6

As expectativas e os efeitos de curto prazo de um estímulo à demanda agregada.

Sob a hipótese das expectativas adaptativas, a inflação antecipada pelos agentes econômicos será inferior à inflação corrente. Conseqüentemente, uma mudança para uma política macroeconômica mais expansionista expandirá a demanda agregada e conduzirá a economia temporariamente a um aumento do PIB real, de Y_F para Y_2, (parte *a*). No entanto, sob a hipótese das expectativas racionais, os agentes econômicos rapidamente anteciparão o impacto inflacionário de uma política de estímulo à demanda agregada. Assim, os preços dos recursos produtivos e os custos de produção crescerão tão rapidamente quanto os preços dos bens e serviços. À medida que a demanda agregada se desloca para cima, a oferta agregada de curto prazo também se deslocará para cima (deslocamento para $SACP_2$, como na parte *b*). Sob a hipótese das expectativas racionais, uma política macroeconômica de estímulo à demanda agregada provocará uma elevação de preços sem alterar o nível do produto real, mesmo no curto prazo.

mente, o emprego aumentará e a taxa de desemprego se reduzirá a um nível inferior à taxa natural da economia. Quando os efeitos de uma política expansionista não são antecipados, tanto o produto quanto o emprego aumentam no curto prazo. É claro que uma taxa de produto superior à capacidade produtiva da economia será insustentável. Eventualmente, a maior demanda por recursos produtivos e a expectativa de níveis de preços mais elevados no futuro (ou de uma taxa de inflação maior) pressionarão os preços dos recursos produtivos para cima. Assim, os aumentos no nível de produto e de emprego serão apenas temporários. Quando os agentes econômicos se ajustam lentamente, entretanto, é possível que a taxa de produto se mantenha elevada por um ou dois anos e talvez até por um tempo maior.

A parte *b* da Figura 15.6 ilustra o impacto de uma política macroeconômica expansionista sob a hipótese das expectativas racionais. Lembre-se de que, sob a hipótese das expectativas racionais, os agentes econômicos rapidamente passarão a antecipar os prováveis efeitos da política macroeconômica expansionista – por exemplo, um aumento de demanda agregada e uma elevação na taxa de inflação – e modificarão suas escolhas considerando tais efeitos.

Os acordos sobre os salários futuros e os preços de outros recursos produtivos rapidamente passarão a levar em conta uma expectativa de aumento no nível geral de preços. Esses acordos podem, eventualmente até, incorporar cláusulas de indexação, promovendo, dessa forma, um aumento automático nos salários nominais em compasso com o nível geral de preços. Quando compradores e vendedores em um mercado de recursos produtivos antecipam plenamente os efeitos de políticas de estímulo à demanda agregada e se ajustam com rapidez a essa política, tanto os salários quanto os preços dos demais recursos crescerão tão rapidamente quanto os preços dos bens e serviços. Dessa forma, a oferta agregada de curto prazo se deslocará para cima (para $SACP_2$) tão rapidamente quanto a curva de demanda agregada. Quando as pessoas antecipam rápida e corretamente os efeitos inflacionários de uma política mais expansionista, o resultado será simplesmente um aumento no nível geral de preços (passagem do equilíbrio inicial E_1 para E_2 na parte *b* da Figura 15.6). Nem o produto real nem o emprego aumentarão.

As implicações para uma política macroeconômica restritiva são simétricas. Sob a hipótese das expectativas adaptativas, uma mudança para uma política mais restritiva reduzirá tanto a demanda agregada quanto o produto real. Sob a hipótese das expectativas racionais, entretanto, o desaquecimento da demanda agregada e a conseqüente redução no nível geral de preços serão antecipados rapidamente. Assim, uma pressão de redução nos preços dos recursos produtivos e, conseqüentemente, nos custos de produção permitirá a manutenção do mesmo nível de produto, embora o índice geral de preços caia.

Os proponentes da hipótese das expectativas racionais acreditam que os efeitos das mudanças na política macroeconômica serão genérica e rapidamente antecipados pelos agentes econômicos. Uma vez que isso ocorra, a política será incapaz de exercer um impacto sistemático sobre o produto real e o emprego. Os economistas se referem a esse fenômeno como o **teorema da ineficácia da política econômica**.

Teorema da ineficácia da política econômica

É a proposição de que qualquer política sistemática será ineficaz, porque os agentes econômicos, ao identificar as implicações do modelo de política adotado, rapidamente ajustarão suas decisões, considerando os efeitos esperados dessa política. O teorema é um corolário da teoria das expectativas racionais.

Como destacamos anteriormente, a teoria das expectativas racionais não implica que as pessoas estejam sempre corretas em suas previsões. Entretanto, ela implica que os erros de previsão serão sempre aleatórios. Isso significa que, por exemplo, quando há uma mudança na política macroeconômica para torná-la mais expansionista, as pessoas poderão tanto superestimar quanto subestimar os efeitos inflacionários provocados por essa mudança de política. Se as pessoas subestimarem a taxa de inflação futura, os preços dos bens e serviços crescerão em relação aos seus custos (preço dos recursos), conduzindo a economia a um aumento temporário de produto. Entretanto, se os agentes econômicos superestimarem os efeitos inflacionários da política, os custos de produção crescerão relativamente aos preços dos bens e serviços, e o produto temporariamente se reduzirá. Como já mencionamos, quando o aumento de inflação que acompanha uma política macroeconômica mais expansionista for adequadamente previsto, o produto real não se modificará. Dessa forma, a teoria das expectativas racionais implica que o impacto de mudanças na política macroeconômica e/ou fiscal sobre o produto não é previsível no curto prazo. Uma mudança na política macroeconômica poderá causar tanto uma redução quanto um aumento no produto na economia. Assim, a imprevisibilidade do impacto de uma política econômica sobre o produto justifica a posição dos proponentes das expectativas racionais, porque eles defendem uma política macroeconômica estável e centrada em objetivos de longo prazo.

Implicações da Política Econômica: Um Resumo

Como vimos, as teorias adaptativa e racional de formação de expectativas têm diferentes implicações para os efeitos de curto prazo de uma política macroeconômica. *Sob a hipótese das expectativas adaptativas, haverá um período entre a mudança na política econômica e o momento em que as pessoas passem a antecipar os seus efeitos. Portanto, políticas econômicas que estimulam a demanda agregada e, por isso mesmo, geram uma pressão de alta no nível geral de preços provocarão um aumento temporário no produto e no emprego. Porém, quando o efeito colateral inflacionário de uma política econômica expansionista é rapidamente antecipado, como sugere a hipótese das expectativas racionais, o principal impacto de uma política de estímulo à demanda agregada será um aumento no nível geral de preços.*

Embora as implicações de curto prazo dessas duas teorias de formação de expectativas difiram substancialmente, suas implicações de longo prazo são idênticas. Como a teoria das expectativas racionais, a teoria das expectativas adaptativas indica que os

REGRAS DE BOLSO

Modelos de expectativas e o impacto de mudanças na política macroeconômica

Mudanças na política macroeconômica	Expectativas adaptativas (1)	Expectativas racionais (2)
	Impacto de curto prazo	
Mudança para uma política econômica mais expansionista	Preços mais elevados (inflação); aumento no produto	Preços mais elevados (inflação); não há mudança no produto
Mudança para uma política macroeconômica mais restritiva	Preços mais baixos (deflação); redução no produto	Preços mais baixos (deflação); não há mudança no produto
	Impacto de longo prazo	
Mudança para uma política econômica mais expansionista	Preços mais elevados (inflação); não há mudança no produto	Preços mais elevados (inflação); não há mudança no produto
Mudança para uma política macroeconômica mais restritiva	Preços mais baixos (deflação); não há mudança no produto	Preços mais baixos (deflação); não há mudança no produto

Nota: Admitimos inicialmente a estabilidade de preços. Se, na situação inicial, a economia enfrentasse um processo inflacionário, a mudança para uma política macroeconômica mais restritiva reduziria a taxa de inflação em vez de provocar uma deflação.

agentes econômicos eventualmente anteciparão os efeitos de longo prazo de uma política econômica mais expansionista. À medida que isso ocorra, o produto retornará ao seu nível potencial de longo prazo. Portanto, ambas as teorias de formação de expectativas implicam que o efeito de longo prazo de uma política macroeconômica mais expansionista será uma inflação maior e não um crescimento sustentável no produto. As "Regras de Bolso" acima resumem as implicações de curto e de longo prazos, tanto para a teoria das expectativas adaptativas quanto para a teoria das expectativas racionais, com relação aos impactos de mudanças em políticas macroeconômicas sobre o nível de preços (inflação) e o produto real.

Política de Estabilização Econômica da Perspectiva Não-Ativista

O problema da identificação do momento certo, a perspectiva da escolha pública e a teoria das expectativas racionais fornecem os fundamentos para uma visão não-ativista da política macroeconômica. Embora os não-ativistas cheguem a essa posição por caminhos diferentes, todos eles têm dois pontos em comum. Todos acreditam que (1) mudanças discricionárias na política macroeconômica aumentarão, em vez de reduzir, as instabilidades econômicas e (2) a adoção de políticas econômicas estáveis e previsíveis, por serem baseadas em regras predeterminadas, promoverá maior estabilidade econômica.

Os não-ativistas recomendam que os responsáveis pela política macroeconômica escolham uma política de longo prazo (por exemplo, uma taxa de inflação baixa e estável e um sistema tributário estável sem mudanças nas alíquotas ou nos gastos reais do governo) e informem essa escolha ao público em geral. Esse caminho deveria ser seguido independentemente das altas e baixas do produto provocadas pelo ciclo econômico. Se os responsáveis pela política macroeconômica mantêm o curso da política econômica consistentemente com o anunciado, eles ganharão credibilidade. O público em geral passará a confiar na estabilidade da política anunciada. A incerteza será reduzida, o que promoverá maior eficiência nas decisões privadas dos agentes econômicos. Os não-ativistas têm confiança de que essa estratégia promoverá tanto uma instabilidade menor no produto quanto seu maior crescimento, relativamente ao desempenho das economias do Ocidente.

Política Monetária Não-Ativista

Suponha que vamos adotar uma estratégia não-ativista. Que regras ou diretrizes serão escolhidas? Os não-ativistas acreditam que a política monetária deveria centrar-se em atingir (1) uma taxa estável de crescimento da oferta monetária e (2) uma regra estável para o nível geral de preços.

Regra de Crescimento Monetário. A política monetária não-ativista que tem sido advogada por muitos economistas é a regra da taxa constante de crescimento da oferta monetária, proposta, há muitos anos, por Milton Friedman. Sob essa estratégia, a oferta monetária seria expandida continuamente a determinada taxa anual (por exemplo, 3%) que correspondesse à taxa de crescimento de longo prazo da economia. Quando o produto real estivesse crescendo mais rapidamente (por exemplo, a uma taxa de 5% ao ano), a oferta monetária decresceria em relação ao PIB real. Assim, a política monetária exerceria automaticamente uma influência contracionista durante um período de rápido crescimento. Em contraste, durante uma recessão, a constante taxa de crescimento na oferta monetária excederia a taxa de crescimento do produto real, compensando, dessa forma, a tendência para uma espiral descendente no ciclo dos negócios.

Os não-ativistas destacam que, de modo geral, a política monetária em muitos países tem seguido um padrão do tipo *stop-and-go*: em muitas ocasiões, após um período de expansão monetária e de inflação, os responsáveis pela política pisam o freio monetário e mergulham a economia em uma recessão (ver a Figura 15.1 para o exemplo dos Estados Unidos). Os não-ativistas acreditam que a instabilidade monetária é a principal fonte da instabilidade econômica. Em vez de concentrar sua atenção nas previsões e indicadores econômicos, a autoridade monetária, segundo os não-ativistas, contribuiria mais para a estabilização econômica se simplesmente adotasse uma política de expansão da oferta monetária, mês após mês, a uma taxa constante e baixa (não-inflacionária).

A experiência da década de 1980 destaca uma dificuldade potencial para a adoção dessa regra monetária. A introdução de depósitos que rendiam juros e que permitiam o uso de cheques mudou de forma drástica a natureza da oferta monetária M1 durante a década de 1980 nos Estados Unidos. À medida que as contas correntes remuneradas com juros foram legalizadas, mais e mais pessoas começaram a adotar esse tipo de depósito e, conseqüentemente, a oferta monetária caracterizada por M1 passou a crescer mais rapidamente e a flutuar substancialmente. Entretanto, esse crescimento em M1 não era um indicador de que a política monetária tivesse se tornado altamente expansionista. Na realidade, a taxa de inflação se reduziu rapidamente durante os primeiros anos da década de 1980 e permaneceu razoavelmente constante no restante da década. Quando a natureza da moeda se modifica, a proposição de se manter uma taxa estável de crescimento na oferta monetária não contribui para a promoção de uma estabilidade monetária e de preços.

Além disso, à medida que as pessoas redirecionavam suas poupanças entre os diversos instrumentos financeiros, essas mudanças provocavam variações na taxa de crescimento dos diversos agregados monetários. Isso poderia gerar um conjunto conflitante de sinais. Por exemplo, nos Estados Unidos, a oferta monetária no conceito de M1 expandiu-se a uma taxa de 12% ao ano durante o período 1992-1993, sugerindo que a política monetária era altamente expansionista. Durante o mesmo período, a taxa anual de crescimento da oferta monetária no conceito M2 foi de apenas 1,5%, indicando que a política monetária era bastante restritiva. Os desenvolvimentos tecnológicos no setor financeiro vêm reduzindo, de maneira substancial, a importância do uso das estatísticas sobre oferta monetária como indicador de política monetária. No mundo dinâmico em que vivemos, mudanças nessa área seguramente continuarão a ocorrer. (Ver a seção "Ambigüidades no significado e na medida da oferta monetária", p. 505.[3])

3. Nos anos recentes, os economistas têm adotado o conceito de M2 para a definição da oferta monetária. Entretanto, não há nenhuma garantia de que as inovações financeiras no futuro não venham também a alterar a natureza de M2 e, com isso, solapar seu uso como um indicador de política monetária. Na realidade, já existem indicadores desse tipo de mudança. Com

Regra do Nível de Preços. As dificuldades com o uso de estatística sobre a oferta monetária como um indicador da política monetária acentuaram a atratividade da adoção de metas inflacionárias, isto é, a adoção como objetivo de política de uma variação específica no nível geral de preços. Sob essa estratégia, a autoridade monetária estabeleceria metas para um índice geral de preços (IGP) ou para o deflator implícito do PIB ou ainda para um índice de preços ao consumidor (INPC). Os defensores da fixação de uma meta para o nível geral de preços argumentam que, no longo prazo, a política monetária não pode determinar o produto real, o nível de emprego, as taxas de juros ou quaisquer outras variáveis reais. O que ela pode e deve determinar é o nível geral de preços. Portanto, por que não exigir da autoridade monetária a manutenção de uma taxa de inflação persistentemente baixa? Sob tal plano, se o índice geral de preços estiver crescendo, a autoridade monetária terá um incentivo para introduzir restrições monetárias. Contrariamente, se o nível geral de preços estivesse caindo, a mudança para uma política monetária expansionista estaria na ordem do dia. Os proponentes dessa regra argumentam que ela reduz tanto a instabilidade decorrente de fatores monetários quanto a incerteza com relação à dimensão temporal das transações (por exemplo, empréstimos e contratos de longo prazo).

A Nova Zelândia adotou a regra do nível de preços em 1990. Embora o Banco Central da Nova Zelândia seja plenamente responsável pela política monetária, ele é legalmente obrigado a manter a taxa de inflação dentro de um curto intervalo, atualmente entre 0% e 2%. Se o Banco Central falha em satisfazer essa exigência, a direção do banco está sujeita à demissão. Essa estrutura organizacional exige que o Banco Central focalize sua ação em um objetivo bem definido (uma baixa taxa de inflação) que possa ser atingido pela política monetária, e a direção do banco é responsabilizada por não alcançar tal objetivo. Até hoje, essa política tem sido um sucesso. Antes de 1990, a Nova Zelândia era, entre os países industrializados de alta renda, o que possuía a taxa de inflação mais alta e mais variável. Desde a introdução da nova legislação que impõe a meta inflacionária, a taxa de inflação da Nova Zelândia tem sido baixa (entre 0,1% e 0,7%). Muitos outros países parecem estar se movendo nessa direção. O novo Banco Central europeu tem como principal compromisso a estabilidade de preços; o Banco Central do Brasil, desde a segunda metade de 1999, vem adotando a meta inflacionária definida por um pequeno intervalo como principal objetivo. Muitos outros bancos centrais também vêm adotando metas inflacionárias como seu principal objetivo.

---

a redução do custo de entrar nos mercados acionário e de títulos públicos por meio da aquisição de cotas de fundos mútuos, muitos indivíduos deslocaram seus recursos financeiros de vários instrumentos de poupança, que fazem parte do agregado M2, para fundos mútuos que não estão incorporados à definição desse agregado monetário. Essas mudanças reduziram tanto a taxa de crescimento da oferta monetária no conceito M2 durante o período 1994-1995 quanto a confiabilidade desses dados como indicador de política monetária.

Política Fiscal Não-Ativista

Na área da política fiscal, a regra mais simples deveria exigir que o orçamento fosse anualmente equilibrado. Entretanto, como as receitas e as despesas flutuam ao longo do ciclo dos negócios, a imposição da regra do orçamento equilibrado a cada ano exigiria um aumento de impostos e/ou uma redução nas despesas durante uma recessão. Mudanças na direção oposta se fariam necessárias durante um período de rápido crescimento. É claro que tais mudanças são inconsistentes com a idéia não-ativista de política macroeconômica estável.

Teoricamente, a estratégia adequada dos não-ativistas para uma política fiscal é equilibrar o orçamento *ao longo do ciclo dos negócios*. Sob essa estratégia, a mesma estrutura tributária (alíquotas) e a mesma política de despesas públicas seriam mantidas durante os períodos de *booms* e de recessão. Superávits orçamentários emergiriam durante os períodos de prosperidade, enquanto déficits ocorreriam durante as recessões. Infelizmente, essa regra impõe uma restrição muito elástica. Em qualquer momento no tempo, é bastante difícil inferir se a atual estrutura tributária e a política de despesas públicas manterão o orçamento equilibrado ao longo do ciclo. Assim, os não-ativistas, particularmente aqueles associados à escolha pública, reconhecem que a regra do "orçamento equilibrado ao longo do ciclo dos negócios" dificilmente estabelecerá um curso estável para a política fiscal.

Alguns não-ativistas acreditam que uma emenda constitucional que limitasse tanto os gastos do governo quanto os déficits públicos seria um ingrediente indispensável para uma política fiscal estável. As pressões de grupos de interesse específico e a visão míope dos políticos eleitos por um período limitado fazem que a política fiscal tenha uma tendência expansionista (de aumentar os gastos e a dívida). Por causa disso, alguns não-ativistas argumentam a favor de uma *supramaioria* (por exemplo, 60%) do Congresso para aprovar (1) gastos governamentais que impliquem déficit orçamentário ou (2) um crescimento mais rápido (do que o crescimento da renda nacional) nos gastos federais.

Uma coisa é argumentar a favor de uma estratégia genérica, e outra é desenvolver um programa passível de ser implementado. Claramente, os não-ativistas ainda não chegaram a formalizar um programa detalhado de política fiscal que viesse a ser aceito, mesmo entre eles.

Construindo uma Visão Consensual

Estabilização econômica é um tópico sujeito a um contínuo debate entre os economistas. Entretanto, aparentemente, uma visão consensual com relação a várias áreas parece emergir. Listamos a seguir os principais elementos da visão consensual.

1. *A política monetária deve centrar-se na estabilidade de preços – o objetivo deve ser perseguir baixas taxas de inflação.* Uma vez atingido esse objetivo, na economia, a incerteza será reduzida, o que melhora a eficiência dos mercados e promove o pleno emprego. Quando as autoridades monetárias atingirem esse objetivo, elas terão cumprido bem o seu papel.
2. *Políticas de estímulo à demanda agregada não podem reduzir a taxa de desemprego abaixo do seu nível natural – pelo menos, não por um longo período.* Nas décadas de 1960 e 1970, muitos economistas acreditavam que havia uma escolha entre inflação e desemprego. Embora reconhecendo que as políticas de estímulo à demanda agregada produziriam alguma inflação, muitos economistas acreditavam que tais estímulos reduziriam também a taxa de desemprego. As teorias sobre as expectativas dos agentes econômicos destacaram o erro dessa visão. Uma vez que as pessoas passem a esperar uma inflação, a escolha entre inflação e desemprego desaparece. Sob a hipótese das expectativas adaptativas, uma mudança não-antecipada para uma política mais expansionista pode, temporariamente, reduzir a taxa de desemprego, mas, sob a teoria das expectativas racionais, mesmo essa redução temporária no desemprego é questionável. Dada a incerteza da possibilidade de escolha no curto prazo e a sua total ausência no longo prazo, a maioria dos economistas acredita que estimular a inflação com o objetivo de reduzir o desemprego é tão desestabilizante quanto uma visão míope da economia.
3. *Mudanças bruscas, tanto na política monetária quanto na política fiscal, deveriam ser evitadas.* Dada a nossa capacidade limitada de previsão, bem como nossa ignorância a respeito do período necessário para que mudanças rápidas nas políticas monetária e fiscal afetem a economia, os responsáveis pela política econômica não devem tentar responder com mudanças de política às variações econômicas, tão comuns nos dias de hoje. Mudanças drásticas na política tributária, no déficit público e na oferta monetária *em resposta a mudanças nas condições do ciclo dos negócios* tendem a aumentar, e não a reduzir, a instabilidade econômica. Mais estabilidade será conseguida, se os responsáveis pela política macroeconômica adotarem uma estratégia de longo prazo clara e estável e a mantiverem ao longo do tempo.
4. *O uso de uma política fiscal discricionária como um instrumento de estabilização econômica é impraticável, particularmente em países como os Estados Unidos.* A identificação do tempo certo para a implementação da política é essencial para que ela tenha algum efeito estabilizador. Dado o sistema de *pesos e contrapesos* (*checks and balances*), implícito na estrutura política norte-americana, é irrealista esperar uma rápida mudança na política fiscal. O efeito *crowding-out* cria uma incerteza adicional com relação ao potencial da política fiscal. Essas dificuldades fizeram que um keynesiano convicto como Paul Samuelson concluísse que a política fiscal é impraticável como instrumento de estabilização econômica.

A Estabilidade Recente da Economia Norte-Americana

O foco da política de estabilização mudou radicalmente durante as últimas quatro décadas. Na década de 1960, acreditava-se em larga escala que a política macroeconômica – particularmente a política fiscal – poderia ser usada efetivamente para amainar as subidas e descidas da economia ao longo do ciclo dos negócios e promover um nível de emprego mais elevado. Graças à integração das teorias sobre as expectativas, à análise macroeconômica e à instabilidade da década de 1970, os objetivos da política de estabilização econômica se tornaram menos ambiciosos nos anos recentes. A ênfase passou a ser a estabilidade de preços e não mais a tentativa de controlar o produto e o nível de emprego.

Paradoxalmente, a busca por estabilidade de preços tem provocado uma drástica redução nas flutuações econômicas. A Figura 15.7 enfatiza esse ponto. Entre 1910 e 1959, a economia dos Estados Unidos esteve em recessão em 32,8% do tempo. Entre 1960 e 1982, a recessão se fez presente em 22,8% do tempo. Comparando esses dois resultados com o período 1983-1998, podemos verificar que esse foi um período de estabilidade econômica ímpar. Ao longo dos 192 meses desse último período, a economia registrou recessão somente em oito meses, isto é, 4,2% do tempo.

É interessante registrar que esse último período apresentou consideráveis mudanças políticas. Depois de 12 anos de presidentes republicanos, um democrata foi eleito em 1992. Entretanto, em 1994, os republicanos eram maioria nas duas casas do Congresso, pela primeira vez em quase 50 anos. Além disso, há outros eventos importantes a considerar: o colapso do comunismo, o *crash* da Bolsa de 1987, a Guerra do Golfo em 1990-1991, os elevados gastos com defesa no início da década de 1980, acompanhados de uma drástica redução nesses gastos na década de 1990, e o processo de *impeachment* contra o presidente em 1998. Em meio a todas essas mudanças, a economia norte-americana permaneceu nos trilhos.

O que explica essa recente estabilidade? Talvez tenha sido por pura sorte – não ocorreu nenhuma grande guerra. A maioria dos economistas, entretanto, credita essa estabilidade especialmente à política monetária. Comparada aos períodos anteriores (ver a Figura 15.2), a política monetária foi muito mais estável. Inicialmente sob a liderança de Paul Volcker e, mais recentemente, de Alan Greenspan, o Fed vem evitando grandes flutuações na taxa de inflação. Durante todo o período de 1983-1998, a taxa de inflação (medida pelo deflator do PIB) flutuou no pequeno intervalo de 1,1% a 4,3%. Mais impressionante ainda é o fato de que a variação ano a ano da taxa de inflação nunca foi superior a 1,2%. Em essência, o Fed adotou e seguiu políticas consistentes com a manutenção de uma taxa de inflação baixa e estável, e essas políticas promoveram a estabilidade econômica. Isso é consistente com o modelo que desenvolvemos neste capítulo. Mudanças de preços não-esperadas causadas pela política macroeconômica ou por eventos externos conduzem a economia a *booms* e a recessões. A política adotada pelo Fed tem evitado essas flutuações nos anos recentes.

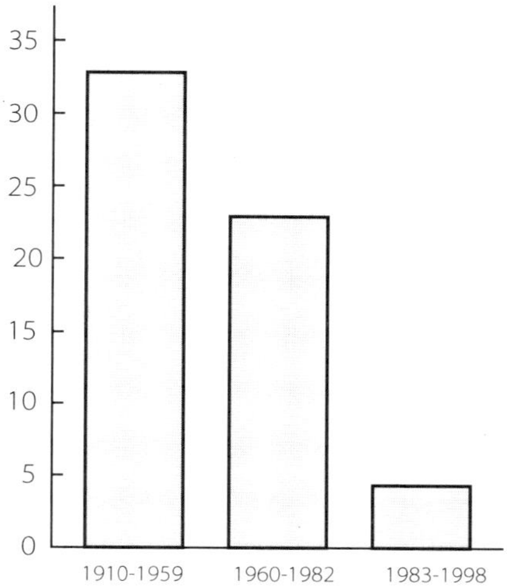

Figura 15.7
A redução na incidência de recessão nos Estados Unidos.

A economia dos Estados Unidos esteve em recessão em 32,8% do tempo durante o período 1910-1959 e 22,8% do tempo entre 1960 e 1982, mas somente 4,2% do tempo durante o período 1983-1998.

Fontes: R. E. Lipsey e D. Preston, *Source book of statistics relating to construction*, 1966; e Nova York: National Bureau of Economic Research.

Isso significa que haverá menos instabilidade no futuro? É claro que perturbações decorrentes de guerra, turbulência financeira e mesmo erros de política econômica podem ser esperados no futuro. Entretanto, há alguma razão para otimismo. Os resultados recentes sugerem que, quando a economia funciona em um ambiente de inflação de preços baixa e estável, os mecanismos de autocorreção do mercado trabalham muito bem.

Olhando à Frente

Após examinar as questões afetas à estabilidade econômica, no próximo capítulo analisaremos os determinantes do crescimento econômico. Por que algumas economias crescem mais rapidamente que outras? O que a política econômica pode fazer para promover taxas de crescimento econômico sustentável mais elevadas? Essas perguntas e tópicos a elas associados serão considerados no próximo capítulo.

Resumo do Capítulo

- Historicamente, os Estados Unidos experimentaram flutuações substanciais no produto real. Antes da Segunda Guerra Mundial, a variação anual do PIB real flutuou entre 5% e 10% em várias ocasiões. Nas últimas cinco décadas, as flutuações do produto real têm sido mais moderadas.
- Embora um crescimento estável, estabilidade de preços e pleno emprego sejam largamente reconhecidos como propriedades desejáveis para uma economia, há um desacor-

do considerável entre os economistas sobre como tais objetivos podem ser atingidos. Os ativistas acreditam que o uso de política macroeconômica discricionária pode contribuir para a consecução de tais objetivos, enquanto os não-ativistas argumentam que políticas macroeconômicas passivas e mais estáveis são melhores.

- Após a introdução de uma mudança na política macroeconômica, haverá uma defasagem de tempo até que seus efeitos tenham impacto sobre a atividade econômica. Isso significa que os responsáveis pela política macroeconômica precisam prever as condições econômicas prevalecentes muitos meses no futuro, de modo a implementar uma mudança de política que seja efetiva.
- O índice de indicadores antecedentes e outras ferramentas de previsão econômica fornecem, aos responsáveis pela política, a informação sobre as condições econômicas que mais provavelmente prevalecerão no futuro. Os ativistas argumentam que os responsáveis pela política podem inicialmente reagir com cautela aos sinais que indicam a necessidade de uma mudança de política e agir agressivamente se a situação assim o exigir. Os ativistas confiam que políticas monetária e fiscal discricionárias podem ser usadas na promoção efetiva da estabilidade econômica.
- Os não-ativistas acreditam que o mecanismo de autocorreção da economia de mercado funciona muito bem se não for corrompido por políticas macroeconômicas perversas. Além disso, eles argumentam que o problema da identificação do tempo certo e o ambiente político reduzem a efetividade da política macroeconômica discricionária como um instrumento de estabilização. Em vez de reações às condições do ciclo dos negócios, os não-ativistas preferem políticas estáveis e previsíveis.
- Há duas teorias principais sobre como as expectativas são formadas. De acordo com a hipótese das expectativas adaptativas, os indivíduos formam suas expectativas sobre o futuro com base em dados do passado recente. A hipótese das expectativas racionais admite que as pessoas utilizam toda informação pertinente, inclusive de dados sobre a condução da política econômica corrente, na formação de suas expectativas sobre o futuro.
- Sob a hipótese das expectativas adaptativas, uma mudança não-antecipada para uma política econômica mais expansionista estimulará temporariamente o produto e o emprego. Em contraste, sob a hipótese das expectativas racionais, essa mudança de política não gerará uma mudança sistemática no produto. As duas teorias sobre as expectativas indicam que a manutenção de políticas expansionistas conduzirá a economia a uma inflação, sem aumentar o produto e o emprego de forma permanente.
- A análise da Grande Depressão indica que a sua duração e sua intensidade resultaram de uma política macroeconômica perversa: uma acentuada contração na oferta monetária, um grande aumento de impostos e um crescimento elevado nas alíquotas das tarifas.
- Embora o debate sobre política macroeconômica continue, muitos economistas acreditam, hoje em dia, que uma política monetária consistente com uma estabilidade de preços é o ingrediente-chave para uma efetiva política de estabilização econômica. Contrariamente ao que se admitia na década de 1960, o uso da política fiscal como um instrumento efetivo de estabilização econômica é hoje visto como impraticável.

Questões de Análise Crítica

1. O ministro da Fazenda pediu que você escrevesse um trabalho indicando como a política econômica pode ser utilizada para estabilizar a economia e promover maiores taxas de crescimento econômico durante os próximos cinco anos. Tenha a certeza de fazer propostas específicas. Indique por que a sua recomendação funcionará.
2. Como a instabilidade econômica norte-americana durante as últimas quatro décadas se compara com a instabilidade econômica anterior à Segunda Guerra Mundial? Há alguma evidência de que a política de estabilização econômica aumentou ou diminuiu a estabilidade econômica durante as décadas recentes?
3. Avalie a efetividade das políticas monetária e fiscal durante os últimos três anos. Elas têm ajudado a promover estabilidade de preços, crescimento rápido e maior emprego? Você considera que os responsáveis pela política cometeram erros durante esse período? Em caso afirmativo, explique tais erros.
4. Explique, com suas próprias palavras, a hipótese das expectativas adaptativas. Quais as diferenças entre a teoria das expectativas racionais e a teoria das expectativas adaptativas?
5. Por que muitos economistas não-ativistas são a favor de uma regra monetária que implique uma expansão da oferta monetária a uma taxa anual constante? Cite alguns problemas práticos decorrentes da possível adoção de tal regra. Você acredita que uma regra monetária pode ser estabelecida de modo a reduzir a instabilidade econômica? Explique.
6. Compare e contraste o impacto de uma mudança não-esperada para uma política monetária mais expansionista sob a hipótese das expectativas racionais e sob a hipótese das expectativas adaptativas. As implicações dessas duas teorias diferem no curto prazo? Elas diferem no longo prazo? Justifique sua resposta nos dois casos.
7. O que é um índice de indicadores antecedentes? Qual é a sua utilidade na orientação dos responsáveis pela política econômica?
8. Quais são os principais problemas práticos que limitam a efetividade das políticas monetária e fiscal discricionárias como instrumentos de estabilização?
9. Muitos bancos centrais indicam que seu principal objetivo é manter a inflação persistentemente em baixas taxas. Se a taxa de inflação é persistentemente baixa, isso reduzirá a instabilidade produzida pelo ciclo dos negócios? Por quê?
10. "A Grande Depressão indica que o mecanismo de autocorreção da economia de mercado é fraco e não-confiável." Avalie essa afirmação.

16 Crescimento Econômico

Alguns princípios fundamentais – a boa formulação de políticas monetária e fiscal, a eliminação de controles de preço, a abertura da economia ao mercado internacional, a garantia dos direitos de propriedade e da propriedade privada, o fortalecimento da competição e a reforma e a limitação do papel do governo – são essenciais para uma saudável economia de mercado.

Economic report of the president, 1991

FOCO DO CAPÍTULO

- Por que o crescimento econômico é importante?
- Quão diferentes são os países em termos de renda *per capita*?
- De que forma um crescimento econômico auto-sustentado muda a renda e a vida das pessoas?
- Quais são as principais fontes de crescimento econômico?
- Que impacto têm o papel e o tamanho do governo no processo de crescimento econômico?
- A liberdade econômica promove o crescimento?

O capítulo anterior deu ênfase à estabilidade econômica. Neste capítulo, vamos analisar o crescimento econômico. Ao longo da história, a maioria da população do mundo tem labutado 50, 60 e até 70 horas por semana somente para conseguir satisfazer as necessidades básicas: alimentação, vestuário e habitação. Entretanto, o crescimento econômico sustentado registrado durante os dois últimos séculos modificou essa situação para a maioria das pessoas na América do Norte, Europa, Oceania e Japão. Renda crescente e melhorias no padrão de vida nem sempre estiveram presentes nos países ocidentais. De acordo com Phelps Brown, a renda real do trabalhador inglês, na indústria de construção, praticamente permaneceu a mesma entre 1215 e 1789, isto é, por quase seis séculos.[1] Essa estagnação nos rendimentos reais foi comum em outras regiões da Europa, ao longo da maior parte daquele período.

Baixas rendas e pobreza assolam grandes parcelas da população em muitos países, particularmente nas Américas Central e do Sul, na África e no Centro-Sul da Ásia. Por que o nível de renda tem crescido rapidamente em alguns países, enquanto em outros tem permanecido persistentemente estagnado? Quais são os ingredientes fundamentais para a promoção do crescimento econômico? Já consideramos muitos aspectos dessas questões. Agora. estamos aptos, pelo uso dos instrumentos básicos de análise econômica, a considerar o crescimento econômico e as fontes de prosperidade de maneira mais abrangente.

A Importância do Crescimento Econômico

O crescimento econômico é importante porque promove o aumento de renda real e a melhoria do padrão de vida. Lembre-se de que, além do somatório dos valores adicionados produzidos, há duas outras maneiras de medir o PIB: (1) pela ótica da despesa, somando-se, durante determinado período, as despesas finais com bens e serviços, ou

1. Phelps Brown, *A century of pay:* the course of pay and production in France, Germany, Sweden, the United Kingdom, and the United States. Londres: Macmillan, 1968.

(2) pela ótica da renda, somando-se todas as rendas recebidas pelos ofertantes de recursos produtivos exigidos para a obtenção do produto. Portanto, o PIB mede tanto o produto de uma economia quanto sua renda. Esse fato destaca um ponto muito importante: o crescimento do produto é necessário ao crescimento da renda. Sem aumento no produto, não será possível atingir níveis de renda mais elevados.

O crescimento econômico é identificado com a expansão da capacidade produtiva de uma economia. O impacto do crescimento pode ser mais bem-compreendido com o auxílio do conceito de possibilidades de produção, discutido no Capítulo 2. Suponha que um país tenha passado por um processo de crescimento econômico durante a década de 1990. Assim, essa economia poderá produzir maiores quantidades tanto de bens de consumo quanto de bens de capital no ano de 2000, comparativamente ao ano de 1999. A Figura 16.1 mostra (parte *a*) que o crescimento durante a década deslocará a fronteira de produção (*CPP* – curva de possibilidades de produção) para a direita, de *AA* para *BB*.

A Figura 16.1 ilustra também (parte *b*) o impacto do crescimento econômico no contexto do modelo de demanda e de oferta agregadas. A oferta agregada de longo prazo indica o produto real máximo que a economia pode sustentar. Com o crescimento econômico, a curva *SALP* se deslocará para a direita. Assim, o crescimento econômico durante a década de 1990 fará que a curva de oferta agregada de longo prazo se expanda de $SALP_{1990}$ para $SALP_{2000}$.

Quando o PIB de um país cresce mais rapidamente que sua população, o PIB per capita – *isto é, o PIB por habitante – também crescerá. O crescimento do PIB* per capita *significa que haverá nesse país mais bens e serviços por pessoa.* De modo geral, o crescimento do PIB *per capita* promoverá um padrão de vida melhor para a maioria das pessoas, bem como aumentará a expectativa de vida, a escolaridade e a saúde da população em geral.

O Impacto do Crescimento Econômico Sustentável

Há certa tendência a pensar que uma diferença, para mais ou para menos, de 1% ou de 2% na taxa de crescimento do PIB tem pouca importância. Entretanto, diferenças na taxa de crescimento do PIB aparentemente pequenas, se sustentadas durante um longo período, terão um impacto significante sobre o padrão de vida das pessoas. Se, para o país A, a taxa de crescimento da renda *per capita* for de 3,5% ao ano, a renda por pessoa nesse país dobrará a cada 20 anos. No entanto, se o crescimento da renda *per capita* no país B for de 1,75% ao ano, para que a renda por pessoa nesse país dobre, serão necessários 40 anos. Se, no momento inicial da comparação, os dois países apresentarem a mesma renda *per capita*, após 40 anos, a renda do país A será o dobro da renda do país B. Isso resulta de um processo cumulativo semelhante ao de juros compostos.

> **Regra dos 70**
>
> Se uma variável cresce a uma taxa de x% ao ano, 70/x nos fornecerá uma boa aproximação para o número de anos necessário para que essa variável dobre de valor.

A **regra dos 70** nos permite, com facilidade, identificar, para dada taxa de crescimento do produto,

Figura 16.1
Crescimento econômico, possibilidades de produção e oferta agregada.

O crescimento econômico expande o produto sustentável de uma economia. Isso pode ser ilustrado pelo deslocamento para a direita da curva de possibilidades de produção (parte *a*) ou pelo aumento da oferta agregada de longo prazo (deslocamento da curva $SALP_{90}$ para a curva $SALP_{2000}$, na parte *b*). Se a política monetária mantiver o nível de preços inicial (P_1), o PIB real de equilíbrio aumentará de Y_{90} para Y_{2000}.

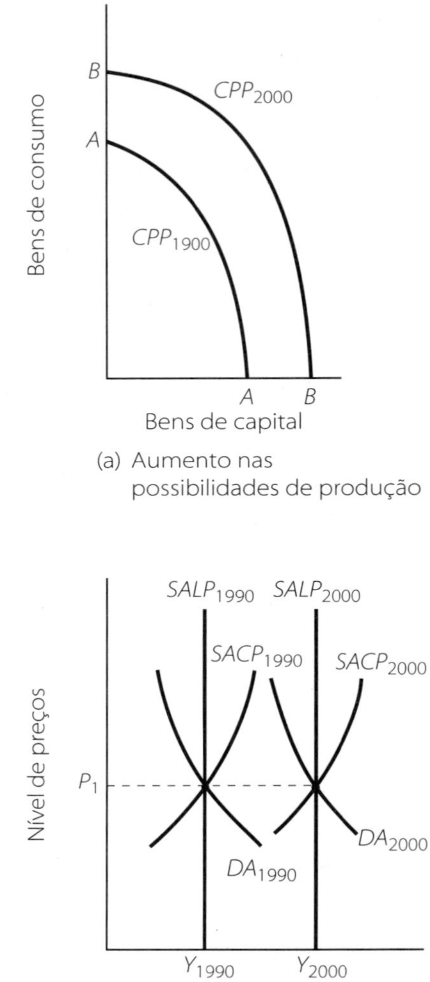

(a) Aumento nas possibilidades de produção
(b) Aumento do PIB real

quantos anos são necessários para que o produto dobre. Se você dividir 70 pela taxa média anual de crescimento do produto de um país, terá como resultado o número de anos necessário para que o nível de renda dobre.[2] Por exemplo, para uma taxa de crescimento da renda de 5% ao ano, serão necessários 14 anos (70 dividido por 5) para que o nível de renda dobre. Como mencionamos antes, para uma taxa de crescimento de 3,5% ao ano, a renda dobrará em 20 anos (70 : 3,5). Para uma taxa de crescimento de 1% ao ano, serão necessários 70 anos para que a renda dobre. (*Nota*: A regra dos 70

2. Às vezes, essa regra é denominada regra dos 72, e não dos 70. Para taxas inferiores a 5% ao ano, a regra dos 70 nos fornece resultados mais precisos, enquanto, para taxas superiores a 5% ao ano, a regra dos 72 é mais precisa.

também pode ser aplicada a taxas de retorno de investimento e de poupança. Assim, quando mantidas por um longo período, pequenas diferenças nas taxas de retorno podem representar uma grande diferença no valor da sua poupança ou de seu investimento no momento do resgate.)

As diferenças nas taxas de crescimento sustentável do produto entre os diversos países, ao longo de duas ou três décadas, podem alterar substancialmente a posição relativa da renda desses países. Os países que experimentarem períodos de rápido crescimento econômico sustentável subirão na escala e eventualmente atingirão o *status* de países de alta renda. Contudo, os países que apresentarem baixas taxas de crescimento econômico, ou mesmo um declínio em seu PIB real *per capita*, descerão na escala da renda.

Com as informações efetivamente observadas para Hong Kong, Japão, Argentina e Venezuela, a Figura 16.2 ilustra claramente como um crescimento sustentado por um longo período influencia a posição relativa da renda dos países. Na figura, as rendas *per capita* estão registradas para 1960 e 1997 em dólares de 1985. Em 1960, Hong Kong tinha um PIB *per capita* de US$ 2.247, substancialmente inferior aos valores registrados para a Argentina (US$ 4.462) e a Venezuela (US$ 6.338) naquele ano. Entre 1960 e 1997, o PIB *per capita* de Hong Kong cresceu a uma taxa média de 6% ao ano, muito superior às taxas experimentadas tanto pela Argentina (1% a.a.) quanto pela Venezuela (0,1% a.a.). Considere agora os dados para esses três países em 1997: o PIB *per capita* de Hong Kong atingiu US$ 19.774, mais de três vezes os valores registrados tanto para a Argentina quanto para a Venezuela. Os dados para o Japão ilustram o mesmo fenômeno. Entre 1960 e 1997, a renda *per capita* do Japão cresceu, em média, 4,7% ao ano, taxa muito superior às taxas de crescimento *per capita* registradas para esses dois países latino-americanos. Embora em 1960 o PIB *per capita* do Japão fosse inferior aos da Argentina e da Venezuela, 37 anos depois o quadro se inverteu radicalmente.

Países menos desenvolvidos (LDCs)

São países de baixa renda, geralmente caracterizados por um elevado crescimento populacional e uma agricultura familiar de grande importância na economia. Esses países são também chamados países em desenvolvimento.

Observando os diferenciais de renda entre os países industrializados mais ricos e os **países menos desenvolvidos** (*less-developed contries* – **LDCs**), alguns analistas argumentam que os países ricos estão consistentemente se tornando mais ricos, enquanto os países pobres ficam cada vez mais pobres. Essa afirmação é verdadeira? Que países estão ficando para trás?

O Quadro 16.1 apresenta, para o período 1980-1998, taxas médias de crescimento do PIB *per capita* para os seguintes grupos de países: (a) LDCs com elevadas taxas de crescimento, (b) países industrializados de alta renda e (c) LDCs com as mais baixas taxas de crescimento. Durante esse período, somente sete países – China, Coréia do Sul, Taiwan, Cingapura, Tailândia, Irlanda e Hong Kong – com população igual ou superior a dois milhões de habitantes foram capazes de atingir uma taxa média de crescimento do PIB *per capita* superior a 4% ao ano. É interessante observar que somente a Irlanda não era considerada um país menos desenvolvido no início do período em questão. Além disso, todos esses países, excetuando a Irlanda, estão localizados na Ásia. Muitos desses países, particularmente a Coréia do Sul e a Tailândia, experimentaram recentemente uma forte recessão. Entretanto, mesmo levando isso em consideração, suas taxas de crescimento de longo prazo são impressionantes. Nesses países de altas taxas de crescimento econômico, a renda *per capita* tem crescido acentuadamente, e o padrão de vida da população tem, nas últimas décadas, apresentado melhoras substanciais.

Entre os países industrializados de elevada renda, o Japão – também um país que tem passado recentemente por dificuldades econômicas – foi o que apresentou a mais elevada taxa média de crescimento (2,3% a.a.) durante o período 1980-1998. O Reino Unido, a Alemanha, a Austrália, os Estados Unidos, a Itália e a Holanda constituem um grupo de países que apresentaram uma taxa média de crescimento entre 1,5% a.a. e 1,9% a.a. O Canadá e a Suíça foram os países que apresentaram as menores taxas médias anuais de crescimento no período. A maioria dos países de elevada renda e de menor porte econômico não foi incluída no quadro, mas, durante o período, a taxa média anual de crescimento do PIB *per capita* de cada um desses países estava entre 1% a.a. e 2% a.a. Portanto, para as economias que apresentaram as mais elevadas taxas de crescimento econômico, sua renda *per capita* registrou, para o período, uma taxa média de crescimento anual de três a quatro vezes a taxa média registrada para os países industrializados de alta renda.

Infelizmente, há outro grupo de LDCs que, durante o período considerado, regrediu economicamente – isto é, os países desse grupo amargaram taxas de crescimento econômico negativas. Os países listados na coluna da extrema direita do Quadro 16.1 registraram uma queda de 2% ao ano ou mais em suas rendas *per capita* durante o período 1980-1998. Se as populações desses países eram pobres em 1980, estavam mais pobres ainda em 1998. Assim, um país que registrou nesses 19 anos uma taxa de decréscimo em sua renda *per capita* de 3% ao ano ou mais – como são os casos de Congo (antigo Zaire), Haiti, Togo, Nicarágua, Madagascar e Nigéria – tinha, em 1998, uma renda por habitante que era próxima ou inferior a 50% daquela registrada em 1980.

Em termos de crescimento econômico, os LDCs apresentam um panorama de alta diversidade. Os países que apresentaram as maiores taxas de crescimento no mundo são países menos desenvolvidos (LDCs). Esses países reduziram a diferença de renda que os separa dos países mais ricos.[3] *Ao mesmo tempo, outros LDCs têm apresentado um desempenho econômico pífio e, por isso mesmo, ficaram relativamente bem mais pobres.*[4]

3. Na realidade, os dois países que apresentaram as maiores taxas de crescimento – Hong Kong e Cingapura – experimentaram tamanha elevação em sua renda *per capita* que hoje já não são mais considerados menos desenvolvidos.
4. Para uma análise adicional sobre a diversidade de crescimento econômico dos LDCs, ver Stephen L. Parente e Edward C. Prescott, Changes in the wealth of nations, *Quarterly Review:* Federal Reserve Bank of Minneapolis, primavera de 1993, p. 3-16.

Quadro 16.1 Taxa média anual de crescimento do PIB *per capita* para grupos selecionados de países, 1980-1998.

A taxa de crescimento dos LDCs é caracterizada pela diversidade. Um número de LDCs (coluna da esquerda) apresenta um crescimento superior ao registrado pelos países de alta renda, enquanto outros LDCs (coluna da extrema direita) apresentam crescimento negativo.

LDCs com altas taxas de crescimento[a]		Países industrializados de renda elevada		LDCs com baixas taxas de crescimento[b]	
Países	Taxa média de crescimento	Países	Taxa média de crescimento	Países	Taxa média de crescimento
China	8,2	Japão	2,3	Congo (Zaire)	–5,3
Coréia do Sul	6,4	Reino Unido	1,9	Togo	–4,1
Taiwan	5,4	Alemanha	1,8	Nigéria	–3,9
Cingapura	5,4	Estados Unidos	1,8	Haiti	–3,6
Tailândia	4,9	Austrália	1,8	Nicarágua	–3,0
Irlanda	4,3	Itália	1,7	Madagascar	–3,0
Hong Kong	4,2	França	1,5	Camarões	–2,8
		Holanda	1,5	Costa do Marfim	–2,6
		Canadá	1,1	Zâmbia	–2,3
		Suíça	0,7	Romênia	–2,2

[a] LDCs com taxa média anual de crescimento de 4% ou mais, durante o período 1980-1998.

[b] LDCs com taxa média anual negativa de 2% ou menos, durante o período 1980-1998.

Fonte: Banco Mundial, *World Tables*, CD-Rom. Todos os países selecionados possuíam população igual ou superior a dois milhões de habitantes. Para alguns poucos países, os dados referentes a 1998 não estavam disponíveis. Nesses casos, a média adotada foi a do período 1980-1997.

TEORIA ECONÔMICA APLICADA

China: um caso especial?

Alguns leitores podem estar surpresos com o fato de a China aparecer no Quadro 16.1 entre os países de mais altas taxas de crescimento econômico. Afinal de contas, a China não é um país socialista com economia sujeita a um planejamento central que tem seguido políticas incompatíveis com crescimento econômico e prosperidade?

Após o Congresso do Partido Comunista de 1978, a China iniciou um processo de reformas que mudou drasticamente a estrutura de sua economia. *Hoje existem, na realidade, duas Chinas: uma China agrícola, dos pequenos negócios e das "zonas econômicas especiais", e outra China das empresas estatais. A primeira China tem uma economia relativamente livre, enquanto a*

TEORIA ECONÔMICA APLICADA (*continuação*)

segunda continua sob o regime de planejamento central.

Os primeiros passos da reforma chinesa foram para liberalizar o setor agrícola. As fazendas coletivas foram abolidas e substituídas pelo que os chineses denominam sistema de contrato com encargo. Sob essa nova forma de organização da produção agrícola, foi permitido às famílias o arrendamento de terra por 15 anos, a um custo de transferir para o governo uma quantidade fixada da produção a um preço predeterminado (em geral, inferior ao preço de mercado). As quantidades produzidas em excesso à cota exigida pelo governo pertencem ao agricultor individual e à sua família e podem ser consumidas pelos próprios produtores ou vendidas ao preço livre de mercado.

Embora a propriedade da terra pertença legalmente ao Estado, esse sistema de arrendamento de longo prazo dá ao agricultor um direito semelhante ao direito de propriedade da terra, especialmente porque a renovação dos contratos de arrendamento por longos períodos têm ocorrido automaticamente. Como a cota da produção a ser destinada ao Estado é relativamente pequena – aproximadamente 15% – e os agricultores podem manter toda produção em excesso a essa cota, o imposto marginal efetivo sobre a produção é zero. Claramente, esse sistema fornece um forte incentivo para o agricultor expandir sua produção. Os mercados passaram a ter papel determinante na alocação dos recursos produtivos na agricultura chinesa, assim como no processo de distribuição do produto agrícola. Atualmente, mais de 85% dos grãos (arroz, trigo e cevada) são produzidos privadamente e vendidos a preços de mercado livre.*

O sucesso das reformas na agricultura encorajou a implementação de reformas em outros setores. As restrições impostas ao desenvolvimento e à condução de pequenos negócios de serviços e de comércio foram eliminadas durante a década de 1980. Restaurantes, lojas comerciais e de serviços de consertos em geral, todos desenvolvidos e administrados pelo setor privado, desabrocharam como flores na primavera e passaram a competir com as empresas estatais. Em meados da década de 1980, as cidades chinesas estavam coalhadas de vendedores ambulantes, restaurantes, pequenos estabelecimentos comerciais privados e centenas de milhares de indivíduos oferecendo serviços pessoais.

Ao mesmo tempo, as autoridades chinesas estabeleceram as chamadas zonas econômicas especiais. Aproximadamente 20% da força de trabalho da China está empregada nessas zonas. Nessas áreas, as pessoas podem livremente estabelecer negócios, desenvolver comércio com o exterior, manter contas bancárias em moeda estrangeira e executar projetos de investimento sem qualquer necessidade de aprovação prévia pelo governo. Os impostos nessas zonas especiais são geralmente muito baixos. Durante as últimas décadas, essas zonas atraíram um volume substancial de investimentos externos, que têm contribuído para o crescimento da taxa de investimento da China. As atividades econômicas nessas regiões têm também contribuído de forma significante para o crescimento do setor de comércio exterior, o qual apresenta hoje uma participação na economia chinesa que é três vezes aquela registrada em 1980.

Naturalmente, as mudanças na economia chinesa, que promoveram certa liberalização de algumas das atividades econômicas do país, con-

TEORIA ECONÔMICA APLICADA *(continuação)*

tribuíram substancialmente para o recente crescimento econômico da China. Entretanto, o espetacular crescimento econômico da China tem também um componente estatístico decorrente da mudança de uma economia de planejamento central para uma economia mista, com uma participação maior do mercado, tanto na produção quanto na comercialização do PIB. Isso efetivamente ocorreu com as reformas econômicas da antiga União Soviética e dos países do Leste Europeu, durante o final da década de 1970 e na década de 1980. Em uma economia de planejamento central, o sistema de preços não exerce suas funções no processo de alocação de bens e serviços, e o produto é medido em quantidades físicas dos bens produzidos e dos insumos usados. Essa é uma forma pouco confiável de medir o valor agregado do produto, uma vez que os preços não representam a escassez relativa dos bens. À medida que, nos anos recentes, a China vem se distanciando do planejamento central e permitindo o desenvolvimento das atividades econômicas em um contexto de mercado, algumas atividades produtivas que não eram contadas (ou eram registradas a preços artificiais) passaram a ser registradas no cômputo do PIB. Isso tende a exagerar o crescimento do PIB. Portanto, devemos interpretar o crescimento econômico da China com algum cuidado.

* Outras reformas têm contribuído para ampliar o desenvolvimento dos mercados de produtos agrícolas. Muitas restrições impostas aos indivíduos – tais como à criação de animais, às atividades fora do domicílio, ao transporte de produtos agrícolas e às feiras livres – foram eliminadas. Os agricultores foram autorizados a adquirir seus próprios tratores e caminhões e a contratar mão-de-obra para trabalhar nas propriedades que arrendavam. Essas atividades econômicas eram proibidas até 1978.

Fontes de Crescimento Econômico

Por que alguns países apresentam um crescimento econômico mais acelerado, enquanto outros experimentam uma estagnação econômica ou mesmo uma redução de renda? Há uma forte tentação para argumentar que a disponibilidade de recursos naturais é o ingrediente-chave do crescimento econômico. É claro que, tudo o mais constante, os países com maior abundância de recursos naturais têm uma vantagem sobre os demais. É também claro que a disponibilidade de recursos naturais não é uma condição nem necessária nem suficiente para o crescimento econômico. Hong Kong, por exemplo, além do porto, não possui nenhum outro recurso natural de relevância. O Japão, de maneira semelhante, é pobre em recursos naturais e importa quase toda a energia que utiliza em sua indústria. Apesar desses fatos, a Figura 16.2 registra, tanto para Hong Kong quanto para o Japão, alto nível de renda, decorrente do rápido crescimento econômico durante as últimas décadas. Em contraste, a Argentina, que possui vastas extensões de terras férteis e muitos outros recursos naturais, e a Venezuela, um dos países mais ricos em depósitos petrolíferos do mundo, apresentaram, no mesmo período, um

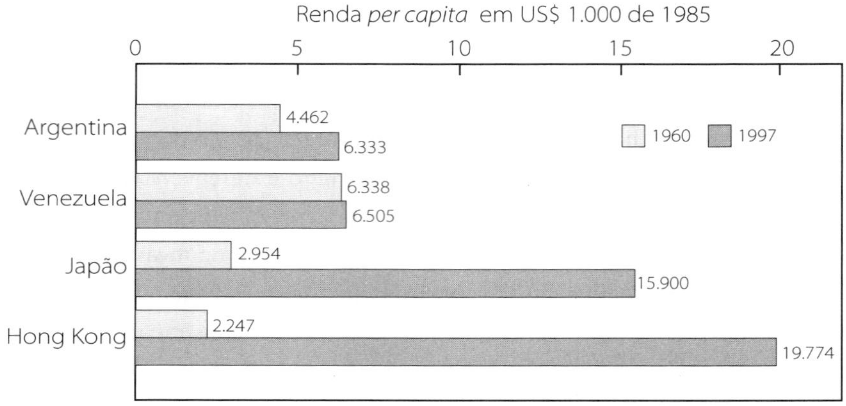

Figura 16.2 A importância, no longo prazo, das diferenças nas taxas de crescimento: Argentina e Venezuela *versus* Hong Kong e Japão.

A figura apresenta, para 1960 e 1997, as taxas de crescimento do PIB *per capita* para Argentina, Venezuela, Japão e Hong Kong. Durante o período 1960-1997, as taxas médias anuais de crescimento da renda *per capita* de Hong Kong e do Japão eram, respectivamente, 6% e 4,7%, enquanto a da Argentina era 1% e a da Venezuela, 0,1%. Observe como o crescimento econômico mais acelerado dos países asiáticos alterou drasticamente suas rendas relativas às dos países latino-americanos.

Fonte: Robert Summers e Alan Heston, *Penn World Tables*. Cambridge: National Bureau of Economic Research, 1994. Os dados apresentados pela fonte citada foram atualizados pelos autores de 1992 para 1997.

crescimento econômico (aumento de renda *per capita*) muito menor. As evidências de que recursos naturais não são necessários nem suficientes para o crescimento econômico são abundantes. Países como Gana, Quênia e Bolívia, ricos em recursos naturais, são pobres e têm apresentado um crescimento econômico medíocre ou negativo, ao longo das últimas décadas. Portanto, a disponibilidade de recursos naturais pode ajudar na promoção do crescimento econômico e da prosperidade de um país, mas claramente não é o fator-chave para o progresso econômico.

O crescimento econômico é um processo bastante complexo. Muitos fatores contribuem para o crescimento econômico de um país, e esses fatores estão geralmente inter-relacionados. Assim como o desempenho de um time de futebol reflete a produção conjunta dos membros da equipe, o crescimento econômico de um país é determinado pela ação conjunta de vários fatores. Se, no futebol, a fraca atuação de um ou dois jogadores pode reduzir substancialmente o desempenho da equipe, uma política contraproducente em uma ou duas áreas-chave pode reduzir substancialmente o desempenho de toda uma economia. Embora a teoria econômica não nos possa fornecer uma receita clara para a promoção do desenvolvimento econômico, ela pode revelar-nos as fontes mais importantes para tal crescimento: (1) investimento em capital físico e em capital humano, (2) progresso tecnológico e (3) instituições sociais e políticas públicas consistentes com uma organização econômica eficiente.

Investimento em Capital Físico e em Capital Humano

Ferramentas, máquinas e equipamentos podem ter um impacto substancial sobre a habilidade de produzir das pessoas. Mesmo um Robison Crusoé, em uma ilha deserta, pode apanhar mais peixes com uma rede do que com suas próprias mãos. Os agricultores que trabalham com tratores e arados modernos podem cultivar mais hectares de terra do que seus bisavôs cultivavam com suas enxadas. De modo similar, educação e treinamento que melhorem o conhecimento e as habilidades dos trabalhadores podem aumentar muito sua produtividade. Por exemplo, um marceneiro que vem desenvolvendo, pelo treinamento e pela prática ao longo dos anos, sua habilidade de fazer armários embutidos será muito mais eficiente na construção e colocação desses armários do que um simples aprendiz.

Investimentos tanto em capital físico (máquinas) quanto em capital humano (conhecimento e habilidades) podem aumentar a capacidade produtiva do trabalhador. No entanto, as pessoas que produzem mais bens e serviços valorizados pelas outras tenderão a receber rendas mais elevadas. A teoria econômica sugere que, tudo o mais constante, os países que usarem uma fração maior de seus recursos na produção de ferramentas, máquinas e fábricas tenderão a apresentar um crescimento econômico mais rápido. Uma utilização maior de recursos produtivos na educação e no treinamento das pessoas também promoverá uma aceleração no processo de crescimento econômico.

É claro que não se faz investimento sem se abrir mão de alguma coisa: o investimento tem um custo de oportunidade. Quanto mais recursos são usados na produção de ferramentas e máquinas, na construção de fábricas e na educação e desenvolvimento de habilidades das pessoas, menos recursos poderão ser usados na produção de bens de consumo no presente momento. A teoria econômica trata exatamente dessas escolhas e nos indica que pessoas que poupam e investem mais hoje terão uma capacidade maior de consumo e de produção no futuro.

Progresso Tecnológico

> **Melhoria tecnológica**
>
> É a introdução de novas técnicas ou métodos de produção que permitem a obtenção de mais bens e serviços por unidade de recurso produtivo.

A **melhoria tecnológica** – que é a adoção de uma nova técnica de produção ou melhoria de uma técnica ou um método de produção existentes – permite que os trabalhadores produzam mais bens e serviços com a mesma quantidade de recursos. O progresso tecnológico resulta do uso da inteligência e da criatividade humanas na descoberta de novos produtos econômicos e/ou métodos de produção mais baratos e, portanto, é um dos fatores-chave no processo de ampliação das possibilidades de produção em uma sociedade. Durante os últimos 250 anos, a substituição do trabalho humano por máquinas e equipamentos, o desenvolvimento de novas variedades de sementes e fertilizantes químicos, a descoberta de novas fontes de energia e as melhorias nos sistemas de transporte e comunicações têm melhorado substancialmente o padrão de vida em todo o mundo. As melhorias tecnológicas têm provocado continuamente mudanças em nossas vidas. Considere, por exemplo, o impacto, em nossas vidas, dos computadores pessoais, dos CDs, dos processadores de texto e outros aplicativos, dos fornos de microondas, das câmeras de vídeo e dos aparelhos de DVD e de fax. O desenvolvimento e as melhorias desses e de outros produtos durante os últimos 25 anos mudaram substancialmente a maneira de trabalhar e as opções de diversão das pessoas.

> ***Invenção***
>
> É a descoberta de um novo produto ou processo produtivo, geralmente facilitada pelo conhecimento de engenharia e das relações científicas.

> ***Inovação***
>
> É a aplicação econômica de uma invenção. Compreende a introdução com sucesso de um novo produto ou a adoção de um novo processo.

É óbvio que o progresso tecnológico depende de uma **invenção**, isto é, da descoberta de um novo produto ou processo. Mas ele também necessita de uma **inovação**, isto é, da adoção prática e efetiva de novas técnicas. Impressionadas com a invenção científica, as pessoas tendem a minimizar a importância e a relevância do papel do inovador na adoção e disseminação de uma melhoria tecnológica. Muitos inovadores se destacaram independentemente de qualquer envolvimento com a invenção do produto que os tornou famosos. Henry Ford não teve participação destacada na invenção do automóvel. Sua contribuição foi uma inovação no processo produtivo: a adoção da técnica de linha de montagem para produção em massa de um automóvel confiável. Ray Kroc, que desenvolveu a cadeia de lanchonetes McDonald's, não inventou coisa alguma. Na realidade, ele nem sequer se envolveu na operação do primeiro McDonald's. Entretanto, ele foi capaz de reconhecer uma boa idéia ao vê-la. Kroc foi um inovador. Para desenvolver seu negócio, ele estabeleceu um sistema de franquia, treinou os operadores dos McDonald's e, no processo, modificou os hábitos alimentares de toda uma nação. As invenções são importantes, mas, sem o inovador, são apenas idéias à espera de quem as explore.

A tecnologia moderna está à disposição de todas as nações, sejam ricas sejam pobres. As nações pobres não necessitam investir em pesquisa e desenvolvimento. Elas podem emular (ou importar a um baixo custo) domesticamente a tecnologia que teve sucesso nos países mais desenvolvidos. Desse modo, a oportunidade de crescer pela adoção de melhor tecnologia – sem ter de experimentar processos menos eficientes ou mesmo investir para descobrir novas técnicas – é maior nos países mais pobres que nos países desenvolvidos de alta renda. Esse fato ajuda a explicar por que países como Coréia do Sul, Taiwan, Hong Kong, Cingapura e mesmo a Irlanda, que eram relativamente pobres há alguns anos, dominam a lista dos países que apresentam economias com maior crescimento (ver o Quadro 16.1).

Entretanto, como no caso dos recursos naturais, é importante manter a contribuição da tecnologia no contexto do crescimento econômico. Se a tecnologia fosse o principal empecilho para a criação de riqueza, os países de mais baixa renda estariam crescendo mais rapidamente que as nações mais desenvolvidas. Isso não ocorre. Muitos países continuam estagnados economicamente, embora a tecnologia moderna já testada nos países industriais de alta renda esteja à sua disposição para uso.

O Ambiente Institucional e a Eficiência Econômica

Assim como a produção de qualquer bem resulta da combinação dos fatores produtivos, capital e trabalho, os economistas intuíram que o PIB de uma sociedade poderia ser visto como um índice que agregasse os fatores trabalho e capital. O destaque dos fatores de produção na geração do PIB passou a ser a forma tradicional de construção de modelos de crescimento econômico, depois da publicação de um artigo sobre o tema pelo Prêmio Nobel de Economia Robert Solow.[5]

Dessa forma, o índice de produto da economia (PIB) passou a ser explicado por um índice de trabalho (horas trabalhadas) e por um índice de capital (horas de máquinas). Essa interpretação permitia uma compreensão melhor dos trabalhos sobre produção agregada que chamavam a atenção dos estudiosos pelo fato de ser substancial a parte da variação do produto não explicada nem pelo capital nem pelo trabalho. A esse resíduo não explicado, os economistas atribuíam a contribuição da tecnologia. Desse modo, tudo o que não podia ser explicado pelo trabalho ou pelo capital era imputado às mudanças tecnológicas.

Em um estudo sobre o crescimento da economia dos Estados Unidos, Edward F. Denison deu especial atenção a esse resíduo, isto é, à parte da variação do produto não explicada pelas variações de trabalho e de capital.[6] Em parte, argumentava Denison, o resíduo estava associado às variações tecnológicas, mas, por não ser o trabalho um fator homogêneo, sua contribuição para o crescimento do produto não era tão simples de ser identificada. Assim, Denison procurou identificar como variações no número de trabalhadores, na sua qualificação e na sua alocação setorial afetavam o produto. O número de trabalhadores era caracterizado pela PEA (população economicamente ativa), enquanto sua qualidade era caracterizada pelos anos de educação formal, pela idade e pelo sexo do trabalhador. Os efeitos alocativos do trabalho sobre o produto foram caracterizados pela variação do emprego setorial, isto é, pela migração do trabalho de um setor para outro.

Desse modo, Denison reduziu a importância do resíduo desconhecido na explicação da variação do produto, embora sua importância relativa continuasse alta. Caracterizando, ainda que de forma imperfeita, o conteúdo de capital humano da PEA,

---

5. Robert Solow, A contribution to the theory of economic growth, *Quarterly Journal of Economics*, v. 70, n. 1, p. 65-94, fev. 1956.
6. Edward F. Denison, *The source of economic growth and the alternative before us*. Nova York: Committee for Economic Development, 1962.

Denison aumentou o conhecimento sobre a importância do homem no processo produtivo, bem como o papel desempenhado por suas diversas características gerais, como educação, idade e sexo. Como era de esperar, a questão levantada por Denison para o fator trabalho também procede para o fator capital. Uma máquina produzida há cinco anos não é igual a uma produzida hoje, ainda que o fabricante seja o mesmo. Baseados nesse princípio – ou seja, o de associar a idade do equipamento à sua qualidade – Dale Jorgenson e Zvi Griliches aplicaram a mesma técnica de Denison para o fator capital. O resíduo não explicado tornou-se ainda menor, e parte da melhoria tecnológica passou a ser absorvida pela qualidade dos fatores: máquinas melhores incorporam a nova tecnologia, que exige trabalho mais qualificado (mais escolaridade, mais experiência).

Claramente, investimentos em bens de capital, em educação e em melhorias tecnológicas são muito importantes para o crescimento econômico de um país. Entretanto, esses investimentos se constituem em condições necessárias ao crescimento econômico, mas não suficientes. As experiências das economias que até há bem pouco tempo estavam sujeitas a um regime de planejamento central ilustram bem esse ponto. Essas economias apresentavam elevadas taxas de formação de capital e populações com elevados níveis de escolaridade. Entretanto, a despeito do crescimento e da qualidade de seus fatores de produção, o desempenho econômico dessas sociedades foi pouco expressivo. O lento crescimento econômico e o empobrecimento do padrão de vida de suas populações conduziram o sistema de planejamento central ao colapso.

A década de 1990 testemunhou a renovação do interesse dos economistas nos efeitos sobre o crescimento econômico produzidos tanto pelas instituições sociais quanto pelas políticas públicas. Lastreada nos trabalhos de Peter Bauer e Douglass C. North, essa *nova teoria de crescimento* destaca a importância de um ambiente econômico consistente com o desenvolvimento e o uso eficiente dos recursos produtivos.[7] Os proponentes da nova teoria do crescimento, tais como Robert Barro, da Universidade de Harvard, e Gerald Scully, da Universidade do Texas, argumentam que instituições e políticas públicas inadequadas podem fazer que o crescimento econômico caia a taxas bem inferiores ao seu potencial.[8] Além disso, sob essa visão mais moderna de crescimento econômico, quando um país constrói um ambiente seguro institucionalmente, as pessoas estarão dispostas a adquirir novas habilidades, investindo em si mesmas (capital humano), e os investidores – tanto os estrangeiros quanto os nacionais – proverão o capital físico que é também necessário. De muitas formas, essa visão mais recente do processo de crescimento econômico é um retorno à abordagem de Adam Smith, que também destacava a importância das políticas públicas e das instituições sociais.

---

7. Peter T. Bauer, *Dissent on development:* studies and debates in development economics. Cambridge: Harvard University Press, 1972; Douglass C. North, *Institutions, institutional change, and economic performance.* Cambridge: Cambridge University Press, 1990.
8. Ver Robert Barro e Xaviar Sala-I-Martin, *Economic growth.* Nova York: McGraw-Hill, 1995; e Gerald Scully, *Constitutional environments and economic growth.* Princeton: Princeton University Press, 1992.

ECONOMISTA DE DESTAQUE

DOUGLASS C. NORTH (1920 –)

Foi o ganhador do Prêmio Nobel de Economia em 1993. Ele se destacou por suas aplicações tanto de teoria econômica quanto de estatística na análise de questões ligadas ao campo da história econômica. Seu trabalho indicou que o desenvolvimento tanto da lei de patentes quanto da sociedade empresarial como pessoa jurídica foram importantes fontes de crescimento econômico durante os séculos XVII e XVIII. Sua análise da relação entre mudanças institucionais e progresso econômico teve papel determinante no desenvolvimento da nova teoria do crescimento. Douglass C. North é professor da Universidade de Washington, em St. Louis.

Instituições e Políticas Públicas que Promovem o Crescimento Econômico

> As políticas podem influenciar o crescimento, tanto a favor quanto contra, de muitas formas. A tarefa é, portanto, tentar explorar o maior número possível de caminhos que favoreçam o crescimento.
>
> ***Arnold C. Harberger***[9]

Quais são os tipos de instituições e de políticas que podem promover o crescimento econômico? É claro que há muitos fatores que exercem papel significante no processo, mas a teoria econômica sugere que um pequeno número deles é de vital importância. Já discutimos alguns desses fatores, e outros serão considerados adiante. As "Regras de Bolso" a seguir listam seis ingredientes indispensáveis para a criação de um ambiente que promova eficiência econômica e crescimento. Vamos considerar cada um desses ingredientes.

Garantia dos Direitos de Propriedade e Estabilidade Política

Como discutimos anteriormente, os direitos de propriedade privada são a proteção legal contra todos aqueles que, pela violência, por roubo e por fraude, procuram apoderar-se de coisas que não lhes pertencem. O que é mais importante nos direitos de propriedade é a estrutura de incentivos que emana da propriedade privada. *Quando os direitos de propriedade de todos os cidadãos – inclusive o vital direito de propriedade sobre seu tra-*

9. Arnold C. Harberger, *Economic policy and economic growth*. São Francisco: International Center for Economic Growth, 1985, p. 8.

REGRAS DE BOLSO

Fontes de crescimento econômico	Instituições e políticas públicas vitais para intensificar a eficiência e o crescimento econômicos
1. Investimentos em capital físico e capital humano	1. Garantia dos direitos de propriedade e estabilidade política
2. Inovações tecnológicas	2. Mercados competitivos
3. Instituições e políticas públicas que promovem a eficiência econômica	3. Estabilidade da moeda e dos preços
	4. Comércio livre
	5. Mercado de capitais aberto ao restante do mundo
	6. Ausência de impostos com elevadas alíquotas marginais

balho – são claramente definidos e efetivamente garantidos, a produção e o comércio substituem a pilhagem como meio de acúmulo de riqueza. Quando os direitos de propriedade são bem-definidos e garantidos com eficácia, as pessoas progridem ajudando e cooperando umas com as outras. Os empregadores, por exemplo, têm de oferecer aos seus empregados em potencial e aos outros ofertantes de recursos produtivos um negócio que seja pelo menos tão bom quanto o melhor que eles poderiam ter com outro empregador. Para ter sucesso, os homens de negócios precisam desenvolver e oferecer bens e serviços que sejam valorizados pelos clientes em potencial. Além disso, os proprietários privados têm um forte incentivo para manter e conservar sua propriedade. Um proprietário que não consiga manter adequadamente um ativo verá o valor desse ativo declinar, o que reduzirá sua riqueza.

Ao longo da história, as pessoas têm buscado por alternativas aos direitos de propriedade privada, de modo a estabelecer outras formas de propriedade que elas acreditam ser mais humanitárias ou mais produtivas. Essas experiências variam de fracassos retumbantes a desastres. Até hoje, não conhecemos nenhum outro arranjo institucional que preserve a liberdade individual e incentive o uso dos recursos produtivos de forma tão eficiente quanto os direitos de propriedade privada.[10]

10. Para evidências de que um sistema legal que protege os direitos de propriedade, garante os contratos e se fundamenta no princípio do estado de direito para dirimir disputas entre as partes promove o crescimento econômico, ver Stephen Knack e Philip Keefer, Institutions and economic performance: cross-country test using alternative institutional measures. *Economics and Politics*, p. 207-227, v. 7, 1995.

Um clima político volátil enfraquece a proteção que os direitos de propriedade promovem. Historicamente, alguns governos confiscaram propriedades físicas e ativos financeiros, submeteram a população a um sistema tributário perverso e usaram regulamentações para punir aqueles que se opuseram ao regime político em vigor. Os países com histórias assim terão grandes dificuldades em restaurar a confiança e restabelecer a proteção dos direitos de propriedade.

Infelizmente, o clima político de muitos países pobres ou menos desenvolvidos é altamente instável. Em alguns casos, o preconceito, as injustiças e uma acentuada disparidade no estado de riqueza das pessoas criam um ambiente fértil para uma revolta política. Em outros casos, a corrupção política e uma longa história de favorecimento a grupos ligados à classe dominante fornecem as sementes da inquietação. Independentemente de sua origem, uma coisa é certa: a possibilidade de uma revolta política que reduza a proteção dos direitos de propriedade repelirá os investimentos em capital e retardará o crescimento econômico. Em anos recentes, esse fator tem contribuído para um desempenho econômico pífio de muitos países, tais como República Democrática do Congo, Haiti, Nicarágua, Rússia e muitos outros países da antiga União Soviética (ver o Quadro 16.1).

Mercados Competitivos

Como Adam Smith destacou há muito tempo, quando a competição pelos recursos produtivos e pelos bens e serviços produzidos se dá pelos mercados livres, mesmo os indivíduos preocupados com seus próprios interesses tenderão, com suas ações, a promover o bem-estar geral. Contrariamente, quando a competição é débil, as empresas podem dispor de mecanismos diversos para aumentar seus preços, de modo a atingir seus objetivos sem que sejam pressionadas pela concorrência para introduzir inovações e desenvolver melhores métodos para a produção dos bens. Medidas de política, como assegurar a liberdade de entrada nos mercados de produto e nos mercados de trabalho, bem como garantir a liberdade de comércio com o restante do mundo, fortalecerão a competição e, portanto, ajudarão a promover o progresso econômico. Em contraste, políticas de subsidiar determinadas atividades, controlar preços, restringir a entrada de novas firmas no mercado e limitar o comércio exterior reprimirão a competição e terão um efeito deletério sobre o progresso econômico.

A competição é uma força disciplinadora tanto para compradores quanto para vendedores. Em um ambiente de competição, os produtores precisam oferecer bens e serviços a baixos custos, de modo a servir aos interesses do consumidor uma vez que eles têm de conquistá-lo de outros fornecedores. As firmas que desenvolverem melhores produtos e descobrirem como produzi-los a um baixo custo terão sucesso. Os vendedores que não queiram ou não consigam prover os consumidores com bens de qualidade a preços competitivos serão forçados a sair do negócio. Esse processo promove tanto a melhoria dos produtos quanto a melhoria dos métodos de produção e, ao mesmo tempo, direciona os recursos produtivos para os projetos em que eles produzirão bens e serviços de maior valor. É um poderoso estímulo ao progresso econômico.

Estabilidade da Moeda e dos Preços

Um ambiente monetário estável fornece os fundamentos para que uma economia de mercado opere eficientemente. Contrariamente, a instabilidade monetária e de preços torna imprevisíveis o nível geral de preços e os preços relativos, gera incertezas e destrói a confiança nos contratos que sustentam as transações. Quando os preços aumentam 20% em um ano, 50% no ano seguinte, 15% no terceiro ano e assim por diante, tanto os indivíduos quanto os homens de negócios ficam impossibilitados de desenvolver adequadamente seus planos de longo prazo. A incerteza reduzirá a atratividade das transações que envolvem tempo, em especial as decisões de investimento. Em vez de tentar conviver com as incertezas que acompanham as taxas de inflação de dois ou três dígitos, as pessoas passarão a poupar menos, enquanto muitos investidores e homens de negócios deslocarão suas atividades econômicas para outros países que apresentem um ambiente mais estável. Os investidores estrangeiros direcionarão seus recursos para outros países, e os cidadãos tentarão proteger sua poupança das mais variadas formas, retirando-a do país. Como resultado, o ganho potencial que poderia ser gerado pela maior formação de capital e pela maior atividade econômica será perdido.

Livre Comércio

Na ausência de barreiras ao comércio, os produtores nos diversos países concentrarão seus recursos produtivos nas áreas nas quais eles tenham uma vantagem comparativa. A competição com o restante do mundo, expressa nas importações, exigirá do produtor nacional uma atenção redobrada, no que se refere à qualidade e ao preço de seu produto. O comércio internacional permite aos residentes de cada país usar seus recursos na produção de bens que eles possam produzir a um baixo custo e, pela exportação desses bens, eles terão os recursos necessários para importar bens que só poderiam ser produzidos domesticamente a elevados custos. Como resultado do comércio livre, cada um dos parceiros comerciais poderá gerar um produto maior e ter maior variedade de bens à sua disposição, a preços relativamente mais baixos do que seria possível sem o livre comércio.

As políticas que reduzem o fluxo de comércio internacional reprimem o processo que acabamos de descrever e, portanto, barram o progresso econômico. É óbvio que tarifas (impostos sobre os bens importados) e restrições quantitativas (cotas) são instrumentos desse tipo de política, porque limitam as possibilidades dos cidadãos locais comercializarem com pessoas e firmas de outros países. Também fazem parte desse mesmo tipo de política os impostos e as cotas de exportação. O mesmo se pode dizer dos controles sobre a taxa de câmbio. Quando as autoridades de um país fixam o valor da taxa de câmbio de sua moeda acima do nível de mercado (valorizam o real), elas estão prejudicando as exportações, porque os preços desses produtos em moeda estrangeira ficarão artificialmente mais elevados, tornando esses bens pouco atraentes para os importadores estrangeiros. Naturalmente, o inverso ocorrerá para as importações, que ficarão mais baratas. Entretanto, exportando menos, os residentes terão menos divisas estrangeiras para importar. Para o mesmo nível de reservas em moedas estrangeiras, as importações também serão menores. Assim, o controle da taxa de câmbio reduzirá o volume de comércio internacional (exportações + importações) e, portanto, provocará um efeito deletério sobre o progresso econômico do país.

Mercado de Capitais Aberto ao Restante do Mundo

Para que os investimentos aumentem a riqueza de uma nação, é preciso que o capital seja direcionado para projetos produtivos. Quando o valor do produto adicional gerado por um projeto de investimento excede os custos desse investimento, o projeto aumentará o valor dos recursos a ele associados e, portanto, criará riqueza. Contrariamente, se o valor do produto adicional é inferior aos custos do projeto de investimento, a adoção desse projeto reduzirá a riqueza da nação. Se uma nação pretende gerar sua riqueza potencial, ela precisa ser dotada de mecanismos capazes de atrair poupanças e de canalizá-las para projetos que criem riqueza. Um mercado de capitais competitivo pode exercer essa função.

Quando o mercado de capitais de um país está integrado ao mercado de capitais mundial, o país será capaz de atrair poupanças (capital financeiro) de todo o mundo ao custo mais baixo possível (taxa de juros). De modo semelhante, seus cidadãos terão acesso às melhores oportunidades de investimento, independentemente do país em que elas estejam localizadas.

Em um mercado de capitais competitivo, os investidores privados têm um forte incentivo para avaliar cuidadosamente os projetos de investimento e alocar seus fundos financeiros naqueles cujos retornos esperados sejam os mais elevados, para um mesmo grau de risco. Pelo lado dos investimentos, projetos lucrativos tenderão a aumentar a riqueza não só do investidor, mas também do país.

Quando os governos fixam as taxas de juros, eles estorvam a habilidade do mercado de capitais de conciliar os desejos dos poupadores com os desejos dos investidores, além de impedir que fundos financeiros fluam para projetos criadores de riqueza. Pior ainda, quando a fixação das taxas de juros é combinada com uma política monetária inflacionária, as taxas reais de juros se tornam negativas. Com taxas reais de juros negativas, os capitais domésticos deixam o país, uma vez que os investidores procurarão retornos positivos para os seus investimentos fora do país e os investidores estrangeiros simplesmente desconsiderarão o país como propício para acolher seus projetos de investimento. Tais políticas enfraquecem o mercado de capitais, retardando, desse modo, tanto os investimentos quanto o crescimento econômico.

Sem um mercado de capitais, é virtualmente impossível alocar consistentemente as poupanças em projetos que criem riqueza. Se os fundos para investimento são alocados pelos governos, e não pelo mercado de capitais, o interesse político (e não a taxa de retorno esperada) determinará quais projetos deverão ser executados. Quando a política substitui as considerações econômicas, é fácil prever que investimentos não-lucrativos e até contraproducentes serão adotados. As experiências do Leste Europeu e da antiga União Soviética ilustram bem esse ponto. Por quatro décadas (1950-1990), a taxa de investimento (como um percentual do PIB) desses países estava entre as mais altas do mundo. Esses países canalizavam aproximadamente um terço do PIB para investimentos. Entretanto, mesmo essas altas taxas de investimento contribuíram muito pouco para melhorar o padrão de vida de suas populações. Sem o direcionamento do mercado de capitais, os fundos de investimento foram geralmente canalizados pelos planejadores para projetos políticos e militares e não para projetos que pudessem aumentar a disponibilidade futura de bens de consumo.

Ausência de Impostos com Elevadas Alíquotas Marginais

Quando elevadas alíquotas marginais de impostos absorvem grande parte dos frutos gerados pelas atividades produtivas, o incentivo que os indivíduos têm para trabalhar e assumir novos projetos de negócios é bastante reduzido. Elevadas alíquotas marginais de impostos podem também fazer que os cidadãos mais produtivos migrem para outros países (onde os impostos são menores) e desencorajar estrangeiros de financiar projetos de investimento domésticos. Em poucas palavras, a teoria econômica indica que elevadas taxas marginais de impostos reduzirão a atividade produtiva, a formação de capital e o crescimento econômico.

O estudo mais detalhado do impacto das altas taxas marginais de impostos sobre o crescimento econômico dos LDCs foi conduzido por Alvin Rabushka, da Universidade de Stanford.[11] Rabushka descobriu, em seu estudo, que países que mantêm baixas taxas marginais de impostos (ou têm elevadas taxas marginais somente para as faixas de renda excessivamente elevadas) geralmente experimentaram um crescimento econômico mais rápido. Ele resumiu seus resultados da seguinte forma:

> Uma boa política econômica, inclusive a fiscal, favorece o crescimento econômico e aumenta a prosperidade. Em particular, baixas alíquotas marginais de imposto de renda, ou elevados limites de renda para a caracterização das faixas de renda sujeitas a uma alíquota média ou elevada, parecem ser consistentes com taxas de crescimento mais altas. A chave do sucesso de qualquer sistema de tributação direta é a manutenção de uma baixa alíquota marginal de imposto ou um elevado limite de renda para isenção.[12]

---

11. Ver Alvin Rabushka, Taxation, economic growth and liberty. *Cato Journal*, p. 121-148, primavera-verão de 1987.
12. Alvin Rabushka, *Taxation and liberty in the Third Word*, trabalho apresentado na conferência "Taxation and Liberty", Santa Fé, Novo México, p. 26-27, set. 1985.

Elevada tributação sobre o emprego também pode reduzir a eficiência econômica. Uma grande diferença entre o custo para o empregador contratar um trabalhador e o que o trabalhador leva líquido para casa reduzirá o nível de emprego formal na economia. Tais políticas tendem a estimular os trabalhadores a se oferecerem no mercado informal, onde a estrutura legal não está assegurada e os direitos de propriedade não podem ser garantidos. Essas distorções no mercado de trabalho reduzem o ganho dos investimentos e do comércio e, portanto, restringem o crescimento econômico.

O Tamanho do Governo e o Crescimento Econômico

Na seção anterior, deixamos claro que várias funções do governo são de vital importância para a operação dos mercados e a alocação eficiente dos recursos produtivos. Essas atividades podem ser identificadas como o coração das funções do governo. Embora exista a possibilidade de se discutirem exatamente quais as atividades do governo que caracterizam suas funções primordiais, dois grupos de atividades podem ser identificados: (1) atividades de proteção às pessoas e à sua propriedade e (2) provisão de um conjunto limitado de bens públicos que, por várias razões, o mercado não possa ou tenha dificuldade para prover.

À medida que os governos assumam e exerçam, na sociedade, essas funções essenciais, eles promoverão o crescimento econômico. É fácil identificar um número dessas funções essenciais do governo. Naturalmente, essas funções necessariamente incorporam o estabelecimento e a administração de um sistema legal e o poder de polícia capazes de garantir os direitos de propriedade, fazer valer os contratos e resolver pacificamente as disputas resultantes de conflitos entre os cidadãos. Também deve fazer parte das atividades essenciais do governo a manutenção de um regime monetário estável que possa facilitar a operação dos mercados e o planejamento dos negócios ao longo do tempo. Além disso, a provisão, pelo governo, de alguns bens públicos – tais como rodovias e defesa nacional, de modo a proteger os cidadãos contra invasões estrangeiras – também contribui para a promoção do crescimento econômico. Despesas públicas que expandam as oportunidades de educação e de desenvolvimento de capital humano são também pró-crescimento econômico.

Entretanto, à medida que o governo continua crescendo, e mais e mais recursos são alocados pelo sistema político e não pelas forças de mercado, quatro fatores principais sugerem que os efeitos benéficos da ação governamental sobre o crescimento econômico desaparecerão e eventualmente se tornarão negativos.

1. *Impostos mais elevados e/ou aumento de endividamento do setor público provocarão uma elevação no custo social líquido sobre o sistema econômico, à medida que o tamanho do governo se expande.* Quando o governo absorve, por meio de impostos, mais e mais dos ganhos dos trabalhadores, o incentivo para investir, assumir riscos

e promover o aumento da produtividade decresce. Como os impostos, o endividamento público deslocará recursos de investimentos privados para o governo (efeito *crowding out*), o que provocará um aumento nas taxas de juros no futuro. Assim, mesmo que os gastos produtivos do governo não tenham se reduzido, os desestímulos provocados pela maior taxação e pelo aumento do endividamento público, exigidos para que os recursos sejam desviados do setor privado para o setor público, aumentarão o tamanho do governo como uma proporção do PIB da economia.

2. *À medida que o governo cresce relativamente ao setor de mercado da economia, retornos decrescentes reduzirão a taxa de retorno das atividades governamentais.* O governo que concentra suas ações no desenvolvimento das funções para as quais está mais bem equipado (por exemplo, as funções primordiais mencionadas anteriormente) e as executa muito bem estará favorecendo a operação eficiente dos mercados e, portanto, estimulando o crescimento econômico. Na medida em que o governo expanda suas atividades por outras áreas, tais como a provisão de infra-estrutura e de educação, seu desempenho pode continuar bom e, conseqüentemente, contribuir para o crescimento. Se a expansão do governo continuar, para além dessas atividades, seus gastos serão canalizados para áreas nas quais é menos e menos produtivo. Assim, quando o crescimento do governo implica a absorção de atividades que ele não está apto a desenvolver, o crescimento econômico é retardado. Por exemplo, isso pode ocorrer quando um governo se envolve na provisão de bens privados – bens que geram benefícios para o consumidor individual. Bens como alimentos, habitação, serviços médicos e serviços de creche estão nessa categoria. Não há razão para esperar que o governo seja mais eficiente que o mercado, na produção e distribuição desses bens.
3. *O processo político é menos dinâmico que o processo de mercado. No setor governo, há menos incentivo à descoberta e ao desenvolvimento de ações produtivas (e à prevenção de ações contraproducentes) que no mercado.* No mercado, os lucros fornecem aos tomadores de decisão os incentivos necessários para manter seus custos baixos, descobrir melhores formas de fazer as coisas e adotar mais rapidamente as novas tecnologias. No entanto, os prejuízos impõem rapidamente uma punição àqueles que têm elevados custos e/ou usam recursos improdutivamente. Assim, a dinâmica do mercado está constantemente canalizando recursos para os usos de maior valor. Não há mecanismo similar que execute essa função eficientemente no setor público. Por isso mesmo, os ajustamentos às mudanças são muito mais lentos no setor público. Comparativamente às decisões tomadas no âmbito do mercado, o tempo exigido no setor governo para a correção de erros (por exemplo, um mau investimento) e para ajustamentos às novas circunstâncias, às novas informações e às novas tecnologias é muito maior. Isso é extremamente importante no contexto do crescimento econômico. O crescimento econômico é, na realidade, um processo de descoberta. À medida que

os empresários descobrem novas tecnologias ou melhores técnicas, métodos de produção mais adequados e oportunidades que antes não foram consideradas, eles serão capazes de combinar recursos para a obtenção de bens e serviços que serão altamente valorizados.[13]

4. *Na medida em que o governo cresce, inevitavelmente suas atividades se concentram cada vez mais no processo de redistribuição de renda e na atividade regulatória. Essas atividades encorajarão pessoas e grupos a usar recursos produtivos para se apropriarem de ganhos que a ação do governo propicia* (rent seeking). *A busca por esses ganhos representa, na realidade, uma perda de recursos produtivos.* Como discutimos no Capítulo 6, os programas de transferência de renda do governo e o poder discricionário dos órgãos reguladores induzirão as pessoas a desviar recursos produtivos de atividades que criam riqueza para atividades que objetivem a captura dos favores do governo. Esse deslocamento de recursos reduzirá o crescimento econômico, levando a economia a níveis de renda bem inferiores ao potencial da economia.[14]

Em resumo, enquanto as atividades do governo se concentrarem nas áreas em que ele tem vantagens comparativas, o crescimento será promovido. Um crescimento contínuo das atividades do governo, eventualmente, produzirá um impacto negativo sobre a economia. A Figura 16.3 apresenta as implicações da relação entre o tamanho do governo (medido pelos seus gastos como proporção do PIB) e o crescimento econômico (medido pela taxa de crescimento do PIB), *supondo que o governo oriente suas atividades com base na taxa de retorno.* À medida que o tamanho do governo – medido no eixo horizontal – se expande a partir de zero (anarquia completa), inicialmente a taxa de crescimento da economia – medida no eixo vertical – aumentará. A curva da figura representa essa situação entre os pontos *A* e *B*. Com o crescimento contínuo do governo como proporção da economia como um todo, seus gastos serão canalizados para atividades menos produtivas (e, por fim, para atividades contraprodutivas), fazendo que a taxa de crescimento da economia diminua e, eventualmente, decline.[15] O ramo da curva a partir do ponto *B* ilustra exatamente esse

13. Israel Kirzner e Joseph Schumpeter têm importantes contribuições para a compreensão desse tópico. Ver Israel Kirzner, *Competition and entrepreneurship*. Chicago: The University of Chicago Press, 1973, e Joseph Schumpeter, *The Theory of Economic Development*, 1912, traduzido para o inglês por R. Opie em 1934 e reimpresso em 1961.

14. Ver Gordon Tullock, The welfare costs of tariffs, monopolies, and theft. *Western Economic Journal*, n. 5, p. 224-232, 1967 e Anna O. Kreuger, The political economy of the rent-seeking society. *American Economic Review*, n. 64, p. 291-303, 1974, para detalhes adicionais e análises dos efeitos perversos da busca por renda econômica (*rent seeking*).

15. Para o desenvolvimento formal de um modelo com as características que descrevemos aqui, ver Robert J. Barro, Government spending in a simple model of endogenous growth. *Journal of Political Economy*, n. 98, p. S103-S125, 1990.

ponto.[16] Assim, nossa análise indica que haverá um conjunto de atividades e um tamanho do governo que maximizarão o crescimento econômico. A expansão do governo, para além dessas atividades e de seu tamanho ótimo, reduzirá a taxa de crescimento econômico.

Qual o tamanho do governo que maximiza o crescimento econômico? Essa é uma questão difícil e complexa. Entretanto, muitos pesquisadores vêm estudando esse tópico. A Figura 16.4 apresenta dados dos países da Organização de Cooperação e Desenvolvimento Econômico (OCDE) sobre o tamanho do governo no início de cada década (1960, 1970, 1980 e 1990), representados no eixo horizontal, e dados sobre o crescimento do PIB real durante a correspondente década, representados no eixo vertical. A figura contém quatro observações (ponto) para cada um dos 23 países da OCDE – um ponto para cada uma das quatro décadas – para um total de 92 observações. Cada ponto representa o total dos gastos do governo do país no início da década e a correspondente taxa de crescimento do PIB real durante essa mesma década. Como a figura

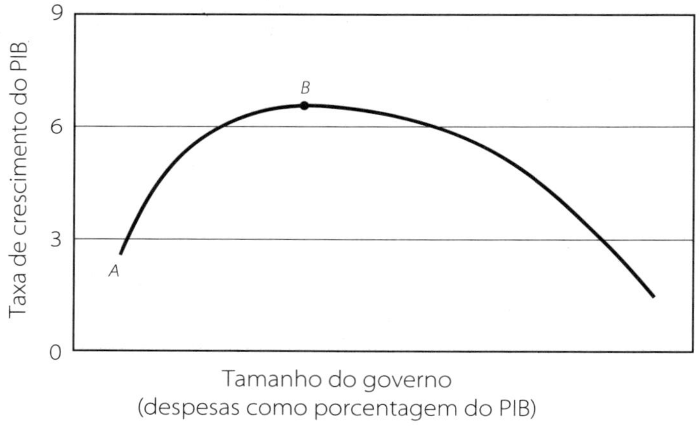

Figura 16.3 A curva tamanho do governo-crescimento.

Se os governos orientarem as atividades segundo sua produtividade, à medida que elas forem expandidas, inicialmente o crescimento econômico será favorecido – isto é, as taxas de crescimento do PIB aumentarão (movimento do ponto *A* para o ponto *B*). Entretanto, o contínuo aumento das despesas públicas eventualmente retardará o crescimento econômico (movimento ao longo da curva à direita do ponto *B*).

16. No mundo real, os governos não necessariamente adotarão atividades com base em suas taxas de retorno ou de acordo com as vantagens comparativas do governo. Muitos governos que são pequenos relativamente ao tamanho da economia não conseguem focar suas atividades e, dessa forma, falham em estimular o crescimento econômico. Assim, deve-se esperar que a relação entre o tamanho do governo e o crescimento econômico não seja uma relação perfeita. A evidência empírica é consistente com essa visão.

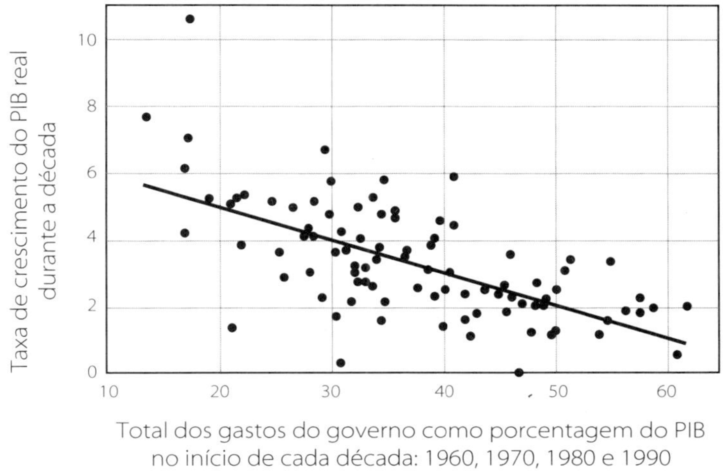

Figura 16.4 Gastos do governo e crescimento econômico nos países da OCDE: 1960-1996.

Aqui, representamos a relação entre o tamanho do governo no início de cada década e a taxa de crescimento do PIB real durante a década. Essas 92 observações indicam que 10% de crescimento nos gastos do governo como porcentagem do PIB reduzem a taxa anual de crescimento do produto em cerca de 1%.

ilustra, há claramente uma relação negativa entre o tamanho do governo e o crescimento do PIB real de longo prazo. A reta que aparece na figura é o *melhor ajustamento* possível que nos indica que, em média, 10% de aumento nos gastos públicos do governo como porcentagem do PIB produzem aproximadamente 1 ponto percentual de redução na taxa de crescimento econômico. Durante esse período, os gastos do governo como uma proporção do PIB variaram de um mínimo em torno de 15% a um máximo em torno de 60%. Não encontramos nenhuma evidência de que o tamanho do governo fosse muito pequeno para qualquer um desses países. Colocado de outra forma, a evidência nos indica que todos esses países estavam à direita do ponto *B* na curva tamanho do governo-crescimento econômico da Figura 16.3.[17]

Os dados da Figura 16.4 se referem a um conjunto de países em determinados momentos no tempo, isto é, uma *cross-section* (dados transversais) de países. Essa mesma relação, entre o tamanho do governo e a taxa de crescimento econômico, tem sido investigada ao longo do tempo para um mesmo país. Edgar Peden estimou que, para os

17. Os resultados apresentados aqui foram extraídos de James Gwartney, Robert Lawson e Randall Holcombe, *The size and functions of government and economic growth*, Washington D.C.: Joint Economic Committee of the U.S. Congress, 1998. Esses autores também detectaram que, entre os países da OCDE, aqueles que apresentaram os aumentos mais elevados do tamanho do governo, entre 1960 e 1996, foram os que tiveram as maiores reduções em suas taxas de crescimento econômico no mesmo período.

Estados Unidos, "a produtividade máxima, em termos de crescimento econômico ocorreu quando os gastos do governo representavam 20% do PIB". Gerald Scully estimou que o tamanho do governo (federal, estadual e local) que maximiza a taxa de crescimento do produto real variou "entre 21,5% e 22,9% do produto nacional bruto (PNB)". Embora as metodologias desses estudos sejam diferentes, eles têm uma coisa em comum: todos eles indicam que o tamanho do governo nos países industriais de alta renda é muito grande para maximizar o crescimento econômico.[18] Dada a significância, no longo prazo, de pequenas diferenças na taxa de crescimento, esse resultado tem implicações importantes. Essa é uma área que seguramente atrairá esforços adicionais de pesquisa no futuro.

Liberdade Econômica e Crescimento

Desde Adam Smith os economistas geralmente têm argumentado que as economias mais livres são provavelmente as mais produtivas. Isso é realmente verdade? Liberdade econômica é um conceito complexo e multidimensional e, por isso mesmo, é de muito difícil aferição. Em meados da década de 1980, o Instituto Fraser iniciou um projeto especial com o objetivo específico de desenvolver uma medida de liberdade econômica que pudesse ser aplicada aos diversos países. Professores de economia, líderes intelectuais em seus campos de ação – tais como os agraciados com o Prêmio Nobel, Milton Friedman e Douglass North –, participaram do empreendimento. Esse projeto deu origem ao cômputo sistemático de um índice de liberdade econômica que é aplicado a aproximadamente cem países.[19]

Esse índice – atualmente publicado graças a uma rede de institutos em aproximadamente 50 países – se baseia na premissa de que a escolha pessoal, a liberdade nas transações e a proteção aos direitos de propriedade são ingredientes centrais para a liberdade econômica. Vários componentes foram identificados e usados para medir a consistência da estrutura legal e das políticas públicas dos vários países que possuíam um sistema monetário estruturado, um sistema de mercado operante, mecanismos de prevenção de confisco e de impostos discriminatórios e liberdade de comércio internacional. Para que um país atinja um elevado grau de liberdade econômica, o governo tem de fazer algumas coisas, mas também deve evitar outras. Ele precisa criar um ambiente

---

18. Ver Edgar Peden, Productivity in the United States and its relationship to government activity: An analysis of 57 years, 1929-1986. *Public Choice*, n. 69, p. 153-173, 1991 e Gerald Scully, *What is the optimal size of government in the United States?* Dallas, TX: National Center for Policy Analysis, 1994.
19. Ver James Gwartney, Robert Lawson e Walter Bloch, *Economic freedom of the world:* 1975-1995. Vancouver: Fraser Institute, 1996; e James Gwartney e Robert Lawson, *Economic freedom of the world, 1997 report.* Vancouver: Fraser Institute 1997.

monetário estável e permitir que os indivíduos escolham por si mesmos. Mas os governos também precisam manter um sistema tributário que implique um baixo nível de impostos, permitir que a maior parte da produção seja de responsabilidade do setor privado e abster-se de criar barreiras tanto ao comércio doméstico quanto ao comércio internacional. A Figura 16.5 apresenta os dez países com maior índice de liberdade econômica, assim como os dez países com os mais baixos índices de liberdade econômica,

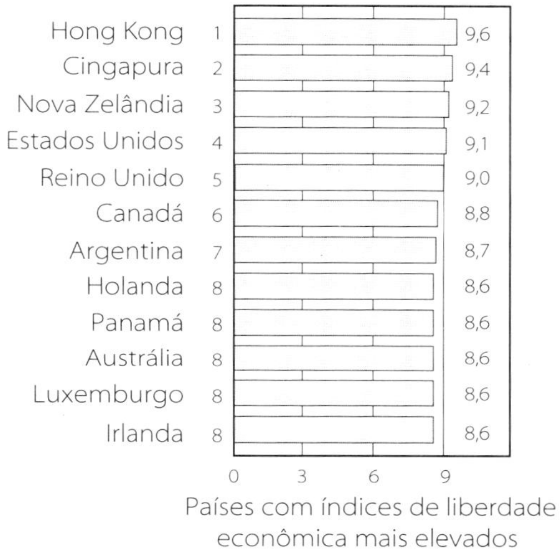

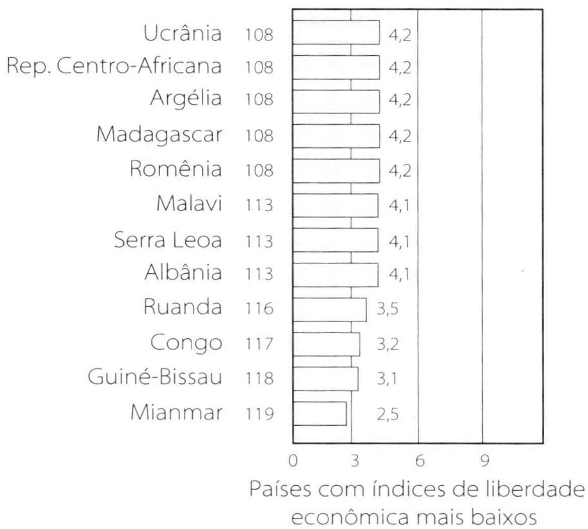

Figura 16.5
Países com os maiores índices de liberdade econômica e países com os menores índices de liberdade econômica no mundo.

O Instituto Fraser foi capaz de congregar as informações básicas para ordenar, em 1997, 119 países, segundo seu índice de liberdade econômica. O índice de liberdade econômica Fraser considera 25 diferentes componentes, que têm por objetivo identificar a consistência das instituições e das políticas públicas do país com a liberdade econômica. Entre os componentes do índice, destacamos: o consumo do governo como porcentagem do PIB, a importância relativa das empresas estatais na economia, o erro padrão da taxa de inflação, a liberdade de acesso a moedas estrangeiras, a prevalência do estado de direito, a tarifa média, os controles de câmbio e os controles no mercado de capitais. Os países que permitem que seus cidadãos desenvolvam suas transações mais livremente em um contexto de mercado (e não tão dependentes dos gastos do governo e da regulamentação) acumulam mais pontos na ordenação. Os dez países com os maiores índices – isto é, os que apresentam maiores graus de liberdade econômica – e os dez países que apresentam os menores índices – isto é, os de menor grau de liberdade econômica – estão listados à esquerda. É importante destacar que esse índice foi desenvolvido para medir apenas o grau de liberdade econômica e, por isso, não considera a liberdade política, as liberdades civis e o grau de democratização. Nesse ano, com um índice de 5,9, o Brasil ocupava a 85ª posição.

conforme medida em 1997 pelo índice Fraser (como há vários casos de igualdade de índices, listamos 12 países por categoria).

Em muitos aspectos, esse índice reflete os fatores, listados nas "Regras de Bolso" apresentadas anteriormente neste capítulo, que mais provavelmente favorecerão a eficiência econômica e o crescimento. Se, de fato, faz diferença a existência de garantias aos direitos de propriedade, de estabilidade monetária, de livre comércio e da confiança nos mercados, esse índice deve estar altamente correlacionado com prosperidade e crescimento econômico. A Figura 16.6 indica que esse é o caso. Claramente, os países com mais liberdade econômica em 1995 apresentaram tanto os mais altos PIB *per capita* quanto as maiores taxas de crescimento médias durante o período 1985-1996.

Figura 16.6
Liberdade econômica e crescimento econômico.

Tanto o PIB *per capita* quanto sua taxa de crescimento estão positivamente associados com a liberdade econômica. Um quintil é uma medida de posição em uma distribuição. O índice de liberdade econômica calculado para todos os países considerados foi ordenado de forma crescente e o total da amostra foi dividido em cinco partes iguais, correspondendo cada uma a 1/5 ou 20% do total das observações. Para cada grupo de países que constitui um quintil, calculou-se a média do PIB *per capita* (parte *a*) e a média da taxa anual de crescimento do PIB no período 1985-1996. Todos os valores foram denominados em dólares de 1995.

Fonte: James Gwartney e Robert Lawson, *Economic freedom of the world:* 1997 Annual Report. Vancouver: Fraser Institute, 1997, p. 34.

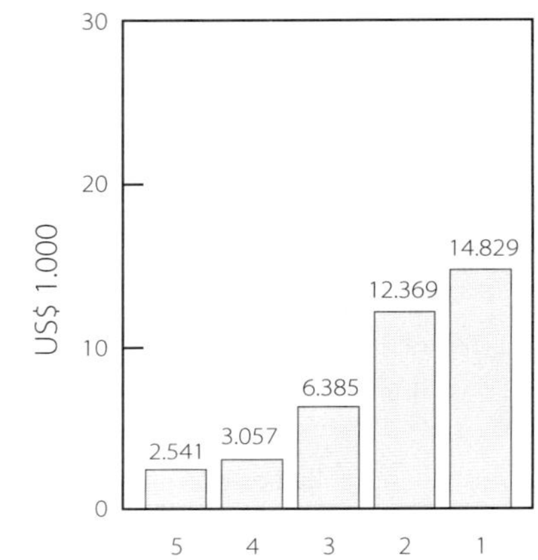

Quintis da distribuição do índice de liberdade econômica

(a) PIB *per capita* em dólares de 1995

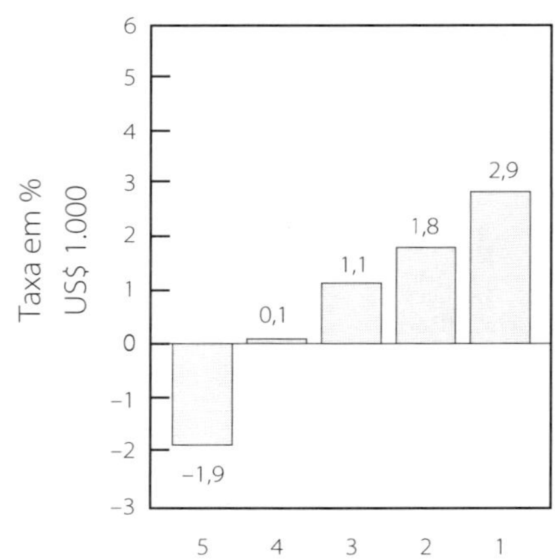

Quintis da distribuição do índice de liberdade econômica

(b) Taxa de crescimento do PIB real *per capita*, 1985-1996

Embora os dados da Figura 16.6 não tenham sido ajustados para outros fatores – tais como nível inicial de renda, fatores demográficos, taxa de investimento e anos de escolaridade da força de trabalho –, uma análise mais abrangente indica que, mesmo depois de se levarem em conta esses fatores, os países com os maiores índices de liberdade econômica tendem a crescer mais rapidamente.[20] Esse resultado mostra que, assim como o aumento de capital sob a forma de equipamentos e a melhoria tecnológica, instituições e políticas públicas bem concebidas também promovem o crescimento econômico.

A Tendência do Crescimento Norte-Americano Está Mudando?

No capítulo anterior, observamos uma estabilidade ímpar na economia norte-americana nos últimos 15 anos. O desempenho em termos de crescimento econômico não foi tão impressionante. Na realidade, existe uma grande preocupação com a aparente desaceleração do crescimento econômico da maioria dos países industrializados de alta renda, nos últimos 25 anos. Durante esse período, o crescimento tanto da renda quanto da produtividade desacelerou na Europa, na América do Norte e no Japão. A Figura 16.7 apresenta os dados do PIB real e da produtividade (produto por hora trabalhada), para os Estados Unidos, durante as últimas quatro décadas. Como os dados demonstram, o crescimento do PIB real vem caindo a cada década, desde a década de 1960. Embora a economia norte-americana tenha crescido continuamente ao longo da década de 1990, a média anual de crescimento de 2,5% é bem inferior à média anual de crescimento de 4,4%, atingida durante a década de 1960. A desaceleração do crescimento da produtividade é ainda mais pronunciada. O crescimento do produto por hora trabalhada, durante as duas últimas décadas – 1,2%, na década de 1980, e 1,5%, na década de 1990 –, é menos da metade da taxa de crescimento registrada na década de 1960. A despeito desses registros, há razões para otimismo. Há muitos fatores favoráveis ao crescimento econômico que estão presentes na economia. A persistente taxa de inflação baixa tem reduzido a incerteza que acompanha os projetos de longo prazo. O comércio internacional dobrou a sua participação na economia desde 1980. O tamanho do governo como uma proporção da economia apresentou uma pequena redução durante a década de 1990, especialmente em virtude de redução das despesas com a defesa, após o colapso do comunismo e o fim da guerra fria. Até os fatores demográficos estão mais favorá-

---

20. Para uma análise abrangente de como a liberdade econômica promove o crescimento, ver John W. Dawson, Institutions, investment and growth: New cross-countries and panel data evidence. *Economic Inquiry*, n. 36, out. 1998, p. 603-619; Stephen T. Easton e Michael Walker, Income, growth, and economic freedom. *American Economic Review*, n. 87, maio 1997, p. 328-332; e James Gwartney, Randall Holcombe e Robert Lawson, Economic freedom and the environment for economic growth. *Journal of Institutional and Theoretical Economics*, v. 155, n. 4, p. 1-21, 1999.

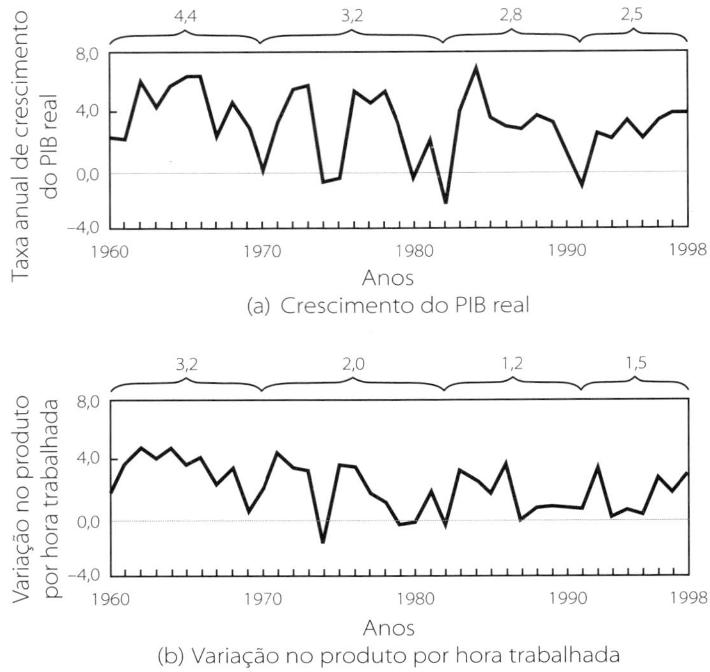

Figura 16.7 Estados Unidos – Crescimento do PIB real e do produto por hora trabalhada, 1960-1998.

A taxa média anual de crescimento do PIB dos Estados Unidos vem caindo nas últimas três décadas. A taxa média anual de crescimento da produtividade por hora trabalhada durante as décadas de 1980 e 1990 era cerca de metade da média registrada para a década de 1960. A menos que essa tendência seja revertida, a renda dos norte-americanos crescerá bem mais lentamente no futuro.

Fonte: *Economic report of the president*, 1999, Tabelas B-2 e B-50.

veis. A geração do *baby boom* está na faixa etária de 40 a 55 anos. Esse é exatamente o momento no ciclo vital no qual a educação e a experiência combinadas geram tanto um pico de rendimentos quanto altas taxas de poupança.

Há alguma evidência de que esses fatores favoráveis possam ter agora algum impacto sobre o crescimento econômico. Durante o período 1995-1998, a taxa média de crescimento do PIB real foi de 3,5% ao ano, ainda inferior à média da década de 1960, mas superior às taxas médias das décadas de 1970 e 1980. Após manter-se estagnada na maioria dos anos do período 1987-1995, a produtividade aumentou de 1996 a 1998. É possível tomar os principais indicadores do desempenho da economia norte-americana dos últimos três anos como um indicador de um novo período de crescimento sustentável mais rápido? Ou esses indicadores representam apenas um crescimento temporário ao longo de uma tendência secular declinante? No momento, é muito cedo para dizer alguma coisa. Entretanto, pode-se ter certeza de que tanto os economistas quanto os homens de negócios estarão acompanhando esses dados durante os próximos anos.

Olhando à Frente

O comércio internacional e a globalização dos mercados financeiros exercem um impacto importante e crescente sobre nossas vidas. Como observamos neste capítulo, tanto o comércio internacional quanto os mercados financeiros, com sua habilidade de direcionar o capital para projetos mais produtivos, são os ingredientes-chave da prosperidade. Nos próximos dois capítulos (17 e 18 do volume 2), concentraremos nossa atenção nesses tópicos.

Resumo do Capítulo

- O crescimento econômico aumenta as possibilidades de produção de uma economia. Em um modelo de demanda e oferta agregadas (*DA/SA*), o crescimento econômico é indicado por um deslocamento para a direita da curva de oferta agregada de longo prazo (*SALP*).
- Quando o PIB real cresce mais rapidamente do que a população, o PIB real per capita aumenta. O crescimento do PIB real per capita indica que há mais bens e serviços por pessoa, o que implica um padrão de vida maior, um aumento da expectativa de vida e melhoria nos níveis de educação e de saúde da população.
- Pequenas diferenças na taxa de crescimento mantidas ao longo de duas ou três décadas produzirão um substancial impacto nas rendas relativas. Por exemplo, se os países A e B têm a mesma renda, mas a taxa de crescimento de A é 2 pontos percentuais maior que a de B, após 35 anos, a renda do país A será o dobro da do país B.
- O crescimento econômico dos LDCs apresenta um quadro de diversidade. Ao longo das últimas décadas, os países que cresceram mais rapidamente no mundo eram LDCs. Esses países de rápido crescimento diminuíram a diferença de sua renda em relação aos países mais ricos. Durante esse mesmo período, outros LDCs têm apresentado um desempenho econômico bastante pobre, o que vem aumentando a disparidade de renda com relação aos países mais ricos.
- Contrariamente à visão popular, a disponibilidade de recursos naturais não é o principal determinante do crescimento econômico. Países como Japão e Hong Kong têm apresentado um crescimento econômico invejável e não dispõem de muitos recursos naturais, enquanto outros países ricos em recursos naturais têm permanecido economicamente estagnados.
- O processo de crescimento econômico é muito complexo. Os economistas têm destacado três importantes fontes de progresso econômico: (1) investimento em capital físico e capital humano, (2) avanços tecnológicos e (3) mudanças institucionais e nas políticas públicas que promovem uma organização econômica eficiente.

- ☐ São fatores importantes para uma organização econômica eficiente de uma sociedade: (a) existência e garantia efetiva de direitos de propriedade privada e estabilidade política, (b) mercados competitivos, (c) estabilidade monetária, (d) liberdade de comércio exterior, (e) existência de mercados que direcionem investimentos para projetos produtivos e (f) sistema tributário que evite alíquotas elevadas.
- ☐ Quando os governos focam suas atividades na provisão de (a) um sistema legal com uma estrutura jurídica e policial que defina e garanta a proteção das pessoas e de suas propriedades contra a agressão de terceiros e (b) um conjunto limitado de bens públicos, eles promovem o crescimento econômico. Entretanto, quando os governos expandem suas funções para desenvolver atividades nas quais não têm vantagens comparativas, eles entravam o crescimento econômico. A evidência empírica indica que a maioria dos governos dos países industrializados, se não todos, são maiores (em termos de despesa) do que o tamanho exigido para a promoção do maior crescimento econômico.
- ☐ Há mais crescimento econômico quando as pessoas são livres para escolher por si mesmas e para comerciar livremente tanto dentro do país quanto com o restante do mundo e vivem em um ambiente de estado de direito com garantias efetivas aos direitos de propriedade, desfrutando de um padrão monetário estável. Os países com mais liberdade econômica são os que crescem mais rapidamente.

Questões de Análise Crítica

1. Suponha que você seja um consultor do presidente de um país em desenvolvimento (LDC). O presidente pede que você sugira políticas públicas que promovam o crescimento econômico e melhorem o padrão de vida do cidadão. Liste suas sugestões e discuta a racionalidade de cada uma delas.

2. O que os governos podem fazer para promover o crescimento econômico? O governo tem um papel importante para esse objetivo? À medida que o tamanho do governo como porcentagem da economia aumenta, como a taxa de crescimento do PIB real será afetada? Explique.

3. "Sem a ajuda dos países industrializados, os países pobres permanecerão presos na armadilha da pobreza. Como eles são pobres, não são capazes de poupar e, conseqüentemente, de investir; por não investir, eles permanecem pobres." Avalie essa afirmação.

4. Discuta a importância das seguintes fontes de crescimento econômico: (a) recursos naturais, (b) capital físico, (c) capital humano, (d) conhecimento tecnológico, (e) política econômica.

5. Avalie cada uma das políticas a seguir, em termos de seu impacto sobre o crescimento econômico e a prosperidade de um país.

a) Adoção de uma regulamentação que limita a posse e o desenvolvimento de certos negócios por parte dos estrangeiros.
b) Imposição de um imposto adicional incidente somente sobre os negócios de firmas estrangeiras que operem no país.
c) Nova legislação que limita a 35 horas a jornada semanal de trabalho.
d) Imposição de um novo salário mínimo de 75% do salário médio do país.
e) Nova legislação que impõe ao empregador a concessão de planos de saúde a seus empregados.
f) Nova legislação que determina que o empregador, além de suas obrigações atuais, pague por um ano o salário do empregado demitido sem justa causa.

6. Como a produtividade do trabalho (produto por trabalhador) na indústria brasileira variou no período 1974-1993? Como essa produtividade variou no período 1995-2000? Por que a produtividade é importante?

7. Você acredita que a ausência de restrições ao comércio internacional é mais importante para um país pequeno como a Costa Rica que para o Brasil? Justifique.

8. "Como as empresas do governo (por exemplo, Petrobrás, Banco do Brasil e Caixa Econômica Federal) não necessitam apresentar lucro, elas podem produzir a custos mais baixos e vender a preços menores que os das empresas privadas." Avalie essa afirmação.

9. "Os governos podem promover o crescimento econômico utilizando impostos e subsídios para direcionar os fundos de investimento para atividades de alta tecnologia, para a indústria pesada e para outras indústrias que acelerem o crescimento da renda no futuro." Comente essa afirmação.

10. Há mais de 200 anos, Adam Smith argumentou que a riqueza das nações dependia dos ganhos (a) da especialização e do comércio, (b) da expansão e do tamanho do mercado e (c) da descoberta de métodos melhores (mais produtivos) para fazer as coisas. Explique por que você concorda ou não com a visão de Adam Smith.

11. "O ambiente institucional é a chave para o crescimento econômico. Se uma nação cria um ambiente favorável ao crescimento econômico, as pessoas serão capazes de ofertar e desenvolver recursos produtivos e tecnologia." Avalie essa proposição. O ambiente propício ao crescimento econômico é mais importante do que a oferta de recursos? Justifique.

Índice Remissivo

A

Abundância. *Ver também* Superávit orçamentário; Excedente do consumidor.
- definição de, 82
- excedente do produtor, 97-98
- preço piso, 145-146

Administração Bush, 438, 463
Administração Clinton, 457, 463
Administração Ford, 438
Administração Hoover, 563
Administração Johnson, 438
Administração Reagan, 457
África
- dados econômicos, 224
- elefantes na,
- ineficiência governamental na,

África do Sul
- inflação e crescimento da oferta monetária na, 551

Afro-americano, 54
Albânia, 617
Alemanha
- alíquota marginal do imposto na, 456
- banco central na, 333-334
- estatísticas de emprego e desemprego na, 322
- estatísticas populacionais da, 322
- euro e, 334
- inflação e crescimento da oferta monetária na, 551
- mercado negro na, 153
- oferta monetária após a Primeira Guerra Mundial na, 473
- PIB da, 321
- problema do *brain draim* na, 456
- renda *per capita* na, 597
- tamanho do governo na, 139
- taxa de participação da força de trabalho na, 294
- taxas de inflação na, 314, 315

Alíquota do imposto. *Ver também* Alíquota marginal; Tributação.
- alíquota média do imposto (AM), 162, 163
- curva de Laffer e, 164-165
- curva de possibilidades de produção e, 54
- definição de, 156

Alíquota marginal de imposto
- alíquotas elevadas e produto, 452-454
- comparações internacionais de, 455-457
- definição de, 163
- evitar alíquotas marginais mais elevadas, 610-611
- na tabela do imposto de renda, 163
- proporção dos impostos paga pelos ricos, 457

Alíquota média do imposto (AM), 162
Alm, Richard, 265
Altruísmo *versus* egoísmo em economia, 29
AM. *Ver* alíquota média do imposto (AM).
Ambiente institucional e eficiência econômica, 603-604
América do Sul. *Ver* América Latina.
América Latina
- bancos centrais na, 489
- economia clandestina na, 259-260
- taxas de inflação na, 312-314

Análise da escolha pública, 206-207, 210-211, 229-230. *Ver também* Governo; Política.
Antitruste, leis e política, 187
Aplicações em economia. *Ver* Teoria econômica aplicada.
Apple Computer Corporation, 53
Apreciação ou valorização de uma moeda, 352
Apropriação de renda (*rent seeking*), 222-223

Arábia Saudita
  campos de petróleo, 382
Argélia, 617
Argentina
  inflação e crescimento da oferta monetária, 551
  liberdade econômica na, 617
  oferta monetária na, 473
  recursos naturais na, 599
  renda *per capita* da, 600
  taxa de juros na, 544
Arrow, Kenneth, 207n
Associação de Poupança e Empréstimo, 480, 509n
Associação *versus* causalidade, 25-26
Associações de poupança e empréstimo, 11, 476, 479, 480, 482, 492, 509
Ativo mais líquido, 471
Austrália
  liberdade econômica da, 617
  moeda e inflação na, 551
  renda *per capita* da, 596, 597
  taxa de participação da força de trabalho na, 293

B
Banco Central Europeu (ECB), 583
Banco central, 562, 564, 568-569. *Ver também* Sistema da Reserva Federal (*Federal Reserve System – Fed*).
Bancos comerciais, 482-483. *Ver também* Sistema bancário; Bancos comerciais.
Barro, Robert J., 443, 446n, 604, 604n
Base monetária, 496
Base tributária, 156
Bauer, Peter T., 604
Bélgica
  euro e, 334, 483
  inflação e crescimento da oferta monetária na, 551
  problema de *brain draim,* 456
Benefícios marginais, 17
Bens. *Ver também* Bens econômicos; Bens públicos.
  complementares no consumo, 86, 89, 90
  demanda agregada por, 329-333
  inferiores, 16, 517
  intermediários, 237
  mercado dos bens finais e de serviços, 237
  oferta agregada de, 333-336
  substitutos no consumo, 87
  valor subjetivo dos, 21
Bens complementares, 90
Bens comprados com regularidade, 196
Bens econômicos. *Ver também* Bens públicos.
  definição de, 193
  exemplos de, 194
Bens intermediários, 237
Bens públicos
  como um problema potencial para o mercado, 193-195
  definição de, 193
  votar por, 212-215
Bethell, Tom, 42
Black, Duncan, 207n
Blinder, Alan S., 446n
Block, Walter, 54n, 145n, 235n 506n,
BLS. *Ver* Bureau of Labor Statistics (BLS).
Bolívia
  oferta monetária na, 473
  recursos naturais na, 600
Boulding, Kenneth, 263, 263n
Brasil
  inflação e crescimento da oferta monetária, 551
  oferta monetária, 473, 551, 552
  taxas de inflação, 313, 314
  taxas de juro, 544
Brown, Phelps, 592
Buchanan, James M., 37n, 182, 207, 207n, 213n
Bureau of Engraving and Printing, 219
Bureau of Labor and Statistics (BLS), 393
Business Cycle Indicators, 566, 567

C
CADE – Conselho Administrativo de Defesa Econômica, 187, 188
Calculus of Consent (Buchanan e Tullock), 207
Calonius, L. Erik, 19
Camarões
  taxa média de crescimento em, 597
Canadá
  banco central do, 331
  como uma economia livre, 617
  estatísticas de emprego e desemprego do, 322
  estatísticas populacionais do, 322
  inflação e crescimento da oferta monetária no, 551
  mercado negro no, 153
  mudanças na política fiscal do, 447n
  PIB do, 321
  renda *per capita* do, 407
  tamanho do governo, 139

taxa de participação da força de trabalho no, 294
taxas de inflação no, 315
Capital físico
crescimento econômico e investimento em, 601
participação na renda , 493
Capital humano
Crescimento econômico e investimento em, 601
Capitalismo e Liberdade (Friedman), 520
Capitalismo
definição de, 62
origem do termo, 62n
Carona (*free rider*), 194
Cartão de débito, 506
Cartões de crédito, 477-478
CBO. *Ver* Congressional Budget Office.
Center for the Study of American Business, 121
Chile
inflação e crescimento da oferta monetária, 551, 556
China
liberalização econômica na, 597-599
renda *per capita* na, 595-597
renda por pessoa, 23
Choques de oferta, 377, 384-385
Ciclo econômico,
consumo estável ao longo do, 382
definição de, 290-292
exemplo de, 290-292
mudanças na taxa real de juros ao longo do, 390-394
mudanças nos preços dos recursos ao longo do, 376
mudanças nos salários reais ao longo do, 394
No modelo DA/SA, 384-387
visão keynesiano do, 421-422
Cingapura
como uma economia livre, 617
investimento e, 709
melhoria tecnológica e, 602
PIB *per capita* em, 453
renda *per capita* em, 595-597, 596n
tamanho do setor comércio em, 428, 434
tamanho do setor governo, 138, 139
taxas de inflação em, 314, 315
Clark, J. R., 167, 168
Clark, Kim B., 308
Cláusula de indexação, 366, 539
Clayton Act, 187
Coca-Cola Company, 199
Coeteris paribus, 25
Collected Scientific Papers (Samuelson), 227, 439
Collins, Sean, 506n
Colômbia
ganhos pela especialização e comércio, 436
restrições ao comércio, 456
Comércio. *Ver também* Troca; Comércio internacional.
custos de transação como barreiras ao, 40-41
valor criado pelo, 39-40
Comércio internacional. *Ver também* Taxa de câmbio; Mercado de moeda estrangeira.
crescimento econômico e, 609
estatísticas sobre, 4
Comparações internacionais
alíquota marginal do imposto, 455-457
crescimento econômico, 597-599, 614-616
deflator do PIB, 321, 556
desemprego, 322
economia clandestina, 259-260
emprego, 322
gastos do governo, 614-615
inflação, 312-315, 550-552
liberdade econômica, 617
nível geral de preços, 556
oferta monetária, 550-552, 556
PIB *per capita,* 595-597
PIB real, 556
políticas de estabilização e política, 390
população, 322
produção que não chega ao mercado, 258-259
Produto Interno Bruto (PIB), 321, 556
renda *per capita,* 595-596
tamanho do governo, 138, 139
taxa de participação da força de trabalho, 293-294
taxas de juros, 544
Compensações aos desempregados, 449-450, 450n
Competição política, custo da, 178
Comportamento econômico, 15
Compras do governo
definição de, 138
estatísticas sobre, 139-140
Condução de veículo sob efeito de álcool, 19
Conference Board, 566, 567
Congo (Zaire)
como uma das economias menos livre, 617
instabilidade política, 413
renda *per capita* no, 596

taxas de inflação no, 314
Congressional Budget Office (CBO), 460
Conquista educacional, 33-34, 34n
Consols, 350
Consumidores. *Ver também* Escolha do consumidor; Consumo; Demanda.
demanda e mudanças no número de, 88-89
demanda e mudanças nos gostos e preferências dos, 91
Consumo
déficit público e, 462
Consumo estável ao longo do ciclo de negócios, 387
Consumo pessoal, 247-249, 462-463. *Ver também* Consumo.
Conta corrente, 474
Controle da taxa de câmbio, 609
Controle de aluguéis, 142-145
Controle de preços
controle de aluguéis, 142-145
definição de, 139
preço piso, 145-146
preço teto, 140-142
Coréia. *Ver* Coréia do Sul.
Coréia do Sul
progresso tecnológico e, 602
renda *per capita* na, 595-597
tamanho do governo na, 138, 139
Corrida bancária, 508
Costa do Marfim
renda *per capita* na, 597
Council of Economic Advisors, 19, 205
Cox, Michael W., 264, 265
Crane & Company, 219
Crash da bolsa americana de 1987, 564
Crescimento e desenvolvimento econômicos
comparações internacionais sobre, 595-596
direitos de propriedade e, 605-607
e estabilidade da moeda e dos preços, 599-605
e livre comércio, 614-615
e o tamanho do governo, 593, 594n
eficiência econômica e, 603-604
elevadas alíquotas marginais de imposto e, 610-611
em países industriais de alta renda comparados com países menos desenvolvidos, 595-596
estabilidade política e, 609-610
fontes de, 611-616, 613n
gastos do governo e, 614-616
impacto do crescimento auto-sustentado, 593-599
importância do, 592-599
instituições e condução de políticas para, 605-611
investimentos em capitais físico e em capital humano, 608-609
liberdade econômica e, 616-619
mercado de capitais aberto e, 599
mercados competitivos e, 607-608
nos Estados Unidos, 601-603, 619-620
progresso tecnológico e, 608
recursos naturais e, 601
regra dos 605-607
Curto prazo
definição de, 100
Curva de demanda. *Ver também* Demanda.
descrição da, 77
e a lei da utilidade passíveis de empréstimo, 92-93
e mudanças na demanda *versus* variações na quantidade demandada, 85-92
elástica, 84
excedente do consumidor e, 82-83
exemplo de, 81
inelástica, 83-85
mitos sobre a, 78-79
no mercado de recursos produtivos, 129
taxa de câmbio e, 136-137
Curva de demanda agregada. *Ver também* Demanda agregada.
definição de, 329
fatores que deslocam a, 363-368
inclinação negativa da, 329-333
inflação e, 365
mudanças não-antecipadas na, 368-373
renda do exterior e, 366
resumo sobre, 332-333
riqueza real e, 363-364
taxa de câmbio e, 366
taxa de juros e, 331, 364-365, 388-389
Curva de demanda elástica, 86
Curva de demanda inelástica, 83-85, 86
Curva de Laffer, 164-167
Curva de oferta agregada de curto prazo (SACP), 335-336, 339, 373-377
choques de oferta e, 377, 382-384
mudanças não-antecipadas na, 380-383
Curva de oferta agregada de longo prazo (SALP), 335-336, 339, 373-377

Curva de oferta agregada. *Ver também* oferta agregada.
curva de oferta agregada de longo prazo (SALP), 335-336, 374-376
definição de, 333
deslocamento da, 376-377n, 377
Curva de oferta elástica, 98-99
Curva de possibilidades de produção
definição de, 47
deslocamento para direita da, 50-55
exemplos de, 47-48
formação de capital, 50
melhorias tecnológicas e, 51-53
mudanças nas instituições legais e, 53-54
política tributária e, 54
redução no lazer e, 54-55
Curva SA. *Ver* curva de oferta agregada.
Curva SACP. *Ver* Curva de oferta agregada de curto prazo (SACP).
Curva SALP. *Ver* Curva de oferta agregada de longo prazo (SALP).
Curvas de oferta de mercado
definição, 96-97
Curvas de oferta inelástica, 98-100
Curvas de oferta
Elásticas, 98-99
exemplo de, 96-97
inelásticas, 98-100
Custos. *Ver também* Custo de oportunidade; Preços; Custo do tempo; Custo de transação.
componente monetário dos,
da regulamentação dos negócios, 37
intermediário como redutor de custos, 41-42
no curto prazo
preços dos recursos e, 179
subjetivos, 37
Custo de oportunidade
como custo subjetivo, 37
componente monetário do, 38
da produção, 92-93
de educação universitária, 38
definição de, 14
do governo, 179-180
no mundo real, 38-39
preços dos recursos, mercados de produtos e, 129
Custo de oportunidade de produção, 92-93
Custo do tempo
perspectiva histórica sobre, 264-265
Custo líquido do tributo
Definição, 157
e o custo de oportunidade das atividades do governo, 179-180
elasticidade e, 162
Custo líquido do tributo, 157
Custo marginal (CMg), 16-17
Custos de transação, 40

D

Daniels, Kenneth N., 506n
Dawson, John W., 619n
Decisões coletivas
a análise da escolha pública, 206-207, 229-230
apropriação de renda (*rent seeking*) e, 222
como obter mais do governo, 229-230
conflitos entre voto e eficiência econômica, 215-224
definição de, 63
e a economia de uma sociedade de transferências, 224-227
efeito do interesse especial nas, 215-220
efeito miopia nas, 220-221
eleitor-consumidor e, 208-210
ineficiência nas operações do governo e, 223-224
interesses dos burocratas e, 211
políticos e, 210-211
setor público *x* o mercado, 175-179, 227-228
situações para as quais o voto funciona, 212-215
uma visão geral sobre, 206-212
Defasagem administrativa, 570
Defasagem de impacto, 570-571
Defasagem de reconhecimento, 570
Defasagens de tempo na política monetária, 541-542
Déficit comercial, 353
Déficit público, déficit orçamentário do governo federal.
consumo e, 433-434
definição de, 462
exportações e, 433
investimento e, 462
mudanças no tamanho do déficit público
taxas de juro e, 459-461, 462, 462-463
Déficits. *Ver* Déficit público; Déficit orçamentário.
Deflator implícito do PIB, 254-256, 206, 321, 556, 563
Demab – Departamento de Operações do Mercado Aberto, 497

Demanda. *Ver também* Demanda agregada; Curva de demanda; e outros itens que comecem por Demanda.
ajustamentos de mercado a mudanças na, 110-113
e a determinação do preço no mercado, 105-113
e mudanças demográficas, 90-91
e mudanças nas expectativas, 90
e mudanças no número de consumidores no mercado, 88-89
e mudanças no preço de um bem relacionado, 89-90
e mudanças nos gostos e preferências dos consumidores, 91-92
escolha do consumidor e, 91
excedente do consumidor e, 82-83
lei de Say sobre a, 403
lei fundamental da, 76-77
mudanças na demanda *versus* variações na quantidade demandada, 85-92
no mercado negro, 153
por moeda, 523-524
por recursos, 339
por videocassetes, 57-58, 59
relação entre a demanda por bens e a demanda por recursos usados em sua produção, 131
variação na renda do consumidor e, 87-88
Demanda agregada. *Ver também* Curva de demanda agregada.
aumentos na, 369-371n
curva de demanda agregada e, 414-417
de bens e serviços, 329-332
fatores que deslocam a, 363-368
inflação e, 370-371n
modelo keynesiano e, 331, 364-365, 388-389
mudanças não-antecipadas na, 371-373
redução na, 371-373
renda do exterior e, 366
riqueza real e, 363
taxa de câmbio e, 366-368
taxa de juros e, 365-366
Demanda de mercado. *Ver também* Demanda.
curva de demanda, 77-81
Demanda individual. *Ver também* Demanda.
Demanda por moeda, 521-522
Democracia. *Ver* Governo.
Demografia. *Ver* População.
Depósitos à vista, 474
Depreciação do capital pelo uso, 251
Depreciação
definição de, 248
no mercado de câmbio, 351, 352
no PIB, 248, 251
Depressão. *Ver também* Grande Depressão.
definição de, 291
Desastres naturais
Furacões, 151-152, 262
preço teto durante o Furacão Hugo, 151-152
Desemprego cíclico, 303
Desemprego estrutural, 302
Desemprego friccional, 299-300
Desemprego
automação e, 685
cíclico, 303
ciclo dos negócios e, 259
comparações internacionais sobre, 322
definição de, 292, 307
durante a Grande Depressão, 404-405, 562-564
estrutural, 302-303
flutuações históricas no, 304-308
friccional, 299-300
inflação e, 585
mitos sobre, 301, 685
nos Estados Unidos, 195, 259, 306, 322
políticas de estímulos de preço e, 584-585
por idade e sexo, 298
problemas de medida e, 307-308
produto e, 304
razões para, 296-298
taxa atual *versus* taxa natural de, 341, 343
taxa de, 294, 295, 298, 306, 386
taxa natural de, 305, 340, 341
trabalhadores desalentados e, 307
Deslocamentos
mudanças antecipadas, 362-363
mudanças não-antecipadas, 363, 368-373
na curva de demanda agregada, 363-368
na oferta agregada, 373-377
Despesas. *Ver também* Despesas do governo.
autônomas, 407
na economia keynesiana, 404-405, 412-414
Despesas com defesa, 139-142
Despesas do governo
como percentagem do PIB, 457-458
comparações internacionais sobre as, 615
crescimento das, 137-138
crescimento econômico e, 615
na economia keynesiana, 407
nos Estados Unidos, 138-141, 225

Diagrama do fluxo circular renda-despesa, 325-329, 347, 353-355
Dinamarca
  problema do *brain draim,* 456
  tamanho do governo na, 138
Dinheiro eletrônico, 506, 507
Dinheiro. *Ver também* Taxa de câmbio; Moeda.
  Euro, 334
Direitos de propriedade privada. *Ver também* Direitos de propriedade.
  definição de, 42
  e eficiência do sistema de mercado, 121-122
  importância dos, 42-46, 121-122
  incentivos produzidos pelos, 44
  mercados e, 45-46
Direitos de propriedade. *Ver também* Direitos de propriedade privada.
  crescimento econômico e garantia dos, 605-607
  definição de, 43
  e eficiência do sistema de mercado, 121-122
  importância dos, 42-46, 121-122
Disney Corporation, 193
Disneylândia, 192
Distorções políticas
  como obstáculo ao crescimento econômico, 605-608
  e oferta, 104
Divisão do trabalho, 55-58
Dólar americano
  valorização do, 462-463
Dornbusch, Rudiger, 323
Downs, Anthony, 207n
Duca, John V., 506n

E

Easton, Stephen T., 619n
ECB. *Ver* Banco Central Europeu.
Economia
  como carreira profissional, 27-28
  definição da microeconomia, 26
  definição de macroeconomia, 27
  definição de, 5
  economistas do *supply-side,* 452-453
  economistas novos clássicos, 443-446, 459
  história da, 30
  Normativa, 23
  Positiva, 23-24
  Prêmio Nobel em, 28
  salários dos profissionais de, 20
Economia clandestina, 259
Economia de mercado
  bens públicos, 193-195
  mecanismos de autocorreção na, 390-394
Economia keynesiana
  ciclo dos negócios na, 421-422
  curva de oferta agregada de curto prazo na, 414-417
  despesa agregada planejada na, 405-408, 412-414, 423
  despesa na, 404-405
  despesa planejada *versus* atual na, 408
  despesas autônomas na, 407
  despesas com consumo na, 405-406
  despesas de investimento na, 407
  despesas do governo na, 407
  e despesa *versus* poupança, 413
  equilíbrio keynesiano na, 409-414
  explicação da Grande Depressão pela, 403-405
  exportações na, 407-408
  função consumo e, 406
  modelo básico da, 405-414
  multiplicador dos gastos autônomos na, 418-421
  no contexto do modelo de demanda e oferta agregadas (DA/SA), 414-417
  política fiscal, 434-439, 311, 519n
  principais proposições da, 423
  produto na, 404-405, 412-414
  redução na popularidade da, 423-424
  representação gráfica do modelo keynesiano, 414-417
Economia normativa, 23
Economia positiva, 23-24
Economias de escala
  comércio internacional, 441
Economias em transição. *Ver* Leste Europeu; União Soviética.
Economistas clássicos, 403. *Ver também* economia keynesiana.
Economistas de destaque, 30, 42, 100, 207, 236, 402, 439, 490, 520, 576, 605
Economistas do *supply-side,* 452
Economistas novos clássicos, 443-446, 459
Educação universitária. *Ver* Conquista educacional.
Edwards, Cheryl L., 506n
Efeito *crowding-out*
  definição do, 440
  mundo financeiro globalizado e, 441-443
  política fiscal e, 439-443
Efeito da ignorância racional, 209

Efeito liquidez real, 331
Efeito miopia, 220-221
Efeitos colaterais negativos, 261-262
Efeitos da política fiscal na oferta agregada, 452-457
  elevadas alíquotas de imposto e produto, 454-455
  importância dos, 455-457
Efeitos imediatos, 18-20
Efeitos secundários, 18-20
Eficiência econômica
  condições necessárias para o ideal de, 181-182
  conflitos entre voto e, 215-224
  crescimento econômico e, 603-604
  definição de, 108, 181
  equilíbrio de mercado e, 108-110
  governo e, 181-185
  para comparação de políticas alternativas, 182n
Eficiência
  definição de eficiência econômica, 108, 181
  equilíbrio de mercado e, 108-110
  governo e, 181-185
  na comparação de políticas alternativas, 182n
Elasticidade
  definição de, 84
  incidência de imposto e, 160-161
  perda social líquida e, 157
Elasticidade preço da oferta, 517
Eleições. *Ver* Voto.
Eleitor-consumidor, 208-210
Empreendedor, 52, 52n, 95-96, 199-200
Empreendedores de negócios. *Ver* empreendedores.
Emprego. *Ver também* Força de trabalho; PEA; PIA; Sindicatos; Desemprego; Salários educação e rendimento.
Equação de trocas, 534
Equador
  inflação e crescimento da oferta monetária no, 551
Equilíbrio de curto prazo no mercado de bens e serviços, 337-338
Equilíbrio de mercado e preços, 106-108
Equilíbrio keynesiano
  abaixo do pleno emprego, 410
  definição de, 409
  despesas agregada e, 412-414
  emprego e, 410, 412-414
  exemplo numérico do, 409-410
  produto e, 412-414
  representação gráfica do, 410-412
Equilíbrio
  de curto prazo no mercado de bens e serviços, 337-338
  de longo prazo no mercado de bens e serviços, 338-339
  definição de, 106, 337
  eficiência econômica e, 108-110
  no mercado de bens e serviços, 337-342
  no mercado de recursos produtivos, 342-345
  no mercado monetário, 523
Equivalência ricardiana, 444
Escassez (provocada)
  controle de aluguéis e, 142
  definição de, 142
  escassez comparada com escassez provocada, 142
Escassez
  competição resulta da, 12
  custo de oportunidade e, 14, 36-39
  definição de, 6
  e a relação agregada pagamento-consumo, 176
  escassez provocada comparada com, 142
  escolha e, 5-8
  pobreza comparada com, 8
  racionamento como decorrência de, 9-12
  recursos escassos têm custo, 14
  setor público e, 176
Escolha. *Ver também* Escolha do consumidor; do produtor.
  comportamento econômico e propósito da escolha, 15
  definição, 6
  escassez e, 5-8
  incentivos e, 15-16
Escolha do consumidor. *Ver também* Escolha; Demanda.
  lei fundamental da demanda , 76-85
Escolha do produtor
  a oferta e o empreendedor, 95-96
  curva de oferta de mercado e, 96-97
  e lucros e prejuízos, 93-95
  excedente do produtor e, 97-98
  lei da oferta e, 92-98
Espanha
  euro e, 334
Especialização
  divisão do trabalho, comércio e, 55-58
  ganhos pelas vantagens comparativas e, 56-57
  motivação pessoal, troca e, 58
Estabilizadores automáticos, 448-451

Estabilizadores. *Ver* Estabilizadores automáticos.
Estados Unidos
como uma economia livre, 64
crescimento nos, 322
Departamento de Trabalho dos, 296
desemprego nos, 195, 202, 322, 386
estabilidade da economia dos, 586-587
falências bancárias nos, 508-510
flutuações econômicas nos, 559-560
Grande Depressão nos, 617
imposto de renda nos, 596, 597
inflação nos, 162-167
lei antitruste nos, 187
Lei Seca nos, 619-620, 154
mercado de trabalho nos, 296-297
mercado negro nos, 153, 154
mudança na tendência de crescimento, 619-620
oferta monetária nos, 547-550, 561
períodos de expansão nos, 1
PIB nominal 1995-1996 dos, 550, 551
PIB *per capita* dos, 321
PIB real dos, 404, 547-548, 559, 619-620
política monetária nos, 322
população dos, 596, 597
recessão nos, 209, 385-386, 392-394, 394n, 424, 458, 547, 559, 586-587
renda nos, 403-404, 544, 559, 560
renda *per capita* dos, 183
taxa de participação da força de trabalho nos, 314, 228-229, 385-386, 548-550
Estagflação, 377. *Ver também* Inflação.
Estratégia não ativista, 581-583, 572, 581-584
Europa Ocidental, 4, 8
Europa. *Ver também* Leste Europeu.
economia clandestina, 259-260
problema do *brain draim* na, 456
Evans, Paul, 460n
Even, William E., 103n
Excedente do consumidor, 82-83
Excedente do produtor, 97-98
Expectativas
curva de demanda agregada e, 364
hipótese de expectativas adaptativas, 573-576
hipótese de expectativas racionais, 575
Exportações. *Ver também* Comércio internacional.
de mercadorias, 471
déficit público e, 462-463
definição de, 249-250
líquidas, 249-250
ligação entre, 249
na economia keynesiana, 407
Exportações líquidas, 249. *Ver também* Exportações.
Exterior
dólares americanos mantidos no, 501-508
renda líquida enviada ao, 252
Externalidades
definição de, 189
e direitos de propriedade, 189-193
e falhas no cômputo de todos os custos ou benefícios, 189-193
Exxon, 119

F

Falácia da composição, 26-27
Falácia física, 40n
Falência bancária, 508-509
Falência nos negócios
estatísticas sobre, 66
FDIC. *Ver* Federal Deposit Insurance Corporation.
Federal Deposit Insurance Corporation (FDIC), 508-509
Feenberg, Daniel, 456n
Feldstein, Martin, 456n
Ferguson, Adam, 127n, 128
Ferni, Enrico, 235
Filipinas
inflação e crescimento da oferta monetária nas, 551
Financiamento de campanhas políticas, 178
Finlândia
euro e, 334
Fischer, Stanley, 323, 323n
Fisher, Irving, 361
Flutuações econômicas nos Estados Unidos, 385-386
FMI. *Ver* Fundo Monetário Internacional (FMI)
Força de trabalho, 292-294. *Ver* População economicamente ativa (PEA).
Força de trabalho. *Ver também* Emprego; Sindicatos; Desemprego; Salários; PEA.
comparações internacionais sobre, 322
definição de, 292
ligação entre o mercado de produto e a, 129-131
mulheres na, 294, 296
pleno emprego e, 304-307, 340
relação emprego/população, 307-308
taxa de participação da, 293-294
Ford, Henry, 53, 602

Formação de capital
definição de, 50
França
alíquota marginal do imposto na, 455-457
estatística de emprego e desemprego, 322
estatísticas populacionais da, 322
euro e, 334, 483
inflação e crescimento da oferta monetária na, 551
PIB da, 321
problema do *brain draim* na, 456
renda *per capita* na, 597
tamanho do governo na, 138
Franquias, 199-200
Fraser Institute, 236, 616, 618
Friedman, Milton, 35, 235, 387, 469, 519-520, 571, 581, 616
Friedman, Rose, 35, 520
Função consumo, 406, 411
Função de proteção do governo, 182-183
Função produtiva do governo, 183-185
Funcionários públicos, 211-212
Fundo Monetário Internacional (FMI), 242
Fundos mútuos. *Ver* Títulos; Investimento; Sistema Financeiro Nacional.
Furacões, 151-152, 262

G

Gana
inflação e crescimento da oferta monetária em, 551
recursos naturais em, 600
Gastos autônomos, 418
Gastos. *Ver* Despesas
General Motors, 94, 177, 221
Gênero. *Ver* Mulheres.
Globalização. *Ver* Comércio internacional.
Goethe, Johann Wolfgang, 235
Gordon, Robert J., 557, 561, 571
Governo. *Ver também* Gastos do governo; Compras do governo; Orçamento federal; Receitas do governo; Regulamentação; Tributação.
bens públicos e, 193-195
características do, 174-175, 227-228
como obter mais do, 229-230
comparado ao mercado, 175-179, 227-228
consumo e investimento do, e PIB, 247
crescimento dos gastos do, 137-138
crescimento econômico e tamanho do, 611-616, 613n
custo da competição política, 178
custo de oportunidade do, 179-180
e falta de competição, 186-189
eficiência econômica e, 181-185
externalidades e, 189-193
fontes de receita do, 142
função de proteção do, 182-183
função produtiva do, 183-185
funções do, federal, estadual e municipal (local), 140-141
ineficiências do, 223-224
interesses burocráticos, 148
modelo de alocação pelo, 72
princípio da mão invisível e, 117-118
problemas potencias de informação e, 195-200
regra da maioria e, 176
transferências do, 224-227
visão geral das decisões coletivas, 206-212, 229-230
visão geral sobre o processo de decisões coletivas, 206-212
Grande depressão, 402, 403-405, 544, 560, 561, 562-564
Grécia
tamanho do governo na, 139
Guatemala
ganhos pela especialização e comércio, 436
taxa de câmbio na, 94-95
Gwartney, James, 506n, 615n, 616, 618

H

Habitação. *Ver* controle de aluguéis.
Haiti
instabilidade política no, 607
renda *per capita* do, 596, 597
Harberger, Arnold C., 605
Hashimoto, Masanori, 103n
Hayek, Frederich A. von, 46, 73, 74, 128
Henderson, David, 30n, 37n
Higgins, Andrew, 184
Hiperinflação. *Ver* Inflação.
Hipótese da renda permanente, 387
Hipótese das expectativas racionais, 575
Hipótese de expectativas adaptativas, 573-580
Hobbes, Thomas, 8
Holanda
como uma economia livre, 617
euro e, 334, 483
problema do *brain draim* na, 456

renda *per capita* na, 597
salário mínimo na, 103n
tamanho do governo na, 139
Holcombe, Lora P., 200
Holcombe, Randall G., 200, 615n, 619n
Holland, John H., 73, 74
Hong Kong
como uma economia livre, 617
melhoria tecnológica e, 602
PIB *per capita* em, 597
recursos naturais em, 599
renda *per capita* em, 595-597, 599, 596n
tamanho do governo em, 138, 139
Hoover Dam, 219
Hungria
Inflação e crescimento da oferta monetária na, 551

I

Importações. *Ver também* Comércio internacional.
definição de, 249
no PIB, 249
Imposto de renda
no Brasil, 225
nos Estados Unidos, 162-167, 438, 457-458, 463
progressivo, 450
Imposto de renda pessoa física. *Ver também* Imposto de renda.
no Brasil, 47, 163
nos Estados Unidos, 438, 457, 461
progressivo, 450-451
Imposto de renda progressivo, 450-451
Imposto progressivo, 162, 450-451
Imposto proporcional, 162
Imposto regressivo, 162
Imposto sobre o lucro, 450
Impostos indiretos, 251
Incentivos
condução de veículo sob efeito de álcool na Noruega, 19
escolha e, 15-16
produzidos pelos direitos de propriedade privada, 45-46
Incidência atual de um imposto, 154, 158-160
Incidência de imposto, 160-161
Incidência legal do imposto, 154, 158-160
Índia
desigualdade de renda, 721
ineficiência do governo na, 224
inflação e crescimento da oferta monetária na, 551
renda por habitante, 23
Indicadores econômicos antecedentes. *Ver* Índice de indicadores antecedentes.
Índice de indicadores antecedentes, 565-566
Índice de preços ao consumidor (IPC), 254-256, 312
Índices de preço
ao consumidor (IPC), 254-256, 312
definição de, 254
deflator do PIB, 254-260, 312, 321, 556, 563
e cálculo da taxa de inflação, 312-315
números índice, 277-285
Indonésia
inflação e crescimento da oferta monetária na, 551
Inflação
antecipada, 315
cálculo da taxa de, 312-315
comparações internacionais, 313-314, 550-552
crescimento da oferta monetária e, 544-545, 549-552
curva de demanda agregada e, 365-366
definição de, 312
desemprego e, 585
efeitos perversos da, 316-317
estagflação, 317
hiperinflação, 544
mito sobre, 348
não antecipada, 315
o que causa a, 317
oferta agregada e, 377
redução da inflação durante a década de 1980, 340-342, 385-387
taxas de inflação para os Estados Unidos, 206-207, 341, 258-259, 548-551
taxas de juro e, 345-349, 538, 544-545, 550, 550-552
variabilidade da taxa de inflação, 538
Inflação antecipada, 315
Inflação não-antecipada, 315
Informação
custo de aquisição de, 17
e os agentes econômicos, 118
governo e o problema potencial de informação, 195-199
problema da informação assimétrica, 197-198
problemas de informação como oportunidades de lucro, 199-200
Informando os agentes econômicos, 118
Inglaterra. *Ver* Reino Unido.
Inovações

definição de, 52, 602
PIB e, 260-261
Inquiry into the nature and causes of the wealth of nations (Smith), 30
Instituições depositárias, 476
Interesse próprio e política, 207-209
Interesse próprio *versus* ação humanitária, 29
Interesses dos burocratas , 211
Interesses especiais
definição das questões de interesse especial, 215
voto e questões de interesse especial, 215-224
Intermediário, 41-42
Internal Revenue Service (IRS). *Ver* IRS.
Intervalo de variação da curva de oferta agregada keynesiana, 414
Invenções, 52, 602
Investimento
déficit público e, 462
definição de, 247, 249
e PIB, 247-250
em estoque, 249
em fundos mútuos de baixo custo administrativo, 506
na economia keynesiana, 407
privado, 247
Investimento em estoques, 249
Investimento estrangeiro
déficit público e, 461
Investimento privado, 247
IPC. *Ver* Índice de preços ao consumidor.
Iraque, 104, 382
Irlanda
como uma economia livre, 617
euro e, 334, 483
renda *per capita* do, 596-597
IRS (Internal Revenue Service)– Serviço de Receitas Interna, 224
Israel
inflação em, 551
oferta monetária em, 473, 551
Itália
estatísticas de emprego e desemprego na, 322
estatísticas populacionais da, 322
euro e, 334
inflação e crescimento da oferta monetária na, 551
mercado negro na, 153
renda *per capita* da, 596, 597
tamanho do governo na, 138
taxa de participação da força de trabalho, 294
Iugoslávia, oferta monetária na, 473

J
Japão
banco central do, 331
crescimento da oferta monetária no, 551
estatísticas de emprego e desemprego do, 322
estatísticas populacionais para o, 322
mercado de moeda estrangeira no, 94
PIB do, 321, 687
recursos naturais no, 599
renda *per capita* do, 600
tamanho do governo no, 138, 139
taxas de inflação no, 314, 315, 551
taxas de juro no, 544
Jobs, Steven, 53

K
Keefer, Philip, 606n
Keynes, John Maynard, 13, 13n, 395, 402. *Ver também* economia keynesiana.
Keynes, John Neville, 23
Kirzner, Israel, 613n
Knack, Stephen, 606n
Knowledge and Decisions (Sowell), 40, 42
Koch, Edward, 145
Kroc, Ray A., 53, 602
Krueger, Anne O., 418n
Kuwait, 104, 382, 386
Kuznets, Simon, 236, 260

L
Lawson, Robert, 54n, 506n, 615n, 616n, 619n
Lazer, 54-55, 260
LDC. *Ver* Países em desenvolvimento.
Leband, David N., 152
Lee, Dwight, 167, 168, 452n
Lei da oferta, 92-98
Lei das vantagens comparativas, 56
Lei de Say, 403
Lei fundamental da demanda, 77-85
Lei Seca, 154
Leis. *Ver também* Regulamentação econômica.
curva de possibilidades de produção (CPP) e as, 48-55
sua importância para o funcionamento do mercado, 154-156
Leis sobre condução de veículo sob efeito de álcool, 19
Leste Europeu
investimento e, 610
Liberdade de escolher (Friedman), 520
Liberdade econômica e crescimento, 616-619

Liberdade. *Ver* Liberdade econômica e crescimento
Lindbeck, Assar, 145
Lindsey, Lawrence, 452n
Lobby, 178
Locke, John, 182, 182n, 183
Logrolling, 217-219, 218n
Longo prazo
definição de, 100
política monetária de, 533-538
Lucas, Robert, 446, 576
Lucros
definição de, 94
escolha do produtor e a lei da oferta, 92-93
no mercado negro, 152-154
Luxemburgo
como uma economia livre, 617
euro e, 334, 483

M

M1 (oferta monetária), 474-477
M2 (oferta monetária), 476-477, 506n
Macpherson, David A., 103n
Macroeconomia. *Ver também* Economia keynesiana.
definição de, 27
diagrama do fluxo circular, 325-329, 347, 353-355
evolução da, 423-425
natureza híbrida da, 424-425
relações nos mercados chave, 355
vazamentos e injeções no fluxo circular de renda, 353-355
visão geral da, 324-325
Madagascar
como uma economia de menor liberdade, 617
renda *per capita* de, 597, 599
Malásia
inflação e crescimento da oferta monetária na, 551
Malawi, 421
Marginal
definição de, 16
pensar economicamente é pensar marginalmente, 15-17
Marshall, Alfred, 5, 84, 100, 282, 361
Marx, Karl, 62n
McDonald, Richard, 43
McDonald's, 53, 610
Means-tested transfers (transferências de renda destinadas aos pobres), 226
Mecanismo de autocorreção, 387-394
Mecanismo de mercado
Definição, 62
pré-requisitos para eficiência do, 121-122
Médio, comparado com o marginal, 17
Meiners, Roger E., 46n
Meio ambiente. *Ver também* Externalidades; Direitos de propriedade.
poluição do ar e das águas, 190-191
recursos naturais e crescimento econômico, 599-600
Meio de troca, 470-471
Mercado de bens e serviços
definição de, 326
demanda agregada e, 329-332
equilíbrio de curto prazo no, 337-338
equilíbrio de longo prazo no, 337-340
equilíbrio no, 337-342
expansão da oferta monetária e, 535-537
no fluxo circular de renda-despesa, 325, 326
oferta agregada e, 333-336
relações com o mercado de recursos passíveis de empréstimo, 234
relações com o mercado de recursos produtivos, 342-345
Mercado de bens finais e de serviços, 237
Mercado de câmbio, 134-139, 352
Mercado de capitais. *Ver também* investimento.
crescimento econômico e abertura do, 609-610
Mercado de drogas ilegais, 152-154
Mercado de moeda estrangeira, 351-353. *Ver também* Mercado de câmbio; Taxa de câmbio; Comércio internacional.
apreciação e depreciação no, 352
déficit comercial e, 353
definição de, 135
efeito *crowding-out* e, 441-443
no fluxo circular renda-despesa, 326-328
superávit comercial, 353
taxa de câmbio, 129
Mercado de produto
e sua ligação com o mercado de recursos, 129-131
e sua ligação com o mercado de trabalho, 129-131
Mercado de recursos passíveis de empréstimo. *Ver* Mercado financeiro.
definição de, 131, 326, 346
expansão da oferta monetária e, 364-365

no fluxo circular, 327, 325-328, 347
prêmio inflacionário, 131-134
relações com o mercado de bens e serviços, 349
taxa de juros e, 345-351
Mercado de recursos produtivos
curva de demanda no, 329
definição de, 326, 342
equilíbrio no, 344
ligações entre o mercado do produto e o, 129-131
no diagrama do fluxo circular, 325-327
relações com o mercado de bens e serviços, 342-344
visão geral do, 342-344
Mercado interbancário, 501
Mercado negro, 143, 152-154
Mercados
alocação de recursos pelos, 71
comparados ao setor público, 175-179
competitivos de determinadores de preço, 227-228
definição de, 105
mudanças nas condições de demanda e oferta e as reações nos, 110-113
política monetária discricionária e os, 568-569
propriedade privada e, 45-46
México
inflação e crescimento da oferta monetária no, 551
mercado de moeda estrangeira e, 94
taxas de câmbio e, 366
Microeconomia, definição de, 26
Mitos econômicos. *Ver* Mitos em economia.
Mitos em economia
curva de demanda, 78-79
desemprego, 301
inflação, 348
interesse próprio *versus* ação humanitária, 29
troca como transação do tipo ganha *versus* perde, 59-60
Mobilidade de renda, 722-723
Mobilidade
de recursos, 652-653
de renda, 722-723
Modelo de despesa agregada (EA)
economia keynesiana e, 405-408, 423
equilíbrio keynesiano e, 414-417
redução na popularidade do, , 423-424
Modelo EA. *Ver* Modelo de despesa agregada (EA)
Modelos de previsão, 566-567
Moeda fiduciária, 472
Moeda. *Ver também* Dinheiro; Taxa de câmbio; Política monetária; Oferta monetária
cartões de crédito *versus*, 477-478
como meio de troca, 470-471
como o ativo mais líquido, 471
como reserva de valor, 471-472
como unidade de conta, 472
criação de moeda pelos bancos por meio de recursos, 486-489
definição de, 470
demanda e oferta de, 519-522
eletrônica, 507
estabilidade monetária e crescimento econômico, 608
fiduciária, 472
motivo precaução para manter, 520
teoria quantitativa da, 533
testando as implicações da teoria monetária, 547-552
valor da, 472-473
velocidade de circulação da, 533-534
Monetaristas, 519
Monthly Labor Review, 297
Moore, Geoffrey H., 291n
Mortes em escalada de montanha, 167-168
Motivação
especialização, troca e, 57-58
motivando os agentes econômicos, 119-120
Motivação pessoal. *Ver* Motivação.
Motivo precaução para reter moeda, 523
Mudanças autônomas nas despesas, 422
Mudanças não-antecipadas
definição de, 362, 363
na demanda agregada, 368-373
na oferta agregada, 380-384
Mulheres
desemprego das, 296
na força de trabalho, 294
Multiplicador bancário dos depósitos, 487
Multiplicador dos gastos autônomos
definição de, 418
significância no mundo real do, 421
tamanho do, 419-420
Multiplicador
dos depósitos bancários, 487
dos gastos no modelo keynesiano, 418-421
Murphy, Neil B., 506n
Myanmar, 421

N

Negro. *Ver* Afro-americano.
Nicarágua
  desigualdade de renda na, 721
  ineficiência governamental na, 224
  instabilidade política na, 607
  renda *per capita* na, 596, 597
Niger, renda *per capita* na, 407, 409
Nigéria
  ineficiência governamental na, 224
  renda *per capita* da, 597
Nordhaus, Willian D., 431n, 464n,
North, DouglasC., 604, 605, 616
Noruega, 19
Nova teoria do crescimento econômico, 603-604
Nova Zelândia
  banco central da, 583
  como uma economia livre, 617
  regra do nível de preços na, 583
  tamanho do governo na, 139
Novos produtos. *Ver* Inovações.

O

O tempo e o processo de ajustamento , 113-117
O'Driscoll, Gerard P., Jr., 446n
OCDE, 614-615
Oferta. *Ver também* Oferta agregada; Curva de oferta e outras indicações que comecem por Oferta.
  ajustamento de mercado a mudanças na, 110-113
  curva de oferta de mercado, 96-97
  de moeda, 519-522
  desastres naturais e, 104
  distorções de política e, 104
  e determinação do preço de mercado, 106-108
  empreendedor e, 95-96
  escolha do produtor e, 92-98
  excedente do produtor, 97-98
  lei da, 92-98
  mudanças na oferta *versus* variações na quantidade oferecida, 101-105
  mudanças nos preços dos recursos e, 101-102
  mudanças tecnológicas e, 102-104
  no mercado negro, 152-153
  papel dos lucros e dos prejuízos na, 93-95
  variações nos impostos e, 104-105
Oferta agregada. *Ver também* curva de oferta agregada.
  aumentos na oferta agregada de curto prazo, 380-381
  crescimento econômico e mudanças antecipadas na curva de oferta agregada de longo prazo, 378-380
  curva de oferta agregada de longo prazo (SALP), 335-336, 374-376, 376-377n
  de bens e serviços, 333-337
  deslocamentos na, 373-384
  inflação e, 377
  modelo keynesiano e, 414-417
  preço dos recursos e, 376
  redução da oferta agregada de curto prazo, 382
Oferta de moeda. *Ver* Oferta monetária.
Oferta monetária
  agregados monetários como definidos pelo Bacen, 474-477
  ambigüidades no significado e na medida da, 505-510
  cartão de crédito *versus,* 477-478
  comparações internacionais sobre, 551, 556
  controle da, 491-492
  crescimento acelerado da, 533
  definição de, 325
  equilíbrio entre demanda por moeda e, 523-524
  Grande Depressão e, 563
  inflação e crescimento da, 544-545, 547
  M1 como, 474, 505-506, 582
  M2 como, 476, 474-477, 547-549, 535n
  quase-moeda, 475
  taxa básica de juros e, 543
  testando implicações da teoria monetária, 547-552
Olson, Mancur, 261n, 182n
Operações de mercado aberto, 495-500, 399
Oportunidades profissionais em economia, 27-28
Orçamento equilibrado, 433, 584
Orçamento federal. *Ver também* Déficit público.
  importância do, 432-433
  mudanças no tamanho do déficit ou do superávit do governo federal, 434-435
Organização de Cooperação e Desenvolvimento Econômico (OCDE), 614
Organização econômica
  mecanismo de mercado, 62
  planejamento governamental, 63
  saída como método de enviar mensagem, 64-65
  voz como meio de enviar mensagem, 64-65
Ótica da despesa no PIB, 244, 246-250

Ourives, 484-485
Outros depósitos que permitem a emissão de cheques, 474

P

Padrão ouro, 484
Países do bloco soviético. *Ver* Leste Europeu.
Países em desenvolvimento (LDC). *Ver* Comparações internacionais.
  definição de, 595
  desigualdade de renda em, 721
  instabilidade política em, 605-607
  renda *per capita* em, 595-597
Países menos desenvolvidos (LDC), 595-597
Panamá
  como uma economia livre, 617
Paquistão
  inflação e crescimento da oferta monetária, 551
Parente, Stephen L., 596n
PEA. População economicamente ativa, 292-294, 603
Peden, Edgar, 615, 616n
Pensar cientificamente, 22
Pensar economicamente
  associação não é relação causal, 25-26
  desarmando armadilhas no, 25-27
  falácia da composição, 26-27
  marcos no, 13-23
  violações das condições de *coeteris paribus,* 25
Período de contração no ciclo dos negócios, 290
Pesquisa Mensal de Emprego (PME), 295
PIA. População em idade ativa, 292-294, 603
PIB atual, 309-312
PIB nominal, 253-254, 256, 321
PIB pela ótica da renda, 250-251
PIB *per capita,* 595, 595-597, 618
PIB potencial, 309, 311
PIB real. *Ver também* Produto Interno Bruto (PIB).
  comparações internacionais do, 556
  definição de, 254, 257
  do Brasil, 233-234, 256-258, 261, 262, 290
  dos Estados Unidos, 404, 547-548, 559, 560, 619-620
  liberdade econômica e, 618
  obtido por meio do deflator implícito do PIB, 256-258
  per capita, 261, 262
  política monetária e, 547
PIB. *Ver* Produto Interno Bruto.
Pico dos negócios, 290-291
Planejamento governamental, 63
Pleno emprego, 304-307, 340
Plosser, Charles, 460n
PMgC. *Ver* Propensão marginal a consumir.
Pobre. *Ver* Pobreza.
Pobreza. *Ver também* Desigualdade de renda; Transferências governamentais.
  comparada com escassez, 8
Poder na comparação do setor público com o setor privado, 179-180
Política. *Ver também* Decisões coletivas; Governo; Voto.
  análise da escolha pública, 206
  apropriação de renda (*rent seeking*) e, 222-223
  conflitos entre decisões por voto e eficiência econômica, 215-224
  crescimento econômico e estabilidade política, 605
  efeito miopia e, 220-221
  eleitor-consumidor, 208-210
  ineficiência das operações do governo e, 223-224
  interesse próprio e, 207
  interesses dos burocratas e, 211-212
  mudanças na política de estabilização e, 572-573
  políticos, 210-211
  processo de mercado comparado ao processo político, 612-613
  questões de interesse de grupos específicos e, 215-220
  situações para as quais votar funciona bem, 212-215
  visão geral sobre o processo de decisões coletivas, 206-212
Política de estabilização
  consenso sobre, 584-585
  defasagens e o problema do tempo certo, 570-572
  estratégia ativista de, 559-560, 569-570
  estratégia não-ativista e, 559-562, 571, 581-584
  índice de indicadores antecedentes, 565-566
  modelos de previsão, 566-568
  momento de mudanças na, 570-572, 586
  nos Estados Unidos, 586-587
  política discricionária de estabilização, 565-573
  política e o tempo certo de mudanças na, 572-573
  política fiscal e, 451-452, 464n, 586
  política monetária e, 464n

sinais de mercado e política monetária discricionária, 568-569
Política de estabilização ativista, 559-562, 569-570
Política fiscal
como uma ferramenta de estabilização, 451-452
déficit público, 432-434, 459-461
definição de, 324
discricionária, 434
e a equivalência ricardiana, 444
efeito *crowding-out* e, 439-443, 585
efeitos da política fiscal no lado da oferta, 452-457
estabilizadores automáticos e, 448-451
evidências empíricas sobre, 457-458
expansionista, 434
mudanças temporárias *versus* mudanças permanentes nos impostos, 438-439
não-ativista, 311
o problema do tempo certo na, 447-451, 447n
política anticíclica, 437
problema do tempo certo na, 447-451
restritiva, 436-437
superávit orçamentário, 433-434
visão dos novos clássicos, 443-446
visão keynesiana da, 434-439, 457-459, 519n
visão mais recente da, 463-464
Política fiscal discricionária, 434
Política fiscal não-ativista, 584
Política fiscal restritiva, 436
Política monetária. *Ver também* Moeda.
como ferramenta de estabilização, 464n
como opera a, 524-526
defasagens na, 541-544
definição de, 325
demanda e oferta de moeda e, 519-522
efeitos antecipados e, 538-540
estabilidade de preços como foco da, 585
evitar grandes flutuações na, 586
expansionista não-antecipada, 527-529
expansionista, 524-526, 526n, 541, 544
impacto da, 518-532, 519n, 544-546
não-ativista, 581-583
no longo prazo, 533-538
nos Estados Unidos de 1910 a 1998, 561
o tempo certo e, 361
perigos do uso de taxas de juros como indicador de, 543-544
PIB real e, 548
regra de crescimento monetário, 581-582
regra do nível de preços, 583
restritiva não antecipada, 529-532
Restritiva, 529-532, 544
taxas de juros e, 540-541
Política monetária expansionista, 524-526, 526n, 541, 544-545
Política monetária restritiva, 529-532, 542
Políticas anticíclicas, 437
Políticas de estabilização não-ativistas, 559-564, 581-584
Políticos, 210-211
Polônia
crescimento da oferta monetária e inflação na, 551
Poluição, 161. *Ver também* Meio ambiente.
População
comparações internacionais sobre, 322
demanda e mudanças na, 90-91
relação emprego/população, 308
População Economicamente Ativa (PEA), 292-294, 603
População em Idade Ativa (PIA), 292-294
Pork-barrel legislation, 217-218
Portugal
euro e, 334, 483
inflação e crescimento da oferta monetária em, 551
Potencial de expansão dos depósitos devido ao multiplicador, 487
Poupança
definição de, 327, 694
na economia keynesiana, 415
Preço das *commodities* como um indicador de mercado da política monetária, 568-569
Preço teto, 140-142
Preços. *Ver também* Custos; Taxas de câmbio; Taxas de juros; Preços dos recursos; Salários.
curva de demanda agregada e, 330-332, 363-368
demanda e mudança no preço de um bem relacionado, 89-90
determinação dos preços de mercado, 105-113
e ordem de mercado, 120-121
estáveis e crescimento econômico, 608
excedente do consumidor e, 82-83
lei fundamental da demanda e, 76-77, 81
no mercado negro, 153
papel da oferta e da demanda na formação dos, 105-110
política monetária com foco na estabilidade de preços, 585
resposta da quantidade oferecida a variações nos, 98-100

sensibilidade da quantidade demandada a variações nos, 83-85
tempo e o processo de ajustamento decorrente de variações nos, 113-117
Preços de mercado. *Ver também* Preços.
coordenado as ações dos participantes do mercado, 118-119
determinação dos, 105-106
e mudanças na demanda e na oferta, 110-113
equilíbrio de mercado e, 106-108
informando os, 118
tempo e o processo de ajustamento devidos a variações nos, 113-117
Preços dos recursos. *Ver também* Preços.
custo de oportunidade, mercados de produtos e, 130
mudanças nos preços dos recursos ao longo do ciclo dos negócios, 390-393
mudanças nos, 375-377, 390-393
oferta e mudanças nos, 101-102
Preços mínimos, 145-149
Preferências dos consumidores. *Ver* Escolha do consumidor.
Prejuízos com novos produtos, 93-95
Prejuízos
definição de, 94
escolha do produtor e a lei da oferta, 93-95
Prêmio inflacionário, 346
Prêmio Nobel, 28
Prescott, Edward C., 596n
Prime rate, 501n
Princípio da mão invisível
coordenando as ações dos participantes do mercado, 118-119
definição do, 117
governo e, 185-186
informando os agentes econômicos, 118
motivando os agentes econômicos, 119-120
preços e a ordem de mercado, 120-121
Problema da informação assimétrica, 197-198
Problema do risco moral (*moral hazard*), 509
Processo de produção em massa e a divisão do trabalho, 55-56
Produção. *Ver também* Produto Interno Bruto (PIB); Curva de possibilidades de produção.
Componentes, 91
custo de oportunidade da, 93
Lei de Say e, 403
que não chega ao mercado e PIB, 258-259
Produção nos domicílios, 259
Produção que não chega ao mercado e PIB, 258-259
Produtividade
curva de oferta agregada e, 373
definição, 373
nos Estados Unidos, 619-620
Produto. *Ver também* Produto Interno Bruto (PIB).
crescimento do produto brasileiro, 233-234
e equilíbrio de longo prazo no mercado de bens e serviços, 338-342
elevadas alíquotas de imposto e, 454-455
emprego e, 304
flutuações do produto brasileiro, 233-234
na economia keynesiana, 404-405, 412-414
PIB na ótica do, 237-239
potencial, 309-312
relação entre renda e, 267
Produto Interno Bruto (PIB)
comparações internacionais sobre, 321, 556
comparado a outras medidas de renda, 266, 267
contribuição do, 262-265
definição de, 237
despesa e receita federal como percentagem do PIB, 457-458
e as etapas de produção, 238
economia clandestina e, 259-260
efeitos colaterais negativos e os *males*, 261-262
excluídos do, 259
Importância relativa dos componentes do, 252-253
itens incluídos no, 237-238
lazer e desconforto, 260
liberdade econômica e, 616-619
medidas do, 244-246, 329
mudanças de qualidade e novos produtos e, 260-261
na Grande Depressão, 404, 562-564
nominal, 254, 257
ótica da despesa e, 246-250
ótica da renda, 244, 246, 247, 25-251
per capita, 260, 263, 593, 596
PIB atual, 309-312
política monetária e o PIB real, 548
potencial, 309
problemas de medida do, 258-262
produção que não chega no mercado é excluída do, 258-259
reais – o denominador comum do, 240
real, 233-234, 254, 256-258, 262, 262, 290 375-376, 405, 547-548, 556, 559, 618

tamanho do governo que maximiza crescimento e, 615, 616
Produto Nacional Bruto (PNB)
comparado a outras medidas de renda, 267
definição de, 252
tamanho do governo que maximiza crescimento e, 616
Produto potencial, 309
Produtos. *Ver também* Inovações.
bens comprados com regularidade, 195-196
mudanças na qualidade dos produtos e PIB, 258-259
prejuízos com novos produtos, 93-95
produção total, 196
Programas de transferência de renda. *Ver* Transferências governamentais.
Propensão marginal a consumir (PMgC), 419
Prosperidade. *Ver* Renda; Desigualdade de renda; Riqueza.

Q
Quantidade demandada
definição de, 85-87
mudanças na quantidade demandada *versus* mudanças na demanda, 85-92
resposta a uma variação no preço, 83-85
Quantidade ofertada
definição de, 101
mudanças na oferta *versus* mudanças na quantidade oferecida, 101-105
resposta a uma variação no preço, 98-100
Quênia
inflação e crescimento da oferta monetária, 551
recursos naturais no, 600

R
Rabushka, Alvin, 610n, 456
Racionamento
como uma necessidade decorrente da escassez, 9-12
controle de aluguéis, 142-145
critério para, 9
definição de, 9
Radinsya, Irina, 184
Receita tributária
curva de Laffer e, 164-167
definição de, 154
estatísticas americanas sobre, 165-166, 142
Receitas do governo
como percentagem do PIB, 458
estatísticas sobre, 142
Recessão
definição de, 291
estagflação e, 317
nos Estados Unidos, 233, 314, 384-385, 390-392, 394n, 423, 458, 547-548, 559, 560, 586-587
taxas de juros durante a, 390-392
Recursos
comportamento econômico e, 14-15
custo dos recursos do governo, 179-180
definição de, 6
demanda derivada por,
exemplos de recursos limitados, 7
recursos escassos têm custo, 14
recursos naturais e crescimento econômico, 599-600
Regra de crescimento da oferta monetária, 581-582
Regra do nível de preços, 583
Regra dos 70, 593, 594n
Regulamentação econômica
custos da, 179-180
Reino Unido
alíquota marginal do imposto no, 456
banco central do, 331
como economia livre, 617
consols no, 350n
estatísticas de emprego e desemprego no, 322
estatísticas populacionais do, 322
mercado negro no, 153
mudanças na política fiscal no, 447n
PIB no, 321, 687
renda *per capita* do, 596, 597
tamanho do governo no, 139, 689
Relação causal, 25
Relação pagamento-consumo, 176
Renda. *Ver também* Produto Interno Bruto (PIB); Desigualdade de renda; Pobreza; Salários.
associação entre produto e, 267
comparações internacionais de, 23
curva de demanda agregada e renda do exterior, 366
de autônomos, 245
disponível, 266
fluxo circular de, 217-219, 353-355
hipótese da renda permanente, 387
medidas relacionadas à pessoa, 266-267
mudanças na demanda e, 85-88
mudanças temporárias versus mudanças de longo prazo na, 387, 387n-388n
nacional, 252, 266

nos setores público e privado, 179-180
per capita, 597, 600
pessoal, 266
renda líquida do exterior, 252
Renda de autônomo, 245
Renda disponível, 266-267. *Ver também* Renda.
Renda do consumidor. *Ver* renda.
Renda líquida enviada ao exterior, 252
Renda nacional. *Ver também* Renda.
comparada a outras medidas de renda, 267
definição de, 252
Renda *per capita,* comparações internacionais, 596-597
Renda pessoal. *Ver também* Renda.
comparada a outras medidas de renda, 267
definição de, 266
Rendimentos. *Ver Salários.*
Reserva de valor, 471-472
Reservas bancárias, 483, 487, 488-489, 496
Reservas compulsórias, 485
Reservas livres, 486
Ricardo, David, 56, 444
Riqueza das Nações (Smith), 30, 35, 117
Riqueza
mudanças na riqueza real e a curva de demanda agregada, 363-364
Robbins, Lionel, 5
Romênia
como uma das economias menos livre, 617
renda *per capita* da, 597
taxas de inflação na, 314
Rowley, Charles K., 222n
Rússia. *Ver também* União Soviética (antiga).
estrutura legal da, 44
função protetora do governo na, 184
instabilidade política na, 607
oferta monetária na, 473
taxas de juros na, 544

S

Saída, 64-65
Sala-I-Martin, Xaviar, 604n
Salário mínimo, 146-152
Salários. *Ver também* Emprego; Renda; Força de trabalho.
salário mínimo, 146-149
variações nos, ao longo do ciclo dos negócios, 390-392
Samuelson, Paul A., 227, 227n, 431, 439, 464n, 467, 519n
Samuelson, Robert J., 564
Sargent, Thomas, 443
Say, J. B., 403
Schumpeter, Joseph A., 613n
Scully, Gerald, 604, 616
Seguro depósito, 508-510
Seldon, Arthur, 205
Serra Leoa
como uma das economias menos livre, 617
Serviços. *Ver também* Mercado de bens e serviços.
demanda agregada por, 329-332
oferta agregada de, 333-336
valor subjetivo dos, 21
Setor público. *Ver* Governo
Shakespeare, William, 129
Shaw, George Bernard, 402n
Sherman Antitrust Act, 187
Sidgwick, Harry, 206
Síria
ineficiências do governo na, 224
inflação e crescimento da oferta monetária na, 551
Sistema bancário
associações de poupança e empréstimo no, 480, 509n
Banco Central do Brasil (Bacen), 476, 481, 489-490
bancos comerciais, 482-483
de reserva fracionária, 485-486
dificuldades e falência, 508-510
e a criação de dinheiro por meio de empréstimos, 487-489
mercado de recursos passíveis de serem emprestados e, 131-132
reservas bancárias, 483, 487, 488-489, 496
reservas compulsórias, 485
seguro depósitos no, 508
Sistema bancário de reserva fracionária, 485-486
Sistema de Reserva Federal (*Federal Reserve System* – Fed), 562
Sistema Financeiro Nacional, 478-483
Sistema legal. *Ver* Leis.
Smith, Adam, 30, 35, 55, 117, 121, 127, 607, 616
Smith, Gary, 461
Smith, Tim, 152
Sobel, Russell S., 168
Socialismo, 63
Solow, Robert, 603
Sowell, Thomas, 40n, 42, 52n
Stone, Peter H., 120
Stroup, Richard L., 168

Substitutos
definição de, 77, 90
disponibilidade de, 77
Suécia
o problema do *brain draim* na, 456
tamanho do governo na, 138
taxa de participação da força de trabalho na, 294
Suíça
inflação e crescimento da oferta monetária na, 551
renda *per capita* da, 596, 597
Summers, Lawrence H., 308
Superávit comercial, 353
Superávit orçamentário, 433, 434

T
Tailândia
inflação e crescimento da oferta monetária na, 551
renda *per capita* na, 595-597
tamanho do governo na, 138, 139
Taiwan
melhorias tecnológicas e, 602
renda *per capita* de, 595-597
Tarifas
crescimento econômico e, 608
Grande Depressão e, 562-564
Taxa de câmbio. *Ver também* Mercado de moeda estrangeira; Comércio internacional; Comércio.
como um sinal de mercado para a política monetária, 568-569
curva de demanda agregada, 363-364
definição de, 129, 135
demanda por moeda estrangeira, 135-137
mudanças na, 138-139
Taxa de desemprego, 294, 295, 298, 306
Taxa de participação da força de trabalho, 293-294
Taxa de participação, 293-294
Taxa de redesconto, 500-502, 501n, 503
Taxa de reservas compulsórias, 486
Taxa de salário, 129
Taxa empregados/população
comparações internacionais sobre, 322
de mulheres, 296
e equilíbrio de longo prazo no mercado de bens e serviços, 340
equilíbrio keynesiano e, 410, 412-413
pleno emprego, 38-39, 38n, 307-308, 304-307, 340
produto e, 304
registros históricos no, 304-308
Taxa natural de desemprego, 305, 309, 343
Taxa nominal de juros, 345
Taxa real de juros
déficit orçamentário e, 462
definição de, 346, 460n
mudanças na taxa real de juros ao longo do ciclo dos negócios, 390-394
Taxa Selic, 497, 542-543
Taxas de juro
comparações internacionais sobre, 546
curva de demanda agregada e, 349, 364-365, 388-389
déficit público e, 312-313, 314
definição de, 129
e a demanda e a oferta de moeda, 519-522
e entradas e saídas de capital, 349, 351
inflação e, 232-234, 538, 370, 373, 374-375
mercado de recursos passíveis de empréstimo e, 129-131
nominal, 345-348, 234
perigos do uso da taxa de juros como indicador de política monetária, 543-544
política monetária e, 540-544
preço de títulos e, 347, 349
prime rate, 460n
taxa real de juros, 345, 390-394, 461, 461n
visão do tomador de empréstimo *versus* a do emprestador, 231-232
Tecnologia
crescimento econômico e, 601-603
curva de possibilidades de produção e, 52
definição de, 51
oferta agregada de longo prazo e, 374-376
oferta e mudanças na, 102-104
produtividade e, 374
Tempo certo
na política de estabilização, 570-572, 585
na política fiscal, 447-451, 447n
na política monetária, 533
Tempo
e o processo de ajustamento decorrente de variações nos preços de mercado, 113-117
Teorema da ineficácia da política econômica, 579
Teoria dos jogos, 620-621, 623
Teoria econômica aplicada
condução de veículo sob efeito de álcool na Noruega, 19

Títulos, taxas de juros e preço dos títulos, 350
Teoria econômica
capacidade preditiva da, 22
definição de, 13
pensar cientificamente e, 22
Teoria geral do emprego, do juro e do dinheiro (Keynes), 402
Teoria quantitativa da moeda, 533-534
Teoria. *Ver* Teoria econômica,
Termo de uma marca, 199-200
Theory of moral sentiments (Smith), 30
Thornton, Daniel L., 517
Títulos
definição de, 350
fundos mútuos de baixo custo de participação, 506-507
preço dos e taxas de juros dos, 347, 350
Togo, renda *per capita* em, 596, 597
Tollison, Robert D., 207n
Trabalhadores desalentados, 307
Transações financeiras excluídas do PIB, 237
Transferências governamentais
a economia de uma sociedade de transferências, 224-227
definição de, 138
estatísticas sobre, 139-141, 225
excluídas do PIB, 239
Tesouro Nacional, 502-504
Tregarthen, Suzanne, 64n
Tributação. *Ver também* entradas que iniciam com Imposto.
a Grande Depressão e, 562-564
a visão dos novos clássicos, 443-446
burocracia para, 181-182
custo social líquido da, 157-158
e a administração Bush, 438, 463
e a administração Clinton, 463
e a administração Johnson, 438
e a administração Reagan, 457
elasticidade e a incidência do imposto, 160-161
elasticidades e o custo social do imposto, 161-162
elevadas alíquotas tributárias e produto, 454-455
impacto de um imposto, 154-162
imposto de renda pessoa jurídica, 450
imposto progressivo, 162
imposto proporcional, 162
imposto regressivo, 111
impostos indiretos, 251
incidência do imposto, 154-160
incidência legal *versus* efetiva, 158-160
mercado negro e altos impostos, 153
mudanças temporárias *versus* mudanças permanentes na tributação, 438-439
na administração Ford, 438, 602
oferta e mudanças na, 102-104
para financiar as transferências governamentais, 224-227
parcela dos impostos paga pelos contribuintes de alta renda, 456, 301
perda social líquida decorrente de, 157-158, 161-162, 157
Troca. *Ver também* Comércio, Mercado de câmbio, divisão do trabalho.
especialização e, 55-58
mitos sobre ganhos e perdas nas trocas voluntárias, 59-60
motivação pessoal, especialização e, 58
Tucker, William, 145
Tufte, Edward, 573
Tullock, Gordon, 205n, 207, 207n, 613n
Turkel, Ann, 145
Turquia
crescimento da oferta monetária e inflação na, 551
taxas de inflação na, 314

U

Ucrânia
como uma das economias menos livre, 617
oferta monetária na, 473
Uganda
crescimento da oferta monetária e inflação em, 551
Ujifusa, Grant, 120
UL. *Ver* Underwriters Laboratories.
UMg. *Ver* Utilidade marginal.
Underwriters Laboratories (UL), 200
União soviética, antiga, ineficiência do governo no, 224
União Soviética, antiga. *Ver também* Rússia
instabilidade política na, 607
investimento e, 610
oferta monetária na, 473
Unidade de conta, 472
Utilidade, 15

V

Vale da recessão, 291
Valor
natureza subjetiva do, 21

troca e criação de, 39-40
Valores nominais, 254
Valores reais, 254
Valorização do dólar americano, 462-463
vantagens comparativas
como resultado da escassez, 9
Crescimento econômico e, 56-57
falta de competição, e governo, 186-189, 607-608
presente nos mercados e no governo, 175, 177, 210-211, 224
Vantagens comparativas
ganhos pela especialização e,
lei das, 56-57
Velocidade de circulação da moeda, 533-535, 541-542
Venezuela
crescimento da oferta monetária e inflação na, 314
recursos naturais na, 599, 600
renda *per capita* da, 599, 600
taxas de inflação na, 314, 551
Violência e mercado negro, 153-154
Voto. *Ver também* Política.
apropriação de renda (*rent seeking*), 222-223
conflitos entre eficiência econômica e, 215-224
efeito da ignorância racional, 209
efeito miopia e, 220-221
eleitor-consumidor, 208-210
ineficiência das operações do governo e, 223-224
políticos, 210-211
questões de interesse especial e, 215-220
situações nas quais o voto funciona, 212-215
Voz, 64-65

W

Walker, Michael, 619n
Walt Disney World, 192
Wheelock, David C., 517n
Wicksell, Knut, 213n
Wolf, Charles, Jr., 205

Y

Yandle, Bruce, 46n

Z

Zaire. *Ver* Congo (Zaire).
Zâmbia
crescimento da oferta monetária e inflação em, 591
renda *per capita* de, 597

Sobre os Autores

José Luiz Carvalho

É professor titular de Economia da Universidade Santa Úrsula (Rio de Janeiro) e diretor do Instituto de Ciências Econômicas e Gestão (ICEG) da mesma instituição. É consultor do Banco Mundial (IBRD) e consultor *ad hoc* do CNPq. Foi professor titular de Economia da Escola de Pós-Graduação em Economia da Fundação Getulio Vargas por 31 anos e publicou livros e artigos científicos em periódicos especializados do Brasil e do exterior. Foi pesquisador associado na University of Chicago (1974), na Northwestern University (1975) e no National Bureau of Economic Research (1975-1978); professor visitante da Francisco Marroquin University (Guatemala, 1995) e da University of California at Los Angeles (Ucla, 1992); e *visiting scholar* no Liberty Fund (Indianapolis, 2000).

James D. Gwartney

Doutor e Ph.D. em Economia pela University of Washington, professor de Economia e diretor da Gus A. Stravos Center for Advancement of Free Enterprise and Economic Education na Florida State University. Durante 1999-2000 foi economista-chefe do Comitê de Economia do Congresso dos Estados Unidos. É autor e co-autor de numerosos livros e artigos, incluindo "Economic Freedom of the World", relatório publicado por uma rede de institutos situados em diversas partes do mundo, assim como *What Everyone Should Know About Economics and Prosperity* (1993), um livro para leigos que se interessam por economia, já traduzido para 15 idiomas.

Richard L. Stroup

Ph.D. em Economia pela University of Washington, é professor visitante de Economia na North Carolina State University e membro sênior do Property and Environment Research Center em Bozeman, Montana. Foi professor titular do Departamento de Economia Agrícola e Economia da Montana State University. É autor ou editor- colaborador de diversos livros sobre economia e meio ambiente. Autor de *Eco-Nomics: What Everyone Should Know About Economics and the Environment* e co-autor de *Common Sense Economics: What Everyone Should Know About Wealth and Prosperity*, escrito com James Gwartney e Dwight Lee. Alguns de seus livros foram traduzidos e publicados pelo Instituto Liberal do Rio de Janeiro, inclusive as duas obras citadas.

Russell S. Sobel

Ph.D. em Economia pela Florida State University, é professor titular de Economia da West Virginia University. Detém a cátedra James Clark Coffman Distinguished Chair in Entrepreneurial Studies e a posição de Senior Research Advisor do Entrepreneurship Center da mesma universidade. É autor de mais de 75 livros, incluindo o best-seller *Principles of Economics*, e de artigos de política econômica. Entre 2002 e 2006 foi diretor-fundador do West Virginia University Entrepreneurship Center. Suas pesquisas foram publicadas pelo *The New York Times, The Wall Street Journal, The Washington Post* e *The Economist Magazine.* Todo ano ministra palestras sobre princípios de economia em seminários pelos Estados Unidos.